Women Studies In Shanghai

妇女研究在上海

（2018-2022）

上海市妇女联合会
上海市妇女学学会 编
上海市婚姻家庭研究会

上海遠東出版社

妇女研究在上海(第六辑)

2018—2022

前　言

为深入学习宣传贯彻党的二十大精神，更好服务新时代新征程上海妇女事业高质量发展，我们全面梳理回顾了2018年以来上海妇女理论研究取得的主要成果，以《妇女研究在上海》第六辑的形式献礼上海市第十六次妇女代表大会，希望从历史和现实、国内和国际、理论和实践相结合的角度，系统展示五年来上海各级妇女组织守正创新、攻坚克难的研究精神、探索勇气和实践足迹。

党的十八大以来，以习近平同志为核心的党中央高度重视妇女事业，高度重视家庭家教家风建设，习近平总书记亲自谋划、亲自部署、亲自指导，推动妇女事业取得历史性成就，推动注重家庭家教家风建设深入人心。开展妇女研究，可以为认真梳理马克思主义妇女理论中国化时代化的历史脉络、深入阐释中国特色社会主义妇女发展道路的丰富内涵、深刻揭示坚持党的领导和社会主义制度的历史必然性提供依据；可以为总结提炼百年来中国妇女运动形成的宝贵经验、深入研究新时代促进男女平等和妇女全面发展的制度机制、构建和谐包容的社会文化和推动新发展阶段妇女事业创新发展提供参考。

《妇女研究在上海》是对上海妇女事业发展多视角、各领域、全过程的思考和梳理。广大妇女研究工作者和各级妇联干部，始终坚持围绕中心、服务大局的研究基调，积极探索、形成富有特色的妇女研究道路；始终坚持人民至上的研究导向，尊重妇女主体地位，不断把妇女群众在实践中创造的经验和方法上升为理论成果；始终坚持理论与实践相结合的研究方式，为新时代上海妇女事业高质量发展提供坚强的理论支撑。本辑《妇女研究在上海》主要呈现三方面特点：

一是坚持服务发展大局，推动妇联改革创新。围绕强化“四大功能”、深化“五个中心”建设、推动城市数字化转型、建设“五个新城”城市发展目标，开展了提升科创中心建设中女性人才贡献率的路径与对策、在线新经济加速发展形势下上海女性就业创业支持政策等研究；立足谋划推动上海妇联事业发展和改革深化，开展了构建呈现开放型、枢纽型、生态型、服务型特点的新时代妇联组织形态，新时代上海女性社会组织能力建设，上海“四新”领域妇联组织建设等研究。

二是坚持以人民为中心，助力妇女全面发展。回应广大妇女对美好生活的新期待，积极为群众排忧解难，开展了新时代上海各阶层妇女思想状况调查、女性健康影响因素、空巢老人家庭的生活质量分析及其支持政策、上海托育机构可持续运营发展、围绝经期妇女健康管理模式、“两病筛查”项目服务优化完善等研究；为推进妇女依法平等行使民主权利、平等参与经济社会发展、平等享有改革发展成果，开展上海性别发展国际比较、《上海市实施〈中华人民共和国妇女权益保障法〉办法》全面评估和修改建议、上海市性别平等促进条例和家庭教育立法创新等研究。

三是坚持聚焦社会热点，丰富应用性研究。基于提升城市软实力和核心竞争力的发展趋势，开展了二孩家庭女性职业发展的基本现状与发展路径、深化妇女议事会制度建设、参与基层社会治理创新、服务凝聚职业女性的途径和方法、家庭家教家风在上海基层社会理中的作用等研究；坚持“立德树人”，培养社会主义合格接班人，开展了上海市“十四五”家庭教育现状与发展趋势、儿童友好城市建设、家庭养育支持政策、网络文化产品与未成年人成长因素等研究。

《妇女研究在上海》凝聚着全市妇女学研究者、工作者、实践者的智慧和心血。我们期待上海妇女研究工作取得更丰硕的成果，为上海妇女事业高质量发展提供不竭的动力和坚实的支撑！

目录

法律政策
与
妇女维权

《上海市实施〈中华人民共和国妇女权益保障法〉办法》全面评估和修改建议研究

一、《上海市实施〈中华人民共和国妇女权益保障法〉办法》的实施评估

《上海市实施〈中华人民共和国妇女权益保障法〉办法》(以下简称《办法》)自实施以来,本市认真贯彻和执行相关规定,解决最广大妇女群众最关心、最直接、最现实的利益问题,营造了良好的社会条件。同时,在《办法》贯彻和执行中,我市也在不断创新各种机制,以适应社会发展所带来的妇女日益增长的权益需求。具体成效,主要有以下五个方面。

(一) 妇女权益保障的体制机制

1. 在落实《中国妇女发展纲要(2001—2010)》方面。依照立法要求,我市从2006年开始,制定了三个妇女儿童发展规划,不断深入推进妇儿保护工作。各区也结合本地区的实际情况,制定了各自的妇女发展规划。在规划的实施过程中,每年都要进行工作报告,每个规划期都要有中期检查和终期检查,倒逼各部门落实规划要求。

2. 在体制机制建设方面。上海市于1995年就建立了上海市妇女儿童工作委员会,作为妇女权益保护的议事协调机构,负责本《办法》的实施。而其他部门则各司其职,协同促进和保护妇女权益。同时,上海市十六个区及各区所有乡、镇、街道也都建立了妇女儿童工作委员会。

3. 在性别平等咨询评估方面。2016年,上海制定了《关于建立上海市法规政策性别平等咨询评估机制的意见》,标志着本市法规政策性别平等咨询评估机制正式建立。2017年制定了《法规政策性别平等自检自审工作方案》。2018年成立了由第三方组成的"上海市法规政策性别平等咨询评估委员会"。

2018年市政府颁布《上海市人民政府规章制定程序规定》，显著提高了社会性别意识的法制化程度，标志着本市法规政策性别平等咨询评估机制之实施迈向新的台阶。

（二）妇女政治、文化教育权

1. 妇女政治地位不断提高。我市以加大女干部配选力度、加强女性人才培养储备为抓手，有序推进妇女参与决策和管理。在市级层面，新一届市党代会女代表、人大女代表、政协女委员占总人数的比例分别达到41.6%、33.2%和26.1%，均比上一届有明显提高。60.4%的市级社会团体负责人中有女性，比"十一五"多了3.2个百分点。全市16个区的区党委、人大、政府、政协领导班子中，女性比上一届提高了3%。在乡镇街道8 062名乡镇人大代表中，女性比上一届多了3.75%。

2. 在文化教育方面，男女受教育水平差距持续缩小，女性受教育水平全国领先。在2010年至2014年期间，上海市3～5周岁儿童毛入园率均达到100%，义务教育阶段普及率均达到99.9%以上，高中阶段新生入学率也基本在97%左右。在大学阶段，女性入学率已经超过男性。2017年，本市普通高等教育在校生66.65万人，其中女性占52.7%；毕业生17.46万人，其中女性占53.9%；硕士学位获得者中女性比男性多7 705人。

3. 在职业教育方面，女性培训率大大提高，就业更加平等、差距进一步缩小。2019年，参加上海市（就业）技能培训的女性累计达47.61万人，占全市参加培训总人数的44.64%。在这些参加技能培训的女性中，失业、协保、农富人员培训后就业率约为63.3%。同时，我市也在不断完善和优化科教文化服务体系，切实推动女性对专业技术的学习，缩小男女人才总量的差距。

（三）劳动社会保障权益

1. 妇女生育保障。我市在妇女生育保障方面，不断提升保障标准、拓展保障方式，最大限度地保障妇女生育权益。上海目前已将原晚育奖励30天的产假归结为正常延长30天产假；原晚婚奖励7天婚假现统一为10天婚假；原晚育护理假3天改为产假10天。2016年，我市发布了《关于调整本市生育医疗费补贴标准有关问题的通知》将补贴标准在原来的基础上提高了20%。

2. "两病筛查"保障。1990年，上海就将妇科检查的频率进一步确定为每两年一次，并明确指出检查的对象应包含退休女职工。1994年将女职工疾病筛查的范围由妇科病扩大至妇科病和乳腺病，建立"两病筛查"制度。2007年修订的《实施办法》鼓励有条件的单位增加筛查次数和项目，规定政府有义务至少每两年安排退休妇女和生活困难妇女进行一次两病筛查。对于退休妇女和生活困难妇女，1998 年开始，上海就着手为这一群体开展免费妇科病和乳腺病筛查。

3. 幼托服务及母婴设施保障。我市自 2016 年起就启动了“公共托育服务进社区、进园区”先行先试项目。2017 年，我市试点推出了社区和企业儿童托育服务。新建社区幼儿托管点 20 个，新建企业职工亲子工作室 70 家。2018 年，制定了多部关于 3 岁以下幼儿托育服务管理的政策，为创新幼托服务制度奠定了基础。

4. 四期特殊保护。1987 年颁布施行的《上海市女职工劳动保护暂行规定》是我国最早对女职工在怀孕、生育、哺乳等特殊生理期间提供特殊保护的地方性规定。时至今日，其中许多保护标准仍然优于《女职工劳动保护特别规定》等全国性法规。

（四）婚姻家庭财产权益

1. 对《办法》的宣传工作都比较到位。所有涉及部门都结合职责范围，对《办法》的内容进行了宣传普及。如 2008 年市妇联在《办法》修订之后，及时成立宣传团，深入基层、深入社区、深入群众，开展妇女儿童权益保护法律法规专题宣讲，听课群众超过万人。

2. 重视多元化解决家庭纠纷，形成合力化解家庭矛盾，维系婚姻家庭关系的稳定和谐。市司法局加强人民调解培训，在全市司法所长和首席人民调解员培训班中，单独设置了“《反家暴法》解读”课程。2016 年 1 月至 10 月，本市各类人民调解组织共调解婚姻家庭类纠纷23 549件。公安、妇联、司法及法院等部门针对婚姻家庭纠纷和家庭暴力案件均有对应的多元解决举措。他们通过调解、疏导、提供必要的帮助等方式，维护了妇女在婚姻家庭领域中的权益。

3. 反家庭暴力的体制机制形成。市妇女儿童工作委员会（以下简称市妇儿工委）牵头公安、民政等十家责任部门会签形成《上海市实施〈中华人民共和国反家庭暴力法〉主要工作部门职责分工》，对公安、法院、民政等部门的职责予以明确，形成反家庭暴力法的落实措施，建立统一的家庭暴力分类和统计口径，构建全市预防和制止家庭暴力联动机制。同时，推进各级政府落实反家暴保障经费，通过一系列举措形成对家庭暴力“零容忍”的社会氛围。在我市实施《反家庭暴力法》的四年中，就预防和干预对妇女家暴，积累了丰富的经验，探索了一些有益的经验，可以适时纳入《实施办法》之中，进一步强化妇女权益保障。

（五）人身权利及公共场所中的妇女权益保障

1. 公共场所母婴设施建设。本市十分重视母婴设施建设工作，力争到

2018 年底，应配置母婴设施的公共场所配置率达到 80%以上；到 2019 年底，应配置母婴设施的公共场所配置率达到 90%以上；到 2020 年底，所有应配置母婴设施的公共场所和用人单位基本实现母婴设施全覆盖。

2. 对于性骚扰问题，2005 年修订《妇女权益保障法》时，在第四十条首次确立了“禁止对妇女实施性骚扰”这一条款。2007 年，我市在对《办法》的修订中在全国率先对什么是性骚扰进行了界定。同时，我市在应对性骚扰的问题上，亦做了诸多探索，尤其是对性骚扰高发场所、重点领域进行了有针对的反性骚扰预防与治理。

二、当前《办法》存在的主要问题及修改思路

（一）当前《办法》存在的主要问题

1. 国家层面的法律调整要求我市立法做相应调整

改革开放之后，我国逐渐建立健全了以《宪法》为基础，以《妇女权益保障法》为主体，包括民法、社会法等 100 多部单行法律法规在内的保障妇女权益的法律体系。然而，自 2007 年《实施办法》第二次修改以来，国家层面的相关立法、修法较多，涉及妇女权益的国家政策陆续出台，这就要求《实施办法》应及时调整相关条款，以切实贯彻、落实上位法对妇女权益保障所预设的目标。

2.《办法》的定位与上海发展定位不匹配

习总书记一直强调“要把上海未来发展放在中央对上海发展的战略定位上，放在经济全球化的大趋势下，放在全国发展的大格局中”，“上海是代表中国和世界对话的，身上烙印着中国对外开放的决心，是要代表国家参与国际竞争”。也就是说，上海作为我国的国际性大都市、法治先行地、立法试验田，必然要率先提高妇女权益保障立法定位和站位，将新时代有关妇女权益保障的新精神和新要求融入到《办法》的条款之中。

3. 上海女性日益增长的权益需求，需要立法加以保障

由于上海女性权利观念和意识提高，对美好生活有了新的向往，很多新权益需求产生。这些权益需求不再是宏观层面的平等与特殊保护，而是处在妇女权益保护的各个细节之处，是微观的、精细的、人文的，能体现国际水平、时代特色、上海特点的权益需求。

4. 上海经济社会发展对妇女权益保障立法提出新要求

新时代以来，上海发展定位由四个中心迈向五个中心，着力打造国内领先、世界一流的全球城市。上海的发展定位对妇女权益保障有了更高的标准和要求。按照联合国的标准，上海妇女总体发展水平虽已达到世界中等发达国家平均水平，但这离上海的发展定位对妇女发展的要求仍有一定差距，与上海经济

社会的发展水平仍不相适应。这些差距和不相适应，主要源于妇女发展缺乏更高层次的立法引领和保障，缺乏细节性的关爱与保护。

(二)《办法》的修改思路

1. 提高《办法》定位。只有提高立法的定位和站位，才能推进上海市实现更高的妇女权益保障水平。提高《办法》定位的方式主要有两个，一是把《办法》改为条例。要体现地方立法的先进性、国际性，就不能照搬国家法。而不照搬国家法的方式就是要制定一部具有上海特色和特点的条例。二是提高立法的目的和宗旨。我市的妇女权益保障应有更高的定位和目标，应当成为国家的样本，体现先进性、引领性和示范性，应当进一步提高立法水平和保护能力，使其走入世界前列。

2. 权利设置更精细。权利设置更精细是上海经济社会进一步发展的需求，也是上海市妇女权益发展水平进一步提高的需求。当前《办法》所建立的妇女权益保障体系，已经难以满足日益增长的妇女权益需求，如，妇女财产权利的分配与保障、劳动权利、人身权利、政治权利等。通过《办法》将日益增长的妇女权利需求法律化，并进一步使其精细化、可操作化，才能使妇女的这些权利能够被准确识别和认定，使妇女能切实地享有和获得这些权利。

3. 权益水平更高水准。上海作为我国经济社会发展水平和法治水平最高的地区之一，应当可以也有能力提高妇女权益水平。这些权益水平包括文化教育、生育保护、疾病筛查、托幼、公共场所育婴、男女厕位比例设置等等。而这些权益水平的提高，不仅有助于改善上海的人口结构，更有利于上海经济社会的发展。因此《办法》的修改，需要从提高妇女权益水平入手，切实提高标准，不断增进妇女社会权益。

4. 权利保障更有力。对《办法》的修改，应当主要使其从创导性法律转变为刚性法律。这就要求：一是应当建立健全妇女权益保障组织体系，把可以利用的各种组织资源通过法律的形式确立下来；二是要明确职能部门的职责，把部门职责规定得更为清晰；三是要求在法律责任条款的设置上，细化法律责任，从而通过责任倒逼各相关部门履行好职责。

5. 立法技术更规范。由于《办法》制定于 1994 年，修改于 2007 年，在其颁布施行的过程中，我国社会发生了巨大转型，相关法律也发生了很大的变化。就上海而言，不仅经济社会发展取得了巨大进步，法律法规有了相应调整，立法水平也大为提高。因此，我市应当顺应当前经济社会发展、政府机构改革和国家相关法律调整的趋势，对《办法》的立法技术、法律语言等进行相应调整。

三、《办法》的修订建议

课题组建议把《上海市实施〈中华人民共和国妇女权益保障法〉办法》的名称修改为《上海市妇女权益保障条例》，并对条文进行整体修改。具体修改建议如下。

（一）总则修订建议

1. 修订第一条立法目的。本条修改两处：一是新增“建立性别友好型社会”；二是把“办法”修改为“条例”。修改后的该条款可以表述为“为了保障妇女的合法权益，促进男女平等，发挥妇女在社会主义现代化建设中的作用，建立性别友好型社会，根据《中华人民共和国妇女权益保障法》，结合本市实际情况，制定本条例”。

2. 修订第二条适用范围。建议修改两处：一是把“企业、事业单位”修改为“企业和事业单位”或“企业事业单位”；二是把“办法”修改为“条例”。

3. 修订第四条落实妇女发展纲要。本条建议将“市和区县人民政府”改为“市、区人民政府”。

4. 修订第五条妇女权益保障组织体系条款。本条建议修订之处有三：一是把第二款和第三款移至第六条；二是修改第四款，并将其调整为本条第二款；三是新增一款作为修改后的第三款。

5. 修订第六条关于妇女儿童工作委员会职能的条款。主要修改之处有三：第一，把第五条第二款和第三款移至第六条第一款和第二款；第二，把第一款中的“市和区县人民政府”改为“市、区人民政府”；第三，本条建议在妇女儿童工作委员会职责中增加一项“（三）开展法规政策性别平等咨询评估”。

（二）政治权利的修订建议

1. 修改第十三条关于妇女组织参与社会事务和企事业单位管理的条款。该条款建议修改之处有二：一是扩大妇女组织参与社会事务的范围，把规范性文件的制定也放到需要进行评估和征求妇联意见的范畴；二是对涉及妇女权益重大利益规范的制定增加一个性别评估程序，以强化规章制度制定、融入性别意识。

2. 修改第十四条关于党委规章制度的条款。建议把第十三条第二款调整至第十四条第一款。另外，不歧视原则是保障妇女平等权利的基础和指标，也是本市在全国地方立法上独树一帜的一个亮点，应予肯定和保留。

（三）文化教育权益修订建议

1. 修改第十五条关于保障平等受教育权和提供女性特别教育的条款。本条建议修改之处有二：一是在第一款中，加入“就业推荐”，修改后的该条款可表述为“学校和有关部门应当按照国家有关规定，保障女性在入学、升学、取得学位、就业推荐、派出留学等方面享有与男子平等的权利”；二是在第三款中增加“防范性侵害和性骚扰教育”，修改后的该条款可表述为“学校应当根据女学生的特点进行心理、生理、卫生、保健、防范性侵害和性骚扰等教育，提供必要的卫生保健设施”。

2. 修改第十六条关于职业教育与培训的条款。本条建议在第一款中增加“提高就业创业能力”的内容。修改后该款表述为“各级人民政府应当支持劳动、人事、教育等部门和社会团体兴办适合女性特点的职业教育事业，开展职业教育、创业培训和实用技能培训，提高妇女的劳动技能和就业创业能力”。

3. 删除第十八条关于“扫盲”的条款。

（四）劳动和社会保障权益修订建议

1. 修改第十九条关于平等就业的条款。建议修改之处有二：一是将“国家规定不适用妇女从事的工种或者岗位”改为“国家规定女职工禁忌从事的工种或者岗位”，“不得以性别为由”改为“不得以性别、婚育状况等为由”；二是将“报刊、电视、广播以及其他新闻媒介”改为“报刊、电视、广播、网络以及其他媒介”。

2. 修改第二十条关于劳动权益的条款。建议修改之处有二：一是将第三款修改为“应当依法约定女职工的工作内容、劳动报酬、社会保险、劳动保护、劳动条件和职业危害防护等事项”，“并不得以任何形式规定限制女职工结婚、生育的内容”修改为“并不得以任何形式规定限制女职工结婚、生育的内容或者其他歧视女职工的内容”；二是删除第五款中“应当严格考核制度”的表述，在禁止情形种增加“强制女职工提前退出工作岗位休养、提前或者延期退休”，将“裁减女职工应当依照有关规定的程序进行”改为“解除或者终止劳动（聘用）合同应当依照国家有关规定”。

3. 修改第二十一条关于职业发展机会平等的规定。建议拓宽职业发展机会平等范畴，将参加专业技术培训加入其中。

4. 修改第二十二条关于劳动过程保护的条款。建议修改之处有二：一是建议将“不适合妇女从事的工作和劳动”修改为“禁止女职工从事的工作和劳动”；二是建议新增关于妇幼保健设施的规定，作为本条第二款。

5. 修改第二十三条关于“四期”的保护。建议修改之处有五：一是在第一款中增加“更年期”，与“四期”并列为“五期”；二是将第二款修改为“用人单位不得因女职工结婚、怀孕、生育、哺乳等原因降低其工资和福利待遇、调整其工作岗位、与其解除或终止劳动（聘用）合同”；三是新增一款关于配偶陪产假及共同育儿假的规定；四是新增“用人单位不得因女职工结婚、怀孕、生育、哺乳等原因降低其工资和福利待遇、调整其工作岗位、与其解除或终止劳动(聘用)合同”作为第三款;五是增加“女职工在孕期或者哺乳期可以与用人单位协商采用弹性工作时间或者居家办公等灵活的工作方式”作为本条的第四款。

6. 修改第二十四条关于疾病筛查的条款。建议将两病筛查“每两年安排一次”修改为“每年安排一次”。

7. 修改第二十五条关于生育保险与救助条款。建议增加“用人单位应当依法缴纳生育保险费。女职工依照国家和本市规定享受生育保险待遇”作为本条第二款。

8. 建议新增一条作为第二十六条。建议增加有关公共场所母婴设施建设和托育服务的条款。

(五)财产权益修订建议

1. 增加对妇女财产权益保护的总括性规定。建议增加一条作为第五章“财产权益”的第一条,即:“妇女依法享有物权、债权、知识产权、继承权、股权和其他投资性权利、法律规定的其他财产权益,任何组织或者个人不得侵犯。”

2. 增加有关夫妻共同财产知情权的规定。建议在第二十六条后增加一条,用以规定有关男女双方对夫妻共同财产所享有的知情权以及对知情权的保障,即“婚姻关系存续期间,男女双方对夫妻共同财产享有知情权,一方有权了解财产状况,另一方不得隐瞒,有关登记机构、管理部门应当依法提供相关信息”。

3. 增加离婚时对妇女财产权益进行特别保护的规定。建议在第二十六条后增加一条,用以规定离婚时对妇女财产权益的特别保护,即“离婚时夫妻共同财产的处理应当遵循照顾子女、女方和无过错方权益的原则。女方因抚育子女、照顾老人、从事家务等在家庭生活中负担较多义务的,离婚时有权向男方请求补偿。因男方过错导致离婚的,女方有权请求损害赔偿。如果女方在离婚时生活困难的,有负担能力的男方应当给予适当帮助”。

4. 增加对单独全职抚养子女的无业妇女财产权益的保护。建议增加一条对单独全职抚养子女的无业妇女的经济补偿的相关规定,即“妇女离婚后因直接抚养不满两周岁的子女而无法工作的,有负担能力的男方应当给予适当帮助”。

5. 修改第二十八条有关妇女在遗产继承中的财产权益的规定。建议修改两处:一是建议在第一款“妇女享有与男子平等的财产继承权。对生活有特殊困难、缺乏劳动能力的妇女应当给予照顾”中的第二句话前增加“在分配遗产时”,以使法律条文准确表达出该项规则适用的情形;二是建议将第二款中的

“继承权不受其子女代位继承的影响”一句删除。

（六）人身权利的修改及理由

1. 修订第三十条的适用范围。建议增加一款，即“（五）其他侵害妇女人身自由的行为”。

2. 修订第三十一条禁止对妇女实施的行为的范围。建议修改两处：一是把第四款“以营利为目的在商标、广告、出版物、橱窗装饰以及其他场合使用妇女的肖像”修改为“制作、使用、公开妇女的肖像”，增加“但是法律另有规定的除外”；二是增加第六款“（六）其他侵害妇女人格尊严的行为”。

3. 修订第三十二条对性骚扰的认定，增加预防性骚扰的规定。建议修改三处：一是把“禁止以语言、文字、图像、电子信息、肢体行为等形式对妇女实施性骚扰。受害妇女有权向有关单位和部门投诉”修改为“禁止违背妇女意愿，以言语、文字、图像、电子信息、肢体行为等方式对妇女实施性骚扰”；二是把“有关部门和用人单位应当采取必要措施预防和制止对妇女的性骚扰”修改为“政府、企业、学校等单位应当采取合理的预防、受理投诉、调查处置等措施，防止和制止性骚扰”；三是增加“相关单位在人流量较大的公共场所，应当提供方便妇女使用、有利于防止性骚扰的设施”。

4. 新增四个条款。一是新增禁止对女童实施性引诱的条款，禁止假借“聊天”“交友”“游戏”或“招募童星模特”等名义对女童实施性引诱；二是新增预防和处理侵犯妇女人身权益程序的条款；三是新增侵害人身权益承担责任的条款；四是新增政府、企业、学校等单位对妇女人身权益的保障义务的条款。

（七）婚姻家庭权益的修改

1. 新增倡导性条款。建议新增一条有关婚姻家庭权益的倡导性条款。该条款可表述为“ 男女在婚姻家庭中的地位平等。夫妻双方应当互相忠实，互相尊重，互相关爱，共同承担家庭责任”。

2. 修改第三十四条婚姻自由条款。建议修改之处有三：一是把原法第一款进行概括化表述，使条文表述更准确全面，具体可以表述为“任何人不得干涉妇女的婚姻自主权”；二是在第二款中不仅要扩大离婚自由的适用主体，把男方近亲属也纳入干涉离婚自由的主体之中，而且也要扩大适用范围，把离婚后也纳入法律调整范围；三是把第三款与第二款合并，并修改条文表述，调整后的第二款表述可为“离婚诉讼期间和离婚后，男方及其近亲属不得侵害、限制女方的人身权利和行动自由；不得以任何方式干扰女方生活和工作”。

3. 修改生育权保护条款。《办法》关于生育权保护的条款规定在第三十五条，共有两款。课题组建议修改第二款，第二款第一句规定“女方依照计划生育的要求中止妊娠的，在手术后六个月内，男方不得提出离婚”。课题组建议将其修改为“女方在怀孕期间、分娩后一年内或者终止妊娠后六个月内，男方不得提出离婚”。

4. 新增“首问负责”及“社区负责协调”条款。条文可表述为“家庭暴力处置涉及多个部门职责的，由首先接到暴力投诉、反映或者求助的部门负责会同受害人所在社区的居民委员会或村民委员会共同处理。受害人所在社区的公安部门、民政部门、法律援助中心、人民调解组织及妇联等组织机构应当协同解决”。

5. 修改第三十七条职能部门处置家庭暴力条款。建议把公安职能单列成一个条款。其中，建议在第一款下，增加三款，构成一个单独的条文。该款主要在于确立公安部门对家庭暴力的处置职能，细化告诫书开具情形，落实《反家庭暴力法》中关于公安机关出具告诫书及其相应的实施措施，防范家庭暴力。对第三十七条第二款的修改，主要在于拓宽职能部门的实施机制。一是增强社区与职能部门的配合，赋予村居委对社区中的家庭暴力进行报告的义务；二是强化职能部门的救助义务，增加其提供临时庇护场所的责任。

6. 修改第三十八条中的村居委责任的条款。建议增加“居民委员会、村民委员会启动协同工作机制的职责”，配套前面“社区负责协调”的条款。修改后的该条款可表述为“受害人有法律援助、临时庇护等需求的，居民委员会、村民委员会应当联系相关部门协同解决”。

7. 新增临时庇护告知及提供庇护条款。建议新增职能部门告知义务条款和提供临时庇护义务条款。具体可表述为“公安机关、妇女联合会、村(居)民委员会等应当告知受害妇女享有临时庇护的权利，受害妇女提出临时庇护请求的，应当协助安排至临时庇护场所”。

8. 修改婚姻制度保护条款。建议在原禁止破坏婚姻条款的基础之上，新增一个兜底条款，避免法律制度的漏洞。新增兜底条款可表述为“其他严重妨害婚姻家庭关系的行为”。

9. 修改妇女对子女监护权、探视权条款。建议把“任何人不得剥夺离婚妇女对其子女的探视权”修改为“任何人不得阻扰母亲探望子女”。

10. 修改第四十一条妇女对子女的抚养权条款。建议把《办法》中的“双方对子女随哪一方共同生活发生争议”修改为“双方都主张直接抚养子女”，同时把“子女随母亲生活”修改为“子女由母亲直接抚养”。

（八）法律责任的修改

1. 增加作为客观法秩序的妇女公益保障执法。第四十三条可增加第二款，即“违反本条例规定，通过大众传播媒介或者其他方式贬低损害妇女人格的，由文化、广播电视、电影、新闻出版或者其他有关部门依据各自的职权责令改正，并依法给予行政处罚”。据此，除了妇女个人权益受侵害后的行政执法救济之外，针对贬低损害妇女人格的公共利益，有关部门亦需要积极执法。

2. 加强妇女受害人司法救济时的帮助支持力度。建议在第四十四条增加一款，即“对有经济困难需要法律援助或者司法救助的妇女，当地法律援助机构或者人民法院应当给予帮助，依法为其提供法律援助或者司法救助”。删除第四十四条第二款，即“妇女权益受到侵害时，有权向妇女儿童工作委员会、妇女联合会、工会女职工委员会投诉，以上组织有权要求有关部门或者单位查处”。

3. 加强对侵害妇女权益的惩戒力度。本条例可以在上位法处罚的范围和幅度内明确从重处罚，将违反本法之损害妇女权益的行为联结为情节严重的违法情形，突出对妇女权益的重点保护。因此，建议将第四十三条修改为：“违反本条例规定，侵害妇女的合法权益，由有关部门依法从重予以行政处罚。”

4. 家庭暴力和性骚扰的特殊保护。家庭暴力是当今社会常见的侵害妇女权益的行为，因此立法上要予以重点关注。建议在第四十六条中增加一款：“在离婚诉讼期间，家庭暴力行为人以暴力妨碍妇女行使诉讼权利，或者夫妻关系解除后，男方以侮辱、殴打、恐吓等形式侵害女方权益的，受害妇女有权向公安机关投诉，公安机关应当及时受理并依法处理。针对上述情形，受害妇人可以依法向人民法院申请人身安全保护令。”

5. 通过地方性法规将部分妇女权益保护事务纳入行政公益诉讼的受案范围，便于检察机关积极参与和开展妇女权益保障的工作。建议增加第四十八条：“对国家机关、国有企事业单位工作人员招聘中的女性就业歧视，在公共场所或大众传播媒介上贬低损害妇女人格，有关公共服务场所和公共交通工具未依法配置母婴设施等侵害妇女公共利益的违法情形，检察机关可以依法提起公益诉讼。”

上海市妇女联合会
上海社会科学院法学研究所
课题负责人：姚建龙

关于推动上海市促进性别平等立法的研究

妇女地位是衡量国家与社会现代文明程度的重要标尺，以立法形式确认、保护和促进妇女的权益是现代社会妇女权益保障最重要的途径之一，也是社会文明进步和现代化发展的必然要求。新的时代给妇女权益保障事业带来了新的需求和新的挑战，也赋予妇女事业法治化新的使命和新的任务。本研究希望探索超越当前《妇女权益保障法》的框架，通过推进上海市性别平等立法，将妇女保护发展至保障性别平等、消除性别歧视的新高度，并探索构建由性别平等促进工作机构组织实施的性别影响分析及评估机制、行业性别平衡制度、社会性别预算制度、社会性别统计制度等，形成更具综合性、本土性和前瞻性的立法创新成果，以求进一步发挥妇女力量，提升上海城市活力，服务国家发展总体布局。

一、上海市推进促进性别平等立法的必要性与可行性

性别平等是一种人权，性别平等并赋予妇女权力是实现联合国可持续发展目标的中心问题之一，而要实现性别平等，法律促进是关键。上海促进性别平等立法的必要性体现在以下三个方面。一是落实宪法要求和基本国策。我国自 1954 年起将男女平等明确纳入宪法，在 1995 年第四次世界妇女大会上将男女平等原则作为国家发展的基本国策，2012 年党的十八大更将男女平等写入报告，具有里程碑意义。二是推进社会和谐和人的全面发展。性别关系是社会关系中最基本的人际关系，一个和谐的社会、人的全面发展需要重视两性关系的和谐发展。三是巩固“上海精神”和建设性别友好城市。上海正在致力于建设性别友好城市，不断加大妇女权益保障力度，为了进一步构建有利于妇女生存、发展的生态环境和社会环境，巩固和弘扬上海精神，上海应当敢为人先，在

性别平等的制度层面做出创新和探索。

结合上海市相关工作，促进性别平等立法具备了三方面的现实可行性。一是国家高度重视性别平等。国家主席习近平在联合国大会纪念北京世界妇女大会25周年高级别会议上提出促进全球妇女事业发展四点重要主张，国家在立法和司法层面也高度重视性别平等理念，这是性别平等立法的重要前提。二是上海妇女权益保障工作成效显著。上海的妇女权益保障工作在全国走在前列，为性别平等法制化提供了坚实基础。三是上海性别平等促进工作有基础。目前上海的妇女权益保障工作已涉及性别平等工作，例如，2018年上海市法规政策性别平等咨询评估委员会成立，相继对涉及妇女权益的《上海市救助条例》《上海市人口与计划生育条例》等地方性法规、政府规章和规范性文件展开性别平等的社会咨询评估。但相较于对妇女权益的保护，上海在性别平等促进工作方面还有巨大的进步空间，需要更先进的理念支持，更系统化的制度保障。

二、上海市推进性别平等促进立法面临的主要问题

(一) 明确性别平等促进立法的价值与意义

性别平等促进立法的核心价值和意义应当在两个方面。一是以性别平等立法构建先进的性别文化。这也是体现上海文化自觉和创新姿态的路径，具体内涵包括：通过立法推动先进性别文化的研究，推动两性共同参与性别文化建设，营造一种良好的性别文化氛围，构筑性别文化建设的法制保障。二是以性别平等立法提升妇女权益保障的社会认知。完整格局的妇女权益保障应当包含三层立意，一是保障妇女权益；二是促进男女平等；三是关注妇女发展性权利，发挥妇女作用。但目前社会认知大多在第一层面，性别平等尚未进入社会主流意识。通过性别平等立法提升社会认知，推动女性在政治领域、经济领域、文化领域具有更多参与权和发展权，也是立法的重要价值和意义。

(二) 厘清性别平等促进立法的目标与原则

性别立法以促进社会性别意识培育为核心目标。坚持“促进社会性别意识培育”的目标，意味着在制定条例过程中要进一步把握以下两个方面。第一，必须充分发挥妇女及妇联组织的作用。在立法的各个环节中充分倾听妇女呼声，代表妇女意愿，维护妇女利益，准确表达妇女群众的呼声和需求。第二，在内容上应当全面贯彻男女平等的基本国策。应从正面推进性别平等，从反面消除性别歧视，通过概念明晰、机构设立和具体制度安排实现突破。

性别立法以关注社会整体利益增进为主要原则。性别平等并非妇女平等，而是两性平等，不仅包括女性，也包括男性。因此，性别平等立法应当涉及广泛的公共政策领域，从社会运作部门即从横向角度来说，应涉及劳动就业、社会保

障、卫生保健、文化教育、规划建设、民政福利、组织人事、婚姻家庭以及媒体宣传等；从纵向角度来说，应涉及从规划、预算到统计等不同阶段。这也充分体现了性别平等立法应有的社会法属性，即从公法而非私权角度构建性别平等促进和保障机制，着眼于社会整体利益增进。

性别立法以提升性别平等社会保障为基本思路。立法的落实需要围绕社会保障措施展开，着眼于性别平等的社会保障体系，这是形成良好的性别平等环境的前提。因此，立法需涉及生殖健康保障机制建设、生育保险制度、妇幼保健机构完善、新型家庭伦理与文化培育、性别平等基础教育普及、女性常见疾病预防筛查制度、妇女友好型设施建设等一系列社会性别平等环境构建措施，以全面完善社会保障制度为思路，促进性别平等的实质发展。

（三）挖掘性别平等促进立法的空间与定位

性别平等促进立法的空间。核心是要厘清上海性别平等立法与目前上海《实施办法》之间的关系。《实施办法》主要是对《妇女权益保障法》在功能上的细化，而性别平等立法则正是旨在综合实施包括《妇女权益保障法》《反家庭暴力法》《中华人民共和国未成年人保护法》《女职工劳动保护特别规定》等在内的各项有关妇女权益保障的法律法规，全面规范和促进地区妇女权益保障事业的发展，同时结合上海特有的性别文化，提出在促进性别平等上的“上海方案”。

性别平等促进立法的定位。区别于妇女权益保护中单纯的权益视角，性别平等立法可以以性别平等和反对性别歧视这一体两翼为视角展开，在整体规划和篇章格局上可以按照领域划分章节。

三、上海市开展性别平等促进立法的对策建议

（一）建议制定《上海市性别平等促进条例》

当今国际社会已经将性别平等纳入决策主流，并且已经形成了时代共识。截至目前，已经有 45 个国家和地区颁布了性别平等的法律法规，有 100 多个国家设立了性别平等的工作机构。我国虽已逐步建立起有关性别平等方面的法律法规体系，但依然缺乏性别平等的统一立法，有关性别平等的规定都散见于各种不同的部门法中，这对于性别平等促进工作相当不利。因此课题组建议，制定并出台《上海市性别平等促进条例》弥补上海市在性别平等地方立法中的立法空缺，并以《条例》的出台为契机，促进上海市性别平等工作创新性发展。

（二）建议通过立法构建机制体制

上海市在性别平等促进工作中应当设立性别平等促进工作委员会专门负责上海市性别平等促进工作。课题组建议，首先，由上海市妇女儿童工作委员

会承担性别平等促进机构职能。其次，性别平等促进工作委员会应当下设性别统计、性别预算、性别分析、反性别歧视、性别平等意识宣传等工作部门，负责上海市性别平等促进工作各方面的具体工作。再次，其工作职责应当包括定期监测、评估全市性别平等工作情况，发布监测、评估报告；协调相关部门实施社会性别预算、社会性别审计和社会性别统计制度；对涉及性别平等的法规、规章和规范性文件进行社会性别分析或者指导相关单位进行分析；监测性别歧视现状并拟定消除性别歧视的政策；受理并按规定办理相关投诉。此外，政府部门中也应当设立性别平等促进办公室。

（三）建议通过立法明确具体制度

1. 以性别统计制度为基础。性别统计是为实现社会性别平等目标，运用统计的特有定量分析方法和手段，建立社会性别意识的统计指标和统计变量，描述、分析和测评男女社会参与、贡献及社会性别差异，为社会特别是政府决策提供数据及事实的定量研究和科学理论与方法。其一，增强性别统计的法律依据。将性别统计制度和内容明确写入《上海市统计条例》，建立社会性别统计的普查制度，将性别统计工作常态化、规范化，定期收集性别统计数据并发布统计结果。其二，完善性别统计的指标体系。借鉴西欧等发达国家的成熟经验，将国际上通行的性别统计概念和方法引入性别统计体系，进一步规范各项指标的统计口径，建立与国际指标比较的参照系，确定社会、政治、经济、教育、健康、家庭、文化等领域的性别统计指标。其三，提高性别统计的能力建设。统计部门应当发挥职能作用，积极培训人员队伍，开展业务指导，培育和增强适合上海具体实际的性别分析技术和手段。其四，建立上海市性别统计数据库和性别统计信息共享平台。由上海市性别平等促进工作委员会和统计部门牵头，其他相关职能部门配合，利用现有的大数据平台和信息网络技术，建立上海市性别统计数据库和性别统计信息共享平台，实时监控上海市性别平等统计数据。其五，加大性别统计宣传工作。应当加强性别统计的宣传工作，编印性别统计资料手册，宣传性别统计知识，增强全市范围内依法统计的意识，并进一步提高性别统计数据的公开化程度和可利用程度。

2. 以性别预算制度为核心。性别预算是指从性别角度出发，评估政府的财政收入与支出对不同性别的群体产生不同影响的手段和方法。课题组建议，上海市性别预算制度应当包括以下几个内容。其一，将性别预算作为政府财政体系和财政预算的一部分。其二，将性别意识纳入上海市各级政府预算程序，并作为每年人大会议审议财政预算的内容之一。其三，加强社会性别预算的机制建设，提高性别预算能力。积极发挥上海市妇儿工委的作用，由上海市妇儿工委和财政部门牵头，会同上海市有关部门，研究制定上海市性别预算计划，打造性别预算上海模式。其四，建立性别预算评估和追踪机制。可以借鉴南非的性别预算"五步法"来建立起一套评估和追踪机制，及时发现性别预算的实施效果和社会影响。

3. 以公共政策的性别分析为统领。课题组认为，上海市建立公共政策领域的性别分析制度应当包括以下内容。其一，建立性别分析评价机制体制。一方面对现行公共政策予以性别分析，挖掘法律规范中的性别盲视现象，另一方面对现行公共政策的运行过程进行实证研究，揭示性别视角在政策施行过程中所起到的作用。其二，建立性别分析评估指标体系。主要包括分性别数据、资料的收集与分析，了解男女在某些方面的需求、限制和机会差异，分析更大环境对男女的机会与限制，提出政策评估建议以及完善建议等。其三，建立性别分析评估标准。运用性别方法分析和评估公共政策，可以将公共政策分为存在直接歧视（显性歧视）的公共政策、存在间接歧视（隐性歧视）的公共政策以及性别平等的公共政策三个大类。其四，具体的公共政策制定过程中应当引入性别视角，充分考虑其对性别平等的影响。

4. 政治和社会参与领域的性别平等。课题组认为，上海市推动实现政治与社会参与领域的性别平等应当包括以下内容。其一，推动性别平等促进立法，为妇女参政提供切实可行的保障，积极促进妇女与男性政治权利的实质平等。其二，实行参政性别比例配额政策。借鉴域外国家实行的性别比例配额政策，通过明确规定妇女在不同政府部门和政治机构中的配额比例，来实现妇女参政比例的提高。其三，设立负责妇女参政的权威组织机构。上海市可以在人大下设负责妇女参政的办公室，专门负责推动上海市范围内政治与社会参与领域的性别平等工作。其四，上海市应当制定更加具体的女性参与政治和公共政策决策的规定，切实增强提高女性参政的可行性和可操作性。

5. 经济参与领域的性别平等。课题组认为，经济参与领域的性别平等制度建设应当包括以下内容。其一，确定"歧视"标准，保障女性的平等就业权。同时针对上海市女性就业现状，发布上海市具体落实实施《就业促进法》的相关举措，确保其落地实施。其二，加强对就业性别歧视监管力度。应当在劳动保障监察机构和妇儿工委的基础上，充分发挥上海市促进性别平等工作委员会对于就业性别歧视的监测、管理、查处力度，加大对消除就业性别歧视、促进男女平等就业的宣传培训与监管力度。其三，确认职工知情权制度，加大对就业歧视的惩罚力度。建立性别歧视制裁和赔偿制度，并进一步完善和优化就业歧视的举证责任制度，破除女性面对就业歧视举证难、追责难、求偿难的现状。其四，提供平衡工作与家庭的社会支持。进一步完善、强化和落实支持女性参与公共劳动，平衡工作与家庭的保障制度建设，完善生育社会保险等相关的生育支持制度建设。其五，采取积极的举措促使用人单位促进性别平等。上海市各级人大、党委、政府及其相关部门要率先为女性创造良好的就业环境，同时推动和促进用人单位为女性晋升与职业发展创造良好的就业环境。

6. 文化领域的性别平等。课题组认为，上海市推动实现文化领域的性别平等应当包括以下内容。其一，将性别平等视角引入教育理论和政策研究，提高人文社科、自然科学和工程科学研究者的性别平等敏感度。其二，加强教育政策、法律和保障体系的建设。包括将女童的安全保护列入教育工作、未成年人保护工作的重要内容，特别是防止女童被性侵的制度与措施。制定相关政策性文件，确保职业学校将社会性别意识纳入职教主流，促进职业教育领域的性别平等。切实促进高等教育领域的性别平等，制定《上海市高等学校性骚扰防治管理办法》，防范和杜绝高校性骚扰。其三，加强全社会性别平等主流意识，在上海市范围内开展性别平等教育。制定上海市范围内各级各类教育性别平等的课程标准，加强对教师的培训，消除学校教育的性别隔离。其四，加强女性文化教育相关制度建设，从各方面促进女性教育权利的发展。重视女性人才的选拔培养机制，推动女性专业技术学习以及加强女性终身教育服务。

7. 身心健康领域的性别平等。现阶段的主要目标是增进妇女全生命周期健康福祉，保持妇女健康的国际水准。课题组认为应当包括以下内容。其一，建立身心健康领域性别平等与妇女发展指标研究体系，主要包括：出生性别比、孕产妇死亡率、孕产妇住院分娩率、妇科病检查率、男女性病感染率、男女职业病患病率等。其二，建立身心健康领域性别平等与妇女发展状况评估体系，重点对生命安全领域、保健服务领域的性别平等状况进行分析评估。其三，促进妇幼卫生资源优质均衡，强化政府保障妇女健康的责任，保证妇幼保健机构公益性质，继续加大对妇女保健专业队伍的培养力度，实现妇女全生命周期享有良好的基本卫生保健服务。其四，全面提升女性生殖保健水平，进一步提高婚前检查、孕前检查和孕产期保健服务质量等生殖健康教育服务保障机制建设。其五，加强女性常见疾病的预防筛查和干预救治力度，提升女性健康自我管理能力建设。加强对用人单位为女职工安排常见疾病筛查情况的执法检查，加强对女性常见疾病的科普宣教力度，大力开展职业病防治知识宣传，提高女职工自我保护意识。

8. 婚姻家庭领域的性别平等。课题组建议包括，其一，完善和促进性别平等和保障妇女权益的制度环境建设，推动关于妇女权益保障法律的修订工作，赋予女性与男性平等的法律权利。其二，健全婚姻家庭领域性别平等宣传和监督机制，营造促进婚姻家庭领域性别平等的社会环境和社会氛围。其三，建立健全反对家庭暴力工作机制，加大对侵害妇女权益违法犯罪行为的打击力度，建立健全反家庭暴力多部门合作机制，做好反家庭暴力常态化工作，完善家庭暴力预防、惩处、救助一体化工作体系。其四，全面保障男女平等出生权利，全面禁止和打击进行非医学需要的胎儿性别鉴定和选择性别的人为终止妊娠，深入宣传男女平等的新型婚育观。

9. 性别平等的环境建设。性别平等环境建设需要以性别文化为基础，上海市性别平等的环境建设应当包括以下几个内容。其一，借鉴中国香港地区经验，由妇儿工委牵头加强对性别文化的宣传，采取课题讲座、研讨会、宣传短片等多种多样的形式宣传性别平等文化。其二，培育新型的家庭伦理与文化。对家庭的内部分工模式进行改革，由传统的女主内、男主外的家庭分工模式转变为男女平等共同承担家庭责任模式。其三，加强先进性别文化研究，营造良好的性别文化氛围。其四，构建性别平等环境建设法治保障。把性别平等环境建设纳入政策体系中去，促进性别平等的实质发展。其五，加大对妇女权益保障的力度，营造妇女友好型发展环境。其六，加强基础设施领域妇女友好型设施建设，优化妇女友好型发展环境，将对女性特殊需求的考量融入城市规划的整体思路。

10. 性别平等的责任机制构建。性别平等责任机制需要建立和完善各个主体在促进性别平等工作中的责任机制。首先，政府的主体责任，主要包括履行国际承诺，贯彻男女平等的基本国策；将促进性别平等与发展纳入发展战略；建立健全性别平等工作机制；完善性别平等法治保障体系建设并积极采取具体举措和专门行动促进性别平等。其次，各个社会主体的社会责任，主要包括学校应当履行性别平等责任，以性别平等的理念进行学校管理，将性别平等工作纳入学校工作计划，开展性别平等教育等；媒体应当加大对性别平等、性别意识等议题的宣传力度；企业应当承认女性价值，实施帮助计划，促进女性发展，完善企业规章，保障女性权利，提出相应的促进性别平等工作的有力措施。

上海市妇女联合会
华东理工大学
课题负责人：郑依彤

关于上海妇联组织妇女维权体系构建及应用的研究

维护妇女合法权益是妇联组织的根本职责所在。上海市妇联在群团改革试点中通过“减上补下”，进一步彰显妇联作为党的群团组织的政治性、先进性和群众性。全市妇联维权工作围绕“做在平常、抓在经常、落在基层”十二字方针，逐步形成了“四位一体”维权结构体系和“五项工作机制”“六大维权内容”等成熟经验做法。但随着市域治理现代化进程的有序推进和新形势下妇女维权需求的日益多元，目前维权体系中存在着的向上靠拢党政中心不够主动、向下联络妇女群众不够到位、横向联合政府职能部门不够广泛、纵向扎根基层社会治理不够深入等问题日益突出。需要深入实际、找准原因、瞄准方向、寻求突破，以真正实现“纵向到底、横向到边”的维权体系构建目标，推动妇联组织在维护妇女权益、稳定社会发展中发挥独特作用。

一、上海妇联组织妇女维权体系构建及应用的基本现状

关于上海妇联组织妇女维权体系构建及应用的基本现状，主要通过对妇联条线体制内和体制外两个侧面开展的线上线下调研获得。调研的重点包括两个方面：(1)内部维权职责调研，重点针对是否存在妇女维权职责不清、职能不到位等状况；(2)外部对接机制调研，主要针对妇联与相关职能部门的对接维权状况。

(一) 体系构建的基本情况

党的十八大以来，上海妇联组织通过改革创新进一步增强其政治性、先进性、群众性，加强组织建设，完善组织体系，建立了自己的维权队伍和维权阵地。

1. 形成“四位一体”的维权体系。上海市妇联妇女维权，依托市、区、街镇、

居村四级妇联组织体系，以及市妇女维权法律援助中心、区县18个分中心、街道乡镇的上百个维权工作站和延伸到居村委会、居民楼组的上千个妇女维权岗的四级法律援助网络，以及市、区县两级19个人民调解委员会、上千个外来妇女维权点，依靠几千名妇女预警员、几万人的平安家庭志愿者队伍，构建起了集"信访接待、法律援助、人民调解、心理疏导"于一体的"四位一体"维权服务模式。

2. 夯实"妇女之家"等维权阵地。习总书记强调，要以更实的举措推进妇联改革，确保改革在基层落地。为此，上海妇联组织应用四级维权体系，以及妇女之家、白玉兰开心家园、妇女法律维权中心、婚姻家庭纠纷调解中心等维权阵地，在联系妇女、服务妇女方面发挥了重要作用。

（二）体系应用的现实状况

上海妇联组织在群团改革背景下，逐步建立健全了妇联作为党和政府联系妇女的桥梁纽带的工作机制，并在维护妇女权益方面形成了显著的体系特点和应用成果，为进一步代表和维护妇女权益提供了有力保障和有益借鉴。

1. 重视源头——加固妇女维权根基，细化维权法律依据。上海市妇联建立了源头维权的上海市法规政策性别平等评估机制，为男女平等基本国策的落地添翼赋能。根据全国妇联《关于做好婚姻家庭纠纷预防化解工作的意见》，出台了《关于加强本市婚姻家庭纠纷预防化解工作的意见》。之后，又与上海高院联合下发了《关于印发上海市高级人民法院、上海市妇女联合会〈关于进一步加强合作建立健全妇女、儿童权益保护工作机制的意见〉的通知》、与市检察院颁布了《关于印发〈关于进一步加强合作建立健全妇女、儿童权益保护工作机制的意见〉的通知》，在全国妇联与两高联手出台妇女儿童保护工作机制之前创新性地建立了横向协同维权机制。针对疫情，上海妇联出台了《关于加强新型冠状病毒肺炎疫情防控期间孕产妇关心关爱工作的通知》。2022年，借《妇女权益保障法》修订之机，启动了《上海市妇女权益保障条例》的修订工作。

2. 聚焦中心——找准具体维权场景，铺设维权服务网络。上海妇联针对法治宣传、婚姻家庭纠纷调解、反家暴、反性骚扰、性侵未成年人等妇女维权的重点工作和重点领域、项目，构筑起了"源头维权＋个案维权＋项目维权＋实事维权＋舆论维权＋协同维权"的"六大维权"网，为上海妇女筑起了一道坚固的特色防护墙。尤其是坚决贯彻习近平新时代中国特色社会主义思想，推进家庭家教家风建设，将婚姻家庭纠纷的预防和化解以及反家暴作为妇女维权实事的重中之重，为平安上海建设贡献力量。

3. 做在平常——贯通纵向维权体系，确立维权工作规范。习总书记强调，要把联系和服务妇女作为工作生命线，成为妇女信得过、靠得住、离不开的娘家人。为此，上海妇联组织建立起了“市妇联＋区妇联＋街镇妇联＋居村妇联”四级维权体系。其中，市妇联持续指导和深化四级妇联信访接待、法律援助、人民调解、心理疏导的“四位一体”工作模式，壮大了维权队伍、夯实了服务阵地、拓展了服务内容，为维权服务效果的提升打下了扎实的组织基础。全市各区妇联重视婚姻家庭纠纷预防和化解等重头工作，打造婚调队伍建设；基层妇联从关爱帮扶等更加日常的维权服务着手，通过志愿者队伍等强化力量。总体上形成了一支底盘扎实、中间坚固、头部灵敏的维权队伍。

4. 抓在经常——联通横向协作部门，建立维权工作机制。前述市妇联与市高院、市检察院等颁布的文件，为市妇联与公检法司等部门建立横向协作机制奠定了坚实的基础，各级妇联以此为依据，积极和同级相关部门对接展开工作，并且在此过程中赢得了协作部门的好评，有的主动找上门来寻求合作。如基层检察院、公安部门与妇联协同维权，对性侵未成年人案件提起公益诉讼等，形成了良好的口碑，广受妇女群众的好评。2022 年，市检察院主动对接妇联，利用妇联扎根基层的优势，联合拟文建立困难妇女国家司法救助工作合作机制。

5. 落在基层——摸清妇女维权需求，参与基层社会治理。上海妇联组织坚持群众路线，从群众中来到群众中去，基层居村委妇联干部在日常工作中做好重点人员、高风险家庭、困难家庭的排摸工作，并提供心理咨询、困难帮扶、两病筛查等服务。在此常规性的维权服务之外，上海妇联组织与检察机关合作，通过妇联基层组织力量在未成年人的社区矫正、救助帮扶及亲职教育等方面发挥积极作用，为探索妇联协同维权、参与社会治理提供了方向。

（三）妇联维权的认知差异

从调研情况看，妇联组织体制内和体制外对妇联维权的认知存在较大的差异，这种差异表面体现在对妇联维权工作内容性质等的认识上，实则反映了妇联的存在感或组织地位内外有异。

1. 是“维权资源的整合者”还是“维权问题的专业解决者”？前者类似于一个中介平台，妇联扮演医院前台分检员的角色，重在导流、牵线搭桥，帮助妇女群众找到正确的渠道正确的人解决问题；而后者，更像是一个直接帮助病人解决问题的医生，专业性更强。

2. “妇联所能”为何决定其组织定位？妇联组织需要考虑自身所能，即“妇联所能”决定了组织定位，虽然无论从理论还是从实践，能力是可以提高的，但一要看队伍基础，二要投入巨大成本，三要考虑朝哪一方向提高能力更加现实可行。

3.“妇联所能”在不同领域是否并不相同？“妇联所能”在不同的领域并不相同，有几十年发展历史的妇联具备别的组织所不具备的能力，可以直接发挥自己的组织优势解决问题，妇联当保持组织自信，在自己擅长的领域干出特色，形成品牌，让群众充分认识和接纳妇联。

二、上海妇联组织妇女维权体系构建及应用的特色经验

上海妇联组织内练基本功，外联能量源，在妇女维权体系构建及应用上取得了较好成效。其特色体现在法规建设的规范化、机制建设的经常化、工作开展的平常化、维权服务的精准化以及社会治理的基层化等多个方面。妇联组织聚焦妇女在家庭、职场和社会中的不同角色，以性别平等为纲领，将维权工作“做在平常、抓在经常、落到基层”，形成了一些可供学习借鉴的先进经验和做法。

（一）常态化维权服务——婚姻家庭纠纷预防化解做在平常。如杨浦区的“心律·家”婚调服务特色品牌。以婚调委为核心，以“心律·家”社区维权服务项目为载体，建立“1+20+N”矛盾纠纷排查调处新模式，形成“妇联维权+人民调解+多元解纷”工作法，助力平安家庭创建。曲阳路街道妇联联合司法所建立的“心悦家事关护工作站”，首创红、橙、黄、绿“四色信号灯”的预警转换机制，及时缓解、消除社区家庭不稳定因素，提升妇联组织在基层治理中的精细化水平。

（二）重点化维权工作——反家暴多部门联动抓在经常。包括妇联在内的反家暴各职能部门在协作配合的过程中，依据《上海市实施〈中华人民共和国反家庭暴力法〉主要工作部门职责分工》，不断规范家暴类纠纷的调处工作机制，细化处理家暴类案件的内容、流程及证据收集、文书制作等，逐渐形成了一套比较顺畅的工作流程，并借此经常化地开展工作，各部门协同处置。

（三）温情化维权服务——“关爱女性健康”落到基层。上海市各级妇联始终把关注和保障女性健康放在第一位，长期以来通过上级妇联争资源、下级妇联送关爱的方式为女性健康谋福利，从宣传预防、筛查治疗、重症救助、康复保健几大几方面形成保障“闭环”并真正落到基层，让妇女群众受惠。

（四）社会化维权服务——“知心妈妈”项目购买社会服务专业化维权。上海妇联组织利用女性组织的气质特点，通过“知心妈妈”项目，招募社会力量通过专业化的方式解决信访问题，打破了信访就是无理取闹的偏见，在信访和妇女群众之间架起了一座桥梁，柔性化地处理信访中利益纠缠的矛盾问题，对缓和信访张力、淡化信访冲突起到了较好作用。

（五）创新化维权服务——网络化数据化维权启动实践。具体包括：拓展

妇联组织的网络阵地，方便妇女群众网上利用；建立反家暴网上通道，尝试开辟网络维权通道，如虹口区妇联“虹心守护”妇女维权小程序的上线尝试，以及杨浦区妇联在随申办上开通的“杨浦妇联”服务通道。此外，根据《目标管理办法》排摸基层数据，也在为未来的数据化维权奠定基础。

三、上海妇联组织妇女维权体系构建及应用的短板问题

随着近年来我国经济、社会各方面的发展，妇联工作转到了以“关注服务妇女民生，促进社会和谐稳定”为基点，重点是维护妇女合法权益。但新时代妇女维权表现出了一些新特点和新问题。调研发现，上海妇联组织妇女维权主要问题集中在以下几个方面。

（一）干部队伍问题：维权任务的繁杂性和基层力量的有限性。妇联组织的妇女维权向下沉，就需要一支扎实的基层妇联干部队伍，但实际情况是基层工作随着社区治理的推进越来越多，妇联条线干部力量配备却不见增长，以崇明区为例，基层妇联干部力量严重不足。

（二）干部认知问题：外部环境的竞争性和自身求变的内源性。随着互联网对人们生活的影响不断加强，生活节奏加快，妇联也正在面临着来自某些“民间组织”的竞争。1. 工作方式和服务平台方面。如北京“源众”反家暴微信小程序，以其公益性、专业性、快速回应性取得了广泛的关注和信任，对妇联组织的妇女维权形成了强大的外部压力。2. 组织独立性方面。法律公益机构以简单直接地提供帮助为宗旨，不断吸引优秀的律师、志愿者以及社会捐赠，而妇联募人募捐缺少优质品牌的吸引力。3. 受害者期待度方面。妇联维权以调解为主，部分女性在预见自己的求助结果后会逐渐寻求其他社会组织的帮助，从而降低对妇联的期待。4. 妇联组织内部求变的内源性力量。妇联干部对妇联组织的定位在认识上还存在偏差，积极派认识到了妇联工作在于“联”，利用妇联自身在政治、社会和人脉网络上的优势，联合各方力量为妇女维权提供社会支持；而消极派，深层次渴望妇联也能手握实权，成为一个解决实际问题的专家、能手，而现实又并非如此，从而内生了角色认同的焦虑而非力量。

（三）维权领域问题：职业女性的艰辛化和职场维权的虚空化。大多数的职业女性身兼家庭和事业双重重担，她们除了要在家庭中殚精竭虑，照顾好老人孩子等，还要在职场中尽心尽力，不被淘汰。首先是求职遭受隐形歧视，其次是就职后的特殊权益难以得到充分落实，最后是职场性骚扰防治机制的缺乏。此外，职场性骚扰案也并不多见。主要原因是性骚扰认定标准模糊、证据收集难、证明力及证明标准认定尺度不一、追究用人单位责任难等等。

（四）维权流程问题：窗口设置的分散化和群众利用的低效性。有专家指

出，上海的城市治理面临伴随城市中心外扩所带来的政府公共服务的空间配置问题，尤其是公共服务的供给机制的相应调整等特殊问题。妇联维权服务窗口的设置，本质亦是公共服务的空间配置问题，具体涉及的是妇联组织单独设置窗口、还是在政府公共服务空间内嵌入窗口、以及设到哪级既便民利用又节约资源等几方面问题。目前上海妇女维权窗口的设置，一是分散化，二是利用低效化。如法援中心内设置的妇女维权咨询窗口，前去咨询并最终立案的并不多。

（五）维权手段问题：网络空间的性别化和妇联维权的薄弱化。这一问题来源于上海年轻人聚集的特色。上海通过高校聚拢了大量年轻人，但他们对妇联的知晓及认可度普遍较低，他们聚集在性别化的小红书、虎扑等网络平台，且对恋爱、婚姻、生育等的看法大相径庭（如“高铁卫生巾事件”），而持有立场的平台用户又会通过网络对“三观”尚未完全建构的用户产生影响。这对妇联通过性别平等宣传教育，引导年轻人树立正确的婚恋观、平等观提出了挑战。

四、上海妇联组织妇女维权体系构建及应用改革的实然基础

上海妇联组织妇女维权体系的构建及应用，既有各级妇联组织摸索实践形成的先进经验，又有自身的短板问题，其今后改革面临内外环境的影响和制约。

（一）上海妇联组织妇女维权体系构建及应用改革面临的困境

1. 外部环境的制约。根据社会网络理论，妇联组织处于受政治、制度、文化、组织体系、内容等多面因素影响的复杂网络体系中。以政治基础为例，妇联定位问题的根本所在是定位它与党和政府主管部门的关系，其他的网线关系都不同程度的受这一关系的影响。妇联作为群团组织，既是党和政府联系和服务群众的组织载体，亦是联系群众的社会支柱，具有特殊的“官民二重属性”。因此，重视维稳，以维稳为中心，要求妇联组织的妇女维权必须扛起政治责任，化解社会矛盾。

2. 社会治理基础的影响。上海作为特大型城市在治理体系建设方面存在普遍性的难题，即部门之间目标不一、职能不清、信息不畅。这事实上也构成了妇联参与社会治理的基础。妇联在与其他部门共同开展社会治理的过程中，第一必须达成共识，需要发挥民主协商的作用，促成公共意见的形成；第二必须划清职责。特别是针对涉及职能交叉和联动的工作，必须进行特别说明；第三则是完善对接，尤其是信息传导的对接，克服横向信息传导的时滞性和被动性。

3. 人员基础的制约。维权一件事，关键在找人。妇联组织通过参与基层社会治理实现维权目标，向下必须要能找到群众、抓住群众，但社区公众的参与积极性不高，民间组织又发育不足，导致公众的社区参与存在严重局限。典型

如妇联维权的法治宣传，缺少受众的参与，宣传的目的也就无法实现。外加社会治理领域有待拓宽，许多原本该放手交给社会去办的事务性和服务性事项，政府并未完全放手，导致妇女群众关注的领域，可能政府没有放开，而妇联在积极推动的事情，群众又没兴趣参与的尴尬局面。

（二）上海妇联组织妇女维权体系构建及应用改革面临的竞争

1. 地方妇联之间的竞争。他山之石，既可比较借鉴，亦是竞争关系。如福建泉州市妇联在省内率先建立"妇女援助中心"，以"妇工 + 社工 + 专家 + 调解员"的联动模式，为妇女提供"一站式"维权与信息服务。而浙江省妇联基于浙江强大的互联网基因，在网上开辟维权通道，便利妇女维权，走在了上海的前列。典型有杭州市妇联在 2018 年开发推出的全国首个"e 家和"线上反家暴服务平台。

2. 妇联与其他政府部门和群团组织之间的竞争。中国社会治理创新的核心目标是努力塑造共建共治共享的社会治理共同体，其基本思路是通过公共领域的构建推动多方主体间形成紧密依赖的共同体意识。在共建共治中，妇联组织实际就处于与其他共建共治主体的竞争关系之中。从治理优化的角度而言，妇联当然不是要在共建共治中争当主角，而是必须找准自己的位置，扮演好自己的角色。

五、上海妇联组织妇女维权体系构建及应用创新的应然理论

妇联组织妇女维权的理论构建，传统上多以马克思主义妇女观、群团组织理论、性别平等理论等为基础，这些理论，当时是妇联履行维权职责的最重要的指针，但其更多地体现为方向性的指引；而具体维权工作的开展，还应该依赖于行为学、社会学等视角下的组织约束理论、社会治理理论、社会支持理论以及新时代的数据治理理论等，形成双翼理论体系。左翼的传统理论是妇联组织妇女维权体系构建的定位指向，以其打造队伍；右翼的治理理论是妇联组织妇女维权体系应用提效的行动指导，用其指挥队伍战斗。

首先，必须奠定基础理论，夯实维权体系的定位。其中，马克思主义妇女观是观察分析妇女问题的理论基点，科学发展观是维护妇女权益的目标性理念，群团组织理论是妇联组织妇女维权体系构建的理论基调，性别平等理论是妇联组织妇女维权体系应用的理论底色。妇联组织的妇女维权，首先要从解决性别平等做起，妇联要主动作为，哪里的妇女合法权益受侵害，哪里的妇联组织就要站出来说话，依法依规为妇女全面发展扫清障碍、创造条件。

其次，必须扩宽行为理论，指导维权体系的应用。其中（1）组织约束理论，要求妇联在约束中求变，包括找出约束→加大投入→增加资源→开拓需求→改

善政策→利用瓶颈等环节，最终以降本增效为目的。(2)社会治理理论：要求妇联善用社会力量。(3)社会支持理论：支撑妇联在基层社区发挥作用。(4)区域化党建理论：引领妇联依托于党扎根基层，不管是在基层组织构架上还是在基层阵地建设上，都应在区域化党建理论指导下扎根基层开展维权服务。(5)数据治理理论：指引妇联组织未来维权方向。有学者研究指出，特大型城市在公共治理方面存在公共服务不完善，而高度复杂的现实极易引发突发性、偶然性、多样性、分散性的冲突问题。回归到妇联维权上，当 12338、12345 等维权热线产生数据，当更多的线上维权窗口未来得以启动，维权工单如何汇聚分类、分流派发，就是一个非常现实的数据治理问题。

六、上海妇联组织妇女维权体系构建及应用迭代的未来举措

展望未来，性别平等和妇女赋权已成为《联合国 2030 年可持续发展议程》的重要目标。根据习总书记指示，妇联要承担好代表和维护妇女权益、促进男女平等和妇女全面发展的重要任务。未来上海妇联组织的妇女维权，要在党政所急、妇女所需、妇联所能的交叉点上准确定位。

(一) 上海妇联组织妇女维权体系构建

妇联组织应充分发挥“联”的功能，线上联网络，线下联机构、联骨干、联社工志愿者，形成顶层重视、基层夯实、内部联动、外部借力的整体化妇女维权体系，上下内外交错发力。

1. 纵向：分层定位、夯实基础。此乃妇联组织妇女维权体系的根基所在。妇联定位问题的根本所在，是其与党和政府主管部门的关系，其他关系都不同程度地受这一关系的影响。建议在市、区层面，妇联更多地应加强与政府的关系，联合政府资源办事；而在基层，随着区域化党建的加强，则更应加强与基层党组织的关系，利用党扎根群众的优势和群众对党的信任，融入党建构架中，站稳脚跟，激活末梢，利用资源办好维权实事。

2. 横向：划界定责、协同共进。这是妇联组织妇女维权体系的支撑力量。可通过优化联席会议制度、建立信息互联互通制度、建立联合约谈督查机制等手段，突出妇联的组织化和社会化整合功能，细化与各职能部门工作联动机制，深入挖掘和精准研究跨部门跨领域联动的新需求、新模式，完善各项工作制度，确保制度落地应用。

3. 内部：有效激励、加强联动。基层队伍建设则重在激励，下级妇联要在落地生根上把功课做扎实，做好对基层妇联干部、对志愿者、对社会组织的激励，激发他们自觉自主地参与到妇女维权中去。同时，加强培训赋能，帮助他们提高工作能力和工作水平。

4. 外部：多维合作、优化传导。针对妇女深层维权需求，妇联一要探索与各类社会组织的合作空间，以专业化、法治化、人性化为目标，在个案维权、法治宣传、帮扶助困等方面开发更好更优的合作项目。二要优化协作流程，在定职定责的基础上，进一步把信息如何横向传导、工作如何横向对接形成可视化的工作流程图，并公示上墙上网，以便工作主体、协作对象、服务对象三方均能清晰事件处理流程，形成安定结果预期。并通过跟踪回访制度的反馈，改善工作流程。

（二）上海妇联组织妇女维权体系应用的内容迭代

1. 从“眼睛向上”到“眼睛向下”——延伸服务对象。建议按照不同指征对服务对象进行分类，以明确服务目标，并有的放矢地安排相应的维权服务力量。以家庭为例，区分困难家庭、特殊家庭和问题家庭，分类建档，逐渐形成平安家庭建设的社区治理分布图。

2. 从单兵作战到系统作战——纵向明确工作流程。未来上海妇联组织从基层到中层再到高层、顶层，不同层级之间的工作规程应更加有序地对接。建议以《妇女权益保障法》突出强调妇女人身和人格权益的保护为契机，以反家暴、申请人身安全保护令为例，明确报警、申请保护的流程，并通过传统媒体和新媒体多渠道明示给广大女性，为女性维权撑腰指路。另外，可考虑建立反家暴微信小程序，开辟线上维权功能，通过线上操作的步骤化，倒逼线下工作流程的明确化。

3. 从协同作战到联动作战——横向整合各方资源。上海妇联组织未来应将协同作战下的被动转化为联动作战下的主动，充分利用社会资源，构建立体化、全覆盖的妇联维权网络，把更多的维权项目兜入以妇联为圆心点、以公检法司等为辐射面的妇女维权网中。(1)与政府职能部门的联动。市、区级妇联要跟着政府走，积极争取资源、合理调配资源。(2)与基层党组织的联动。街镇、居村妇联要听党指挥跟党走，认真执行条线上布置的各项工作。要善用党组织的力量，融入到区域化党建中去。(3)与社会组织的联动。在资源整合中，值得一提的是，必须充分发挥女性社会组织的力量。

4. 从拓面到挖井——竞争机制下的维权品牌效应提升。未来几年，妇联更应让群众认识妇联，要通过品牌项目的不断深化及其溢出效应，让广大的妇女群众真真切切地可以有问题找娘家人。在政府其他职能部门为了自身业绩、绩效不断努力的过程中，妇联组织如果再不抓住自身维权的“性别平等”特色，主动联系、对接其他部门，扩大自身维权服务的影响力，就会越来越不被群众所知、不被群众需要。建议紧抓“性别平等”核心，升级12338妇女维权热线，开发运行反家暴微信小程序项目，推出妇联维权特色品牌宣传项目。

5. 从拼影响到拼服务——发展内驱力下的服务创新。妇联组织在时代潮流下，必须思“变”求新。建议：(1)妇联组织妇女维权的“一网通办”接入。形成从数据接入→归口分类→派单指导→上下联动→基层网络→具体处置→向区级反馈的系统化网络善治格局。(2)妇联组织妇女维权的数字化创新。对照数字化治理的三大要素即技术(治理手段)、组织(治理主体)、职能(治理目标)，上海妇联组织有着坚实的组织基础、明确的治理目标，应主动靠上技术要素强大的部门，搭上数字化治理大船，在城市大数据中融入“家暴”“性骚扰”“性侵害”等妇联维权特色关键词，通过数据搜索分析，使得沉没在大数据中的侵害到妇女权益的事实通过数据感知、反映出来，之后经由线下的维权实体加以解决。

6. 做实分类统计——为数据治理打下基础。在当前《目标管理办法》的基础上，进一步做实分类统计工作，为未来妇女维权的数据治理奠定基础。(1)分类设计表格，体系构建类表格，包括干部队伍统计表、妇联阵地统计表、女性社会组织统计表、横向联络员统计表等；体系应用类表格，包括常规项目统计表、特色项目统计表、协同维权项目统计表、购买社会服务项目统计表等等。(2)建立电子档案，包括困难家庭、特殊家庭、问题家庭的电子档案，形成一户一档、分类明晰、查找方便的基层社区治理数据库。(3)创建妇女维权事业的专家库，广泛集中社会力量，为维权一件事找到人、找好人。

7. 夯实财力根基——为维权服务提供保障。上海妇联有意探索成立上海市妇女儿童发展基金会，统筹社会资源做好困难妇女儿童扶贫帮困工作。基金募集的关键在于亮点吸引和愿景激发，应学习“源众”公益组织的做法，在某方面(如反家暴)集中精力打歼灭战，做出品牌、形成品牌效应，依托热点效应广泛募资。

妇联服务你我他，妇联来自你我他。只有真正找回妇女群众，提升她们对妇联组织的信任度，她们才会反馈反哺妇联，从而形成妇联组织的良性发展道路。

上海市妇女联合会
上海大学
课题负责人：李立新

妇女儿童权益保护公益诉讼机制的定位与探索

公益诉讼制度是指国家、社会组织或者公民个人以原告的诉讼主体资格，对侵犯社会公共利益的行为，向法院提起民事或者行政诉讼，通过法院依法审理，追究违法者法律责任、回复社会公共利益的诉讼制度。《中华人民共和国宪法》(以下简称《宪法》)明确规定妇女儿童的性别平等、家庭生活和教育平等受到国家的保护。这些不特定对象的宪法权利受到侵害时，往往既是对个人利益的侵害，也是对社会公共利益甚至是国家利益的侵害。因此，广义上的妇女儿童公益诉讼机制不仅仅是指诉讼层面对侵害妇女儿童权益犯罪的惩治打击，还是检察机关与妇联组织强化合作化解社会矛盾，推动未成年人司法保护社会支持体系建设，促进妇女儿童保护法律体系健全完善的一种社会治理方式。然而，长期以来，妇女儿童权益的公益诉讼一直处于公益诉讼研究的边缘地带，无论是在理论研究层面，还是在实践机制的探索中，都存在一系列的问题亟待解决。妇女儿童权益保护公益诉讼应该如何定位？哪些案件应当列入妇女儿童权益保护公益诉讼保护的范围？如何构建有效联动的妇女儿童权益保护公益诉讼机制？这都是当下检察机关和妇联组织必须直面且亟待解决的重要研究课题。

一、妇女儿童权益保护公益诉讼的初步定位

(一) 妇女儿童权益保护公益诉讼的设立价值

随着现代社会发展，就业性别歧视、校园性侵、留守儿童监护缺失等妇女儿童合法权益受到严重侵害的事件屡屡发生。尽管妇联组织、检察机关有心参与帮助，但由于缺乏成文的法律和体系化的制度，实践中常常陷入困境，因此引入公益诉讼机制，将妇女儿童权益保护纳入公益诉讼范围是极为重要的解决方

案。妇女儿童权益保护公益诉讼的开展旨在最大限度地维护妇女儿童合法权益，延伸妇女儿童保护触角。虽带有“公益诉讼”字样，但其定位并不仅局限于诉讼一种，而属于多元化纠纷解决机制，是两类特殊群体社会性民事案件的针对性解决机制。从目前的实践数据看，大部分检察院、妇联介入的案件最终都未进入诉讼程序，而是通过诉前调解、和解等方式解决。

（二）妇女儿童权益的公共利益属性

现代社会的公共利益不是一个泛化的公共利益。社会本身是有结构、分层的。在分层的社会结构下，妇女、未成年人等群体的利益是否受到保护，以及他们受到什么程度的保护，决定了社会公共利益保护水平。不少妇女儿童权益侵害类案件不仅是平等主体双方之间的私人民事权利关系，往往还会超越个人利益，涉及社会、伦理、家庭、道德等多方面社会矛盾。因此妇女儿童合法权益的维护，不单是法律问题，更是社会治理问题，符合公共利益属性。

二、妇女儿童权益保护公益诉讼机制的现实必要

（一）妇女儿童权益侵害案件数量多、类型复杂

保障妇女儿童合法权益，不仅是社会道德和文明的体现，也是国家法治水平的体现。现阶段我国妇女儿童权益保护形势严峻，以 2019 年上海市为例，市司法行政系统全年共调解妇女儿童权益保护类纠纷64 001件，占调解总数的20.36%；市级妇联全年接受和处置家庭暴力投诉 465 次，其中有 88%为男性对女性施加的暴力；此外，妇女在就业中易遭受性别歧视，女工因怀孕被解雇的情况时有发生。作为弱势群体的儿童亦遭到严重迫害，2019 年上海市检察机关共受理逮捕性侵害未成年人案件 220 件 246 人。侵犯妇女儿童权益的案件不仅对当事人身心健康造成极大损害，亦会对社会秩序产生难以估量的负面影响，引入妇女儿童权益保护公益诉讼机制刻不容缓。

（二）妇女儿童权益保护公益诉讼机制未建立完善

以上海市为例，针对上文侵害现状，市检察院及市高院、市妇联及时采取相应措施，开展涉及儿童的公益诉讼 43 件、妇女就业平等权公益诉讼 10 件，先后发布了《关于进一步加强建立健全妇女、儿童权益保护工作机制的意见》《关于加强检察公益诉讼工作的决定》等文件，但这些文件未将妇女儿童权益列入公益诉讼保障范围，也未就如何开展妇女儿童公益诉讼加以详细规定，仅用概括性的语言描述和提倡妇女儿童公益诉讼，这使得上海市检察机关开展妇女儿童权益保护公益诉讼活动时缺乏相应法律支撑，难以精确把握妇女儿童权益保护公益诉讼开展范围及方法，相应公益诉讼机制难以发挥成效。

（三）妇女儿童的易侵害性

尽管法律规定了妇女在政治、经济、文化、社会生活等各方面都享有同男性平等的权力，但法律上的平等并不意味着现实的平等，妇女的政治权力、经济地位、教育机会等合法权益的实现仍是一个较为漫长的过程。这其中有长期以来传统的男尊女卑习俗的影响，同时妇女自身的身心特点也是一个重要原因。此外儿童由于心理发育不成熟，难以辨别他人行为的真实意图与自身行为的是与非，也极易受到侵害。加之法律宣传力度不够，尚未能建立维权氛围浓厚和保障妇女儿童健康成长的社会环境，这使得妇女儿童权益遭到侵害时，仅凭个人很难得到救济，亟需外部力量助其维护权利。

（四）妇联与检察机关联动机制尚不完善

2019 年，最高人民检察院联合全国妇联下发《关于建立共同推动保护妇女儿童权益工作合作机制的通知》（以下简称《通知》），为检察机关与妇联的联动合作机制奠定基础，进一步加强了侵害妇女儿童权益犯罪的惩治打击力度。然而在合作过程中暴露出执行联动机制的相关立法不完善，原则性规定较多、可操作性差的弊病，如未规定定期会商机制、联络员制度、人员交流机制等具体合作内容的运作形式。这使得妇联在联动过程中难以主动发挥自身优势，只能跟随检察院指示被动发挥功能，致使其作为协助执行单位丧失履行协助义务的积极性。

三、妇女儿童权益保护公益诉讼机制构建可行性

（一）多方达成妇女儿童权益保障共识

妇女儿童是需要给予更多关爱的群体，习近平总书记多次就维护妇女儿童权益、促进妇女儿童全面发展做出重要指示。妇女儿童维权是全社会的系统工程，这在我国已经达成共识，行政机关、司法机关、社会团体等相互配合，积极推动各职能部门履行维护妇女儿童权益的职责。如上海市妇联等部门、单位为妇女儿童设置法律咨询热线；司法机关通过以案说法等多种方式对妇女儿童进行维权宣传；新闻单位不断加大对妇女儿童维权案件的宣传报道力度；人民群众面对侵犯妇女儿童权益案件，亦能自发制止、及时举报，在媒体平台上大力谴责，形成舆论势压。由此可见，当今中国社会已对保障妇女儿童权益形成共识。

（二）妇女儿童权益保护具有法治基础

为充分维护妇女儿童权益，针对侵害妇女儿童权益的关键领域和突出问题，我国先后颁布多项法律法规。目前我国形成了以《宪法》为依据，以《妇女权

益保障法》《未成年人保护法》为主体，《婚姻法》《劳动合同法》《反家庭暴力法》等法律法规为辅助的妇女儿童合法权益保障法律体系。此外，我国先后起草发布了多项司法政策文件，给予妇女儿童这一弱势群体更加充分的保护，如2010年发布《关于依法惩治拐卖妇女儿童犯罪的意见》，2013年发布《关于依法惩治性侵害未成年人犯罪的意见》，2014年发布《关于依法处理监护人侵害未成年人权益行为若干问题的意见》，2015年发布《关于依法办理家庭暴力犯罪案件的意见》，2018年发布《最高人民法院关于审理涉及夫妻债务纠纷案件适用法律有关问题的解释》，2019年发布《关于建立共同推动保护妇女儿童权益工作合作机制的通知》等，都证明我国针对保障妇女儿童权益有一定的法治基础，为后续完善公益诉讼机制构建，健全权益综合保护机制提供法律参照。

（三）检察机关和妇联的主体优势

检察机关和妇联的主体优势是促进构建妇女儿童权益保护公益诉讼机制的一大助力。检察机关的专业优势是妇女儿童权益保护公益诉讼机制得以建立的根本；妇联则具有强大的组织协调优势，妇联在妇女儿童维权工作中起着牵头、统筹的作用，其可以作为检察机关联系妇女儿童的桥梁和纽带，发挥强大的组织动员作用。检察机关在办理涉及妇女儿童权益的案件时，可以根据案件需要，委托或者会同妇联组织展开专项工作，如提供心理咨询、心理疏导等心理健康服务；妇联目前则可以通过"开展相应的保护建议"或"提交相应保护建议"参与以检察院为主、与妇联组织共同开展的诉前调查中去，进而充分保障妇女儿童权益。双方在各自领域各司其职，发挥各自主体优势，成为妇女儿童公益诉讼机制构建中的重要助力。

四、妇女儿童权益保护公益诉讼的制度设计与路径探索

（一）明确妇女儿童权益保护诉讼范围和诉讼主体

1. 明晰侵害妇女儿童权益行为范围

公益诉讼制度保护的是不特定群体的生命、财产和健康权。妇女儿童作为社会群体中的性别及生理弱势群体，尽管通常是以个案受害者的身份出现，但是"受歧视者仍然代表了一个不确定人数的弱势群体，多数人的私益便可形成公益"。因此，将妇女儿童权益纳入公益诉讼范围，明晰侵害妇女儿童权益行为的范围是非常必要的。

（1）侵害妇女权益的行为

① 招聘过程中的性别歧视问题

针对全面二孩政策实施以后愈演愈烈的性别歧视现象，2019年2月，人社

部、教育部等九部门联合出台了《关于进一步规范招聘行为促进妇女就业的通知》,禁止各类用人单位和人力资源服务机构在招聘环节中的就业性别歧视,但针对女性的就业歧视实际上由直接歧视变为了间接歧视,具有更为隐蔽的特点,如何认定就业歧视的存在成为女性职工维权的难题。

② 个人发展中的性别歧视问题

由于怀孕、生育导致失去重要的培训或晋升机会,工作岗位被取消或顶替以及发生向下的职业流动,是当前许多女职工在职业发展中遭到的性别歧视问题。鉴于现行法律规定中未就女职工遭受这类性别歧视规定明确的法律责任,因而女职工很难通过法律途径维护自身的利益。

③ 性骚扰问题

尽管《妇女权益保障法》《治安管理处罚法》《刑法》等法律涉及与性骚扰相关的规定,但是由于性骚扰概念内涵不清、搜集固定证据困难、雇主责任不清等原因,往往造成职场性骚扰没人管、受害者维权难的情况。加之社会上存在的道德偏见,往往使受害者污名化,被迫丧失就业机会。

(2) 侵害儿童权益的行为

儿童不同于妇女的一大特点在于,儿童由于年龄导致弱势和被动地位,大多数困境儿童即使有改变现状的愿望,也没有资源和能力去应对这些困难。

① 父母对子女实施家庭暴力

近些年父母对子女实施家庭暴力的新闻以及父母因对子女实施家庭暴力而被撤销监护人资格的案例层出不穷,这些都反映了监护人法律意识不强,他们认为对被监护人实施家庭暴力是家庭内部的事情,与他人无关,更有“棍棒底下出孝子”的理念。在农村地区,父母“教育”子女被认为是天经地义的事情,父母对子女实施家庭暴力的现象较为普遍,而且政府部门由于工作地点较远,且管辖点较多,无法实时发现父母对子女实施家庭暴力的情况,常常力不从心。

② 儿童受教育权得不到保障

儿童受教育权益被侵害的主要表现有学前教育教学水平参差不齐、入学条件不统一、流动儿童上学难等。随着大量农民前往城市打工,随父母流动的子女也就越来越多。虽然部分学校在政策支持下愿意接收一定数量的流动儿童,但名额、门槛等一系列问题使得儿童的受教育权不能得到百分百保障。此外,留守儿童的受教育权问题也是一大难题,当地教学质量不高、留守儿童没有监护人不愿意接受九年义务教育的实例在农村地区也时有发生。

③ 网络不良亚文化给不特定儿童的权益带来侵害

随着社交网络的发展,大量不良亚文化通过网络传递给儿童,给未成年人保护带来新问题。一是部分未成年人在日常生活中自觉或不自觉地接受出版物以及影视剧中的暴力色情内容和场景的影响，导致过于早熟或行为暴戾、性格孤僻。二是大量未成年人沉迷于网络游戏，导致网络成瘾，出现淡漠人生、逃避现实等不良心理反应。上述行为呈现出侵害群体广泛性、不特定性，危害结果非立即显现性的特点，仅靠公民个人提起民事诉讼，往往立案困难，举证困难，败诉风险很大，因此建立未成年人保护公益诉讼刻不容缓。

2. 明确妇女儿童公益诉讼主体

（1）全国各级检察机关

检察机关作为妇女儿童公益诉讼主体有其独特优势。其一，从诉讼本身来说，提起诉讼是检察院的基本职权，检察机关工作人员具备丰富的专业知识和法律素养，长期积累的起诉经验使得他们在诉讼中更加得心应手，可以提高诉讼效率。其二，长期以来，检察机关在维护妇女儿童权益事件中积累了丰富的经验，继续承担妇女儿童公益诉讼的起诉职能，有利于司法资源的合理配置。其三，检察院是宪法规定的法律监督机关，有义务也有权力监督保障维护妇女儿童权益法律法规的实施，对侵犯妇女儿童合法权益的违法行为提起诉讼，可以有效地保证妇女儿童合法权益的行使。

然而由于公益诉讼机制因当事人申请而启动，是一种被动、消极的帮助机制。在妇女儿童公益诉讼中，检察院不能主动施行代为诉讼，只有当事人自行救济有障碍，当地妇联部门无法通过调解、和解途径解决纠纷时，才可以寻求检察院公益诉讼部门的帮助。

（2）未成年人保护委员会、妇联等公益组织

尽管《民事诉讼法》未明确有资格提起公益诉讼的“有关组织”的范围，但维护妇女儿童权益的未成年人保护委员会、妇联等公益组织可以作为公益诉讼主体。其一，相关维护妇女儿童权益的公益组织具有一定专业性。其长期致力于妇女儿童权益保护工作，积极打击侵害妇女儿童权益的行为，法律业务水平在实践中得到极大的提升。其二，该类公益组织具有良好的组织协调性。其身为协调性机构，职责就是与教育、卫生、工商、公安等众多部门进行对接，有助于收集诉讼所需证据。其三，存在协会组织提起公益诉讼的先例。在消费者权益保护公益诉讼和环境保护类公益诉讼中，相关的协会、环境保护委员会有权提起公益诉讼。因此根据类推解释，未成年人保护委员会、妇联等公益组织有权提起公益诉讼。

（3）无利害关系的公民、法人或其他组织及单位

根据《民事诉讼法》第五十五条的规定，任何公民、法人、国家机关发现未成年人的生命权、健康权、人身自由权等人身权利和财产权利受到侵犯或威胁，没

有获得及时救助时，都可以提起保护其权益的公益诉讼。此外，对未成年人负有监护、教育、训练等特殊职责的人员以及其他组织和单位，发现未成年人受到性侵害的，有权利也有义务向公安机关、人民检察院报案或者举报，当公安机关、人民检察院不予受理时，可以直接向人民法院提起诉讼。以此类推，无利害关系的公民、法人或其他组织及单位都可以成为侵害未成年人权益公益诉讼的诉讼主体。

（二）妇女儿童公益诉讼机制启动的程序设计

1. 侵害妇女儿童权益案件诉前调查程序设计

当妇联组织发现涉及侵犯妇女儿童权益的行为发生时，应当将案件线索及有关材料及时移送公益诉讼案件办理部门。检察机关的公益诉讼案件办理部门应当对案件线索的真实性与可查性展开初步审查评估，前者重点审查是否属于检察机关履行职责中发现的情形，违法和公益受损的情形是否真实存在；后者重点审查是否属于民事公益诉讼案件范围，社会公共利益受到损害的事实和程度是否可以得到查证等内容。只有同时符合真实性与可查性的案件才能予以受理。

公益诉讼案件办理部门可以采取以下方式进行调查：查阅、摘抄、复制有关行政执法卷宗材料；询问违法行为人、证人等；收集书证、物证、视听资料、电子证据等；咨询专业人员、相关部门或者行业协会等对专门问题的意见；委托鉴定、评估、审计；勘验、检查物证和现场。

2. 侵害妇女儿童权益案件取证程序设计

检察机关以及相关公益组织应当监督侦查机关实行“一站式”取证。“一站式”取证是指公安机关接报妇女儿童权益被侵害的刑事案件以后，公安机关刑侦部门、技术鉴定部门、检察机关、相关公益组织代表人等同步到场，一次性开展询问调查、检验鉴定、妇女儿童权益保护等工作，并在询问调查的同时注重对未成年人的关爱和保护，避免和降低二次伤害。相关单位应当明确“一站式取证”的“344”工作法，以此形成一体化综合救助取证程序。

3. 侵害妇女儿童权益案件受理程序设计

公益诉讼案件办理部门应当建立案件线索台账，对案件类型、被监督对象、分流转办、案件承办人、审查意见、诉前程序及诉讼情况等逐一列明，实行一案一登记、一案一跟进，并对案件流转、审查意见、诉前程序、提起诉讼等节点实行层级管理。对于通过诉前调查审查程序的案件，检察机关应制作立案审批表，附初步证据材料，经过初步调查的，还应附《立案审查报告》，报请检察长决定立案，并到案件管理部门登记。决定立案的，应当制作《立案决定书》，并到案件管理部门登记。

（三）妇女儿童权益保护的社会支持体系制度建设

社会支持体系的建设能够使个人通过社会联系缓解精神紧张状态，提高社会适应能力，它涉及各种正式与非正式的支援与帮助。在妇女儿童权益保护过程中，妇联与检察机关应运用自身的资源，与其他社会治理协同主体进行有效搭配与组合开展合作，最大限度地发挥各自的优势使整体资源发挥最大作用。

1. 完善涉及妇女儿童案件的回访观护机制

妇女儿童案件的回访观护机制，是指办案相关单位和妇联对相关案件的当事人或其监护人进行回访、持续观察与保护的机制。观护对象应限定为涉家事纠纷未成年人；观护内容包括督促裁判履行、专业心理疏导、思想法治教育、困难家庭帮扶四项内容；回访观护的期限一般为 6 个月，最长不超过 1 年，根据案件情况的特殊需要，法院、共青团、妇联可以决定回访观护期限不受上述 1 年规定的限制。此外，在回访观护工作进行中应当持续梳理经验，把握合适的伦理界限，并及时总结，为提高案件的质量与效率，给予当事人及其家庭更加综合的保护做出贡献。

2. 加强妇女儿童权益的法治宣传教育机制

妇女儿童权益保护是社会议题，不但需要妇联和检察机关的专业介入，更需要公民，家庭，社区和社会大众的意识和价值观培养，法治宣传教育是其中尤为重要的一环。

第一，深入社区实地宣传。检察机关可以联合妇联、共青团等公益组织深入社区，通过悬挂宣传横幅、发放宣传单等方式，送法到“家”，让妇女儿童维权岗真正发挥平台作用。此外可以通过专题宣传片、以案说法等形式着重宣讲《妇女权益保障法》《反家庭暴力法》《婚姻家庭知识普法》《未成年人保护法》等法律法规知识，以及男女平等基本国策、婚姻家庭纠纷调解技巧、预防和制止家庭暴力、预防性侵等内容。

第二，积极探索以互联网为载体的线上宣传模式。可尝试通过网站、微信、微博或其他 App 等媒介，把线下的服务内容转换为线上的服务元素，推送多元化的法制宣传教育内容，如拍摄反家庭暴力公益片在地铁里播放；不定期在微信平台推送妇女权益保护、未成年人保护相关知识，分享典型案例。通过打造智慧型的承载平台，积极营造保障妇女儿童权益的社会氛围。

3. 创建检察机关支撑妇联维权服务机制

从社会支持理论的角度来看，妇联组织与其他政府部门、社会团体和民间组织的合作治理能够丰富权益被侵害的妇女儿童的社会资源，完善其社会支持网络以维护自身的权利，因此要创建检察机关支撑妇联组织维权服务的态势。

各级妇联组织发现妇女儿童被家暴、性侵或者民事、行政合法权益被侵害等线索的，检察机关应当开辟和完善“绿色通道”，及时将案件线索或涉检信访材料移送至具有管辖权的案件办理部门。受理的检察院应当及时处置，快速办理，并应当在固定的期限内将处理结果反馈给妇联组织。涉及严重侵害妇女、儿童人身权益的案件，由妇联组织提出申请，检察机关应当协助采取必要的保护措施，如申请人身安全保护令等，及时维护妇女、儿童合法权益。通过检察机关对妇联组织维权服务的支持、支撑，从而更好地保障妇女儿童权益，推动妇女儿童权益公益诉讼机制落地。

4. 构建妇女儿童的心理健康服务机制

权益被侵害的妇女儿童作为弱势群体，其心理健康尤其需要被重视，以避免他们在受到伤害后由于办案需求和工作人员的不当方式受到进一步的伤害。受害者得到心理健康方面的帮助除了有益于当事人的身心健康，也更加有益于诉讼的开展，符合恢复性司法的需求。因此，检察机关及妇联、共青团等公益组织应对其进行必要的心理疏导，避免再次刺激被害人。检察机关和妇联还可以围绕妇女儿童权益保障主题，通过个案辅导、家庭危机处理及治疗小组等方法，协助受困的妇女儿童及其家庭，针对家庭成员之间关系问题进行辅导、情绪支持，帮助被侵害妇女儿童尽快走出心理阴霾。

(四) 妇女儿童权益保护的部门联动制度建设

公益组织是广大群众联合起来的组织，社会性是其本质属性，应借助组织化载体将原子化、碎片化、离散化的个体整合起来，通过社会化服务推动社区共同体建设，维护社会健康有序发展。妇联、共青团与检察机构只有在坚持“社会本位”思想的基础上加强部门间的联动合作，才能更好地应对社会问题。

1. 建立案件线索快速共享与移送机制

检察机关应当与公益组织建立案件线索及时共享及快速办理机制。双方应当建立健全联席会议制度，定期或不定期召开联席会议，将各自在工作中发现的涉及妇女儿童权益保护的问题进行定期沟通并展开线索通报；检察院与公益组织可以建立信息共享平台或成立合作备忘录，借平台互通共用的便利查询相关业务进展；公益组织还可以派出成员至检察院进行交流工作，熟悉检察机关办理侵害妇女儿童权益案件的流程，提高双方合作效率；在办理案件过程中，二者可以互相请求支持或协作，彼此配合，整合资源。这都将有助于进一步依法、及时、有序、有效推动妇女儿童权益保护社会治理体系和治理能力现代化建设。

2. 建立联合调查制度

由于妇联、共青团等公益组织具有长期的妇女儿童工作经验，与社区相关组织也有合作基础，检察院应当会同公益组织联合开展社会调查。

首先，完善妇联组织的调查职能。给予妇联一定的事实调查权，既有利于个案中的案情梳理、解决，也能更清晰地展示某一时段某一地区的妇女儿童权益保护效果。对于调查过程中发现的短板和漏洞，妇联等社会公益组织可以行使救助权。此外妇联还可以联合公安、司法、民政等职能部门及社区、高校、社会组织等共同建立反对家庭暴力的预防和干预联动机制，通过建立预防家暴调查研究中心、全方位为被家暴的妇女提供法律援助及各类帮助。

其次，聘请社会调查工作者。妇联及检察机关可以在必要时聘请具有社会、教育、政法工作经验的人组成专项合作小组，社会调查工作者要以中立身份出庭作证，将社会调查报告作为司法机关主要参考依据，结合公益组织工作的特点参与妇女儿童维权案件的调查。社会调查机制的内容包括建立相应的评价标准，考察未成年人的悔改表现和悔改态度，是否履行了相关赔偿义务，以及未成年人是否遵守法纪，有没有二次犯罪的可能。

3. 联合完善相关法律法规和公共政策

检察机关与妇联组织要进一步推动与妇女儿童权益密切相关的法律法规与公共政策的完善。检察机关在制定司法解释、司法文件时，涉及妇女儿童权益重大问题的，应当听取妇联组织提出的保障妇女儿童权益的相关意见，加强对妇女儿童合法权益的源头保障。在这一方面可以开展年度公共政策会商，根据年度工作总结联合对相关法规政策提出建议，形成报告提交有关部门参考，形成良性循环。

上海市妇女联合会

华东政法大学刑事法学院

上海市黄浦区人民检察院

课题负责人：倪　铁

上海市家庭教育立法创新研究

一、上海家庭教育立法创新的缘起

（一）落实习近平“三家建设”原创性思想的必然要求

习近平总书记一直高度重视家庭家教家风建设，提出很多重要论述和指示，形成了关于家庭家教家风的原创性思想。习近平关于家庭家教家风的原创性思想主要包括以下几个层面。第一，在亲职层面。习近平提出家庭是人生的第一所学校，家长是孩子的第一任老师，要给孩子讲好“人生第一课”，帮助扣好人生第一粒扣子。第二，在子职层面。引导人们自觉承担家庭责任、树立良好家风，强化家庭成员赡养、扶养老年人的责任意识，巩固家庭养老基础地位，促进家庭老少和顺。第三，在家庭关系层面。引导人们促进家庭和睦，促进亲人相亲相爱。第四，在家国关系层面。家庭是社会的基本细胞，千千万万个家庭的家风好，子女教育得好，社会风气好才有基础，家庭才能成为国家发展、民族进步、社会和谐的重要基点。

为了贯彻和落实习近平总书记关于注重家庭家教家风建设的原创性思想，党的二十大首次把加强家庭家教家风建设纳入党代会的报告之中。同时，党和国家制定了一系列的政策。2012 年，全国妇联等七部委发布《关于指导推进家庭教育的五年规划（2011—2015）》；2015 年，教育部发布《关于加强家庭教育工作的指导意见》；2016 年，全国妇联联合教育部、中央文明办等九部委共同印发《关于指导推进家庭教育的五年规划（2016—2020 年）》；2019 年，全国妇联等九部委发布《全国家庭教育指导大纲（修订）》；2021 年，中共中央宣传部、中央文明办等部门联合印发了《关于进一步加强家庭家教家风建设的实施意见》。

以党和国家政策为基础，我国已经有十个地方省市先后制定了相关地方立法。在国家层面，2021 年也制定了《家庭教育促进法》。

（二）展现上海立法应有担当的必然要求

上海作为国际性大都市、经济示范区、法治先行地，在立法上，应当具有一定的标杆作用和引领示范作用。当前家庭教育立法的定位，都是围绕着亲职教育而设计的，并没有包含所有的家庭教育领域。这种立法定位是习近平法治思想原创新贡献转化为法律的探索性立法，也是建构家庭教育法律体系过程中的阶段性、过渡性和单向性立法。而上海作为社会主义现代化国际大都市，应当在国家立法基础上，进行制度创新，先行先试，探索家庭教育立法中心从子女转向家庭，从而推动家庭教育立法体系的建立和健全。

上海的家庭教育立法不仅担负着开创我国家庭教育立法新局面的重要职责，更能为上海经济社会发展提供强有力的支撑。

（三）化解上海家庭困境的必然要求

当前我国的家庭教育立法都以未成年人为中心，不足以化解家庭所面临的整体性困境。

首先，在亲职方面。一方面，快节奏的工作与生活，支配了父母的时间和空间，父母很难有时间履行亲职。另一方面，大城市的生存压力传导到儿童，使得儿童学业呈现恶性竞争态势。儿童的时间和空间被学业所支配，父母与儿童的亲职空间被压缩得更小。这也是当前未成年人身体素质、心理健康问题颇多，自残自杀现象频发，违法犯罪时有发生的重要原因之一。国家双减政策及其配套措施实施之后，父母可能拥有更多亲职陪伴机会和教育时间。然而，在独一代和独二代家庭中成长起来的家长，其家庭教育的能力问题变得很突出。尤其是三孩政策以后，这一问题更为明显。这就亟需立法增进家长的家庭教育能力，促进未成年人的健康成长。

其次，在夫妻方面。夫妻关系和谐，无论是对夫妻自身，还是对子女及整个家庭，都具有深远的影响。然而，上海市近几年离婚数一直维持在 6～7 万对。比同年的结婚数高 30%以上，最高达到 48%。其中的原因是多方面的，但这也暴露出年轻夫妻婚恋观和家庭观的教育严重不足，家庭责任和担当不够，这不仅导致家庭解体，还衍生了很多儿童问题。因此，需要通过家庭教育立法，积极引导青年人的婚恋观念，增强其家庭责任意识，促进家庭健康发展。

第三，在子职方面。改革开放以来，上海的家庭受到时空及结构的压缩，亲职问题较为严重，子职问题也很严峻。传统的孝文化受到很大冲击，子女敬老的观念较为淡薄，孝老的能力非常缺乏。因此，如何确立与之相适应的子职观念，提高子女履行子职的能力，担负起子职责任，是需要通过家庭教育立法进行引导的。尤其是在当前上海有 70%的家庭子女养育要通过隔代照顾的情形下，如何建立与之相适应的子职观念，确立良好的子职关系，促进家庭健康发展，也是亟需立法加以引导。

二、家庭教育立法创新的理论基础

（一）家庭教育理论突破了亲职教育

家庭教育立法把家庭教育定位为父母对子女的教育是有坚实的社会学基础的。无论是基于人的成长规律和特征，还是基于儿童在家国之中的地位，立法如何强调和重视亲职教育都不为过。但无论是在学理上，还是在立法实践中，家庭教育内涵与范畴远远不止亲职教育。实际上，早在20世纪70年代，西方国家在研究代沟的过程中，就发现了前喻、并喻和后喻文化现象，提出家庭中的教育不仅是父辈对子辈，也可以是同辈之间，甚至子辈对父辈的教育，而这一理论在我国学界也已经成为基本的共识。

（二）扩展家庭教育范畴有助于增进家庭功能

家庭教育不仅具有培养下一代的功能，更具有对每一个人终身教育、对家庭进行整体支持的功能。从人的生命历程看，家庭教育可以贯穿于一个人的整个生命历程，是一种终身教育。人在未成年阶段，尤其是未成年早期阶段，主要是在家庭中接受教育。尽管随着未成年人的年龄增长，其所接受的学校教育和社会教育越来越多，但家庭教育依然非常重要，且不可或缺。实际上，人在生命历程中的不同阶段，其在家庭中的身份和角色可能有所不同，因而有不同的教育需求。而且，随着社会的快速转型和技术的高速发展，每一个人都应当终身学习，才能跟上社会的步伐。

（三）创新家庭教育立法的现实社会条件

无论是传统社会中的父权本位家庭教育，还是当前立法中确立的儿童本位家庭教育，都是一种垂直单向的家庭教育。这一事实形成的原因在于未成年子女是知识的白板，而作为成年人的父母又是知识权威的垄断者。然而，随着社会的急速变迁，亲子两代的适应能力不同，在亲代丧失教化的绝对权力的同时，子代却获得了前所未有的“反哺”能力。不仅如此，随着现代社会的科学技术发展，尤其是网络兴起，父母的知识垄断被打破，家庭中的知识传播由垂直单向逐渐扁平化。这就使得家庭中的每个成员不仅可以通过多元化渠道获取知识，而且也使得知识可以在家庭成员之间相互分享。也就是说，随着社会的发展，家庭成员之间的相互教育不仅可能，而且必然。

（四）创新家庭教育立法是家庭教育立法的趋势

《家庭教育促进法》的出台，对我国家庭教育立法具有划时代的意义，但当前的家庭教育立法是一部阶段性、探索性的立法。在我国社会发展的现阶段，家庭本位家庭教育的社会基础和理论基础尽管已经确立，但社会观念的转变还需要一个较长的过程。为了稳妥起见，以儿童本位家庭教育为基础的立法，是国家当前立法的较优选择。而且，儿童本位的家庭教育立法，无论是立法条件还是立法技术都相对比较成熟。实际上，当代中国的家庭，已经从父权本位走向儿童本位，未成年人法律体系渐趋成熟，并已经为家庭教育立法预留了空间，使得家庭教育立法的难度也不是很大。而家庭本位的家庭教育立法，共识性较少，立法条件不是很充足，立法技术难度更大。因此，先进行儿童本位的家庭教育立法，不仅是立法条件和技术的现实选择，也是遵循制度发展的规律。先行探索立法，为将来扩展至家庭本位的家庭教育立法奠定坚实的基础。

三、上海市家庭教育立法创新的现实条件

（一）有充分的法理依据和法律支撑

创新家庭教育立法主要以问题为导向，沿着两条路径进行。一条是主线，以亲职教育为主；另一条路径是辅线，主要是对既有的家庭教育立法做适度扩展。

家庭教育以未成年人为主线，是由人的成长规律和未成年人的特质所决定的。《民法典》对未成年人监护制度的完善，正式建立了国家监护制度。国家监护是国家亲权理论转化为法律的重要载体，意味着国家介入家庭有了充分的法律依据。而家庭教育立法从对未成年人子女扩展至所有家庭成员，并不会改变以未成年人为主线的地位，但其法理基础和法律依据会因家庭成员是否为成年人而有所区别。家庭教育立法扩展的法理基础是齐家和治国，这是国家治理体系和治理能力现代化的必然要求，也是发挥家庭教育功能，实现基层社会治理的必然要求。也正因为如此，扩展的家庭教育立法的主要法律依据是《宪法》中的家庭条款、《民法典》中的婚姻家庭法律制度、《反家庭暴力法》、《老年人权益保障法》等法律。

（二）有健全的家庭教育政策体系和组织保障

在家庭教育政策探索方面，上海一直走在全国的前列。早在1992年，市政府就颁布了《九十年代上海儿童优生、保护、发展规划》。1993年，上海市教委就发布《上海市中小学、幼儿园家庭教育指导大纲（试行）》。1997年上海市政府发布《上海市家庭教育工作“九五”计划》。同年，上海市教委发布《上海市中小学家长学校评估指标》《上海市幼儿园家庭教育工作评估指标体系》等政策文件。2002年制订了《上海市家庭教育指导工作大纲（试行）》。之后，上海又先后制定了《上海市0—18岁家庭教育指导内容大纲（试行）》（本大纲于2009年

制定，2022年进行了修订）、《关于进一步加强家庭教育工作的实施意见》、《关于规范亲职教育工作的指导意见（试行）》及《上海市中小学幼儿园家长学校建设标准》等政策性文件。

在探索家庭教育政策的同时，上海逐步形成了党委领导、政府负责、双轨并进、齐抓共管、分工明确的协同机制和组织保障体系。其中，在党委领导线上，主要依托上海市家庭文明建设协调小组，以家庭文明建设为核心，协同各职能部门，促进家庭教育。在政府负责线上，主要依托妇儿工委，协同成员单位，推进家庭教育工作。两个协同机制都是以妇联和教育部门为主责部门，其他职能部门则主要按照部门职责，协同推进家庭教育工作。

（三）有强大的家庭教育阵地体系

在政策的探索与实践过程中，上海早在1997年就成立了上海市家庭教育研究与指导中心，并探索筹建100个上海市家庭教育指导实验基地。经过25年的发展，当前上海市已经形成了“市区校三级联动、家校社三位一体、线上线下相配合”的家庭教育工作机制，推动建设了“1＋16＋X”的家庭教育指导服务网络，构成了强大的家庭教育阵地，成为促进家庭教育的主力军。具体而言，主要包括指导中心建设和家长学校建设两个层面。

在指导中心层面，上海市组建了市、区、街镇及村居四级家庭教育指导网络体系。其中在市、区设立指导中心，乡镇设立指导站，村居设立指导点。目前全市共有234家社区家庭教育指导服务机构，其中区级机构有16家，已运营的10家（占比62.5%），在建没有运营2家（占比12.5%），未建4家（占比25%）。区属街道机构218家，已运营的209家。村居社区中的家庭教育指导点的布点也基本完成。

在家长学校层面，全市的布点工作也基本完成。当前，上海已在社区与学校层面建立各类家长学校和家庭教育指导服务站点近3 400个。具体表现在两个方面：一是全市的中小学、幼儿园（包括中职）都已经按照要求和标准建立了家长学校；二是各区及乡镇街道的社区家长学校也基本布点完成，实现社区家长学校全覆盖。

（四）有成熟的家庭教育社会支持系统

在社会组织支持方面，上海有成熟的社会工作支持系统参与家庭教育指导与服务工作。例如上海市阳光社区青少年事务中心已经开发了较为成熟的家庭教育服务模式和工作机制，为涉法青少年及社区青少年提供家庭教育指导。阳光社区青少年事务中心的服务对象不仅是未成年人，也包括35岁以下的青年，这为扩展家庭教育服务领域，创新家庭教育立法提供了实践基础。

在解决家事纠纷中，上海充分发挥妇联在化解婚姻家庭矛盾中的独特作用，在全市16个区的大调解中心统一设立婚姻家庭纠纷人民调解专委会。同时，市妇联会同市司法局推进区、街镇婚姻家庭纠纷调处专窗工作，健全完善预防化解婚姻家庭纠纷工作机制。不仅如此，为了夯实基层维权基础，上海市各级妇联组织完善集矛盾排查、纠纷调解、法律帮助、关爱帮扶于一体的综合维权服务模式，全市普遍建立反家暴救助中心、家暴受理点、婚姻家庭关系辅导室等服务阵地，加大"进社区、到家庭、在身边"维权就近服务设置，打造"家门口"的维权服务体系。

在社区介入家庭的机制中，上海探索出监护监督机制，支撑社区家庭教育工作的开展。监护监督制度主要是通过社区中的儿童主任和青少年社工等社会支持系统，深入社区发现监护人存在监护不当、监护缺失或缺位等问题，并根据监护状况分级结果，采取提供生活照料、进行教育指导、设立监护监督员或申请撤销监护人资格等措施对未成年人权益予以保护的协同工作机制。

（五）有现实的社会需求

从对社会公众抽样调研结果看，上海市民对家庭教育的观念并不局限于亲职教育，家庭问题及对家庭教育需求也不局限于亲职之间，而更倾向于以家庭为整体的家庭教育观念和家庭教育需求。调研发现，认为家庭教育就是父母对未成年子女的教育的支持率仅为56.26%；认为家庭教育是每个人终身应接受的教育达72.75%；而认为家庭教育是每个家庭成员应当接受的教育所占比例最高，达到76.76%。在对家庭教育内容的认知中，排在前三的敬老教育、亲职教育和夫妻教育，占比分别为76.65%、76.38%和74.13%。而对家庭教育知识需求和家庭矛盾的反映，也是集中于这三大领域。

四、家庭教育立法创新的重点内容

（一）立法的名称与体例的适当调整

1. 立法名称。当前十个省市的家庭教育立法，都以"家庭教育促进条例"为名称。国家层面的立法最初以"家庭教育法"为名，而后更改为"家庭教育促进法"。表面上看，这一更改一方面深受地方省市相关立法的影响，另一方面，也是为了强化政府的担当与作为。但就本质而言是因为国家层面的家庭教育立法主要是家庭教育的探索性、阶段性立法，还不是整个家庭教育法律体系的全部。上海的家庭教育立法，先行先试，立足于家庭教育立法的体系化和整体性设计，因此，上海家庭教育立法直接命名为"家庭教育条例"较为妥当。

2. 立法体例。对于立法的体例问题，上海的家庭教育立法可以与国家立法及其他省市的地方立法保持一致，采取章节体例。但与当前立法体例所不同的是，国家立法和其他地方省市的立法主要是按照主体职能进行章节分类的。这种分类主要基于当前家庭教育立法是一种促进型立法，具有明显的“促进”特征，核心在于展现不同主体的主要职能。上海的立法可以按照家庭教育的过程与范畴进行分章，以更体现出“教育”的特征。具体而言，除总则和附则两章之外，上海的家庭教育立法在核心章节安排上可以分为家庭教育实施、家庭教育支持、家庭教育服务、家庭教育干预及法律责任五个章节。

（二）家庭教育概念与立法目标的扩展

1. 家庭教育概念的扩展。《家庭教育促进法》及十个省市的地方条例在对家庭教育进行界定时，都采取的是狭义上界定，即把家庭教育界定为父母对未成年子女的教育。上海的家庭教育立法可以扩展家庭教育的主体，使家庭教育立法中心从子女延伸到整个家庭。家庭中的每个主体都有家庭教育的权利，也有家庭教育的义务。这既是满足上海家庭需求，化解上海家庭问题的必然选择，也是当前上海探寻如何为家庭提供支持的方向所在。当然，对家庭教育进行全主体立法，并不意味着就对所有主体不分主次，而是根据人的成长规律和家庭教育的规律，依然以未成年人为核心。

2. 家庭教育立法目的扩展。家庭教育的定位不同，其立法目的和法律依据也应当有所不同。在立法目的上，超越未成年人保护目标，建立以家为保护单位，以保护所有家庭成员，维护家庭关系，增进家庭功能、发挥家庭作用为目标的法律制度。

（三）家庭教育范畴与方式的延伸

1. 家庭教育的责任主体。在实施主体上，确立了以家庭为单位的全主体制度。即家庭教育的主体不再限于父母及其他监护人，而是包括所有家庭成员。家庭成员之间相互享有家庭教育的权利和义务。当然，基于未成年人的特殊性及成长规律，父母及其他监护人依然是家庭教育中的最为重要的实施主体。

2. 家庭教育的内容。在家庭教育实施的内容上，覆盖了家庭功能的全部。家庭作为连接个体、国家与社会的基本机制，应当承担维系现代家庭的教育功能和实现国家目标的教育功能。因此，家庭教育的内容不仅包括父母对子女的监护职责和教育，还包括以建构现代和谐家庭为目标的夫妻关系教育、子女本分教育、家庭伦理教育、生命健康教育、家庭生活教育及社会责任教育等。

3. 家庭教育的实施方式。在家庭教育实施上，主要有三种方式：一是家庭教育赋能方面，家庭成员可以通过接受家庭教育指导，提高家庭教育能力；二是在一般家庭教育方面，家庭成员之间相互享有家庭教育的权利和义务，相互进步，共同成长；三是在特殊家庭教育方面，当因家庭成员的原因引发家庭矛盾、纠纷及问题时，其他家庭成员可以对其实施家庭教育。

（四）家庭教育支持机制的健全

1. 建立适合于上海家庭教育立法定位的协同体制。有效的体制与机制是促进家庭教育事业发展的关键。上海的家庭教育立法应当充分发挥党政两条线的优势，综合市家庭文明建设领导小组和家庭教育工作形成的机制，建立了以妇儿工委为议事协调机构的组织体系。以此为基础，建立以教委、妇联为主要职责部门，其他行政机构、司法机关及群团组织协同推进的家庭教育体制。不仅如此，协同机制还将进一步引入以化解家庭纠纷矛盾及支持家庭建设的体制和机制，共同推进以家庭为整体的家庭教育事业。

2. 推进家庭教育的标准化建设和产品供给。上海的家庭教育立法以广义家庭教育为核心，以全主体、全过程、全领域为方向，制定家庭教育指导大纲。以指导大纲为基础，按照人的成长过程和在家庭中的身份角色，编写不同的家庭教育指导读本。以此为基础，动员全社会进行产品开发，提供丰富的家庭教育资源。但在指导大纲编写和资源开发中，无需推倒重来，而只需在既有的体系下，增加一个部分，专门针对成年的家庭成员即可。因为对未成年人的家庭教育与成年人的家庭教育，无论是法理基础还是实施机制都有所不同。与此同时，还需要就上海的家庭教育网络信息系统、行业标准、服务标准及人才队伍建设标准等做出相应的规范，以促进行业健康发展。

3. 推进家庭教育指导工作机制的效能。当前，上海在家庭教育的工作机制上，已经全面建成了“一个中心两个基本点”家庭教育指导体系，其中“一个中心”是指全面在市、区、乡镇街道及村居层面建立四级家庭教育中心或站点，而两个基本点则是重点依托学校和社区两个核心载体，发挥家庭教育指导功能，促进家庭教育发展。上海市家庭教育立法应当在进一步健全这一工作体系的基础上，通过法律化的方式促进其工作效能。不仅如此，家庭教育的阵地还可以进一步扩展，通过家庭文明建设的载体和阵地，嵌入并推进家庭教育。

4. 推进人才队伍建设。能否促进家庭教育高质量发展，不仅要有健全的组织体系和工作体系，更需要有高素质的家庭教育工作者。因此，上海的家庭教育立法应当以现有的人才队伍建设机制为基础，进一步拓展渠道，推进人才队伍建设。一方面通过鼓励家庭教育科学研究，在高校设置家庭教育专业，在相关专业开设家庭教育课程等方式提高专业人才的培养能力；另一方面，建议建立家庭教育职业资格制度，规范培训服务，加强从业人员培训，提高家庭教育工作者的能力和素质。

5. 鼓励社会及家庭参与。上海的家庭教育立法可以采取以下几个措施鼓励社会及家庭参与。其一，鼓励所有类型的学校，包括大学、成人教育、老年大学等，根据不同的群体开设家庭教育通识课程；其二，鼓励社会工作机构及其他社会组织，参与提供家庭教育服务；其三，鼓励单位为员工提供公益性家庭教育指导服务。

（五）家庭教育指导服务体系的完善

1. 压实并充实职能部门的指导体系。上海市家庭教育立法一方面着力压实国家立法中赋予各职能部门的家庭教育职责，这些职能部门不仅包括家庭文明建设机构、婚姻登记部门、儿童福利与救助机构、卫生健康部门、妇幼保健机构等部门，还包括法院及公共文化服务场所等部门。另一方面，基于家庭教育范围扩展的考量，进一步把相关职能部门充实到指导服务体系中来。这些职能部门既包括以化解家事纠纷矛盾为主要职责的职能部门，还包括以服务于老年人、推进敬老孝老的职能部门。

2. 公共服务指导体系的扎实推进。上海推进家庭教育的主要阵地是一个中心和两个基本点，目前已经基本健全，家庭教育指导中心的四级网络已经建成，学校和社区的家庭学校已经布点完成。因此上海家庭教育立法的核心，一方面要把阵地建设经验和制度法律化，以强化一个中心和两个基本点的地位和作用；另一方面则要把家庭教育阵地纳入公共服务体系，对家庭教育的一个中心、两个基本点进行标准化建设，以进一步扎实推进主要阵地从自身建设转到提高家庭教育服务效能上。同时，上海家庭教育立法，还可以把家庭教育嵌入到以家庭支持为目标的公共服务机制之中，从而最大限度发挥公共服务的效能。

3. 社会化服务体系的完善。当前上海有全国最健全的社会工作等社会组织体系，已经有了成熟的家庭教育机制，需要上海通过立法加以确认和保障。但当前社会工作介入家庭教育比较集中于涉法未成年人的家庭，无论是在服务对象上，还是服务面上，都相对较窄。因此，上海家庭教育应当通过立法进一步鼓励和促进各种社会组织及企事业单位投身家庭教育服务，以提供公益性的社会化服务。

（六）家庭教育干预的强化

1. 不当履行家庭责任的干预。这是家庭教育范畴扩展的载体之一，其重点在于建立发现机制和提前干预机制，明确相关主体的发现义务和干预义务，确定需要家庭教育干预的范畴。尤其是把上海监护监督机制纳入家庭教育立法，使这一机制能在家庭教育中发挥应有的功能。

2. 家事纠纷的干预。本条是家庭教育范畴扩展的重要载体之一。其主要以既有家事纠纷化解机制为载体，在这些载体解决家事纠纷过程中，嵌入家庭教育机制，发挥家庭教育功能，既有助于有助于化解家事纠纷，又有助于修复和维系家庭的功能。

3. 强制家庭家庭教育的实施程序。其中主要包括：在适应条件上，一方面主要针对家庭教育缺失导致未成年人子女违法犯罪的情形，另一方面主要针对家庭成员之间相互侵害并造成严重后果的行为。在适用主体上，主要是公安机关、人民法院和人民检察院。在适用程序上，确立决定程序、实施程序和评估程序，以合法合理进行强制家庭教育。

4. 人民检察院对家庭教育的法律监督。其一，建立监护监督制度，对不当开展家庭教育等不正确履行监护职责的行为，予以监督和督促。其二，对于拒不接受家庭教育指导，造成严重后果，确有必要的，可以依法启动监护资格撤销程序。其三，建立督促、支持诉讼和公益诉讼制度。

（七）法律责任的适当调整

上海市家庭教育立法对一般的家庭教育不当行为并不科以法律责任，而只是对强制家庭教育设定了法律责任。重点在于两个方面。一是在责任的设置中，采取分级干预措施，由弱到强。体现法律介入家庭的适度性和谨慎性。其中，由弱到强的分级上，首先是督促，其次是训诫并责令改正，最后是信用惩戒。二是在司法程序中，可以采取罚款和拘留等司法强制措施。目前最高人民法院正在制定的《关于开展家庭教育指导工作的意见》，其中有相关的强制措施性的条款，这为上海立法提供了法律支撑。

上海市妇女联合会
上海政法学院
课题负责人：张善根

上海市空巢老人家庭的生活质量分析及其支持政策研究

“空巢”是一个饱含文学色彩的术语，它用来比喻家庭中子女不在身边而父母（尤其是老年父母）独自居住的一种现象，就像雏鸟长大振翅远飞而留下老鸟独守空巢。这一意象具有巨大的渲染力和渗透力，使得“空巢”与老年人的“凄凉晚景”和“孤苦无依”相挂钩，有悖于中国传统家庭主义和代际伦理。尤其随着中国人口老龄化的常态化和家庭少子化现象的凸显，人们出自对老龄化以及随之带来养老压力的担忧，进一步强化了“空巢”的凄凉意象，甚至出现“空巢综合症”和“空巢危机”等形容，不少研究也习惯性地基于这一假设而展开并推演。

对于上海而言，作为中国最早进入老龄化的地区之一，老年人空巢独立居住正在逐渐成为其主要居住模式。那么，上海空巢老人家庭的真实生存状况究竟如何？这一群体到底是不是一个“问题化”的存在？在人口老龄化的背景下应如何看待老年人居住安排的巨大变化，又该如何理性对待“空巢老人家庭”这一群体？这是本研究最感兴趣的问题。事实上，尽管联合国提出“形式独立的老年人生活安排越来越普遍，其不仅符合发达国家国民喜欢独立生活的愿望，也逐渐成为发展中国家国民的主动选择”，但立足上海以及中国的实际情况，在社会福利制度尚不完善的情况下，如何寻求传统家庭主义文化和现代居住方式变革的平衡点，理性看待“老年空巢家庭”这一群体，是整个社会不容忽视的问题。

基于此，本文通过对 2015 年小普查数据、CHARLS 数据和 FYRST 数据进行挖掘，实地走访了若干空巢家庭，分析上海老年人居住模式和老年空巢家庭的真实生存状况，并由此给出政策建议。

一、概念梳理与研究设计

（一）空巢家庭的概念梳理

目前学界尚未针对“空巢家庭”确立一致的概念标准。尽管学者普遍认为空巢家庭应涵盖处于空巢期和解体期的家庭，但在概念边界的限定上，不同学者根据年龄、居住距离、是否生育等判定条件做了不同解读。总体看来，“空巢家庭”这一概念具有极强的模糊性。此外，现有研究往往将“空巢家庭”看作一个整体，忽视了这一群体内部因为“子女数量”“婚姻关系”“家户成员”等因素可能存在的“差异性”，概念结构不明确。尽管也有部分学者提到了空巢家庭的分类，但分类方式相对零散，尚未形成完整体系，且多停留在“提议”阶段，未深入挖掘具体类型空巢家庭的特殊性。

传统意义上的老年空巢家庭主要是按照居住关系聚焦于老人独居家庭和老年夫妇家庭，而其实其内涵及范畴要广泛得多。鉴于此分类基础，本文提出了“泛空巢家庭”这一概念，旨在重新梳理一个区别于以往定义模糊且零散分类的概念体系，在明确内涵的基础上，关注空巢家庭本身的多样性和差异性。

“泛空巢家庭”指无子女或虽有子女但留下父母单独居住的家庭，既包括处于家庭生命周期空巢期的家庭，也包括处于解体期的家庭。其落脚点是“单独居住”，因此只要满足“单独居住”这一条件即可，而年龄、婚姻关系、生育行为或居住距离等可作为“泛空巢家庭”的分析要素或分类逻辑，但不作为概念本身的限定条件。从代际交往这一首要前提出发，可根据有无存活子女将“泛空巢家庭”区分为源发性空巢家庭（无）和次生性空巢家庭（有）（如图 1 所示）。

（二）研究设计

1. 分析框架

老年空巢家庭的生活质量是指生活在空巢家庭的老年家庭成员的生存状况，既包括与生存状况相关的客观因素，也包括相应的主观因素。具体来说，本研究采用 WHO“积极老龄化（Active Aging）”的分析框架，从“健康状况（Health）”“保障状况（Security）”和“参与状况（Engagement）”三方面对上海空巢老人的生活质量进行评估和比对。

2. 数据选择

本文首先使用 2015 年小普查资料对上海市家庭户的年龄结构、老年人的居住安排进行分析；然后根据 CHARLS2015 年全国追踪调查微观数据，从中筛选出父母一方年满 60 岁居家养老的老年家庭及个人数据，根据父母与子女信息最终获得全国范围内 6 767 个有效家庭样本，其中上海 271 户，对老年空巢家庭的生活质量进行分析。

- **泛空巢家庭** 无子女或虽有存活子女但留下父母单独居住的家庭
  - 有无子女（王武林，2005）
    - **源发性空巢家庭** 无存活子女的家庭
      - 单身空巢家庭
      - 婚姻关系
      - 有（过）配偶但无子女的空巢家庭
        - 主动空巢家庭：夫妻双方有生育能力但主动选择不生育的家庭（丁克家庭）
        - 生育意愿
        - 被动空巢家庭：有生育意愿但未成功生育或子女全部去世的家庭—特例：失独家庭
    - **次生性空巢家庭** 有存活子女但子女不在父母身边的家庭
      - 按居住关系（穆光宗，2002）
        - 纯空巢家庭 子女、亲属均不在父母身边的空巢家庭
          - 独居空巢家庭：老年人独自一人居住的家庭
          - 夫妇同住的空巢老人：老年夫妇共同居住的家庭
        - 类空巢家庭 子女不在身边，但亲属在父母身边的空巢家庭
          - 隔代空巢家庭：父母仅与孙子女共同居住的家庭
          - 多代空巢家庭：父母仅与(外)祖父母共同居住的家庭
          - 其他类空巢家庭：父母与其他亲属共同居住的家庭
      - 或
      - 按子女数量（风笑天，2009）
        - 独生子女空巢家庭：唯一子女不在父母身边的家庭
        - 非独生子女空巢家庭：多个子女均不在父母身边的家庭
      - 或
      - 按居住距离（李德明，2003）
        - 相对空巢家庭：子女与父母分开居住，但空间距离相对较近（同一县、市、区内）
        - 绝对空巢家庭：子女与父母分开居住，但空间距离相对较远（跨县、市、区）

图 1　泛空巢家庭的概念框架

二、上海家庭老龄化与老年人居住安排的现状分析

(一) 上海老年人家庭户的基本情况

2015 年小普查资料显示，传统意义上的空巢老人家庭(即老年独居家庭和老年夫妇家庭)占所有老年家庭的比例在 2015 年为 34.83%(60+)，其中老年独居家庭比例为 13.42%、老年夫妇家庭为 21.42%，而 80 岁及以上高龄老人群体的空巢比例也达到了 31.76%。从分布上来看，近郊区和远郊区的老年(60+)空巢比例明显高于中心城区，中心城区的高龄(80+)老年夫妇家庭比例高于郊区，远郊区的老人独居现象则是最多的(包括高龄段)。

此外，几类有老年人的家庭户需要引起特别注意和关心，包括单身老年人家庭户、老年夫妇家庭户和有 3 个及以上老年人的家庭户等。2015 年上海市有 60 岁及以上老年人的家庭户中，有 16.03% 为单身老人户。其中，崇明县占比最高，为 29.35%，松江区占比最低，占 12.18%。2015 年，上海市只有一对老年夫妇的家庭户占有 60 岁以上老年人的家庭户户数的 26.44%。其中，崇明县占比最高(42.41%)，其次为奉贤区(36.45%)；最低是黄浦为(20.45%)。

(二) 上海老年人家庭居住安排模式

本文将老年人的居住模式分为独居老人、与其他人居住的独老家庭、有子女的单老家庭、有子女的老年家庭、老年夫妇家庭、有其他人的老年夫妇家庭 6 类。

1. 老年人居住安排基本状况

上海老年人的居住模式与全国相比表现出了较大的差异。上海有子女的老年家庭的比重为 37.88%，远高于全国平均水平 31.92%。此外，上海高龄独居老人和老年夫妇家庭的比重低于全国平均水平。但另一方面，上海有子女的老年家庭的比重为 18.53%，超过全国平均水平。

上海市 60 岁以上的老年人口中，有子女的老年夫妇家庭所占比例最高(37.88%)，其次为老年夫妇家庭(25.5%)。高龄老人(80 岁及以上人口)的居住安排模式与 60 岁以上人口总体结构基本一致，在数量上，则与配偶居住的老年人减少，单老家庭增多。

从分布上来看，近郊区和远郊区的 60 岁以上老年空巢比例明显高于中心城区，中心城区的 80 岁以上高龄老年夫妇家庭比例高于郊区，远郊区的老人独居现象则是最多的。

我们还进一步将六类合并为三类，即“老年人或老年夫妇独立居住”“老年父母与子女共同居住”与“老年人与其他人同住”，因为这三个指标具有更加鲜明的政策涵义。其中的“老年人或老年夫妇独立居住”这一指标不仅能反映老

年人的问题，而且老年人的"空巢"家庭比例能更好地体现出"空巢"家庭被社会的接受程度，因为这一指标不受整个社会年龄结构的影响。同时，另一指标"老年父母与子女共同居住的家庭"则能充分反映当前中国社会的代际互动与支持关系。

2. 老年夫妇家庭户和独居老人家庭户

老年夫妇家庭户和独居老人家庭户是重要的"空巢"家庭表现形式。随着子女对父母代际间赡养关系的弱化，夫妻间的抚养关系成为养老的一条重要途径，目前社会有相当一部分老年人都依赖配偶的收入生活。与老年夫妇家庭户中的老人相比，"独居老人"不仅自己的子女不在身边，而且失去了配偶的相互扶持、照料，很容易成为"无人问津"的群体，他们是老年人中最需要社会政策关心的对象。

在 60 岁以上与配偶共同居住的老人家庭中，中心城区 60 岁及以上老年夫妇户显著低于远郊区，而到 80 岁及以上年龄段，中心城区老年夫妇户数量高于远郊区。对于独居老人，在中心城区，近郊区和远郊区分布上均表现出极其相似的趋势，独居老人所在地均为远郊区的比例最高，中心城区其次，近郊区最少。

与此同时，上海各个区县与配偶共同居住的老年人家庭也表现出不同的分布趋势。大部分地区的与配偶共同居住的老年人家庭所占比例表现出随年龄增长的下降趋势。对于独居老人的情况，各区比例差异较大，但数量分布比较均衡。整体表现为中心区域的独居老人比例随着年龄增高而增大，远郊区的独居老人比例随年龄增高而减小。

三、上海老年空巢家庭的生活质量分析

（一）变量与模型选择

1. 被解释变量

本研究的被解释变量包括健康、保障与参与三个维度。(1)将"健康状况"分为躯体健康和心理健康两方面。躯体健康包括慢性病患病数、日常生活活动能力(ADL)。心理健康以抑郁水平量表作为衡量标准，并将 10 个题目分为积极情绪(2 题)和消极情绪(8 题)。(2)保障维度由自评收入水平、医疗保险和养老保险的参与情况反映。其中，"老年人收入自评"整理为"好""一般"和"差"；"医疗保险参保"和"养老保险参保"整理为"未参保""参保"(3)社会参与以"是否从事有收入的工作""社交活动类别"和"社交活动活跃度"作为老年人参与状况的主要的指标。其中，"是否从事有收入的工作"为二分变量，即"参加"和"不参加"；"社交活动活跃度"由受访老年人每月参加的社交活动种类和每种社交

活动的参加频率计算加总。

2. 解释变量

解释变量为各类空巢家庭类型，主要包括老年空巢家庭、次生性空巢家庭、有（过）配偶但无子女的空巢家庭、类空巢家庭、夫妇同住的空巢家庭、独生子女空巢家庭、绝对空巢家庭，并用类别变量表示。此外，类空巢家庭的类别分为：隔代空巢家庭 = 0，多代空巢家庭 = 1，其他类空巢家庭 = 2。同时，本文选取年龄、性别、受教育水平和户口类型等控制变量。

3. 模型选择

本研究对于被解释变量为定量变量的，采用多元线性回归探讨各因变量与自变量的相关性，即：$\hat{Y}=b_0+b_1X_1+b_2X_2+\cdots+b_mX_m$。其中，$\hat{Y}$ 为 y 的估计值或预测值；b_0 为回归方程的常数项。对于被解释变量为有序变量的，故采用次序 Logit 回归；为二分类变量的，采用二元 Logit 回归验证各因变量与自变量之间的作用是否显著，即：$\ln\left(\frac{P}{Q}\right)=\ln\left(\frac{P}{1-P}\right)=\beta_0+\beta_1X_1+\beta_2X_2+\cdots+\beta_mX_m$。

（二）老年空巢家庭的基本生活状况

1. 健康状况

整体看来，老年泛空巢家庭老年人的躯体健康状况相对较好。超过三成的泛空巢老年人未患过任何慢性疾病，近一半的泛空巢老年人患有 1～2 种慢性疾病；超过 7 成的泛空巢老年人生活完全自理，2 成老年人的 ADL 分值在 1～5 分，存在轻微困难。近 7 成的泛空巢老年人情绪正常，约三成泛空巢老年人有抑郁倾向。

就空巢家庭的具体类型而言，单身空巢家庭老年人的身体状况较整体趋势在上述几项指标中呈现一定的差异性。该类空巢家庭中未患慢性病老年人的占比仅为 18.2%，仅为整体趋势的 1/2，但患病种类在 5 种及以上的老年人为 0；且近 9 成的单身空巢老年人生活完全自理。有多个子女但全部死亡的空巢家庭的慢性病数集中分布在 1～2 种，且 ADL 水平较高，但由于此项的样本量相对较少，代表性受限。失独家庭中老年人的整体躯体健康水平较差，不仅慢性病数在 5 种以上的老年人占比高，ADL 水平也低于整体趋势，健康状况自评也比整体趋势差，且具有抑郁情绪的占到 50%，心理健康状况值得关注。次生性空巢家庭中，多代空巢家庭的患病率低于整体趋势，ADL 水平则高于整体水平，这可能与多代空巢家庭中低龄老年人相对集中有关。此外，独生子女空巢家庭的整体健康水平高于整体趋势，这可能与独生子女父母年龄较低有关。

2. 保障状况

整体看来，老年泛空巢家庭的收入水平自评较差，但医保和养老保险参保率都较高。就空巢家庭的具体类型而言，失独家庭的收入水平集中为“一般”，较整体趋势上升了10个百分点，且该类空巢家庭中没有老年人收入水平自评为“好”；有多个子女且全部死亡的家庭中的老年人收入自评全为“差”，医保参保率和养老保险参保率皆为100%，但由于该类家庭样本量较少，代表性受限。

3. 参与状况

近7成的泛空巢老人晚年仍然参与经济生产活动，从事有收入的工作；约6成泛空巢老年人每月参加社交活动，但社交活跃度不一。就空巢家庭的具体类型而言，单身空巢家庭的社交活跃度较高，该类空巢家庭中从不参加社交活动的仅占2成，是整体的1/2；失独家庭的社交活跃度低，超过一般的失独家庭的社交活跃度为0；有多个子女且全部死亡的家庭中的老年人虽在生产性参与与社交活跃度上都呈现出极强的差异性，但由于样本较少，代表性受限。

（三）老年空巢家庭与非空巢家庭的比较

就健康状况而言，泛空巢家庭与非空巢家庭在“负向情绪”一项存在差异，相比较而言，泛空巢老年人的消极情绪更弱，非空巢老年人的负向情绪更强烈，在健康状况其他要素不存在显著性差异的情况下，可见，老年泛空巢家庭的健康状况并不弱于非空巢家庭。就保障状况而言，家庭状态对相关各要素无显著性差异影响，因此老年泛空巢家庭与非空巢家庭的保障状况无差异。就参与状况而言，家庭状态在“社交活动种类”和“社交活跃度”上存在显著性差异，老年泛空巢家庭的老人每月参加的社交活动相对更多，且社交活跃度更强。综合而言，老年泛空巢家庭的消极情绪更弱，且更有可能参加较多的社交活动，维持较高的社交活跃度。这一现象与大众对其“晚景凄凉”的固有印象相悖，老年泛空巢家庭并没有比非空巢家庭更加“孤苦无依”，相反其负向情绪更弱且更乐于参加社交活动。换言之，“家庭空巢化”并未让老年人卷入“危机”，反而让老年人有更大的可能参与到社会交往，削弱孤独、沮丧等负面情绪。

这一现象的出现可能与泛空巢家庭的内在结构和家庭功能的进一步延伸有关。虽然泛空巢家庭中的老年人未与子女居住在一起，但约7成泛空巢家庭为相对空巢家庭，子女与父母居住在同一区域内（中心城区平均距离5.8公里～11.5公里、近郊区平均8.3公里～17.3公里、远郊区11.7公里～25.0公里），无论是见面还是联系都十分密集。也正是因为分开居住，父母有了一定的独立空间，有更大的可能性参与社交活动，削弱孤独感和低落情绪；而父母与子女的住处离得并不远，也方便子女及时照顾父母，实现家庭的赡养功能。这恰恰是家庭亲和理论中的最佳例证。家庭亲和理论倡导亲情养老，同时也认为父母与子女需要有相对独立的空间，主张两代人分开居住，但子女与父母的住处应离得不太远。“一碗汤的距离”正是源于这一理论，指子女从自己家中给老年人家中送去一碗汤，汤送到老人手中尚未因降温而变凉，以此来形容父母与子女间相对独立但又不失亲密的距离。有学者认为，“一碗汤的距离”正是代际交往间最合理、最美的距离。两代人分开居住，可避免因不同的生活习惯引发冲突，保留彼此的独立空间，老年人亦有更大的可能投身于社交活动，削弱孤独感和低落情绪，享受晚年生活；居住距离相隔不远，不至于影响家庭间正常交往，方便子女及时照顾老人，不违“合家欢乐”的传统。这一“既分又和”的居住安排，在居住空间上实现了分离，但代际交往并未割裂，家庭功能的完成仍需要亲属的共同参与。

（四）老年空巢家庭内在结构差异分析

与次生性空巢家庭相比，源发性空巢家庭的医疗保险参保种类相对更多。就源发性空巢家庭内部而言，单身空巢家庭的参保率比有（过）配偶但无子女的空巢家庭低。较之于失独家庭和虽婚未生育的家庭，有多个子女且全部死亡的空巢家庭的正向情绪更弱。综合而言，单身空巢家庭和有多个子女且全部死亡的空巢家庭的生存状况最令人担忧，前者主要体现在老年人医疗保障不足，后者则体现在心理健康状况欠佳，正向情绪较弱。相较于纯空巢家庭，类空巢家庭的抑郁程度相对更高，收入自评状况更低；在类空巢家庭内部，隔代空巢家庭比多代空巢家庭的慢性病分布更为集中，自理水平相对更低，养老保险参保率更低。相较于独生子女空巢家庭，非独生子女空巢家庭的老年人的慢性病患病率更高，收入自评状况更差。相较于相对空巢家庭，绝对空巢家庭中老年人的抑郁倾向更严重，收入自评状况更差。

综上所述，尽管老年泛空巢家庭较之于空巢家庭的整体生存状况要更好，但具体到老年泛空巢家庭内部，仍旧存在显著的差异性。源发性空巢家庭中，单身空巢家庭、有多个子女但全部死亡的空巢家庭的生存状况最为让人担忧；次生性空巢家庭中，隔代空巢家庭的健康状况与保障状况相对欠佳。老年泛空巢家庭的整体生存状况不弱于非空巢家庭的现实提醒我们要摒弃对这一群体的刻板印象和负面标签，但并不代表这一群体不再需要关注。由于泛空巢家庭具体类型的多样性，其内部的差异性依然不容忽视，识别并关注相关压力群体或焦点群体将是其政策工作要点。

四、支持政策建议

从前文的分析不难看出，“家庭空巢化”并未让空巢老人陷入“晚景凄凉”和“孤苦无依”的境地而成为“问题群体”，反而让相当一部分老年人有更大的可能参与到社会活动与社会交往之中，并在一定程度上削弱了孤独、沮丧等负面情绪。既然如此，为何老年空巢家庭长久以来都被贴上灰色标签，与“问题”和“压力”相联系，甚至一度出现“空巢危机”等词汇将其建构成一个谈“空”色变的严重的社会问题？本文研究认为可能涉及以下几个方面：(1)“大家庭崇拜”的文化传统。费孝通曾指出，中国民众流行用“空巢”两字描述西方家庭的居住安排，认为在这一居住模式下，子女一旦羽翼丰满就会离开起源家庭，徒留父母一个“空巢”。暂且不论西方家庭的代际交往事实是否真的如此，单单这一违背长久以来反馈式亲子关系的“空巢”表述确实能让国人轻易联想到“孤苦无依”和“晚景凄凉”，生发对“空巢家庭”的反感。(2)大众传媒的作用。大众传媒对空巢的“问题化”构建主要体现在两方面：一是对传统扩大家庭的正面宣传。如上世纪50年代开始，全国妇联在各地积极开展“五好家庭”的评选活动，获评为“五好家庭”的多为三代及三代以上共同居住的大家庭，由此可能使大众认为越是大家庭越是其乐融融，更易获得“五好家庭”的表彰。其二则是对“空巢家庭”负面影响的过度宣传，新闻是媒体对现实社会的再解释，大众传媒为了吸引读者注意，对个别空巢家庭生存状况欠佳的情况大肆渲染，给整个空巢家庭群体打上“灰色”标签。(3)对老龄化的消极意象构建。在微观上，社会科学与自然科学研究构建的是一种“依赖性”老年期的消极意象，它与个体的自主性和尊严的丧失联系在一起，被认为是生命发展趋势下降的曲线，是颓废和衰退的体现。在宏观上，人们亦多注重阐述人口老龄化对社会经济生活的负面影响。(4)老年社会福利制度的缺失。“空巢家庭问题化”在本质上是我国老年福利制度缺失或不完善的集中体现。这就是说，家庭空巢化成为一个社会问题，其原因不在于空巢老年人个体，而在于养老结构性资源的缺乏或配置错位。

尽管联合国提出“形式独立的老年人生活安排越来越普遍，其不仅符合发达国家国民喜欢独立生活的愿望，也逐渐成为发展中国家国民的主动选择”，但立足上海以及中国的实际情况，在社会福利制度尚不完善的情况下，如何寻求传统家庭文化和现代居住方式变革的平衡点，理性看待“老年空巢家庭”，是整个社会不容忽视的问题。

（一）加强宣传教育，营造理性社会氛围，并倡导老年人形成“积极老龄观”

“空巢”未必不幸福，同住未必就幸福。家庭空巢化是居住模式从传统型向现代型转变的必然结果。政府应积极构建一种新的社会认知，倡导公众正视居住安排方式的多元性，以改变当前社会对老年空巢家庭的固有偏见。不仅如此，将“空巢”与“凄凉”相挂钩，乃至将“老”与“衰弱”画上等号，都不利于老年人自强观的建立和自身能力的发挥，更滋养了在养老议题上产生“悲观论”和“政府全能全责论”的土壤。

（二）在识别压力群体的基础上，推动社区养老资源供需精准对接

社区在养老服务供给上具有天然的地缘优势，目前政府已投入大量资源。然而由于资源分布不科学以及条块分割等体制制约，资源浪费与资源短缺并存，资源整合利用效率低，这是制约社区养老服务发展的主要瓶颈之一。老年空巢家庭内部结构差异巨大，不可等而待之，例如女性高龄独居老人、无子女的高龄空巢老人、与孙子女同住的空巢老人等就是亟需扶持的压力群体，不仅他们的区域分布不均匀（如女性高龄独居老人多在上海远郊区），而且其各自最需要的服务类别亦不相同，因而需要将下沉至社区的养老服务资源与不同群体的需求有效对接起来，以破除碎片化并增强社区的辐射性。这些工作的有效运作需具备社工专业资质的养老服务管理人员，既熟悉相关养老政策，又具备较完善的医疗知识储备和基层沟通经验。基于老龄社会对这一专业人才队伍的需求预测，有必要在高等教育培养体系中扩充相关培养方向，并在专业设置上聚焦社区养老服务。

（三）在继续强化老年人基本生活和健康保障的同时，开始重视老年人的心理调适与精神援助

从调查和调研结果来看，在生活质量相对较弱的空巢老人群体中，较大比例存在亲子互动匮乏，提升其心理健康状况是解开症结的途径之一。未来应着力弥补家庭养老的薄弱环节和社区服务供给的盲点，重点关注无子女和子女不在沪的空巢高龄老年人的情感需求，并逐步推广之。

（四）关注代际居住安排模式变动，倡导并支持代际互动，着力消解现存障碍

家庭在相当长的时间内都是中国多支柱养老模式中的重要组成，政府也正在采取相应措施帮助家庭提高其参与养老服务的能力和积极性，甚至将子女探视家中老人纳入法律条例，但近年来不少政策却有意或无意地加速削弱了本已弱化的家庭功能，以个人劳动为基础的收入所得税制度、为控制房价增长过快而出台的住房政策等均属此列。政府在调节住房市场时诸多对住房面积和贷款优惠等的规定都鼓励以核心家庭为主的居住模式，这在事实上推动了中国家庭的代际扁平化乃至空巢化。尽管这些政策在个别领域对于解决特定问题是有效的，但从家庭发展的视角来看有其明显负面影响，住房等政策完全可以通过与家庭政策的互动而将相当一部分家庭，尤其是两代分居式家庭的养老需求考虑进来。

（五）推进以家庭整体作为政策对象，促进家庭发挥社会功能

为未与自己住在一起的父母提供持续支持是一件需要很大成本的事情，而现有政策体系对此成本却几乎无视，这也是许多承担养老责任家庭所遭遇的共同困境。不仅如此，年轻的空巢老人参与孙子女照料不仅凸显家庭服务缺位，还极大制约了老年人力资本有效开发，甚至在一定程度上导致了推行“推迟退休年龄”政策的困难。只有将家庭视为一个整体，充分考虑家庭的真实需求，通过对家庭而非向个人提供资源支持，才能使资源更有效在家庭得到流转，并避免政策“瞄偏”。事实上，对家庭进行制度性支持可以起到典型的“辐射”效应，家庭功能具有“领域不敏感性”，通过支持家庭功能完善可以同时实现对不同福利领域的“一揽子”支持（如养老、抚幼、未就业成员保障等）。在具体政策领域力求实现以家庭为单位的政策评估与实施以外，政府应着力扶持和规范家庭服务业，尽快引导社会组织将帮助不同类型家庭（可将空巢家庭作为一个重点和切入点）行使责任作为其重要功能，并论证政府购买服务的方式及可操作性。在此基础上，政府应以社区为依托，引导社会组织进入社区，把增强家庭功能的家庭服务作为目前社区建设的最重要切入点。

上海市妇女联合会
复旦大学
课题负责人：胡　湛

老龄化背景下家庭养老责任及支持政策研究

截至2017年底，上海市60岁及以上户籍老年人口占总人口的33.2%，65岁及以上户籍老人占比21.8%，80岁及以上户籍老人80.58万人，占老年人口的16.7%。2017年上海市人口预期寿命为83.37岁，其中男性80.98岁，女性85.85岁。可见，上海市已进入超老龄社会。人口老龄化和高龄化的发展趋势使上海老年人的照料需求快速增加，包括正式的机构照料和非正式的家庭照料。同时随着家庭结构逐渐由扩展家庭向核心家庭转变，加之计划生育政策的影响，上海市出现大量“421”或“422”乃至“8421”或“8422”结构的家庭，并且在人口再生产模式保持低生育水平的情况下，这种家庭类型将是未来较长一段时间内社会的主要家庭模式。家庭结构的核心化、家庭规模的小型化、家庭人口的老龄化及相应居住模式的变化，导致传统的家庭养老功能在一定程度上弱化，对现阶段家庭承担必要的养老责任提出了多重挑战。然而，由于社会养老资源的不足与养老照护体系尚不完善，加之中国长期以来具有养老尊老的文化传统，发挥家庭养老责任是当前在“未备先老”条件下积极应对人口老龄化的有效战略。

一、上海市家庭养老的背景与现状

（一）高龄少子化全新背景下，独生子女家庭养老问题异常突出

传统上，家庭一直是承担养老责任的主体。然而，随着市场经济发展、社会转型和人口变迁，上海市的人口与家庭状况出现全新背景，即高龄少子化的趋势非常显著，家庭养老抚幼功能受到挑战，大量独生子女家庭的存在更对传统的家庭养老制度造成冲击。目前在上海市的家庭结构中，独生子女家庭的占比已近五成，其中夫妻均为双独的家庭的比例为22.90%，单独家庭的比例为

22.69%(此处统计夫妻均为非农人口的家庭)。家庭结构的核心化、家庭规模的小型化、家庭人口的老龄化等趋势逐步发展，出现了大量的“421”“422”甚至“8421”“8422”等新的家庭类型与模式，让家庭独自承担养老责任已经是不可能的了，亟需出台一系列支持政策来鼓励与帮助家庭继续发挥养老责任与养老功能。

(二) 老年人家庭户已占上海家庭户总数的34.7%，多老人共存家庭户不断增加

2015 年上海市 1%人口抽样调查数据显示，上海市有 60 岁及以上老年人的家庭户户数为94 271户，占上海市家庭户总户数的 34.65%。其中，有 65 岁及以上老年人的家庭户占 24.12%。与 2010 年和 2000 年相比，到 2015 年有多个老年人的家庭户其增长趋势明显快于只有一个老年人的家庭户，表现为有一个老年人的家庭户占有老年人的家庭户比重持续下降，有 2 个 60 岁及以上老年人占有老年人的家庭户比重持续上升，2015 年突破 50%成为主要的群体。表明随着本市老龄化程度加深，必然会出现家庭老年人口高龄化特征，家庭户中有多个老人、高龄和低龄老人共存的纯老家庭，以及老年空巢家庭都将会有显著的增加，这将给家庭养老模式带来新的挑战。

(三) 老年人的居住模式仍以与子女同住为主，其比例高于老年夫妇家庭和独居老人

在全市 60 岁以上老年人口中，有子女的老年夫妇家庭所占比例最高，为 37.88%；其次有子女的单老家庭，占比 25.74%；再次为老年夫妇家庭，占比为 21.42%；独居老人占比为 13.41%；与其他人居住的独老家庭和有其他人居住的老年夫妇家庭比例都非常低，分别为 1.05%和 0.50%。同时，中心城区、近郊区和远郊区的老年人居住模式也存在较大差异。虽然各区内都是以有子女的老年家庭的占比最高，但明显呈现出中心城区＞近郊区＞远郊区的中心向外递减趋势。

80 及以上高龄老人的居住安排模式与 60 岁以上人口总体结构基本一致，在数量上，与配偶居住的老年人减少，单老家庭增多。其原因在于随着年龄的增加，丧偶现象也随之增多。独居老人的比重有明显增加，80 岁以上的独居老人中，远郊区约占 40.12%，远高于中心城区和近郊。

(四) 高龄、独居、失能失智、收入较低等特殊困难老年人家庭需要政府与社会更多关注

2015 年上海市 1%人口抽样调查数据显示，上海市低龄老年人健康状况整体良好，为其积极开展社会参与活动提供健康的身体基础，而 80 岁及以上高龄

老年人健康状况不容乐观。独居老人(尤其是高龄独居女性)、收入较低的老年人健康状况相对更差,且随着年龄增长,老年人主要收入来源为"最低生活保障金"和"家庭成员供养"的比例逐渐上升。同时,失能失智老年人口的数量与比重继续增加,至 2015 年底,上海失能失智老年人(包括轻度到重度)占上海 60 周岁及以上老人的比例已高达 14.6%,约为 63.65 万人,对家庭内外部的基本照料与长期照护服务提出更大的需求。

二、上海市家庭承担养老责任面临的问题与挑战

(一)"自我养老"是目前家庭养老主要形式,家庭成员的养老责任意识与行动有待加强

根据《第四次中国城乡老年人生活状况抽样调查上海地区状况报告》显示,2015 年上海老年人月平均收入达3 863元,年收入为46 356元。其中以养老金为主的保障性收入占到总收入的 83.6%,以经营性收入、财产性收入、家庭转移性收入等为辅的非保障性收入比例为 16.4%。根据老年人及配偶的其他收入统计情况,仅有约 1/3 的老人可享受到子女(孙子女)的经济支持(含实物),并且金额较为有限,约为每月 400 余元。老年人的生活开支主要由自身的收入负担,从另一个层面讲,子女本身亦承受较大的经济压力,没有过多的资金去负担长者的生活照料费用。可见,目前上海市的家庭养老仍以老年人的"自我养老"为主要形式,不论是在对老人的经济支持还是生活照料等方面,以子女为代表的家庭成员在其中发挥的作用尚有限。在调研中发现,当前有一部分家庭及家庭成员认为养老是政府和社会的事情,从主观客观上均存在家庭养老投入不足的问题,因此家庭成员的养老责任意识与行动有待进一步加强。

(二)家庭养老的经济负担沉重

目前上海市老年人主要依靠自身的养老金收入来养老,而每月三四千元的养老金收入水平并不高,仅能满足基本的日常生活需要,突发事件或健康恶化等导致的医疗及其他费用负担增加使得老年人及其家庭面临沉重的经济负担,老年人家庭在抵御养老风险上具有脆弱性与不稳定性。在调研中发现,老年人及其家庭认为最主要的经济负担来自医疗费用。老年人特别是部分特殊老年群体(如高龄老人、独居老人、纳保老人、低保/五保户老人等)因病导致日常生活开支费用被挤占的情况频频发生,因病返贫的可能性较大,此问题将随着上海市人口老龄化进程深化而加剧。养老关键是提供必需的经济支持,家庭养老本质上就是在亲代与子代之间建立互惠合约,亲代为子代提供有利生存的资源,而子代为老人提供赡养与照护,这种关系需随着社会结构的变迁而建立一种制度安排保证家庭养老的顺利展开。

（三）家庭养老的人力资源不足

根据《第四次中国城乡老年人生活状况抽样调查上海地区状况报告》显示，上海市老年人在家接受照料的意愿很高，高龄愈是显著。这也与“9073”养老服务体系（以90%居家养老为基础，7%社区养老为依托，3%机构养老为补充的中国养老模式）构建理念相适应。老年人照料者以配偶为主且年龄普遍偏高，50～69岁年龄段的照料者比重较高，原因可能是50～69岁刚退休人员有较多的闲暇时间且身体健康良好。同时，子女也承担着主要的照料责任，但照料者也面临工作与家庭难以平衡的两难选择，甚至有可能导致失业、下岗，加重家庭负担。总体而言，目前上海市家庭养老中存在照料人力资源不足的问题，具体表现为：一是子女在家庭养老中的人力投入不足与角色缺位，二是家庭成员在养老照料上的专业知识与技能不足。

（四）家庭养老服务需求多元化，不同类型家庭养老的服务需求未能得到有效满足

根据复旦大学“家庭服务需求及其供给状况调查”（2014），上海市家庭养老服务需求呈现多元化趋势，不同类型养老家庭的服务需求未能得到有效满足。对于一般的老年人家庭而言，最迫切需要满足的是家政类服务，包括帮助老年人打扫卫生、洗衣做饭等。对于失能失智老年人家庭，最迫切的服务需求是专业的照护类服务。在前一类服务上，政府尚未有相关的支持政策与资源配置来满足家庭需要。在后一类服务上，近两年上海市长期照护保险的出台，在一定程度上给予了失能失智老年人家庭专业照护援助，但因服务时间与资助额度的限制，仍无法完全满足这类家庭的照护服务需求。随着人口老龄化的进程加快，老人照料方面的家庭养老服务需求还将持续增加。

三、家庭养老责任的界定与支持政策的系统配套

（一）核心政策问题

第一，“家庭养老责任”的界定。家庭应是当前与未来很长一段时期内发挥养老责任的第一责任人，家庭养老依然是最好、成本最低、最经济的养老方式。家庭养老应主要履行基本生活照料和精神慰藉这两方面的养老责任，家庭以及家庭成员在其中发挥的功能是其他养老方式难以替代的。

第二，构建家庭养老的顶层设计。目前，从国家层面到上海市层面，家庭养老的顶层设计与政策体系仍然缺乏，顶层设计的缺失是目前影响上海市家庭养老获得政策支持的最大瓶颈。首先是家庭养老责任的内涵不清，与政府、社会（市场）的养老责任边界模糊；其次是统筹管理的行政部门不明；再次是家庭养老的支持政策体系与运行体制机制缺乏。

第三，将福利输出对象由家庭中的“个人”转向“家庭整体”。原先我国的养老福利政策多以“个人”为核算和支助单位，欠缺“家庭主义”视角，因而未来家庭福利政策的构建应转变以“个人”为福利基本单位的方式，在以“家庭”为福利计量单位的基础上，通过直接的现金转移支付、间接的税收优惠、公用事业收费优惠、基本与非基本的公用服务等途径支持家庭，为其成员提供经济、照料和心理支持等方面的福利。

第四，建立专门的家庭养老政策统筹部门。目前在家庭养老领域的既有资源与政策存在碎片化、分散化特征，这与缺少专门的家庭养老政策统筹管理部门有关。需要设立专门的家庭养老政策统筹机构或部门，整合民政、人社、卫生健康、税收等部门的资源，切实推动家庭养老政策体系的建立、完善与落实。

（二）家庭养老支持政策的系统配套及政策建议

第一，宣传弘扬传统“孝文化”，强化家庭成员的养老责任意识。中华民族具有悠久的尊老敬老的传统美德和“孝文化”，在新时代背景下应当赋予其新的时代精神，继承并弘扬“孝亲敬老”的传统家庭美德，强化家庭成员的养老责任意识与养老行为。

第二，倡导建立以“家庭整体”为福利输出对象的普惠性家庭养老支持政策或项目。(1)实行以家庭为基本单位的税收政策，可以对家中有老人、幼儿、病人的家庭给予税收优惠或减免措施。在个人所得税征收方面，将家庭赡养老年人的支出纳入专项附加扣除。(2)家庭公共基本消费品阶梯价格细化，在实施的阶梯电价、水价和燃气价的基础上，考虑细化家庭分类，尤其可针对特殊困难的纯老家庭、有子女同住的高龄老人家庭，增加基数、给予免费额度或折扣。(3)社会保险尤其是医疗保险在家庭中的适当转移或分担，主要考虑对配偶或家庭中老年人的适当倾斜。(4)论证将家庭成员承担的老人照料纳入长期护理保险的可行性，承认家庭成员所承担照料责任的社会价值与经济价值，减低照料者的收入损失。(5)将“工作—家庭平衡”作为指导原则，鼓励有条件的企事业单位对有家庭照料负担的员工实行弹性工作制、独生子女护理假等，缓解工作和照护双重角色带来的时间冲突和精神压力。(6)为家庭照料者提供免费培训，提升照料水平。

第三，为承担养老责任的家庭提供直接援助。政府应在经济上支持承担养老责任的家庭，为其提供直接援助或税收优惠。加大教育培训补助，提高家庭收入能力；对有养老需求的中低收入特别是贫困家庭给予直接的资助。

第四，将家庭养老政策构建与生育政策调整协调起来。当代中国家庭的很多功能必需依赖其亲属网络才能完成。大量调查已表明，大量家庭亟需老年照料服务和托幼服务。这两项家庭功能的发挥并非非此即彼的替代关系，而可以是互补关系，即通过中老年人力资源的再开发利用、年轻家庭成员的照护培训等实现代际间资源的交换与家庭养老、抚幼双功能的结合，强化家庭的人力资本积累功能，为家庭养老和可能出现的长期照护、托幼托育需求做好资源准备。

第五，扶持家庭服务业，并将其与社区建设、社会组织培育紧密结合。政府应着力扶持和规范家庭服务业，论证"政府购买服务"的可操作性，研究家庭服务业专业化和职业化发展的策略。此外，应以社区为单位进行基本养老服务投资，把增强家庭功能的家庭服务作为目前"社区建设"的最重要切入点之一，在强化社区服务功能的过程中降低家庭养老成本、支持家庭承担责任，支持引导各种社会组织将帮助不同类型家庭行使责任作为其重要功能。

第六，加快家庭内外部生活环境的适老化改造，打造老年友好型家庭与社区环境。城市规划、民政等部门进一步完善家庭内部、社区公共区域及配套公共服务设施的适老化规划与改造，为居家独立生活的老年人、有家庭成员提供照料的老年人家庭提供更加便利、更加友好的支持环境，减轻老年人对家庭成员的依赖、家庭成员的照料负担和可能的照料损伤。

四、短期内可行的两项具体家庭养老支持政策的方案设计

在实地调研基层社区、老年人及家庭的基础上，本研究分别就上海市公用事业梯度收费制度和"时间银行"制度这两项具体的、短期内可操作可执行的家庭养老支持政策论证方案设计。

（一）上海市公用事业梯度收费制度中引入家庭养老支持政策

这项政策具有积极现实意义，可以避免老年人因气候剧烈变化而导致的健康损失，保证老年人的基本生活质量，减少老年人的医疗费用支出，减轻整个老龄社会的养老成本。

1. 针对特殊老年家庭户的用电免费额度方案。上海市居民用电制度中，建议拟将纳保老人家庭、低保/五保老人家庭、高龄独居老人家庭和中老年失独家庭等四类特殊老年家庭纳入公用事业制度的优惠对象，借鉴已有的"一户多人口"家庭在阶梯计费基础上的优惠，探索适用特殊老年家庭的具体优惠措施，并给出老年家庭用电优惠政策的高中低三个方案设计，即给予上述的特殊老年家庭分别是每月每户 30 度、20 度、10 度的免费用电额度。

2. 针对有子女照料老人家庭的所得税抵扣或低价电费优惠。可将包括电费在内的公用事业费纳入子女的个人所得税专项附加扣除项目，也可增加这类家庭享受低价电费的阶梯电量基数或电价折扣优惠。

（二）上海市“时间银行”市级统筹支持家庭养老

这项政策在支持家庭养老方面的现实意义主要基于未来考虑。第一，对于目前的低收入老人家庭而言，为他们解决自己未来养老提供了一个可行途径，通过“服务兑换服务”的方式进行未来照料储备。第二，从更为宏观的社会层面而言，“时间银行”将有助于当前新老人的新人口红利的再开发，为未来的家庭与社会储备良好的老年照护人力资源。建立并完善“时间银行”的市级统筹，一要确立政府的主导性，由上海市政府牵头统筹管理，确保“时间银行”的公信力和权威性，增强民众参与的积极性；二要保证“时间银行”在地区间可流动，允许参与者在不同地区参与志愿服务所储蓄的时间均能得到认可；三要以家庭（直系亲属）为单位共享时间银行的义务与权益，年轻家庭成员也可以参与“时间银行”为当前自己家庭的老年人兑换服务或者为将来自己及配偶的老年生活进行时间储蓄；四要延伸参与和受益人群，注重对不同年龄人群的吸纳，尤其是上海市低龄老年人口、城镇失业人口、高等院校在校生这几类潜在重点参与人群；五要将照顾老人和照料小孩相结合，在利用老年人力资本解决托幼托育问题的同时，增强家庭成员和社会成员对老年人家庭养老的支持；六要构建数字化互联网平台，将“时间银行”基层社区组织、参与者和受益者、志愿服务内容等进行统一化、网络化、标准化管理。

上海市家庭养老所面临的困难与挑战是复杂多样的，构建家庭养老支持政策体系、重塑家庭养老功能是一项复杂的系统工程。本研究结合公用事业梯度收费优惠政策和“时间银行”市级统筹这两项制度探讨具体可行的家庭养老支持政策，也许未能从根本上解决影响上海市家庭养老责任发挥的关键问题，但这两项政策是在短期内比较现实已推行的，因为这两项政策已经有一定的现实实践基础和本地政府的领导干预。本研究希望借由上述家庭养老的系统性支持政策配套以及两项具体政策方案的探讨，为上海市引导和支持家庭继续且更好地发挥养老责任与功能提供有益参考。

五、总结与讨论

党的十八大、十九大以来，“重视家庭与家风建设”“构建养老、孝老、敬老政策体系和社会环境”是政府和社会重点关注的焦点，并成为新时代解决人民日益增长的美好生活需要和不平衡不充分发展之间社会主要矛盾的有力抓手。习近平总书记在2016年中共中央政治局第三十二次集体学习时，对我国老龄事业发展做了重要指示，将“制定家庭养老支持政策”作为着力完善老龄政策制度的重要内容之一。家庭养老是当前和未来很长一段时期内我国最主要的养老方式，重申家庭养老责任，构建家庭养老支持政策及体系，有利于充分发挥家庭在应对人口老龄化挑战过程中的积极作用。随着“在地老化”(Aging in Place)理念和社区居家养老模式逐渐被学术界和社会所认可与推广,家庭在养老照护服务体系中的地位凸显出来,上海市长期照护保险的试点施行也需要家庭的配合与支撑,家庭的养老功能需要在较长一段时期内继续维持与巩固。因此,需要在传承传统孝文化和把握现代家庭发展趋势的基础上,重构家庭支持政策,引导和支持现代家庭继续且更好地发挥养老功能。

上海市妇女联合会
复旦大学人口与发展政策研究中心
课题负责人:卢　敏

上海市围绝经期妇女健康管理模式初探及效果

人口老龄化是当前全球面临的共同挑战，联合国提出将健康老龄化作为全球解决老龄问题的奋斗目标。随着期望寿命的延长，人们对健康期望寿命更为关注，而女性围绝经期健康与老年健康及生活质量密切相关。围绝经期健康管理是实现从疾病治疗转向预防为主的“治未病”，不断提高妇女自我健康管理意识及自我保健能力而达到对健康危险因素进行全面管理的过程，是通过调动个人及群体的积极性，有效地利用有限资源达到最大的健康效果。随着上海市老龄化的进程及女性生命全程保健需求的增长，作为负责全市妇女儿童健康服务与管理的市级妇幼保健机构，为了探索围绝经期妇女健康管理模式，在上海市第四轮公共卫生服务体系建设项目支持下开展以问题与需求导向、群体为对象的围绝经期妇女健康管理模式初探，以提高公众对围绝经期保健服务的认知度和自我保健意识并改善求医行为、提高围绝经期妇女对保健服务的获得感和满意度为总目标，以初建围绝经期妇女健康管理服务体系（试点区）、创建围绝经期妇女重点健康问题防治结合管理模式为具体目标。

一、实施过程

（一）基础调研

包括对服务供给方与需求方两方面的基础调研。供给方调研包括对提供围绝经期保健服务的医疗机构和服务人员的现状调研，需求方调研包括对社区、体检中心和门诊三方面的围绝经期对象的健康现状与接受服务满意度、相关认知与需求等的调研。调查发现围绝经妇女的健康问题需要关注，体重超重、肥胖占37%，缺少运动、易疲劳、睡眠差、关节疼痛等都占30%以上，而有了症状不去就医者占70%以上。

（二）能力建设

针对基础调研中大多数医护人员缺乏系统全面的围绝经期保健与临床相关培训的问题，一是组建涵盖妇产科临床、妇科内分泌、乳腺外科、中医（中西医结合）、妇幼保健、心理、营养、运动医学、公共卫生流行病学、卫生管理、健康管理及项目管理等多学科专家团队（智库）；二是制定培训方案及工作指南；三是开展以需求为导向（针对性）的分层分类专业培训，以社区医生为基础的围绝经期健康管理专业团队培训，以示范点为核心的围绝经期保健门诊专业团队培训，以妇科常见病筛查及妇女“两癌”项目管理为重点的专业团队培训等。

（三）健康教育

针对基础调研中围绝经期妇女普遍关注问题，通过以下方式开展相关主题的健康教育。一是编制围绝经期保健系列科普制品（VCD等），通过新媒体（App等）形式广泛宣传，提高健康教育覆盖面。二是通过市-区联动形式，围绕围绝经期健康主题，以多种形式（微课堂、大讲堂、沙龙活动等）举办相关健康促进公益活动，提高围绝经期妇女的自我保健意识与能力。三是通过中医预防、社会支持、体育锻炼、饮食调整、群体活动等各种形式来改善围绝经期妇女心理健康和社会活动环境，开展多元化、个性化健康促进项目，探索围绝经期妇女健康教育适宜模式。四是编印《围绝经期妇女自我保健手册》，为妇女常见健康问题解疑释惑。

（四）体系建设

针对基础调研中的队伍与能力、门诊设置与规范服务等问题，一是建立示范（试点）基地：选择国家卫计委妇幼优质服务示范区（长宁、奉贤）为试点区，探索以社区为基础、三级保健网络联合互动的围绝经期妇女健康管理体系与服务模式，包括建立健康档案、对健康问题早期筛查评估与及时干预动态管理、专业队伍培训及健康教育适宜模式探索等，提高服务群体获得感、认知度与满意度。二是建立围绝经期妇女重点健康问题诊治示范点：以上海市第六人民医院（围绝经期门诊）为围绝经期妇女疾病诊治市级示范点。在其工作基础上制定围绝经期妇女保健工作指南，规范全市围绝经期门诊工作及三级保健网络分级管理。三是建立“围绝经期妇女健康管理中心”：在上海市妇幼保健中心设立与市、区示范基地及示范点联动的防治结合健康管理中心，开展特色（综合）示范服务（如中西医结合盆底康复门诊，职业女性减压心理咨询，营养咨询与运动健美沙龙，重点疾病如“两癌”治疗后康复随访等），满足围绝经期妇女多元化保健需求。四是打造在社区、妇幼保健机构及转诊医院提供相关保健服务的专业队伍。

二、初步成效及特色

（一）推进学科建设

编写了一套教材：《上海市围绝经期保健培训教案》（社区版、临床版试行初稿）；拟定了一套规范：《上海市围绝经期保健工作指南》及《上海市围绝经期保健门诊指南》（试行初稿）；开发了一个 App："更无忧更健康"健康自评与管理；编写了一本科普书：《围绝经期妇女自我保健手册》；编印了一套宣传品：围绝经期妇女健康教育宣传品（产品）；初建形成了一个体系模板：围绝经期妇女健康管理体系（示范试点区—临床服务示范点—保健管理中心）；培养了一支队伍：围绝经期保健专业队伍。

（二）社会效应

通过市区联动的公益大讲堂等丰富多彩的健康教育与健康促进活动，提高了围绝经期妇女对主要健康问题的认知度及对保健服务的满意度。

（三）特色

体现了三个创新：①模式创新，改变传统的关注疾病诊治的服务模式，实现关口前移、循证实践，践行新理念、广协同与接地气。新理念："治未病"（预防为主）、防治结合、中西医结合、医-体结合，创新设计 LOGO/SLOGAN 为"更无忧　更健康"；广协同：多学科专家团队、多机构合作平台、多维度服务联动；接地气：以社区为基础，以问题与需求为导向。②服务创新，通过网络联动提供整链式全方位健康管理。"3C"联动包括 COMMUNITY（以社区为基础的服务体系）；CLUB（健康维护与促进的系列服务，包括科普讲堂、健身运动、职业素养、保健服务等）；CLINIC（提供重点疾病诊治）。整链式健康管理包括社会动员、健康档案、健康讲堂、健康咨询、个性服务（检测、营养、心理、中医、运动与疾病诊治等）。③产品创新，包括四个适用于围绝经期女性的保健产品：一是健康自评与管理 App：融健康自我测评与个性化健康处方于一体（适用于所有围绝经期妇女）；二是健康自测工具：便携式腰臀比自测器（适用于所有围绝经期妇女的体重管理）；三是健康教育制品：风格独特、主题鲜明的健康知识传播宣传折页（适用于所有围绝经期妇女针对性选择）；四是健康保护产品：中药助眠香囊（适用于睡眠障碍者）。

上海市妇幼保健中心
上海市第一妇婴保健院
朱丽萍　华嘉增

如何应对老龄化背景下家庭养老责任面临的问题与挑战

上海作为中国经济发展水平最高的城市，呈现出人口深度老龄化与家庭结构核心化并驱发展态势，家庭养老功能逐渐弱化，各种家庭养老问题接踵而至。基于此，市妇联与上海理工大学联合课题组通过向 1 062 名 60 岁以上老年人以及 535 名子女发放问卷，并走访虹口、长宁等社区街道进行实地访谈，就上海家庭承担养老责任现状以及支持家庭养老的政策存在的问题进行剖析，并提出对策建议。

一、家庭养老责任及支持政策研究背景

一是上海老龄化问题加剧，传统家庭结构发生转变，家庭负担加重削弱了家庭养老功能。上海是全国第一个进入人口老龄化的城市，也是我国老龄化程度最高的大型城市。上海市家庭养老模式存在许多问题与不足，很难保障老人的基本养老需求。又由于家庭结构从传统的“2 + N + N”转变为“421”，此种状况下，抚养比与赡养比递增，加剧了家庭负担，导致老人照料问题意识减弱，家庭养老功能削弱。

二是上海养老资源供需矛盾尖锐，养老服务资源供需结构失衡。上海近年来大力促进养老服务建设，增加养老服务供给，一方面促进养老机构建设、增加养老病床，另一方面建设老年医疗机构，促进医养结合建设。虽然上海市加大养老服务建设，但养老服务供给总量和结构性不足的问题依然突出。与递增的老年人口和老年群体多层次、多样性的养老服务需求相比，上海的养老服务供给总量和结构性不足的问题仍然存在。据《2017 社会服务发展公告》数据统计，上海老年人口与老年病床比为 100 ∶ 3，供需矛盾尖锐，社会化养老服务所

能覆盖的老年人数的增长速度滞后于老年人数的增长。

三是老年人对亲情慰藉的需要，子女对孝文化的传承，社会对核心价值观的弘扬。目前“421”家庭结构依然是主流。此种形式下：家庭规模变小，结构核心化，家庭养老问题接踵而至，家庭养老功能逐渐被弱化。同时，养老保险制度挤出了子女对老人的经济支持，弱化了人们的家庭养老观念。子代对亲代的养老成本愈来愈高，且由于生存条件的限制，老年人眼中子女孝行的表现转变为：“生病时照顾老人”“给予精神慰藉”和“陪伴”。家庭养老是长期农耕文明条件下亲代与子代的互惠行为，孝是家庭养老实现的制度保证。孝文化是我国传统文化的基础和核心，千百年来一直作为伦理道德之本而备受人们推崇和礼赞，具有良好的认知度和广泛的群众基础，加强孝文化建设是推进社会主义核心价值观大众化的有效途径。

二、上海家庭养老责任承担现状调研及分析

(一) 上海家庭养老责任调研问卷分析

调研数据分为老年研究数据和子女数据两个方面。老年研究数据来源于课题组成员于 2018 年 5 月至 7 月在上海市的调查，调研点选取闵行、徐汇、松江、青浦、虹口、普陀、浦东、静安、长宁共 9 个区。本次调查首先在松江区进行随机性的试调查 50 份，根据调查的结果对问卷进行修改与润色，最终扩大范围在 9 个区实行全面调查，共计发放 575 份问卷。问卷采用一对一填写的方式，调研员辅助老人完成调查问卷，保证问卷的回收率和有效性。最终回收问卷 575 份，回收率 100%，进一步分析整理，得到有效问卷 531 份，问卷回收率 92.3%。子女数据来源则利用互联网在网上针对上海地区父母选择家庭养老的子女进行筛选并发放问卷。最终回收问卷 546 份，回收率 100%，进一步分析整理，得到有效问卷 535 份，问卷回收率 98.0%。对于收集的数据按照老年人基本特征与子女基本特征两方面进行描述性统计分析。

(二) 上海家庭养老责任调研情况分析

1. 总体家庭养老情况分析

子女对于父母的赡养，主要是体现在精神慰藉，物质支持较少；家庭养老主体责任意识缺乏。家庭养老是主要由家庭成员或亲属来提供养老资源的养老模式。传统完整的家庭养老模式是“在家养老”和“子女养老”的有机结合。根据本课题组的抽样调查分析，目前约有一半的老年人的养老方式为子女照顾型家庭养老。但是，不容忽视的是，随着社会的变迁，现实生活中的家庭养老更多是不完整的家庭养老，即“在家养老”与“子女养老”不同程度的分离，并且自养的成分越来越大，配偶的扶持作用也日益突出，根据调查结果来看，约有 25% 的老年人是与配偶生活在一起，并且相互扶持，共同生活。1 062 名老年人中，

家庭养老方面选择子女照顾的有198人，占18.6%；夫妻相互照顾的有606人，占57.1%；自我照顾的有310人，占19.8%；雇请他人照顾的有12人，占1.1%；选择去社区享受养老服务的有36人，占3.4%。根据调研结果来看，子女对于父母的赡养，主要体现在精神慰藉，给予经济支持或者直接进行日常生活照料的并不多。绝大部分家庭还是需要父母自己来照顾自己，或者配偶间的相互扶持。从养老服务内容的供给方角度来看，子女在“父母的养老应该由谁来负责”这一题中，选择子女的为24.30%，选择社区、社会养老服务组织的为30.84%，选择养老院等社会化养老机构的有38.32%，雇佣他人和通过社会救助机构来照顾老人的分别为0.93%和4.67%。对于家庭养老主要应该由家庭负责，政府和社会第三方机构只是起到政策扶持、技术手段支持的意识缺乏。

2. 家庭养老对象分析

老年人收入主要来源于国家社会保障制度，老年人以夫妻互相照料的居家养老模式为主；失能、半失能的老人，子女更倾向于社会养老模式。从表1老年人主要收入来源与养老方式的交叉分析表中，我们发现老年人以夫妻互相照料的居家养老模式占比最高，占44.82%，其次是子女照料，占比24.48%。在收入来源中，依靠自己退休金的人数占到62.71%，依靠子女的人数约占32.2%，交叉分析得出，夫妻自我照料和依靠退休金的人数占比最大，月38.98%，其次是子女照料模式下依靠退休金的占12.99%；既是子女照料，收入来源又是依靠子女的，只占到10.73%。（见表1）

表1 老年人主要收入来源与养老方式交叉分析表

	退休金	子女	其他	汇总
子女照料居家养老	69	57	4	130
	12.99%	10.73%	0.75%	24.48%
夫妻互相照顾居家养老	207	23	8	238
	38.98%	4.33%	1.51%	44.82%
自我照料养老	43	28	5	76
	8.10%	5.27%	0.94%	14.31%
社区居家养老	9	38	4	51
	1.69%	7.16%	0.75%	9.60%
社会机构养老	5	25	6	36
	0.94%	4.71%	1.13%	6.78%
汇总	333	171	27	531
	62.71%	32.2%	5.08%	100%

为了进一步了解子女对老人的关爱程度，我们对非子女照料的养老模式进行深入研究，从子女探望频率角度出发，每月3次以上的占比最多，约占66.08%，其次是每周1～3次，约占16.96%。将子女探望老人的次数与养老模式结合分析，居家养老模式、社区居家养老模式、社会机构养老模式中，都是得到每月3次以上探望的人数最多。此外，有2.53%的老人其子女探望为隔年探望，主要原因在于子女与老人不在同一个城市或者不在同一个国家，每年利用自己的工作休闲时间回家探望父母。

对老年人自理能力与养老方式进行交叉分析，我们可以看出，生活部分能自理和完全不能自理的老年人人数，在子女照料居家养老模式中，呈现递减的趋势；完全不能自理的老年人人数占子女照料型养老模式的总人数的14.62%；而选择社会机构养老模式的失能老人占到该模式总人数的52.78%，半失能老人占到该模式的36.11%。

3. *家庭养老责任承担者分析*

养老模式以子女照顾式家庭养老为主；子女为父母提供的养老内容多以生活照顾和经济资助为主。从家庭养老视角分析，在针对子女的调研中主要调查子女为父母提供的养老方式、看望父母的频率与其父母家庭养老模式的选择。从子女探望父母频率与养老方式的交叉分析中，我们发现调查对象对父母的养老方式，选择子女照顾式家庭养老的占比最多（30.8%），其次是夫妻相互照顾式（23.6%），其中子女探望父母频率大都集中在每月3～5次（50.1%），就选择每月仅探望0～2次的人而言，其父母多是自我照顾和雇佣他人照顾的养老。

为研究子女为父母提供养老内容的类型与养老方式的关系，我们将问卷中"子女为老人提供的养老方式"选项分为生活照顾、经济补助和精神慰藉。进一步分析得出，子女为父母提供的养老内容多以生活照顾和经济资助为主，子女照顾的家庭养老方式中，子女较为关注父母的精神需求，而选择父母自我照顾、雇佣他人照顾等其他方式的，则对父母的精神需求关注度较低，更多的以经济补助等形式弥补自己无法照顾父母的不足。

三、上海市家庭承担养老责任的现状及存在的问题

一是传统养老观念的改变与生活压力的加重促生传统伦理道德的失范，从而淡化了家庭养老责任意识。传统养老观念的淡薄，以及现实情况如两地分居、经济压力等使得家庭子女无暇顾及老人，养老责任意识主动性下降，家庭承担养老责任的意识淡化。调研结果显示54.21%的被调查子女认为自己养老压力较大，28.97%的子女则认为养老压力非常大，对承担养老责任的主动性造成影响。

二是“在家养老”与“子女养老”不同程度地分离削弱了家庭养老功能，进而弱化了家庭养老责任承担的能力。家庭养老是主要由家庭成员或亲属网络来提供养老资源的养老模式，传统完整的家庭养老模式是“在家养老”和“子女养老”的有机结合。调查中发现，“在家养老”与“子女养老”存在不同程度分离，老人自养的成分越来越大，配偶的扶持作用相对突出。接受调查的 1 062 名老人中，约有 57.1%的老年人是与配偶生活在一起，日常共同生活，相互照顾；有 198 人，约 18.6%由子女照顾；自我照顾的老人有 310 人，占 19.8%。家庭成员养老责任内在承担能力弱化。

三是政府和各社会团体在养老支持者和内容上的偏失导致家庭养老责任主体缺乏关注，“物质补偿”成为责任人承担家庭养老责任的主要方面，家庭养老责任承担者和家庭养老责任承担内容缺少支持力量。政府和各个社会团体对养老困境的支持重在老人群体及其生活照料、疾病护理，对家庭群体缺少关注，对其支持也仅在疾病照护和生活照看方面。家庭养老责任包含家庭对老年人的经济供养、生活照料、医疗保健和精神慰藉等方面的基本内容。然而在针对子女的调查中，在为父母提供过哪些方面的养老服务一题中，采用物质补偿父母的占比 84.11%。子女对于父母的赡养，主要是体现在经济支持，给予精神慰藉或日常生活照料则因子女工作无暇顾及，在家庭责任承担者有效履行赡养责任的需求方面缺少精准外部支持力量，物质补偿成为单一便捷的履行家庭养老责任的方式。

四、上海支持家庭承担养老责任的政策梳理及存在的问题

（一）上海养老政策梳理

梳理上海近 20 年有关养老政策共计 18 项，其中涉及家庭养老责任方面明确规定的仅 4 项，分别为 2014 年发布的《上海市人民政府关于加快发展养老服务业推进社会养老服务体系建设的实施意见》，2015 年 8 月市民政局《关于印发〈关于全面推进本市医养结合发展若干意见〉的通知》以及《上海市老年人权益保障条例》和市政府《关于印发〈上海市老龄事业发展“十三五”规划〉的通知》。

（二）上海家庭养老责任相关政策分析

1. 支持性政策分析

全方位提升养老服务水平。2014 年 4 月颁布的《上海市人民政府关于加快发展养老服务业推进社会养老服务体系建设的实施意见》，2015 年 8 月出台的《关于印发〈关于全面推进本市医养结合发展若干意见〉的通知》，2016 年9 月 30 日，市政府《关于印发〈上海市老龄事业发展“十三五”规划〉的通知》，2017 年

5月《上海老年人权益保障条例》正式实施。

2. 对支持家庭承担养老责任分析

家庭养老责任被削弱。养老政策制定时并未考虑到家庭所承担的养老责任，突出强调家庭养老责任的政策较少，政策对家庭养老的支持力度不足，更多注重依托社会力量来减轻家庭养老负担，提升老年人的养老保障。

（三）上海养老政策与支持家庭养老责任对接分析

家庭养老是目前老年人最主要的养老方式。主观上，家庭养老贴近老年人的生活方式，不脱离原来的居住环境和社会关系，方便子女在空闲时间悉心照顾，能充分、合理地整合家庭、社区的资源，养老成本低，为更多的老年人和家庭接受。客观上，上海是全国较早进入老年社会的地区之一，老年人口规模大、老化程度高、"未富先老"程度甚于全国，而能够满足老年人养老需求的各类基础设施还很薄弱，依靠社会化养老方式来解决我市数以千万的老年人口养老问题，尚不现实。

目前支持家庭承担养老责任的政策数量少、专业性较低，且政策内容存在以下问题：

一是多数养老政策的制定更多注重发展社会力量。从《全国老年人权益保障条例》到地方养老政策，对于家庭养老责任要求并未做出明确说明。

二是现行主推的养老政策与支持家庭养老责任承担对接有待完善，日益完善的社会养老政策弱化了家庭承担养老责任意愿。

三是已有的家庭养老政策在协助家庭更好履行家庭养老责任的力度上有待提升，对于促进家庭承担养老责任的效果不明显。

五、家庭养老支持政策的经验借鉴

（一）尊老敬老孝老的家庭文化和社会风气

一是重视培育和践行社会主义核心价值观。习近平总书记多次做出重要论述，要加强个人道德建设，倡导符合时代要求的新型孝文化，在全社会形成一种"孝"的道德氛围，将子女赡养老人演变为自身责任。尊老敬老是中华民族的传统美德，是祖先留给我们的宝贵财富。为了发扬尊老敬老的优良传统，建设社会主义和谐社会，学习借鉴古代的家庭养老风尚，对于我们解决目前上海的养老困境、重视家庭养老功能的发挥有着重要的意义。

二是形成尊老敬老孝老的家庭文化与社会风气。传统社会通过孝道观念将子女固定在父母身边，保障了家庭养老的功能，但是在社会主义市场经济的冲击下，家庭代际间的传统关系发生了根本性的变化，年轻人和老人在生活方式和价值观念上出现分离趋势，"孝"的伦理原则逐渐淡化。人们更多追求经济利益和社会地位，而忽视了道德修养，相应地，子女的养老责任和孝道观念也出现淡化的趋势。继承和发扬传统孝道观念，借鉴古代的孝道文化意义重大。

（二）专项立法支持，加强政策支持

一是制定专门的养老法律法规，规范家庭养老责任。日本的社会保障相关法律中，许多内容都把家庭和家庭赡养关系作为前提条件，如《老年人福利法》《老年人保健法》等；新加坡在1994年制定的《赡养父母法》中强化了家庭成员的赡养责任；英国早在1995年就出台《照料者（认可和服务）法案》，此后又陆续出台了《照料者（平等机会）法案》《工作与家庭法案》等，对家庭照料者给予政策支持；美国于2000年通过了《美国老年法》第Ⅲ-E修正议案——全国照料者支持项目。

二是加强政策支持，发挥多元主体系统作用。政府以及社会力量要参与到提供养老服务的工作中去，要建立健全政府统一领导、财政部门牵头、民政等有关职能部门协同、社会广泛参与的工作机制。针对老人的不同养老需求，着力提供生活照料、家政、医疗保健、紧急救助、精神慰藉等方面的服务。如借鉴美国的做法，可以成立专门的全国照料者支持项目，为60岁以上老人提供家庭照料的成年人作为受益人，明确为其提供所需支持，并可以提供住房、交通等多方面的照顾和优惠。此外美国还成立了许多专门保障家庭照料者权益的社会组织，如美国家庭照料者协会，在提高照料者自我照料和提升健康意识、解决照料者实际困难等方面发挥了很大作用。

六、推进和支持家庭承担养老责任的政策建议

确立"以家庭养老责任"为导向的社会政策价值基础，正视家庭发展的多元性，倡导构建新型的家庭伦理观。以家庭为载体，在相关福利制度中体现对家庭养老责任承担的社会承认，通过更为合理的支持性政策实现对家庭赡养和照顾老人等责任承担的支持和协助，提升家庭养老意愿和养老能力，并促进其向家庭养老实际支持的转化，是家庭养老建设的目标；家庭养老支持政策在重点支持特殊困难老年人家庭的基础上，还应面向所有老年人家庭，这是家庭养老的价值取向；面向所有"家庭养老"家庭，强调家庭作为福利对象的整体性，将其看作是向国家、市场、社会类似的社会政策提供主体的角色。真正支持和强化家庭在福利供给中的功能与责任，激活家庭的潜力并延续重视家庭的优秀传统。具体支持对象分为三个层次：居家的老年人、家庭成员、市场和社会组织，以上三个层次是家庭养老的主要参与对象。

设置专门的家庭政策管理机构，加强多项家庭政策衔接力度，上海家庭养老政策的实施应与多项家庭政策配套落实，如做好与"独生子女家庭养老保障

政策”的衔接、机构养老与家庭养老的结合等，注重在现有老年社会发展战略和家庭政策中开发支持家庭养老的政策。形成家庭养老的政策协调机制。

通过政府主导、市场运作、全社会广泛参与来保证家庭养老支持体系的良性运行。政府主导，要突出政府在家庭养老支政策支持体系中制定规划、出台政策、投入资金、培育市场、营造环境等方面的主导作用；市场运作，要发挥企业在为老年人及其家庭提供产品和服务方面的作用，补充家庭养老资源的不足和缺陷；社会参与，就是要弘扬中华民族尊老敬老助老的优良传统，引导社会上的各种营利机构、中介组织、志愿组织等力量参与到构建家庭养老支持政策体系中来。政府、市场、社会三方主体协同运作是家庭养老的运行机制。

最后家庭养老需要基于法律、行政、经济和宣传四种手段。通过行政立法和司法方式来调整家庭养老的各种关系，巩固和增强家庭养老功能；通过规定、规章制度等行政方式来支持家庭养老；通过各种保障、补贴制度来直接对老年人及其家庭成员给予相应的经济支持，同时利用各种经济杠杆鼓励、支持和引导市场及社会组织提供养老服务；通过宣传引导，促使人们正确理解当代社会的家庭养老内涵与家庭养老支持政策理念。推进和支持家庭承担养老责任的政策建议具体分为以下三点。

（一）规范家庭伦理道德，强化家庭成员承担家庭养老责任的主体意识，提升家庭养老意愿

一是加强传统美德和“孝文化”建设。将弘扬孝亲、敬老纳入社会主义核心价值观宣传教育，在全社会形成以敬老、爱老、助老、养老为时尚的社会风气。二是引导家风建设，注重亲情教育，塑造良好的家庭氛围，增强家庭内在养老责任承担的主动性。三是促进家庭养老责任规范化与法制化，保证家庭养老责任承担意识的延续。强化家庭养老的价值，出台相应政策规范家庭养老责任，将家庭承担养老责任法律化。如依托社区街道办，对老年人家庭养老情况进行入户考核，建立奖惩机制对责任人进行一定的奖励和惩罚。同时联合企业单位，将员工的晋升加薪等奖惩与其日常对老人的赡养情况结合，促进员工家庭主动承担尽孝责任。

（二）给予家庭养老责任承担主体多方支持，完善家庭内在养老功能，加强家庭养老责任承担能力

一是经济支持。考虑纳税人家庭养老负担，减免其个人所得税；建立老年人长期照护家庭补贴，承认家庭成员所承担照料责任的社会价值，降低照料者收入损失，增强家庭养老内在经济支持能力。二是环境设施支持。鼓励开发代际亲情住宅，支持子女和老人一起居住或靠近居住等，提升家庭养老内在精神

慰藉能力。三是时间支持。国家应将“工作—家庭平衡”作为保障经济社会健康发展的重要指导原则,保障老年人家庭照顾者的就业权利。鼓励有条件的企事业单位对有家庭照料负担的员工实行弹性工作制,切实落实护理带薪休假等,缓解工作和照料双重角色带来的时间冲突和精神压力,提升家庭养老的生活照料承担能力。

(三) 围绕家庭养老责任的承担者和责任内容,构建社会服务援助体系,增强社会支持力量

一是成立“时间银行”平台,引导并整合社会志愿力量,投放到老年人家庭中,在唤起人们养老责任意识的同时,为家庭养老责任承担者减轻照顾压力;二是鼓励有条件的社区、单位建立非高利养老服务提供机构,集中缓解困难家庭对老人的日常照料及看管问题;三是打造社区老年人互助服务机制,开发老年人力资源,将低龄、健康老年人的社会余热发挥到养老服务中,满足老人生活与精神文化需求,增援对家庭养老精神慰藉责任承担的支持力量;四是引导社区、民间组织开设老年照护课堂,广泛布设养老顾问点,增强家庭成员养老照护知识。

上海市妇女联合会
上海理工大学
课题负责人:吴　忠

上海女性健康影响因素研究

一、研究背景

女性健康是全民健康的重要基石，是人类可持续发展的前提和基础。我国三大健康指标"孕产妇死亡率、婴儿死亡率、期望寿命"中有两个指标直接与女性健康相关，而期望寿命则可综合反应女性健康状况。为推进健康中国建设，提高人民健康水平，近年来，我国颁发了一系列重大方针政策。《"健康中国 2030"规划纲要》提出，要立足全人群和全生命周期两个着力点，提供公平可及、系统连续的健康服务，突出解决好妇女儿童、老年人、残疾人、低收入人群等重点人群的健康问题。本研究拟重点关注女性健康及其影响因素，探明影响女性健康的重要因素、主要疾病及其顺位，为政府决策提供科学的客观依据。

二、研究方法

（一）寿命表的分解分析

本研究应用 Arriaga 寿命表差异分解法，将某年龄组死亡率变化对期望寿命的影响分解为直接效应、间接效应和交互效应三个部分：

1. 直接效应（Direct Effect），计算年龄组内死亡率的降低带来该组生存人年数的增加所提高的期望寿命：

$$_iDE_x=\frac{l_x^t}{l_0^t}({}_ie_x^{t+n}-{}_ie_x^t)=\frac{l_x^t}{l_0^t}\left(\frac{T_x^{t+n}-T_{x+i}^{t+n}}{l_x^{t+n}}-\frac{T_x^t-T_{x+i}^t}{l_x^t}\right)$$

2. 间接效应（Indirect Effect），死亡率降低年龄组对后面年龄组初始存活人数的影响：

$$_iIE_x = \frac{_iCS_x}{l_0^t} e_{x+i}^t = \frac{T_{x+i}^t}{l_0^t}\left(\frac{l_x^t l_{x+i}^{t+n}}{l_{x+i}^t l_x^{t+n}} - 1\right)$$

$$_iCS_x^{龄} = l_x^t \frac{l_{x+i}^{t+n}}{l_x^{t+n}} - l_{x+i}^t$$

3. 交互效应(interaction)：死亡率降低年龄组对后面年龄组的总效应与间接效应的差值：

$$_iI_x = {_iOE_x} - {_iIE_x}$$

$$_iOE_x = \frac{_iCS_x}{l_0^t} e_{x+i}^{t+n} = \frac{T_{x+i}^{t+n}}{l_0^t}\left(\frac{l_x^t}{l_x^{t+n}} - \frac{l_{x+i}^t}{l_{x+i}^{t+n}}\right)$$

(二) 健康期望寿命研究

目前国际上最常用的两种健康期望寿命指标是"病伤残调整期望寿命"和"自评健康期望寿命"。病伤残调整期望寿命是全球疾病负担研究的方法，能够测量疾病和危险因素对健康寿命的影响，对疾病和危险因素的防控更具有实践指导意义，但是不能衡量疾病临床前期和人的心理社会适应能力对健康的影响。自评健康期望寿命综合考虑情绪、社会适应及亚临床状态等对健康寿命的影响，但是对未成年人和特殊人群的健康状况无法测量。本研究认为病伤残调整期望寿命和自评健康期望寿命两种方法互为补充，更有益于完善卫生政策建议，聚焦居民健康热点。健康期望寿命的算法采用世界卫生组织(WHO)推荐的 Sullivan 法。

Sullivan 法在寿命表的基础上，依据观测到的现时人群每个年龄组的不同健康状态的现患率来估计健康期望寿命。本研究充分利用健康监测数据、临床诊疗数据，以及人群健康调查数据，获得不同健康状态的现患率，应用 Sullivan 法计算健康期望寿命。

1. 病伤残调整期望寿命

本研究对病伤残调整期望寿命的测算采用全球疾病负担研究(GBD)的知识体系，收集全人群的病、伤、残数据，及其健康调整权重，并测算多种疾病共患病情况，由此获得各年龄组人群的健康调整系数，结合寿命表，测算得到健康期望寿命。具体测算流程如下：

全球疾病负担研究给出了 253 种不同疾病和健康结局的健康调整权重。但真实人群中，普遍存在着并患多种疾病的情况。对于此类健康状况，GBD 并未直接给出多种并患疾病的健康权重，但是基于多个疾病并发对健康的影响的独立性假设，可以测算多个疾病并发的健康权重如下：

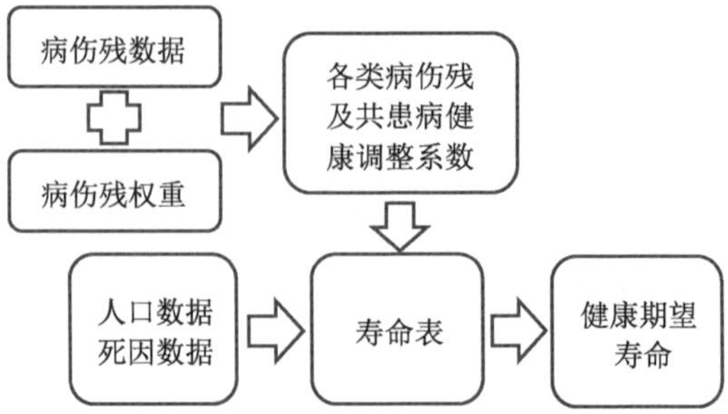

图 1　病伤残调整期望寿命的测算流程

假设某人患有 n 种疾病，每种疾病的健康权重为 ω_i ($i=1\cdots n$)，则合并 n 种疾病的健康权重为：$\omega_{1\&\cdots\&n}=\prod_{i=1}^{n}(1-\omega_i)$ 。

研究通过收集全人群的病、伤、残信息，整理汇总成各年龄组人群的所有种类的病、伤、残流行率，并对应各种疾病/伤残或合并疾病/伤残的权重信息。根据各年龄组人群病、伤、残状态的流行率和相应的伤残权重，计算出每个年龄组的伤残权重：

$$\omega_j=\sum_{i=1}^{k}\omega_{ij}P_{ij}$$

i ($1\cdots k$) 为疾病/伤残种类，设有 k 种疾病/伤残或者合并疾病/伤残的种类；j ($1\cdots 85+$)，表示年龄组。(见表 1)

表 1　各种疾病在人群中的流行率

年龄组(岁)	疾病/伤残 1		⋮	疾病/伤残 k	
	流行率 p_1	伤残权重 ω_1		流行率 p_k	伤残权重 ω_k
0—	p_{i0}	ω_{i0}		p_{k0}	ω_{k0}
1—	p_{i1}	ω_{i1}		p_{k1}	ω_{k1}
5—	p_{i5}	ω_{i5}		p_{k5}	ω_{k5}
10—	p_{i10}	ω_{i10}		p_{k10}	ω_{k10}
…	…	…		…	…
85—	p_{i85}	ω_{i85}		p_{k85}	ω_{k85}

2. 自评健康期望寿命

本研究利用世界健康调查开发的自报健康量表中文版—中国居民自报健

康问卷，采用随机抽样调查的方式，评估人群总体和8个维度（活动能力、自理能力、疼痛不适、认知、交际能力、视觉能力、睡眠情况、情绪）的健康状况。

依据以往研究报告90%的自评健康率，计算样本量为17 700，按15%的失访率扩充样本量至20 640。实际获得有效问卷18 204份。应用CHOPIT模型调整由于调查对象自身评价标准的差异所导致自报健康状况的偏倚，实现不同个体、不同人群在相同的健康判断标准下的可比性，从而评估人群健康状况。

（三）疾病的人群归因分析

近年来威胁人群健康的危险因素谱和疾病谱发生了重要的转变。慢性病已经成为导致中国人群死亡和疾病负担的重要公共卫生问题。慢性病成因复杂，本研究从公共卫生角度出发，采用人群归因健康效应评估理论和归因疾病负担方法，结合全球疾病负担研究得出的各危险因素所致疾病的相对危险度，主要关注可干预的四类危险因素：烟草暴露、体育锻炼缺乏和不健康的膳食习惯，及其对机体血压、血糖等代谢指标的影响，所导致的慢性疾病的严重程度，进一步为不同疾病的防控和危险因素的控制干预提供科学参考依据。

1. 归因分值的计算

应用危险因素与疾病的相对危险度和人群的危险因素暴露率，计算人群归因分值PAF。

（1）若危险因素暴露水平为多分类，PAF的计算公式：

$$PAF=\frac{\sum_{i=1}^{n}P_i(RR_i-1)}{\sum_{i=1}^{n}P_i(RR_i-1)+1}$$

（2）若危险因素暴露水平为连续型变量，PAF的计算公式：

$$PAF=\frac{\int_{x=0}^{n}RR_i(X)P_i(X)\mathrm{d}x-\int_{x=0}^{n}RR_i(X)P'_i(X)\mathrm{d}x}{\int_{x=0}^{n}RR_i(X)P_i(X)\mathrm{d}x}$$

其中：$RRi(X)$为水平i时的相对危险度；Pi为水平i时的人群暴露率；n为暴露范围。

2. 疾病负担指标

本研究采用归因死亡例数、潜在寿命损失年（Year of Potential Life Lost，YPLL）、劳动力损失年（65岁以下的YPLL）及早死指数评价健康损失。早死指数是用疾病死亡导致的YPLL除以死于该疾病的死亡总数得出，确切含义为：

每一例死亡导致的平均“寿命年”损失，用于评价吸烟导致的健康损害。其计算公式：早死指数＝疾病导致的 YPLL/死于该疾病的人数。

三、主要结果

（一）上海市女性期望寿命变化趋势分析

2002—2017 年上海市女性期望寿命增长 4.45 岁，平均每年增长 0.30 岁。应用线性回归模型，评估期望寿命性别差异的变化趋势，发现女性与男性的差距以每年 0.03 岁的趋势逐步拉大。

从死亡率来看，10 岁以下女童健康并未呈现优势；10～24 岁女性健康略优于男性；25 岁以后女性健康显著优于男性。2002—2017 年，婴儿死亡率的降低和 60 岁以上老年人口死亡率的降低对女性期望寿命的增长有较大贡献，但是期间 50 岁以下男性各年龄组死亡率下降的贡献均高于女性，提示 50 岁以下女性健康状况的改善可能尚存空间。

（二）上海市女性主要死亡原因分析

20 世纪 70 年代至今，上海市居民的前三位死因均为：循环系统疾病、肿瘤和呼吸系统疾病，其中前两位死因带来的死亡率较 15 年前有显著增加，主要是受人口老龄化的影响，同样的内分泌营养和代谢性疾病的死亡率也有所增加。前 10 位死因中，内分泌营养和代谢性疾病、消化系统疾病和精神障碍的死亡率，女性高于男性。

进一步分析各类死因对期望寿命的影响，虽然循环系统疾病、呼吸系统疾病和肿瘤一直是上海居民的前三位死因，但其死亡率的下降对期望寿命增长的贡献也是显著的。值得注意的是，女性神经系统疾病总死亡率上升，且对期望寿命增长的贡献是负的。

（三）上海市女性健康期望寿命分析

1. 病伤残调整期望寿命

上海市居民期望寿命为 83.18 岁，其中男性 80.83 岁，女性 85.61 岁；健康期望寿命为 69.46 岁，其中男性 68.68 岁，女性 70.23 岁。健康期望寿命和期望寿命一样均为女性高于男性，但是期望寿命的性别差距高于健康期望寿命。女性期望寿命比男性高 4.78 岁（5.58%），女性健康期望寿命仅比男性高 1.55 岁（2.21%）。总体健康期望寿命与期望寿命的差距为 13.72 岁，占期望寿命的 16.49%，其中男性差距为 12.15 岁，女性为 15.38 岁，分别占期望寿命的 15.02%和 17.97%，女性健康期望寿命损失率更高。

影响上海市居民健康期望寿命的前三位疾病为：消化系统疾病、慢性呼吸系统疾病、心血管疾病等。其中消化系统疾病导致健康寿命损失为2.29年，占期望寿命的2.75%；慢性呼吸系统疾病导致健康寿命损失为1.97年，占期望寿命的2.36%；心血管疾病导致健康寿命损失为1.75年，占期望寿命的2.11%。

2. 自评健康期望寿命

上海市18岁以上女性自评健康率71.91%，在活动、情绪、疼痛、人际关系、睡眠精力、视力、生活自理和认知8个维度的健康率分别为：72.92%，71.8%，68.24%，79.38%，67.69%，72.1%，72.98%和71.07%。总体来说，男性的自评健康率(76.67%)优于女性，除了交际能力维度的女性健康率高于男性(77.66%)，其他各个维度男性健康率均优于女性，男性在疼痛不适(76.60%)、睡眠(81.99%)和情绪(82.15%)三个维度的优势更为凸显。综合8个维度女性健康状况，测算得到上海市18岁女性居民自评健康期望寿命为62.82岁。

(四) 上海市女性健康主要影响因素分析

上海市成年居民吸烟率处于较高水平，尤其是男性，平均每五个成年男性就有两个吸烟者。虽然女性吸烟率较低，但女性显然是烟草暴露的受害者，40%以上的成年人包括孕妇经常受到二手烟的侵害，尤其是40～50岁的女性，超过50%暴露于二手烟环境中。

随着年龄的增长，女性血压、BMI和血糖等危险因素的暴露水平都呈现上升趋势。45岁之前女性血压低于男性，之后相反；35岁之后女性BMI指数呈跨越式增长，70岁后略降；65岁之后女性平均血糖值高于正常值(3.9～6.1 mmol/L)上限。

上海市女性身体活动量随着年龄的增长呈现先增后降的趋势。55～59岁时，具有中高强度运动量的女性达到44%。30岁之前，上海女性身体活动量最低，中高强度人群不足10%。

(五) 主要健康危险因素导致的寿命损失

本研究采用GBD的疾病分类和吸烟导致疾病死亡的相对危险度值(RR)，利用上海市全人群出生、死亡登记数据和上海市慢性病及其危险因素监测数据，定量测算了烟草暴露对上海居民的健康损害。上海市每年约2万人死于吸烟和二手烟导致的疾病，占居民总死亡数的16.6%，每年有近5万人的劳动力损失。接近六成的呼吸系统疾病死亡、四成的癌症死亡和二成的循环系统死亡都是由吸烟引起的。上海每年因经常吸入二手烟而死亡的人数多达1 500余人，且女性占大多数。

低体育锻炼导致的结直肠癌、缺血性中风和糖尿病三种疾病中，死亡负担最大的是缺血性中风，共导致 2 714 人死亡；高血糖导致的糖尿病肾病和高血压肾病死亡分别为 244 人和 36 人；高血压导致缺血性中风和出血性中风死亡分别为7 106人和2 861人；BMI 升高导致糖尿病的死亡人数最多，为 1 168人。

四、结论和建议

（一）上海女性健康状况得到极大改善。总体上看，上海市女性健康状况优于男性，女性期望寿命高于男性，且女性健康状况的改善程度高于男性。女性健康状况的改善一方面体现在孕产妇死亡率的极速下降，另一方面还体现在女婴和中老年女性死亡率的大幅下降。从死亡原因上看，对女性期望寿命增长有主要贡献的疾病为呼吸系统疾病、循环系统疾病和肿瘤三大类疾病。

（二）女性寿命延长的同时需注重寿命质量的提高。本研究分别通过采集居民疾病伤残信息和开展人群健康调查，测算了上海市居民病伤残调整期望寿命和自评健康期望寿命。虽然女性期望寿命高于男性，但存活期间因疾病伤残和自我感受不良所导致的健康损失均高于男性。因此女性在寿命延长的同时，需要注重寿命质量的提高。

（三）生活方式和生存环境相关的慢性疾病是上海女性主要健康风险。虽然慢性疾病死亡率的下降是近年来期望寿命增长的主要原因，但是上海市居民死亡原因的前三位至今仍为循环系统疾病、肿瘤和呼吸系统疾病，且由于人口老龄化的加剧，三者的粗死亡率都有所增长。前 10 位死因中，内分泌营养和代谢性疾病、消化系统疾病和精神障碍的死亡率，女性高于男性。存活期间，对女性健康有重要影响的疾病为消化系统疾病、慢性呼吸系统疾病和心脑血管疾病，所造成的健康寿命损失分别为 2.48 年、1.99 年和 1.94 年。

（四）女性在疼痛、睡眠和情绪三个方面健康感受不佳。研究通过问卷调查，获得居民自评健康状况。上海市 18 岁以上女性自评健康率 71.91%，在疼痛、睡眠和情绪三个方面的自评健康率分别仅为 68.24%，67.69% 和 71.8%，较男性分别低了 8、14 和 10 个百分点。

（五）二手烟暴露、高血压和低体育锻炼是女性健康主要的危险因素。上海女性虽然吸烟率低，但仍然是烟草暴露的受害者。40%以上的成年人包括孕妇经常受到二手烟的侵害，尤其是 40～50 岁的女性，超过 50% 暴露于二手烟环境中，由此导致每年超过1 500名女性死于烟草暴露所致疾病。高血压是最常见的慢性病，女性血压随年龄的增长呈现较快的增长趋势，45 岁之后女性平均血压高于男性，55 岁以后女性平均血压高于 140 mmHg，每年归因于高血压相关疾病的死亡人数超过 1 万人。体育锻炼可有效预防心血管疾病、部分肿瘤和糖尿病等，但我市女性经常参加体育锻炼的人数比例较低，每年归因于低体育锻炼相关疾病的死亡人数超过 2 000 人。

上海市妇女联合会
上海市疾病预防控制中心
课题负责人：夏　天

信息化对老年人生活的影响及对策研究

信息化和人口老龄化这两股潮流已然成为当今时代发展的大趋势。信息化正在对人类社会产生持续的深刻的影响，它彻底改变了人类的生存方式和经济增长方式以及社会生活方式，推动着人类社会进入网络时代。依据中国互联网络信息中心（CNNIC）第41次中国互联网络发展状况统计报告，截至2017年12月，我国网民规模达7.72亿，普及率达到55.8%，超过全球平均水平（51.7%）4.1个百分点，超过亚洲平均水平（46.7%）9.1个百分点。人口老龄化是人类社会面临的新挑战。我国是世界人口老龄化趋势发展较快的国家之一，2017年我国60岁以上老年人口已超2.4亿。信息化的发展对老年群体的社会生活产生了重要影响，日新月异的网络社会使得老年人面临一个全新的社会环境，建立与新环境的融洽关系，是老年人健康发展的重要条件。

上海是我国信息化程度最高的城市之一，也是人口老龄化程度最高的城市之一。2010年以来，上海全面推进面向未来的智慧城市建设，城市数字化、网络化、智能化水平显著提升，信息化应用全面渗透民生保障、城市管理、政府服务等领域，信息化服务上海老年人的功能进一步扩大。全市建立了统一的综合为老服务平台，形成全人群覆盖、全方位服务、全过程管理、全天候响应的智慧养老体系。统筹各类养老服务数据，提升养老公共服务管理水平和市民办事便捷性。推进物联网、移动互联网等在养老服务领域的融合渗透，促进远程健康监护、居家安防、定位援助等养老服务新模式应用。然而，上海正在进入深度老龄化社会，在籍老年人口已经达到户籍人口的28%。因此，深入研究信息化对上海老年人的影响，研究如何帮助老年人使用信息化工具，是上海进入深度老龄化社会背景下的一个重要课题，也是网络社会环境下应对人口老龄化的重要课题之一。

本课题聚焦信息化和互联网时代老年人社会生活面临的机遇和挑战，通过实证调研了解信息化工具对老年人生活的影响，深入分析信息化工具对老年人生活的正面和负面影响，并提出了信息化和人口老龄化背景下克服信息化对老年人负面影响，增强信息化对老年人的积极影响，提高信息化服务老年人社会生活的政策建议。

一、信息化对上海老年人生活影响的现状分析

（一）基本信息

本次调研选择了上海三个城区，发放了480份问卷，其中有效问卷448份，回收率为93%。在448份有效问卷中，其中女性为256人，男性为192人。其中，50～60岁的老人为244人，61～70岁的老人为132人，71～80岁的老人为52人，81岁以上的老人为20人。从数据来看，在本次调研中，50～60岁老人是主要的调查对象。调研的老人文化程度较高，448位老人中，高中、专科、本科学历居多。

大部分老人是或曾是政府机关公务员、企事业单位管理人员、企事业单位工人，自由职业者、务农和无业的老人占比较少。

在退休前居住在大城市（省会城市及以上）的有214人，中型城市（地市级城市）的有112人，小城镇（县及镇）的有80人，农村的有42人。

（二）老年人对信息化成果的使用情况

中国宽带发展联盟于2017年发布的报告显示，一季度，我国移动宽带（3G和4G）用户数累计达到10.430 5亿，较2016年四季度提升4.2%，移动宽带普及率达到75.4%。此次调研的448位老人中，有390位安装了宽带网络，宽带网络普及率为87%，明显高于一季度移动宽带总体普及率。

上网情况。在调研的448位老人中，每天上网的老人为138位，经常上网的老人为113位，偶尔上网的老人为111位，从不上网的老人为86位。整体来看，上网的老人占比约为81%，说明调研的老人使用网络已较为普遍。

使用智能手机情况。在调研的448位老人中，232位老人每天都会使用智能手机，87位老人经常使用智能手机，69位老人会偶尔使用智能手机，但还有60位老人不会使用智能手机，用的仍然是老年机。

使用信息化产品情况。在调研的老人中，每天使用微信、导航等的老人占大部分，说明在这些老人中，信息化已影响了他们的生活方式，信息化时代的交流、购物、出行方式等已经被很大部分老人所接受。

（三）信息化对老人的影响

信息化时代的产物形态各异，种类繁多，对老人的影响方方面面。其中，智

能手机影响老人与他人的交流方式，手机微信满足了大部分老人的交流需求，帮助老人获取大部分信息，丰富生活，并且体现自己的价值。移动支付改变了传统的交易方式，21%的老人认为网络支付方式更为便捷，11%的老人认为生活缴费也因此更加便捷化，7%的老人认为使用手机支付宝转账更加方便。在购物方面，大部分老人认为，网络购物更加便捷优惠，而且网上商品种类繁多，这些因素都吸引了老人加入网络购物的行列。在电子导航层面，大部分老人会使用导航，以方便出行、防丢失和节约时间。在搜索引擎方面，大部分老人能够利用搜索引擎获取有价值的信息，如娱乐信息和生活信息等，也丰富了他们的业余生活。

综上所述，46%的老人认为，信息化给他们带来了非常大的影响；30%的老人认为，信息化对他们的影响还是比较大的；15%的老人认为，信息化对他们的影响程度一般；6%的老人认为，信息化对他们的生活影响不大；3%的老人认为，信息化对他们的生活根本没有影响。

（四）社区信息化平台影响

社区信息化的目标是要集领先的社区管理和服务理念，利用先进的技术手段，打造“资源数字化、应用网络化、流程规范化”的智慧化社区管理和服务体系。社区信息化平台的建设无疑会给老人带来众多便利。在此次调研的448位老人中，299位老人所在的社区设立了社区信息化平台，149位老人所在社区还未设立社区信息化平台。

一般社区信息服务平台会提供健康咨询、生活咨询、娱乐咨询等相关服务，在所调研的老人中，大部分老人所在的社区会提供上述服务，但还有很大比重的老人对所在社区是否提供此类服务不清楚，甚至有些社区并未提供健康咨询、生活咨询、娱乐咨询服务等。信息化平台除提供上述服务之外，还有一项重要功能就是可以帮助老人参与社区治理，在调研的老人中，纵使大部分老人会借助社区信息化平台参与社区治理，但不清楚、没有借助信息化平台参与社区治理的老人也占了很大的比重。社区信息服务平台在提供健康咨询服务、生活咨询服务、娱乐咨询服务、以及帮助老人参与社区治理方面仍有很大的提升空间。

二、信息化对上海老年人生活的负面影响及原因

信息化对上海老年人的生活有许多影响，改变了上海老年人交流、购物、支付、获取信息的方式，给老年人的生活带来许多方便，但是其中也存在诸多负面影响。

（一）“数字鸿沟”阻碍老年人获得信息化福利

随着深度老龄化社会的到来，老年人口的社会比重不断提升，以及当代社会信息化水平不断提升，老年人融入信息化社会的程度直接影响着整个社会的信息化水平。然而，“数字鸿沟”制约着老年人融入信息化社会，这不仅限制了老年人获得信息化福利，而且对老年人传统的生活方式造成挑战。

“数字鸿沟”指处于不同社会经济水平的个人、家庭、企业和地区之间在获得信息化技术的机会，以及信息化工具使用行为上所存在的差距。信息化工具对于年轻人来说易于理解、操作简便，但是对老年人而言却可能是一个屏障。例如，当下微信是移动互联网时代最受欢迎的一款应用软件，然而，根据《2016微信数据报告》显示，55岁以上老年用户仅占月活跃用户的1%。

我国进入老龄化社会的时间不长，对老龄化传播的研究刚刚起步，老龄化传播中的数字鸿沟现象并不被社会广泛关注。但如果社会对此不予重视，这条鸿沟将伴随着老龄化进程持续扩大，并终将成为一个沉重的社会问题。

（二）“适老化”工具不足阻碍老年人适应信息化

“适老化”的信息化工具相对缺乏，是制约老年人使用信息化工具又一重要因素。目前信息化服务的目标群体是年轻人，所有的信息化工具和信息化内容都是面向年轻人的，这就对老年人适应信息化社会造成了巨大的挑战，老年人被边缘化了。课题组调查发现，信息化产品的市场供给中适合老年人使用的产品相对较少，且不易操作，色彩单调，造型生硬，配套服务不到位。例如，网络电视机顶盒，对老年人而言功能太多，引起选单不清晰、指向不明确、操作效率低、误选率加大等问题。又如，老年手机，一是功能过多，造成频繁充电，菜单选项太多、层次太深，降低了操作效率；二是体积太小或太大，不便拿握或携带，触屏尺寸太小，难做出精确动作，按键太小太紧凑，易误操作等。

上述问题的存在，究其原因，第一，政府信息化管理部门对惠老关怀重视不够，缺乏有力的信息化产品市场引导；第二，目前流行的信息化产品和服务多是针对年轻人，信息化产品生产和服务企业，将“适老化”信息化工具的开发和设计，仅仅理解为公益行为，且惠老关怀公益意识也不强，在信息化产品设计中，较少考虑老年人的需求，“适老化”产品自然供给不足；第三，信息化产品生产和服务从业人员的惠老素养较低，社会惠老传播的教育和研究滞后，导致从业人员开发“适老化”信息化工具能力不足。

（三）资源配置参差不齐制约社区基本公共服务均等化

信息化是提高基本公共服务供给效率的重要条件，而社区信息化发展水平是社会基本公共服务均等化的重要基础。2015年，国务院在《关于积极推进

"互联网+"行动的指导意见》中明确指出,要"促进智慧健康养老产业发展",鼓励健康服务机构利用大数据等新技术搭建公共信息平台,提供长期的、个性化的健康管理服务。2015年之后,上海各级政府纷纷建立了诸多社区线上医疗服务、养老服务信息化为老服务平台。

然而,上海基层社区信息化设施配备参差不齐,部分社区信息化设施配置水平较高,社区宽带接入、社区公共服务信息化平台等设施齐备,而有些社区信息化设备配置水平较差,尤其是上海郊区农村,信息化设施建设较为落后。在信息化水平较低的社区,老年人享有信息化服务也就比较少,获得信息化知识的机会也比较少,使用信息化工具的能力也就较弱。

(四)知识培训缺乏限制信息化工具在老年人群体中的普及

年轻人可以通过各种途径的学习很快掌握日新月异的信息化工具,但是老年人由于已经退休,无论是学习信息化工具的机会、能力,还是掌握信息化工具的紧迫性都不能与年轻人相比,甚至都不能和青少年相比。老年人平时除了接触家人、亲友,就是和社区里的其他老年人聊一些家庭近况,很少交流信息化等知识。所以,老年人通过家庭和社会学习获得信息化方面知识的渠道较少。目前上海开设了许多老年大学,但是这些老年大学一般都教授文化娱乐方面的知识,较少教授信息化方面的知识。所以,老年人信息化知识培训渠道缺失是阻碍老年人使用信息化工具,享有信息化社会福利的至关重要的因素。

与此同时,老年人信息化知识缺乏还是导致老年人成为信息安全主要受害者的主要原因。随着信息化的发展,网络安全问题也越来越多,网上诈骗事件层出不穷,信息安全是治理网络安全隐患的首要问题。然而,老年人由于缺少获取这些安全信息的渠道,网络安全知识缺乏,加之对网络安全了解不深,信息安全判断力相对较弱,同时也缺乏个人隐私自我保护能力,一旦遇到欺诈等情况,容易上当受骗。

三、发挥信息化对老年人生活积极影响的对策建议

面对信息化社会和老龄化社会的双重挑战,如何使老年人共享信息化社会为人类带来的福利,使上海的老年人拥有更加健康幸福的晚年,是当下我们面临的一个重要任务。为此,本课题提出以下决策建议。

(一)加强政策引导性功能,消弥"数字鸿沟"

第一,加大老年人信息化支持力度。推动全社会增强信息科技的惠老意识,引领老年人接触信息化工具,完善相关法规与标准,普及相关技术、丰富服务形式和加大扶持相关产业,提升老年人收入,在公共场所提供免费设备等。

各级政府要将老年人信息化工作纳入社会建设内容，纳入为老服务建设内容。基层社区信息化水平、老年人信息化能力应纳入基层政府为民服务考核内容。

第二，加大老年人信息化工作宣传力度。政府要推动社会媒体加大老年人信息化宣传力度，报纸、电视、广告要有老年人信息化工具相关知识的公益宣传。信息化时代的新媒体对老年人改善生活、融入社会至关重要，各级政府应在社会舆论导向上积极宣传和提倡老年人接触新事物、接受新媒体的理念，形成鼓励老年人积极接触新媒体的社会舆论氛围。

第三，加强社区老年人信息化工作。要把老年人信息化能力建设作为基层社区建设的重要内容。

第四，引导家庭成员帮助老年人增强信息化能力，以此作为和谐家庭建设的重要内容和弘扬敬老孝老的重要方式。

第五，营造老年人信息化服务社会氛围。倡导积极老龄化，鼓励老年人通过掌握信息化工具参与社会活动，各级政府要为老年人运用信息化工具参与社区管理、社区服务提供政策支持。

（二）加强信息化市场调控，扩大适老化产品供给

第一，加快制定“信息无障碍策略”的地方性法规。上海应当在全国率先制定地方性法规，从立法的角度规范企业市场行为，进而推动、引导和扩大适老化信息产品的市场供给。

第二，鼓励科技界重视老年人的功能性自理，目前信息化工具受众多数是年轻人，许多信息化工具对老年人来说，操作上还是有很大的难度。因此，如果能研制出更加人性化的、更“适老化”的信息化工具，对老年人来说，无疑会更便捷。

第三，加强对企业“适老化”信息产品生产的政策支持。在税收、金融政策等方面给予生产信息产品企业以支持，引导企业在信息化产品的形式和使用习惯上“适老化”，内容上添加适宜老年人的信息元素，体现信息化产品对老年人的关怀。

第四，强化“适老化”信息产品设计原则。首先要遵循易用性原则。软硬件产品惠老设计包括易理解、易识别、易操作。其次是人性化、经济性、容错性原则。人性化是指兼顾老年人的生活经验、能力差异和生理局限；经济性是指复杂产品功能简洁化，简单产品多功能化，设计物美价廉的产品；容错性是指通过设定一些图像、语音或文字来纠正、提示或说明误操作。

第五，加强引导信息化时代新媒体的“适老化”。新媒体要针对老年人的特点定位节目、版面和页面，增加服务性内容，满足他们的审美情趣和价值取向，关注年龄、性别、文化水平、地域、接受能力上的差异,加强传受互动和主动推送,凸显对老年人生理和认知局限的关怀。

第六,提高信息化养老服务水平,降低信息化养老服务成本。要通过信息化促进"适老化"信息产品供给和需求的有机匹配。整合信息化养老服务资源,使信息化服务平台成为综合性服务的发布中心、受理中心和使用中心,在线医疗、紧急救助等可通过行政机制(政府投资)实现,在线交流、在线娱乐等可通过志愿机制(政府与志愿者合作)实现,居家照料、电子监控等可通过市场机制(服务机构提供)或准市场机制(政府购买)实现;也可基于新型电视和手机,建构整合医保、安保、学习、交友、办事和社区中心服务的智能养老生活服务系统。

(三)加强信息化设施建设,增强社区信息化水平

社区是老年人生活的基本场所,因此加强社区信息化建设是提升老年人信息化工具使用能力,享有信息化时代社会福利的重要基础。

第一,加大社区信息化建设投入力度。要结合上海智慧城市建设战略,加大社区信息化设施建设财政投入。尤其要加大城乡结合部、新建设大型居住社区信息化建设,要加大老旧社区信息化基础设施改造,推动上海基层社区信息化水平均衡发展。

第二,加大社区为老服务信息化平台建设。社区信息化服务平台要增加为老服务信息,增强适应老年人的信息内容。平台应当以老年人为服务目标受众,全面涵盖时事新闻、娱乐、婚恋交友、医疗等老年人关注的信息,制作更专业化的适老节目,更好地调动老年受众的积极性,营造良性的互动过程。

第三,加大社区为老信息服务的专业化建设。社区信息化平台专业化建设,除了可以在产品内容方面满足老年人的需求外,还可以在服务形式上满足老年人的需求,例如,有针对性的老年游戏、老年商城、老年论坛、老年社交平台等。

第四,加大社区社会组织的信息化能力建设。社会组织是社区公共服务供给的重要主体之一,提高社会组织的信息化能力不仅能增强社会组织公共服务供给能力,而且也可以通过社会组织帮助老年人提高信息化工具使用能力,扩大信息化对老年人的积极影响。

第五,社区要加大对家庭成员帮助老年人使用信息化工具的支持力度。社区应当将老年人信息化能力建设纳入家庭建设内容。推动家庭使用信息化工具互助,可以增加老年人与子女之间的话题,有利于家庭和睦。

第六,社区促进老年人使用信息化工具,要涉及舆论引导、软件设计、技能培训、条件支持、内容建设五个方面。要为老年人上网造势,让年轻人能理解和支持，同时在软件设计上注重老年人的特征和习惯；提升老年人的信息化知识水平，可发挥家人的关键作用，还可在社区定期举办培训，或在老年大学开设课程，建立老年人信息化工具使用兴趣小组，发挥带动作用，为收入和文化水平较低的老年人提供触网机会；坚持“内容为王”，如建立专属门户和交友平台，让老年人能表达自我和传递经验。

（四）加强信息化知识传播，增强老年人信息化能力

加大信息化知识宣传力度是克服信息化对老年人负面影响，增强正面影响的重要条件。

第一，倡导鼓励老年人使用信息化工具的理念。各级政府应积极宣传和提倡老年人接触新事物、接受信息化产品的理念，形成良好的社会舆论导向，构建鼓励老年人积极接受信息化工具的社会舆论氛围。

第二，提升老年人的自我意识和适应能力。由于进入老龄阶段前学历、工作环境、生活经历等的不同，老年人的自我意识也不同。具有强烈自我意识的老年人相较于其他老年人能够更快掌握信息化工具，并有自己的一些理解。而这些自我意识低的老年人的自我调节适应能力就差很多，对新的科学技术缺乏了解，也无所适从。因此，如果能够提高这些老人的自我意识，便可以提高他们的适应能力，也就能提高他们对新事物的兴趣，使他们更容易理解信息化工具的使用方法，让这些老人在提高自我意识的同时，找到适合自己的信息化工具。

第三，鼓励低龄老年人帮助中高龄老年人。我国将 60～69 岁的老年人称为低龄老年人，他们大都刚刚退休，身体尚好，经济上能自立，生活上也能自理，不仅不需要周围人给予照顾，反而可以再为社会或家庭做些工作。低龄老年人一般不甘寂寞，需要活动场所和参与机会的愿望强烈。如能充分利用低龄老年人来向中高龄老年人传授信息化工具的知识，要比专业人员更加行之有效。

第四，建立社区信息化知识学习机构，如社区老年大学要将老年人信息化知识学习列为重点内容，开设信息化知识课程，定期向老年人讲授最新信息化知识。社区配备小区信息安全管理人员，专门给老年人传授网络信息安全知识，并在老年人有疑问时给予解答，确保老年人在使用信息化工具时，有防范意识。

第五，要发挥老年人社会组织在提升老年人信息化能力方面的作用。网络媒体应当与国内具有影响力的老年人社会组织进行交流，深入了解其组织结构及运作流程，及时了解老年网民心理，调整传播内容和手段，吸引老年网民关注。二是与各地民政部门下属的“老龄办”合作，听取他们对网络媒体吸引老年网民的意见。三是与老年人网络媒体合作。大型的老年人协会拥有自己的网站，以方便其成员上网交流、公布信息。网络传媒与老年协会的网站合作，进行相关链接，可以获得老年协会成员客户，扩大影响力；而老年协会也能通过合作得到技术支持，将网站做大做强。

第六，健全信息化工具的安全标准并强化监督机制。要从政策上健全保障网络信息安全的规范，尤其要加强对老年人信息化工具使用的信息安全保护，打击针对老年人的网络诈骗，提高老年人对信息化工具的信任度，使老年人放心使用信息化工具。

上海市妇女联合会

家庭发展与妇女权益保障研究中心

课题负责人：沈世勇

提升“两病筛查”项目服务妇女健康作用的研究

习近平总书记指出：没有全民健康，就没有全面小康。妇幼健康是全民健康的重要基石，是家庭幸福和社会和谐的重要基础，是经济发展的重要保障，是社会进步的重要体现。

2007 年，上海市人民代表大会通过《上海市实施〈中华人民共和国妇女权益保障法〉办法》，其中第二十四条明确规定：市和区县人民政府应当至少每两年安排退休妇女和生活困难的妇女进行一次妇科病、乳腺病的筛查。鼓励社会团体、企业和事业单位为生活困难的妇女进行妇科病、乳腺病的筛查提供帮助。

2007 年，上海市妇女儿童工作委员会印发《关于贯彻〈上海市实施《中华人民共和国妇女权益保障法》办法〉》《认真做好为退休妇女和生活困难妇女免费安排妇科及乳腺病筛查工作的通知》(沪妇儿委〔2007〕第 10 号)文件；

2007 年，上海市卫生和计划生育委员会(原上海市卫生局，以下简称市卫生计生委)印发《为退休及生活困难妇女开展妇科病、乳腺病筛查项目实施方案》(沪卫疾妇〔2007〕72 号)文件，就落实“退困”妇女“两病”筛查明确了组织、实施和保障等一系列具体措施。

据统计，2007—2017 年，“退困”妇女“两病”筛查服务 10 年期间，共计筛查4 447 206人，发现疾病患者1 406 850人，检出率 31.63%；其中癌症患者1 991 人。各区政府为“两病”筛查投入经费共计28 976.53万元。

再据统计，2017 年，全市共为“退困”妇女321 561人提供了“两病”筛查服务，筛查率达到 89.7%；发现疾病患者109 057人，检出率 33.91%；其中癌症患者 196 人。各区政府为“两病”筛查投入经费共计3 562.21万元。

一、过去十年“两病”筛查取得成效

（一）筛查机构

根据2017年市妇儿工委办公室调查和各区上报情况统计，全市共有48家承担“两病”筛查的医疗机构：

1. 按照医疗机构定级：三级医疗机构6家，二级医疗机构42家；

2. 按照医疗机构分类：妇幼保健院(所)14家，综合性医疗机构34家；

3. 按照医疗机构性质：均为公立医疗机构，没有社会办医机构；

4. 各区筛查机构数量：各区设置筛查机构数量不一，1～7家不等。

（二）筛查项目

目前规定筛查项目：根据市妇儿工委印发沪妇儿委〔2007〕第10号文件和原市卫生局印发沪卫疾妇〔2007〕72号文件，免费提供“退困”妇女“两病”筛查的项目为：

1. 妇科三合诊检查；2. 阴道分泌物检查；3. 巴氏涂片宫颈脱落细胞检查；4. 阴道超声影像检查；5. 乳腺手诊检查；6. 乳腺远红外线检查。

（三）信息化建设

1. 虹口等11个区已开发使用信息软件系统；

2. 奉贤等11个区已建立使用筛查数据库；

3. 静安等4个区与相关部门的数据库对接；

4. 杨浦等4个区各筛查机构实现信息共享。

（四）筛查结果

1. 2007—2017年合计筛查人数4 447 206人；查出患病人数：1 406 850人，检出率31.63%。诊断癌症人数1 991人，其中乳腺癌1 125人、宫颈癌603人、卵巢癌146人、子宫内膜癌108人、其他妇科癌症9人。

2. 2017年全年筛查人数321 561人，全市筛查率89.7%；查出患病人数109 057人，检出率33.91%；诊断癌症人数196人，其中包括乳腺癌118人、宫颈癌52人、卵巢癌16人、子宫内膜癌8人、其他妇科癌症2人。

（五）投入经费

1. 根据2007—2017十年统计，各区财政投入经费共计28 976.53万元；

2. 根据2017年全年统计，各区财政投入经费共计3 562.21万元。

（六）帮困扶贫

1. 上海市妇联面向全市“两病”筛查妇女推出的重大疾病互助保障项目“姐妹情关爱保险”，由各区县妇联具体实施推广。

2. 松江区妇儿工委与慈善基金会免费为所有筛查妇女购买保险；杨浦区妇儿工委与中国人民财产保险股份有限公司合作实施“关爱女性保险服务计划”。

（七）动员、宣教

1. 各区结合区域实际开展组织动员，建立区妇儿工委—街镇—居村三级联动机制。同时，发布红头文件、张贴告示、电子屏幕播放、微信告知、短信提示、电话告知、上门通知等。

2. 在组织“两病”筛查的同时，广泛开展健康教育活动，传统形式有发放健康教育资料、展出宣传版面、举办健康讲座、赠送健康教育处方等，流行方式有微信平台推送健康信息、电子屏幕播放宣教片等。

二、目前“两病”筛查中存在的问题

（一）筛查技术存在的问题

2007年市妇儿工委和市卫生局制定“两病”筛查项目，主要开展阴道分泌物检查、巴氏涂片宫颈脱落细胞检查、远红外线乳腺检查、阴道超声检查和妇科三合诊检查等5项，再加上乳腺手诊检查。基于当时的经济和医学客观水平，这些项目有其合理性和可行性。经过10多年的不断发展，这些常用的技术，或面临淘汰，或面临更新，继续沿用这些项目已经无法满足当今早筛查、早发现、早诊疗的需求。

（二）筛查经费存在的问题

沪妇儿工委〔2011〕第21号文件要求，继续按照沪妇儿委〔2007〕第10号文件规定，免费为退休妇女和生活困难妇女提供五个筛查服务项目。政府财政补贴标准由原来每人35元调整为每人80元，其中10元主要用于组织发动、宣传告知、健康教育、咨询服务、追踪随访、疾病分析、信息录入等辅助性工作。这样，实际用于体检的经费只有每人70元。

（三）筛查信息存在的问题

1. 本市尚未开发全市性的信息系统和数据平台，从市级层面，无论是作为组织牵头的市妇儿工委办公室，还是具体实施筛查的市卫生计生委都无法获得实时性、动态性、有效性和综合性的数据。

2. 各区信息化建设进展不一，4个区仍然处于无信息化支持状况；7个区处于基本数据统计和独立数据库状况；5个区信息化建设相对比较完善，也积累了一定经验。

3. 由于缺乏市级层面信息系统的统一布局和互联互通，市级、区级、街镇、居村无法及时共通，在人口居住流动的情况下，无法第一时间掌握信息，客观上也造成居民接受筛查不方便、不及时问题。

(四) 筛查机构存在的问题

1. 部分区机构布局和数量不尽合理，难以满足惠民便民要求，客观上影响了参与率和检出率。比如闵行区、青浦区、松江区都只有 1 家筛查机构；崇明区、虹口区、黄浦区、杨浦区、长宁区都只有 2 家机构。

2. 部分筛查机构，诸如妇幼所、基层医院等乳腺手诊缺乏外科医生，细胞学检查缺乏病理医生等情况。参与筛查的医务人员的业务培训质量，与实际需求还存在一定差距。

3. 原定市级和区级定点医疗机构和绿色通道并不畅通，综合布局还需要与时俱进。“两病”筛查对象是相对弱势群体，在就诊救治方面提供更为便捷服务，不仅体现关爱的延伸，而且有利于项目的持续和社会的影响。

(五) 筛查中存在其他问题

1. 组织动员方面，在目前有效的工作机制之下，也存在基层干部疲于奔命的情况，比如居委干部反映，为了完成指标任务，通知或动员一位适合对象筛查体检，要打 5～6 个电话，或多次上门动员告知。

2. 在帮困救助方面，市妇联推出“姐妹情关爱保险”项目前，只有松江、杨浦等部分区慈善机构或政府部门力推全覆盖保险；部分区只针对困难家庭给予保险，或动员个人加入。

3. 在健康促进方面，各区积极采取各种措施，但总体上，宣教方式比较传统，宣教力度不够，如何通过新媒体、新技术、新观念保证健康促进的效果仍然值得思考和改进，比如肿瘤患者心理照护等。

三、关于“两病”筛查工作改进建议

(一) 关于筛查技术改进的建议

1. 根据 2017 年和 2018 年各区提出乳腺病筛查的建议和实际工作情况，同时结合中国福利会国际和平妇幼保健院乳腺科等医疗机构专家论证意见，建议淘汰传统的乳房红外线筛查，更新为乳房 B 超 + 钼靶联合筛查项目，或对于 B 超筛查阳性者，安排其到定点医疗机构进行钼靶检查以及必要的病理学检查。

2. 根据 2017 年和 2018 年各区提出的宫颈癌筛查建议和实际工作情况，同时结合上海市第一妇婴保健院宫颈科等医疗机构专家论证意见，建议淘汰巴氏涂片脱落细胞学检查，更新为宫颈液基薄层细胞学检查(TCT)。

3. 建议市妇儿工委明确，各区提供“两病”筛查项目可以分为基本项目和推荐项目。

（1）基本项目：各区应当开展的项目，包括妇科三合诊检查、阴道分泌物检查、阴道超声检查、宫颈液基薄层细胞学检查（TCT）、乳腺手诊检查、乳腺B超筛查。

（2）推荐项目：各区选择性扩大项目，包括乳腺病筛查的钼靶检查和宫颈癌筛查的乳头状病毒检测（HPV）等项目。

（二）关于筛查投入改进的建议

1. 对于“两病”筛查基本项目，原则上，根据物价部门的收费标准，各区政府预算中给予全额保障。基本项目按新版价格标准：阴道分泌物检查7元/人、阴道超声检查85元/人、宫颈液基薄层细胞学检查（TCT）150元/人和乳腺B超筛查89元/人，上述合计331元/人。乳腺手诊检查和妇科三合诊检查暂不计入收费。

2. 对于“两病”筛查推荐项目，各区政府根据辖区特点，自行决定是否全额保障、减免费用或暂不实施。可以鼓励筛查机构通过打包服务适当降低收费。按照新版收费标准，调整宫颈HPV检测为300元/人、乳腺（双侧）钼靶检查为180元/人。

3. 对于部分特殊项目检测试剂，比如宫颈TCT检测、宫颈HPV检测等试剂，由市级或区级统一规范招标，通过市场竞争机制，适当降低材料费用；或者通过第三方医学检验机构竞争招标和投标，可以适当减少筛查支出费用。

（三）关于筛查信息改进的建议

1. 实现全市筛查信息系统“五个统一”。尽快建立全市统一的“两病”筛查管理信息系统，在充分吸取各区已有信息管理经验的基础上，做到五个统一：“统一标准、统一设计、统一开发、统一应用、统一管理”，兼顾各区目前既有信息系统和积累数据的利用价值，避免重复开发和数据丢失。信息系统可以独立开发，也可以在妇幼健康信息系统或政府相关信息系统中作为分系统开发。

2. 围绕“以人为本”的全程服务功能。依据“简便、易行、高效”的原则，充分利用信息化管理的优势，为筛查对象和管理人员提供最为实用的全程服务功能，包括信息告知、人员排摸、登记预约、对象筛选、及时提醒、扫描排队、自动叫号、检查信息、检查报告、报告打印以及统计分析、工作报表和健康教育等综合功能。

3. 借力新媒体实现多方联动服务模式。随着微信平台和APP应用功能的日益强大，可以在区或街道微信公众号或App应用上，拓展妇科普查的相关业务功能，实现妇儿工委、妇联、街道、居委、筛查机构、妇幼机构等多方联动，完善全程服务的各种功能，实现互联网+“两病”筛查，进一步将惠民便民落到实处。

4. 大数据分析扩大筛查效果受益面。通过全市和各区大数据分析，以期预测疾病谱的变化和指导干预措施的选择。利用既往和将来“两病”筛查数据库的大数据，分析妇科常见疾病发生、发展和防治的科学规律。有的放矢地开展干预，不仅有利于当今妇女健康保障，也造福于未来医学发展和妇女健康。

（四）关于筛查机构改进的建议

1. 按照区域面积、人口分布和人群数量，制定筛查机构设置数量的指导性意见，以满足最低服务量需求为准则，解决筛查人群的实际需求。根据有关政策，将符合要求的社会医疗机构纳入筛查机构。

2. 市和区妇儿工委与市、区卫生计生委联手，更好解决“两病”筛查发现的患者后续就医存在的问题，重新布局市级和区级定点医疗机构，并在基层社区医疗机构对患者开展定期随访等服务。

3. 设立“筛查人员实训基地”，对新进岗位人员和在职岗位人员，按照业务和能级等分类，开展规范化的政策、理论和操作等多元化的培训，提高筛查人员实际工作能力和工作水平。

（五）关于筛查其他问题的改进意见

1. 组织动员方面，除了目前区、街镇、居村垂直工作之外，组织发挥基层志愿人员开展横向动员宣传。结合健康促进和健康教育，使社会人群意识到，健康既是政府和社会的责任，更是家庭和个人的责任。

2. 医疗救助方面，总结和推广松江和杨浦等区的经验，进一步推动政府财力支持和慈善爱心资助；在工作文件中进一步明确帮困扶贫的救助机制和指导意见，使“两病”筛查的政府关爱得到延伸和持续。

3. 健康促进方面，妇联、卫生、宣传和街镇等部门和机构，利用现有各类传统方式和新媒体手段，定期插入宣传“两病”筛查的内容，达到将筛查政策、关爱保障和妇女保健等融为一体的宣传效果。

（六）关于筛查工作评价和激励机制

1. 已经开展10年的“两病”筛查工作，共惠及4 447 206人，1 406 850位患者（31.63%）得到及时有效治疗，尤其是1 991位癌症患者做到早发现和早治疗，不仅挽救了妇女本身，也造福了家庭。为此，全社会共同努力，奉献爱心，政府投入28 976.53万元，充分体现了的立党为公、执政为民的治国理念。为深入研究，一建议通过抽样调研对康复率和生存率等状况展开调查并取得数据；二建议由大学或研究机构开展进一步的卫生经济学评价。

2.《上海市实施〈中华人民共和国妇女权益保障法〉办法》的第一章总则中

明确规定：表彰、奖励在妇女权益保障工作中成绩显著的组织和个人。“退困”妇女“两病”筛查作为上海在全国具有引领性、创新性的妇女权益保障工作，理应在总结10年成效的基础上，对各部门、各单位做出突出贡献的人员给予表彰和奖励，以激励这项工作更加有序、有力和有效的开展及提升。

持续推行并不断提升上海“退困”妇女“两病”筛查工作是社会、家庭和个人的共同责任，是直面“人民日益增长的美好生活需要和不平衡不充分的发展之间的矛盾”的现实工作，是带领全市妇女儿童保健康、奔小康的光荣使命。在市委、市政府的正确领导下，在市妇儿工委的协调和各部门的协同下，充满温馨关爱的“两病”筛查工作必将助力上海妇女充满信心和干劲，在卓越创新城市的建设过程中、在中华民族伟大复兴的进程中，突显以人为本、妇幼优先的理念和实践。

上海市妇女联合会
上海市优生优育科学协会
上海市妇幼保健协会
课题负责人：李善国

促进上海女性身心健康发展的研究

一、研究背景

随着社会的开放发展和性别意识的提高，女性逐渐从家庭走向社会，不同的生活环境、年龄周期和社会角色使得女性承担的压力日趋加重。然而，女性健康是全民健康的重要基石，是人类可持续发展的前提和基础。传统的健康观是“无病即健康”，现代人的健康观是整体健康，世界卫生组织提出“健康不仅是躯体没有疾病，还要具备心理健康、社会适应良好和有道德”。除此以外，结合女性的生理特点与其在家庭、社会中所扮演的角色特点而言，生活健康指标可以综合反映女性在特殊时期、特殊环境中的健康状况。关心和保护女性健康，是坚持以人为本、促进社会和谐发展的必然要求，随着《“健康中国 2030”规划纲要》的颁布，大众对于妇幼保健事业的重视发展以及国家相关健康法规政策体系的不断完善，女性身体和心理健康问题已经分别获得了较大的关注，但是从两者综合考虑的角度，究竟有哪些影响女性身心健康水平的因素，是本研究重点关注的问题，同时本研究拟根据研究结果为政府决策提供科学的客观依据。

二、研究体系构建依据与内容

（一）体系建立依据与必要性

世界卫生组织将“健康”定义为一种身体上与精神上的完满状态，同时具有良好的适应力，而不仅仅是没有疾病和衰弱的状态，主要包括躯体健康、心理健康、社会健康与道德健康四大维度。此外，世卫组织曾总结了影响健康的重要因素，如生活方式、遗传因素、社会因素、医疗因素、气候因素等，而生活方式对人类健康所起的作用占 60%。综合上述针对“健康”的定义，本研究认为身心健康强调个体完整的健康状态，并非局限于“身心”中的身体与心理两个维度，通过结合社会、生活与道德层面对个体发展的影响效果，能够更加全面地阐释身心健康的真正内涵，更加有助于完善公共卫生领域的相关政策。

进一步来看，根据第二期上海妇女社会地位中健康水平的调查结果，女性的健康状况明显差于男性，这与女性在生理上的特殊性、所承载的生育责任、重要时期的变化、家庭关系、社会地位等很多因素有着直接的联系。同时，传统观点中对性别角色的陈旧观点，如“男主外女主内”“男强女弱”等，威胁了男性与女性的全面发展。本研究将通过构建的女性身心健康指数体系，全面描述当前上海市女性群体的身心健康基本状况，并分析影响女性健康的重要因素，提高社会各方与女性自身对健康的认识，优化两性的自由平等发展。

（二）女性身心健康指数体系结构

女性身心健康指数体系主要包括“五大健康”指标，即五个维度：心理健康、身体健康、社会健康、道德健康和女性生活健康。每个维度又分别包括几个小的维度，一共 20 个小维度。其中，心理健康又包括 9 个维度，即躯体化/身体健康、强迫症状、人际关系敏感、抑郁、焦虑、敌对、恐怖、偏执和精神病性；身体健康又包括 2 个维度，即体力活动和身体生活质量；社会健康又包括 2 个维度，即社会适应和社会交往；道德健康又包括 2 个维度，即公共道德和网络道德；女性生活健康又包括 5 个维度，即家庭关系、学业事业、生殖健康、性生活和性骚扰以及生活习惯。（见图 1）

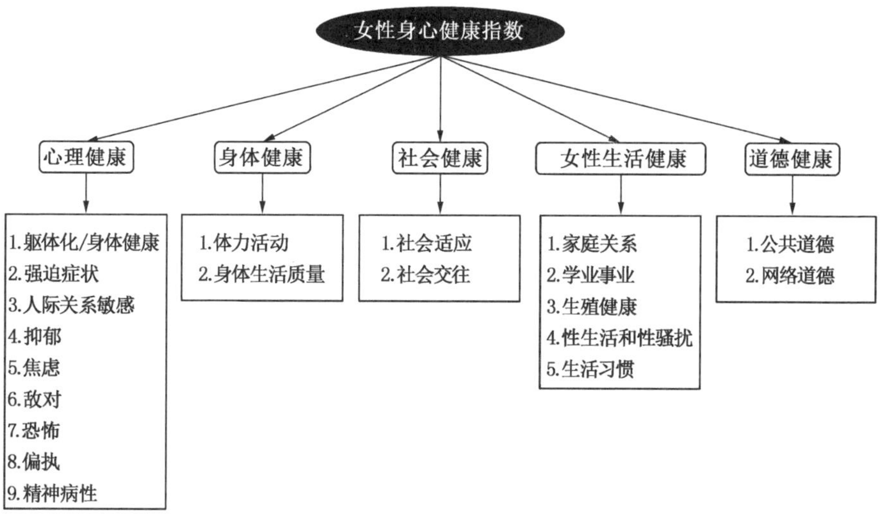

图 1　上海女性身心健康指数模型框架图

➢ 心理健康

即女性心理的各个方面及活动过程是否处于一种良好或正常的状态，主要指女性保持性格完好、智力正常、认知正确、情感适当、意志合理、态度积极、行为恰当、适应良好的状态。

➢ 身体健康

即人体各器官系统发育良好、功能正常，体质健壮，精力充沛并具有良好劳动效能的状态，主要指女性在保持身体活动和身体劳动方面的状态。

➢ 社会健康

即社会适应性，主要指女性与他人及社会环境相互作用并具有良好的人际关系和实现社会角色的能力。

➢ 道德健康

即不以损害他人的利益来满足自己的需要，主要指女性具有辨别真与伪、善与恶、美与丑、荣与辱等是非观念，能按照社会行为的规范准则来约束自己及支配自己的思想和行为。

➢ 女性生活健康

即有益于健康的生活方式，主要指现代女性在生活中可能面临的问题以及女性生活方式的特点。

三、主要结果

（一）上海市女性身心健康整体现状分析

基于收回的问卷分析，发现在总体情况上，上海市女性身心健康平均得分处于中等偏上水平，大部分女性处于“比较健康”的状态，极少数女性处于“非常不健康”的状态。

从年龄上看，31～40 岁的女性群体心理健康、身体健康以及身心健康指数均为最低分，身心健康情况较差。而 61～70 岁的女性群体各个维度得分均比其他年龄阶段女性高，身心健康情况较乐观。

从各个分维度看，上海市女性的心理健康与道德健康水平较高但不同年龄段之间差异较大，31～40 岁女性心理健康得分均值最低，26～30 岁女性道德健康得分最低，而 61～70 岁女性得分均为最高。在社会健康与生活健康维度上，整体得分处于中等偏上水平，18～70 岁女性社会健康水平逐渐提高，70 岁女性以上有所降低，但 18～25 岁女性生活健康得分最低。而在身体健康维度上，各年龄段女性整体得分处于中等水平，18～40 岁女性身体健康得分较低，而 31～40 岁女性身体健康得分最低，41～70 岁女性得分有所提高，61～70 岁女性得分最高。身体健康维度总体得分在五个维度中最低，情况不容忽视，亟待改善。

（二）上海市女性身心健康的影响因素分析

1. 生活方式不当与慢性疾病严重威胁身心健康

在本研究中，吸烟频率较高的女性身心健康情况不容乐观，而月经紊乱、卵巢早衰、不孕不育、乳腺疾病、子宫疾病是吸烟容易导致的五大女性疾病。调查结果显示，没有慢性生活方式疾病的女性占比38.13%；出现妇科异常症状（月经或白带异常、痛经、下腹坠痛、腹部包块、不规则阴道出血）的人数最多，占25.38%；其次是肥胖，占比13.03%，患有脂肪肝的占12.68%，患有高血压的占10.19%，患有高血脂的占5.15%，患有多囊卵巢综合征的占4.08%，患有糖尿病的占3.17%，患有冠心病的占1.73%，患有痛风的占1.14%；患有慢阻肺的占0.29%；患有脑卒中的占0.25%。本研究结果中的患病率排序结果为：无任何疾病和症状＞妇科异常症状＞肥胖＞脂肪肝＞高血压＞其他病症＞高血脂症＞多囊卵巢综合征＞糖尿病＞冠心病＞痛风＞慢阻肺＞脑卒中。

2. 家庭与工作失衡造成女性身心健康受挫

参与本研究的女性职业以公司职员、教师、机关干部以及离退休居多。经过方差分析，不同职业的女性在身心健康、心理健康、身体健康、社会健康、道德健康和女性生活健康维度上得分都存在显著差异。离退休女性的身心健康总得分最高，而身体健康维度和女性生活健康维度分数较低。

参与本次研究的女性有82.16%为已婚，10.53%为未婚，其余为离异、再婚、丧偶等。已婚女性的身心健康平均总得分为4分，未婚女性的得分为3.96分，离异女性的得分最低，仅为3.87分。

有4.73%的女性曾经遭遇伴侣出轨，她们在各维度上的得分显著低于没有被出轨的女性。同时，有25.76%的女性曾经历过不同程度的家庭暴力。在身心健康总分上，总是被家暴的女性得分要低于很少或没有被家暴的女性，并且在各分维度上的得分同样呈现较低的趋势。

3. 生育及流产对女性身心健康的不同影响

就所收集的数据来看，目前大部分女性生育1个孩子，10.54%的女性生育2个孩子，生育3个孩子的比较少。统计结果显示，生育1个孩子的女性各维度得分较高，相比之下，生育2个孩子的女性得分略低于生育1个孩子的女性，而生育3个及更多孩子的女性各维度得分更低。

参与研究的女性中曾经流过产的占比52.2%，其身心健康状况明显较差，同时心理健康与生活健康维度的得分与未流产的女性差距较大。但是超过25%的女性在性生活中不使用避孕措施，这与不科学的避孕方式存在一定联系。通过统计分析，无避孕措施的女性身体健康得分低于使用避孕套的女性，并且没有流过产的女性大多在性生活中使用避孕套。

4. 社会支持对于女性身心健康的重要作用

社会支持涉及政策、他人等多个方面对女性的支持。从亲密朋友数量上看，朋友数量越多的女性获得社会支持越多，且身心更健康。主动参加团体并积极活动的女性身心健康指数高于参加频率较低的女性。

此外，从社会福利保障来看，拥有各类保险和定期进行健康检查的女性身心健康指数得分更高。

5. 性别不公平极大伤害女性身心健康

值得注意的是，社会中仍然部分对女性表现出不尊重的现象。在本研究中，有超过一半的女性在工作或求学过程中从没有受到过性别歧视，她们的身心健康状况要好于受过性别歧视的女性，但仍有超过 40% 的女性遭遇过性别歧视，经常受到性别歧视的女性身心健康指数得分最低。而遭遇过性骚扰的女性占比 14.4%，她们的身心健康状况要明显差于没有遭遇过性骚扰的女性。

6. 幸福感越高，身心健康水平越高

上海市妇儿工委发布的“十三五”上海女性幸福指数研究报告指出，女性主要负责家庭经济的管理，超过 70% 的女性认为幸福来源于家庭生活的美满，40%的女性认为幸福的来源是身心健康，这不仅包括对自己身心的关注，也包括对丈夫、子女与亲人的关注。本研究发现，超过 60% 的女性对当前的家庭关系、事业与学业、人际关系的和谐度、经济收入、居住环境等方面感到满意。

四、结论与建议

（一）上海市女性身心健康状况整体良好，但中年期健康堪忧

总体而言，上海市女性身心健康平均得分处于中等偏上水平，大部分女性处于“比较健康”的状态，极少数女性的得分较低。31～40 岁的女性群体在心理健康、身体健康以及身心健康指数方面的得分均为最低分。而 61～70 岁的女性群体在各个维度上的得分均比其他年龄阶段女性高。从原因上看，由于现代社会压力大，中青年女性既要工作奋斗又要照顾家庭，心理压力较大，当进入退休的老年生活后，心理压力逐渐降低。因此，要加大对中年女性身心健康的关心力度，进一步打造女性身心健康科普平台，大力普及适用于中年女性的健康科学知识，同时监管工作单位、社区等组织对于女性健康水平发展的管理与保障效果。

（二）家庭与工作失衡造成女性身心受挫

通过访谈我们发现，尤其对于中青年阶段的女性群体而言，如何平衡家庭与工作是公认的难题。而离退休女性的身心健康总得分最高，由此可见，职场压力对于身心健康的影响。另外参与本次研究的已婚女性身心健康平均分最

高，曾经遭遇伴侣出轨和总是被家暴的女性健康水平较差，曾经流产过的女性身心健康状况明显较差。因此，我们建议组织心理学、体育学、医学等领域的专家学者，从女性自身及其他家庭成员的角度，开发女性的家庭身心健康指导课程体系，将女性在家庭、工作、生活中遇到的健康问题作为着力点，形成科学、可操作的解决方案，并提供辅导与培训，提升女性自身及支持网络的健康管理能力。

（三）生活方式不当与慢性疾病严重威胁身心健康

2019 年世界无烟日主题宣传活动发布的调查数据显示，上海市成人吸烟率持续稳步下降，二手烟暴露情况总体好转，但是随着电子烟等的兴起，吸烟年轻化趋势明显，且女性吸烟率与 2017 年数据对比，仍维持在 0.8%。我们的研究发现，经常和总是吸烟的女性身心健康情况不容乐观。月经紊乱、卵巢早衰、不孕不育、乳腺疾病、子宫疾病是吸烟容易导致的五大女性疾病。本研究中，没有慢性生活方式疾病的女性不到半数；出现妇科异常症状（月经或白带异常、痛经、下腹坠痛、腹部包块、不规则阴道出血）的人最多，其次是肥胖、脂肪肝、高血压、高血脂、多囊卵巢综合征等。缺乏体育锻炼、饮食不规律、久坐不动、睡眠少、生病不治病等多种不良的生活方式都极有可能造成慢性疾病的发生。因此，要整合高校、医院等组织的力量，将最专业的理论知识转化成高质量的健康促进活动，加强慢病干预手段，做好“未病先防，既病防变”，缓解医疗负荷。同时，进一步完善社区组织的支持系统，组织专人做好孕期、流产后、术后等特殊时期的人文关怀与健康指导工作。

上海市妇女联合会

上海体育学院

课题负责人：王小春

社会参与
与
妇女发展

上海妇女发展 40 年：成就与挑战

妇女发展和性别平等是世界可持续发展和构建人类命运共同体的核心原则。回顾改革开放四十年来的道路，科学、客观地评估上海市性别平等和妇女事业的发展水平，是下一步政策制定的依据和工作效果的保障。本课题通过系统全面地梳理自 1978 年改革开放以来上海性别发展的统计数据、抽样调查指标，通过对量化指标进行纵向横向比较，旨在深刻认识和评价 40 年来上海妇女事业发展取得的历史性成就，总结 40 年来上海妇女事业发展的阶段性特征，以期为制定新时代上海妇女发展的目标任务、路径方法等提供理论基础和数据支撑。

一、四十年的环境变迁：发展和进步

上海始终是中国的改革开放排头兵、创新驱动发展的先行者。在维护妇女权益、推进性别平等的道路上，上海积极探索、大胆创新，在经济保障、法规政策和组织体制等方面都取得了多方面的重大成就和突破，为促进性别平等与妇女发展创造了良好的社会环境。

（一）物质保障环境

首先，上海人均地区生产总值不断跨越新台阶。人均生产总值从 1978 年的 2 485 元，上升到 2016 年的 116 562 元，增长了 45.9 倍。其次，城乡居民的生活水平不断跨越新台阶，总体上已达到比较宽裕的小康水平。据调查统计，上海城市居民家庭人均年可支配收入从 1978 年的 406 元，上升到 2016 年的 54 305 元，增长了 132.8 倍。最后，社会保障制度不断建立和健全，形成了基本保险、补充保险、社会救助相互结合、互为补充的社会保障体系框架，已涵盖养老、医疗、失业、生育等多个方面。进入 21 世纪以后，上海基本实现了对城镇所有劳动者及其各种就业状态的全覆盖。

（二）政策法规环境

20世纪80年代以后，上海地方性法规先后出台，为女性进步提供了制度支撑。1985年上海在全国率先制定的《上海市保护妇女、儿童合法权益的若干规定》。20世纪90年代之后，上海市政府先后制定修改了《上海市女职工劳动保护办法》（1990年）、《上海市实施〈中华人民共和国妇女权益保障法〉办法》（1994年）、《上海市母婴保健条例》（1996年）等一系保护妇女权益的地方性法规、规章和政策。20世纪90年代中期起，上海在国家《妇女发展纲要》的指导下制定地方《妇女儿童发展规划》，且被纳入上海社会监测评估指标体系。

21世纪以后，特别是2015年全球妇女峰会召开之后，上海加快了从源头保障妇女权益的脚步。2016年，上海市制定了《上海市实施〈中华人民共和国反家庭暴力法〉主要工作部门职责分工》，2017年正式出台《关于本市建立法规政策性别平等咨询评估机制的意见》，2018年制订出台了《关于促进和加强本市3岁以下幼儿托育服务工作的指导意见》《上海市3岁以下幼儿托育机构管理暂行办法》《上海市3岁以下幼儿托育机构设置标准（试行）》。

（三）组织制度环境

改革开放之后，上海市妇联组织体系的形式和功能日趋完善。1979—1988年，市妇联从科教文卫系统开始，逐步扩大妇委会建立范围，在全市逐步形成了一个组织网络健全、工作渠道畅通的妇委会工作系统，为改革开放新时期妇女工作的新发展奠定了重要的组织基础。1995年，上海市政府建立了由23个职能部门和社会团体负责人组成的上海市妇女儿童工作委员会，专门负责贯彻落实“男女平等”基本国策。截至目前，上海市妇儿工委的成员单位已扩大至45家，并建立了成员单位目标执行责任签约等制度，成为上海妇女工作最重要的平台，极大地提高了政府条块委办及各部门的协调合作效率，全方位地保证《妇女儿童规划》的贯彻落实。

二、四十年的成就：数据与分析

（一）人口状况

新中国成立以来，上海人口状况经历了从“高出生、高死亡”的传统型向“低出生、低死亡”现代型的转变。改革开放后，大量流动人口涌入，极大地影响了上海人口的年龄结构和性别结构。

1. 上海偏女性化的人口结构

改革开放以来，上海人口总量增长了1.2倍，从1978年的1 098.3万人，增长至2017年的2 418.3万人。其中,户籍女性人口从555.6万人上升至733.8万人,增长了32.1%,增长幅度略低于男性。

从人口的性别结构看,上海的人口结构偏女性化。与全国平均水平相比,上海的人口性别比略低,特别是户籍人口。中国历次人口普查总人口性别比始终处于105～107的水平,也就是说,男性人口多于女性。但上海户籍人口的性别比处于98～102,且1978—2016年,其间有15年户籍人口女性比例略高于男性。比如,1978年和2016年的上海户籍人口女性比例分别为50.6%和50.4%;而全国这两年的比例分别为48.5%和48.8%。

事实上,自1961年至1983年的23年时间里,上海人口性别比一直低于100,也就是说女性人口多于男性,这种长期的性别构成状况在全国其他省、直辖市、自治区均属罕见。回顾历史可知,20世纪六七十年代,上海人口性别比的下降主要原因在于人口政策性外迁,且外迁人口的性别比较高,即迁出的男性多于女性。20世纪80年代之后,上海总人口性别比开始回升,主要原因是大量人口的迁入,且迁入人口中男性多于女性,从而促使男性人口增长速度快于女性。

2. 女性人口老龄化程度高于男性

按照65岁及以上人口超过7%的老龄化标准,上海于1979年进入老龄化社会,比中国整体步入老龄社会的时间提前了21年。改革开放四十年来,上海人口自然变动总体处于稳定的低增长阶段,1993年户籍人口就已进入负增长阶段,到2012年才变为正数(0.26‰)。

从历年人口平均年龄看,上海女性人口平均年龄一直高于男性。1982年上海女性的平均年龄为33.6岁,2015年上升为41.1岁,增加了7.5岁。据估计,2016年我国总人口的平均年龄为37.1岁,其中女性的平均年龄为38.1岁,男性为36.2岁。从世界范围看,总人口和男女平均年龄都超过40岁以上的只有四个国家,其中女性平均年龄:摩纳哥49.9岁、日本46.5岁、意大利45.6岁、德国45.3岁。按照此标准,上海女性已步入全球平均年龄最大的行列。

从各阶段年龄人口比例看,60岁是人口性别比构成的分水岭。在0～59岁的人口中,平均100个女性中大约有113个男性,且每个年龄段都是男性多于女性人口数量。60岁以后,女性人口数量开始多于男性,且随着年龄上涨,女性人口占比越来越大。在60～100岁人口中,平均100个女性中大约有92个男性。从历年比较数据看,上海女性老年人口的比例在逐步扩大。1998年,60岁以上的老年人性别比为83(女性为100);2003年为86;2005年为85;2008年和2013年均为89;2016年为92。

3. 流动人口的女性比例上升

改革开放之后,上海从一个人口迁出地转变为人口流入地。在20世纪

70 年代末至 80 年代前期，上海市人口迁入原因主要是政策返城、职工退休、子女顶替、复员退伍等；80 年代后期，上海人口迁入的主要原因变成工作调动、分配录用等人才型和学习培训等培养人才型迁入。

自 20 世纪 80 年代以来，上海女性流动人口大幅增长，从 1984 年的23.8 万人，到 2000 年的 164.1 万人，至 2010 年已达 410.5 万人，2015 年约为 452.5 万人，30 年增长了 18 倍。从流动人口中的女性比例看，从 1984 年的 31.7%，上升至 2010 年的 45.7%，到 2015 年达到 46.1%。另外，大量流动人口中的青年女性流入，拉低了上海的劳动年龄人口性别比。据"六普"资料显示，2010 年上海 15～59 岁劳动年龄人口中，男性占 52%，女性占 48%，性别比为 108.41，比"五普"时下降 2.06，其中，户籍人口中劳动年龄人口性别比为 101.43，比"五普"时下降 3.96；外来常住人口中劳动年龄人口性别比为 117.47，比"五普"时下降 13.31。

在出生人口性别比方面，上海常住人口性别比高于户籍人口，表明流动人口性别比和出生性别比远远高于户籍人口。据可查的统计数据显示，2007 年，上海户籍人口出生性别比为 107.8，常住人口出生性别比为 115.2，而流动人口的出生人口性别比高达 123.4；2008 年，上海户籍出生人口男女性别比为 107，但是常住人口的这个比例高达 115；2013 年度计划生育统计报表显示，本市常住人口出生性别比为 109.6，其中户籍人口为 105.9，流动人口为 114.37。2015 年来，在大力监控之下，上海出生人口性别比连续三年出现下降，2017 年上海户籍出生人口性别比为 106.0。

（二）健康福利

随着医疗技术和公共卫生服务的进步，癌症等疾病死亡率降低，人们的健康意识和生活方式不断改进，上海女性和男性的预期寿命不断提高、女性健康水平达到世界较高水平。

1. 平均预期寿命达到极高人类发展水平

改革开放 40 年来，上海女性的预期寿命从 1978 年的 74.8 岁上升到 2017 年的 85.9 岁，上升了 11.1 岁，高出全国平均数 6 岁多，在各省市、自治区、直辖市中始终位居首位（除了香港和澳门），也在极高人类发展水平之上。

历次人口普查数据显示，上海女性的寿命显著高于男性，两性平均寿命差距始终近 5 岁。四十年来，上海男性平均寿命从 1978 年的 70.7 岁上升到 2017 年的 81.0 岁，上升了 10.3 岁。上海女性的预期寿命于 1999 年就达到 80 岁以上，而男性的预期寿命则在 2011 年才达到 80 岁以上，比上海女性晚了 11 年。与此相应，上海女性人口老龄化程度也高于男性，2015 年上海女性平均年龄达 41.1 岁，已步入全球女性平均年龄最大的行列。

2. 孕产妇死亡率降至发达国家地区水平

自1980年以来，上海女性的生育安全取得了很大进展，1980年至2015年间，孕产妇死亡人数下降了77%，孕产妇死亡率从每10万活产30.1人降至6.7人，远低于全国平均20.1人，也远低于极高人类发展水平的14人。按世界卫生组织的标准，上海自2000年来基本保持在10/10万以下的最佳水平。

20世纪90年代以来，上海市外来流动人口中女性数量迅速增加，外来孕产妇逐渐成为上海市孕产妇死亡的主要部分。数据显示，外地户籍孕产妇死亡率明显高于本市户籍孕产妇，但两者之间的差距在不断缩小。外地户籍孕产妇的死亡率从1996年的54.7/10万下降到2015年的9.1/10万，下降趋势明显，特别是在2002年(77.4/10万)之后呈现很明显的下降趋势，至2012年之后也基本保持在世界卫生组织设定的10/10万以下的最佳水平。

3. 妇科病普查与治疗率大幅提升

妇科病、乳腺病是危及女性健康与生命的重要因素，依照《劳动法》和《女职工劳动保护条例》，每两年对在职女职工进行一次“两病筛查”。2007年以来，政府开始向没有单位的生活困难女性和退休女性提供免费筛查服务，作为基本公共卫生服务项目长效化、常态化、规范化开展。

改革开放以来，妇女病普查人数总体呈上升趋势，从1987年的39.17万人增至2016年的80万人左右，增幅达1倍。特别是自2007年向退休及生活困难的女性提供乳腺病、妇科病的免费筛查以来，妇女病普查人数快速增长，2008年高达至91万人。2007—2014年间，退休妇女和生活困难妇女免费接受筛查人数达到335万人次，占接受妇女病普查人次的半数以上。

与此同时，1987年至2016年间，上海女性的妇女病患病率整体呈下降趋势，从37.5%下降至30.8%，而妇女病的治疗率大幅提升，从1987年的69.2%升至2016年的95.8%，而且自1993年后，就稳定保持在90%以上。

（三）文化教育

妇女受教育水平是衡量妇女社会地位的重要指标，同时，教育也是一种赋权工具，是妇女地位和发展的重要影响因素，对提高妇女的经济、政治参与水平，改善妇女生活质量起着重要的促进作用。

1. 女性受教育水平显著提高

改革开放以来，上海女性受教育水平不断提高，低教育水平人口比例不断下降，高教育水平人口比例不断上升。1982年6岁及以上女性人口中，不识字或识字很少的高达25.9%，2016年只占5.3%；1982年拥有大专及以上教育程度的只占2.2%，2016年已高达29.5%。

改革开放之后，上海在全国率先普及了九年制义务教育和高中阶段教育。从在校生的男女比例看，在各教育阶段都实现了男女平等。根据《中国教育统计年鉴》的资料，1987—1994 年上海学龄女童入学率多保持在 99.5%以上，1995—2010 年均为 99.9%以上，远高于同期全国的平均水平。有研究显示，女孩完成初中学业的比重高出男生 2 个百分点以上，也就是说，女生接受完整义务教育的比重未必逊于男生。在高中教育方面，女高中生的数量自 1996 年起开始超过男高中生，之后一直在 51%～52%，2010 年普通高中女生占在校学生总数的 52.5%。但由于出生人口性别比的影响，学前教育、小学和初中阶段的女生比例略低于男生。

2. 高等教育女性比重快速增长

20 世纪 90 年代末以来，高等教育开始大规模扩招，进入高等教育大众化阶段，女性人口中接受高等教育水平的比例大幅上涨。1978 年，普通高校本专科在校生只有 5.6 万，女生只占在校生总数的 27.0%；1990 年，在校生递增到 12.1 万，女生比重也上升到 36.5%；2000 年，在校生增加到 22.7 万，女生比例速增到 46.6%；2010 年，在校生已达 51.6 万，女生比重更超过男生达 52.3%，增速之快超出预期。2017 年，本市普通高等教育在校生 66.65 万人，其中女生占 52.7%；毕业生 17. 46 万人，其中女性占 53.9%。

进入 21 世纪以后，研究生教育的性别平等脚步加快。据统计，上海高等院校/科研机构在校女硕士生的比重自 1986 年前不到 20%，到 1996 年起超过 30%，2003 年跨过 40%，2010 年已达 48.5%。在校女博士生的比重自 1986 年起超过 10%，1998 年和 2003 年分别越过 20%和 30%，2010 年也只占 36.2%。最新数据显示，2017 年上海高校毕业生中，获得硕士学位女生 6.84 万人，比男生多7 705人，占硕士总数的 50.3%；获得博士学位女生 1.27 万人，比男生少 6 441人，占博士总数的 48.8%。

3. 受教育水平的性别差距持续缩小

四十年来，上海女性在各级教育上的受教育机会快速上升，受教育水平的性别差距逐渐缩小。截至 2015 年，上海女性平均受教育年限为 10.5 年，比上海男性平均受教育年限低 0.6 年，比全国女性平均受教育年限高出 3.3 年。与国际相比，上海女性的平均受教育年限处于高人类发展水平（男女之比为 8.3：7.8）和极高人类发展水平之间（男女之比为 12.2：12.1）。另外，2015 年，中等以上教育程度占 25 岁以上人口比例，女性为 80.9%，男性为 88.8%，性别差距为 7.9%，较 2005 年（14.3%）下降 6.4 个百分点，也低于全国的平均水平。但该指标的性别差距仍大于高人类发展水平。

由于年轻人口中教育水平更高，所以目前上海高等教育水平人群中的性别差距小于低教育水平的人群。2015 年，上海 15 岁及以上人口中，文盲的比例为 3.12%，女性人口中的文盲比例为 5.12%，高出男性文盲比例 3.84%；上海 6 岁及以上的人口中，教育程度为大专及以上的占 28.7%，其中女性人口中的比例为 28.4%，仅低于男性 0.6%。

（四）就业和收入

女性就业问题是改革开放之后中国妇女发展面临的最大挑战。从计划经济向市场经济的转型，全民就业和同工同酬的原则被效率优先的原则替代，女性所承担的生育、家庭照料角色成为其在劳动力市场竞争的负累，女性就业率和收入性别差距也从新中国成立之初的高起点逐渐下落。

1. 女性的劳动参与率持续下降

近几十年来，随着经济体制改革以及城市化、市场化与全球化的推进，作为计划经济时代中国最大的工业城市，上海男女两性全员就业的模式逐渐改变，劳动参与率（参与劳动力市场或积极寻找工作人口在 15 岁及以上人口中所占的百分比）一直在下降，但女性下降幅度更大。到 2010 年，上海 16 岁及以上的女性中，只有 54.2%在工作或寻找工作，比 1982 年（71.6%）减少了将近 20 个百分点，也比全国女性平均水平（63.7%）低了将近 10 个百分点。

不同年龄女性在劳动力市场中所处地位差异明显。在 2015 年，年龄在 25 岁至 44 岁之间的女性最有可能工作（80%），16 岁至 24 岁之间的女性和 45 岁至54 岁之间的女性中，都只有半数左右在工作（54%），55 岁以上女性在工作的比例更低，只有不到十分之一的人在就业（6.8%）。

2. 女性职业层次不断提升

伴随着上海经济结构的转型，在过去的三十多年里，在第一、第二产业就业的女性显著减少，从事第三产业的女性显著增加。2015 年，在第三产业就业的女性占比达 78.2%，远高于全国平均水平（42.3%）。

上海女性受教育程度不断提高，使她们有了更加广阔的职业发展空间。从 1982 年到 2015 年，在全体女性就业人口中，从事各类负责人、专业技术人员、办事人员和有关人员三个职业的比例，分别上升了 2.7%、12%和 8.5%，无论是绝对数还是增长幅度都远高于全国平均水平。

3. 职业和收入的性别隔离依然显著

尽管女性的职业层次有了较大提升，但职业性别隔离仍然是就业领域长期存在的特征。一是男女两性在各类职业中的构成比例存在很大差异，尤其是在高层级职业之中，2015 年企业负责人中女性比例仅有 29.1%，而男性占 70.9%，是明显的男性占主导的职业。二是在同一个职业中，层级越高的职位，女性比例也越低。2015 年的数据显示，女性在专业技术人员中的比例已超过男性，占到了 51.9%，但其中大量为护士、医/药士、会计员、统计员、中小学/幼儿园教师等。在职称分布与技术等级上，以中、初级专业技术人员为多。职业阶层越高，女性人才越少的局面在过去几十年中未发生明显改变。

与此相应，在向市场经济转型过程中，我国劳动力市场的收入分配机制发生了根本改变，也影响到男女就业者的平均工资水平。整体而言，男女的工资收入差距在不断扩大，全国妇女社会地位调查显示，1990 年中国城镇就业人口中，女性平均工资约为男性平均工资水平的 77.5%，而到 2010 年女性工资只有男性的 65.8%。在上海，男女之间的总体工资差距比全国要小，2010 年女性工资收入为男性的 83%。比较 2000 年到 2015 年的数据可知，上海的性别工资差距经历了明显的波动。2005 年，男女工资差距比 2000 年扩大了 8%，随后五年里女性的收入有较大幅度提升，男女工资差距缩小了 18%；到 2015 年，男女工资比又回落至 78%，与 2000 年相比，仅缩小了 5%。

（五）政治参与

1. 女性在人大代表中的数量波动增加

女性在全国和地方人大代表中的数量是国际上公认的衡量妇女政治参与的重要指标。2018 年，上海选举产生了最新一届全国人大代表，其中女代表占 22.0%，仅比 1983 年的 19.5%上升 2.5 个百分点。事实上，在过去的 35 年间，上海女性在全国人大代表中的数量一直上下波动，2008 年升至最高水平 26.6%，之后十年连续下降。从全国范围看，2018 年上海的全国人大女代表 22.0%的占比，低于全国平均水平（24.9%），在全国 35 个选举单位中位列第 28 位。

与在全国人大代表中的占比起伏不定相比，女性在市人大代表中所占比例有较大进展。2018 年上海市人大代表中的女性占比达 33.0%，比 1983 年的 22.5%上升了 10.5 个百分点。自 1993 年以来，女性在市人大代表中所占比例一直呈上升趋势，且在 2013 年开始超过 30%（为 31.7%）。从全国范围来看，在 31 个省（区、直辖市）人大会议女代表比例中，上海居第三位，前两位分别是北京（38.0%）和广东（33.3%）。

2. 女性有限进入决策层和领导机构

自 1980 年代以来，在上海市委、人大、政府、政协四套领导班子中基本上都有女性成员，而从全国来看，直到 2006 年，中央才提出省级党委、人大、政府、政协领导班子中女干部不少于 1 人的配额要求。

上海不仅较早实现了市级党政领导班子中有女性成员的目标，在过去近四十年里，有三届市人大主任和两届市政协主席由女性担任。不过，至今尚未有女性担任市委书记和市长。

尽管自20世纪80年代开始，上海市级党政四套领导班子中基本都有女性成员，但从数量上来看，随后的30多年出现停滞不前的局面，每套领导班子中的女性人数一直在1～2人徘徊，一旦有任免调动，常常导致有的年份领导班子中无女性成员。例如，2017年选举产生的新一届市委领导中有1名女性成员，在2018年被调任至外省市后，目前上海市委中没有女性。

(六) 婚姻家庭

自改革开放政策推行以来，工业化和城市化进程加快，中国经济的快速发展和人们生活质量的提高举世瞩目，加上计划生育国策的实施，《中华人民共和国婚姻法》的修正，以及《中华人民共和国婚姻登记条例》的颁布实施，上海女性的婚姻家庭行为和关系也发生着相应的衍变。

1. 晚婚晚育已成趋势

21世纪以来，上海男女的初婚年龄经历了一个大幅上升，之后一直缓慢上升。截至2015年，上海男女的平均初婚年龄分别为30.3岁和28.4岁，比2005年分别提高了5.0岁和5.4岁，比2010年分别提高了1.5岁和1.9岁。与全国相比，上海男女的初婚年龄提高速度高于全国水平，且女性初婚年龄的提高幅度高于男性。2005年，上海男女的平均初婚年龄分别为25.3和23.0岁，略低于全国平均水平(男25.6岁，女23.5岁)，但到2010年，上海的男性平均初婚年龄为28.8岁，高于全国城市男性2.9岁；女性的平均初婚年龄为26.5岁，高于全国城市女性2.6岁。

与女性初婚年龄上升相伴随的是初育年龄的提升，初育年龄的后推是人口出生率降低的重要影响因素。2015年，上海女性的初育年龄为29.0岁，已经高于很多西方发达国家，与欧盟平均水平持平，但还略低于日本、韩国、意大利这些家庭主义福利国家。

2. 未婚女青年的比例大幅攀升

近十年来，上海女性婚姻的多元趋势大于男性。在2005—2015年的十年期间，上海45岁以下的女性人口中，未婚者比例在任何年龄段都有所上升，其中20～24岁年龄组增长了3.8%，25～29岁年龄组增长了11.9%，30～34岁年龄组增长了8.0%，35～39岁年龄组增长了3.9%，40～44岁年龄组增长了1.6%。而且与男性相比，45岁以下女性人口中有配偶者比例显著下降，离婚人口比例有所上升。

男女比较结果还显示，虽然总体上男性的未婚比例高于女性，但女性晚婚不婚的趋势变化快于男性。首先,45 岁以下人口中未婚人口的性别差距在减小。2005 年,上海男性未婚人口的比例,在 20～24 岁年龄段中比女性高 12.4%,在 25～29 岁年龄段中高 15.7%,在 30～34 岁年龄段中高 7.0%,35～39 岁年龄段高 4.5%,40～44 岁年龄段高 4.9%。但到 2015 年,五个年龄段的差距分别缩小为 6.5%、10.6%、3.5%、1.2%和 1.3%。事实上,男性人口在三个年龄段中的未婚比例不但没有上升反而有所下降。其次,比较 2005 年和 2015 年的有配偶人口比例可知,男性有配偶的比例在三个年龄阶段有所上升,两个年龄段有所下降,但波动和变化幅度仅在 -2.4%和 2.6%之间。而女性有配偶的比例则在各年龄段都有下降,且在 25～29 岁年龄组降幅达 11.5%,30～34 岁年龄组降幅也达 7.6%。也就是说,在过去十年中,青年男性的婚姻状况变化不大,而青年女性的婚姻状况发生显著变化。男女在婚姻状况上的变化差异,形成了公众对女性青年结婚难的焦虑。

3. 离婚女性人口增速大于男性

从趋势上看,上海的离婚率基数低但上升速度快。历次人口普查资料结果显示,上海 15 岁以上人口中的离婚比例在 1990 年之前不到 1%,1995 年突破 1%,2010 年达 2%,真正快速增长是 2010 年之后。从女性人口看,上海女性 15 岁以上人口中离婚者比例在 1982 年为 0.67%,1990 年为 0.95%,2000 年为 1.6%,2011 年为 1.79%,2016 年达 6.2%,增长了约 10 倍。

男女比较可知,上海女性的离婚水平高于男性,且女性离婚率的上涨幅度大于男性。数据显示,上海 15 岁以上女性中离婚人口占 6.2%,男性的相应比例为 1.7%,女性的离婚人口比重是男性的 3.6 倍。另外,历史数据显示,20～45 岁女性青年人口在 2005—2015 年期间,离婚人口比重增长了 0.2%,而该年龄段的男性在这期间的离婚人口比重却下降了 0.9%。

三、挑战与展望

改革开放四十年以来,上海已迈向全球卓越城市,上海女性的健康状况得到积极改善,受教育权利得到有效保障,劳动就业和经济参与活跃,家庭和生活方式趋于多元化。特别是在健康和教育方面,两性获得了较为实质性的平等。取得这些成就的条件可归纳为:一是以上海妇儿工委和妇联为代表的社会各部门的积极努力,对男女平等基本国策的有效执行;二是上海经济社会的快速发展,为女性的生活和发展提供了较好的物质条件、医疗条件、教育条件、就业机会和社会保障;三是计划生育和一孩政策的三十余年严格执行,极大地保障了女童健康和受教育的权利,对提高女性素质和社会地位发挥了不可磨灭的贡献。而当下整体经济发展放缓、人口政策调整将极大地改变女性发展的社会环境。概括起来，以下几个方面的挑战，是未来推动上海妇女发展事业的规范化和可持续发展，进一步推动上海性别平等与国际接轨，所必须思考和解决的问题。

（一）女性的双重负担日益加重

如前所述，上海女性在近几十年中的劳动参与率一直在下降。事实上，市场经济的效率优先导向虽然为某些女性带来了新的机会，但在性别文化没有显著变化的情况下，高度追求效率的原则使得大部分女性处于更加不利的职业地位。

一方面，女性面临的职场压力增大。市场经济体制的确立，全民保障性就业被自主的、竞争性就业代替，特别是20世纪90年代以后，劳动力市场竞争日趋激烈，收入的差别化日趋显著，对劳动者工作的时间和精力投入提出了更高的要求。另一方面，随着单位福利体制的消解，个体福利对家庭的依赖性增大。在传统性别分工的文化惯性下，家庭中的女性成为儿童、老人、病人的主要照料者，而随着幼托、教育、医疗制度的改革，加上大城市公共服务资源供给的不足，照料者角色的压力与日俱增。

因此，市场竞争加剧对女性就业形成的“推力”，而家庭需求上升对女性就业形成的“拉力”。双重作用力之下，加上性别文化传统的暗示和舆论压力，“妇女回家”成为一些家庭的理性策略，社会总体呈现出“男主外女主内”分工模式的回潮。

（二）近年女性就业形势更加严峻

自“十三五”以来，上海女性总体就业形势稳定，城镇女性从业人员比重基本“保持在40%”左右，但很不平衡。最新的分区数据显示，2017年上海总体城镇女性就业率为40.3%，但有9个区该比重未达40%，其中最低仅为26.5%，提升女性就业率任重道远。近年来，上海女性就业形势严峻的主要原因有二：一是经济环境和就业形势的变化。由于产业结构优化调整和减量化、环境治理等工作要求，部分中小企业和不符合相关规定的企业面临关停并转迁等问题，使原来就业的女性失去了就业岗位，而且因为类似岗位减少造成再就业困难。

二是国家生育政策的变化。2013年11月15日，党的十八届三中全会宣布启动实施一方是独生子女的夫妇可生育两个孩子的政策（“单独二胎”）；2015年10月29日，党的十八届五中全会宣布全面实施二胎政策。生育政策的调整，特别是全面两孩政策实施后，女性在家庭照顾方面需要花费更多的时间，加重了女性的家庭角色属性，女性面临家庭与工作的矛盾更加突出。另外，由于生育和育儿加重了女性的家庭角色，用人单位在用工选择上的隐性歧视加重，女性在劳动力市场中面临的限制与排斥更大。

（三）女性教育回报下降的风险增大

如前所述，女性的婚姻多元化趋势大于男性。近年来，“房奴”与“孩奴”词汇的出现和热议表明，不断攀升的房价与子女养育成本成为青年人生活的重负，构成青年人恐婚、晚婚、不育、晚育的重要原因。而女性未婚比例、离婚率上升的幅度大于男性则说明，在传统的家庭分工模式下，女性面临的双重压力远远大于男性，婚姻家庭给女性带来的压力大于男性。

另外，由于受教育程度的提高并没有显著降低女性从事家务劳动的时间，导致女性在职场上的人力资本积累低于男性，相应的教育回报也低于男性。同时，女性受教育程度越高，从事的职业所需的脑力挑战也越大，因此她们面临的双重负担可能更重。再者，高学历女性退出职场的机会成本更高，所以她们更有可能选择不婚不育的行动策略，以此来规避组建家庭带来的压力。

全面二孩政策背景下，女性育儿责任变大，女性教育回报降低的风险增大。如果社会政策不能积极介入，分担家庭育儿成本，降低女性的双重压力，就会加剧性别不平等。女性就业水平和教育水平都将面临下降的巨大挑战，而部分女性则会以不婚不育作为自我保护和反抗的手段。日本和韩国已经发生的“规避风险的个体化”现象对我们具有很大的警示意义，唯有加强建构性别平等的家庭政策才能走出超低生育率的困局。

（四）妇女发展和需要的监测数据不足

全面的分性别的统计数据是全面监测男女两性在各个领域、各个方面是否得到公平、公正的发展机会和公共资源，实现平等发展的重要基础。尽管上海早在《上海妇女发展“十二五”规划》中就提出了建立全社会分性别统计制度的目标，本报告也提供了关于上海妇女生活的丰富数据，但总体上仍然缺乏足够的、及时的、细分的数据来监测妇女的发展与需要。

首先，在每个发展领域，包括就业和收入、教育、健康、社保等领域，很多重要指标都没有分性别的统计数据。其次，上海是一个人口流入的特大城市，外来人口已占到常住人口的四成，但一些关键指标的统计口径依然限于户籍人口。例如平均预期寿命、生育率、教育程度等。最后，数据的开放性、透明性不足。过去几十年来，政府部门的数据量成倍增加，但大部分数据没有以开放的形式向公众提供。例如，居民恶性肿瘤发病数据，家庭暴力、家庭户主、不动产登记等。

由于许多关于妇女状况的关键数据缺乏，导致在很多情况下很难及时、准确地了解妇女的需要、妇女发展面临的关键问题，也很难评估在满足这些需要方面取得的进展。推动数据的公开、方便获取以及提高数据质量，编制相关、准确和及时的性别统计是今后面临的一大挑战，也是进一步推进性别平等事业，推动社会性别主流化所必须。

四、结语和建议

综上所述，改革开放四十年来，上海妇女事业总体上取得了巨大的进步，但也存在一些短板。而如何在全面二胎政策背景下，支持女性生活更美好，保障女性的获得感和安全感，成为未来上海女性发展的最大挑战。人类社会发展的历程表明，对于女性而言，只有在家庭、劳动力市场以及教育三个领域中实现完全的男女平等，才有美好的生活。真正的女性解放和男女平等在于鼓励女性和男性一样，在积极的社会参与中增长见识，在创造和探索未知中完善自我，体验精神上的成长。国际发展经验也表明，在信息、科技和知识高度发展的今天，只有支持女性工作—家庭平衡的社会政策才可能稳定和提高生育率，维持人类自身的可持续发展。挑战的另一面就是机遇，只要进一步推进性别平等主流化，进一步改善公共政策和制度环境，进一步保障女性的经济和社会参与权益，大力支持家庭以缓解女性双重压力，必将推动上海的性别平等和妇女发展事业再上台阶。

（一）加强妇女组织的引导，推动社会性别主流化

1995 年在中国北京举行的联合国第四次世界妇女大会通过了《行动纲领》，确定将“社会性别意识纳入决策主流”（简称“社会性别主流化”）作为促进性别平等的全球战略。如今，“社会性别主流化”已经纳入到联合国的性别发展指标体系和人类发展统计指标，纳入国际社会发展规划，它已成为国际社会的共识，成为以人为中心的全世界社会发展模式的重要组成部分，被公认为是推进性别平等的有效和成功的战略。

2018 年初，上海已经初步建立了法规政策性别平等咨询评估机制，成立了上海市法规政策性别平等咨询评估委员会，为推动公共政策纳入社会性别视角，推进性别平等开创了新局面。接下来，要进一步细化操作方案，明确哪些种类的本市地方性法规、政府规章和规范性文件涉及妇女权益，列出开展法规政策性别平等咨询评估的重要性级别和清单，切实推动在制定法规政策、编制规划等时充分考虑妇女儿童的特殊利益，进一步促进社会性别意识主流化进程。

建立妇女组织参与的制度化，提升妇女组织在公共政策制定实施过程中的地位和影响力。提高妇女组织的政策倡导能力、社会性别分析能力、与民间妇女团体的合作能力，促进妇女参与公共政策的程度、增强公共政策主体的性别意识、减少社会文化环境中不利于性别平等的因素等。

（二）依法维护权益，提升妇女的安全感和获得感

以妇女发展面临的突出问题为导向，聚焦重点难点，从法规政策的源头促进男女平等基本国策的落实，加大有关妇女儿童权益保障的法律法规实施力度，推动对妇女儿童家庭友好的社会公共政策的覆盖和执行效果。进一步探索反家暴社区联动工作机制的实践和推广，推进《中华人民共和国反家庭暴力法》的贯彻落实，建构民主平等的家庭关系和法律环境。进一步加强对舆情的研判、监测与应对，对涉及妇女儿童权益的重大社会舆情及时发声，积极反映妇女儿童合理诉求，依法维权，有效维稳。

进一步提升相关部门之间的协调能力，统一规划、形成合力，加强源头维权、社会化维权、实事化维权，促进妇女儿童合法权益得到更有效的保护。坚持个案维权与源头维权相结合，妇女维权与社会维稳相结合，联手社会组织开展化解信访突出矛盾，着力化解信访重难点案件，助力培育良好社会心态。建立健全集矛盾排查、纠纷调解、法律援助、关爱帮扶于一体的维权服务体系，进一步健全完善妇女儿童法律援助工作站点。强化社会协同，注重上下联动、部门联动、社会联动，优化整合各类资源，进一步健全“社会化 + 专业化 + 精细化”维权工作格局。

（三）提升家庭服务能级，支持女性生活更美好

秉持和倡导育儿、养老是全社会共同责任的理念，为家庭提供服务，减轻女性因为承担家庭责任而产生的经济压力、照管压力、职业发展压力、教育压力和家庭关系压力，帮助女性更好地平衡家庭角色和社会角色，促进女性健康、全面发展；减轻家庭育儿和养老的压力，真正实现“幼有所育”“老有所养”“病有所医”，让老百姓的生活更加美好。

在减轻育儿压力方面，要进一步明确政府在托育服务中的主导地位，加大公共幼托服务的投入，分担家庭责任，减轻家庭照料压力。近年来，上海以政府实事项目为依托，大力推进公共场所母婴设施建设。2018 年，上海已经出台了全国首个有关幼儿托育工作的规范标准及相关文件，相关部门还需进一步理顺合作机制，加大推进实施力度，推动社区幼托点的落实和设立。除此之外，还需加强探索的工作方向包括：以政府财政支持家庭育儿，改善生育福利，增强家庭抚育孩子的经济能力；为 0～3 岁孩子母亲提供就业保障，降低女性养育子女的机会成本；完善亲职假期和亲职教育政策，推动弹性工作制度，拓宽和丰富 3～12 岁儿童的公共托育服务的内容和形式。

在老年人照料方面，除了进一步完善社区养老和居家养老服务之外，还要重点探索“以家庭医生为核心的医养结合”养老服务模式。因为上海人口中女

性老龄化程度更高，老年人口中女性收入又低于男性，家庭医生制度对改善上海老年女性人口生活质量有重要意义。接下来需要有针对性地发展服务老年人口的家庭医生队伍，进一步普及老年人的家庭医生签约覆盖面，规范家庭医生上门、走访社区老年日托所问诊的行为，提升整体医疗卫生服务的效率与能级。

上海社科院社会学研究所
刘汶蓉　张　亮

新时代上海各阶层妇女思想状况调查研究报告

一、调查背景

为深入贯彻落实习近平总书记的重要讲话精神，以及中国妇女等十二次全国代表大会精神，更好地加强妇女思想政治工作，2019 年，上海社会科学院社会学研究所承担上海市人民政府决策咨询研究妇联专项课题“新时代上海各阶层妇女思想状况调查研究”。调查主要围绕当代妇女的理想信念、价值理念和道德观念三个方面展开，通过了解新时代妇女对创造美好生活的新期待和新要求，探索开展妇女思想政治工作的新方法、新手段，切实引导广大妇女群众听党话、跟党走。

课题主要采用定量研究方法，于 2019 年 6—8 月在北京、上海和广州三地开展问卷调查，共获得有效样本 1 100 份。从样本的年龄分布来看，主要处于 18～65 岁之间，其中 18～24 岁占比 10%，25～34 岁占比 27%，35～44 岁占比 27%，45～54 岁占比 26%，55～65 岁占比 10%。从受教育程度来看，高中及以下学历占比 44.6%，大专学历占比 22.5%，大学本科及以上学历占比 32.9%。在政治面貌上，中共党员占比 21.5%，共青团员占比 28.8%，民主党派占比 2.1%，群众占比 47.6%。被调查的妇女中，21.8%未婚，75.8%已婚(包括初婚或再婚)，2.4%离婚。在工作方面，79.9%全职工作，9.1%兼职工作，1.4%退休返聘，9.6%没有工作。本研究还根据第六次全国人口普查数据进行了加权处理，使得样本分布更符合整体人口分布。本研究对上海不同阶层妇女的分类主要考虑了三大变量，即户口类型、受教育程度和家庭收入状况。在户口类型上，农业户口占比 36.1%，非农户口占比 63.9%；在受教育程度上，高中及以下占比 33.1%，大专占比 25.6%，大学本科及以上占比 41.3%；在家庭收入上，低收入(家庭年收入在 10 万及以下)占比 22.5%，中等收入(家庭年收入在 10～30 万)

占比 48.1%，较高收入（家庭年收入在 30 万以上）占比 29.4%。

二、当前上海妇女思想发展状况新特征

（一）理想信念

1. 对中华民族伟大复兴“中国梦”充满信心，受教育程度越高的上海妇女认知程度越高

“中国梦”是实现中华民族伟大复兴的梦想，是实现国家富强、民族振兴、人民幸福的梦想，中国梦的核心目标是“两个一百年”的奋斗目标。每一个个体的梦想正是在国家梦和民族梦的实现中不断得以实现。调查显示，有八成左右的上海女性了解“中国梦”，了解“两个一百年”奋斗目标，超过九成的上海女性对实现中华民族伟大复兴充满信心。具体而言，有 51.5%的上海女性非常了解“中国梦”，认为“中国梦”能连结个人梦和家国梦，非常具有凝聚人心的力量，有 33.4%的妇女比较了解，认为“中国梦”主要关乎国家和民族复兴，与个人生活没多大关系；对于“两个一百年”奋斗目标，54.5%的上海女性非常了解，认为这是每一个中国人都应该关心的事情，23.5%的妇女比较了解，但认为这是国家和领导人考虑的事，与自己的生活没多大关系；对于中国共产党将沿着中国特色社会主义道路，带领中国人民实现中华民族伟大复兴，上海女性中有 59.5%表示坚信不疑，有 38.9%表示相信，这就意味着有 98.4%的上海女性对于中华民族的伟大复兴是充满信心的。

从不同阶层的比较来看，调查显示，受教育程度越高的上海妇女对中国梦的了解程度越高，其中，本科及以上的妇女非常了解“中国梦”的比例为 61.3%，非常了解“两个一百年”奋斗目标的比例为 65.4%，远远高于其他受教育程度的妇女，且差异均达到显著程度（$p<0.001$）。

2. 高度认同中国共产党的领导

中国共产党的领导使中国走上了独立自主发展的现代化道路。在进入中国特色社会主义新时代的重要历史节点上，中国共产党的领导是全面深化改革和推进国家治理现代化的重要保障。调查显示，有超过九成的上海女性认同中国共产党领导的重要性。具体而言，有 93.7%的上海女性认同“坚决维护习近平总书记在党中央和全党的核心地位”的重要性，其中有 70.4%的人认为非常重要，23.3%的人认为重要；有 93.9%的上海女性认同“坚决维护党中央权威和集中统一领导”的重要性，其中有 69.0%的人认为非常重要，24.9%的人认为重要；有 91.5%的上海女性认同“坚持和加强党的全面领导”的重要性，其中有 68.9%的人认为非常重要，22.6%的人认为重要；有 93.9%的上海女性认同“坚持全面从严治党”的重要性，其中有 71.3%的人认为非常重要，22.6%的人认为

重要。由此体现出上海女性对中国共产党领导的高度认同以及对党的高期望。调查同时显示，各阶层妇女对党领导重要性的认同度没有明显差别。

3. 普遍认同党的路线方针政策

对于新的历史时期党的路线方针政策，上海女性持有高度认同和大力拥护支持的态度。调查显示，有超过九成的上海女性认同党的各项路线方针政策。具体而言，有94.5%的上海女性认同“坚持和加强依法治国”的重要性，其中有73.0%的人认为非常重要，21.5%的人认为重要；有94.1%的上海女性认同“坚持推进全面小康社会建设”的重要性，其中有71.2%的人认为非常重要，22.9%的人认为重要；有93.9%的上海女性认同“坚持走中国特色社会主义道路”的重要性，其中有73.1%的人认为非常重要，20.8%的人认为重要；有91.7%的上海女性认同“坚持经济、政治、文化、社会、生态五位一体总体布局”的重要性，其中有69.8%的人认为非常重要，21.9%的人认为重要；有93.4%的上海女性认同“坚持和深化改革开放”的重要性，其中有67.9%的人认为非常重要，25.5%的人认为重要；有92.0%的上海女性认同“坚持新时代我国社会主要矛盾的科学判断”的重要性，其中有67.3%的人认为非常重要，24.7%的人认为重要；有92.3%的上海女性认同“牢固树立政治意识、大局意识、核心意识、看齐意识”的重要性，其中有67.4%的人认为非常重要，24.9%的人认为重要；有93.1%的上海女性认同“坚持道路自信、理论自信、制度自信、文化自信”的重要性，其中有66.0%的人认为非常重要，27.1%的人认为重要。由此体现出上海女性对党的各项路线方针政策持有高度认同的态度。

（二）价值理念

1. 普遍认同社会主义核心价值观

社会主义核心价值观是社会主义核心价值体系的内核，体现社会主义核心价值体系的根本性质和基本特征。社会主义核心价值观包括三个层面12个价值导向，其中富强、民主、文明、和谐是国家层面的价值目标，自由、平等、公正、法治是社会层面的价值取向，爱国、敬业、诚信、友善是公民个人层面的价值准则。调查显示，上海女性普遍认同社会主义核心价值观。对于社会主义核心价值观中包含的12个价值导向，均有超过九成的人表示重要，其中表示很重要的比例均在七成及以上。从具体的排序来看，排在前三位的是诚信、法治和公正，上海女性认为很重要性的比例分别为81.5%、80.4%和79.1%。

对于社会主义核心价值观，上海女性不仅思想上高度认同，而且在行动中积极践行，87.0%的人表示要在家庭中培育和践行社会主义核心价值观，其中完全认同的比例为55.0%，比较认同的比例为32.0%。

2. 高度认同中国优秀传统文化

中国优秀传统文化是我们的精神命脉，是最深厚的文化软实力。中国优秀传统文化包含丰富的哲学思想、价值观念和科学智慧等，对个体修养和家庭建设有极大的引领和指导价值。调查显示，上海女性深受中国优秀传统文化的影响。在理念上，94.1%的上海女性为中国优秀的传统文化感到自豪，其中72.0%的人非常赞同，22.1%的人比较赞同。在行动意向上，有89.8%的人认为保持传统很重要，要继承优秀的传统文化，其中50.7%的人非常赞同，39.1%的人比较赞同。上海女性还非常注重女性在践行优秀传统文化中的作用，有92.4%的人认同妇女在弘扬家庭美德、树立良好家风方面有独特作用，其中59.3%的人非常赞同，33.1%的人比较赞同。大多数上海女性对于女性传统的角色也持有赞同的态度，有72.7%的上海女性认同“贤妻良母、相夫教子是优秀的中华民族文化传统，在当代仍需要大力提倡”的说法，其中有47.0%的人非常赞同，25.7%的人比较赞同。当然我们也注意到，随着对传统文化提问的具体化和行动化，上海女性选择“非常赞同”的比例有所下降，反映了践行意愿低于主观认同的现象，也体现了人们的认知和行为之间尚存距离。

从不同阶层妇女对中国优秀传统文化的态度来看，差异主要体现在对“贤妻良母、相夫教子”的态度上，调查显示，在1～5分中，低收入和中等收入群体的得分分别为4.03分和4.25分，较高收入群体的得分为3.79分，可见，较高收入家庭女性在“贤妻良母、相夫教子”上的得分偏低，表明其认同程度较低，且群体差异达到显著程度（$p<0.001$）。

3. 尽职尽责是人生价值的优先选择，较高阶层的妇女更注重做好本职工作

人生最重要的价值应该体现在哪方面？调查显示，排在第一位的是“做好本职工作，为推进中国特色社会主义事业而奋斗”，上海女性的选择比例为61.5%；排在第二位的是“参与公益事业，为社会和更多人的利益做贡献”，上海女性的选择比例为27.0%；在“光宗耀祖，实现家族/家庭的向上流动”一项上，上海女性的选择比例为3.3%，说明实现家族的向上流动在当代女性的人生价值选择中已经不再占有主流地位。上海女性选择“个人事业成功”和“尽情享受生活”的比例分别为3.0%和5.2%，所占比例比较低。由此可见，上海女性的人生价值选择更多是考虑个人价值与社会价值的有机结合，通过个人的努力促进社会和国家的发展，从而为推动中国特色社会主义事业做出自己的贡献。从北上广的比较来看，不同城市女性的选择比例比较接近，未体现出显著性差异。

从不同阶层妇女对人生价值的选择来看，调查显示，受教育程度为大专以及本科及以上的妇女群体认同“做好本职工作，为推进中国特色社会主义事业

而奋斗”的比例要明显高于受教育程度为高中及以下的妇女群体，家庭收入为中等以及较高的妇女群体对该项的选择比例也要明显高于低收入家庭的妇女。这说明较高阶层的妇女群体会更关注本职工作及其对国家发展的重要意义。

4. 普遍认同女性有更广阔的发展空间

新中国成立后，中国女性一直走在不断追求平等、独立和进步的道路上。女性在新时代有更宽广的生存发展空间，能够把自己的智慧充分展现出来，上海女性对此持有高度认同的态度。调查显示，61.2%的人选择“非常同意，当前国家对女性发展很重视，女性有充分的自我实现平台”，35.0%的人选择“比较同意，当前女性比以前有了更大的社会发展空间”，即有96.2%的上海女性赞同女性在新时代拥有发展机会和权利。

（三）道德观念

1. 绝大部分妇女乐意承担家庭责任和义务，较高阶层的妇女更注重追求幸福婚姻

对于承担家庭中的责任和义务，绝大部分妇女持有赞同的态度。调查显示，有92.4%的上海妇女赞同“不论男女都要同时尽好社会义务和家庭义务”，其中63.7%的人非常赞同，28.7%的人比较赞同。91.1%的上海妇女赞同“子女应尽自己的力量赡养父母使他们的生活更为舒适”，其中58.2%的人非常赞同，32.9%的人比较赞同，说明尽孝作为家庭中的基本道德规范得到广大妇女的普遍认同。80.5%的上海妇女赞同“好好孝敬、侍奉公婆是媳妇应尽的责任”，其中45.1%的人非常赞同，35.4%的人比较赞同；80.1%的上海妇女赞同“好好孝敬、侍奉岳父母是姑爷应尽的责任”，其中42.3%的人非常赞同，37.8%的人比较赞同，可见有超过八成的上海妇女认同在婚姻中要孝敬侍奉配偶的父母，这为建设美好幸福家庭提供了良好的道德基础。对于婚姻，有74.2%的上海妇女认同“婚姻是神圣的，结了婚就不能轻率离婚”，其中48.2%的人非常赞同，26.0%的人比较赞同，说明了人们对于婚姻的严肃态度，当然还有25.8%的人对此持有保留态度。对于“有了孩子以后，即使婚姻不幸福也不应该离婚”，有35.4%的上海女性持有赞同态度，其中18.0%的人非常赞同，17.4%的人比较赞同，可见，当代上海女性的婚姻更多以追求个人幸福为目标，而不会为了孩子而忍受婚姻中的痛苦。

从不同阶层妇女对家庭责任和义务的态度来看，调查显示，农业户口的女性更认同要赡养父母以及为了孩子不能离婚，其在这两项上的得分显著高于非农户口女性。受教育程度为大专的女性最为认同婚姻的重要性以及为了孩子不能离婚，相比之下，受教育程度为本科及以上的女性最不认同为了孩子不能

离婚的说法。在不同家庭收入上，较高收入家庭的妇女更不赞成为了孩子不能离婚的说法。由此可见，较高阶层的女性更不认同“有了孩子以后，即使婚姻不幸福也不应该离婚”的说法，体现出较高阶层的女性更为注重追求幸福的婚姻，这与她们有较强的生活能力，因此具有更大选择权和更高自由度的因素相关。

2. 工资收入是职业价值中的首要追求，较高阶层妇女更关注个人兴趣和发展机会

对于决定上海妇女工作积极性的主要因素，调查显示，排在前三位的是工资收入、个人兴趣和发展机会，上海女性的选择比例分别 64.8%、59.1% 和 55.3%。

从决定不同阶层妇女工作积极性的主要因素来看，调查显示，受教育程度在本科及以上以及较高收入家庭的妇女会更关注个人兴趣和发展机会。具体而言，选择“是否符合我的个人兴趣”因素，高中及以下、大专以及本科及以上妇女的选择比例分别为 60.0%、47.5%和 65.5%；选择“发展机会”因素，高中及以下、大专以及本科及以上妇女的选择比例分别为 45.2%、57.7%和 61.9%。可见本科及以上学历的妇女选择这两项的比例均为最高。同样地，选择“是否符合我的个人兴趣”，低收入、中等收入和较高收入妇女的选择比例分别为 53.4%、59.0%和 63.6%；选择“发展机会”，高中及以下、大专以及本科及以上妇女的选择比例分别为 45.7%、54.6%和 63.9%。较高家庭收入的妇女的选择比例均为最高。由此可见，较高阶层妇女更关注个人兴趣以及发展机会在工作中的重要性。

3. 积极参与志愿者活动，较高阶层妇女参与捐款和献血频率更高

上海女性乐于奉献社会，积极参与志愿服务活动。调查显示，在过去的一年中，有九成的女性参与过志愿服务活动，其中参与比例排在前三位的是绿色环保类、环境卫生类和学校教育类，参与比例分别为 48.0%、43.3%和 29.8%。在参与志愿服务活动上，不同城市的比较显示，总体而言，上海女性参与志愿服务活动的比例略低于北京和广州。

上海女性还积极参与捐款活动，在过去的一年中，有 82.6%的人通过互联网募捐信息平台（如水滴筹、轻松筹、爱心筹等）向他人捐款，其中 48.1%的人捐款次数在 1～2 次，18.9%的人捐款次数在 3～5 次，15.6%的人捐款次数在 5 次以上。

从不同阶层妇女参与捐款活动的频率来看，本科及以上受教育程度以及较高家庭收入的妇女参与捐款的频率更高。

在参与献血活动上，调查显示，有 60.9%的上海女性参加过献血活动，其中 30.5%的人是个人主动进行的无偿献血，30.4%的人是参加单位组织的献血。

从不同阶层妇女参与献血活动的频率来看，本科及以上受教育程度以及较高家庭收入的妇女参与献血的频率更高。

三、上海妇女思想发展面临新挑战

（一）部分女性理想信念相对薄弱

虽然调查显示，上海妇女对中华民族伟大复兴“中国梦”充满信心，高度认同中国共产党的领导，普遍认同党的路线方针政策，但不同阶层的比较发现，受教育程度低的妇女对“中国梦”以及“两个一百年”奋斗目标的认知程度偏低，反映出其理想信念还相对薄弱。

此外，部分女性爱国情感和行为取向有所背离。国家自豪感体现出人们对自己祖国的认同和情感。调查显示，对于“我为自己是中国人而骄傲”的说法，有 74.5%的上海女性表示非常赞同，19.5%的上海女性比较赞同，这就意味着有 94.0%的上海女性具有较强的国家自豪感。为了了解人们的行为取向，本次调查同时询问了被调查者对于“如果有可能，我会移民到其他国家”的态度，有 25.7%的上海女性表示很不赞同，20.7%的上海女性表示不太赞同，即有46.4%的上海女性不赞成移民行为，但同时有 32.1%的女性对移民持赞成态度。从北上广三大城市的比较来看，这种爱国情感和行为取向相背离的现象也发生在北京和广州，三个城市之间未呈现出显著性差异。上海不同阶层的妇女在国家自豪感以及移民意愿上未呈现出显著差异。

（二）少部分女性有宗教信仰

调查显示，有近 2 成的上海女性有宗教信仰，其中排在首位的宗教信仰是佛教，信仰人数占比 13.4%；排在第二位的是基督教，占比 3.5%；排在第三位的是民间信仰，占比 1.9%。在北上广三大城市中，女性宗教信仰比例最高的是广州，上海和北京妇女的信教比例比较接近。

从不同阶层妇女的信教比例来看，较低社会阶层的妇女信教比例更高。具体表现为农业户口、受教育程度偏低以及低收入家庭的妇女信教比例更高。调查显示，农业户口和非农户口的上海妇女信教的比例分别为 27.7%和 17.9%；受教育程度为高中及以下、大专以及本科及以上的上海妇女信教的比例分别为 26.3%、23.7%和 16.0%；低收入、中等收入和较高收入上海妇女的信教比例分别为 23.7%、24.8%和 13.2%。可见，较低社会阶层的上海妇女的信教比例要明显高于较高社会阶层的上海妇女。

从信教妇女参加宗教活动的频率来看，超过四成上海妇女会定期参加宗教活动。调查显示，在信教妇女中，有 1.5%表示每天会参加宗教活动或仪式，21.6%一周会参加一次或几次，17.3%一个月会参加一次或几次，这就意味着有超过四成的信教妇女至少每个月会定期参加宗教活动或仪式，宗教活动已经成为这部分妇女日常生活的常规化活动。此外，有25.8%的信教妇女一年参加一次或几次宗教活动，33.8%的信教妇女几年参加一次宗教活动。

从上海妇女信教的原因来看，排在前三位的是受家庭/民族传统影响、寻找心灵寄托以及为了疏解压力。调查显示，在信教的上海妇女中，有70.0%表示是受到家庭/民族传统影响，59.0%表示是为了寻找心灵寄托，充实生活，41.0%是为了疏解因灾难、疾病、家庭矛盾等不幸事件带来的压力和痛苦。此外，还有37.8%的人表示是为了提升生活格调/品味/追求时尚、37.8%是为了结识朋友、26.2%是受好奇心驱使，还有26.2%是受他人劝说。

从不同阶层妇女的信教原因来看，受教育程度偏低的妇女比受教育程度高的妇女更容易因为受他人劝说以及受好奇心驱使而信教。在具体数值上，高中及以下、大专和本科及以上妇女因为受他人劝说或好奇心驱使而信教的比例分别为31.5%、28.9%和17.1%。而较高家庭收入的妇女比低收入以及中等收入家庭的妇女更趋向于为了寻找心灵寄托，充实生活以及为了提升生活格调/品味/追求时尚而选择信教。其中，低收入、中等收入和较高收入家庭的妇女因为寻找心灵寄托，充实生活而选择信教的比例分别为57.6%、52.0%和83.3%，因为提升生活格调/品味/追求时尚而选择信教的比例分别为48.5%、24.3%和64.0%。

（三）对男女成功的评判存在双重标准

尽管新时代的女性具有更广阔的发展平台和空间，但女性依然高度关注婚姻家庭的重要性。调查显示，在对新时代女性应该具备的主要特征进行选择时，上海女性选择比例最高的是婚姻家庭幸福、经济独立和事业有成，比例分别为55.5%、45.6%和30.3%，可见，上海女性把婚姻家庭幸福的重要性放在个体的经济独立和事业有成之上。从北上广的比较来看，三大城市的女性对于女性特征选择的排序是一致的，在具体比例上，广州女性选择婚姻家庭幸福的比例略低，选择个体自信和成就的比例略高。

调查还发现，上海女性对于女性和男性成功标准的判断有所不同。上海女性选择评价女性成功的标准，排在前三位的是健康平安、婚姻美满和自我实现，选择比例分别为41.8%、35.3%和31.9%，而选择评价男性成功的标准，排在前三位的是职业成就、权力地位和健康平安，选择比例分别为33.3%、27.7%和26.4%。可见，对女性的成功是以婚姻和自我发展相结合来进行评判，而对男性的成功更多是以个体的成就以及地位来进行评判。

（四）工作和家庭的平衡是新时代女性面临的重要难题

新时代的女性有更多的发展机会和空间，但如何实现工作和家庭之间的平衡，是现代女性面临的一个重要难题。有了孩子之后，孩子在生活中的重要程度如何呢？调查显示，对于“只要为了孩子好，父母可以牺牲一切”，上海女性中有41.6%的人持赞同的态度，33.8%的人持反对的态度。对于“有了孩子以后，父母应该把生活的重心放在孩子身上”，有50.1%的人持赞成的态度，24.5%的人持反对的态度。可见，对于孩子的重要性，上海女性态度的分化是比较明显的。

从不同阶层妇女对孩子重要性的态度来看，受教育程度为本科及以上的妇女在为了孩子父母可以牺牲一切以及生活重心放在孩子身上这两项上的得分是相对最低的，同样地，较高家庭收入妇女在以上两项上的得分也是相对最低的。由此可见，较高阶层的妇女更为注重个人的发展，不愿意把生活的重心过度放在孩子身上，这与前文中较高阶层妇女更注重本职工作的重要性、更追求幸福婚姻以及更关注个人兴趣和发展机会的结果是一致的。

事实上，女性经常处在育儿和工作的艰难选择中。为此本研究设计了两道情境题。情境一：“一位知名女科学家在获奖感言中说：‘在她（女儿）只有一个月大的时候，我把她交给了她的外婆，当我把她接回来时，她已经是10岁了，但是她对此从未有任何抱怨。’”从对这一情境看法的选择来看，女性的态度是充满矛盾的。上海女性中有29.8%的人选择了“这种精神值得倡导，女性就应该在工作上积极进取、奋发有为”，即认为工作重于家庭；有21.2%的人选择了“这种精神不值得倡导，孩子幼年必须有母亲陪伴身边”，2.8%的人选择了“女性应该以家庭为重，做一个好母亲更重要”，即认为家庭重于工作。这两派的选择比例均在2成至3成之间。此外，还有46.2%的人选择了“这种牺牲奉献的精神值得敬佩，特别是家庭的支持难能可贵，女性还是要平衡好工作和家庭”，由此表达了工作和家庭并重，并试图在两者之间寻求平衡的态度。从北上广三大城市的比较来看，相互之间未呈现显著性差异，体现了家庭和工作平衡是困扰在大城市工作和生活的女性的共同问题。

从不同阶层妇女对工作和育儿的选择来看，较高家庭收入的妇女选择提倡工作精神的比例要显著高于低收入以及中等收入家庭的妇女。

工作和育儿困境也较多地发生在面临二胎生育选择的女性身上。本研究设计的第二个情境题：“35岁的杨芳有一个6岁的孩子，二胎政策放开后，家人希望她再生一个孩子，但公司近期打算提拔她为部门经理，如果现在怀孕的话，就要错过这次升职机会。”对此，上海女性中有16.0%的人认为“年龄已经不小了，赶紧再生一个，升职机会错过没关系”，即认为生育重于升职；有11.3%的人选择了“升职机会更重要，孩子可以过几年再生”和14.5%的人选择了“孩子有一个就行了，职业发展更重要、不能错过”，即认为升职重于生育。此外，还有

58.3%的人选择了“与丈夫共同商量，综合考虑家庭和工作情况再决定”，试图在两者之间寻求平衡。无论女性在两难的选择中选择了哪一项，都意味着另外一项会遭到损失，可见，现代女性虽然更为独立自由平等，但在有限的时间精力之下，尤其在多元的价值观之下，如何做好家庭和职业之间的平衡，确实是一大难题。

从不同阶层妇女对生育二胎的选择来看，本科及以上学历以及较高家庭收入的妇女选择职业发展的比例要显著高于其他几类群体。可见，在工作和家庭中，较高阶层的妇女更有可能选择工作。

四、对策与建议

（一）开展分类教育，引领女性坚定理想信念

虽然大部分上海妇女对中华民族伟大复兴中国梦充满信心，但是还有少部分人对“中国梦”以及“两个一百年”奋斗目标不太了解，或者虽然了解却认为和个人的生活没有多大关系，没有将个人的命运和国家的命运相联系，没有将个人的发展融入到国家发展的大环境中。因此，当前仍需进一步加强崇高理想信念的教育和引导。建议通过各种渠道、载体、平台和方式，在广大女性中加大对“中国梦”和“两个一百年”奋斗目标的宣传，大力弘扬和培养以爱国主义为核心的民族精神和以改革创新为核心的时代精神，培育广大女性积极向上的精神面貌，引导坚决拥护中国共产党的领导、拥护社会主义制度、引导她们积极践行社会主义核心价值观，从而积极投身社会主义现代化建设，自觉为实现中华民族伟大复兴的中国梦、为社会主义国家的繁荣富强贡献自己的力量。

针对不同阶层女性要开展分类教育。对于低收入和低受教育程度女性的引领，要将重点放在疏导和帮助上，通过对女性日常生活的关怀、服务及丰富多样的社区精神文化活动，以制度化、实践化、生活化、大众化的马克思主义表现形式来引导女性从内心深处信任中国共产党、认同社会主义制度，进而在接受马克思主义的过程中形塑科学信仰。针对信教女性，要在尊重和理解的基础上，秉持群众工作的理念和方法，将团结信教女性纳入社区治理和社区党建工作范围，增进社会和谐，引导信教女性的思想观念与社会主义社会相适应；引导她们的宗教信仰与拥护中国共产党的领导、拥护社会主义制度、坚持中国特色社会主义道路的政治信仰相适应；引导她们积极践行社会主义核心价值观，弘扬中华优秀传统文化，遵守国家法律法规，积极投身社会主义现代化建设，为实现中华民族伟大复兴的中国梦贡献力量。

（二）促进日常践行，提升中国优秀传统文化渗透力

中国优秀传统文化得到绝大部分上海妇女的认同，超过九成的人为优秀传

统文化感到自豪。相比之下，认同要继承优秀传统文化的比例略有下降，当落实到具体的日常行为如做贤妻良母、相夫教子时，认同比例进一步下降。由此反映出上海妇女在日常生活中践行中国优秀传统文化的力度还有所不足。因此，当前仍需进一步加大对中国优秀传统文化的宣传力度，可采取注入时代元素和时间元素的方式，使优秀传统文化从书本走进生活，通过历史现实的融合和丰富多样的体验参与让广大妇女将对优秀传统文化的认知转化为日常的生活实践，以之指导家庭生活，建构和谐家庭关系，实现幸福人生。

（三）促进“知行合一”，提升女性爱国情感和行为

绝大多数上海妇女具有很强的国家自豪感，为自己是中国人而感到骄傲，这体现了上海妇女的爱国情感。尽管如此，当落实到行动时，有少部分上海妇女表示如果有可能，自己会选择移民到其他国家。移民与很多因素有关，如为了更好的生活环境，为了子女接受更好的教育等，但也从一个方面反映了人们在国家认同上存在知行不一的现象。因此，国家要加强爱国主义教育，通过深化爱国认知，激发爱国情感，形成持续的、一以贯之的爱国行为方式。建议加强爱国教育的舆论引导，打造“知行合一”的爱国舆论场，同时加大树立爱国榜样的示范和引领作用，使广大市民了解国家发展的阶段和发展的前景，从而将对祖国的热爱内化为日常行为处事的准则和习惯。

（四）加强基层社区建设，提升女性获得感和幸福感

在新的时代条件下，城市社区工作要服务于人民对美好生活的追求，提升社区女性的获得感和幸福感，更应该积极回应社区女性的现实需求、思想困惑和精神表达。社区妇女工作者不仅要推动公共服务均等化、建构社区利益协调机制，将关心和服务妇女群体落到实处，还要积极拓展平台和渠道，创造新的活动载体，向社区女性提供“精神产品”、关照社区女性的精神生活，疏导她们的消极情绪、宣传党和国家的方针政策。寓思想引领于服务之中，从不同社区女性的情感、个性、尊严及合理利益诉求出发，将社会主义核心价值观的内容进行具象化、生动化、个性化表达。通过开展符合社区需求的实践活动，引导社区女性形塑马克思主义科学信仰，建构符合社会主义制度的基本价值秩序，涵育现代女性的公共品质。

（五）进一步发挥妇联组织在促进性别平等中的积极作用

在男女平等的基本国策下，上海女性获得长足发展，拥有更平等的政治经济权利和更广阔的发展空间。但与此同时，女性依然面临生存和发展困境，如社会和女性自身评判女性和男性成功的标准存在差异，认为女性成功更多表现为婚姻家庭幸福，而男性成功主要体现于个体成就。此外现代女性普遍面临工

作和家庭之间平衡的难题，尤其在二胎政策放开，育儿需要更大的精力投入时。因此，需要积极发挥作为官方妇女组织的妇联在促进性别平等中的积极作用，如继续加大对男女平等的宣传力度，推动有关部门出台保障妇女权益的法律法规政策，保障女性实现平等的就业和发展权，促进实施与上海建设卓越城市和国际大都市地位相匹配的妇女发展战略等。

上海市妇女联合会
上海社会科学院社会学研究所
课题负责人：杨　雄

探索构建呈现开放型、枢纽型、生态型、服务型特点的新时代妇联组织形态

——"十四五"时期上海深化妇联组织改革研究

"十四五"时期，是我国开启全面建设社会主义现代化国家新征程、向第二个百年奋斗目标进军的第一个五年，也是上海在新的起点上全面深化"五个中心"建设、加快建设具有世界影响力的社会主义现代化国际大都市的关键五年。对于上海妇联而言，"十四五"时期面临着诸多新的挑战，但也充满着更多新的机遇。因此，上海妇联应该在全国妇联和上海市委的领导下，顺应时代浪潮和发展大势，准确把握发展新机，自觉承担起与上海的战略定位和新时代发展要求相对应的责任使命。而组织工作是妇联各项事业和工作得以有效开展的基础，这就迫切需要对"十四五"时期上海妇联组织改革进行整体研究分析，在原有工作基础上谋划发展新方向新路径。因此，"十四五"时期，上海妇联应积极探索构建符合新时代妇女事业发展要求的妇联组织形态，着力构筑适应新发展阶段，与国家对上海的战略要求相匹配，与时代发展要求相适应的，开放型、枢纽型、生态型、服务型的妇联组织体系，让妇联组织的覆盖面、组织力、服务力进一步增强，将妇联组织的根扎得更深，联动的网织得更密，履职的步迈得更实，发展的路拓得更宽，为更好地服务上海落实国家战略，适应上海经济社会发展整体形势，实现对上海广大妇女的有效引领和有效服务，奠定妇联工作和家庭工作的组织基础。

一、服务国家战略，创新组织形态

进入新发展阶段，上海的妇联工作也站在了一个新的历史起点上。"十四五"时期上海妇联发展应始终确保所有工作都在党中央的统一要求和对上海的

具体指导下进行，在准确把握上海经济社会发展新趋势新机遇的基础上，在市场化、全球化和数字化条件下，以党中央对上海的战略定位和新时代发展要求引领上海妇联发展方向。因此，新阶段新起点，上海妇联需要紧紧围绕和服务推动国家战略任务部署，对照国际最高标准、最好水平，形成与上海所承载的各类战略实施，以及上海在全国的整体引领地位相匹配的妇联组织形态和体制机制，使上海妇联发展具备与上海落实国家战略任务部署进程实现同频共振的坚实组织基础。具体来看，就是要始终以服务发展全局，积极适应和围绕上海锻造国内大循环的中心节点、国内国际双循环的战略链接、对外开放枢纽门户、长三角一体化战略龙头等定位，发挥浦东新区社会主义现代化建设引领区作用等要求来创新组织设置和组织功能的实现形式。通过组织创新来充分凝聚和调动妇联组织的力量和广大妇女的积极性、主动性、创造性，通过完善成熟的组织载体为广大妇女在国家战略落实过程中发挥作用搭建平台、创造机会、提供保障，支持妇女为推动上海经济社会高质量发展贡献力量，让广大妇女的“半边天”作用发挥得更加充分。

（一）在助力长三角更高质量一体化发展中深化妇联组织改革

对于长三角更高质量一体化发展中妇联组织改革问题，既要思考妇联组织在整体上的大长三角地区的作为空间，也要思考青浦、吴江、嘉善所在的长三角一体化示范区的妇联组织存在和作用发挥问题。众所周知，无论是大长三角，还是小长三角（示范区），其一体化的突破性首先体现在跨行政区域的协调协同，如何在打破行政区隔的情况下优化区域互助机制，实现有效沟通、分工协作、协同发展。在这一进程中，政党组织、群团组织、行政组织、经济组织、社会组织，都有各自的优势和相对不足。以妇联为代表的群团组织，兼具政治性和社会性，因而相比于权责边界清晰的党政组织而言，其社会性更突出，灵活性和调适性更强。因而，在组织改革中可以更大胆、更超前，相比于党政组织，更跨前一步。具体来看，可以分别从组织设置方式和组织运行机制两个维度同步创新。

在组织设置方式方面，可以尝试设置跨区域的、超越点状合作、基于共同权责清单的联合功能性妇联组织，其主要意义在于基层运行中一体化功能的发挥，实现大区域化的复合型功能，更高层次联合的功能性妇联组织，可以共同承接在长三角一体化发展具体项目和机制探索过程中的分解项目，以妇建协助党政工作的逻辑服务一体化发展。此外，还可以考虑率先推进妇联外围女性组织的联盟化发展，因为这些组织的社会性比妇联组织本身更强，灵活度更高。在这些联盟中，妇联发挥枢纽作用。

在组织运行机制方面是可以灵活多样的，例如，将上海可以辐射到长三角各省市的具有“一体化”可能的活动项目推广开来，增强上海的带动作用和辐射范围。这也就要求在组织框架构建的基础上，要有相应内容跟进，深化沪苏浙皖三省一市妇联组织合作机制，紧扣“一体化”和“高质量”两个关键词，在女性创业、乡村振兴、家庭教育、家政服务、社会组织、网络媒体、妇女研究、人才培养等领域共享共进，助力推动长三角一体化发展不断取得成效。

（二）在融入上海开放枢纽新定位新格局中深化妇联组织改革

上海是中国提高对外开放整体水平的“探路者”，是对外开放的枢纽门户。上海承载着引领对外开放模式的国家使命，浦东新区承载着打造社会主义现代化建设引领区的重任，上海自由贸易试验区和临港新片区则是我国高水平对外开放的试验田和引领者。因此，浦东新区和上海自贸试验区，尤其是临港新片区的妇联工作，需要在参与打造社会主义现代化建设引领区和推进高水平对外开放过程中，大胆开拓、先行先试，以创新性经验服务上海、引领全国。具体来看，上海自贸试验区和临港新片区的妇联组织改革工作可以从以下三个方面着手。

一是完善组织设置。组织设置是妇联工作得以展开的前提基础，上海自贸试验区妇联组织设置面临一系列新情况，需着力通过创新组织设置方式来实现妇联工作的组织覆盖，探索以妇联、妇建联盟、妇联工作联席会议等多种形式，推进自贸区临港新片区妇联组织建设，形成组织功能。从妇联建设来看，一方面需要在浦东新区区委和自贸区综合党委的支持领导下，尽快推动建立以面向事业发展、突破行政区划的妇联组织。另一方面需要探索把妇联组织建在自贸区活跃的行业上、单位中。

二是优化人才机制。上海自贸试验区要取得长足发展，就必须重视人才的作用。上海妇联需要为引进、留住、用好女性人才做好工作，浦东新区妇联要协同推进女性人才政策，优化女性人才成长环境，推动海内外、体制内外、党内外的女性人才汇聚自贸试验区和临港新片区，为上海自由贸易试验区的发展注入源源不断的巾帼力量。从行业发展来看，上海妇联和浦东妇联应重点聚焦自贸区临港新片区集成电路、生物医药、人工智能、民用航空、智能新能源汽车、高端装备制造等重点产业，选树巾帼先进典型，引导激励创新创造，助力新片区人才集聚，打造世界级前沿产业集群。

三是统筹协调运行。上海自贸试验区和临港新片区的党群工作更加需要整体突破，整体发展，这就更加需要党建带群建、带妇建。从妇联角度看，妇联服务、保障、推动自贸试验区和临港新片区高质量发展，可以在党群组织体系基础上，以妇联的优势和特点开展行之有效的工作，结合党委中轴作用和群团组织协同作用来着力实现妇联的工作覆盖。因此，妇联应在扩大组织覆盖的同时，更快优先推进工作覆盖，应具有协同推进党群工作的意识，在党群工作整体发展中发展妇联工作。

（三）在科创中心建设及服务女性科技人才中深化妇联组织改革

加快建设具有全球影响力的科技创新中心，是以习近平同志为核心的党中央赋予上海的重大任务和战略使命，是上海加快推动经济社会高质量发展、提升城市能级和核心竞争力的关键驱动力，是我国建设世界科技强国的重要支撑。在进一步加快推进上海向具有全球影响力的科技创新中心进军的进程中，女性科技人才具有重要地位。因此，上海妇联需要加强对女性科技人才的组织、凝聚和服务，让其在上海科创中心建设中发挥更大作用。为此，上海市17个部门和单位联合印发了《关于支持女性科技人才在上海市建设具有全球影响力的科技创新中心中发挥更大作用的若干措施》，这也为妇联工作开展提供了依据。从组织工作维度来看，上海妇联同样是围绕着凝聚、服务女性科技人才展开。但是在组织工作开展中，应首先注意区分工作对象层次。女性科技人才可以区分为高层次人才、中低层次人才、未来潜在人才。因此，具体工作应区分层次、有针对性地开展。具体工作抓手，可以从创新组织设置、创设服务机制等方面展开。

创新组织设置可以从多个层面入手，一是抓好重点引领性区域。在张江科学城等重点区域培育区域妇建共同体，协同浦东新区在张江综合性国家科学中心建设中设立以助力女性科技人才成长为主题的综合改革试验田，大胆开拓、先行先试、率先突破，以创新性经验服务上海、引领全国。二是抓好重点功能性区域。在上海市各类科创园区嵌入妇联组织，完善妇联组织覆盖。三是抓好重点单位和团体。从单位层面来看，应加强高校科研院所的妇女组织建设，推进妇女组织进入科技企业。从团体层面看，应让上海市女科技工作者协会的作用范围更加广泛深入。

创设服务机制要更加突出为不同层次女性科技人才提供多元化平台和精细化服务。从高层次女性科技人才角度来看，应着力发现和培养具有战略科学家潜质的高层次复合型女性科技人才、一流女性科技领军人才和创新团队、青年女性科技人才队伍以及卓越女性工程师，激励女性科技人才在关键核心技术攻关方面勇攀高峰。打造浦江创新论坛、世界人工智能大会、顶尖科学家论坛等高级别妇女分论坛品牌，让更多优秀女性科技人才站到舞台中央，提升国际影响力。从中低层次人才、未来潜在人才角度来看，应充分发挥女性科技人才榜样示范作用，激发女学生的科学志向，广泛开展巾帼科普志愿行动。办好女性创业创新大赛，加强区域联动，为创业女性事业发展、成长成才、交流合作搭建平台。加大对高新科技领域创业女性的扶持力度，关心支持灵活就业女性群体，引导女性在开放的科技创新环境和新兴市场中贡献智慧。从精细化服务角度来看，应着力推动相关政策出台，为女性科技人才提供生育友好型工作环境、身心健康和家庭照护服务，助力女性科技人才成长发展。

（四）在服务上海高端产业及产业集群发展中深化妇联组织改革

“十四五”时期，上海将更加强调以高端产业引领产业整体发展，促进重点产业集群发展。因此，上海妇联需要聚焦上海城市发展的战略定位、产业布局，把妇联组织建在产业发展最活跃的环节和链条上。这就要求上海妇联在引领性产业、G60 科创走廊、产业集群方面拓展组织覆盖，针对“业务相连、人员相通、工作相近”的特点，探索创新链、产业链、服务链、价值链“四链”妇建新模式。具体可以依托“四链”中具有“链主”地位的大型企业、龙头企业、代表性企业，依托行业协会、园区和楼宇的产权方和运管方等，做到“四链”延伸到哪里，妇联组织就进入到哪里，女性在“四链”中哪里聚集，妇女工作就跟进到哪里。此外，针对 G60 科创走廊的妇建创新经验，可以进一步扩大其影响力，例如对“长三角 G60 巾帼创新创业科创联盟”“巾帼智造　创享未来”“长三角 G60 九城女性创业项目大赛”等，总结和共享其经验到其他产业带和产业集群。

二、适应社会发展，拓展组织覆盖

“十四五”时期，上海妇联应适应社会发展要求，将妇联组织和妇联工作覆盖到各类新兴空间，并切实发挥作用。具体而言就是要落实到上海“四新”领域妇联组织建设工作上。总体来看，“十四五”时期，上海妇联应继续最大限度扩大覆盖、填补盲区，推动全市各区“四新”领域妇联组织建设的发展，在“四新”领域的引领服务联系上集中攻坚，力求组织覆盖拓展、服务能级跃升、工作成效倍增。建立“四新”妇联组织建设标准化流程，加快组织拓展步伐，让企业、社会组织或者成立新的社会组织推动“四新”领域妇联的建设运作。应积极搭建“四新”妇联组织共创平台，实现优势互补、资源互通、共建共享，推动各级妇联加强分类指导、创新方式方法、促进提质增效。带动女性建功立业，在总书记交给上海新的三项任务、强化“四大功能”中做出妇联的贡献。厘清“四新”妇联组织的上下级组织领导关系，强化对“四新”妇联的工作指导。

（一）深化妇联组织改革应全面进入新领域

聚焦上海妇联组织建设的特点和优势，围绕上海城市发展的战略定位、产业布局，聚焦战略性产业园区、科技创新园区、行业发展前沿及商务楼宇等新领域拓展妇联组织建设，在党建引领下切实加强带动妇联组织体系跟进拓展，形成工作合力。依托各类园区、楼宇的党群服务中心、党群服务站等平台，将妇联的资源导入园区之中，做好针对园区、楼宇女性特点的不同类型的细分服务工作。挖掘园区中呈现准妇联组织功能的各类凝聚和服务女性群体的组织，在新领域中发现和发展女性组织，将条件成熟的纳入妇联女性团体会员以及其他女性组织联盟的队伍之中。建立属地妇联组织与园区、楼宇等常态化联系机制，调研摸清建立妇联组织和开展妇联工作的基础，为建立组织和导入服务做好前提准备。

（二）深化妇联组织改革应深度嵌入新业态

对于上海经济社会发展过程中产生的新业态，应积极推进妇联组织和妇联工作的有机嵌入，创新妇联组织和妇联工作形态。新业态可以根据其存在空间，区分为线上经济、线下经济以及线上和线下融合等三大类。就以线上经济为主的新业态而言，上海作为全国数字经济发展的重镇，上海妇联更应着力探索推进数字经济平台妇联建设，在全国发挥引领性作用。因此，“十四五”时期，上海妇联应加快推进线上经济平台的平台型妇联组织建设。从组织形态来看，平台型妇联是线上妇联工作网络和线下妇联组织网络相结合的复合型组织体系。线上妇联工作网络是由平台妇联为主负责建设的，承担的是妇联工作覆盖任务；线下妇联组织网络是由地方妇联为主负责建设的，承担的是妇联组织覆盖任务。就以线下经济为主的新业态而言，上海妇联应重点推进快递物流业等新业态的妇联组织建设，推动新业态的重点企业、社会组织的妇联组织建设、行业组织建设。对于尚不能一步到位建立妇女组织的，通过妇女之家阵地先行、妇女工作和服务充实跟进、妇女组织培育成型“三步走”的方式渐次推动应建尽建。

（三）深化妇联组织改革应重点关注新群体

推动各级妇联组织发现、培育、更加紧密地联系团结各行各业的女性代表人物、高端女性人才及新行业新领域女性群体。针对外来务工女性、全职妈妈等不同类型的女性群体，通过调研摸底关注她们的问题需求，逐步建立联系并开展服务，实现组织覆盖和工作覆盖。主动接触自由职业者、网络意见领袖、网络作家、签约作家、自由撰稿人、独立演员歌手、流浪艺人等新兴群体中的女性人士，为这些群体中有事业发展潜力的“新锐”“能人”提供帮助，掌握他们的基本情况和思想动态，实现对他们的有效联系和引导，加强对其中的代表人士的宣传，发挥典型引领作用。在服务方式上，探索通过建立“妇女之家”带动对新群体的组织覆盖、工作覆盖、服务覆盖，积极推动妇联执委发挥作用，团结凝聚新兴妇女群体。

（四）深化妇联组织改革应广泛凝聚新阶层

上海妇联应以大统战工作思维，做好女性新阶层认识的联系凝聚和引领工作。从组织合作层面看，妇联组织应加强与工商联、新联会、知联会等统战组织以及其他新阶层人士聚集的组织的合作，加强女性党外知识分子、新的社会阶层人士中妇女代表人士工作，鼓励支持她们立足岗位建功立业、发挥专长议政建言、主动承担社会责任，为她们的成长发展创造机会。积极发挥妇女代表统战代表团作用，共同为妇女儿童事业献计献策。还应广泛联系统战妇女代表人士，加强思想引领，凝聚政治共识，增进她们对中国共产党执政理念和妇联组织的认同和信赖。针对流动性较大、较为分散的女创客、自由职业女性等新阶层，充分发挥线上平台的作用，应从需求出发，通过向她们提供需要的心理疏导、沟通交流、成长发展等平台建立妇联组织。从对外工作层面来看，还应以面向全球、面向未来的姿态，充分发挥妇女独特作用和优势，提升和挖掘妇女在新时代统战工作和对外联络交往过程中的重要功能，让女性在统战和外交舞台的影响更加广泛，开展更富感召力、更有亲和力、更具全球吸引力的妇女统战和妇女民间外交工作。

三、深化改革成果，夯实组织基础

“十四五”时期，在基层组织建设方面，上海妇联应深入贯彻落实市委关于深化群团改革及全国妇联关于深化组织改革的方向和要求，沿着既往的改革方向和工程持续深化，继续在基础工程方面攻坚克难，继续在夯实组织基础方面久久为功。需要结合经济社会发展形势和女性群体生存形态的变化，继续深入研究妇联组织建设与改革中的难点、短板，以更大力度、更实举措、更大勇气深化各级妇联组织建设改革，增强组织体系、组织阵地、组织功能、组织队伍、组织人才。巩固深化基层妇联组织区域化建设改革成果，推动资源、项目、服务下沉基层，形成上下贯通、各司其职、联动协同、执行有力的妇联组织体系。

（一）在机关企事业单位层面深化妇联组织改革成果

“十四五”时期，上海妇联应继续落实《加强机关事业单位妇女组织建设的意见》，着力创新和发展机关事业单位妇联组织网络的延伸形式，推进在机关事业单位的妇联组织覆盖，增进机关事业单位妇联组织的衔接与融合，健全机关事业单位组织体系，探索组织功能实现的新路径、新方法、新形式。具体而言，应推动实现妇联组织建设新突破，推动未建立组织的金融系统等大口系统开展行业化组织建设。在无法突破组织建设的情况下，率先推进大口系统机关事业单位工作覆盖，逐渐探索出符合行业自身特点的规范化建设之路，以灵活多元的方式实现组织功能。推进已经建立组织的大口系统机关事业单位工作规范化建设，进一步加强科技、教育、卫生等大口系统间的工作交流沟通。加强对大口系统妇女工作年度考核，细化考核重点和指标体系。此外，在机关企业事业单位层面深化妇联组织改革，应着力推动妇联与妇联组织体系中各类组织之间的有机互动，构建新型的单位化空间妇女工作形态。尤其是针对国有企业而言，应明确在国有企业中推进妇联组织建设的工作方向，区分工作对象和重点，女职工委员会主要是面向女工会会员，工作范畴是单位在职从业者，而妇联的工作对象则是业务覆盖和服务的全体女性。在区分的基础上加强合作，完善女职工委员会与妇联的工作衔接和协同。

（二）在街镇、居村层面深化妇联组织改革成果

在“十四五”时期，在街镇、居村层面，深化妇联组织改革成果，首先应完善好、发挥好妇联基层工作阵地和平台，着力推进妇联基层工作阵地从物理空间转变为强大的关系空间，融入和服务基层社会治理，让妇女和家庭在基层社会治理中的作用和地位更加凸显。从深化工作来看，应加强街镇作用，改变街镇妇联工作“边缘化”情况，发挥街镇的统筹和带动作用，需要继续全面完成“妇女之家百千万”工程，推进示范性街镇“家中心”建设，强化妇女之家、妇女微家作用，加强市妇女之家旗舰园＋区妇儿中心＋街镇家中心＋妇女之家＋妇女微家阵地聚合联动，在横纵向联合、区域化融合中实现功能互补、辐射带动，做强联盟化平台、资源化配置、专业化指导，建强形式多样、活动常态、特色鲜明、实效显著的妇女工作阵地，将妇联组织打造为引领服务、联系妇女群众的综合实践体。“十四五”时期，居村妇女工作仍然具有基础性地位，尤其是在推进基层社会治理现代化和全过程人民民主中的作为空间巨大。因此，在“十四五”时期，上海市妇联还应重点加强基层妇女议事会建设，带领妇女群众参与基层民主协商，发挥基层妇联作用，坚持和践行全过程人民民主。推动居村妇联执委与业委的交叉任职，利用女性在城市治理神经末梢中的优势，参与完善家门口服务体系，回应妇女儿童家庭需求，提升基层妇联的服务能力，为实现高效能治理，增强城市吸引力、创造力、竞争力展现更大担当。

（三）在社会组织层面深化妇联组织改革成果

“十四五”时期，在女性社会组织改革发展方面，着力强化政治引领、示范带

动、联系服务，积极扶持服务性、公益性、互助性的女性社会组织，把更多优秀女性社会组织吸纳为妇联团体会员。做强三八红旗手、女科技工作者、女企业家、女工程师、女医师、女律师等纳入妇联团体会员管理的女性社会组织。完善妇联组织向社会力量购买服务平台，优化项目评估机制。扩大妇联系统购买妇女儿童家庭服务项目社会影响力，发挥上海市女性社会组织发展中心作用，吸引更多社会组织参与妇女儿童事业发展。建立女性社会组织资源库，强化赋能培训体系，加大扶持培育力度。加强分类指导，促进女性社会组织间的跨平台互通、跨资源链接、跨组织合作，实现女性社会组织齐头并进的发展态势。鼓励女性创办社会组织，加大对社会组织女性人才的培养力度，联合相关部门选树社会组织女性领军人物，加强举荐，扩大宣传，激励广大社会组织女性从业人员成长成才。升级女性社会组织线上一体化、一站式综合服务，推动女性社会组织更好地服务妇女儿童家庭。

四、提升干部能级，优化组织力量

政治路线决定组织路线，组织路线确定之后，干部是关键。组织工作本质上就是做好人的工作，用好人的工作。“十四五”时期，上海妇联组织工作将围绕服务国家战略、适应社会发展、深化改革成果等全面推进组织改革，而这些组织改革工作都是需要魄力、勇气、能力、决心的。因此，“十四五”时期深层次推进妇联组织改革，需要明确改革方向、找到改革路径、推进改革步伐，而做好这些工作归根结底还是针对“人”，需要立足“人”、依靠“人”来落地，最大限度调动人的积极性、能动性，优化组织力量，这才是推进妇联组织改革的立足点。由此可见，干部队伍建设是牵动和推进改革的“牛鼻子”。妇联的干部队伍从广义来看，既包括专挂兼职妇联干部，也包括妇联执委队伍，还包括从事和参与妇联工作的其他各类组织单位的骨干人员和积极分子。因此，优化妇联组织力量也是一个系统工程，但也要抓住重点，“十四五”时期，上海妇联可以重点从如下四个方面突破。

（一）打造精细化、专业化、创新型的干部队伍

对于妇联干部队伍而言，上一轮妇联全面深化改革，在干部队伍专挂兼职方面进行了结构性优化。“十四五”时期的干部队伍改革，仍然需要继续加强专挂兼职相结合的妇联干部队伍建设，注重加强妇联干部的交流和多岗位锻炼，加大培养选拔年轻干部的力度。但是深化专挂兼模式不再是解决干部队伍存在的问题，如何让“牛鼻子”牵动整个妇联组织实现全面深化改革及在“十四五”时期持续发展，需要更多考虑从“1 到 N”的激活和有效问题。这就需要匹配组织路线要求，以能够在妇联服务国家战略、适应社会发展、深化改革成果中切实

发挥更大更好作用为标准，打造精细化、专业化、创新型的高素质干部队伍，这样才能不断开创上海妇联组织工作新局面。

（二）完善干部队伍履职的精细化考核机制

深化改革任务的落地落实，需要整个干部队伍积极履职。对于妇联干部队伍建设，一方面需要做好干部遴选任用，另一方面则需要完善干部履职考核，这是目前的相对短板。“十四五”时期，上海妇联应着力完善市妇女代表履职平台，推动各区形成发挥执委专业特点、资源优势共享的长效工作机制，以开展“万名执委走基层”为抓手，深化落实工作参与、联系妇女、服务下沉、议事协商、学习培训、亮牌服务、述职激励等履职机制，推动执委在落实妇联工作、开展服务项目、提供资源支持等方面发挥牵头或协助作用。尤其是应加强履职监督考核机制，研究精细化的执委工作考核指标体系，根据述职和评分情况，形成能上能下的退出机制。

（三）创新干部队伍能力素质提升培训机制

在落实国家战略和适应社会发展中深化妇联组织改革，对干部的担当作为和能力素质提出了更高要求，这也成为了牵引和推动上海妇联服务“十四五”时期上海高质量发展和持续性发展“牛鼻子”的重要保障。提升干部能力素质的集中形式是培训。从培训方面看，应重点创新开展“万名执委大培训”，以区妇联为实施主体，依托上海市妇女干部学校，建立各级妇联干部及执委培训规范课程模块，形成课程库、师资库、现场教学资源库，升级线上培训功能，对基层强化课程供给。整合妇联业务培训，推出系列专题培训，提高培训专业性和系统性。针对组织工作需要，精准分类因材施教，帮助基层妇联干部提升履职能力。

（四）开拓干部队伍发挥作用新空间新形式

新阶段新起点，妇联干部队伍发挥作用也要开拓新空间、创造新形式。尤其是从服务国家战略和适应社会发展要求来看，更加强调干部队伍在实践中的作为新路径。而对于这种创新性、开拓性工作，需要同步加强理论研究和实践探索。从理论研究上看，上海市妇联组织部门需联合妇联所属研究单位、学术团体和各高校、科研院所、智库的相关研究力量，健全研究与实践转化机制，不断在研究中实践，在实践中研究。在具体开拓性工作中，可以考虑在重大任务和工程推进过程中组建一些专项的攻坚克难小组，由妇联专挂兼职人员为主，与相关业务部门人员协同。围绕比较重大的、比较困难的、难以推进的任务形成攻坚小组，妇联与相关部门共同参与、共同选派干部，参与到各类各项攻坚小组当中，去推进事项落实，这也能加强妇联干部与业务部门干部的交流合作,有利于妇联工作服务中心工作发展,也有利于业务部门形成协同妇联开展工作的意识,这个过程本身也是妇联干部能力素质锻炼和交流学习的机会和平台。

复旦大学
郑长忠
上海财经大学
孙　鹏

基于社会性别视角的上海营商环境优化

上海是我国营商环境的样本城市，在全球营商环境性别平等化的突出引领与现实要求下，上海女性营商环境正向着更高标准、更高要求方向持续改革优化。在上海市政府出台的《上海市着力优化营商环境　加快构建开放型经济新体制行动方案》中，明确到 2020 年，上海各领域营商环境要全面进入国际先进行列，性别平等的营商环境优化是其中重要的评价指标。

一、性别平等是全球营商环境发展的大趋势

(一) 性别平等是全球营商环境发展的主要方向

世界银行、世界妇女大会、全球高端智库等不同机构都认为性别平等是全球营商环境发展的主要方向，并指出性别平等不仅是一个国家或地区社会进步的核心表现，更极大促进了本国或本地区的经济发展。越是性别平等表现优异的地区，营商环境的评价指数越高，在经济发展中的表现更为优异。世界银行营商环境报告中指出性别平等是国际营商环境发展的重要内涵，也是未来发展主流趋势。联合国妇女署在《赋权予妇女原则》中明确指出性别平等带来经济发展，并且倡导各国创造一个充满活力的商业环境，为各方参与者、合作者、贡献者以及创新者提供一个广阔的空间，向所有的男性和女性敞开机会大门。

世界妇女大会通过的行动纲领中，在妇女营商环境优化方面特别指出，(1)敦促各国在商业银行、专门金融机构和私营部门促进女性获得平等机会：为未获传统担保来源的妇女包括青年妇女开放专门贷款窗口；进行立法和行政改革，给予妇女与男子相同的取得经济资源的权利，包括拥有和控制土地及其他形式的财产、信贷、继承、自然资源和适当新技术等方面的权利；审查和修订金融机构业务法，以确保这些法律在平等基础上为男女提供服务。(2)促进女

性获得资源、就业、市场和贸易的平等机会：促进并支持妇女从事自营职业和发展小企业，通过扩大专门提倡妇女创业的机构，增强妇女以与男子平等的条件获得信贷和资本的机会；加强国家作为雇主的激励作用，发展男女平等的政策；通过促进妇女平等使妇女获得控制生产资源、土地、信贷、资本、财产权等机会；审查或重新拟订并执行各项政策，包括企业法、商业法、合同法和政府条例，以确保其不歧视妇女拥有的微型和中小型企业；分析、指导、协调和执行各项政策，将受雇、自营职业和创业妇女的需要和利益纳入部门性和跨部委的政策、方案和预算。(3)中央银行和国家开发银行以及私营银行机构酌情为女性提供机会：为参与微型、小型和中型企业的农村和城市妇女安排服务，特别重视没有机会利用资本和资产的青年妇女，确定并鼓励财务监督和管理改革，支持金融机构做出直接和间接努力，更好地满足妇女经营的微型、小型和中型企业的信贷需要和其他财务需要，从而扩大妇女进入金融市场的机会。

（二）性别平等是发达经济体营商环境的先进标准

从 2009 年至 2018 年的《营商环境世界排名报告》和《性别平等世界排名报告》中可知，性别平等前 20 名的国家中每年都有 50%左右的国家，营商环境也排在世界前 20 名（去除中国香港、中国澳门等地区），如冰岛、挪威、瑞典、芬兰、丹麦、英国和爱尔兰等欧洲国家。当前，各国都积极推进性别平等，使其更好地服务于经济增长和社会福祉。发达经济体在营商环境上表现出较强的竞争力，特别是在性别平等指数方面，按照世界银行 2019 年评价的结果，发达经济体的营商环境表现普遍靠前，性别平等是其竞争力的重要构成方面。

女性创业是国际范围内的经济社会现象，女性创业的“她力量”在国外也受到重视和支持。随着价值观念的变革，女性创业的社会价值和引领作用日益为社会关注和认可，支持女性创业的机构和协会蓬勃发展。发达经济体的女性创业率的上升离不开其颇有特色的、专门针对女性开展的创业教育，教育内容和环节不断完善，逐步趋向于创业全过程，包括创业前的思想启蒙和各类基本知识储备，创业中的问题咨询、经验交流、技能提升等。同时发达经济体利用高校资源搭建教育平台，充分发挥女性基金组织的力量。支持女性创业需要打造较完善的内外部环境，不只是围绕女性创业做文章，更重要的是不断完善支持女性创业的社会环境和家庭环境，包括发展公共服务体系、倡导家庭责任性别中立化，增强女性政治生活权利，构建创业女性人际网络等。

主要发达经济体优化女性营商环境政策措施如下。

英国制定了“女性创业战略框架”，关注女性创业家所面临的困难和障碍，致力于探究女性创业的支持措施。政府协调构建和实施女性创业战略框架，设立四个关键的行动方案——商务支持体系、融资支持政策、儿童看护支持体系、自主创业过程中的支持和帮助措施;地方制定地区性的女性创业战略,从各层面提供支持性的解决措施。

美国在完善女性创业法律制度的同时,设立相应的部门以提供政策框架。美国国务院发起了美洲女性创业项目等项目和计划,从帮助女性获得培训和人际关系网络资源、帮助女性在各州和各地区获得市场份额、帮助女性获得更多的融资及信贷额度三个主要的方面对女性创立中小企业的各环节提供扶助;美国劳工部设立的妇女局,针对外交政策中的女性问题,制定政策以促进劳动女性的福祉,改善女性劳工的工作条件并促进她们的职业发展。美国很多高校都开设了以女性创业为指向的教育项目,如百森商学院专门设立了女性创业领导力中心(CWEL),推出了"女性创业领导力学者"(CWELS)四年制本科学习项目,通过一系列的学习、实验和辅导环节培养女性创业领袖。

其他主要发达经济体在营商环境的性别平等方面均采取了各种优化政策与措施,且效果明显。西班牙政府在 1983 年设立了女性事务研究所(女性协会的前身)并赋予其部门自治权。政府鼓励妇女参与政治和经济生活,组织了提高西班牙人消除性别歧视的运动,并举办了有关女性创业的讲习班。加拿大妇女基金会为妇女与农村经济发展计划(WRED)向创业女性提供 500 美元到 5 000 美元不等的小企业贷款。瑞典政府规定,父母每人必须至少休满 60 天育儿假,不可相互转让。澳大利亚职场性别平等机构(WGEA)通过"雇主选择计划"褒奖致力于工作场所平等性的公司。挪威政府规定,在所有官方机构的委员会、董事会、理事会等机构中应当有男女双方的代表。当某一公共机构任命或者选举一个四人以上的组织时,每一性别的代表都应当至少占到 40%。韩国女性创业家联合会(FK-WE)、韩国妇女小企业委员会(KCW SB)、韩国女企业家联合会(KBF)三个机构,保护女企业家权益,并建立了商业女性中心,致力于教育、数据交流等工作;建立商业女性培训机构,致力于对商业女性在管理和创业方面的培训。阿联酋推进阿联酋女性发展国家战略,已经在七个酋长国建立了女性企业家的工商会,以此帮助女性创业者与政策制定者间取得联系。芬兰贸易工业部、50%的私人企业和协会在首都赫尔辛基成立的女性企业署,在对由女性为企业主的中小企业进行支持的多年经验基础上,向打算开创自己企业的女性提供免费培训和咨询,并组织其参加交易会和展览会,为女性在创业过程中的一切活动提供咨询。北欧国家都发展和完善了市政府负责的儿童日托公共服务体系,使女性从照顾幼龄孩子的家庭负担中解放出来。欧盟各成员国都设立有相关的机构以提高女性创业的技能。

（三）中国政府高度重视性别平等的营商环境构建

国家主席习近平在全球妇女峰会上指出，中国政府高度重视推动妇女和经济社会同步发展。国家发展离不开妇女，发展要惠及包括妇女在内的全体人民，要制定更加科学合理的发展战略，既要考虑国情、性别差异、妇女特殊需求，确保妇女平等，共享发展成果，又要创新政策手段，激发妇女潜力，推动广大妇女参与经济社会发展。中国实践证明，推动妇女参加社会和经济活动，能有效提高妇女地位，也能极大提升社会生产力和经济活力。

在世界经济重心东移和中国崛起背景下，上海提出到2040年建成全球城市。关于全球城市的定义，目前普遍推崇美国哥伦比亚大学教授萨森的定义，即在社会、经济、文化及政府方面具有直接影响全球事务能力的城市。其内涵不止于世界著名银行和大公司的总部数、证券公司的市场价值、国际机场数等有形的硬件指标及其数量，还在于其内在的文化影响力及价值。更为包容的性别环境和在此基础上更为健康的营商环境显然是全球城市重要的软性评价指标。

二、上海女性营商环境优化成绩显著

（一）积极构建性别平等优化营商环境

上海不断优化妇女创业就业环境、拓宽妇女就业渠道。一方面加强公共创业服务，加强妇女职业技能培训，另一方面充分调动社会力量，通过开展各项女性创业活动，积极营造有利于女性创业的社会氛围，开展诸如女性创业大赛、青年女性职业飞翔计划、女大学生创业培训营等活动，推动建立一批女性创客空间、实训基地、创业基地，扶持一批有业务专长、吃苦耐劳、有创造性思维的优秀女性走上创业之路。

上海坚持实施就业优先战略，加强女性就业制度安排，确保女性享有平等就业权利。尤其是为应对“全面二孩”政策实施后女性易受就业歧视的问题，上海一方面通过规范用人单位招聘行为、加大执法监督力度等方式，逐步消除行业、性别的职业隔离现象，另一方面通过延长女职工产假期限、提高生育保险金和生育医疗费补贴标准等方式，提高女性就业保障水平，改善女性就业环境。推动女性参与上市公司和其他企事业单位高层管理、逐步提高高级管理层女性比例等方式，加强对女性人才资源的开发利用，提高女性就业层次。

围绕女性就业特点，上海充分利用社会职业培训资源，有针对性地组织开展女性职业技能培训。在女性就业聚集的行业领域，不断开发适合女性的职业培训项目并纳入补贴培训目录，鼓励女性劳动者参加职业培训提升技能水平，提高职业转换能力和就业稳定性。

（二）上海女性企业家规模增长迅速

上海营商环境优化的主要表现就是近年来一大批女性企业家脱颖而出，在各个行业领域表现出卓越的领导能力和市场把握能力，在部分领域成为行业引领者，促进上海相关产业发展。上海性别平等的营商环境造就了这一发展成就，成为上海营商环境优化的表现。特别是上海优化女性就业制度安排，增强女性职业能力建设，提升女性就业层次，使女性经营管理人才比例、高层级管理人才比例有所上升。上海市注册登记的企业法定代表人和个体私营企业主中，女性比例呈逐年上升的态势，显示了上海市妇女的自主创业、自立自强能力在不断增强。截至 2018 年 4 月，上海市法定代表人为女性的企业数量达到 457 000余户，占全市企业主体数量的 28.6%；女性个体工商户数量达到 151 000余户，占全市个体工商户主体数量的 34.8%。女性经营者在经济社会发展中的作用不断显现。2015 年至 2017 年，国有企业中女性董事会、监事会成员的比例从 16.6% 上升至 19.2%；国有企业女性高级管理人员的比例从 20.1% 上升至 22.3%。积极开展女性创业创新活动，通过开展创业创新大赛，推出“女大学生创业训练营”“青女创业赢”“辣妈返岗训练营”等项目，加大女性创业扶持力度，鼓励女性自主创业。

（三）上海女性创业与职业成就获得社会肯定

上海女性营商环境优化成果在商业领域的表现，即一大批女性的工作成绩获得社会公平、积极的肯定，特别是在男女公平竞争和成果的方面获得社会认可。例如，女性企业家的能力受到社会的肯定，在行业内认可度有一定突破。其中，“青年企业家”提名占 40%，“上海市十大杰出青商”占 20%，“上海商业优秀企业家”最高占到 33.3%，“优秀青年企业家”占 10%。在上海国企系统中，十三五以来，上海市国资委企业系统中涌现出一批优秀女性荣获全国或市级荣誉，有 1 名全国三八红旗手、2 名全国巾帼建功标兵、4 个全国巾帼文明岗；1 个上海市巾帼创新奖、74 名上海市三八红旗手、30 个上海市三八红旗集体、14 名上海市巾帼建功标兵、65 个上海市巾帼文明岗等等。

围绕建设“五个中心”和卓越的全球城市、具有世界影响力的社会主义现代化国际大都市目标，上海培育、选树 18 名女职工成为“上海工匠”，引导女职工培育执着专注、精益求精、一丝不苟、追求卓越的职业素养，为经济社会持续健康发展做出新贡献。培育表彰 30 家“上海市五一巾帼创新工作室”，在 150 个职工（技师、巾帼）创新工作室中，有 55 个工作室由女职工领衔。组织巾帼创新工作室与上海市的劳模创新工作室进行了联盟签约，形成了水资源保护、智慧交通运行等四大创新联盟，提升女性创新能力，激发广大女职工的创新动力和活力。

三、基于性别视角的上海营商环境存在的挑战

（一）竞争环境的性别公平性有待提高

1. 市场信息的公开透明度不足

上海在保证市场信息公开透明层面已取得了显著的成绩。例如，上海经信委微信平台、上海市人民政府新闻办微信平台等渠道均提供及时的信息发布。同时，调研中发现，部分女性获取信息的能力仍然较弱，这一方面与其自身的信息搜寻能力有关，另一方面，政府的宣传力度和对待信息公开公平的程度仍有改善的空间。上海的创业女性大量集中在中小企业，她们所掌握的政府和商业信息非常有限，与（国有）大企业形成明显的信息不对称。处于企业初创阶段的女性在信息获取和政策了解上也处于劣势，她们获取的往往是滞后信息、二手信息、过滤信息，大大抑制了其获取资源、抓取市场机遇的能力。

2. 职业竞争在性别层面缺乏公平性

职业竞争中的性别不公问题成为阻碍部分女企业家经营企业的因素之一。首先，即使中国女性的劳动参与率超过70%，排名居于世界第一，但是中国企业领导岗位的女性比例较低。以企业界在董事会的女性比例为例，纵观全球该比例排名最高的前五个国家依次为挪威（46.7%）、法国（34.0%）、瑞典（33.6%）、意大利及芬兰（30.8%）。而我国该比例在2015年底为9.2%，与上述国家存在一定的差距，职业竞争中性别层面的公平性仍有改善的空间。

其次，上海在企业家和创业者评奖评选方面存在不合理之处。例如，上海青年企业家评奖的年龄上限为40岁，未考虑女性在30～40岁期间有一段时间忙于生育的特殊情况。例如，在2018年的上海市优秀企业家评选中，20位获奖者均为男性；同年的上海市优秀青年企业家评选中，10位获奖者中仅有1名女性，占比10%。这影响了职业竞争的公平性，实际上也是对女性的隐性歧视、价值低估与劳动参与积极性的打击。女企业家难以凭借评选成绩获得行业的认可，会进一步导致社会对女性的刻板印象继续加深，也会导致女企业家的事业进取心受到挫败，不利于其经营企业。

3. 缺乏扶持女性创业发展的组织网络

创业女性往往希望融入较高质量的网络联结，“单打独斗”“经验缺乏”容易招致失败。然而，由于历史沿革等种种原因，我国的民间组织和行业协会多依附于政府部门而存在，自我能力发展和建设不足，影响力和权威性也有所欠缺。上海目前在女性创业平台建设和社会网络组织方面已经取得了一些进展，无论是女性企业家和创业者自发组织起来的互助网络，还是第三方服务组织等资源

都已经为女性创业发展带来便利。但是,其扶持女性创业的组织功能、中介功能、平台功能有待提高。

(二) 性别平等的营商政策与社会理念仍有落差

1. 上海与发达国家地区的营商政策存在差距

各国在当前阶段均积极推进性别平等,保障女性权益,努力提高女性劳动参与率,使其更好地服务于经济增长和社会福祉。尤其高收入国家在女性的机会平等、包容和非歧视等方面基本保持领先。尽管女企业家对上海营商环境的性别友好程度普遍较满意,但对标国际先进水平,上海在打造更有利于女性创业经营的营商环境方面仍有提高的空间。部分发达国家已有多层多维的政策框架,覆盖了创业各阶段的需求,这为女性创业活动提供了极大的便利。

2. 营商环境信息统计工作存在不足

目前,上海的统计工作无论是统计指标的精细度,还是数据的公开化程度,均在全国名列前茅,但在基于性别视角的相关统计工作方面还不够常态化和精细化。一是在指标建立、信息统计等环节未充分纳入社会性别视角。二是已有数据难以对标世界银行等国际机构的性别维度指标。例如,世界银行关于女性发展的数据库显示,中国在 2011—2018 年期间拥有女性合伙人的公司占比为 64.2%,但是对拥有女性中高层的企业占比暂无统计。又例如,世界银行发布的《2017 年营商环境报告:人人机会平等》首次在 4 个指标中包含了性别维度,分别是劳动市场法规、开办企业、财产注册和合同履行。世行的研究结果显示,在 190 个经济体中,有 23 个经济体在开办企业方面要求已婚女性比已婚男性办理更多的手续,有 16 个经济体限制女性拥有、使用和转移财产的能力。然而,我国目前在以上四个指标的统计工作中尚未加入性别维度。

3. 尊重、包容、激励女性创业的向善氛围有待加强

调研中发现,目前女性在创业和经营的过程中,得到的社会理解和认可尚不充足,尚未完全受到社会整体行善向善氛围的良性影响。首先,社会尊重和肯定女性能力的风气仍有改善空间,社会大众对于女性创业者和企业家存在偏见的现象依然存在。事实上,相比男性在知识、技能、专业、财富方面的强势地位,女性在讲求服务质量、社会影响力、形象、信任度、人性价值等方面更具有创业优势。调查显示,女性在高级管理层的比例越高,股东获得的超额回报就越大。财务表现的硬指标同样证明这个因素与公司股票的优异表现有关。自 2013 年至 2016 年年中,女性占高层职位 25% 的公司,其复合年增长率达 2.8%,女性占高层职位 33%的公司,其复合年增长率为 4.7%,占 50%以上的则为 10.3%。

其次，对女性创业包容友好的社会氛围不充分。社会对女性创业者勇于冒险的精神鼓励不足，对她们的创业指导和培训较为欠缺，对女性创业经营失败缺乏足够的理解宽容，家庭有时对女性创业形成较大的束缚和阻碍。我们在调研中发现，上海的包容和激励女性创业的社会氛围已较为优越，但在家庭支持层面还有提升的空间。

（三）性别友好的劳动力市场体系建设不完善

1. 就业机制缺乏弹性与人性化

雇佣劳动力是经营企业过程中的重要环节，劳动力市场的稳定性、规范性对企业经营至关重要。目前劳动力市场中就业机制的不完善不利于进一步完善营商环境。首先，就业机制缺乏弹性，加剧了女性在工作与家庭之间的角色冲突。当前，托儿体系尚未形成有效的社区、园区、企业联动网络，幼儿抚育的重担往往落在了女性的肩头。工作与家庭的冲突影响了女性劳动效率的提高，不利于企业整体生产力和创新力的提升。弹性工作制在发达国家较为常见，也成为未来发展的趋势和潮流，有利于女性更好地平衡工作与家庭，保障劳动力供给的稳定和劳动力生产率的提高，从而有利于企业的健康运营和良好的营商环境的形成。

其次，就业及相关配套机制的人性化有待进一步提升，以增强劳动力市场的稳定性。目前，上海在0～3岁托幼体系、育儿行业管理等方面已做出大量工作，取得了不错的社会反响，但是职业女性仍然存在一定的后顾之忧，增加了女性的经济负担，加重了她们的工作压力。例如，低收入或多胎家庭育儿负担较重，缺乏相应的政府补助；产假制度的合理化和人性化不足，二胎家庭的生育假不足，父亲的陪产假时间较短，育儿责任无法在夫妻间合理分摊等。

2. 女性劳动力群体的职业培训与政策支持不足

世界银行《2019年营商环境报告：强化培训、促进改革》中明确提出，培训是获得新技能和进行知识更新的平台，有利于改善商业环境。上海目前已有部分促进企业联动方面的平台和举措，但是在建立扶持女性创业发展的知识培训机构方面仍有进一步提升的空间，这对于女性企业的发展和营商环境的优化十分重要。首先，部分女性或许有些天然能力弱项，如创业自信心不足、创业科技含量低、市场信息少、层次低等特征，这需要政府或社会组织为其提供培训与咨询等支持。其次，由于家庭原因暂时离开又重返职场的女性，在重新回到工作岗位时，可能存在能力与当前工作需求脱节的问题，这将会增加其再次退出劳动力市场的可能。再次，处于事业初创期的女性或失业再创业的女性，在创业经验和社会关系方面都表现出较为明显的积累不足。

四、对策建议

女性不仅是家庭组织的稳定器,更是社会经济活动的重要参与者和贡献者。上海提出到 2040 年要建成全球城市,成为在社会、经济、文化及政府等各方面具有直接影响全球事务能力的城市。更为包容的性别环境和在此基础上更为健康的营商环境显然是全球城市重要的内涵与软性评价指标,对于建成令人向往的创新之城、人文之城、生态之城意义重大。

目前上海基于性别视角的营商环境还存在一些不足与障碍,在劳动力市场、融资环节、竞争环境、政策与理念上等方面仍有待进一步改善和提高。上海应借鉴国内外有益经验,结合自身情况,集思广益、汇聚资源,为女性创造更好的工作和营商环境,推进社会和谐发展与进步。

(一) 提升和优化竞争环境

1. 提高市场信息的公开度、透明度、传播力

创业女性获取信息的能力与政府的宣传力度和处理信息公开公平的态度立场有关。因此,政府不仅应培育女企业家的网络信息获取能力,推动性别间的数字和信息平等,更应将落实政府信息公开作为重要的政策任务,以各种渠道使信息在不同性别等身份特征的企业家、创业者之间实现真正共享,加大信息的传播力度,增强信息的及时公开性和透明度。

此外,建立内容全面、程序规范、信息集中、公开透明的创业商业信息平台势在必行。平台可通过宣传等手段消除女性中小企业家在创业过程中由于信息不对称等因素造成的不平等竞争环境,使她们及时充分掌握政府的制度与政策,了解与自身相关的信息。打破(国有)大企业市场和信息垄断的局面,帮助女性中小企业家获取更多市场机会,更好地参与经济活动,与男性企业家平等竞争,赢得事业成功。

2. 提升职业竞争中的性别公平性

在女性职业发展和企业经营的公平性竞争方面,政府通过以下措施予以进一步完善。首先,努力提高企业领导岗位的女性比例。在"十四五"规划中可考虑对高层和领导岗位中的女性比例提出具体发展目标,帮助女性消除职业上升通道中的天花板。

其次,在企业家和创业者评奖评选方面,可采取以下措施:针对女性适当放宽评奖晋升所设的年龄限制,充分考虑女性生育年龄阶段与事业上升阶段的重叠期,使其拥有与男性平等竞争的制度环境。例如,将女性参选上海青年企业家的年龄上限由 40 岁放宽至 45 岁;以直接或间接的手段提高评奖晋升中的女性比例,以激励她们的劳动积极性和热情度,对她们的付出给予充分的肯定

与回报；设置专门的女企业家评选，为女性创业者提供更多在业界脱颖而出、展示风采的机会。

政府、企业、第三方机构应携手起来为女性创造公平公正的竞争环境，在政策制度上保障女性的权益，发挥优秀女性在职场的示范引领作用。

3. 扶持创业女性社会网络的组织与发展

诸多研究表明，有异质性网络资源的女性创业者可获得更佳组织发展与竞争优势。这些结构性嵌入的机构创业者往往拥有较高质量的网络联结，因而更可能在未来的政策实施、合作关系和服务供给等方面优于非结构性嵌入的女性创业者。

可进一步借鉴发达国家的有益经验，对标国际先进模式，积极扶持各类社会网络组织的发展，既包括女性企业家和创业者自发组织起来的互助网络，也包括第三方服务组织；鼓励创建女性企业家和创业者互助平台，利用平台发布政府和市场相关信息，召集女企业家线下活动，增强女性的信息互动共享和互帮互助。应利用各种组织形式，帮助女性创业者拓宽网络联结和资源渠道，使她们在更具合作和互助性的营商环境中参与竞争，避免因“单打独斗”和“经验缺乏”而轻易失败，充分依靠社会组织的力量，将经营失败的风险和后果降到尽可能低的程度。

（二）对标国际先进政策与社会理念

1. 缩小上海与发达国家地区的政策差距

上海应对标国际高标准，为女性打造更好的创业就业条件，进一步优化营商环境：

设置具有女性偏向与关怀的制度规定，如政府议员和企业高管中女性的最低占比；延长女性所享有的生育假及家属享受的陪产假等。这些制度规定一经决定，任何单位不得违反突破，体现政策红线的严肃性。

建立丰富和多元的女企业家服务沟通渠道，在女企业家与政府、与其他企业家、与银行等机构、与国外相关机构之间建立丰富的沟通管道。例如，欧美等国通过林林总总的基金组织、商会协会、信息平台等为女企业家提供各类服务，建立她们与外界之间的联系渠道，使她们的诉求能通畅地到达对方，并尽快获得反馈与互动。

2. 完善和细化分性别统计工作

分性别统计指标的完善与细化将帮助政府更好地了解和掌握女性创业者的全面发展状况和服务需求，测量和比较男女两性的创业成功率和经济贡献率，为相关政策提供有利的数据支撑和即时评估，使政策做到有的放矢、精准高效、不断修正。

针对上海目前在营商环境信息统计方面存在的不足，应对标国际先进标准，大力加强上海基于性别视角的统计工作，使其进一步常态化和精细化，精准掌握分性别社会经济发展状况，以及女性创业者的发展状况和服务需求，这也是上海城市精细化管理的重要内容。

妇联可以督促有关部门加快建立女性相关数据的统计指标体系，建立和完善女性企业家数据库，全面掌握上海女性企业家的经济活动和经济贡献度，包括她们的企业规模、行业排名、营业收入、税收贡献、发展动态等情况。精细化的统计数据将使政府更好地为女企业家提供全方位的服务与政策支持。

3. 培育社会向善利“她”的氛围和理念

营造社会尊重和肯定女性能力的风气。消除女性能力输于男性的刻板印象，宣扬对女性给予同等社会尊重和能力肯定的观念，在知识获取、技能提升、术业专攻、财富积累等方面树立优秀女性榜样，扩大女性社会影响力，宣传正面女性形象，建立社会对女性的信任度，挖掘女性的全方位价值。

倡导对女性创业包容友好的社会氛围，倡导社会对女性创业者的失败给予理解宽容的良好氛围，弱化家庭对女性创业的束缚和阻碍，对于初创阶段的女性企业家给予扶持，培育多极多元的市场竞争格局，打破行业垄断，为小微企业创造生存空间。培育行善向善、利义共存的社会理念，通过教育引导、舆论宣传、文化熏陶、实践养成、制度保障等手段形成社会共同价值追求和精神支柱，树立正确的个人行为准则。

上海提出到 2040 年建成全球城市，其国际影响力不仅停留在经济层面，更应体现在社会、文化等更深层次，这也是吸引更多国内外女性进行创业投资、贡献智慧才干的底层竞争力。只有友善文明、有情有义的社会氛围才能真正打动实干者在此扎根，谋求长远发展。

（三）稳定和完善劳动力市场

1. 健全更为灵活与人性化的就业机制

女性承担大量育儿等家庭任务，对工作参与率和贡献度造成一定影响。为缓解女性的时间分配困境，营造和谐稳定的劳动力市场，政府可倡导弹性工作制，鼓励有条件的企业为员工创设更加灵活的办公时间与空间，支持女性劳动者平衡工作与家庭，确保劳动力供给的稳定性。

为解除女性劳动者在育儿方面的后顾之忧，政府可采取一系列措施，帮助已育职业女性减轻育儿负担。完善 0～3 岁公办托儿体系，以政府补贴、公办民营等多种形式，形成社区、园区、企业联动网络，提供可靠安心且负担得起的托育服务；规范育儿行业管理，加强育儿行业培训，大力发展家庭服务业，规范家政市场，使更多训练有素的专业育儿师进入市场，服务家庭，更好地替代职业女性的育儿职责；对低收入或多胎家庭实施育儿费用补助，助其减轻育儿经济负担，提高购买育儿等家政服务的经济能力，从而释放自身的劳动时间；等等。

2. 培育更加成熟和符合职业规范的女性劳动力群体

针对部分女性可能具有的天然能力弱项，政府可在女性需求比较集中的领域组织专业教育与能力培训，如管理思维、投资技巧、商业信息、专业技能等，提升女性专业素质；对由于家庭原因暂时离开后重返职场的女性，政府为其提供过渡期和适应期的职业培训机会和岗位衔接机制；处于事业初创期的女性或失业再创业的女性，在创业经验和社会关系方面都表现出较为明显的积累不足，亟需政府给予大力支持。

3. 落实与合理执行劳动保护政策

针对劳动保护政策有待进一步落实的问题，政府应想方设法使劳工保护政策的可执行性得到有效提升，充分发挥上海相关组织机构（如法规政策性别平等咨询评估委员会）的作用和功能，对用工过程中的性别平等进行及时有效的审查和监督，使劳动（性别）保护政策真正落到实处。另一方面，在政府的劳动者权益保护政策被不良员工恶意利用的情况下，企业反而处于需要保护的弱势地位，政府应对原来劳动保护政策中欠合理的设计予以修订，防止政策被某些居心不良者过度利用，使企业和员工的关系处于良性的制衡与发展轨道。

上海市妇女联合会
上海社会科学院
课题负责人：沈开艳

上海性别发展的国际比较研究

一、研究目的

（一）进一步推动性别平等指数的应用

2018年，世界经济论坛发布的《全球性别差距报告》（GGGR）中，中国在149个国家中排名103，这一结果引起社会广泛关注。十九大以来，妇女问题一直是党和国家领导人高度关注的议题，但不能回避的是，性别平等发展的统计监测指标仍然存在不少可以继续改善的方面，已有体系实际应用有一定局限，国际社会对中国性别平等状况的总体把握并不全面，依赖国际组织提供的不甚准确的数据有一定片面性。因此，本着科学求真的态度，客观冷静地分析导致中国排名靠后的原因，反思中国在性别平等方面存在的现实差距必不可少。另一方面，对现行国际指标进行深入研究，分析国际组织指标选取和指数综合方法，研究这些指标在多大程度上能客观反映性别平等差距也是迫在眉睫的议题。只有在此基础上，高度关注性别平等指数的应用和实践，才可能推动相关部门进一步和国际接轨，平等对话。

（二）地方先行先试的一种研究实践

十九大以来，妇女问题一起直是党和国家领导人高度关注的议题。习近平总书记曾在联合国全球妇女峰会发表题为“促进妇女全面发展共建共享美好世界”的重要讲话，强调没有妇女解放和进步，就没有人类解放和进步；坚持男女平等基本国策，是中国对促进全球性别平等事业的责任与担当。因此，在对现行妇女发展指标进行深入研究的基础上，为构建符合上海这一全球科技创新中心新定位的妇女发展指标建言献策，也是本课题的主要目标。精准筛选出具有本土特色的、能够反映现代化国际化大都市特点的创新性指标，既是构建中国特色社会主义妇女理论的重要内容，也是先行先试的一种地方实践。

二、研究框架和方法

为进一步推动性别平等，国际组织和一些国家先后形成了各具特色的性别平等指数体系，用以对各国性别平等状况进行综合测评。如 1988 年第三次世界妇女大会召开以后，联合国在加拿大蒙特利尔会议上首次提出妇女地位评价指标体系框架；同年，美国人口危机委员会在此基础上，对 99 个国家的妇女地位进行了第一次综合分析，其指标体系的维度包括：健康、婚姻与孩子、教育、就业和社会平等。中国建立起了包括健康、教育、经济、政治、婚姻家庭、环境 6 个领域的指标体系，全国妇联课题组在此基础上，先后组织了四期对各省市性别平等和妇女发展状况的评估。2018 年，《全球性别差距报告》排名发布以后，不少学者针对国际组织对中国妇女发展的误读积极做出回应，进一步推动性别平等指数的国际比较研究，但目前文献仍然较多地集中于国际指标定义、结构或特定领域的具体数据，对影响我国性别平等评估的核心指标和即时数据进行国际比较和系统分析的研究仍然不多，需要进一步深化。

(一) 国际比较的原则

1. 兼顾国际公认性和本土性

一方面采用当前国际上认可度和采纳度较高的指标，另一方面也与我国各级妇女发展纲要普遍采用的指标尽量结合，能反映中国妇女发展基本面貌的指标。

2. 兼顾基础性指标和发展性指标

一方面要包括那些在反映女性日常生活和社会经济地位上具有基础性作用的指标，另一方面要具有一定的前瞻性，包括一些能代表性别平等事业未来发展方向的指标。

3. 兼顾反映女性自身发展和与男性差距

一方面要描绘女性在基本健康福利、素质能力和社会经济权益等方面的现状和发展，另一方面要反映这些方面和男性的差距，以此探察性别平等事业的面貌。

4. 兼顾数据的简明性和可得性

一方面指标体系具有简明性，包含指标不能过多和过于复杂，另一方面还要考虑国内数据的可得性，只有能获得合适且质量较高的数据，指标体系本身才有意义。如我们选择“人类发展水平”和经济合作与发展组织（OECD）国家均值作为比较对象。第一，数据可获得性较好。相关国家数据可以通过统一的数据平台获取，且经过各国际组织的标准化处理后，数据质量较好。第二，采用权威的筛选方法，避免了选取比较对象时的选择性偏误。联合国开发计划署（UNDP）和经济合作与发展组织作为“社会发展”议题的领导组织，其标准具有权威性，避免了以单一经济发展水平作为选择标准所带来的问题。

（二）国际比较的主要指标来源和框架

自1995年北京世界妇女大会召开以来，为了准确衡量女性发展和性别差距的真实状况，推动性别平等事业的发展，由联合国等国际组织和一些发达国家推动，先后形成了多个性别平等指标体系，包括性别发展指数（Gender Development Index，GDI）、性别赋权指数（Gender Empowerment Measure，GEM）、性别平等指数（Gender Parity Index，GPI）、全球性别差距指数（Global Gender Gap Index，GGGI）、社会制度和性别指数（Social Institution and Gender Index，SIGI）、性别不平等指数（Gender Inequality Index，GII）和性别平等指数（Gender Equality Index，GEI）等。

1. 指标来源

（1）性别发展指数（GDI）：即联合国开发计划署统计发布的人类发展指数性别比，反映女性和男性在健康、教育和生活水平三个维度成就的人类发展差距综合度量指标。

（2）性别不平等指数（GII）：是联合国开发计划署统计发布的人类发展指数中的一项，反映女性和男性在生殖健康、赋权和劳动力市场三个维度成就不平等的综合度量指标。

（3）全球性别差距指数（GGGI）：由世界经济论坛独立统计并发布，展示男女间在经济地位、学习机会、政治参与及卫生福利四个范畴中的差距。

（4）全国及长三角各省市两纲指标：国内目前主要的评估指标，本课题重点从中选取具有重要性和可比性的指标。

这四大指数体系虽然名称不同、重点各异，但都是测量和评估国别间性别平等事业及妇女发展状况的有效工具，是国家/地区性别平等事业发展状况排名的主要依据，具有较大的影响力。

2. 基本框架

本研究重点对健康、教育、经济和政治四个领域国际指标进行深入比较研究，同时，结合目前联合国开发计划署积极推广的人类发展指数体系（HDI）中的二级指标和三级指标，将四个领域的指标分解为12个具体指标。这12个指标的国际比较在口径上差异较小，可得性较高。（见表1）

表 1　上海性别发展国际比较的基本框架

领域	具体指标	指标选取依据	两纲采纳比对
1. 健康	1.1　出生性别比	GGGI	有
	1.2　预期寿命	GDI，GGGI	有
	1.3　孕产妇死亡率	GII	有
	1.4　未成年人生育率	GII	无
2. 教育	2.1　中等以上教育程度人口比率	GII,GDI	无
	2.2　平均受教育年限	GDI	主要劳动年龄人口平均受教育年限
	2.3　高等教育粗在学率	GGGI	高等教育毛入学率
3. 经济	3.1　劳动力市场参与率	GII,GGGI	妇女占从业人员比例
	3.2　收入性别比	GGGI	有
	3.3　担任管理者的女性比例	GGGI	企业董事会、监事会成员及管理层中的女性比例
	3.4　专业技术人员女性比例	GGGI	有
4. 政治	4.1　全国人大代表中的女性比例	GII,GGGI	有

（三）国际比较的参照标准

1. UNDP“人类发展水平”

《人类发展报告》是联合国开发计划署的年度权威出版物。该报告以“人类发展指数(HDI)”作为衡量工具，以国家为单位监测人类发展情况。根据权重进行运算，每个国家会得到一个年度人类发展水平的分值。根据人类发展指数构成指标的四分位数，根据各国的综合得分，将其分入四个人类发展水平的组别：低人类发展水平(HDI＜0.550)、中等人类发展水平(0.550＜HDI＜0.699)、高人类发展水平(0.700＜HDI＜0.799)、极高人类发展水平(HDI＞0.800)(UNDP,2018)。

2. OECD 国家数据均值

经济合作与发展组织，简称经合组织(OECD)，成立于 1961 年，是一个以公约为条件的全球性政府间国际组织。由于该组织成员多为发达国家，又被称为“发达国家俱乐部”。截至 2018 年，该组织共有 36 个成员国，2 个候选成员国，5 个关键伙伴国。中国是 OECD 的关键伙伴国之一。

本研究以联合国系统内的 36 个 OECD 成员国数据为来源，提取各国在 2017 年在本研究的 12 项关键指标上的数据，计算出各组的得分均值。

（四）比较范围

1. 四大国际城市

相比于对标更高人类发展水平，城市间比较的政策意义更大。人类城市化的进程凸显城市空间治理的独特性。城市治理政策与逻辑也与国家治理的逻辑有所差异。因此，对标其他国际化大都市，并且从时间维度上进行趋势比较，具有显著的政策价值。本研究选取了四个国际化大都市作为比较对象，分别是：伦敦、纽约、东京、新加坡（城市化国家）。

2. 长三角三省一市

长三角是我国经济发展水平最高的地区，也是城乡一体化基础最好、妇女发展质量最高的地区之一。上海、江苏、浙江、安徽三省一市都制定了妇女儿童发展规划，也设定了监测指标，每年汇总相关数据，这为比较长三角地区妇女发展现状提供了基础。

（五）数据来源

国际数据来源包括联合国开发计划署性别不平等指数（GII）、性别发展指数（GDI），世界经济论坛（GGGI）及 OECD 经合组织统计数据的公布数据和原始数据库的计算结果。国内数据来源主要包括历年《中国统计年鉴》、《上海统计年鉴》、《中国教育统计年鉴》、《中国妇女儿童状况统计资料》、人口普查资料、全国和上海的妇女发展规划指标监测数据、卫生、教育等部门数据。

三、研究发现

（一）国际比较结果

总体来说，在人类发展报告 2018 年的统计更新中，中国在 189 个国家中排名第 86 位，属于高人类发展水平一组。

1. 健康

健康是所有四个领域中统计指标和数据质量最好的指标，统计口径与国际指标高度一致，数据公开度高，年度更新频率高。

（1）平均预期寿命（GDI、GGGI）

随着医疗技术和公共卫生服务的进步，癌症等疾病死亡率降低，人们的健康意识和生活方式不断改进，上海女性和男性的预期寿命不断提高。女性的预期寿命从 2000 年的 80.8 岁岁上升到 2017 年的 85.9 岁，高于联合国开发计划署（UNDP）2017 年极高人类发展水平（82.36 岁）。

从各大城市的女性预期寿命数据来看，上海处于较为领先的地位，只有东京市的数据显著高于上海 1～2 岁。

(2) 出生人口性别比(GGGI)

按照联合国认定的出生人口性别比的通常值域范围(102～107),上海户籍出生人口数的性别比一直处于正常的范围。不过,如果按常住人口的统计口径,出生性别比有一个从偏高向正常回落的过程,从 2010 年的 113.9 逐渐降至 2018 年的 107。

从趋势上来看,各大国际化都市的数据和更高人类发展水平的数据都表明,大城市的出生性别比将在合理的自然区间内浮动。

(3) 孕产妇死亡率(GII)

孕产妇死亡率是反映一个国家或地区政治、经济、文化及医疗卫生水平的综合性指标。按世界卫生组织的标准,孕产妇死亡率每 10 万活产低于 10 人被视作最好水平,上海自 2000 年来基本上就保持在最佳水平,2017 年为3.01/10 万。

国际比较来看,在孕妇死亡率这一指标上,上海市的数据显著优于纽约,且在 2017 年将孕妇死亡率降低至 3.1(1/10 万),体现上海的妇女生育保健工作有显著成效。

(4) 未成年人生育率(GII)

上海未成年人生育率较低,2015 年为 7.30‰,远远低于极高人类发展水平国家 15.88‰的数据。从国际城市比较来看,上海的未成年人生育率远低于伦敦与纽约。但需要注意的是,尽管未成年人生育率是一项政务统计指标,但上海并未把它作为年度数据公开,造成我们只能从人口普查(抽样调查)中获取每隔五年的数据,无法利用最新数据进行国际比较。

2. 经济

经济领域指标和国际劳工组织的抽样调查项目一致,但存在统计口径不一致、数据公开度不高的问题。

(1) 劳动力市场参与率(GII,GGGI)

随着经济体制改革以及城市化、市场化与全球化的推进,作为计划经济时代中国最大的工业城市,上海男女两性全员就业的模式逐渐改变,劳动参与率(参与劳动力市场或积极寻找工作人口在 15 岁及以上人口所占的百分比)一直在下降,但女性下降幅度更大。2010 年,上海 16 岁及以上的女性中,只有 54.2%在工作或寻找工作,比 1982 年(71.6%)减少了将近 20 个百分点。

女性劳动力参与率的国际趋势恰好与中国相反,随着女性受教育程度提升、妇女运动积极推动和鼓励妇女进入劳动力市场,自 20 世纪 70 年代以来,各国女性劳动力参与率持续上升。以 2010 年来看,上海女性的劳动力市场参与水平要高于纽约、东京和新加坡,但低于伦敦。

（2）收入性别比（GGGI）

目前国际收入性别比指标是由世界经济论坛在各国组织的抽样调查数据，存在数据抽样不科学，准确性不高等问题，但我国未加入这一调查，也导致这一数据无从可比。而以上海为例，这一情况进步速度较快。从 2000 年到 2015 年，上海性别工资差距经历了明显的波动：2005 年男女工资差距比 2000 年扩大了 8%，随后五年里女性的收入有较大幅度提升，男女工资差距缩小了 18%，到 2015 年男女工资比保持在 78%。

（3）担任管理者的女性比例（GGGI）

2015 年，全国 1%人口抽样调查资料数据显示，上海女性为国家机关、党群组织、企事业单位负责人的比例为 29.1%，低于高人类发展水平组别的比例（32%）。从城市间的比较来看，上海政府及企业中担任管理者的女性比例也落后于伦敦、新加坡及纽约。

（4）专业技术人员女性比例（GGGI）

上海女性在专业技术人员中的比重缓慢上升，由 2010 年的 39.2%上升至 2014 年的 42.1%。高级专业技术人才的男女比也在不断缩小，从 2011 年的2.6 下降到 2017 年的 1.56。从国际趋势来看，我们发现在专业技术人员的性别比例上，国际上已经有女性超越男性，占比超过 50%的趋势。这一趋势标志着女性劳动价值的释放与整体人口素质的提升。因此，从国际比较来看，与担任管理者的女性比例数据一样，上海离各国际都市的水平还有一定距离。

3. 教育

教育领域指标存在国际化程度较低，统计口径不一致，更新频率低，公开信息少的情况。

（1）中等以上教育程度人口占比（GII、GDI）

上海在全国率先普及了九年制义务教育和高中阶段教育，高等教育也朝大众化发展。随着教育资源的普及，加上独生子女政策的推行，女性在各级教育上的受教育机会快速增多，受教育水平的性别差距逐渐缩小。2015 年中等以上教育程度占 25 岁以上人口比例，女性为 80.9%，较 2010 年（77.6%）上升 3.3 个百分点。

从国际比较来看，上海 2015 年的女性 25 岁以上人口中，中等教育程度以上的人口数高于新加坡，基本与纽约 2017 年水平持平，但与极高人类发展水平国家和 OECD 国家平均水平存在差距。

（2）平均受教育年限（GDI）和高等教育粗在学率（GGGI）

平均受教育年限是一个国家或地区人口文化素质的基本反映。国际上对平均受教育年限的统计是使用每种教育水平所规定的期限，将受教育程度换算为 25 岁及以上年龄人口的平均受教育年限。中国人口平均受教育程度指标反映在 6 岁以上的公民平均接受教育的时间，计算公式为：

$$C = U \times a + H \times b + M \times c + L \times d + I \times e。$$

其中，U、H、M、L、I 分别代表占被考察范围 6 岁及以上总人口的比重，a、b、c、d、e 分别代表大专以上、高中、初中、小学、文盲和半文盲人口平均接受教育年数，根据我国历史和现行教育制度并兼顾地区差异，通常取：$a = 15$，$b = 11$，$c = 8$，$d = 5$，$e = 1$。

中国平均受教育年限指标和国际指标不具可比性，主要是年龄一个是 6 岁以上，一个是 25 岁以上。

高等教育粗在学率国际指标的计算公式为：

高等教育粗在学率 = 高校录取人数/最近 5 年中学毕业年龄组。

目前我国并无这一数据的统计，难以查询。

4. 政治：全国人大代表中的女性比例/国家议会席位中的女性比例(GII、GGGI)

2018 年，上海选举产生了最新一届全国人大代表，其中女代表占 22.0%，仅比 1983 年的 19.5%上升 2.5 个百分点。事实上，在过去的 35 年间，上海女性在全国人大代表中的数量一直上下波动，2008 年升至最高水平 26.6%，之后十年连续下降。国际比较来看，上海仅高于东京，而落后于其他城市。这一比例也低于 2017 年 OECD 平均水平的 29%和极高人类发展水平组的 27%。

总的来说，上述四个领域，健康和政治领域指标可比性最高，其次是经济领域，教育领域指标可比性较差。

从数据比较的结果看，健康领域的平均预期寿命、孕产妇死亡率和未成年人生育率，都反映出上海女性权益保护处于较好水平，特别是未成年人生育率可以视为我们的优势指标。长期以来，因为未成年人生育问题不突出，我国妇女工作并未将此指标纳入监测范围，但事实上，这是国际上反映女性发展权益非常重要的指标，我国对此数据的缺失将导致国际社会对中国女性发展事业认识的不完整，片面强调中国出生性别比这个劣势指标，不利于讲好中国“女性故事”。

教育领域的“中等以上教育程度的人口占比”，上海在该指标的表现也达到高人类发展水平之上，但由于我国妇女工作向来重视提高女童入学水平，对劳动力阶段人口的教育程度统计重视不足。如前所述，我国执行 40 多年的独生子女政策，不仅使女童入学率大幅提升，也使中等、高等教育领域的性别平等事业都取得了相当卓越的成就，亟需建立和改善统计，让世界正确认识中国女性素质发展的真实状况。

劳动力市场参与率（包括享受退休保障的女性人口）也向来是我国妇女发展的优势指标，但目前因为妇女发展纲要设立的指标是“妇女占从业人员比例”，导致我们的指标与国际不接轨，无法进行有效比较，也可能导致中国妇女发展水平被国际社会低估。

（二）长三角三省一市比较结果

20 世纪 90 年代以来，我国先后发布了三轮中国妇女、儿童发展纲要，各省市依据全国纲要，结合地区经济社会发展的总体目标和要求以及妇女儿童发展的实际情况，相继制定了地方妇女儿童的发展规划，确立了妇女和儿童的优先发展领域和具体目标，这为总结梳理长三角地区妇女儿童发展现状提供了基础。

比较而言，长三角地区性别发展在健康和政治领域上的指标数据最为齐全，可比性最高，教育和经济领域基本没有可比指标。从数据比较的结果看，健康领域的平均预期寿命和孕产妇死亡率，上海女性的优势明显；在政治领域的两个指标上，上海女性的表现不突出，特别是全国人大代表的比例，上海要低于浙江和安徽两省。经济领域的四个指标中只有“担任管理者的女性比例”有可比数据，上海女性的表现明显优于其他三省。教育领域的三个指标目前暂无可比数据，无法定位上海女性在长三角地区的位置。

（三）面临的挑战和问题

1. 性别发展总体水平

数据和分析也表明，我们在一些指标上离高人类发展水平国家仍有一定距离，我们的妇女工作和性别平等事业仍需进一步加强。我们相信，“出生性别比”必将随着全面两孩政策的放开有所下降，有望逐步恢复到国际正常水平。但经济领域的收入性别比、担任管理者的女性比例、专业技术人员女性比例、人大代表的女性比例则格外需要社会政策的介入和支持，才能保证在日趋严峻的市场和家庭双重压力下，性别平等事业继续取得积极发展。

2. 数据统计口径存在的问题

性别发展指标和数据的国际比较显示，相关数据采集在过去十年中取得了长足进步，但同时也面临一些挑战。

（1）指标选择问题。长期以来，中国和各省市两级妇女儿童两纲指标目的在于推动工作，弥补短板，对于已经取得巨大进步的优势指标重视度不够，如未成年人生育率等，上海乃至中国数据都远好于极高人类发展水平国家和 OECD 平均水平，忽视了国际对话的需要。

(2) 缺省标记问题。联合国和国际组织数据有自己的更新机制，国内某些指标因统计口径/报送周期长而被国际组织标记为数据缺省，进而导致指数对发展水平失察、误读，中国本土数据准确性和适用性的方式和渠道急需完善和提高。

(3) 时间误差问题。同一指标的国际数据存在时间不齐的数据截面，中国部分数据还是若干年前的未更新数据，无法反映真实发展水平。

(4) 指标口径问题。一是表现为定义差异。如劳动参与率、教育年限计算等国内指标和国际指标定义差异较大，完全是不同的内容。再以经济类的劳动数据为例，2010 年第六次人口普查所采用的职业分类标准参考了 1999 年版《中国职业分类大典》，在职业分类标准上与国际劳工组织推出的 ISCO-08 标准并不能标齐，更接近 ISCO-88 标准。即便是采用我国在 2015 年更新的《中国职业分类大典》，仍与 ISCO-08 的大类分类不是对齐的，造成了口径上的误差。二是表现为科学性问题。如世界经济论坛公布的"性别收入比"，是从该组织在各国开展的抽样调查数据中获取，抽样科学性和一致性较差，导致数据的客观性真实性存在问题，而中国并非其调查对象，数据出现缺省。

(5) 数据公开度问题。各地的政策偏好不同，政务数据指标不同，部分国家政务数据的公开程度偏低，或者仅公开汇总后表格；我国的政府内报表数据有关分性别数据并未定期公开，只能通过内部渠道寻找或提取，可获得性较低。

四、思考和建议

总的来说，性别发展国际比较的目标应当是：落实性别平等，着眼发展引领。国际比较的结果作为一种参照信息，只有精准对接国内发展指标，才能达到优化政策的目标。同时，国际比较的结果，作为一种客观证据，能进一步推进性别发展领域的社会治理，促进该议题的健康发展。

一是提高指标国际化水平。在未来的数据监测中，建议参照国际的发展型指标和统计标准，优化已有的数据指标体系。尤其是平均受教育年限、高等教育入学率、劳动力参与率等国际上已经通用的指标，还未纳入国家统计局统计口径，在新一轮"十四五"发展纲要中应该推动性别发展指标的国际化水平，促进未来政策的制定与落实。

二是主动对接国际组织。为了定位中国性别发展的实际情况，应当在主动与国际组织对接的策略上下功夫，打通和国际组织的数据供给和对接渠道。通过对标国际上通行的性别发展指标体系，评价中国的性别发展现状，以及中国在国际上的性别发展排名。主动进行定位，在国际话语阵地上尝试多发声，会促进国际性别发展指标的科学发展，用客观理性的声音参与议题的建构与话语管理。

三是着眼发展引领。在国际比较的过程中，我们发现，随着性别议题在国际上的发展，现有通用指标正在被一批新的指标所替换。我们认为这类指标是具有潜力的“发展型指标”，值得我们进一步关注和落实监测。为了突出政策实践先锋的角色，引领应当建立在对中国国情的归纳和对中国性别发展政策的梳理上，通过提出适应本土发展的补充性指标，完善多元化的性别发展评价体系，向外辐射中国性别发展议题。

上海市妇女联合会
上海社会科学院
课题负责人：包蕾萍

基层妇联执委推动妇女参与社会治理的路径与机制研究

妇联组织作为我国最大、最有权威性和影响力的女性组织，参与社会治理必将对女性发展乃至社会的安定有序产生重大影响。伴随着上海妇联基层组织形态的重构，各领域各行业女性代表被吸纳到基层妇联组织和工作队伍中来，建立起了一支数量庞大的妇联执委队伍。以上海为例，市级层面有 121 名执委，区级层面有 664 名执委，街镇层面有6 645名执委，居村有89 595名执委，“四新”领域有2 832名执委。其中，基层执委（含街镇、居村、“四新”领域）数量占执委总人数的 99.2%。基层妇联执委作为基层妇联工作力量的有效补充，是组织联系妇女群众的重要桥梁和纽带，是妇联组织密切联系群众、参与社会治理、推动社会整合的重要抓手。在群团改革背景以及新时代共建共治共享社会治理格局的双重驱动下，妇联基层执委队伍大幅扩容，成为各级妇联联系群众、推进工作、参与社会治理的重要力量。

本研究主要聚焦街镇、“四新”领域以及居村执委这三个群体，通过文献研究和实地调研，梳理了上海市基层妇联主席与基层妇联执委队伍的基本结构特点，总结了执委发挥作用的创新实践及成效，研究分析制约基层执委作用发挥的难点问题，提出深化改革中进一步发挥执委作用的思考和建议。

一、妇联执委履职的基层经验

《中共中央关于加强和改进党的群团工作的意见》要求，完善群团组织代表大会制度和委员会制度，建立重大事项报告制度，代表和委员履职述职制度和直接联系群众、接受群众评议制度。上海市妇联在改革过程中，探索建立了促进执委履职的一系列工作机制。2016 年出台了《关于实施街镇、居村妇联执委工作制度的意见（试行）》，对建立健全街镇、居村妇联执委班子做了相关规定，并提出建立基层妇联执委工作参与机制，执委联系妇女群众机制，执委述职制度、执委培训制度等。围绕上海市妇联《关于深化妇联组织建设改革实施“破难行动”的意见》，上海市各地基层在落实《关于实施街镇、居村妇联执委工作制度的意见（试行）》中创新经验做法，取得了一定成效。

一是创新执委分工机制。基层妇联执委来自不同行业、不同领域，明确执委职责和分工，有助于根据她们的特点和优势来安排工作任务，明确职责，以充分发挥其潜能和优势。基层在创新执委分工机制探索中，主要形成了按专业分工、按工作任务分工、按资源优势分工等形式。其中，虹口区曲阳路街道探索了按照行业对执委进行分工的方式，在开展项目时将执委划分为教育、医疗卫生、楼宇企业、居民区等不同行业领域，通过分工更好地统筹利用执委资源。

二是创新执委联系妇女方式。其一，创新执委联系居民区的工作机制。虹口区曲阳路街道妇联探索实践了执委联系居民区的工作机制。首先形式多样，增进互通的工作机制，将妇联工作例会地点设置在执委的工作单位，深入了解执委工作内容以实现资源互通；其次是交叉任职，发挥所长的工作机制，居民区执委与物业、业委会人员交叉任职，提升居民区妇联解决社区妇女民生问题的实效；再次是双重身份，执委下沉的工作机制，让街道执委具有居民区妇联执委的双重身份，主动参与居民区妇联工作。其二，探索建立执委联系楼组工作机制，打通妇联组织的“神经末梢”。杨浦区妇联首创推进了“1 + 2 + 2”执委联系楼组机制，即 1 名执委带领 2 个妇女代表和 2 名巾帼志愿者组成团队对接楼组，做到“亮身份、亮照片、亮电话、亮职责”，形成了联系、服务、沟通妇女群众纵向到底服务和宣传模式，让妇联执委履职有了实实在在的内容。此后执委联系楼组工作机制在全市层面得到推广，形成了职责分明、划分清晰的联系网络。其三是开拓执委联系妇女的阵地。奉贤区首创在执委家中建立妇女微家，此后这一适应郊区特点的阵地建设模式得到普遍推广，全市建立 4 350 家妇女微家，部分微家由执委牵头或依托执委资源建立，拓宽了妇联执委联系妇女群众的载体。如崇明区竖新镇仙桥村在网格内组建不同功能的“姐妹微家”，根据执委特长，设置手工编织、科普教育、困难关爱、矛盾调解、果树栽培培训等不同特色和侧重的服务项目，每月开展主题活动，在家门口筑起“15 分钟”服务圈。其四是运用新媒体技术创新执委联系妇女的有效载体。复旦大学附属妇产科医院利用网络多媒体平台创新执委联系妇女方式。利用执委资源和专长，探索线上直播形式，开设特色“红 · live 女性健康学院”，招募女性医学专家走下手术台，走进直播室，定期传播妇产科医学科普知识，惠及更多女性，探索灵活多样的执委联系妇女方式。

三是探索供需精准对接、资源整合互换模式。其一，执委资源与居民区需求精准对接。街道层面在组建执委队伍时结合执委的资源优势和居民区类型进行综合考量，有利于后续执委开展工作时实现有效的供需对接。闵行区浦锦街道妇联充分考虑各版块居民区特点及特殊需求，组建能满足居民需求的执委队伍。用执委资源匹配居民区的差异化需求，做到供需精准对接。其二，同一区域范围内资源整合、互换，最大化利用本地区执委资源对接妇女需求。复旦大学附属妇产科医院妇女之家在上级妇联的促成之下，以课程交换的形式，与辖区内其他单位的妇女之家进行服务置换，整合利用执委资源，探索医院女性专家进楼宇、进学校、进企业进行健康讲座与咨询，其他单位同样以技术专长为医院女职工提供居家收纳、手工艺制作、食品烘焙等课程。通过执委间资源整合互换，有效服务广大妇女群众。

四是“线下”与“线上”议事相结合，深化妇女议事会制度建设。参与讨论和评议妇联工作，为妇女儿童发展建言献策，是执委发挥作用的一个重要渠道。其一，深化线下“妇女议事会”制度建设。调研数据显示，86.96%的执委所在街镇、村居、“四新”领域有妇女议事会，有78.99%的基层执委认为妇女议事会在引导妇女参与社会治理方面能发挥作用。其二，依托女性社群平台，创新网络“微”模式，开展线上议事。调研发现，议事协商除了依托妇女议事会作为载体，还有许多线上的“微”模式作为创新活动载体，依托线上各类女性社群为平台，开展协商议事。徐汇区长桥街道光华妇女之家充分利用网络“微模式”，开设光华妇联执委微信群、光华睦邻姐妹微信群、光华小主人等微信群，开展线上议事协商。

五是创新执委培训方式。上海市妇联在改革文件中明确提出，要充分利用市、区妇联的培训资源，实现执委培训的全覆盖。新任妇联执委须接受初任培训，任期内至少参加1次市、区妇联组织的专题培训，增强履职意识、提高履职能力。调研发现，各个区依托区妇女干部学校，开展了多样化的妇联执委培训。徐汇区建立了多元培训体系，依托市委党校、市社科院、区委党校等师资资源，形成“1+2+X”的培训体系，分层分类组织培养青年女干部作孵化与储备；为基层各级执委培训提供课程包，帮助她们完善履行岗位职责必备的基本知识体系；普及多领域知识技能，更好指导工作实践。

六是探索建立激励约束机制。上海市妇联在改革中明确要求执委按时出席基层妇联执委会会议，任期内有书面或会议述职，市妇联每年展示执委优秀履职案例、评选十佳好建言。调研发现，基层妇联组织因地制宜，探索了灵活多样的激励方式。如在“四新”领域探索将妇联系统的先进评选与执委的履职激励相结合，担任虹桥商务区新虹区域第一片区妇联执委的14家企业女性代表，积极策划、牵头或参与项目，推动妇联工作和服务在虹桥商务区的落地。闵行区和新虹街道妇联也积极搭建平台，推荐优秀执委评选市三八红旗手、执委单位或带领的班组评选上海市巾帼文明岗，给予执委充分的激励，增强执委的身份认同和荣誉感。奉贤区谋划探索建立精神奖励和政治奖励相结合的激励机制，为执委实现自身发展创造条件、提供支持。

二、发挥执委作用面临的困难和挑战

现阶段，基层妇联虽然普遍建立了执委队伍，但执委作用发挥不充分的情况较为普遍，执委在履职过程中也面临一些挑战。一是执委队伍结构需进一步优化。其一，街镇、“四新”领域妇联执委年龄结构较为合理、学历普遍较高，成员结构较为多元，但居村执委普遍存在年龄偏大、学历较低、成员结构单一的状况。其二，在街道居村层面，妇联主席执委频繁更换，影响了工作的连续性以及执委作用的发挥。其三，在基层执委的结构上尚未形成制度化的实施方案，有的区域机关、企事业单位推荐的执委在妇女群众中缺少威望、与妇女群众联系不够紧密。

二是执委履职意识和能力有待加强。关于执委履职的问题，主要集中在以下几个方面：一是基层妇联执委来自不同领域和行业，不熟悉妇联工作，对妇联组织了解不深，对妇联政治职责和基本职能认识不到位；二是部分执委缺乏群众工作经验，不知道如何开展妇女工作，感到“有劲无处使”；三是有些执委虽有工作热情，但年龄偏大、文化程度较低，创新能力不足，缺乏新形势下开展妇女工作的技能和方法；四是对执委履职的制度性支持不够，以传统的培训、开会等方式居多，缺乏多样化的真正能激活执委参与动力的制度性支持；五是未能充分兼顾执委个人利益诉求，部分执委参与妇联工作的积极性和动力不足。总的来看，基层执委履职意识、履职能力、履职参与还不够，发挥作用仍有限；街镇层级执委资源丰富多元，但普遍缺乏有效整合；居村执委具备一定的履职意愿，但履职能力、资源有限，履职没有充分的制度支持和平台支撑。

三是各层级妇联执委功能定位有待明晰。一是基层执委功能定位模糊、分工不明确，执委资源未能与居民需求实现有效对接。街镇层面执委掌握大量资源，但普遍未能对这些资源做有效梳理，难以对接居民需求。每年在居民区形式化举办几次讲座，成效不大，参与社会治理的广度和深度都不够。二是妇联主席单线工作，与其他治理主体的协同不够。妇联工作以直线、平行线的方式开展，与街道各部门协同少，与社会组织合作少，难以调动多方资源，工作成效甚微。三是执委与其他治理主体的协同有限。基层妇联执委在参与社会治理中与其他治理主体间的协同有利于工作开展。尤其是在街镇层面，如何结合可利用资源，通过妇建与党建、与政府部门的工作协同有效推进工作，目前还处于各自探索的阶段，未能形成具有指导性的工作方案。

四是执委履职的激励机制和支持性制度有待完善。不同类型执委的资源优势和发展需求存在较大差异，因此，影响她们有效履职的因素也不尽相同。在居村一级妇联，执委因没有报酬或补贴导致履职积极性不高的现象在各个居村执委当中普遍存在。调研发现，一些执委对自身感兴趣的活动参与积极性相对较高，对其他工作的参与积极性不足。还有基层妇联干部指出，居村一级妇联执委流动性较大，且有些人没有稳定收入，执委刚当选时可能积极性较高，但由于长期没有报酬，其参与妇联工作的热情会随着时间推移而消减。还有基层妇联干部认为，基层妇联执委大多是义务服务社区，带有公益性，给予执委一定补贴不仅是钱的问题，更多是一种资源链接，有利于强化她们对妇联组织的归属感。此外，部分执委参与妇联工作缺乏时间保障，帮助她们兼顾本职工作和妇联工作的支持性制度尚未建立。有些执委身兼数职，她们短期内可以依靠个人热情和付出来开展工作，但从长远看难以持续保持旺盛的工作状态。

三、进一步完善执委推动妇女参与社会治理的路径与机制

把党建工作和妇建工作有机结合，通盘考虑、统筹推进，形成党建和妇建统一管理、带建结合、同步推进的工作格局。一是加强党建对妇建的领导。基层党组织将如何发挥基层执委作用，纳入基层社会治理的总体考虑，将基层妇联执委作为基层社会治理的主力军，交任务、给平台。探索强化考核指挥棒作用，把党建带妇建作为党建工作责任制的重要内容，一并考核检查、量化评分，将考核结果作为评先评优的重要依据。二是党建带妇联基层组织建设。基层党组织或社区居民自治组织中有女性领导成员的，可考虑由女性领导成员兼任基层妇联主席。调研发现，基层女性领导兼任妇联主席能更积极主动地谋划妇联工作、调动更多的社区资源开展工作。三是党建带妇联基层阵地建设。加强组织阵地共建，充分利用党组织活动场所开辟妇女活动阵地，实现活动阵地共建共享，增强党建与妇建的聚合力。比如按照资源共享、阵地共建、活动共办的原则，使妇女之家建设与基层党组织阵地建设同步推进。

坚持"社会本位"思路。以组织群众自我服务，募集社会资源回应社会需求为主要目标。转变向体制内要资源（人、财、物）的传统行政化思维，充分盘活现有资源，适当引入、孵化、培育专业社会组织，借助社会化力量，激发基层执委队伍的内在活力，让执委队伍从"单一性"体制内结构转变为"开放式"社会化结构，在推动妇女参与社会治理中发挥更重要的作用。基层妇联执委推动妇女参与社区治理的基本目标是服务广大妇女，并在此基础上辐射其他人群，以此助推社区共同体建设；基本思路是通过培育基层执委队伍，激活、整合、协同多主

体资源，对接居民需求，服务广大妇女和其他居民；基本实践机制是首先通过完善执委选拔机制、执委赋能机制、激励约束机制优化基层执委队伍结构，提高执委履职能力；其次是通过盘活区域内资源，多主体协同搭建平台分配资源；最后是通过优化需求对接机制精准对接居民需求。（见图 1）

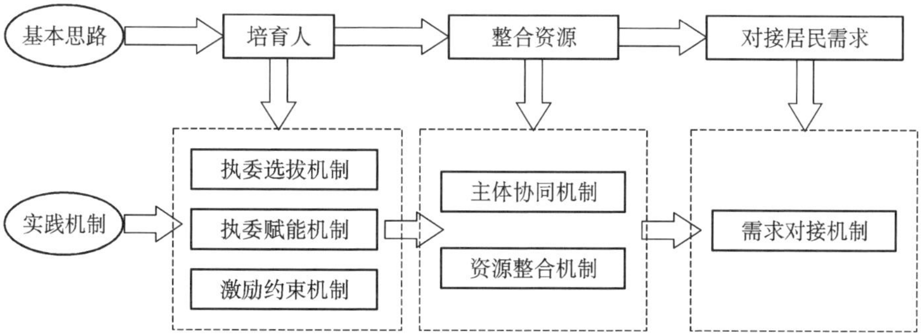

图 1　执委推动妇女参与社会治理的主要机制

优化妇联执委推动妇女参与社会治理的路径，需要坚持党建引领妇建，坚持“社会本位”，募集社会资源回应社会需求。由妇女带动家庭，家庭带动楼组，楼组带动社区，层级动员，激活不同单元的有效治理。妇女赋权、社区增能，在提升妇女福祉的同时培育妇女协商议事的公民能力。从体制到机制，从项目到空间，实现政社企的力量全面融合。（见图 2）

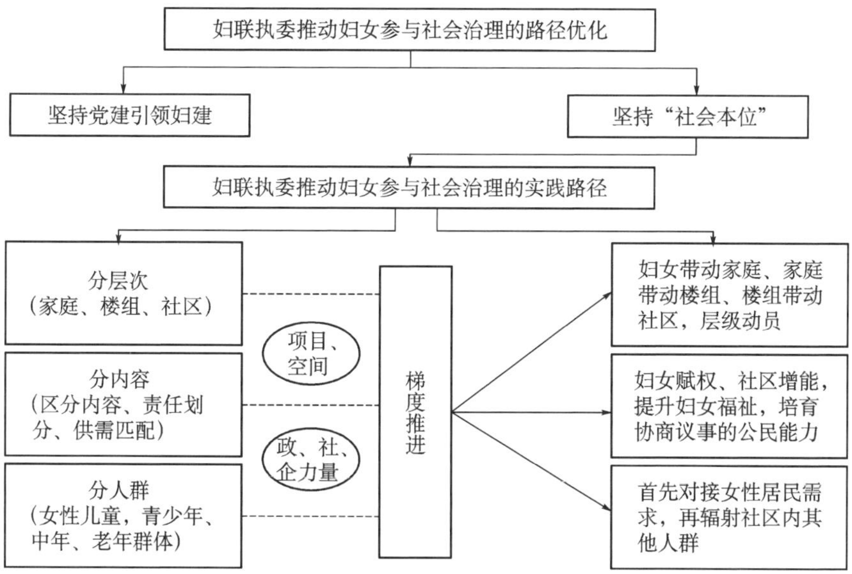

图 2　基层妇联执委推动妇女参与社会治理的实践路径

（一）进一步加强执委队伍的建设

其一是完善执委选拔机制。制定基层执委人员构成的制度化实施方案。基层执委的身份很重要，选什么样的人以及如何选，对促进执委团队作用的有效发挥都会产生影响。在执委选拔的过程中，要根据实际情况从年龄结构、来源结构、资源结构、影响力结构等方面进行综合考虑，确定具体选拔方案。第一，优化执委班子结构。从执委来源上看，要吸收社区骨干，业委会委员，物业公司代表，优秀女性代表，“两新”组织、驻区企事业单位管理者代表，公安民警，律师，医务、教育工作者，文化界人士等行业代表进入基层妇联执委队伍。从资源结构上来看，要综合考虑执委社会资源、能力专长和时间资源等等。第二，推选执委时加强仪式感，比如跟单位走正式的流程、发放聘书，更正式些，更能获得领导和同事的重视与支持。因为执委的身份使其在工作单位获得领导和同事的认可，更有利于执委调动本单位资源参与基层社会治理。第三，执委履职时增强其身份感。建议通过佩戴统一徽章等方式，加强执委履职时的身份意识。

其二是完善执委赋能机制。加强基层妇联执委培训工作，一是针对不同层级、不同类型的执委，设置多元化培训课程。如针对行业精英、专业技能水平较高的执委，设置性别平等理论、群众工作理念和方法等课程；对于退休女性、全职妈妈等热心妇女工作的执委，侧重培训其直接服务群众的方法和技巧、妇女工作实践创新等实用性课程。二是整合党校、高校、研究机构资源，筹建培训专家库、课程库，提供“菜单式”培训服务。通过建立培训专家库、课程库，使专家团队、课程类型、业务内容一目了然，通过干部“点单”，在培训智库中直接精准“下单”，使培训的质量和水平进一步提升。三是创新培训方式。采用结构化研讨、案例教学、现场教学等多元化的培训形式，充分利用新媒体技术，通过网上课堂、指尖课堂等方式推广传播，扩大培训的受益群体和覆盖面。四是建议制定执委履职手册。明确执委职责、履职范围，履职过程中应注意的事项等，作为执委履职的重要参考。

其三完善执委激励约束机制。建立科学合理且具有可操作性的考评和激励机制，以推动基层执委持续有效地发挥作用。一是给予执委精神激励，提升执委的荣誉感。对于工作积极、业绩突出的执委，可适时进行公开表彰，优先考虑入党，授予其优秀执委、先进执委等荣誉称号，并颁发证书，增强执委的荣誉感和身份认同感。在三八红旗手、巾帼文明岗等先进个人评选中，将优秀执委纳入候选范围。选拔培育优秀执委典型，发挥引领示范作用。二是给予政治激励和相关待遇，拓展执委发展平台。对于来自机关部门和事业单位等体制内的执委，可探索对她们参与妇女工作的业绩和贡献进行评定，在单位的选优评先、培养使用方面，推动把执委参与妇联工作情况纳入考量范围，从而对她们的职业发展产生正向激励。对于来自企业、社会组织的优秀执委，推荐其担任人大代表、政协委员，给予她们政治上的荣誉，为其提供参政议政的渠道和机会，使她们在更大的平台上施展才能。三是给予执委一定的物质奖励，增强其组织归属感。在居村层面，有些妇联执委没有固定职业和稳定收入，在条件允许的情况下，可采取以奖代补的方式，对工作实效突出的执委给予一定的物质奖励，调动她们的工作热情和积极性，增强她们的组织归属感。此外，各级妇联组织还可以因地制宜通过提供执委信息交流渠道、搭建展示平台、给予组织帮助、协助解决难题等形式探索灵活多样的激励方式。四是完善执委履职考核约束机制。建议建立执委履职记录，作为评价履职成效、下届是否继续选任的依据，探索执委工作与个人评优选优及职业发展相挂钩的执委履职约束机制。

（二）进一步完善执委推动妇女参与社会治理的机制与路径

一是完善资源对接机制。第一，建立执委资源库与居民需求信息库。基层妇联组织要坚持需求导向，开展需求调研，并根据需求有效对接执委资源，激发执委履职的内生动力。在街镇层面建立分区块、分类别居民需求信息库。实现执委资源与居民需求的精准对接。第二，促进执委本职工作与妇联工作的结合。通过项目化的方式，探索建立执委履职情况与个人职业发展相挂钩的制度，以保证执委有充分的履职时间和精力。第三，搭建区域化资源共享平台，为执委实现自身职业发展创造条件、提供制度支持。基层妇联执委是源自不同领域的优秀女性代表，应结合妇联工作实际和妇女群众需求，统筹配置和利用执委资源，为不同群体妇女提供有效服务。只有兼顾执委个人职业发展以及家庭生活需求，才能实现基层妇联执委队伍的可持续发展。

二是完善主体协同机制。基层妇联执委具有来自不同领域和行业、体制内和体制外相结合、拥有不同专业技能或优势资源等特点。在实际工作中，充分发挥执委队伍的作用，需要深入分析不同类型执委的特点，充分挖掘和统筹利用执委资源。第一，明确各层级执委的功能定位。基层执委队伍背景多元，要深入分析不同执委的身份特征、资源禀赋、专业技能等，加以统筹安排。街镇执委与“四新”领域执委大多来自不同领域、单位和行业，相对掌握较多资源，可以资源提供为主、服务参与为辅，街镇妇联主席要注重搭建平台，结合妇联工作、项目进行资源的对接和统筹，并通过街镇平台面向基层进行输送。居村执委大多具备在地优势和实践优势，可以服务参与为主，以资源提供为辅推动执委履职。促进资源在居民区按需、有序流动，促进项目和服务的落地和有效执行。第二，建立执委职能划分机制，畅通执委履职渠道。街镇妇联主席要根据街镇妇联工作的总体需要，所辖居村妇联、“四新”妇联的特色需求，优化执委班子构成，并结合所属妇联的不同需求，对执委做职能划分。比如：老年人多的社区对接掌握医疗资源的执委，离婚率高的动迁社区对接具有法律资源的执委，儿童多的社区则对接具有教育资源的执委等等。居村执委可以根据任务类型、联系网格、联系妇女之家等方面的不同，进行职能分工。建议各级妇联组织以项目带动为主要抓手，将各类工作和服务打包成有明确目标、有工作分工、有实施步骤的项目，来引导执委参与，畅通执委履职渠道。其三，建立多样化的沟通机制。定期召开妇联工作例会，邀请妇联执委参加，通过执委推介所在单位的主业及特色，交流妇联近期工作，增进执委间资源互通，促进执委与妇联工作的结合；有计划地开展执委走访，加深彼此了解，有针对性地挖掘资源和开展合作；充分利用信息手段，如扩大现有市妇女代表履职平台的覆盖范围，实现扁平化的管理和沟通，增进信息交流和共享。

三是优化资源整合路径。妇联能力有限，能提供的平台、资源有限，要进一步扩大工作的影响力和覆盖面，真正形成群众工作群众做的生动局面，必须盘活执委资源，通过完善顶层设计，统筹各层级执委个人资源，通过执委链接社会资源、盘活条块资源、整合区域资源，有序推进各类资源嵌入基层治理。第一，挖掘执委资源。需要统筹利用和配置执委资源，更好地发挥不同类型执委的作用。在市级层面探索建立分层级、分类别执委信息数据库，登记执委信息，即执委受教育程度、职业、专业技能、资源优势、发展需求等，统筹、整合现有执委资源。对有专长的执委，可打破居村、街镇界限，探索在区级层面统筹协调资源，在更大平台上配置资源，在区域内实现资源互补，最大限度发挥执委特长和优势。第二，链接社会资源。一是通过女性社会组织链接社会资源，扩大女性社区群主的社会影响力，盘活更多社会资源参与服务妇女儿童的社会治理项目。从市级层面来看，建议市妇联牵头建立女性社会组织发展指标、女性社会组织基础数据库。从区级层面来看，每个区结合执委资源优势，每年重点培育 1～2 个服务妇女、儿童的专业社会组织，解决基层妇女、儿童亟待破解的 1～2 个难题，在全区范围内试点，进而在全市范围内形成可复制、可推广的经验。二是开展横向社会网络建设，横向联系其他妇女组织和社会资源。充分发挥妇联对女性社会组织的统领聚合、培育扶持、管理引导以及提供平台和服务的作用。与此同时，女性社会组织要协调好与妇联之间的关系，主动开展妇联组织无法独立完成或不方便开展的工作，使自身成为妇联组织有益且必要的补充，共同形成一个资源共享、优势互补、良性互动的协作关系。第三，盘活条块资源。需要联合其他部门的力量，形成网状的工作格局，才能有效推进工作。调研发现，部分街镇妇联主席兼职服务办工作，能有效盘活街镇层级执委内部资源，充分实现资源互补。第四，整合区域资源。打破行政壁垒和条块分割的界限，将妇联的组织链条向全区域、多群体延伸，打造区域化妇建格局。以街道妇联为核心，社区妇联为基础，其他基层妇联组织为结点，共建单位为补充的立体化资源共享网络体系，扩充妇联系统资源蓄水池。

上海市妇女联合会
中共上海市委党校
课题负责人：李　蔚

新时代加强上海女性社会组织能力建设研究

女性社会组织是指以女性为主体、由女性担任负责人或是以妇女儿童及家庭为主要受益群体，为女性参与社会活动提供服务，旨在更好地促进和维护妇女儿童的发展与权益的社会组织。深入研究女性社会组织的使命，增强女性社会组织功能，探究女性社会组织能力建设有效路径，对于当前贯彻落实习近平总书记对妇联工作的新要求，激发广大妇女参与上海"推动高质量发展，创造高品质生活"城市建设具有重要意义。

本课题研究通过对上海市宝山区、松江区、虹口区和长宁区四个城区的基层女性社会组织的深度访谈，发放了 646 份调查问卷，基于实证调查，全面了解上海女性社会组织建设发展情况，揭示了女性社会组织建设中存在的问题，提出推动女性社会组织发展的对策建议。

一、女性社会组织类型及特征

(一) 女性社会组织的类型

女性社会组织可以从多个维度进行分类。其一，依据民政部门是否正式登记，女性社会组织可以分为三类。第一，以妇联为主管单位、在民政部门正式登记的女性社会组织，含女性社会团体、女性公益社会组织、女性领导下的基金会。据统计，上海全市目前有登记注册的社会组织已超过 1.2 万个，参与成员中 70%～80%为女性。依据 2015 年统计数据，由市妇联主管的登记类女性社会组织 28 个，以项目方式联系的女性社会组织 946 个。第二，未在民政部门登记但在街镇一级进行备案的女性社区群众活动团队，这类女性社区群众活动团队活跃在基层社区，数量非常多。第三，未在民政部门登记，也未备案的社区女性自组织、女性网络社团或女性网络自组织，这类社会组织数量同样庞大。

其二，根据女性社会组织功能定位划分，女性社会组织可分为行业型、学会型、服务型和联谊型等。第一类是行业型女性社会组织。这类女性社会组织主要是行业体系内的女性联合体，有明显的行业职业划分。第二类是学会型女性社会组织。这类女性社会组织是致力于妇女工作相关的妇女儿童家庭热点问题研究的组织。第三类是服务型女性社会组织。这类女性社会组织是应社会需求产生的社会组织。第四类是联谊型女性社会组织。这类女性社会组织由相同爱好的女性自由聚集而成，并开展以满足成员需求为目的的文体活动。第五类是枢纽型女性社会组织。主要承担女性社会组织管理和促进的枢纽作用，为打造女性社会组织提供联系、指导和服务。

其三，根据女性社会组织参与领域划分，女性社会组织可以分为以下几类。第一类是文体活动类女性社会组织。这类女性社会组织通过自由组织、自发参与，以兴趣爱好为纽带而成立，具有形成自发化、管理自主化、活动分散化的特点，目前上海各区县、街镇、居村委的以女性为主体的群众性文体团队都属于这类女性社会组织。第二类是公益服务类。这类女性社会组织充分利用女性自身特点或优势，整合各方资源，开展各类针对妇女儿童家庭的公益服务，包括妇女维权、法律援助、心理咨询、养老服务、亲子教育、家庭保健、环境保护、基层自治等，如上海市女医师协会每年开展三八妇女节为民义诊服务，徐汇区凌云街道梅陇三村的“绿主妇”女性社会组织通过引导居民家庭种菜以倡导家庭环保理念等都属于这类女性社会组织。第三类是学术研究类。这类女性社会组织通过调查研究、学术研讨、组织各类专题报告会及对科研成果评比奖励等形式，对妇女儿童及家庭发展过程中的重点、难点和热点问题开展研究与分析，宣传妇女儿童家庭工作。

上述女性社会组织三种划分，以及由此概括的各种女性社会组织类型，存在着功能的交叉重合。

（二）女性社会组织的特征

女性社会组织的特征主要体现在以下几个方面。

第一，女性主持运行。一般而言，女性社会组织负责人由女性担任，组织领导层也主要是女性，组织结构呈现鲜明的女性特征。第二，女性是社会组织主体成员。有些社会组织负责人虽然不是女性，但是这类社会组织成员主要是女性，并且主要为广大妇女提供公共服务。第三，以妇女、家庭、儿童、老年人等为服务对象的社会组织。这类女性社会组织主要是以公益服务为主要任务，承担社会公益服务项目。

二、新时代上海女性社会组织能力建设新要求

(一) 增强提供社会公共服务的能力

女性社会组织是提供公共服务的重要力量。进入新时代,妇女群体在生产生活中产生多元化需求以及家庭结构的多样化等新情况的出现都对公共服务体系提出了新的要求。女性社会组织要构建形成多层次、多方式、多元化的公共服务供给体系,为不同人群提供更加方便快捷、优质高效的公共服务。同时,要积极动员女性加入公益组织和参与公益活动,发挥女性在这一领域的社会作用。

女性社会组织在社会保障和妇女就业培训方面发挥着重要作用。女性社会组织了解妇女的疾苦和体验,更贴近服务对象,所提供的教育培训项目容易被接受和理解,在妇女中具有良好的社会信誉,所以它在帮助失业女工更新知识、掌握技术、转换观念、重返工作岗位的援助方面更有优势。

(二) 增强参与基层社会治理的能力

女性社会组织在社区治理中的优势表现在,一方面,女性社会组织作为一种利益的表达或传播的媒介,能够代表所属群体的利益,能将妇女的意愿、利益综合起来,系统地进行总结概括并转达给政府或决策者,加强了女性群体与政府决策者的沟通,使政府决策时更容易考虑到女性的存在及利益,在争取社会公平中实现妇女的利益。另一方面,女性社会组织作为参与政治的服务载体,开展志愿活动、提供公共服务,切合了人民的需要,增进了社区居民的融合互助、沟通交往。

(三) 增强促进社会和谐的能力

女性社会组织的发展可以为社会创造更多的工作岗位,让更多的女性获得实现自身价值的平台,在很大程度上促进了社会稳定。女性社会组织凭借女性所特有的关爱与包容,能够深入细致地了解和关爱社会每一位成员,实现与社会和谐互动,构建宽松和谐的社会环境。女性社会组织植根于广大基层群众,有助于在一线发现苗头问题并及时解决问题,做到妥善处置,防止矛盾激化。同时,在开展群众工作时将宣传政策和法律普及有机融合,从源头有效预防社会矛盾。

三、上海女性社会组织建设状况调查分析

(一) 上海女性社会组织调查情况分析

课题组发放问卷 646 份,有效问卷 596 份,回收率为 92.26%,其中女性占比 64.09%,男性占比 35.91%。63.31%的调查对象集中在 50～60 岁,29.41%

的调查对象为本科学历,22.91%的调查对象为大学专科学历。

1. 女性社会组织能力建设的必要性

调查显示,约 49%的调查对象认为社区没有女性社会组织或者不清楚社区是否有女性社会组织,可见公众对女性社会组织的认知度不够,需加强对女性社会组织的重视程度和宣传力度。

2. 女性社会组织在社会服务中的作用

调查显示,约有 42%的调查对象认为女性社会组织在社会服务中的作用主要体现在提供家政服务、参与社会治理、提供养老服务、提供健康服务、提供儿童教育服务这五个方面,其中女性社会组织在提供家政服务(18%)中所发挥作用较为突出,在提供儿童教育服务方面(5%)有待加强。

3. 女性社会组织发展存在问题

调查显示,约有 30%的调查对象认为目前女性社会组织发展存在数量太少、能力较弱、成员总体素质不高、社会参与度不高这四个方面的问题,其中女性社会组织数量太少和能力较弱这两方面问题略显突出。

4. 女性社会组织能力建设渠道

调查显示,约 49%的调查对象认为女性社会组织社区治理参与能力建设的渠道包括以下几个方面:发挥基层妇联的枢纽功能、提供参与社区治理平台、组织成员专业化培训、加强组织内部管理能力建设。

(二) 上海女性社会组织发展问题分析

调查显示,上海女性社会组织发展很快,尤其是妇联群团改革以来,上海女性社会组织汇聚社会资源服务广大妇女儿童和家庭,从表达诉求、沟通交流、参与公益、助推成长等多重维度最大限度地实现组织覆盖和工作覆盖,有效地释放了女性社会组织的活力。然而,调查也发现女性社会组织的发展,尤其是组织能力建设方面仍然存在着制约瓶颈。

第一,体制管理不顺,指导监督不力。上海女性社会组织种类较多,涉及行业领域广泛,发展规模大小不一,组织结构比较松散,有的无固定办公地点,人员构成身份多样,工作人员有专职和固定的,也有兼职和临时的,会员具有志愿性和流动性等特点。许多女性社会组织对社会需求认识模糊,组织发展主导方向不明确,发展运行良莠不齐,规范运作能力较弱。此外,上海女性社会组织也缺乏有效的监督管理体系,基层妇联组织对女性社团运行的实际情况及人员的思想状况、价值追求、利益诉求等也缺乏全面深入了解,缺乏有效的活动抓手,介入管理或指导不够。

第二,发展资源匮乏,发展动力不足。女性社会组织的生命力在于组织开展活动，必须有一定的资源和经费支撑。上海基层女性社会组织的经费来源较为单一，除极少数能争取到项目收入或企事业单位的赞助外，社会资金的自我筹措能力非常弱，绝大多数女性社会组织依靠政府购买项目的经费维持运营。

第三，组织发展不均衡，女性社会组织缺乏具有领导力、影响力的领军人物和专职从事社会服务和管理的专业人才。在参与政府创投项目时显得力不从心。许多女性社会组织以兼职人员、志愿者居多，而且人员流动性极大，影响了女性社会组织的功能有效发挥。

第四，自治能力较弱，社会公信力不高。上海女性社会组织的内部制度建设、信用体系建设和社会工作人才培养等均处于发展阶段，内部管理等方面相对滞后，有的女性社会组织成立时有章程有规定，但在实际操作中难以落实。有的女性社会组织公信力不高，有的女性社会组织结构松散，缺少机制约束，成员加入、退出都很随意。

第五，行政依赖度过高，创新能力不强。一方面，政府部门的空间让渡不够，使得女性社会组织参与公共服务的渠道遇到一定程度的阻碍，除了目前社团登记注册标准和手续制约外，也有政府对女性社会组织的培育孵化政策和购买服务力度制约；另一方面，女性社会组织对政府行政力量的依赖性较强。这又表现在两点上：一是组织的发起和创建较大程度依赖于政府系统或妇联组织；二是，在外部资源上，主要来源还是政府系统，但是由于社会组织数量多，调研发现的女性社会组织普遍经费紧张。

四、新时代加强上海女性社会组织能力建设的决策建议

（一）加强思想政治引领，坚持正确发展方向

第一，加强各级党委对女性社会组织能力建设的领导。女性社会组织的业务主管部门和各级妇联要引领女性社会组织能力建设，要以党建引领女性社会组织能力建设，要将党建覆盖到女性社会组织活动发展全过程。

第二，加强女性社会组织党建工作，形成女性社会组织党建全覆盖。加大女性社会组织党员培养力度，依托基层党支部，组织女性社会组织中的党员学习党的方针政策，引导她们与党同心同向、同心同行。

（二）加强政府扶持力度，提升组织建设能力

第一，完善多方协同机制，推动党委政府、妇联组织与各类女性社会组织之间互动协同。市妇联成立负责女性社会组织工作的专门部门或机构，为各级妇联和女性社会组织开展工作提供依据和指导。各级妇联组织和政府职能部门要积极引导女性社会组织有序发展。女性社会组织要明确自身发展目标，加强

建章立制，强化内部管理。

第二，加大扶持力度。市区和街镇政府部门重点支持女性社会组织承接与妇女儿童工作相关的政府购买公共服务项目，帮助女性社会组织制定人才培养规划，打造各具特色的公益服务和活动品牌。

（三）完善管理体制机制，发展女性社会组织

第一，完善女性社会组织孵化培育制度，多层次扶持培育女性社会组织。加强对初创女性社会组织的支持力度，在注册备案、办公场地、运营设备和组织培训等方面给予政策支持，尤其要扶助草根女性社会组织成长。依托各区社会组织服务中心等载体，探索成立女性社会组织孵化基地和指导中心，为入驻的女性社会组织提供必要的办公场所、基本设备，提供初期孵化、政策咨询、能力建设、人员培训、项目指导等集约化服务，扶持推动其建立和发展。通过制度创新促进女性社会组织发展，进一步加强各级政府对女性社会组织的专项资助和补贴，支持建立女性社会组织的孵化基地建设，进一步完善政府购买服务公益项目招投标和公益创投机制。

第二，加强管理监督，积极引导、广泛联系，充分利用社会资源形成整体合力，促进女性社会组织发展。推动女性社会组织更好地服务妇女儿童，更积极地参与基层社区治理。各级妇联组织要充分发挥“联”的优势，主动经常性地联系本级女性社会组织，加强对其进行必要的监管和有针对性的指导，促进女性社会组织朝着健康有序的方向发展。打造女性社会组织能力建设工作联合体，从培育发展女性社会组织能力入手，加强项目建设和队伍建设，巩固核心层、培育紧密层、拓展外围层。树立开放的理念，不断打造社会化工作格局，增强女性社会组织的生机活力。发挥典型示范作用，培育一批制度完善、机制健全、公信力高、影响力强的女性社会组织，辐射带动女性社会组织整体发展。

第三，健全政策支持机制，实行直接登记和双重管理相结合、登记和备案相结合的登记管理制度。市区两级社会组织登记管理机关可因地制宜，对公益慈善类女性社会组织适当降低登记注册的资金、人员、场所等条件。进一步扩大社会组织备案管理范围，并争取实现女性社会组织登记后抄送妇联备案，公益创投项目中涉及妇女儿童服务的项目抄送妇联备案的信息互动机制。积极搭建服务女性社会组织的政策咨询、信息发布、公共服务产品推介等服务平台，促进女性社会组织发展。各级妇联组织要加强调查研究，了解女性社会组织发展状况，主动为女性社会组织解决等级评估、项目立项、活动开展等方面的困难，做好协调，提供帮助。各级政府要充分运用税收优惠等财税支持政策，为女性社会组织发展提供帮助。

（四）加强女性组织引导，增强组织能力建设

第一，加强平台建设，进一步发挥城乡社区“妇女之家”“巾帼志愿者”的平台功能。引导女性社会组织独立或联合开展各类特色活动，在整合各自优势、服务妇女儿童中互相学习、互相促进、共同发展。要着力搭建沟通平台，通过组织对话交流、开展联合活动等形式，促进女性社会组织与政府部门、妇联组织、社区党组织、社区自治组织及社会各界之间的联系互动，使女性社会组织成为党和政府广泛联系妇女群众的桥梁和纽带。

第二，促进和支持女性社会组织提高参与社会治理、提供公共服务的意识和能力。不断增强女性社会组织的公共责任感，不断提升组织成员参与社会管理的主体意识，增加自身的公共决策能力、社会动员能力以及价值引导能力，要培养女性社会组织提高组织内部管理能力、组织外部形象设计能力，为女性社会组织参与社会治理奠定良好的基础。

第三，加强项目支撑，鼓励、支持女性社会组织利用自身机制、资源、人才等方面优势，承接各类公益服务项目。支持和鼓励女性社会组织积极申报政府购买的公共服务项目，承接民政、妇联及其他部门、社会组织服务妇女儿童的公益服务项目，为妇女儿童和家庭提供多样化、专业化服务。在依托妇女儿童民生项目，开展公益活动的基础上，探索争取更多的社会建设专项资金，通过项目购买、项目补贴、项目奖励等方式，支持女性社会组织以化解社会矛盾、维护公共利益、救助困难群众、帮教特殊人群、预防违法犯罪等形式参与社会治理与公共服务，在参与社会发展、承担社会责任中体现更大价值。

（五）加强组织规范管理，建立人才培训体系

第一，加强妇联团体会员建设工作，切实规范对团体会员的管理与服务。各级妇联要密切与人数多、服务能力强、与妇联工作紧密相关的各类女性社会组织的联系，对符合条件的要及时吸纳为妇联团体会员。要关注暂不符合登记条件的社区女性活动团队，促进基于兴趣爱好自发成立的以健身、娱乐、休闲等为主要活动内容的社区女性活动团队蓬勃发展。要注重引导、扶持有成立组织意向的社区女性团队，支持和帮助她们健全制度、开展活动，成为有利于社会进步、引领妇女健康向上的女性社会组织。

第二，着力培育有利于改善妇女儿童民生、提供公共服务、促进社会和谐的公益慈善类女性社会组织。从经济社会发展和妇女儿童及广大群众需求出发，重点扶持妇女就业创业、妇女维权、行业协会、科技服务、家庭教育等专业性、行业性女性社会组织，凝聚各类女性人才为经济社会发展贡献力量。积极发展巾帼志愿服务组织，组织动员巾帼志愿者为社会提供有序、有效、常态化志愿服

务。要依托社区“妇女之家”，有力推进女性社会组织参与社区治理和公益服务，逐步构建覆盖全市女性社会组织的网络体系。

第三，建立健全女性社会组织的管理体制，民政、妇联等信息共享、协同配合的联动机制。积极开展女性社会组织自律与诚信创建活动、塑造品牌与服务社会活动和社会组织建设示范创建活动，引导女性社会组织建立和完善以组织章程为核心的内部管理制度，加强内部治理结构建设、强化自律意识、规范自身行为，树立良好的社会形象。建立健全全市女性社会组织发展动态信息库，实现女性社会组织登记备案信息共享，及时掌握女性社会组织发展动态。建立健全妇联团体会员考核奖励制度，推动女性社会组织走上自我创新、追求卓越、品牌发展的良性发展轨道。

第四，各级妇联、民政等部门要加快建立工作协调机制、定期会商机制，形成协同治理的工作合力。妇联要发挥组织的优势，积极培育、广泛联系、主动服务各类女性社会组织，通过女性社会组织最大限度地把妇女群众团结凝聚到妇联组织周围。社区党组织加强对社区女性社会组织的领导、指导和支持。民政部门要依法加强对女性社会组织的培育和监督管理，指导和帮助女性社会组织不断加强自身建设，提升自我管理水平。各级政府部门通过购买公共服务项目和管理服务、重点扶持和项目引导、设立社会组织发展专项资金等方式，支持各类女性社会组织的发展。

（六）加强组织队伍建设，构建有效评估体系

第一，大力宣传女性社会组织，扩大社会各界对女性社会组织的知晓率，提升女性社会组织的公信力。要通过广泛宣传，提高女性社会组织的吸引力，营造利于女性社会组织发展的良好氛围。要加强信息化建设，开辟网络专栏、建立 QQ 群、微信群、微博等，为各类女性社会组织搭建网上展示、交流、互动的平台。注重女性社会组织优秀骨干的政治录用和举荐工作，支持女性社会组织向妇联及有关部门推荐优秀妇女人才，适时吸纳社会组织领袖人物为妇联执委、特邀代表，并在授予“三八红旗手”“巾帼建功”等荣誉方面给予倾斜，以引导、激励女性社会组织的发展。培育一批女性社会组织的典型，打造一批女性社会组织的优秀服务项目和品牌。

第二，推动女性社会组织从业人员职业化，构建一支高层次的职业化、专业化女性人才队伍。加强女性社会组织人才队伍建设，积极开展内容丰富、针对性强的女性社会组织专业培训。积极培育女性社会组织的领军人物。抓好发起人、负责人的思想建设和能力建设。同时，要鼓励女性社会组织中优秀人才积极参政议政，提高女性社会组织负责人及骨干人才服务国家、服务社会、服务

群众的意识和能力，提高女性社会组织对公共行政事务的参与度。开展以组织管理、政策运用、队伍建设、筹资发展、品牌推广、项目运作、活动策划等为内容的专项培训，提升女性社会组织的自我建设能力。

第三，建立女性社会组织能力评估机制，对女性社会组织进行科学、动态的评估。女性社会组织要在提高自身能力的基础上，主动参与组织能力评估。由妇联牵头，引入独立第三方力量对女性社会组织进行科学、动态的评估，以此提升女性社会组织的公信力，从而树立良好的组织形象，并对妇女产生吸引力，发挥积极的组织功能并获取更多的发展资源。

上海市妇女联合会
家庭发展与妇女权益保障研究中心
课题负责人：张健明

提升科创中心建设中女性人才贡献率的路径与对策

在上海大力建设全球科创中心的过程中，女性科创人才发展的现状如何？她们面临的挑战是什么？有什么有效的路径和对策可以进一步提升她们的贡献率？这些问题是在上海全面建设全球科创中心过程中首先要回答和解决的。基于此，上海市妇女联合会与复旦大学社会性别研究和发展中心，于 2018 年 7 月进行了一次问卷调查，本文就是以问卷调查为基础，参阅其他研究文献，提出了进一步提升科创中心建设中女性人才贡献率的对策。

本研究通过问卷调查形式展开，分别向张江科技园区、上海建工集团、上汽集团、华谊集团、科委系统所属科研院所、女医师协会，以及上海交通大学、复旦大学等高等院校从事理工科教研的教师发放问卷。共回收有效问卷2 704 份。涉及领域广泛，包括但不限于高校从事理工科教学的教职员工，以及环境保护行业，计算机互联网行业，建筑和工程行业、化工材料、生物医药行业、有机农业环境保护行业，生命科学、物理研究、数学等领域科研机构的研究人员，女医师以及这些领域的一些管理人员等，涉及的单位性质有国企、高校、医院、私企、外资独资等。为了更好地了解女性科研人员的发展现状及面临的挑战，同时以张江高科技园区为主进行了一部分男性科研人员的调查，共回收问卷 295 份，有效问卷 295 份。

一、上海市女性科创人才发展现状及特点

据 2015 年公布的《上海女性人才贡献率研究报告》显示，以大专以上学历为人才标准，上海女性人才贡献率为 23.65%，占全体人才贡献的 49.44%。

从问卷调查数据中可以看出，目前上海市女性科创人才具有以下几个显著的特点。

（一）认同上海具有良好的创新生态系统

创新取决于多种因素的合力，包括创新本身、创新者之间的关系以及创新对外在环境的要求，如自然环境、经济环境、创业与创新环境等，对于女性科创人才来说，还有性别环境。这些因素决定了一个城市不仅要关注科技创新等“硬任务”，更要注重创新生态等“软环境”。

调查数据显示，女性科创人才选择上海作为自己职业发展城市的主要理由是对上海创新生态系统良好运行的肯定，其中认为上海城市综合竞争力强，国际化程度高的超过 60%，认为上海具有良好的创新文化环境的达到 57.1%。女性科技人才对上海的创新文化氛围持有非常肯定的态度，认为创新文化氛围浓厚和良好的高达 80.9%。

（二）职场性别歧视比较少

数据显示，对于与性别歧视、性别刻板印象直接相关的，如职场骚扰、因外表而受到不公正评价，超多 60%的被调查者认为不存在，在职场晋升、同工同酬方面中超过半数以上的女性认为不存在歧视。上海在这方面具有良好的性别平等环境。43.5%的被调查者在被问到，在职业发展中是否碰到过性别歧视的现象时，明确表示“否”。这一点在下列问题上，同样得到了证明，57%的被调查者认为在单位中，在得到领导支持方面，女性与男性基本没什么差别，只有 10%的人认为男性优势非常大；同样的，高达 72.7%的女性认为在职业培训机会方面与男性基本没什么差别，只有 8%的女性认为男性优势非常大。

（三）大多数女性科创人才对自己的能力有信心

对所从事职业的热爱、敬业和服务社会的信念是促使女性科技人才投身科研的三个主要原因。被调查者平均每天工作在 10 小时左右，部分人工作时间超过 10 小时以上，从这一数据来看，女性科技人才是对工作高度投入和勤奋的群体，她们所取得的成就是靠长期持续付出得来的。

近半数的女性科创人才在选择自己的职业时，看重的是所在行业发展前景，以及工作具有创新性与挑战性，这充分说明这些女性对自己的能力很有信心，认为自己能够出色地完成任务，同时她们也很享受工作的成就感。在问及对自己工作岗位的满意度时，超过 60%的被调查者认为非常满意和满意，不满意及非常不满意的只有 3.5%；对在工作中能力的发挥，超过 50%的被调查者表示非常满意或满意；对同事关系、上下级关系的满意度也比较高，分别达到 80.7%和 74.6%，这说明，大多数女性科创人才具有良好的工位环境，工作满意度高，有利促进她们的创新活动，因此她们有很强的自信心，10.35%的被调查者认为自己在学术上非常活跃，23.94%的认为活跃。值得一提的是，这些女性并没有因为投身工作，而忽略家庭，对家庭关系非常满意和满意的高达 84.5%。

（四）女性科技人才价值观积极向上，进取心强烈，社会责任感强，能够打破性别刻板印象

高校从事理工科教研的女性教职员有博士学位的高达 60.71%，52%的被调查者在说明选择教师职业的主要原因时，选择了内心热爱教育事业；医疗行业从业的女性中，98%具有本科及以上学历，67.45%的被调查者选择了救死扶伤作为自己选择目前职业的主要原因。所有的被调查者中，选择职业的理由是收入丰厚的比例低于 10%，这说明，在职业选择上，女性科技人才更加看重社会责任、自我实现及学术兴趣。

对于有着明显性别刻板印象的说法，如“女性的创新能力天生弱于男性，所以难以成为一流的学者”，高达 70%的被调查者表示不赞同或者完全不赞同。对于杰出女性成功的原因，高达 92%的被调查者认为是“具有创新意识”，97%的被调查者认为是“具有强烈的进取心”，79%的被调查者认为这些女性冲破了认为女性不适合从事科技领域工作的刻板印象。

（五）“她”经济的兴起使女性领导力在不断增强

73.87%的被调查者认为“她经济”表明女性是经济建设的参与者，62.17%的被调查者认为“她经济”说明女性创业者层出不穷，49.28%的被调查者认为“她经济”带来她力量、女性领导力越来越强。女性作为领导者和管理者时，与男性在细致的工作作风方面，优势大或者基本没有差别；在承受压力方面，与男性基本没有差别。因此，女性同样可以成为一名称职的领导者。

二、女性科创人才发展中面临的挑战

（一）政策支持力度不够，具有针对性的扶持政策比较少，已有政策落实力度不够

目前上海先后出台了一系列吸引人才、激励创新，把上海建设成为全球科创中心的政策和措施，但其中专门针对激励支持女性科创人才的政策条文比较少。同是科创人才，男性与女性的成长道路不同，发展路径不同，这些差异有时会导致女性创新活动具有不同于男性的特点。比如，女性因为生育可能会导致创新过程比较长，科创活跃期延后。

41.77%的被调查者认为政府缺乏针对女性科创人才的激励政策，44.63%的被调查者认为单位缺乏针对女性科创人才的激励政策，这些都制约了女性科创人才的创新热情。在被问到现阶段在工作中碰到的主要压力以及职业生涯面临的主要挑战时，44.87%的被调查者认为是晋升机会少，66.44%的被调查

者认为是缺乏职业上升的空间。出现这些原因，不能完全归咎于女性自身的不努力，生育期、育龄期的妇女，有着独特的需求，很难与男性在同一时间点上竞争。年龄的限制制约了女性上升的空间，政府与单位应该有针对女性科创人才明确的激励机制。

此外，从最近几年的研究成果来看，有些问题是老问题，以前的研究也提出了一些可行的措施，然而，几年过去了，问题依旧。如2010年的课题"上海女性高层次人才成长状况及对策研究"中，就提出全市人才资料中缺少分性别统计数据，2018年7月的调研中，这个情况依旧。还有些问题不是没有政策，但是政策落实不到位，没有评估，导致有些问题久拖不决。

（二）女性自身的创新意识与平等意识有待进一步提高

事实证明，成功的女性科创人才具有一些共同的品质和性格特点，如具有和现代社会相适应的价值观，有自强自立以及平等的性别意识，进取心强烈，社会责任感、服务社会意识浓厚。然而，不容否认的是，有一些女性自身的创新意识与性别平等意识不强。22.67%的被调查女性认为自身动力不足是制约自己在工作中充分发挥积极性的原因。在被问及"如果您有能力竞争更高的职位，您的意愿强度是"时，32.7%的被调查者选择一般，有些被调查者认为自己需要更多的时间陪伴家人，高层压力大、难以适应等，一些被调查者选择"作为女性，目前的成就已经足够了"。这说明有些女性科创人才仍然受制于传统性别文化的束缚，性别平等观念尚未内化为自觉行动。

（三）传统的性别文化仍然制约着女性科创人才的发展

即使在上海这样性别环境良好的城市，女性科创人才仍然受制于传统的性别文化的束缚。近些年来，由于各种原因，传统文化不断复兴，其中夹杂着一些不利于女性科创人才发挥积极性的东西，"男主外，女主内""干得好不如嫁得好""女人的位置应该在家里"等传统的性别观点颇有市场，女性创新创业受到更大的压力。38.31%的被调查者在回答"现阶段职业生涯面临的主要挑战"时，认为社会整体氛围不利于女性创新。在被问及"您选择目前职业的主要原因是"时，57.4%的女性被调查者选择了"能够兼顾事业与家庭生活"，选择相同选项的男性只有28%。这倒不是说男性就不需要家庭支持，而是传统上对男性来说，事业更加重要；同样在被问及"如果您有能力竞争更高的职位，您的意愿强度是"时，近80%的男性选择了"非常强烈"和"强烈"，高出女性21个百分点。

（四）家庭负担比较重，社会支持度不高

女性传统上一直担负着家务劳动和照顾家庭的重任，即使在非常现代化的

上海，家务劳动社会化的程度仍然不高，虽然近70%的被调查者认为在面临事业与家庭难以兼顾的情况，要努力确保双方事业共同发展。然而，近26%的被调查者认为要优先考虑对方的事业发展，只有3.1%的被调查者选择优先考虑自己的事业发展，可见，当家庭与事业难以兼顾的时候，女性大多数会放弃自己的事业，承担更多的家务劳动。对同样的问题回答优先考虑对方事业发展的男性只占7%。

（五）提升女性科创人才贡献率的路径及对策

第一，将社会性别主流化政策落实到对女性科创人才的支持上，制定专门的扶持政策，已有政策要贯彻落实，要建立评估机制。

科学发展以人为本，人才发展以用为本。上海要建设成为世界一流的科创中心，离不开女性科创人才的贡献，为了调动女性科创人才的积极性，政府应该以社会性别主流化为指导思想，制定专门激励扶持女性创新创业的政策和机制。社会性别主流化是中国政府响应联合国的号召，为促进性别平等而推进的战略。社会性别主流化是指在各个领域和各个层面上评估所有有计划的行动对男女双方的不同含义。这就要求政府在制定政策和计划时，必须考虑到对女性的影响。现实中，女性参与经济建设的比率上升得比较快，然而在一些传统的以男性为主导的高新技术领域中，女性高级专业技术人员比重偏低。男女比率相差最多的是农业技术、工程技术和艺术专业，而在卫生、统计、财会和教学这些在传统上被认为“更适合女性”的领域中，女性的比率明显超过男性。同时，在科学研究领域里处于决策地位的女性比例偏低。要解决这些问题，首先需要政府在鼓励女性科创人才方面制定更利于女性的政策。比如，在国家重大科研项目和重大工程实施、重点创新基地建设中，增加女性科技人员的参与程度，在政府科技计划立项评审中，要适当放宽女性申请者的年龄限制等等。在上海市《关于加快建设具有全球影响力的科技创新中心的意见》中，可以考虑加入专门激励女性人才的政策，等等。全球科创中心不仅科研实力要强，软实力也应该起到示范作用，只有这样，才能体现上海作为具有世界影响力的社会主义现代化国际大都市的使命责任。

此外，上海目前已经有一些比较好的政策，目前急需要做的是进一步贯彻落实。如《上海市中长期人才发展规划纲要（2010—2020年）》提到：“进一步完善有利于女性高层次人才成长的支持环境，加大女性人才培养力度。”《上海市妇女儿童发展“十三五”规划》当中也有非常好的指导原则和政策。这些政策落实得怎么样，要有评估，2018年2月，上海成立了法规政策性别平等咨询评估委员会，如果这个委员会能够发挥作用的话，将是一个好的起点。当然，评估之后还要着重落实。

第二,采取切实的措施,激励女性树立自尊自立自强自信的价值观。

城市发展需要时代精神的引领和支撑,新时代需要新的女性精神,才能推动科创中心建设不断发展,聪慧时尚、自信坚韧、创新进取,是上海女性时代精神的写照。上海职业女性受教育程度在全国位居前列,女性中高级专业技术人员比重显著上升,比率居亚洲前列。上海科技力量随着经济建设和科技事业的迅速发展而不断壮大,女性科研工作者的队伍也发生着显著变化,不仅人数增加,而且分布面扩大,除专业科研机构外,还遍及工农业生产、交通、建设及教育、卫生等系统许多部门。

充分利用舆论的力量,激励女性树立自尊自立自强自信的价值观。事实证明,成功的女性科创人才具有一些共同的品质和性格特点,如具有和现代社会相适应的价值观,有自强自立以及平等的性别意识,进取心强烈,科研上勇于创新,富有社会责任感,服务社会意识浓厚。这些女性科创人才用事实证明了,女性不是仅仅满足于照顾自己的小家,而是用创新、奉献、服务的精神引领整个社会的进步。女性科创人才的创新与发展,既实现了自身的价值,又激励着女性群体去改变自我,去推动这个世界变得更加多元、更加美好。

就树立性别平等意识来说,教育女性与女性的自我教育同等重要,目的是要激励女性科创人才打破自卑心理、依赖心理、小有成就即安的意识,努力用自己的聪明才智在实现自身价值的同时,为上海建设全球科创中心,为中国梦的实现做出贡献。大视野才有大成就,大关怀才有大快乐,女性科创人才作为“半边天”里面的精英,理应具有宽广的视野,富有牺牲精神,多为国家、社会做贡献。只有女性自尊自立自强自信,才能赢得社会的尊重和认可,才能营造一个性别平等、较少性别歧视的社会。

第三,搭建女性科创人才大显身手的平台,大力宣传她们的成就,树立榜样,增强女性的自信心,激励其他女性从事科创活动。

一个社会要进步,总需要一些杰出人才的引领。这些杰出的女性科创人才自信自强,价值观积极向上,进取心强烈,富有社会责任感。她们的杰出贡献极大地改善了上海的创新生态系统,赢得了社会的认可,使得上海的性别环境相比其他城市而言更为良好,职场性别歧视比较少。她们的创新精神、奉献精神、服务精神不仅影响周围的人,而且为女性树立了很好的典范,激励着其他女性从事科创活动。

目前,上海在激励女性科创人才方面,做得很好的就是建立了“上海市巾帼创新奖”这一平台。上海市巾帼创新奖评选活动是以世界科技教育先进水平为坐标,被誉为上海的巾帼“诺贝尔奖”,每两年评选一次在科技领域成就卓著的优秀女性，获奖者将同时被授予“上海市三八红旗手标兵”荣誉称号。这些女性中，有的科研成果为淋巴瘤治疗探寻了新途径；有的获奖者深耕舰船设计，为国防科研立下了汗马功劳；有的长期扎根建筑施工地下工程一线，在城市轨道交通、地下空间开发领域取得了突破性成果；有的科研成果为我国航天事业、探月工程攻克一个个技术难关，完成了多项第一。她们是上海女性科创人才中的佼佼者，杰出的代表人物，她们用自身所取得的成就向社会展示了：作为女性，并不必然地被科学创新排除在外，女性可以打破性别刻板印象，在各个领域取得与男性一样骄人的成就。通过对这些杰出女性的大力宣传，可以激励其他女性科创人才增强性别平等意识以及自信自强的进取心。

应该充分借鉴巾帼奖的成功经验，建立各种各样的科创平台，使得以前在高新科技领域里隐而不见的女性凸显出来，给她们舞台，让她们发声，承认她们所取得的成就，激励她们更加砥砺前行。

第四，充分发挥妇联的引领作用，同时做好女性科创人才的服务工作。

妇联的主要职责是代表和维护妇女权益，促进男女平等。新时代，随着妇联改革的不断深入，妇联在引导妇女投身大众创业、万众创新热潮中负有更大的使命，同时也应该更好地服务妇女的发展，不辜负广大妇女的期待。

妇联可以督促有关部门加快建立科技领域女性相关数据的统计指标体系，建立和完善女性科技人才数据库。女性人才在科技创新中贡献率的大小，包括她们的地位、职称、收入、获得研发基金、培训等情况应该在统计数据中体现出来。分性别的统计，有利于形成一系列性别敏感指标，可用于测量和比较男女两性的成功率和贡献率，并且针对出现的问题及时调整政策解决问题。

对有条件的公司或研究机构，鼓励它们创设更加灵活的办公时间与空间，支持女性人才平衡工作与家庭；对积极采取措施解决女性在出版、研究计划获批、资金获得、成果转化与被引用等方面，处于不利地位问题的组织给予表扬与奖励；对那些在性别问题上缺乏自觉，甚至有意无意歧视女性科创人才的组织进行批评乃至建议相关部门进行惩罚。

此外，妇联在维护女性科创人才权益，解除女性人才后顾之忧方面也大有可为。被调查者当中77.8%的人希望妇联能够，为女性科技人才提供社会化家政服务，帮助她们合理平衡事业与家庭关系，解除女性人才的后顾之忧，使她们能够全身心投入工作；72.79%的被调查者希望妇联能够维护女性科创人才的权益。

妇联可以利用自身的优势，打破行业协会的限制，建立科技创新女性人才平台，将不同领域的女性人才与致力于科学研究中性别平等的相关组织联合在一起，并针对女性的心理，积极疏导她们承受的压力。

第五，充分利用社会资源，设立女性科学基金，激励女性从事 STEM 行业（科学、技术、工程和数学教育）。

全球科创中心的建设不是一朝一夕的工作，科创人才仅仅依靠引进是不够的，还需要大力培养。对此上海市政府已有深刻的认识，在《上海市妇女儿童发展“十三五”规划》中，明确指出：鼓励各层次女性人才进入科学技术专业领域深造，为建设具有全球影响力的科技创新中心提供坚实的人才储备和智力保障。逐步消除高等教育专业和学科性别隔离，鼓励女性报考高科技专业学科，优化高等教育性别结构，使高等教育理工科专业在校生中女生比例不断提升。具体如在各类中小学生科技竞赛活动中鼓励和支持女学生积极参与，提高其科学素养；组织女科学家走进校园与女大学生交流从事科研工作的人生体会，培养女学生的科学兴趣和对科学研究职业选择的愿望，鼓励社会各界面向理工科女学生设立专门奖学金，支持其攻读理工科硕士和博士学位，培养广大女性科创人才后备军。

三、结语

妇女是推动人类文明进步的伟大力量，女性力量在科创领域迅速崛起，成为推动全球科技事业发展的一道亮丽风景线。女性科创人才的创新与发展，即既实现了自身的价值，又激励着女性群体去改变自我，去推动这个世界变得更加多元、更加美好。上海建设全球科创中心的过程，也是上海女性进一步发挥其潜能和特有的优势，充分利用时代提供的机遇，不断成长与发展，贡献巾帼智慧和力量的过程。

上海市妇女联合会

复旦大学

课题负责人：朱晓慧

上海中老年女性参与经济社会活动的支持政策研究
——以养老护理员蓄水池建设为例

一、引言

上海较全国早20年就完成了人口转型，现阶段老龄化程度已领先全国30年左右的时间。人口老龄化给上海经济社会发展带来的挑战是多维度的，养老照护服务就是其中一个重要的方面。截至2016年底，上海市60岁及以上的户籍老年人口457.79万人，占户籍总人口的31.6%。其中，80岁及以上高龄老人79.66万人，占户籍总人口的5.5%。在上海形成“9073”养老格局的背景之下，无论是居家养老，还是机构养老，都离不开对养老护理人员的需求。根据《上海市养老护理人员队伍建设（专项）规划（2015—2020年）》所提出的目标，上海要在这期间建立一支“规模与需求相适应、年龄梯度适当、等级比例合理”的养老护理人员队伍。2016年初，上海发布了《上海养老服务发展报告（白皮书）》，其中指出上海现有养老护理人员近5万人，计划至2020年新增养老护理人员7.8万人。而在2017年上海市民政局等部门联合发布的《关于加快推进本市养老护理人员队伍建设的实施意见》中，对上海市养老护理人员队伍的增量提出更高要求，指出到2020年，在养老机构、社区居家养老服务机构和组织中需要新增养老护理人员4.5万人。这些规划已充分表明，养老护理人员队伍建设已经成为政府重点部署的工作领域。

根据2016年上海市老年人口和老龄事业监测统计信息数据，在60岁以上老年人中，女性占比52.1%；在80岁以上高龄人口中，女性占比59.9%；在超高龄老年群体中，女性数量更占据绝对优势。女性不仅是养老护理服务的主要对象，也是养老护理服务的主要提供者。养老问题与女性发展密切相关，且就某种层面上而言，养老问题即女性发展问题。在妇女发展中，妇女作为家庭内部照料劳动的社会价值长期被低估甚至忽略，在老龄化社会，妇女在家庭内部所提供的养老照料劳动亦是如此。不仅在家庭内部，社会上的养老护理员（以女性为主）工作性质受歧视、工资待遇过低等现实情况也是存在比较多的。社会价值与社会评价之间存在不对等。养老护理工作（无论在家庭内部还是在社会岗位）招工难等现实困难虽已被公众认识到，但对此的解决与对策却还没有真正开发与落实到位，使得养老护理供给中的不足仍然在持续。因而，推进养老服务事业的发展不仅是积极应对人口老龄化的重要抓手，同时也将极大促进妇女发展事业。

二、上海养老护理服务的供需现状与发展趋势

（一）上海户籍老人失能趋势

就目前来看，根据已有数据的研究测算表明，2015 年上海市 65 岁及以上的户籍老人中，共有失能与半失能的老人 23.45 万人左右。随着上海市老龄化程度的不断加深，失能与半失能老年人口规模预计将持续增长。根据测算，其规模在 2025 年将增加至 39.88 万，2045 年则可能增至 44.97 万。

（二）上海养老护理人才的需求情况

1. 养老护理员

当前上海市基本形成了由养老机构护理人员、居家养老护理人员、老年护理机构护理员等组成的近 5 万名养老护理人员队伍。基于上海市高龄户籍失能老年人规模的预测结果显示，按照每五名失能老人配备一名护理人员推算，2015 年仅仅服务 65 岁及以上的失能与半失能老人，上海就需要约 4.69 万护理人员。到 2025 年，上海照顾 65 岁及以上失能与半失能老人所需要的养老护理员为 7.98 万，2045 年需要养老护理员 14.99 万。而这仅仅是按照一比五进行推算的，如果考虑有一部分比例的失能与半失能老人需要一比三或更高要求的护理人力，则上海市对养老护理员的需求将会更大。总之，在接下来的几十年中，如果不做出相应的调整与应对，上海将面临养老护理人员的用工荒。

2. 其他各类养老服务专业化人才

在其他养老服务专业化人才供给方面，随着老龄化程度的不断加深，老年服务需求将更趋多样化，这也对包括老龄社工师、老龄康复治疗师等在内的养老服务队伍的专业化人才供给提出了更高的要求。这类专业化的养老服务人才缺口更大，且补齐劳动力短板的难度更高。据测算，2015 年上海市需要老龄社工师 2 345 人，老龄康复治疗师 4 690 人，老龄康复技师 782 人，照顾管理者 391 人，但是就当前现状来看，除老龄社工师外，上海市其他几类养老服务人才几乎为空白，同时，根据高预估方案，预计到 2025 年，上海市在老龄社会工作

师、老龄康复治疗师、老龄康复技师及照顾管理者方面的劳动力需求分别约为4 000人，8 000人，1 300人及600余人，这一潜在的较大的养老服务专业化人才缺口亟需引起有关机构的高度重视。

基于对现状及未来的预测研究可知，一方面，当前上海市养老护理员及其专业技术人才队伍供给存在一定不足；另一方面，随着上海市人口老龄化和高龄化的快速发展，包括失能老年人在内的老年人对长期护理的需求及层次也将越来越高，这将对未来上海市养老专业化人才队伍供给体系构成严峻挑战。考虑到当前一线养老护理队伍结构存在老化趋势，上海市迫切需要拓宽思路，打破陈规，积极开展养老服务人才储备工作，防止养老护理员基础供给缺口的进一步扩大，同时加快培养其他养老服务专业人才。

此外，就上海目前拥有的近5万名养老护理员而言，其人才结构大致有以下特征。第一，养老机构护理人员中，持国家职业资格证书的养老护理人员占27%，具有上岗证的护理人员占60%。第二，居家养老护理人员中，初中及以下学历约占86%，具有养老护理员初级及以上国家职业资格证书的占13%，总体呈现学历低、专业化水平不高的特点。同时，养老护理人才来源结构主要以农村、外地人员为主，且人员流动性较高。

基于以上分析可知，当前我们面临的护理人员以农村、外地人员为主，本地城里人很少愿意从事护理老人这一职业。在当前的护理供需问题中，供应一端的数量还能在一定程度上满足需求，只是素质低、专业化水平低。未来，上海老年人对长期护理的需求越来越多，需求的层次也越来越高，而现在这一批护理人员本身也逐渐成为老人，城市里的年轻人又不愿意做。因此，未来上海长期护理市场中的劳动力短缺问题会越来越严重，人手会越来越不够，供需矛盾更加突出、更加尖锐。总结来说，现在的供需矛盾在于，有人、但没有合格的人；而未来的矛盾是人严重缺乏，其中只有一小部分的人合格。因而，上海面临的养老护理人员短缺问题，不仅仅是劳动力供给数量上的缺口，还有劳动力质量的不足，两者共同构成了上海养老护理问题的两大重要挑战。

三、建设养老护理员蓄水池的意义与可行性

（一）养老护理员蓄水池建设的重大现实意义

所谓养老护理人员蓄水池，是指经过不同层次（健康、急救、护理等）培训而培育出一批可以为家庭养老、社区居家养老、机构养老提供劳动力后备力量的政府项目。它是人口老龄化背景下，上海应对养老护理人员短缺问题的积极举措。

1. 是实施健康中国战略的重要抓手

养老护理人员蓄水池的目标群体是即将进入老年阶段的50～64岁人群。

对这一群体进行健康养生知识、老年病预防、老年急救知识、老年长期护理技能的科普与培训，意义极大。它将大力推进全民大健康水平，这本身就是健康中国战略的内涵之一，也是上海实施健康中国战略的重要抓手。《健康中国2030》指出，要普及健康生活，加强健康教育，"建立健全健康促进与教育体系…… 普及健康科学知识"，加强健康人才培养培训，"加大养老护理员、康复治疗师、心理咨询师等健康人才培养培训力度"。作为健康中国战略的重要组成部分，开展全民健康普及教育，在养老服务领域，也即开展养老护理知识普及教育。

对即将进入老年阶段的50～64岁年龄段群体进行养老知识普及，一方面，既有助于充实他们关于老年阶段可能面临问题的知识储备，从而做到先期预防，又有利于提高他们对养老护理人员工作价值的认识，从而帮助改善护工与家属的关系；另一方面，有助于提升被培训人员的养老护理水平，满足潜在的家庭照护需求，进而缓解社会养老护理压力。深化对养老护理技能的普及教育，是在老龄化背景下推动健康中国发展战略顺利实施的应有之义，具有极高的落地可能性和有利的实施环境。作为国家战略的一个重要内容，其现实意义与社会价值不言而喻。

2. 是家庭、社区、机构养老服务劳动力的培育过程

对家庭而言，家庭成员通过蓄水池这项培训而掌握更多、更科学的健康知识、疾病预防知识、基本养老护理常识等，将更好地提升家庭养老能力和应对能力。对社区而言，社区居家养老服务是"9073"的重要组成，经过蓄水池培训出来的人员可以为社区居家养老服务补充新鲜血液、扩大服务范围、提升服务质量。对养老护理机构而言，经过最高层次培训之后的这部分人员将具备专业护理技能，将是养老机构、护理机构重要的劳动力补充。

根据《上海市养老护理人员队伍建设(专项)规划(2015—2020年)》安排，"2015—2020年，通过中高职养老护理专业教育，引进外省市养老护理专业毕业生，培养录用外省市来沪从业人员和本市户籍劳动者从事养老护理工作，新增养老护理人员7.8万人，形成一支规模与需求相适应的养老护理人员队伍"。按照最高10∶1的配比，新增养老护理人员仅能满足78万老年人的基本护理需求，相较于日益严峻的养老照护压力，亟需从原有劳动力中发掘更多潜力，实际上，养老"时间银行"、老年志愿者、互助养老等计划即是对劳动力挖潜的尝试，而针对50～64岁年龄段人群的养老护理培训计划则是对上述计划的有力补充：一方面，培训的外部性能够更好地提升参与其他计划志愿者的服务能力，从而推动其他计划的有效实施；另一方面，培训也是劳动力准备的重要过程，为未来这部分群体参与到家庭护理乃至专业化的养老护理服务储备知识。

从国际经验来看，欧美及日韩等国对老年教育给予了较大的政策资金支持，通过银发人才中心，职业安定所、东京工作中心等非营利机构提供免费的职业教育培训，设立老年人公益性或服务性岗位，为本社区居民提供有偿或无偿服务等。

在实践健康中国战略，解决养老护理人员不足的问题上，发动群众也应是实践的重要方向。通过对 50～64 岁年龄段群体的养老护理知识的普及教育，充分发动群众参与到养老护理的培训中来，拓展人才队伍，扩大选材面积，是群众路线在养老领域的重要体现，也是健康中国实践的重要抓手。

养老护理人员蓄水池建设所开展的培训课程，既可以传授长期护理的基本知识技能，也可以培训对老年疾病、退行性疾病的预防和治疗，亦可以讲授养生知识和健康知识。其具体内容、课程设置、认证体系等运行模式、时间以及区域可以根据具体的需求而相应变动或调整。这一蓄水池的意义，从宏观来讲，是服务大健康建设，服务健康中国大战略；从微观上说，是使人们在退休之前或退休后的一段时间内有机会参与到学习知识技能的体系之中，从而具备必要的养老知识或技能；从解决社会现实问题层面而言，是为解决长期护理服务的劳动力供给不足。

3. *是促进妇女发展的重要契机*

养老护理问题与妇女发展问题密切相关。一方面，无论在家庭内部还是在社区与机构中，养老照护服务的提供者以女性居多。另一方面，失能与半失能的高龄老人也以女性居多。养老护理服务是一个以女性为主线的问题。蓄水池建设可以先从面向妇女做起，这将更有针对性，同时也是促进妇女发展的重要契机。

基于上述分析，建设养老护理人员的蓄水池是一举多得的民生实事工程，值得着力开展。

(二) 养老护理员蓄水池建设的可行性判断

1. *建设养老护理人员蓄水池的劳动力规模与基本结构*

要建设养老护理人员的蓄水池，就需要对上海市的目标人群基数进行评估。基于 2015 年上海市 1%人口抽样调查推算数据可知：在 50 至 64 岁年龄段，上海市常住人口总计 543.61 万人，其中男性 278.02 万，女性 265.59 万；户籍人口总计 427.08 万，其中男性 212.26 万，女性 214.82 万。这部分人口正处于劳动年龄的中后期，大量人口仍处于就业或准就业状态，他们的时间主要被工作或找工作时间挤占，所以本课题着重对未就业且近期不打算就业 50～64 岁年龄人口的规模进行估算。

通过全国年龄别劳动参与率与上海市1%人口抽样调查数据可推算出2015年上海市年龄别非经济活动的人口规模。可知，2015年的常住人口中，非经济活动人口规模为191.46万人，其中，男性为64.78万人，女性为126.68万人，60～64岁年龄段非经济活动人口最多，达87.81万人，女性人口多于男性人口；在户籍人口中，非经济活动人口规模为156.72万人，其中，男性为52.52万人，女性为104.21万人，60～64岁年龄段非经济活动人口最多，达77.02万人，女性人口同样多于男性人口。

考虑到当前的技术可能性，残疾人口作为潜在被护理人群，难以成为护理队伍的潜在对象，应当从劳动力来源数据中剔除，本报告选取的上海市残疾人口数据来自2015年《上海市残疾人事业数据手册》，并基于各类群体的比重进行了加权处理。上海市常住人口50～64岁年龄段人口中，残疾人口规模约20.13万，户籍人口的残疾人规模在16.24万左右。

基于上海市50～64岁年龄段人口规模与残疾人数的结果，本报告对2015年年龄别的非经济活动劳动力即潜在劳动力规模进行了估算。估算结果显示：常住人口中，50～64岁年龄段潜在劳动力规模在171.33万人左右，其中，男性为53.61万人，女性为117.71万人；户籍人口中，潜在劳动力规模约140.48万人，其中，男性为44.46万人，女性为96.03万人。在不同年龄段中，60～64岁年龄段群体的潜在劳动力规模最大。这一测算结果表明，上海市50～64岁年龄段群体中存在大量潜在劳动力，即使仅10%有意愿进行护理培训，其规模也在十万人左右，通过对这类群体的培训，扩大长期护理队伍的蓄水池，可以有效缓解未来上海的长期护理压力。

总之，从供给规模上看，现有数据表明，2015年，上海市常住人口中，潜在的劳动力规模达171.33万人，而户籍人口中的潜在劳动力规模达140.48万人，这部分属于身体健康但因各种原因而未就业也未找工作的群体，主要从事家庭活动，可支配的个人闲暇时间相对较多，具备参与学习的客观条件，因此，具有较大的劳动力挖掘潜力。

2. 蓄水池建设可能吸纳的劳动力健康状况

随着医疗卫生水平的提高，我国居民的人均寿命显著上升，从1981年的67.9岁提高至2016年的76.5岁。其中，上海市户籍人口预期寿命从1978年的73.35岁增加至2016年的83.16岁，预期寿命的延长反映了当前老年群体健康状况的改善。

而根据2013年第五次国家卫生服务调查及2008年第四次国家卫生服务调查数据显示，近年来我国各年龄段群体的健康自评呈现上升趋势。45～64岁年龄段群体中，2008年自评健康得分为77.5分，2013年则升至79.3分；

表明相较于2008年，2013年该年龄段群体健康状况有所改善。同时基于行动、自己照顾自己、日常活动、疼痛/不适、焦虑/抑郁五个问题维度的考察可知，该年龄段身体健康的比例较高，仅14%的比例存在疼痛/不适，其他维度比例皆在2%～6%。

数据表明，当前45～64岁年龄段人群总体身体状态较好，且在可预期的未来，这一趋势将极可能得以延续并持续改善，说明该群体具备开展长期护理培训，提供必要护理服务的身体基础。

3. 参与蓄水池的意愿分析

现实中，50～64岁年龄段群体的父母大多已到八十岁左右，研究表明，65岁以上人群的健康水平相较于之前显著下降，这一判断在国家卫生服务调查中也得到部分证明，根据2013年第五次国家卫生服务调查报告显示，65岁以上老年人的自评健康得分为71.7，远低于15～44岁年龄段的86.9分，也低于45～64年龄段的79.3分。而根据浙江省2011年中老年健康调查数据显示，浙江省80岁及以上老年人健康的比例为69.62%，轻度失能及以上的比例达30.38%。这表明，50～64岁年龄段群体所对应家庭有较高养老照护需求的可能性极大，在家庭面临可能的养老照护压力时，其参与培训的动机明确，主观学习意愿也较强。

四、养老护理员蓄水池建设的组织安排与各方职能

养老护理员蓄水池的建设是一项战略工程，需要不同组织进行统筹协调、共同合作才能很好地完成这项工作。

（一）政府统筹安排

建设养老护理员的劳动力蓄水池是一项战略规划，由于其投资大、周期长、收益隐形化，目前企业都不愿意去做这些事情，因此政府在这一方面不能缺位，应承担起政府所要承担的责任，发挥政府的主导作用。政府的统筹安排主要体现在四个方面：一是政府应该出台相应的文件，制定养老护理员劳动力蓄水池建设的方案、规范标准；二是政府应当承担相应的培训费用，为养老护理员劳动力蓄水池的建设买单；三是整合调动妇联、教委、民政、人社和财政等各相关部门的职能；四是做好宣传和动员工作，鼓励社会组织和力量参与到养老护理员劳动力蓄水池的建设中。

（二）涉老机构协同配合

由老年协会、老年大学、高等（高职）院校、养老机构等涉老机构组织培训、提供场地。养老护理员劳动力蓄水池建设除了政府的统筹安排，还需要相关涉

老机构和涉老协会来组织实施和落实。例如，老年协会、老年大学等可以作为养老护理培训服务的组织方，来承担相应的培训组织工作。而涉老的培训机构、公益组织（如家政协会、社工协会）等，都可以参与到具体的培训工作当中，由政府出面购买这些由有资质的教育培训机构所提供的老年护理或老年健康方面的知识技能培训，再交给涉老协会和机构来组织实施。同时，教委、妇联、爱委会等政府机构或社会组织可以根据培训的需要提供相应的支持和协作，来帮助涉老机构或涉老协会组织实施养老护理员蓄水池的培训服务。

（三）专业机构提供培训课程

专业机构（如医疗机构）提供培训师资，设计具体培训内容，实施培训。由政府统筹、政府推动，由老年协会或老年大学组织的这样一个大健康教育体系，课程的讲授需要有专业的专家小组，在上海这类专家的来源是充足的。现仅以上海市三甲医院中设立的老年医学科为例，保守统计具有医师资格的人数超过300名。上海还有许多三级、二级甲等和二级医院也设有老年医学科。另外，上海市尚有上海老年医学研究所、上海市中医老年医学研究所等研究机构，这些医院和研究机构里可被作为养老护理员培训师资的医师的规模也不可小觑。

除了医院和研究机构的医师资源，上海市性质、等级、规模不一的各种护理学院里的讲师和教授资源也是相当可观的。此外，上海市各个养老机构都有经验丰富的资深高级养老护理员。这些具备相当实操经验的高级养老护理员也可以作为养老护理员蓄水池建设的后备军。

五、结语

积极应对人口老龄化要有创新的社会治理体系和治理能力。构建养老护理员蓄水池就是上海老龄化社会治理现代化的良好体现。这既是有效应对养老护理人才短缺这一现实挑战的重要突破口，同时也是改善妇女养老生活质量、吸引优秀女性投身养老服务领域的重要契机。因此，构建养老护理员蓄水池是一项一举多得的民生实事，值得着力开展。

上海市妇女联合会

复旦大学

课题负责人：乐　昕

在线新经济加速发展形势下上海女性就业创业支持政策研究

"在线新经济加速发展背景下上海女性就业创业支持政策研究"是一项事关上海女性职业发展和在线新经济发展的重要调研课题。在线新经济是数字经济的表现方式之一，从产业和数字化的关系来看，在线新经济其实主要涵盖了数字经济中的产业数字化内容以及部分数字化产业内容。根据学术成果和相关研究报告，并结合我国相关政策和法律法规，课题组认为灵活就业是指不属于标准劳动关系就业的非标准劳动关系和非劳动关系的就业，具有就业弹性大、自由灵活但是收入不稳定、劳动关系模糊等特点。而创业总体上可以概括为通过潜在机会的发掘，整合社会各类资源开展新业务、创建新组织进而创造和实现价值。从国家政策实施角度来看，创业也是一种灵活就业，创业是就业的补充措施，鼓励创业有助于充分就业。

为此，本课题重点研究了12大在线新经济重点应用领域和数字化产业领域中的技术女性、灵活就业女性、创业女性的就业创业问题及现实需求。在研究过程中，综合运用了文献分析法、问卷调查法、访谈法、案例分析法等多种方法，其中，针对技术女性的调研问卷，共有效回收549份；针对灵活就业女性的调研问卷，共有效回收312份；针对创业女性的调研问卷，共有效回收243份。

一、在线新经济加速发展形势下上海女性就业创业现状

（一）上海女性就业创业现状及发展特征

一是人工智能行业中在岗女性就业比例超3成，上海灵活就业女性规模超百万。人工智能行业是技术岗位女性比较集中，也是最能反映技术女性规模的行业。根据课题组对2020年上海人工智能重点企业的调查，女性在岗规模约

占总人数的32%。空间分布上，主要集中在浦东新区(29%)、徐汇区(27.9%)、宝山区(6.6%)。行业分布上，主要集中在计算机、智能制造以及在线教育、在线金融、在线医疗、在线文娱等行业。根据国际灵活就业比例及上海就业规模情况推算，上海当前灵活就业的女性规模至少超过百万。

二是技术女性对专业性更强的技术培训需求最大，灵活就业女性更关注普适性技术、人际关系和身心健康的培训。本次调研显示，技术女性对培训的需求主要集中在专业性更强的技术培训(71.43%)、行业发展培训(33.33%)、英语和计算机等工具培训(28.57%)；而灵活就业女性对培训的需求主要集中在亲子、婚恋等人际关系(35.71%)、普适性的技术技能培训(35.71%)、职业规划等个人发展(35.71%)上。而创业女性在不同的创业阶段对培训内容的需求表现有所差别，主要集中在创业能力、创业运营和创业管理等方面。

三是在以往"稳定就业为主、灵活就业为辅"特征基础上，出现了"稳定就业为辅、灵活就业为主"的新现象。某人力资源平台负责人介绍，受新冠疫情影响比较大的行业，出现了停薪留职的现象，企业员工可以选择共享用工或者灵活就业，这两种方式成为在岗员工的主要收入来源。此外，在课题组接触的灵活就业女性群体中，灵活就业成为她们主要的收入来源，但是也会合伙创办生鲜类、外贸类等企业或者选择工作时间灵活的企业就业，主要目的是增加收入、缴纳社保和公积金。

(二) 上海女性就业创业发展存在的问题

1. 普遍性问题

在线新经济的发展为女性就业创造了机遇，但是也存在一些问题，主要体现在以下几个方面：

——平衡工作和家庭关系是比较集中的问题。问卷结果显示，工作—生活平衡力不从心是技术女性当前遇到的首要难题(41.67%)、能够照顾家庭是受调查女性选择灵活就业的首要原因(92.86%)。虽然在线生鲜零售、社区团购、电商等的发展，有效节约了职场女性在家庭购物上的时间，但是在家庭安全防护、专业知识更新等方面被要求投入更多的时间和精力。

——不管是在职场还是灵活就业中，性别歧视仍然不同程度地存在，同时年龄歧视反映也比较强烈。超过28岁被怀疑随时会怀孕、超过32岁被怀疑创造力低、超过35岁被怀疑是否要二胎等等，这些问题很大程度上限制了技术女性就业能力的发挥，甚至迫使其退出就业岗位。

——身心健康总体状况良好，但是也存在部分女性身心状况不佳的问题。本次问卷调查对象中，担忧身心健康的灵活就业女性和技术女性占比分别为

21.43%和20.83%。调查还显示，女性在职场和家庭中感受到不被理解的现象突出。

——职业技术技能培训的需求较大，但是培训市场鱼龙混杂，跟不上发展需求。当前数字职业技能培训工作存在技能培训覆盖面不够广泛、培训服务供给不足、数字经济技能培训针对性不强、技能培训参与主体良莠不齐等问题。

2. 差异性问题

——针对技术女性就业，更多的问题存在于：一是非技术能力非常重要，但是往往被技术女性所忽视；二是技术岗的女性领导力整体偏弱；三是部分女性退出单位就业或成为现阶段不可避免的一种社会现象；四是"数字性别鸿沟"在加剧。

——针对灵活就业女性，更多的问题存在于：一是五种社会保险覆盖面以及劳动者基本权益保障存在较大不足，灵活就业女性还面临着多种职业安全和健康风险；二是灵活就业女性通常个体抵御风险、抗压能力、职业成长性均较弱；三是社交缺失问题也相当普遍；四是新职业的社会认知度、认可度和荣誉感亟待提高；五是对灵活就业的女性从业人员信息化管理不足。

——针对创业女性，更多的问题存在于：一是对于大学创业女性来说，大多数女大学生创业者的创业属于机会型创业，由于缺乏管理经验，失败概率往往也更高；二是对于婚育后创业女性来说，往往是回归职场无望或者兼顾家庭困难的全职妈妈走上创业道路，但是经常会遇到"营销渠道、资金和管理"等问题。

（三）上海女性就业创业发展趋势

1. 线上线下双线并行将是女性就业创业的长期趋势

一方面，传统的单位就业仍然是主流；另一方面，随着在线新经济的发展，平台就业机会越来越多，线上就业越来越被女性群体所接受。相比较而言，线上就业有着线下就业众多无可比拟的优势，如时间灵活，可以兼顾工作和家庭。

2. 自主创业或者灵活就业的女性群体素质越来越高

在本次的访谈中，某女性创业就业指导服务中心的负责人介绍过去的技术女性创业者整体比例偏低，但是新冠疫情发生以来，有越来越多的高素质创业女性正在投入到创业赛道上来。从学历来看，上海女性创业者的学历本科及以上的占比达到60%。另外，海归创业者占比也将近20%。

3. 女性就业创业的发展需求和关系需求将被更多关注

当前，相关部门将主要的工作精力集中在如何保障女性就业创业的生存方面。未来，随着女性自我意识的觉醒、在线新经济发展下的女性就业创业优势的显现，女性将会在发展需求和关系需求方面有更多的诉求。如技术技能水平提升的诉求、家庭关系和谐的诉求、职业的社会地位和荣誉感诉求等。

二、在线新经济加速发展下上海女性就业创业环境分析

（一）上海女性就业创业发展面临的新形势

1. 自动化与疫情叠加给女性就业带来“双重破坏”

近年来，以人工智能等新技术为驱动力的第四次工业革命正极大地改变着就业形势，程序性体力劳动、智力劳动正在迅速减少。从职位来看，由于男女两性天然的生理差别、男性体制的“马太效应”以及职业设计实践的不同，最终走上管理岗、领导职务的女性较少，在岗女性大部分停留在复杂度低、重复性强的一些基础性岗位中。再加上新冠疫情的影响，劳动力市场对女性就业提出了更多新挑战。

2. 在线新经济发展拓展了女性就业创业空间

一是灵活就业为女性平衡工作和家庭间的关系提供了很好的解决方案。平衡好工作和生活是女性职业发展生涯中不可避免的话题，有相当一部分女性因为结婚生子要照顾家庭而无法外出工作，而突破时间和空间限制的灵活就业成为宝妈们的新选择。二是随着社会劳动分工的细化，出现了家校沟通师、整理收纳师、网络导购师等女性比较擅长的新职业。尤其是在消费领域，细腻和敏锐往往会成为女性的尖端优势，有利于提升女性领导力。“她经济”迅速崛起的同时，女性自身具有的敏锐感知力、细致观察力、共情和亲和力也更容易使其成为消费领域的行业领导者和创业实践者。三是灵活就业具有缓冲失业、吸纳就业、扩大就业的特点。灵活就业成为重点群体解决就业难题、中低收入者群体丰富收入来源、结构性失业人员缓冲就业压力的有效途径。

3. 在线新经济发展下女性就业创业新场景和新问题

上海在线新经济总体已位列全国第一梯队，其中服务应用类行业优势显著。在此背景下，上海女性既可以在新职业、新岗位、新领域内实现事业发展的新突破，也可以在平衡工作和家庭的关系上找到新出路。但与此同时，灵活就业带来的劳动关系模糊、权益保障困难以及人工智能算法隐藏性别偏见、三孩生育压力等新问题也是真实存在的。

（二）上海女性就业创业发展迎来的新机遇

1. 技术发展让女性获得更平等的教育机会

第一，女性可以利用在线教育提高自身的文化水平、技能水平，更好应对职业发展中的新问题和新变化。第二，畅通的信息获取渠道让女性更容易捕捉市场需求新动向，从而更快发现就业创业发展新机会。第三，女性越来越善于使

用新兴技术或平台来进行自我提升，实现经济与精神“双独立”，这种从容和自信让女性在就业创业上能够不断突破，勇于革新。

2. 在线新经济为女性就业创业催生更多机会

第一，对于女性来说，新业态衍生了大量的轻创业和灵活就业机会，可以以较低的成本和某一细分领域的微创新，利用互联网工具进行创业。第二，平台经济、共享经济、众创经济等新型模式和新型业态的快速发展催生了女性自主创业和灵活就业，拓宽了女性职业发展道路。第三，强大的网民红利扩大了市场需求。

3. 新技术的发展为女性就业创业创造更好条件

第一，人工智能等新技术发展不断促进性别平等。人工智能等新技术发展减少了女性的家务劳动，使女性有更多的时间从事物质生产和精神生产，为女性自由而全面的发展创造了更多的条件。第二，5G 技术提升了数字化创业水平。在新发展理念的指导下，以先进技术为基础的数字化产业体系的构建，将为女性带来更宽广的就业创业市场。

（三）国家及地方支持女性就业创业主要政策梳理

1. 中央支持在线新经济下女性就业创业的政策分析

总体来看，目前我国对灵活就业的态度是明确支持的。具体看有以下三点特征：一是已经关注到女性灵活就业问题，但专门性政策较少；二是针对劳动者生存需求方面的政策较多，有关发展需求和关系需求的政策虽有涉及，但是分布比较零散且力度不够；三是就业支持政策面广但是不深。

在科技女性就业上，课题组共梳理了 5 项政策。针对科技女性人才发展，我国已经专门制定了《关于支持女性科技人才在科技创新中发挥更大作用的若干措施》，这在一定程度上为女性科技人才职业发展提供了较好的外部环境，有助于为女性科技人才在空间流动上、职业发展通道上破除障碍。下一步，如何落实好现有政策、政策实施效果如何等还需要加大跟踪评估力度。

2. 上海支持在线新经济背景下女性就业创业政策分析

当前，上海支持女性灵活就业的政策特征主要体现在以下四个方面。一是上海支持灵活就业的专门性政策非常少。《上海市人民政府办公厅关于支持多渠道灵活就业的实施意见》（沪府办规〔2021〕9 号）已经正式印发，但是《意见》具体落实效果还有待进一步的跟踪观察。二是灵活就业人员覆盖范围以上海户籍人员为主，这与在线新经济发展下的灵活就业人员特征有一定的错位，不过《意见》已明确提出要将非本市户籍灵活就业人员逐步纳入本市社会保险制度。三是政策多集中在生存需求，关系需求和发展需求关注度有待提高。四是重视灵活就业人员管理，但是操作路径尚不明确。

上海非常关注科技人才的发展。一是上海已经针对不同的科技人才群体制定了专门政策，从科研资金资助、提高待遇、促进流动等方面强调改善科技人才的生存状况和发展需求，但是对于关系需求建设关注度还较低。二是尚未有针对科技女性的专属政策。上海尚未有针对科技女性的专属政策，对科技女性的就业创业政策也是分散在不同的人才政策中。三是缺少对上海科技人才政策的跟踪评估。截至目前，上海已经出台了不少科技人才类的专项政策，但是政策落地情况、政策实施效果评估工作尚未能及时跟上。

3. 外省市关于灵活就业的新实践、新探索

一是符合规定的灵活就业人员不仅可以自主灵活地缴纳住房公积金，符合要求的也可同等享受地方人才政策。2021 年 1 月 5 日，住房和城乡建设部选定了重庆、深圳、广州、苏州、常州、成都等 6 个城市作为首批灵活就业人员参加住房公积金试点城市。截至 2021 年底，重庆、苏州、成都已经出台了明确的支持性政策，其他城市正在研究相关方案和实施办法。

二是灵活就业人员可自愿参加社会保险，但是目前的探索主要体现在基本养老和基本医疗保险方面。灵活就业人员允许缴纳社会保险的险种主要为基本养老保险和基本医疗保险，如北京、广东、无锡等已经出台了相关政策，但是灵活就业人员呼声比较高的工伤保险探索实践还非常少。

三是推动信用建设，规范灵活就业人员存缴、贷款。如邢台市对灵活就业人员住房公积金缴存建制申请增加了信用报告审核，对于存在贷款、信用卡恶意逾期、习惯性逾期及其他信用不良的灵活就业人员暂缓开户。

四是搭建灵活就业线上服务平台。如浙江衢州正式开展灵活就业线上服务平台试点，探索把灵活就业纳入公共就业服务范围，通过打造灵活就业招聘专区，整合相关资源，进一步规范灵活就业用工模式，推动灵活就业用工市场的服务效能提升。

三、进一步优化在线新经济加速发展形势下上海女性就业创业支持政策的建议

(一) 打造“四位一体”女性就业创业权益保障政策链

需要从政策联动集成、资源优化配置角度，持续深化优化“政策改革、专项资金、政策配套、专项服务”，着力打造“四位一体”的女性就业创业权益保障政策链。

一是在市级层面，制定、修订女性就业创业权益保障的支持性政策。上海于 1994 年制定了《上海市实施〈中华人民共和国妇女权益保障法〉办法》，

2007年经第二次修订后，一直执行到现在。《上海市促进就业若干规定》制定于2005年，至今没有修改过。两部关于女性就业创业权益保障的政策已经执行了10多年，上海经济社会发生了巨大变化，特别是在在线新经济加速发展的助推下，上海女性的就业观念、就业形式、就业岗位、劳动关系也已经有了新的变化。因此，建议修改完善两部关于女性就业创业的政策。加快制定《上海市性别平等促进条例》。该条例的制定工作，上海已经在着手调研中。从外省市的实践和研究成果看，建议上海在制定过程中，兼顾显性和隐性、实操和道义、现在和未来等关系。另外，建议将间接偏见纳入条例，并将主观意图和结果都作为判断性别歧视的认定标准。

二是在"促进就业专项资金"中增设"支持社会性别平等就业"类别，或者新设"支持社会性别平等就业"专项经费。第一种是增设"支持社会性别平等就业"项目类别。根据课题组对2017—2020年的"促进就业专项资金项目"的梳理，每年专项资金项目在7～13项之间，项目内容相对固定，但是也会有动态调整。建议在"促进就业专项资金项目"中固定增设"支持社会性别平等就业"类别，主要用于支持女性平等就业，特别是对女性职工因孕期、产期、哺乳期"三期"影响职业发展的，给予适当补贴和服务指导等。第二种是新设"支持社会性别平等就业"专项经费。"支持社会性别平等就业"专项经费是落实上海政策法规中要求的"发展灵活多样的就业形式""促进妇女就业"的重要举措。主要用于支持在线新经济发展形势下，女性就业创业的服务指导、权益保障、技术技能培训等。在创业方面，建议由政府创业投资引导基金作为母基金，牵头组建女性创业引导子基金，管理上遵循"政府引导、社会参与、专业化运作"的原则，其发起设立或增资、投资管理、业绩考核奖励等按照市场化方式独立运作，自主经营，自负盈亏，以此加大女性创业扶持力度。

三是修改完善与女性就业创业相关的配套政策。建议修改完善《关于本市灵活就业人员参加本市城镇职工基本养老、医疗保险若干问题的通知》(沪人社养发〔2013〕22号)，并将生育保险纳入医疗保险统一管理。从需求侧角度看，灵活就业人员最关心的是社会保险政策。建议尽快修改完善《关于本市灵活就业人员参加本市城镇职工基本养老、医疗保险若干问题的通知》，目前的政策文件在灵活就业的概念界定、户籍要求、缴费方式、补缴突破、转移接续、女性退休年龄要求、险种覆盖等方面都无法满足在线新经济下灵活就业女性发展的现实要求。建议制定《上海市灵活就业人员职业伤害保险办法》，在目前上海工伤保险平均水平的基础上，分行业合理确定灵活就业的职业伤害保险费，操作上，可以探索通过政府购买服务的方式，委托商业保险公司承办。主要目的是在不违反国家相关法律法规的前提下，最大限度地做好灵活就业人员的劳动者权益保障工作。建议参照目前我国“职工基本医保门诊共济保障机制”经验做法，率先探索“在岗职工失业保险共济保障制度”。即允许在岗职工的直系亲属在灵活就业的失业期间，根据在岗职工的失业保险缴纳情况以及失业保险政策范围要求，在一段时间内领取一定的失业保险金，以缓解就业创业压力。建议增设不分女性和男性的育儿假。上海在探索夫妻育儿假时要提前设置好条件，及时评估落实效果。

四是开发更多有针对性、有现实需求的专项服务。第一，建议上海启动家庭友好企业试点建设项目。通过案例推广、政策宣传、经费支持等方式吸引更多的企业参与进来，每年推出一批“家庭友好型企业”。以此促进带薪育儿假、婴幼儿照护服务、托育补贴、弹性工作等家庭友好型政策在工作场所的落实，减轻职场女性的生活和心理负担，促进在岗女性更好平衡工作和生活关系，同时也有助于提高企业生产效率，吸引和留住更多人才。第二，加强新经济发展形态下女性就业创业情况研究与监测。以上海女性身心健康发展研究中心为载体，针对在线新经济下的灵活就业女性、技术岗位女性和创业女性的身心健康问题开展研究与监测，动态掌握实际情况，适时发布上海在线新经济发展与女性就业创业研究报告（白皮书），更好引导产业发展与女性职业发展。第三，创新邻里互助模式。社区是最小的城市管理单元，上海可以利用自身在在线新经济领域的发展优势，鼓励社区治理创新、支持邻里互助探索，助力缓解女性生活上的困扰。

（二）继续优化女性就业创业工作协同创新机制

一是加强部门联动，不断形成就业创业政策设计和执行合力。横向上建议进一步加强市级部门间在政策制定上的联动，形成女性就业创业政策设计合力，有效避免重复性政策的同时，促进市级创业就业部门间的资源共享和政策集成，提高政策支持的精准性和力度；纵向上建议针对女性就业创业政策执行落地，构建市级、区级、街道、园区、企业五位一体的联动体系，形成政策执行及服务合力。

二是促进人才培养和行业需求相衔接，全面提高女性就业能力和就业质量。从培训机构角度来说，作为人才培养的重要补充，要在课程设置、培训方式、师资安排等方面及时回应市场提出的新需求。向女性就业创业者提供支持的用人单位，也要与人才供给端保持密切协同，真实反映人才发展现状和现实需求，在实际岗位中发现、锤炼更多女性就业创业群体。

三是在新型就业形态不断涌现的条件下，综合政府、行业、市场的协同力量，审慎处理好法律法规限制和促进女性就业间的关系。上海要不断总结出现比较早的网约车和新型地摊经济的监管经验，针对刚刚出现的新职业、正在成长的新职业以及发展比较成熟的新职业，法律法规部门要与产业部门、权益保障部门、行业协会等形成工作互动机制，综合运用行业自律、道德规范、奖惩机制、法律法规等手段，最大限度优化新职业的发展环境，促进女性就业创业。

（三）提升在线新经济加速发展下女性就业创业能力

一是增加行业前沿技术培训机会。第一，丰富继续教育的课程内容，通过职称评审方式引导技术女性参加继续教育培训，促进技术女性不断提高对前沿技术发展的认知；第二，搭建企业间交流平台，鼓励龙头企业自主开发的优秀技术课程，向行业内中小型企业免费开放或者有条件地开放，降低社会人力资源培养成本，提高课程使用效率；第三，部门自主或者以政府购买公共服务的方式，定期邀请行业内技术专家为女性员工提供前沿技术培训，形式上可以是线下的研修会、圆桌会，也可以采用线上方式进行；第四，在技术领域，上海每年召开的世界人工智能大会、世界顶尖科学家大会等是技术人才相互交流技术、展现自我的最好平台，部门要帮助技术女性利用好上海已有的前沿技术交流平台。

二是优化灵活就业职业培训体系。对平台企业开展灵活就业人员培训，允许突破职业目录限制、突破劳动合同条件，按规定享受职业培训补贴。对重点就业群体开展免费职业技能培训，探索建立个人职业培训账户制度。支持相关院校、培训机构、企业探索建设线上培训平台，采用线上线下相融合的方式向有技能提升需求的灵活就业女性提供相关的新职业技能培训。

三是为女性创业者提供经济且符合现实需要的创业培训支持。在各类扶持基金的帮助下，联合社会专业机构，为女性创业者在技能提升、资本引入、项目指导、场所服务等方面提供解决路径，提升女性创办企业的成功及成活率。为女性在创业技能提升、创业意识培育、创业精神锻造、项目转化等方面提供切实的帮扶，同时也提供政策咨询、项目培育、管理培训、校地项目合作等方面的服务，为上海经济发展激发“女性动力”、贡献“女性力量”。

（四）支持在线新经济相关平台为女性就业创业发展赋能

一是继续支持在线新经济平台企业的发展。上海应对女性就业比较多的在线新经济平台企业、女性员工比较集中的企业及园区，开展有针对性的女性权益保障宣传、技术技能培训课程等方面的服务工作。

二是继续支持灵活用工中介服务机构发展。据不完全统计，上海灵活就业的中介服务机构有数十家，其中有的是人力资源型、有的是科技型，上海要加大对发展潜力大、服务人数多、评价口碑好的灵活平台的支持力度，同时为正在起步、成长的灵活用工中介服务机构创造良好的市场环境。

三是加强对灵活用工中介平台和平台企业的监管。上海要根据在线新经济的发展状况，及时修订平台经济相关的政策法规，设置好“红绿灯”，为不同规模的平台企业发展夯实法制保障；要及时督促平台企业加强自身合规意识和能力。针对灵活就业人群比较集中的平台企业，组织召开行政指导，亮出“红牌”警示，以点带面打造公平竞争的市场环境。此外，建议支持行业内、行业间的头部平台企业，与之合作制定行业行为准则，促进平台企业自觉遵守行业发展规范。

四是搭建灵活就业公共服务平台。依托上海市“一网通办”平台，打造网上灵活用工中介服务企业查验区。企业入驻后，企业资质信息、人员信息以及相关的业绩都可以公开查看，企业若有失信行为，可以及时公示出来；以街道为单元，依托大数据技术，整合求职需求、岗位招聘、培训活动等各类信息，打造面向灵活用工企业端和灵活就业个人端的服务体系，通过动态发布、行业匹配、岗位查询、失业预警等多种功能，实现平台数据的精准匹配及多场景应用，提升灵活就业人员体验和服务能级，实现街道重点关注、企业及时反馈、空间供需匹配的服务机制；试点实施灵活就业“一件事”改革，系统梳理灵活就业办事场景，为灵活就业者提供高质量的政务服务。

（五）加强对女性灵活就业群体的数据采集与信用评价

一是建立上海灵活就业个人申报系统。建议上线“上海灵活就业个人申报”系统。实操上，可以参考税务部门好的经验，允许灵活就业的个人在移动端自主填报。督促平台方、用工方配合做好灵活就业的个人申报工作。灵活就业的个人申报可以增加性别项目，方便开展后续跟踪研究工作，更好保障女性权益。

二是建立灵活就业人员的信用数据系统和评价体系。建议在做好个人信息保护的前提下，由市级部门建立或者委托行业协会、龙头企业建立信用数据系统和评估体系。一方面帮助用工单位规避雇佣风险，提高灵活就业人员的求职效率；另一方面促进灵活就业人员后续的职业发展。

上海市妇女联合会
上海文旅产业研究院
课题负责人：李　萌

上海新业态、新就业群体妇女状况调查

上海“互联网+”平台经济和共享经济等新业态经济快速发展，催生了一大批形态多样、分工精细的新就业形态，覆盖了不同层次的就业，其灵活多样的就业模式，吸纳了大量就业人口，女性是新业态从业人员的主力军。为了分析上海新业态就业群体中妇女发展状况，切实关注她们成长发展所面临的问题，上海大学社会学院受上海市妇联委托就此展开了专项调研。此次调查采取问卷调查和深度访谈两种形式。

一、新业态、新就业群体的研究背景、意义和目标

（一）当前新业态发展为女性新就业群体带来机遇和挑战

新产业革命的核心是工业化与信息化的深度融合，新产业革命中的制造能造、网络化新能源、数字服务业的快速发展，都是在新一代信息技术快速突破的基础上，通过制造技术与信息技术的深度融合实现的。尤其是近年来的信息技术革命、产业升级和消费者需求，促进商业模式、企业经营模式和各种产业发展模式进行不断分化、整合、跨界融合，产业形态和模式创新将出现新的趋势，新业态成为新产业革命的传导机制和实现路径。国家对上海创新转型提出的一系列要求，加快上海新经济、新业态的创新发展。上海由在线新经济催生的新业态在各领域加速涌现，不仅对疫情防控和疫后经济复苏发挥了重要作用，也成为了满足生产生活升级需求和技术场景赋能产业转型的重要发力点、强化科创策源功能和高端产业引领功能的重要结合点，形成了上海竞争的新优势、经济发展的新引擎。

新业态催生了灵活多样的就业模式，降低了女性就业创业的机会成本，激发女性的潜能和创造性，增强了女性的经济赋权，城乡女性可以依托数字

经济获得更多就业创业机会。让新就业形态茁壮成长，不仅将为兜住民生底线、稳住经济基本盘贡献力量，也将为上海、中国经济行稳致远创造更多可能。

上海市总工会在 2018 年和 2019 年分别开展了全市职工队伍状况大调研，发现以货运驾驶员、物流快递员、护工护理员、家政服务员、商场信息员、网约送餐员、房产中介员、保安保洁员等八大群体为代表的新型就业群体约 150 万人。主要特征以中青年、外来务工、无技能、无职称、超时工作、收入中等、不签订劳动合同为主，女性占比也高达 1/3。上海对新业态就业群体出台了一些政策和文件，尤其是 2022 年 1 月上海市人力资源和社会保障局等八部门《关于维护新就业形态劳动者劳动保障权益的实施意见》的出台，对新业态在吸纳女性就业、增加女性劳动者收入、提高女性生活质量等方面发挥了积极的促进作用。上述研究和政策为新业态就业群体妇女状况调研提供了有益的指引，但对上海妇女发展的具体问题的指导作用相对有限。

（二）新业态、新就业群体妇女发展的内涵与目标

职业变迁一直备受关注。自 2019 年《中华人民共和国职业分类大典（2015 年版）》颁布以来，国家已经公布了四批共 56 个新职业名单。每一次都引发广泛关注和解读。人们从职业变迁的这面棱镜中“各取所需”，或洞察产业结构的变化及发展趋势，或观察就业市场的变化并寻找机会，并以此调整自身的教育或发展等规划。以互联网平台为核心的新就业形态不仅体现在“互联网 + 传统行业”的新职业上，也涵盖了在疫情社会管理方面以前从未出现过的新职业。

本课题研究的新业态女性就业群体是根据 2020 年国家发展改革委的《关于支持新业态新模式健康发展激活消费市场带动扩大就业的意见》中明确提出的 15 个新业态，如在线教育、工业互联网、远程办公、在线文娱、在线会展、在线医疗、无人工厂、在线研发、电商零售、“无接触”生活服务、智慧出行、在线金融等新业态领域工作的女性劳动者。并且结合国内外妇女发展衡量指标与上海市妇女发展纲要，以及新业态、新就业具有的突出特点，主要从人口构成、经济参与、家庭生活、日常生活、政治参与和社会生活、健康状况及迁移意愿等方面对新业态、新就业群体妇女发展状况进行衡量。研究通过问卷调查、质性访谈等定性与定量相结合的方法，探索女性新就业群体特征以及面临的困难和瓶颈，评估上海妇联组织在新业态、新就业群体妇女中组织建设、开展工作的情况，了解女性新就业群体诉求，为妇联组织社会服务供给优化提供决策依据。

二、上海新业态女性就业群体就业现状

(一)女性新就业群体多为年轻人口,学历不低。“80后”就业集中在远程办公、在线医疗、科技服务、在线教育、在线金融等,“90后”就业集中在在线文娱、电商零售、无人工厂等

女性新就业群体主要集中的新业态领域包括在线教育、远程办公、科技服务、工业互联网、在线金融。其中在线教育就业占比较高可能与疫情相关,疫情期间女性就业占比较高的学前教育、中小学教育、艺术类教育、家庭教育等通过空中课堂、微校、教育云等进行在线教育。远程办公与科技服务行业就业占比分别达到了12.6%、12%,电商零售达到了8.5%。通过数字劳动平台,女性能够突破空间限制、时间制约,从而获得远程乃至全球性工作机会,实现居家办公、弹性办公。新业态女性就业群体比男性更多集中在电商零售、在线文娱、远程办公、科技服务、社会治理、在线医疗。

新业态女性从业者的学历水平普遍较高。近69%的女性是大学本科(包含大专)学历,同时有14.2%的女性是研究生及以上学历。从政治面貌来看,新业态女性从业人员政治面貌为群众的占66.7%,中共党员的占33.3%。

在年龄分布上,平均年龄为35.4岁,最小的女性就业者年龄为19岁,主要为“80后”(37.5%)、“90后”(30.7%)青年群体,“80后”与“90后”在新业态领域中有着较鲜明的特色,“80后”在远程办公、在线医疗、科技服务、在线教育、在线金融就业中所占比例都要远超“90后”,技术类就业群体的倾向性较高。“90后”在在线文娱、电商零售、无人工厂方面所占比例较高。“70后”年龄段占新就业群体的21.8%,相比“80后”、“90后”,“70后”的新业态领域分布比较均匀,在无人工厂、智慧出行、电商零售、远程办公的新业态领域占比略高。60岁以上的从业者也是不容忽视的部分群体,仍有部分低龄老人在继续从事新兴行业,主要集中于在线教育,也涉及电商零售、在线文娱等方面。以上就业分布反映出适合女性发展的第三产业就业需求加速扩大,特别是在一些高端服务业领域,女性就业优势明显增加,上海女性的就业结构也将进一步优化。

(二)上海新业态女性从业的行业收入差距较大,存在两极分化状态

个人年收入存在两极分化状态。34.3%的女性新就业群体年收入集中在15～30万元,21.8%的女性年收入集中在75～90万元,年收入超过百万的占比达到了6.3%。在妇女群体所从事的新业态、新就业行业中,在线教育、在线金融、科技服务、智慧出行、电商零售成为了年收入水平较高的集中地,其中科技服务与智慧出行从业者年收入水平在25万元以上的比例最高。另一方面,年收入在0～5万元的主要集中在“无接触”生活服务、在线文娱与无人工厂等行业。

（三）近六成女性新就业群体自评能平衡就业和家庭的关系，但两者相矛盾时，近 1/4 女性选择偏向家庭，且集中在“80 后”和“70 后”女性中

本次调查的女性新就业群体虽然自评能平衡就业和家庭矛盾的占比较高，但也仍然有近 1/4 的女性在就业和家庭发生矛盾时会选择偏向家庭。在关于女性就业困境的调查中，有高达 33%的女性认为自己的就业更容易受到家庭的影响。这是因为女性选择新职业时，相比男性更倾向于方便照料家庭（24.6%），其次是发挥自己的专业能力（18%）、体现个人价值和获得社会地位的提升与认可（15%）。由此来看，女性择业动机更多会从工作和家庭关系平衡的角度出发，这部分人群基本分布在“80 后”和“70 后”女性中。较年轻的上海“90 后”女性新就业群体择业动机有所不同，她们更注重行业发展前景、工作收入、能够发挥自己的专业能力，工作观较为务实。极少人群会仅因个人的兴趣爱好而选择新业态。

（四）女性新就业群体对现有工作的满意度较高，七成对新职业未来预期看好，但外地户籍群体的工作满意度低于本地户籍群体，近三成将打算未来 5 年内离开上海

八成以上女性新就业群体满意当前的工作。七成女性看好新职业且未来三年愿意长期从事。排在前三位的新业态领域分别为无人工厂（83%）、在线教育（78%）、电商零售（78%）。仅 7%不看好新职业，打算回归传统职业。还有 24%虽然不看好新职业，但对于未来没有明确规划，仍然打算从事新职业。相比本地户籍新业态就业女性，外地户籍新业态女性就业人群对新职业更为看好且愿意长期从事，尤其排在前三位的是在线研发（100%）、在线文娱（86%）、电商零售（83%）。外地户籍的新业态女性从业人员对现有工作的满意度低于本地户籍，尤其对工作收入、福利待遇、晋升机会、能力技能展现方面的满意度较低。外地户籍的新业态女性从业人员有 3 成打算在 5 年以内选择离开上海去其他城市，其中技术领域内前三位的为在线教育（38%）、工业互联网（20%）、科技服务（20%），灵活领域内前三位的为无人工厂（57%）、无接触生活服务（54%）、电商零售（29%）。

三、影响新业态就业群体妇女发展的制约因素分析

（一）从业时间过长，混淆工作与家庭边界，激化女性角色冲突

从业时间过长（占比 32.53%）是调研群体所遇见的较大的问题。从工作时长来看，女性新就业群体受访者中有近四成平均每天工作时间高于 8 小时，有近三成每周 7 天工作，根据 2019 年上海社会调查中心上海大学分中心的《特大城市居民生活状况调查》数据来看，仅有不到一成女性就业者（7.9%）每周 7 天

工作。显然新业态女性就业者每周工作时间高于上海女性一般就业者工作时间的平均水平。灵活性的新就业形态使得女性在工作的同时提供家庭照料服务成为可能,避免了女性因职业发展无法开展家庭照料,或因家庭而全身退出劳动力市场的情况出现。而这种兼顾家庭需求与职业发展需求的解决策略在延长女性工作时间的同时,并未减轻女性家庭角色所要求的责任,女性在参与职场工作过程中依然承担着家庭大量的无酬劳动,导致女性工作与生活重叠以及家庭和事业之间产生矛盾,激化了女性角色冲突,加重了女性负担,产生新的就业问题。

(二)新业态就业信息不对称、副业创新平台不足

新业态女性从业人员普遍反映较多的问题是新业态受到客观环境的影响较大,尤其在疫情反复无常的情况下,经营不稳定(占比为32.42%)、收入不稳定(占比为26.97%)是女性从业人员不得不面对的主要问题。新兴职业往往缺乏稳定性,流变性特征突出,导致一些新就业群体经常在不同行业、不同地域之间频繁流动。本次调查的女性新就业群体换过工作的达44.4%。更换工作较频繁的女性主要集中在无接触生活服务(51.6%)、电商零售(50%)、远程办公(47%)、科技服务(43.6%)等新业态领域。而新业态就业市场岗位信息较散乱导致的信息不对称,加剧了就业和收入的不稳定。

(三)女性新就业群体面临性别歧视、劳动报酬被拖欠问题

近两成新业态女性就业群体面临着性别歧视,对性别歧视感受度较高的集中于在线研发(46.6%)、在线医疗(33.3%)、工业互联网(31%)。虽然由上海八部门出台的《关于维护新就业形态劳动者劳动保障权益的实施意见》中规定企业招用劳动者不得设置性别歧视性条件,对此提出了方向性指导要求,但是较少涉及具体性操作。除性别歧视以外,还有12%女性新就业群体即使已签劳动合同,也面临着企业拖欠劳动报酬、未发放足额工资的困境。尤其在线教育、在线医疗、在线文娱等新业态领域,均有1/5女性就业者存在劳动报酬被拖欠的问题。

(四)女性新就业群体面临评价标准单一、晋升困难等问题

调查的新就业群体中有很多是技术类人才,如人工智能工程技术人员、大数据工程技术人员、工业视觉系统运维员、区块链工程技术人员、全媒体运营师、建筑幕墙设计师、在线学习服务师等,但是这些人才中有部分既没有高学历、也没有职称认定,在现行评价体系下难以被相关工作单位所重视。由于评价标准单一,女性面临着晋升困难,调研发现,女性新就业群体对晋升机会不满的占25.9%,主要集中在在线文娱、在线医疗、在线研发、无接触生活服务,远高

于上海一般女性就业者的平均水平(17.4%)。

(五) 新就业形态的社保缺位影响女性就业安全性

女性新就业群体仍然面临没有签订劳动合同(12.6%)所带来的社会保障问题。女性新就业群体还是有近一成左右没有缴纳任何保险,主要集中在电商零售、无接触生活服务的新业态领域。这类的新业态主要是由于工作方式、地点、时间等相对灵活,工作期间受到交通意外伤害风险相比其他风险较高。

(六) 新就业群体女性创业发展中存在政策服务不足

新业态女性创业发展中存在政府服务不足和部分政策难以落地的问题。新业态女性从业人员由于其创业规模、纳税额等较小,往往难以获得相关政府和服务机构的更多关注。36%的被访者反映融资难问题。部分被访者表示,很多政策在实施过程中存在一些不规范的操作,同时政出多门,政策多变,让新业态女性从业人员无所适从。

四、上海新业态女性就业群体对妇联组织的评价与诉求

(一) 对妇联组织的总体满意程度较高

调查显示,59.3%的新业态就业者所在单位或者平台都成立了妇联组织。这增加了女性新业态就业群体获得妇联帮助的机会。七成女性新就业群体对妇联工作总体满意度较高。对妇联工作满意度较高排在前五的新业态领域为在线研发(80%)、科技服务(81.8%)、远程办公(81%)、在线文娱(75%)、电商零售(75%)。从年龄上看,"90后"(74.4%)及60岁以上(75%)人口对妇联满意度较高,"80后""70后"对妇联的总体满意度略低一些。

女性新就业群体受到妇联组织提供的帮助从总体上看,排在前四位的分别为妇女权益保护(39.5%)、国家政策宣传教育服务(22.9%)、就业创业指导服务(11.2%)、心理健康服务(10.7%)。其中,得到妇联组织提供的妇女权益保护、心理健康服务较多的是远程办公、在线文娱、无接触配送服务;获得过妇联组织提供的就业创业指导服务较多的是在线研发、在线教育、电商零售、智慧出行的女性新就业群体。

(二) 妇联推荐和公众号成为了解妇联组织的最主要途径

上海新业态女性就业群体获取妇联信息的来源主要是妇联组织推荐(35.1%)、妇联官方公众号(27.5%),其他的渠道则是社区、公告栏或微信群、报纸、电视。上海新业态就业女性对妇联组织非常了解的占比为18.7%;一半的调研群体对妇联组织是有所耳闻,但具体不太了解;完全没听说过妇联的占7.6%。

（三）就业促进方面，妇联工作得到近八成女性新就业群体的充分肯定，她们希望妇联能提供新就业招聘信息、创业支持和政策帮扶，针对不同群体提供技能培训等促进女性就业

上海78.9%的女性新就业群体充分肯定妇联在促进女性就业方面的工作。受访女性认为妇联组织促进女性就业最优先的工作应是帮助妇女就业、创业，提供新就业招聘信息（33.4%）、创业支持和政策帮扶（22.9%）、针对不同就业群体提供技能培训（19.2%）等。外地女性新就业群体对创业支持和政策帮扶（45.2%）、技能培训（37.7%）的需求高于本地女性。分新业态领域就业女性来看，在线医疗、无人工厂、在线文娱、科技服务更需要妇联组织能提供创业教育；无接触生活服务、智慧出行更需要妇联能提供新就业招聘信息；在线会展、无人工厂、社会治理更希望妇联组织能提供更多的专业技能培训；在线研发、远程办公、工业互联网对妇联能提供维护新业态劳动者劳动保障权益的呼声较高。

（四）就业权益保障方面，希望妇联在保障劳动报酬、劳动休息、劳动安全、提供公平就业机会、引导企业依法合规用工等方面加强工作，促进女性就业

女性新就业群体在就业过程中遭遇不公平待遇时，近五成是直接找企业、平台管理层解决，诉求于劳动部门的占23%，找工会组织的占7.8%，不寻找任何帮助、"自认倒霉"的占10%。受访女性希望妇联组织能从保障劳动报酬、劳动休息、劳动安全（26.6%），保障公平就业机会（22.5%），企业依法合规用工（19.5%）等方面维护女性权益。尤其外地女性的需求更是高于本地女性。分新业态领域来看，在线文娱、远程办公、智慧出行的女性新就业群体希望妇联能保障其获得更多公平就业的机会；无人工厂、在线教育、电商零售的就业女性希望妇联能引导、协同企业依法合规用工。

（五）公共服务支持方面，希望妇联能提供法律咨询和妇女权益维护、幼托养老和医疗健康心理咨询等服务促进女性就业

在公共服务支持方面，女性新就业群体希望妇联组织提供的公共服务排前三位的依次为：法律咨询和妇女权益维护（23.1%），提供幼托服务、养老服务、家庭教育指导（19.6%），开展医疗健康服务、心理咨询辅导（15.6%）。外地女性新就业群体则对妇联帮助拓宽就业渠道（30.1%），加强对平台、行业的规范和监管（25.3%），协调解决子女异地入学（24.7%）的需求高于本地女性。分新业态领域来看，在线研发、在线教育的就业女性希望妇联能提供法律咨询和妇女权益维护、提供托幼养老服务；在线教育、远程办公、在线文娱、在线金融的就业女性更关注能获得婚姻家庭与交流咨询服务；在线研发、工业互联网的就业女性更希望能获得医疗保健心理咨询服务；无人工厂、电商零售的就业女性更关注妇联能帮助其拓宽就业渠道。

五、促进新业态妇女发展的建议

（一）协同促进：发挥妇联与行业协会、工会的作用，引导社会各方力量持续营造一个对新业态妇女发展更具支持性的社会环境

发挥妇联与行业协会、工会协同合作作用，推进对新业态女性就业群体的服务。（1）妇联组织可引导行业组织规范化，助力行业协会发挥作用。维护行业女性就业人员在工资增长、安全生产、学习培训、福利待遇、人格尊严等方面的合法权益，推进行业规范健康、转型发展，促进行业劳动关系的和谐稳定。（2）妇联组织可协同工会建立健全妇联、工会等社会组织。根据女性新业态就业群体和用工企业的实际情况，以“先服务后入会”“先活动覆盖再组织覆盖”“先企业外入会再推进企业建会”的灵活方法，进一步积极推动平台企业建会、新业态女性就业群体入会，以行业工会和平台工会等形式，抓紧在新业态就业领域建立健全妇联、工会等社会组织，在保障新业态就业人员劳动权益等方面发挥更重要的作用。在发生劳动纠纷时，可以借力“互联网＋工会”，尝试大数据、云计算、人工智能、物联网等技术，为新就业形态劳动者的身份信息以及劳动事实的认证、交易行为的记录等提供帮助，也可以为其在权益保障过程进行追溯、维权、举证提供帮助。（3）妇联可发挥领头作用，统领行业协会、工会等社会组织，向社会传递、引导开放包容的社会风气。充分利用互联网、报刊等途径积极向社会宣传和推介新职业女性就业群体的就业方式和就业前景，提升社会对新业态群体的认知与理解，与女性新就业群体常态化互动，调查中超过七成以上的受访者希望能通过手机短信、微信公众号、电脑网站等电子化方式获得妇联发布的信息和帮助，外地女性相比本地女性更希望通过手机软件获得妇联的帮助，通过软件、信息平台提高妇联组织和女性新就业群体之间的互动频率，加强新业态群体的归属感与认同感。

（二）参与促进：妇联组织应参与新业态行业标准制定，引入性别敏感指标，加强对用工企业的引导和规范

妇联组织应协同由各领域用工企业、平台、机构等组成的行业协会制定行业标准，行业标准制定中应加入性别敏感指标。新就业形态中不同平台的抽成比例不同，成为影响劳动者收入水平的重要因素。相关统计显示，平台的抽成比例主要集中在10%至20%之间，抽成比例超过20%的平台占比为23.02%。在劳动者与平台之间，劳动者往往处于弱势方，在抽成比例方面缺乏话语权。妇联组织及政府部门应参与平台抽成和算法，尤其在对算法及其产生的规律、规则的审查中引入性别视角，对带有性别歧视的算法规则及时予以更正；应引

导平台、企业建立健全合理的决策机制，在基于算法的决策中引入性别敏感的筛选指标，在发挥算法决策自主性和高效性优势的同时，保障女性劳动权益。充分发挥妇联与行业协会等组织中的作用，推动集体协商与平等对话机制，加强对工资结算和用工管理等方面的指导，加大对女性新就业群体合法权益侵害的监察和保障，推进灵活就业在工作时间、劳动强度等方面规范运作，有效维护女性新业态群体的劳动权益。

（三）政府促进：完善与女性就业相关的社会保障政策

建议妇联为新就业形态人员的养老保障政策增加性别倾向性的政策措施建言献策。因为养老金收入有性别差异，当前的养老金制度规定养老金收入高低由缴费、利息收益和预期寿命决定，女性相比男性而言，养老金收入较低。原因在于：女性工作期间薪水低的人群占比较高；随着受教育年限延长，女性退休年龄较男性低导致工作时间短；女性职业发展容易因育儿和照顾年老亲属等中断及碎片化；等等。建议通过再分配机制和补偿机制来弥补差异。再分配机制包括建立最低养老金制度，科学设计个人养老金的税收优惠规则。补偿机制方面建议基于生育友好型社会目标，建立育儿积分制度，并与基本养老金挂钩。对于新业态女性从业人员中尚未参加社会保障制度，特别是未参加社会保险的自雇者，应考虑将其纳入社会保险制度中来。在劳动关系尚不明确的用工形式中，可基于国际劳工组织对于劳工关系的“三方机制”，探索未参保人员的社保吸纳方式，政府、平台、从业者三方共同承担未参保人员的社会保障相关义务。划分多个参保缴费档次，供自雇者根据自身收入情况选择。

（四）源头促进：分级分类推进职业培训和技能等级认定，促进女性新业态就业群体的就业能力和职业发展

职业培训需要有针对性，可通过保障层、提高层、质量层三个层次推进。保障层是针对女性提供最基础的就业培训。帮助新就业形态劳动者明确自身属性定位、可能承担的职业风险，重点解决大龄女性劳动力群体的“数字鸿沟”问题、高危高强度行业的“青春饭”问题、短期临时用工的“放鸽子”问题。具体可通过用工 APP 为就业困难群体提供免费在线课程和就业指导视频资料，不定期推送供劳动者岗前学习的“数字学堂”或“技能考试”，完善用工评价绩效机制和劳动过程数字记录设施等。提高层是通过培训提升女性就业。深入推进校企合作、产教融合，鼓励企业积极参与职工培训，充分发挥企业、院校在技能人才培养中的双元作用，推动企业重视并积极推进灵活用工人员职业培训，将职业培训设置在员工职业能力提升和晋升机制的框架内。建议妇联组织和协同搭建企业间的交流平台，鼓励龙头企业自主开发的优秀技术课程向中小型企业

新业态女性就业群体免费开放或有条件的开放，定期邀请行业内技术专家为女性员工提供技术培训。质量层是指培养高技能人才。紧密对接产业转型升级需要，尤其是要面向经济社会发展急需紧缺的职业，大力开展高技能人才培训，不断增加高技能人才供给。

畅通新业态就业专业技术人员职称评审渠道。动态跟踪和了解新业态就业群体的劳动关系、就业形态、职业特点，制定完善新职业相关标准和技能等级认定。将职业技能与收入、晋升挂钩，明确新业态群体的职业发展路径，通过职称评审、职业轨道前景规划引导新业态女性参加教育培训，不断提高女性在新业态领域中的技能和创新。可借鉴深圳的做法，建立“技能银行”，建立个人终身职业技能培训电子档案，存储个人信息、学习经历、技能证书、竞赛获奖等信息，实行一人一档、终身有效。特别是要将更多技能型新职业女性从业者纳入人才计划支持范围，多渠道拓宽新职业就业发展空间。畅通技能人才职业发展路径，让劳动者看到技能提升的真正价值。

（五）市场促进：建立新业态女性就业预警和监测体系，改善网络平台用工信息的共享性

建议本市在现有就业信息监控平台的基础上，结合上海妇联组织对新业态女性就业群体特征的跟踪调查，研究设计上海新业态女性就业现状指数和就业需求指数，并在此基础上制定新业态女性就业群体的就业需求和发展规划、新业态就业需求目录等，定期进行调查并向社会发布。新业态女性就业需求指数可分别从上海市各行业和各类型用人单位需求的四个维度，编制四个就业需求指数，包括学历需求指数、专业需求指数、行业需求指数、用人单位类型需求指数，对上海市新业态女性就业现状及需求状况做出动态监测和预警。同时，鼓励经营性人力资源服务机构设立专门的零工市场或网络平台，支持经营性人力资源服务机构帮助有共享用工需求的企业匹配人力资源。建立长期女性就业“三预”跟踪机制，重点跟踪研究女性新业态就业群体及其结构的变化趋势，通过跟踪和研究城市转型、新经济、新业态等要素对女性就业群体的影响及传导规律，把握女性就业变动趋势和应对机制。

上海市妇女联合会
上海大学
课题负责人：黄苏萍

上海市"四新"领域妇联组织建设研究

一、上海市"四新"妇联组织建设现状及模式分析

(一) 本市"四新"妇联组织建设发展状况

截至2019年8月,本市15个区(总16个区)建有143家"四新"妇联组织。本课题对其中的115家"四新"妇联进行了问卷调查,占总数的80.42%,在数量及各区分布两方面基本覆盖了已建"四新"妇联的多数,具有一定代表性;通过访谈法,对19个妇联进行了调查,顾及了所处领域、所在区及挂靠妇联级别等因素,以增强样本的典型性及代表性。

1. "四新"妇联的自身建设状况

(1) 覆盖领域

经过本课题调研发现,本市已建"四新"妇联组织覆盖了以下领域及群体:

① 家政服务业,如依托各区家政服务行业协会组建起来的妇联、单个家政服务社或敬老院妇联、多个龙头企业联合妇联等;

② 个体经营或零售业,如菜市场经营户、小微企业、外地来沪商会、农家乐(民宿)经营者、农村合作社经营者等;

③ 专业性较强的专业从业者,如社会工作者、社区工作者和社会组织从业者、律师、生物医药科研工作者、智慧产业从业者等;

④ 女性集聚的园区商圈,如文创园、艺术园、科技园、创业园、商业街等;

⑤ 不在传统妇联及妇女组织工作视野之内的女性,如全职妈妈、流动妇女等。

由此可见,第一,本市"四新"妇联已在现代女性生活及从业较为集中的领域里建立起来,并且在一般认为存在性别隔离现象的行业——如律师界、智慧产品产业等——也建立了妇联组织,即使该领域从业女性并未占多数。第二,

“四新”妇联的成功建立依托了党建或妇女工作基础。比如业务主管单位为各区妇联的各区家政服务业协会，与妇女工作密切相关的社会组织或社会工作协会，与社区妇女工作密切相关的群体包括全职太太、女企业家联谊会等，在本领域党组织支持下，“四新”妇联能遵照章程和文件规定的方法及流程成功建立起来。

（2）班子建设

参与调研的本市已建“四新”妇联的班子建设情况：

第一，接受本课题调研的本市已建“四新”妇联全部建立起了以主席和执委为主的核心队伍。其中64.3%的组织同时有1位以上的副主席，1/3的组织还有妇联工作人员。

第二，从主席的产生程序来看，89%是通过选举产生，11%通过协商或者上级委派。

第三，从主席和副主席的来源分析，94%是体制外人员，包括各类新社会组织、新经济组织等。其中一些主席及及执委有很强的代表性和履职能力，比如徐汇区社会组织行业妇联主席尚艳华是获得过国家级荣誉的徐汇区凌云街道梅陇二村“绿主妇”创始人；闵行区莘庄工业区莘闵留创园妇联主席丁维娜本人就是一位海归创业人士，热心妇女工作，有很强的领导能力。

总体而言，本市已建“四新”妇联的班子建设相当完善，与传统妇联不同，其主席、副主席以及工作人员都是兼职。如果是企业单建或联建的妇联，主席或副主席以行政、财务、人事等主管为主，少量为企业主要负责人；如果是行业或专业领域妇联，主席或副主席一般为行业或专业领域内的平台组织相关负责人、领军人物或来自领军企业；如果是园区或商圈妇联，主席或副主席则多数是园区或商圈的运营或监管方相关工作——一般是女工工作——负责人。妇联工作人员有与主席、副主席同源的，也有来自交托运营妇联组织相关工作的第三方社会组织。

（3）组织领导

① 挂靠上级妇联

在调研的115家“四新”妇联中，96.52%清楚自己所挂靠的上级妇联为哪一家，其中以街镇妇联作为挂靠上级妇联的有85家，比例达到73.91%，为最高占有率；其次是由区妇联作为挂靠上级妇联的，数量达到了26家，比例为22.61%。同时，也有4家组织表示不清楚挂靠的上级妇联是哪一家，占比3.48%。

从所属领域来看，区妇联领导下的“四新”妇联相对挂靠街镇妇联的“四新”妇联，一方面更集中在行业、专业领域。比如基本上全市每个区的家庭服务行业或者家政行业协会都成立了区级家政服务业妇联；有三个区在区级的社会组织联谊会或者社会工作行业协会的基础上成立了社会组织妇联，有一个区在本区社会组织登记最多的镇成立了镇社会组织妇联；另外还有区级产业集群妇联、区级律师界妇联等。另一方面，挂靠区妇联的园区或商圈“四新”妇联一般较挂靠街镇的组织规模大，或跨行政区划，不单属某一个街镇，比如黄浦区淮海新天地商圈妇联，所属地跨了两个街道，奉贤区台州商会妇联、浦东新区浙江商会妇联跨了省市。

这种挂靠关系有效地保障了“四新”妇联从妇联系统获得工作指导及资源的统筹、协调及输送。

工作指导主要是妇联的日常及业务工作指导，包括了组建妇联、建立工作机制、分配工作任务、听取工作汇报、邀请参与或者列席上级妇联重要工作会议及执委会等。比如徐汇区社会组织行业妇联的日常工作就得到挂靠的徐汇区妇联经常性的具体指导。

资源的统筹、协调及输送包括了两种方式，一是挂靠妇联直接向“四新”妇联输送资源，二是挂靠妇联通过统筹协调整个妇联系统的资源以及其他方面的资源，如党政、群团以及社会资源等，向“四新”妇联提供人员、场地、活动、服务、项目等配套支持及资源共建共享。两种方式通常结合使用。比如浦东新区社会工作界妇联由挂靠的新区妇联拨发一笔经费用以支持建设“妇女之家”阵地；静安区的国浩律所妇联挂靠区妇联，但其办公所在地街道妇联同时也向她们开放服务资源。

② 挂靠党组织

从挂靠党组织的调研来看，有 66 家表示有明确的党组织领导，占比 57.39%；另有 31 家表示目前还没有建成党组织领导机制，比例为 26.96%。同时，也有 18 家组织表示目前的党组织建设正在进行中。

有党组织领导的“四新”妇联包括以下两种情况：第一，同级党组织，比如“四新”妇联由本单位党委或党支部领导；第二，上级的党组织，又分为两种，其一是所在行业的党委或党总支领导，其二是所挂靠上级妇联的区、街镇党委领导。由上级党组织领导一定程度上扩大了“四新”妇联组织优势，能充分发挥组织作用以调动区、街镇党政以及社会领域资源。比如虹桥商务区新虹区域第一片区妇联利用片区工作站、片区内企业资源及街道的党建服务中心开展工作；治家物业妇联工作的开展得到来自行业主管单位镇房管所党委及镇妇联的有力支持等。

（4）工作机制

目前有 83.72%的“四新”妇联有专人负责管理运营，主要是妇联主席、妇联执委、妇联代表、妇联工作人员等。其中，主要管理人员是妇联主席的有 39 家，比例达到了 54.17%；而由妇联执委负责的主要有 16 家，比例为 22.22%；另外有 11 家“四新”妇联表示主要的工作由具体的妇联工作人员负责，比例达到 15.28%；表示由其他人员负责管理的也达到 4.17%，主要指外包给第三方，比如社会组织或者园区运营方等。

目前的“四新”妇联工作人员绝大多数属于兼职，需要在处理自己本职工作的同时另外负责妇联工作，存在时间与精力上的分配及平衡问题。

参与填写问卷的“四新”妇联已建立起一定的主席及执委工作机制：定期召开执委会的有 82.61%，主席定期向执委汇报工作的有 85.22%，向执委提出履职规定的有 61.7%，要求执委经常性地联系群众的有 67.8%，邀请执委参与妇联工作的有 73.9%，组织执委参加培训的有 72.2%，但表示会轮流邀请执委担任一段时间的主席职务来主持工作的则只有 37.8%。可以看到，“四新”妇联有很强的邀请执委参与妇联工作、联系群众的意识，但在探索、运用轮值主席制方面还比较保守。

很多“四新”妇联有着很好的执委责任分工与资源动员模式，确保了工作的顺利开展。执委责任分工方面，嘉定区南翔镇全职妈妈妇联和浦东新区闽龙实业有限公司妇联根据执委特长、优势直接分工；金山区廊下镇农家乐妇联每月一次工作例会，会上主席会总结阶段性工作，执委一起讨论下一阶段工作，大家再进行工作分工。资源动员方面，第一，“四新”所在企业或行业、专业领域之内的企业资源整合性较好的，如浦东新区闽龙实业有限公司妇联、徐汇区铭言菜市场妇联。第二，由执委发挥资源优势，又可以分为两种类型，第一种是主席、执委对妇联工作的直接支持，比如金山区廊下镇农家乐妇联执委集体出资作为妇联工作启动资金，轮流使用自己的场地主办妇联活动，黄浦区淮海新天地妇联执委利用自身作为优质企业的高级管理人员的资源开展活动；第二种是主席、执委所在社会组织的服务被“四新”妇联购买运用，比如嘉定区南翔镇全职太太妇联、闵行区芳菲舍妇联、普陀区家政行业妇联等。第三，“四新”妇联所在园区、区域的单位也会为其提供资源支持。如金山区鑫港湾妇联主要的支持是“鑫港湾”金山工业区群团基层服务站，虹桥商务区新虹区域第一片区妇联的活动阵地安排在绿谷广场的创意社，创意社管理人员也被吸纳为片区妇联的执委。可以认为，“四新”妇联具有较强的内在活力和资源吸引力。

在“四新”妇联队伍培训方面，市妇联组织部分别于 2018 年和 2019 年主办两次“四新”妇联主席培训班，共计有 100 位来自已建“四新”妇联的主席或执委参训，接受了妇女运动、男女平等基本国策、妇联组织工作等方面工作理念与实务操作的培训；另外市妇联主办的其他主题培训同样向“四新”妇联开放，比如妇女之家增能升级项目等；各区妇联也会组织以“四新”妇联组织建设为主题的培训或座谈会。

（5）阵地建设

参与调研的“四新”妇联中已建有妇女之家等阵地的有86家，占74.78%，阵地类型涉及妇女之家、妇女微家、妈咪小屋、妇女议事会、维权服务点、家庭教育教导点等。其中，阵地类型占有比例最高的是妇女之家，数量达到73家；其次为妇女议事会，有17家；妇女微家也有15家。除此之外，妈咪小屋、维权服务点、家庭教育指导点的比例也都超过了10%。

从整体上看来，“四新”妇联包括妇女之家在内的各种阵地建设基本做到了与组织建设同步，并且呈现出两种特点。第一，形式较为多样。如徐汇区家庭服务行业妇联有多个妇女之家，分布在本妇联联合的不同企业内，分别服务各企业的从业者；金山区廊下镇农家乐妇联除了一个固定挂牌的妇女之家之外，日常活动的举办并不局限在固定场地内，执委会利用自己的资源在各自场地轮流主办。第二，依托多方面优势资源。如嘉定区南翔镇全职太太妇联利用已有的全职太太成长中心开展妇联阵地活动；浦东新区闽龙实业有限公司妇联利用公司的会议室和已有的职工之家阵地；长宁区金杜律所妇联依托公司的功能角落搭建了妇女之家。以上两点是因为“四新”妇联阵地建设的受益对象来自多方面，而阵地与不同主体间的联系与合作，直接为阵地的持续运作提供了一定的资源支持。

在管理运营方面，大多数“四新”妇联的妇女之家等阵地由主席、执委分别或同时负责。有少数外包给社会组织，包括依托的基层群团服务站、主席或执委所在社会组织等。比如嘉定区拥抱阳光公益社妇联、闵行区芳菲舍妇联、嘉定区南翔镇全职太太妇联等的阵地运营即外包给了主席或执委本人所在的社会组织。

在建有妇女之家等阵地的86家“四新”妇联中，94.19%曾开展各种类型的活动、项目或服务。通过对参与填写问卷的妇联组织描述阵地开展的活动、项目或服务所使用的词频分析，可以发现它们所开展的活动、项目或服务有两个特征：其一，活动有较为鲜明的性别特点，无论是参与的对象、选择的主题还是活动形式等都倾向女性；其二，内容有很强的主题性和时效性。

2.“四新”妇联的职能履行状况

（1）妇联品牌工作的开展

在代表妇女参政议政方面，“四新”妇联以自身为平台引导女性通过选举妇女代表、召开妇女议事会等渠道，有序民主参与所在行业、领域、园区等的基层治理，但较少能引领女性走出妇联系统，推荐成为地方的人大代表或政协委员等。

在助推妇女建功立业方面，“四新”妇联以参与各类女性组织的交流交往活动为主，如积极参与妇联的巾帼文明岗和巾帼建功标兵的评选。

在引领妇女成长成才方面，“四新”妇联以组织女性参加或自主开展终身学习教育、围绕党政中心和发展大局的宣传教育活动为主。

另外，“四新”妇联还较为关注处于特殊困境的妇女、家庭和儿童，会组织女性参与或自主开展相关扶助活动、服务或项目。

“四新”妇联对于所覆盖妇女群体的需求相当敏感。例如，全职太太对家庭教育指导有需求，全职太太妇联就注重开展家庭教育方面的服务或项目；菜市场经营户妇联针对商户的留守子女来沪度寒暑假而开展针对性活动等等。“四新”妇联会在开展服务、项目或活动之前做好详细的调研工作，了解覆盖群体的兴趣和需求，再行开展。

“四新”妇联参与地区内的妇联工作和社区工作主要有两种形式：第一种，“四新”妇联主要由挂靠的上级妇联或地区内的同级妇联向其开放活动名额，以接受服务对象的身份参与，有的“四新”妇联甚至由挂靠妇联包办了整体工作。第二种，“四新”妇联主动参与社区工作，或者与街镇、居村妇联深度合作，或者通过党建平台、行业平台等开展区域共建。比如金山区廊下镇农家乐妇联通过与廊下镇妇联及其下属的各村居妇联的深入联系，为当地生活困难妇女及其家庭提供工作岗位、技能培训等；徐汇区铭言菜市场妇联虽然挂靠区妇联，但是其集团属下最大的菜市场位于长桥街道汇成五村辖区，因此主动与汇成五村妇联共建，每逢春节、端午、重阳等各类节日就为小区内的老人送上公司菜品开展慰问。

有的“四新”妇联由于所在领域工作强度高、节奏快、业绩要求严等，其开展的部分工作在现阶段还是以联谊、休闲类活动为主。比如对律师等专业性较高的从业者来说，单次、目的性强、没有负担的活动就更受欢迎、参与度高。

（2）妇联品牌工作的覆盖面

“四新”妇联已开展的品牌工作绝大多数是在妇女之家等阵地上进行的。

从服务对象看，“四新”妇联非常关注所在领域的弱势或是有需要的妇女群体，也有意识地拓展至更普遍、广泛的群体，覆盖到了以前没有纳入妇联工作视野的妇女群体。比如新建的律所妇联不仅服务了本所的女律师，也服务到了在律所从业的非律师女性群体，包括行政、财务等部门的工作人员。

（3）组织定位的自我认识

① 党建

超过半数的已建“四新”妇联认为妇联组织开展的工作与党建工作是有区别的，具体比例达到了53.04%；另外46.96%的妇联中，有一半认为没有区别，另一半持中立态度。

"四新"妇联主要从妇联代表、凝聚和服务对象，妇联工作方式方法与党建的不同来理解妇联工作和党建工作的区别。"四新"妇联非常珍惜党建对其工作的支持，将"党建带妇建"看作对她们这些新业态、新群体女性政治和社会地位的认可，是她们听党话、跟党走的正确导向。

② 工会

调研显示，59.13%的"四新"妇联认为妇联组织开展的工作与工会的工作有所区别，12.15%的妇联认为没有区别。

大部分"四新"妇联认识到妇联和工会的服务对象、活动内容都不一样，工作资源也有差别，另外妇联注重女性，在推优和素质提升方面对于女性是种利好，与工会有别。而认为没有区别的，多数是女性职工人数较多的企业、行业或商圈妇联，因为日常工会的工作中，女工工作就是很重要的部分。也有少数答卷者表示，妇联工作完全可以与工会工作合并。

在工会组织建设较为薄弱的新经济组织和新社会组织，建立妇联并且明确妇联组织定位，对于女性从业者的意义较大。对于已有工会组织，同时又建有妇联的"四新"领域，如何合理区分工会与妇联的差别，处理好两者的关系是值得思考的问题。

③ 行业协会或联谊会

问卷分析显示，有接近50%的"四新"妇联表示无从比较或者难说清楚，只有近40%的妇联表示妇联组织开展的工作与行业协会或联谊会的工作有所区别，剩下的妇联则认为没有区别。

认为有区别的"四新"妇联，所理解的不同在于行业协会或联谊会专注搭建行业服务和枢纽平台，发挥推动行业产业发展的功能，不围绕特定群体或个人的特殊需要开展工作；而妇联是党的群团组织，政治引领性更强，并且有健全的组织架构和支持，对女性从业者的凝聚力更大。认为没有区别的，所持理由在于活动对象的重合性，尤其对女性从业者居多数的行业而言。

(4) 自我评价

在接受调查的115家组织中，25.21%的组织认为"四新"妇联工作的开展极好，另有67.83%的组织认为这项工作的开展比较好，两者累计达到93.04%，说明"四新"妇联对工作的自我评价较高。

"四新"妇联认为妇联的建立在三个方面产生了积极影响：第一，提供了领域内女性凝聚、展示和表达的平台及有序渠道；第二，能从女性的角度提供有性别意识、贴近女性需求的服务；第三，作为妇联的基层组织，得到了整个妇联系统的保障和支持。

通过问卷，发现已建“四新”妇联归纳的自身困难按照占比排序为：缺乏工作经费、开展妇女工作的人手短缺、缺少可运作的工作资源、不知道如何体现妇女工作的特点特色、活动和项目或服务没有吸引力等。这些也是传统妇女存在的问题。

“四新”妇联特有问题包括：如何结合妇联工作与本职工作、本单位和行业工作，更好服务妇联覆盖对象、凸显女性力量、促进行业发展；“四新”妇联互相之间、与传统妇联之间、与其他党群之间的联系交流途径较少。另外，“四新”妇联在保障机制上的两难境地——既非传统妇联组织系统当中的一员，又非地区、行业或单位工作中的必需元素，也是“四新”妇联要面对的极大挑战。但这一资源缺乏的状况，使其比传统妇联更有动力去主动寻求、融合、撬动多方面的资源。

一些特定问题包括：对于社会经济地位、社会认可度等都相对较低的妇女群体，比如家政服务业的女性从业者，如何给她们更为实质性的帮助；对于行业或专业领域中女性从业者较少参与能力都较弱的情况，如何以妇联组织为平台发挥女性在行业、专业领域的作用。

(5) 已建“四新”妇联对于覆盖群体、行业以及所在社区的影响

对于覆盖群体，起到了服务作用和引领作用。比如全职妈妈妇联通过开展家庭教育指导，帮助全职妈妈缓解教养焦虑，通过亲子阅读团队、社区环保志愿者服务团队等为全职妈妈展现一技之长、参与社区治理提供了平台，提升了她们的自我价值感。

对于覆盖的行业、专业、园区等也带来积极影响。比如家政行业、物业行业、社会组织等，以妇联为平台的互相交流机制，比之行业协会或联谊会平台，更为扁平，能在妇女工作的引领下打通很多别的平台无法打通的壁垒及边界，同时也能垂直关心到行业中有关的女性个体，极大体现了妇联的联合互通作用，从业者更愿意在妇联的平台上分享有效经验，共同推动本行业在本区域内的良性竞争和持续发展。

对于所在社区，“四新”妇联积极寻找机会参与社区工作，作为优势群体向社区提供资源，承担社会责任，反馈社区的支持。比如金山区廊下镇农家乐妇联本就是共同打造廊下农家乐品牌而集聚的女性群体，植根所在地区，有较强的回馈社区的意愿。

(二) 本市“四新”妇联组织建设模式

1. 以需求为核心的结构布局模式

在经济领域，一是不断整合企业片区资源，如在虹桥商务区建立的新虹区

域第一片区妇联、在新天地建立的新天地商圈妇联、在柘林镇建立沿街商铺联合妇联等；二是在已划归成区、但又在现有的政府服务领域之外的各类园区开辟妇联组织建设领地，比如闵行区莘庄工业区内的莘闵留创园妇联；三是在一定规模的单个企业或其他性质的经济组织内设立妇联组织，如律所妇联、企业妇联即是这种形式。这些“四新”妇联的建设都回应了女性职工的服务性需求。

在社会领域，现已形成了许多针对社会组织服务从业者的“四新”妇联，如崇明区手拉手助残服务中心妇联、松江区家政服务协会妇联等。这种以妇女职业划分的组织分布形式很好地回应了不同妇女的发展性需求。

上海“四新”妇联的这种布局使妇联工作从传统的政府层面开始扩展到市场、社会层面，既考虑到了社会分工精细化对妇女群体需求的影响，也很好地与现有的妇联组织系统相融合。

2. 宏观—中观—微观多面保障模式

在宏观层面，“四新”妇联工作应致力于权利代表及保障。如选举妇女代表、推荐人大代表或政协委员、参与国家和社区事务治理、参与经济建设和科技创新等。这些工作的开展能够影响妇女在现有治理格局中的地位，并且可以间接地对政策制定产生一定的作用。

在中观层面，“四新”妇联工作应主要从女性社会发展角色上展开。如组织女性参与或者自主开展围绕党政中心、发展大局的宣传教育活动，作为女性方面代表参与本地区、园区、行业、领域或单位等的管理决策，这些工作的参与或执行能促进女性在某一行业或者整个社会产生较大且正面的社会影响力，具有价值倡导与示范的作用。

在微观层面，侧重家庭工作的开展。涉及组织女性参与或自主开展家庭教育指导活动、为本妇联覆盖的女性及其家庭提供反家暴支持、家庭教育指导、示范家政服务等。这些工作的开展有助于推进和谐家庭的建设。

3. 由点到面的资源支持模式

具体来说，资源支持的点即是各“四新”领域妇联组织的主席、副主席以及执委，这些人员成为组织资源支持的重要个体，而线则是不同主体之间的相互交流与互动，通过交流互动，不同的主体间建立了良好的组织关系，虹桥商务区新虹区域第一片区的妇联领导是从 40 余家优质企业代表中选出的，最终确定了 1 名主席、3 名副主席和 10 名执委，她们本身隶属于原有企业，彼此之间相互照应，为妇联工作提供了良好的支持。而面的形成则是不同资源主体共同为妇联工作提供资源支持的情况，如鑫港湾妇联主要的支持除了“鑫港湾”金山工业区群团基层服务站之外，还受到了金山工业区内其他企业的支持。在此种情况下，由点到线，由线到面的资源服务格局开始不断形成。

二、推进上海市“四新”妇联进一步发展的可行路径探讨

（一）尚未建立妇联的“四新”领域的探索

1. 以需求为核心进行组织建设布局

应运用以需求为核心的布局模式，进行进一步的组织覆盖。在此模式之下，应同时厘清服务性需求和发展性需求，以及这两项需求的来源，是自下而上还是自上而下。

自下而上的妇联组织建设需求，其服务性需求和发展性需求来源的主体是该组织的覆盖对象。应通过积极宣教、调研、服务和活动渗透等方式，发现妇女群众的服务性需求和发展性需求，激发她们通过组建妇联组织满足这些需求的意愿，培育妇联组织的群众基础。

自上而下的妇联组织建设需求，其服务性需求和发展性需求来源的主体是上级妇联、党建工作、行业协会、相关企业等。应根据妇女群体现状，研究可采取的组织建设模式：条件具备可直接单建组织，人数不足可跨单位、跨区域联建组织。

2. 以宏观—中观—微观保障模式优化“四新”妇联组织形式

依业缘建组织，包括依据工作单位，在私营、个体等规模大、女职工多的企业、社会组织内部，或在工作单位所在的工业园区、商业楼宇、专业市场等区域内建组织。还包括依据职业身份建组织，将同一行业内的女性，或有共同职业身份的女性如女高管、女企业家通过建立妇女组织的方式凝聚起来。

依地缘建组织，将生活在相同空间而产生交往关系的妇女群众凝聚起来，如在进城务工妇女聚集地建立妇女组织，或在有相同家庭遭遇的妇女群众如单亲母亲、全职妈妈群体中建妇女组织，有助于更有针对性地进行关爱帮扶。

依趣缘建组织，将因有共同的兴趣爱好而组成的朋友、球友、棋友等组织起来，共享类似的服务需求。妇联也可以据此探索建立覆盖此类妇女群体的组织。

3. 以由点到面的资源支持模式增强组织保障力度

选择新妇联班子和工作团队以及作为支持系统的单位机构等的标准，可以是在辖区内有较好的区域影响力、资源动员能力较强、致力于服务妇联和妇女群众等。此外，也要积极加强挂靠的上级妇联甚至整个区、街镇、居村三级妇联系统的支持与帮助，再通过妇联系统或通过自身的作用进一步链接党政机关和其他群团组织、社会组织、经济组织等。

（二）已建“四新”妇联的发展提升

1. 以资源保障、阵地建设为核心，强化“四新”妇联自身组织力

在整个妇联组织系统，通过全国妇联和上海市妇联的顶层设计以及各级妇

联组织的配套支持，对“四新”妇联组织的资源获得和使用机制给予重要保障。比如全国妇联可针对建立“四新”妇联组织建设的制度规范出台专门的指导性文件，以指导各妇联组织开展“四新”妇女组织建设工作，定期举行全国“四新”妇联工作交流会或者汇报会，加强上海市与不同区域间的横向合作；上海市妇联可探索“四新”妇联与传统妇联、其他“四新”妇联等资源共享制度的建立，并完善经费、项目等资源支持制度；其余各级妇联可加强对“四新”妇联的经费支持、平台搭建、工作或项目指导培训等工作，指导其利用党建等平台、资源，与其他群团组织共同举办活动，或通过项目合作、平台搭建等的方式获得经费、项目、人员等方面的资源支持和保障。同时也可通过党建或政府购买公共服务项目等平台加强“四新”妇联与辖区单位、企业与社会组织的合作力度，共同承接或者举办相应的活动，合理分工，为组织发展提供多方面的资源保障。

以妇女之家为主的“四新”妇联阵地应是一个综合性、灵活性的基层服务阵地，聚焦妇联主责主业和所覆盖的妇女群众。已建“四新”妇联需在日常工作中以巩固、培育、发展阵地服务功能为主线，加强对阵地的指导服务和规范管理，注重沟通协调机制、资源动员机制、合作发展机制、项目管理机制的建立与创新，以阵地作为妇联品牌工作开展的依托。

2. 以需求回应、多维工作并进为重点，提升“四新”妇联职能履行力

“四新”妇联较传统妇联更欠缺参与地区事务治理的渠道。因此对于“四新”妇联，在服务好覆盖的对象之外，应提出更高的要求，需要她们立足妇联组织宏观—中观—微观的多面保障模式，加强妇联在思想引领、民主监督、民主参与等方面的职能发挥，通过整个妇联系统共同积极参与社会事务管理和社区治理，联通各类党政资源和社会资源，为“四新”女性通过“四新”妇联渠道参与社会、自我赋权、满足自身发展性需求提供机会和平台。

另外，“四新”妇联作为妇联组织的一股新兴力量，人才聚集，内生力无穷，其所面对的挑战有一些是传统妇联不曾面对过的，还有一些是传统妇联难以在现有框架内突破解决的，因此引导“四新”妇联在社会资源运用、网上妇联工作以及自下而上工作评价机制等方面积极创新、先行先试，或可为当下的妇联工作改革创新带来一些启示。

上海市妇女联合会

华东理工大学　上海市妇女干部学校

课题负责人：童雪红、杨丹蓉

群团改革背景下妇联干部专业化能力课程体系建设研究

上海市妇联坚持以习近平新时代中国特色社会主义思想为指导,根据中国妇女十二大、上海市第十五次妇代会确定的目标任务,结合上海妇女工作和妇联干部教育培训工作实际,制定了相关培训计划并具体实施。市妇联系列教育培训在提升妇联干部和妇联执委的专业化素质方面取得了较大的成果,但在系统性和有效性方面还有较大的改进空间,特别是在当前新时代背景下,党中央对妇联组织的政治使命及中心任务提出了更高的要求,妇联干部的高质量能力提升迫在眉睫。

一、现阶段妇联干部培训面临的问题

(一) 培训目标需要进一步明确

有几位访谈对象提到培训目标不够清晰的问题:

我进入这支队伍以后,目标是什么? 我一步一步发展的步骤是怎么样的,今后的愿景又是什么? 我们好像有规划,但总感觉是凭着兴趣来。

或者说培训的重点还不够清晰,"如何在培训中体现妇联干部的专业度,培训课程是否符合需求,是否符合工作岗位和职责的要求,我们对此心里并没有底"。

至于干部培训课程,应是基于岗位要求培养干部当下应该具备的能力。"……那么我们的培训是要帮助她更好地胜任她在妇联岗位上的工作的。"

业务知识方面的培训要因人而异,如果是基层干部,要更强调实践能力,而市区级妇联干部可能要更强调理论灌输和顶层设计能力。

(二) 培训内容的系统性需要提升

在调研过程中,都提及了现有培训不够系统的问题,"最大的问题就是不系统，其实内容都有，但就是太散了，有点拼凑的感觉，大家收获感不强”。

也有访谈对象提到培训需要整合，“其实具体内容也不需要再去丰富都有，问题在于培训的技巧，提升大家的获得感。”

（三）培训的实践应用性有待深化

访谈对象对现有培训课程印象比较深刻的除了理论阐释比较深入的课程之外，就是实践案例分析类的课程。

有访谈对象提到，“年轻人学习能力都不缺，缺的是实践的经验”。

基层妇联干部对于条条框框的政策或理论接受度不高，“如果课程有太多理论和条条框框，坐在下面的学员就不是玩手机就是打瞌睡”。

（四）培训的考核反馈机制需要加强

不少访谈对象同意增加对考核成效的评估。“现在政治思想引领这一块的课好多，但都只是让我们听，听了以后却没有给我们表达的机会，我们也不知道自己到底学会了多少。”

也有访谈对象提到要让学员沉下心出点成果。通过研究性学习，要有一篇报告出来，来学习不是放松，而是来武装自己，灌进去也要反馈出来。”

（五）师资和课程要进行整体优化

访谈对象均提及妇联的课程很多需要妇联内部开发、研究、设计，亟需开发妇联特色课程、品牌课程，比如马克思主义妇女观、基本男女国策、妇女工作技巧等。

挖掘优秀的妇联干部，建立妇联内部的教师资源库。同时要扩大优秀师资的覆盖范围，要把优质课程推广到基层。

二、各层级妇联干部的专业能力认知和培训需求

根据访谈资料，我们可以看到不同层级和类型的妇联干部，对妇联干部最重要的能力认知有一些共通之处，也会根据她们的岗位职责提出个性化的专业能力要求和培训需求。

从市级层面到居村层面，从妇联干部到妇联执委，政治素养是第一位的，要有做妇联工作的情怀和使命感，尤其是要有为人民服务的工作积极性和利他性。

做妇联工作要有群众感情，深根于群众，“妇联的专业性就是要懂得群众的语言，有群众的情感，有服务群众的意识和能力。其中共情能力是多次被提到的，而政治觉察力、政治意识很重要，“做好群众工作，还是首先要有政治觉察力，服务群众的，更重要的是引导群众，因此要有自己的站位。”

不同层级的妇联干部也有不同的专业化能力认知及其培训需求。

(一) 市区妇联干部专业能力认知和培训需求

在访谈中,有访谈对象提到了市区妇联干部在项目设计过程中的创新能力是非常重要的。

同时,在推行政策或是形成自己的品牌项目的过程中,深入基层的调查能力也是很重要的。

她们对重要的理论,比如马克思主义妇女观中国化现代化、妇女运动史、男女平等基本国策等都有强烈的培训需求,同时跨界的信息储备也是非常重要的,多位市级妇联干部均提到"什么事情都要懂一点,教育学、心理学、社会工作、法律知识等等,都是与妇联工作密切相关的"。还有使用融媒体进行宣传、使用大数据了解宏观信息等。另外与健康相关的课程,也挺受大家欢迎。

实践工作能力非常重要,而在具体工作接洽过程中,也要懂得语言的转化,能把理论化的语言转化为具体的实施要求。市区妇联更应该具备组织协调能力,很多品牌性项目落地推广,需要集齐各个部门的力量。同时宣传能力、提炼总结的能力也很重要,"可以通过培训加强"。

(二) 街镇妇联干部专业能力认知和培训需求

对街镇妇联干部来说,她们承担着承上启下的任务:一方面要落实上级妇联部署,另一方面要指导居村妇联工作,还要懂得整合区域资源和优势,搭建项目化服务平台。具体来说以下几方面尤为重要。

1. 组织策划能力。"我做这块工作,下面有社工辅助,还要借助居委会妇联条线的兼职干部,以及来自社区的普通居民、白领、高管等共同开展,涉及社会组织的人更是来自方方面面。"

2. 条线合作能力。"我觉得最大的挑战就是妇联的很多工作,妇联一家可以做出来的,需要不同条线的合作。"

3. 社会动员能力。"要把一件事情做得漂亮,立意要高,还需要外面化缘,找到可以合作的单位。"

4. 资源整合能力。"街道妇联没有清晰的科室分布,她们要学会借力,借助方方面面的力量。"

5. 政策领悟能力。"上面颁布一项政策,我们得知道如何与实际工作结合,怎么去贯彻落实。"

6. 新技术使用能力。"我们通过问卷或者通过一些信息数据系统可以收集群众的需求,特别是通过大数据可以精准盘摸到他们需要什么,这也对我们妇联能力提出了新要求。"

（三）居村妇联干部专业能力认知和培训需求

对基层妇联干部来说，她们更需要实践应用能力，要激发她们的工作态度，要提高他们的政策执行力。

基层妇联干部的群众工作方法尤为重要，“要听得懂群众的话，学会讲群众的话，要引导群众，而不是被他们带着走”。要注重魅力打造，“要让大家觉得这样的女干部值得去信赖和交流”。

具体工作中，各条线的整合能力很重要，“居民区妇联干事的身份也是多重性的，她可能是群团干事，也可能是其他的，基层妇联工作是千条线万条线，最后你要把它整合起来，达到一个双赢或者多赢效果，但也要突出你所在条线的独特性”。

另外对基层妇联干部来说，资源是比较有限的，因此要具备资源链接能力。在具体工作中法规政策解读和使用能力也很重要，对于法规政策类的培训可以多次进行。

还有就是应付突发事件的能力，包括“应对突发状况的最基本的流程，比较系统的应对方式——首先要做什么，然后要做什么，后续的总结需要怎么做等”。

相应地，有访谈对象提到基层干部心理承受能力要强，“因为你如果没有一定的心理素质的话，很难去面对这些突发的状况”，情绪的自我调节能力很重要，同时也要有疏导别人情绪的能力和技巧。

对新事物新技术也有一定的培训需求，“现在我也算居委会里面年纪比较大的，希望能有针对这种新事物还有新技术包括媒体之类的(培训)”。

（四）妇联执委专业能力认知和培训需求

在访谈过程中，可以看到妇联执委很多时候会对自我身份定位和岗位职责的认识模糊不清，传达社情民意的意识会弱一些。

在培训过程中，让妇联执委了解妇联组织和党的关系是什么，妇联发展史和未来发展方向，可以帮助她们在宏观上建立起妇联工作体系并加深对妇联价值观的认同。

妇联执委要热爱妇联工作要有奉献精神，“要牺牲一些时间去做女性相关的工作。”同时也要坚持不懈。

妇联执委与居村妇联干部一样，要直接与妇女群众沟通联系，因此需要有较强的沟通交流能力，要能够走进群众，吸引群众，更好地与群众互动。要多看多听少讲，耐心用心细心。

在工作当中，政治语言转化和传达的能力尤为重要，“妇联的工作重点切实地转化成我们姐妹之间的语言，才能够帮助到大家。”

三、各层级妇联干部的专业能力优化模型

结合对不同层级和类型的妇联干部、执委的访谈和妇联工作实际，我们对妇联干部专业能力理论模型进行了一定的优化。我们保留了“政治性、专业性、艺术性”的三维模型，对其中的一级指标、二级指标做了一定的合并和删减，现提出以下优化模型(见表 1)。

(一) 政治性

作为三大重要的群团组织之一，妇联由中国共产党组建，承担着团结教育、维护妇女权益、服务妇女群众的功能，是党联系妇女群众的桥梁和纽带。做好群团工作有利于扩大党的群众基础，巩固党的执政地位。因此，政治性是最重要的前提，在妇联干部的专业能力建设中，应始终将思想政治建设放在首位，站稳政治立场，无论是部署工作，还是开展活动，都必须坚决服从中央的绝对领导，始终与党中央保持高度一致，确保中央重大决策落地见效。本研究中政治性又包含政治能力、政治立场两个一级指标。

(二) 专业性

妇联工作覆盖面很广，需要全面的综合素质，但多位访谈对象认同妇联工作应该是专业化职业化的，具有独特的专业素质才能胜任。本维度将专业性划分为职业精神、理论知识、业务执行和应急处突四个一级指标。

(三) 艺术性

艺术性，狭义地说主要表现在通过线条、色彩、光线效果、布局和对比度等表现艺术家审美意境所达到的程度。而在本研究中，艺术性也体现了群众工作如何更能吸引人、更为人接受，更具有感染力的这一含义，正如习近平总书记强调：“领导干部要得到群众的信任，绝不仅仅靠权力，更主要的是靠人格魅力和工作能力，靠做群众工作的方法和本领。”因此，群众工作的艺术性要求妇联干部具备较强的群众工作能力，能创新群众工作方法。要通过加强社会联系能力、借助情感治理手段、提升个人修养等成为群众工作的“行家里手”。

表 1　妇联干部专业能力基础优化模型

能力维度	一级指标	二级指标
政治性	政治能力	政治领悟力
		政治判断力
		政治执行力
	政治立场	对党忠诚
		大局观念

（续表）

能力维度	一级指标	二级指标
专业性	职业精神	妇联工作认同感
		公共服务意识
		社会责任意识
		廉洁奉公意识
	理论知识	妇女儿童理论
		政策法规
		发展形势
		科技前沿
	业务执行	战略规划能力
		条线实操能力
		社工专业能力
		政策推动能力
		调查研究能力
		团队建设能力
	应急处突	风险防范能力
		灵活应变能力
		舆情管理能力
艺术性	社会联系	人际沟通能力
		群众组织能力
		资源整合能力
	情感治理	情感关怀能力
		心理辅导能力
	个人修养	人格魅力塑造
		身心健康管理

在此基础上进一步细分了市区、街道、居村的能力指标，具体如表 2 所示：

表 2 妇联干部专业能力细分模型

妇联干部能力模型（30 条指标）	能力维度	市区能力指标（25 条指标）	街镇能力指标（23 条指标）	居村能力指标（19 条指标）
	专业性	战略规划能力		
		政策推动能力		
		发展形势		
		科技前沿		
		团队建设能力	团队建设能力	
		调查研究能力	调查研究能力	
		舆情管理能力	舆情管理能力	
		妇女儿童理论	妇女儿童理论	
		政策法规	政策法规	政策法规
		风险防范能力	风险防范能力	风险防范能力
		灵活应变能力	灵活应变能力	灵活应变能力
		妇联工作认同感	妇联工作认同感	妇联工作认同感
		公共服务意识	公共服务意识	公共服务意识
		社会责任意识	社会责任意识	社会责任意识
		廉洁奉公意识	廉洁奉公意识	廉洁奉公意识
		条线实操能力	条线实操能力	条线实操能力
			社工专业能力	社工专业能力
	政治性	政治领悟力	政治领悟力	
		政治判断力	政治判断力	政治判断力
		政治执行力	政治执行力	政治执行力
		对党忠诚	对党忠诚	对党忠诚
		大局观念	大局观念	
	艺术性	人格魅力塑造	人格魅力塑造	人格魅力塑造
		身心健康管理	身心健康管理	身心健康管理
		人际沟通能力	人际沟通能力	人际沟通能力
		资源整合能力	资源整合能力	资源整合能力
			群众组织能力	群众组织能力
				情感关怀能力
				心理辅导能力

四、妇联干部培训机制

（一）加强妇联干部培训的组织领导

市妇联组织部要会同妇干校、党校、高校等培训机构抓好年度重点培训项目，制定妇联干部培训工作的长期规划，通过定期协调沟通、督促指导和制度规范，完善妇联干部教育长效性机制。加强与组织部、统战部、宣传部和团市委的沟通与协调，争取合作开办专题培训班，扩大妇联干部和执委的社会网络。区妇联要制定年度培训计划，统筹本区资源，制定符合本区特色的妇联干部培训方案，开展本区妇女干部培训工作，并指导各街道、镇组织培训工作。街镇妇联承接上级妇联任务，发挥沟通协调作用，要调研基层妇联干部培训需求，组织基层妇联干部参与培训并总结提炼培训成果。市区妇女干部培训领导小组成员单位要落实职责分工，各司其职、各负其责，形成妇联干部教育培训工作齐抓共管的格局。

（二）激发妇联干部学习的内生动力

1. 要强调学用思结合，就是从理论到实践、再从实践到理论形成一个闭环，要求学员在学习的基础上实践应用，在实践应用的基础上进行反思、总结和概括，从而提升自己的实践能力和理论能力。可以在课前布置案例准备，课中组织工作经验分享和讨论，结合实践情况对具体案例进行分析；课后布置调研思考题，三个月后提交一份调研报告并组织学员进行讨论。同时在培训的基础上，要求妇联执委组团开展一次活动。

2. 要实行基础通识必修与提高进阶课程选修的结合，将妇联设计的课程与学员个性化需求结合起来，将理论知识学习与实践观摩结合起来，促进双向互动、共同学习、知识分享和上下联动，提升培训的获得感、满意感和针对性。充分利用各类教学形式，做好线上线下的结合。鼓励妇联干部和执委设计微课程、微知识、微技巧，可以开展年度大赛，选拔优秀的妇联干部和执委进入妇联讲师团。

3. 要倡导培训进阶化，就是把培训分为基础、提高、进阶三个阶梯。所有新上岗的妇联干部或执委需要参加基础班，完成基础通识课获得电子执委工作证。提高班针对任职一年及以上的妇联干部及执委。进阶班适用于对专业领域技能或知识有需求的相关岗位的妇联干部或执委。每次培训都要用好前测和后测的环节，评估学员在学习中实际的知识提升程度。这个评估不局限于考试，也可以是能力测评、案例分析。鼓励基层妇联干部和执委参与社工职业资格考试，培养妇联领域的高级社工师。

4. 要倡导妇联干部自学制度。支持妇联干部参加各类专业技术资格考证，鼓励干部开展理论和实践课题研究以及参与各类讲学活动、学术交流、专题会议、论坛。各级妇联干部培训主管部门或培训机构要定期向干部推荐自学书目，编发学习资料，发放学习手册，开展干部读书论坛等，提倡每天学习1小时，倡导用各种形式激发干部学习内动力。

（三）优化妇联干部培训供给质量

1. 扩充妇联理论课程资源库。在妇干校原有的通识类课程体系基础上，借用高校、社会组织等力量，引入专业技术类专题课程。开发妇联特色课程、品牌课程，比如马克思主义妇女观、男女平等基本国策、妇女工作技巧等，进一步发挥优质课程的号召力和感染力。选用大备课的方式，共同打磨高质量课件。建立优秀服务实践案例库，推进课程理论与实践结合。

2. 加强妇联干部原有师资队伍建设，同时与高校、党校合作，建立相关领域专业技能方面的对口师资库。挖掘优秀的妇联干部，包括各级妇联干部或执委中的优秀人才，建立妇联内部的教师资源库。培训师资也可以分层分类，例如，针对市区妇联领导，政治素养课程清晰简洁明了即可；针对街镇、村居妇联执委、或者妇联干部，政治素养课程则要侧重与实际生活相结合的更为简单易懂的方式教授。扩大优秀师资的覆盖范围，要把优质课程推广到基层。

3. 创新妇联干部培训方式。一是要构建多元互动式培训形式，优化传统专题讲授方法，增加互动交流时间，实现教学相长，多开展专题性研讨、工作案例交流、现场教学法、案例教学法、情景模拟法，增强课堂教学的互动性和感染力，激发妇联干部学习的积极性和主动性。二是提升妇联干部培训的师资质量，针对各区基层妇联干部培训资源不足的现实，聚焦区域内妇联工作的核心任务和干部培训需求，精选区域内外优质培训机构，加强与区域内高校和党校的培训合作，挖掘优质师资，开展开放式合作培训，并纳入本地区妇联干部教育培训机构的资源库，建立开放式干部教育培训阵地网络，不断满足基层妇联干部教育培训的需求。三是以“互联网＋”激活妇联干部教育培训，将学习平台从传统纸质媒体转移到移动互联网，开发网上课件APP，让学员可利用碎片化时间进行系统化学习。

（四）促进培训的有效覆盖保障机制

1. 培训经费保障。各级领导要高度重视妇联干部教育培训工作，各区、街道、镇、要把妇联干部教育经费列入年度财政预算。加强专项经费管理，促进经费向优质培训资源流动，提高培训经费使用效益，促进办学质量的提高。

2. 培训数字化建设。充分利用妇干校小程序“云课堂”，用好开源课程资源，尽可能把培训资源信息化、网络化、集成化，形成一个培训资源平台。充分利用新媒体技术和数字技术，将培训工作日常化、便利化，实现随时随地可学。比如课程方面，可以广泛的使用短视频，也可以利用学习强国以及各类课程网站里面的资源；可以利用微信公众号进行课程共享，与B站这样的平台进行合作，建立课程视频专区；充分发挥新媒体和新业态的妇联执委积极性以推动数字化。新上岗的妇联干部执委利用“云课堂”学习网上通识基础课，学习完成之后可以自行打印执委上岗证，实现通识基础培训全覆盖。

3. 推进示范课程、示范班建设。市妇联负责组织市妇联机关和区妇联主要领导的培训，并提供各层次妇联培训的基本课程模块和课程资源清单，建设课程资源库，开设居村妇联干部、执委示范班。

（五）建立科学的考核评估机制

1. 实行培训积分制，结合“网上妇联”或其他学习平台记录妇联干部学习培训情况，规定参加培训班或观看视频课程可获得积分，达到一定的积分给予一定的物质或精神奖励，比如妇女干部培训外的专题能力培训班名额等。

2. 培训评估反馈及成果转化。通过开展学员评价，对各个妇联干部培训项目进行效果评估，以此作为今后不断完善培训路径的依据。比如通过评价意见表，征求参训妇联干部对培训内容、培训师资、培训形式等方面做出评价，对培训项目满意度进行测评。培训组织部门通过搜集量化的评价数据，梳理培训新的需求导向，不断优化培训路径。同时要注重培训的实践成果汇总。比如针对妇联执委，可以将“我为妇女群众办实事”实践作为必修实践，收集其履职实践案例，或可以将培训与妇女群众需求调研结合，在培训结束之后以需求调查的调研成果作为培训效果评估依据。

上海市妇女联合会
华东理工大学
课题负责人：何雪松

科创中心建设中重点行业女性人才问题研究

上海在加速向具有全球影响力的科技创新中心进军的过程中，聚集人才并充分提升人才贡献率是重中之重。上海女性人才发展总体水平在全国居于前列，但是由于多方面因素的影响，女性人才资源的开发和利用相对仍落后于男性，女性人才存在总量不足、高端缺失、城乡及行业间女性人才的发展状况不均衡，女性人才资源开发与利用的机制、体制不完善，女性人才的发展环境有待进一步改善等问题，影响并制约了上海总体人才贡献率的提升，也一定程度束缚了建设科创中心的前进步伐。

本课题以“科创中心建设中重点行业的女性人才”为研究对象，走访、调研了宝山工业园、上海机器人产业园、张江科技创新产业园、中国芯科技园等覆盖科创中心建设中十余个重点行业、数十家处于不同发展阶段的科创企业及相关高校、科研院所，深入了解其中女性人才对目前职业发展环境的现状认识、需求与建议。

一、建设科创中心相关重点行业女性人才发展的现状与问题

（一）上海女性科技人才分布现状与特征

1. 上海女性科技人才总体发展处于全国领先水平

上海是知识女性和职业女性集聚地，2017 年，全市本专科在校女生人数 27.08 万人，占总人数 52.6%，获得硕士学位女生人数 1.87 万人，占总人数 53%。根据 2017 年度中国科技统计年鉴数据显示，上海纳入统计指标的 R&D 机构 134 家，R&D 人员 33 804 人，女性 R&D 人员 11 892 人，占比 35.17%左右，其中女博士 6 626 人。上海女性在全国公民科学素质测评中达标率为11.22%，高于全国三个百分点，上海妇女总体发展水平已接近世界中等发达国家平均水

平。"上海女性人才贡献率研究报告"显示,上海女性人才贡献率在全国处于领先水平,按照大专以上学历人才划分标准,上海女性人才贡献率为 23.65%,占全体人才贡献率 49.44%。根据"上海科技巾帼创新论坛"发布的 2015 年度上海科技工作者人数,女性的比例为 48.1%,其中高级技术人员占 37%以上,但能够站在学术评价体系巅峰,成为两院院士的女性只占总数的 12%,也远超全国平均水平(5%)。

2. 上海女性科技人才分布呈现金字塔状,高端缺位亟待突破

2017 年,上海新当选两院院士 13 人,占全国 10.2%。2018 年新增的上海两院院士共计 13 人,其中中国科学院院士 10 人,女性科学家 1 人;中国工程院院士 3 人。2017 年上海市科学技术奖的所有获奖完成人中,共有女性 467 人,占比为 26.1%,较上一年度 20.7%有明显增加。在所有获奖项目的第一完成人中,共有女性 35 人,占比为 15%。但上海的女性科技工作者仍然存在"金字塔"高端缺失的现象,越往上走,女性所占比例越小,能够站在学术评价体系巅峰,成为两院院士的女性仍是凤毛麟角。

3. 上海女性科技人才对创新生态系统的作用更为肯定

2018 年上海妇女发展国际论坛披露的调查信息显示,女性科创人才选择上海作为自己职业发展城市的主要理由是对上海创新生态系统良好运行的肯定,其中认为上海城市综合竞争力强,国际化程度高的超过 60%,认为上海具有良好的创新文化环境的达到 57.1%。女性科技人才对上海的创新文化氛围持有非常肯定的态度,认为创新文化氛围浓厚和良好的高达 80.9%。

上海良好的创新生态氛围,为女性科创人才能够做出贡献提供了大有作为的舞台。

(二) 建设科创中心相关重点行业上海女性科技人才面临的现状问题调研分析

1. 女性科技人才收入不平衡,高校、事业单位等薪酬激励不足

接近半数的受访女性科创人才收入仍处于 10～20 万元的较低区间内,这与调研对象所处的职业发展阶段、工作类型基本相符,同时也基本符合高等院校、科研院所中级科创人才的社会平均水平,某种程度反映了现有的薪酬激励机制的不足。

2. 基础科学研究领域收入相对较低,职称级别与收入显著相关

从所处行业和收入水平的关联性来看,从事基础科学研究领域的女性科技人才收入相对较低。

从基本职称与收入的关联性来看,职称级别与收入存在显著相关。中级以

下的女性科技工作者收入最低，高级职称者收入相对较高，但是高级职称群体中仍有37.5%处于10～20万元的较低年均收入区间。

从女性人才贡献率提升的视角看，最为吸引上海女性科技人才的关键因素主要包括薪酬待遇、发展空间及社会保障等；影响上海女性科技人才外流的主要原因分别是工作压力、个人价值实现、薪酬待遇；女性科技人才自主创业最重要的因素是政府专项资金支持，以及家人的支持和具备有价值的科技创新成果。

从现有女性科技人才政策来看，尽管上海相关女性科技人才政策取得了一定成效，但现有政策仍然存在科技人才培养机制不均衡，科技人才贡献率仍待进一步提升，科技人才引进与国际化程度较低，开放创新程度不足等问题。青年基层女性科技人才成长发展政策环境有待优化，高端科技女性精英人才的社会认同与激励机制相对缺乏，人才培养偏科严重，体制内外人才关注度不统一，缺少牵头抓总的、整体性、示范性、引领性的重大人才培养计划项目，科技人才引进与国际化程度较低，开放创新程度不足，女性科技人才激励保障机制仍需完善，创新发展环境亟待优化。

二、影响科创中心建设中女性人才贡献率的主要因素分析

综合分析影响科创中心建设中上海女性人才贡献率提升的主要因素包含了个人因素、组织环境因素、政策保障因素、体制机制因素等四个维度。个人因素主要包括家庭成长环境的文化、教育氛围、教育培训背景的优势累积、现代化角色心理定位与职业发展周期特征；组织环境因素主要包括社会文化环境与创新氛围，培养选拔的外部组织因素，管理层面权威异化；政策支持因素包括政策环境因素、政策匹配因素，政策执行因素；体制机制因素包括缺乏战略顶层设计，女性人才激励体制较为单一，人才制度评价指标也存在片面性和局限性。

三、提升科创中心建设中女性人才贡献率的政策建议

1. 鼓励女性科技人才正确认识家庭与工作平衡关系

女性科技人才首先要树立科研自信和男女平等参与家庭工作的意识。在现有的性别分工社会文化大背景下，进一步加强宣传教育，在社会层面保障平衡夫妻双方在工作和家庭责任之间的关系，对于女性科技人才的成长至关重要。

2. 改良基础教育内容，鼓励女性提升科学素养

转变科学教育中的性别歧视，拓宽女性的科学知识面。鼓励更多年轻女性投身到科技事业中去，宣传优秀女性科技人才代表，报道她们对科技发展所做

出的贡献，通过榜样的力量启迪、激励更多女性科技工作者。

3. 改变传统科技人才培养模式，加强科研创新能力培养

改变传统科技人才培养模式，更加注重独立思考、创新动手能力的培养，在基础教育各阶段开设科技实验课程、动手实训课程等，鼓励女性尽早参与到科技创新实验实践，积累科技成果创新与转化的实践能力和研究经验。

4. 完善女性科技人才政策规划，制定有针对性的专项科技政策

优化女性参与科学研究的国家科技政策支持，创新更具竞争力的女性人才集聚制度，推动提高各类科研项目中女性承担项目的比例以及女性人力资本贡献率。加强对女性科技人才成长规律的研究，支持性别项目的研究，在此基础上结合女性自身特质，设立适合的科研管理制度，为女性科技人才的成长与发展提供更好的支持。建立能有效促进女科技工作者学术交流的平台与论坛，促进女性科技人才积极参与国际活动，加大对其创新创业的支持力度。

上海市妇女联合会
上海工程技术大学
课题负责人：何　琦

婚姻家庭
与
儿童发展

当前上海家庭教育发展的样态与挑战

百年大计，教育为本；教育之基，首在家庭。教育是家庭最重要的基本职能之一，家庭教育肩负着国家发展、社会进步、协同育人的时代使命。如何提升家庭教育的质量，推进家庭教育指导工作的开展，关系到孩子的终身发展，关系到千家万户的切身利益，关系到国家和民族的未来。

一、问题提出

当前，一方面上海人民对公共教育服务表达出更多的优质化、个性化需求，另一方面由于家庭结构不良、家庭功能缺失、家庭教育不当、亲子矛盾多发等因素而导致的学生成长风险的发生率有所上升，这成为上海家庭建设和教育改革不得不面对的棘手难题。为了促进全社会教育生态的优化，为上海城市文明、经济社会的发展提供有力的保障和支持，本研究以全市大样本的问卷调查为基础，分析上海目前家庭教育的基本现状、存在问题，并结合上海城市发展定位，为构建全市家庭教育指导服务体系提供政策建议。

二、研究方法

本次研究的调查问卷（家长卷和学生卷）由上海市教科院家庭教育研究与指导中心自主编制。按2021年上海市各个区域学段学生数的规模大小成比例概率抽样（PPS）确定上海各区抽样学校和抽样班级，于2021年9月24日—30日通过网络调查的方式完成。

本次针对家长的调查共在全市16区发放了17 936份家长问卷，回收17 666份，回收率为98.5%；有效问卷17 666份，有效填答率为98.5%。

其中，幼儿园、小学、初中、普通高中和职高分别发放问卷4 716份

(26.7%)、7 199份(40.8%)、3 754 份(21.2%)、1 997 份(11.3%)。来自公办学校的占 85.1%,民办学校的占 14.3%,不清楚的占 0.6%。

受访家长年龄主要在 35～44 岁,占比 63.2%;76.8%的家长学历为大专或以上,其中本科学历占 42.4%,硕、博研究生学历的占 11.1%;76.1%的家庭月平均收入在 1 万元以上,15.7%的在 5 万元以上;89.9%的父母是原配夫妻;本市户籍的占 65.3%;49.6%的家长在企业工作,19.1%的家长在政党机关或事业单位工作;68.7%的家长政治面貌为群众,中共党员占 18.8%;85.8%的家长没有宗教信仰。

本次针对学生的调查共发放3 310份学生问卷,回收3 306份,回收率为 99.88%;有效问卷 3 219 份,有效填答率为 97.25%。抽样范围主要涉及上海市六个区,分别是徐汇区(16.6%)、普陀区(18.7%)、虹口区(20.9%)、杨浦区(11.6%)、嘉定区(19.1%)、奉贤区(13.2%),城区和郊区都有。其中,小学 3—5 年级填写 991 份,占比 30.7%;初中阶段填写 1 441 份,占比 44.8%;高中阶段填写 787 份,占比 24.5%。在上海出生的占 79.2%,在中国其他省市出生的占 20.4%,在国外出生的占 0.4%。

独生子女数为 2 194,占比 68.2%;非独生子女数为 1 025,占比 31.8%。独生子女中,27.3%的学生表示想要兄弟姐妹;33%的学生表示不想要兄弟姐妹,39.7%的学生表示无所谓。非独生子女的学生中,有一个兄弟姐妹的占 75.3%,有 2 个兄弟姐妹的占 17.6%,有 3 个及以上兄弟姐妹的占 7.1%;排行老大的占 56.1%,排行老二的占 36.3%,排行老三及以下的占 7.6%。

三、调查结果

(一) 父母的养育观念积极向上

大多数的上海父母对家庭教育与儿童发展的性质和关系有较为积极的认同。比如,77.6%的父母认可(将“比较同意”和“非常同意”比例相加,此题下同)“孩子的身心健康,比什么都重要”,60%的父母认可“如何做父母是需要学习的”,55.5%的父母赞同“家庭教育对孩子一生的发展都非常重要”。

从父母的教育观念来看,接近九成的父母对重要的教育改革举措有较为正面的理解和认同,这非常有利于教育改革政策的有效实施和深入推进。比如高达 87.5%的父母赞同“小学和初中的‘公民同招’政策,使义务教育更公平”,86.8%的父母赞同“对校外教育培训加强监管,非常必要”,50.7%的父母不认可(将“很不同意”和“不太同意”比例相加,此题下同)“学校给学生减负,但实际增加了家长的负担”这样的观点。

（二）父母教育期望呈现“高期望”

目前，87.3%的父母希望自己的孩子能读完大学及以上。具体而言，40.3%的家长希望孩子读完大学，33.4%的家长希望孩子读完硕士，13.6%的家长希望孩子读完博士，10.8%的家长没考虑过该问题，只希望孩子读完高中和初中的占1.8%。

不同学历水平的家长对孩子的学历期望不同：低学历水平家长希望孩子读完大学及以上的比重最小，占比79%；中等学历水平的家长，90%希望孩子读完大学及以上；高学历水平的家长，89%希望孩子读完大学及以上。

（三）父母的养育费用投入大

41.2%的家长表示每月用于孩子的花费不到家庭收入的10%；44%的家长表示每月用于孩子的花费占家庭收入的10%～30%；认为孩子的花费超过家庭收入30%的家长占14.8%。

家长认为，用在孩子身上的最大开销主要是“培养特长”“课外辅导（请家教、补习班等）”和“与学习相关的用品、图书”等三个方面，分别占比28.6%、26.7%和23.6%；认为是“学费/择校”的占7.4%；“营养保健品”占3.4%；“看病”占1.2%；“其他”占9.1%。

43.8%的家长表示校外培训总费用占家庭年收入的1/10，16.2%的家长表示校外培训费用占家庭年收入的2/10，11.2%的家长表示校外培训费用占家庭年收入的3/10，超过10.9%的家长表示校外培训费用大大超过家庭年收入的3/10。

（四）亲子关系中父母陪伴问题突出

1. 部分家庭亲子共处时间相对较少，休息日共处时间严重缺乏

调查结果显示，在工作日，38.2%的家长和孩子呆在一起的时间（除去睡觉，含生活/学习/接送/陪伴等）为1～3小时（不含3小时）；34.3%的家长和孩子呆在一起的时间为3～5小时（不含5小时）；20.9%的家长和孩子呆在一起的时间超过5小时；6.6%的家长和孩子待在一起的时间不足1小时。

而在休息日，10.4%的家长和孩子呆在一起的时间（除去睡觉，含生活/学习/接送/陪伴等）为1～3小时（不含3小时）；15%的家长和孩子呆在一起的时间（除去睡觉，含生活/学习/接送/陪伴等）为3～5小时（不含3小时）；16.8%家长和孩子呆在一起的时间（除去睡觉，含生活/学习/接送/陪伴等）为5～7小时；18.7%家长和孩子呆在一起的时间（除去睡觉，含生活/学习/接送/陪伴等）为7～10小时；37.2%的家长和孩子呆在一起的时间（除去睡觉，含生活/学习/接送/陪伴等）超过10小时，2%的家长和孩子待在一起的时间不足1小时。

2. 亲子交流内容以学习话题为主，近半数亲子从未交流过“偶像明星”

最近半年中，父母和孩子经常交流的话题主要是以下几个方面：生活行为习惯（57.2%）、学校生活/学习/升学考试（50.9%）、同学/朋友交往（50%）、自我保护/生命安全/公共安全（46.9%）、体育锻炼/运动保健（46.6%）以及心理和情绪健康（41.8%）。从未交流过的话题中，“偶像明星”所占的比例最大，高达 46.6%。

3. 在亲子共处中，孩子和父母吵架状况不容乐观

从学生卷调查结果可知，43.9%的孩子会和自己的父母有争吵，而孩子“和父母亲都吵架”的比例占到 18.3%。

而从吵架的频率和严重程度来看，27%的学生和父亲大约每周吵架 1 次，1.9%的学生每天和父亲吵架，0.7%的学生和父亲一天吵架好几次。9.6%的学生表示和父亲吵架时，差不多都吵得很厉害；5.2%的学生表示和父亲吵架时，总是吵得很厉害。和母亲吵架的频率是，20.9%的学生和母亲大约每周吵架 1 次，5.4%的学生每天和母亲吵架，1.6%的学生和母亲一天吵架好几次。从严重来看，5.4%的学生表示和母亲吵架时，差不多都吵得很厉害，5.9%的学生表示和母亲吵架时，总是吵得很厉害。与母亲相比，孩子和父亲的吵架频率和严重程度相对更高一点。

（五）父母负面的教养行为不容忽视

研究近两个月内，多数父母对孩子有较为正面的教养行为，比如 84%的家长表示较经常“对孩子表达关心和爱”；94.2%的家长会“表扬、肯定或赞美孩子”；90.4%的家长表示不会“生气不理睬孩子”；89.5%的家长表示不会对孩子“说话不算数”。

但不可否认的是，家长负面的教养行为也不少。一般而言，打或骂的直接伤害，以及忽视孩子的隐性伤害都会对孩子造成负面的影响。本次调查中，70.4%的家长常会“对孩子大吼大叫或骂孩子”；25.8%的家长表示“会掐、拧、打或踢孩子”；13.2%的家长表示“没空管孩子”。

（六）父母养育压力“前移”和“低龄化”

本次调查数据表明，上海近 1/4 的父母养育压力较重或非常重（22.4%）。同时，各学段父母的养育压力之间存在显著性差异（$F=9.337$，$p<0.01$）；相对而言，幼儿园父母和小学父母的养育压力无显著差异，但显著高于初中和高中，初高中父母养育压力无显著差异。

（七）学生偶发的负面情绪较多

尽管近九成学生对生活的总体感受良好，但从开学至今，学生的负面情绪

状态有各种表现，有些比例相对较高。比如，学生在最近一个月里常“睡眠不好或早起困难”的比例最高，达到 25.6%，“易怒、烦躁、容易发脾气”“注意力不集中或难以集中”常出现的比例也均达到 20.2%。经常“情绪低落或流泪哭泣”的比例也达到 19.6%，感觉最糟糕的“觉得活着没意思”常见比例也有 11.6%。

（八）部分学生习惯网络生活，现实感弱

1. 部分学生上网时间较长

上学期间，20.2%的学生表示自己周一至周五不上网（包括用手机、电脑等），18.6%的学生表示自己周一至周五的上网时间不超过半小时，20.3%的学生表示自己周一至周五的上网时间不超过 1 小时，17.3%的学生表示自己周一至周五的上网时间不超过 2 小时，11.4%的学生表示自己周一至周五的上网时间不超过 3 小时，12.2%的学生表示自己周一至周五的上网时间在 3 小时以上。

休息日期间，10.7%的学生表示自己不上网（包括用手机、电脑等），10.3%的学生表示上网时间不超过半小时，17.7%的学生表示上网时间不超过 1 小时，20.3%的学生表示上网时间不超过 2 小时，17.1%的学生表示上网时间不超过3 小时，23.9%的学生表示上网时间在 3 小时以上。

2. 父母限制孩子使用手机或电脑的情况较多

对于孩子使用手机或电脑，多数父母都会对孩子有所限制。本次调查结果显示，父亲较多限制孩子的比例有 45.4%，母亲较多限制孩子的比例相对更高，有 58.5%。

3. 孩子因手机或电脑与父母发生冲突或争执的情况不少

父母在对孩子手机和电脑的日常管理过程中，难免会和孩子产生一些冲突或争执。由于家庭中母亲负责孩子的日常生活、学习的照料较多，孩子与母亲经常（比例有 25.7%）因为手机或电脑发生冲突或争执的比例较高。

4. 不少学生喜欢偶像明星

第一，调查表明，46.3%的学生表示有喜欢的偶像明星，31.2%的学生有 1～2 个喜欢的偶像明星，10.2%的学生有几个喜欢的偶像明星，4.95%的学生有很多喜欢的偶像明星。第二，42.1%的学生表示自己购买过偶像明星的代言产品，33.8%的学生只是偶尔购买，6%的学生是经常购买，而 2.3%的学生总是购买。第三，27.7%的学生表示自己购买过偶像明星的应援物，20%的学生偶尔购买，4.8%的学生经常购买，2.9%的学生总是购买。第四，无论是父亲还是母亲，有一成多的父母会经常批评孩子，反对或限制其“追星”。第五，5.7%的学生表示自己打赏过“网红”。其中，52.4%的学生打赏最多的一次为 10 元及

以下，21.7%的学生打赏最多的一次为 10～50 元，9%的学生打赏最多的一次为 51～100 元，7.4%的学生打赏最多的一次为 101～300 元，9.5%的学生打赏最多的一次为 300 元以上。

（九）家长对家庭教育指导的需求大

1. 家庭教育指导内容的需求以“儿童心理健康”“亲子沟通”为主

本次调查结果显示，父母对家庭教育指导内容的需求呈现三个特征：

第一，“品行教育”“成长过渡/学习适应”“营养、保健等身体健康”“儿童心理健康”等是家长最需要的家庭教育指导内容；

第二，父母对家庭教育指导内容的需求呈现显著的学段特点，越是低学段的家长越重视儿童心理健康的指导，在儿童心理危机频发的时代，这是一个既可喜又可悲的需求；

第三，未来政府构建的家庭教育指导服务体系应着重加强在“儿童心理健康”“亲子沟通”和“家庭教育方式”等更为专业化内容的指导上。

2. 家庭教育指导形式的需求以交流互动式指导为主

本次调查结果显示，父母对家庭教育指导形式的需求呈现两个特征：

第一，“体验式培训”“面对面咨询”“专家讲座”是家长最希望的家庭教育指导形式，即与指导者有交流互动更受父母的欢迎；

第二，各学段家长在家庭教育指导形式上的需求上高度一致，没有学段上的显著差异。

四、当前上海家庭教育发展的样态

（一）家庭教育由自然生长型向主动发展型转变

家庭教育对儿童的成长至关重要，它是儿童最直接最重要的环境与支持。从调查结果看，上海的家庭教育呈现出良好的状况：家长学历较高，家庭收入有保障，家庭结构较为稳定，家长也比较重视孩子的日常教养，且在子女的教育时间与经济上投入较多，这样的家庭状况让儿童成长有物质和心理的双重保障。儿童的成长不光需要经济投入，还需要完整的家庭的呵护，家长的关注与指引，上海总体家庭状况对儿童成长是非常有利的。

（二）家庭教育呈现出“高期待・高投入・高焦虑”的三高特征

家长的教育期望和教育投入是父母对于养育孩子过程中自身认知与行动关系的体现。而养育感受则是父母在亲子系统内所感受到的压力后的情绪体验和状态。本次调查发现，上海家庭教育的“三高”现象严重：即上海父母既有总量上对子女成长的期待“高”，也有攀高峰式质的期待（通俗地说，“本科”是底线，最好是“博士”），在教育过程中愿意并持续高投入，而在养育感受上体现为高焦虑，呈现出一定的忧虑、焦急和自我丧失感、疲劳感等消极情绪体验和状态。“双减”政策的执行，让父母在一定程度上回归教育理性，对盲目跟风育儿行为有一定的限制作用。但如何更新家长理念、释放家长焦虑还需要全社会家庭教育指导服务进一步跟上。

（三）社经地位低的父母受困“时间”与“方法”双缺失的叠加效应

调查发现，造成父母养育压力的原因从高到低依次排序为：经济收入有限、孩子不听话或不省心、照顾时间不够、欠缺养育方法。“经济收入有限”与“照顾时间不够”是相关联的父母生活状态的表现，而“孩子不听话或不省心”和“欠缺养育方法”则是父母家庭教养困境的突出表现。而养育方式的不当与家长欠缺养育方法有着直接关联。可见子女问题行为的产生，既受到家长养育压力传导的影响，也是家长采取简单粗暴的养育方式的结果。大多数父母家庭教育困境的产生实际是父母生活压力与养育压力的双重叠加造成，最直接的影响因素就是迫于压力而导致“时间”缺失，外加面对孩子在养育方法上的“不得法”。“时间”与“方法”的叠加效应让大多数低学历、低收入的父母更容易成为家庭教育养育上的失能家长。这些特殊家长群体的家庭教育困境，是阻碍上海家庭教育事业整体高质量发展的桎梏。

（四）部分父母教养呈现“暴力”或“忽视”倾向

从全市家庭教育的总体状况来说，在父母对儿童的日常陪伴和照料、家庭养育环境的创设、对儿童教育期望的设置、根据儿童特点采用何种教育方法、对儿童基本权利的尊重和保护等方面，父母的教养都有不足之处。尤其大多数家长（70.4%）在家庭教养中常会“大吼大叫或骂孩子”，四分之一的家长（25.8%）常“会掐、拧、打或踢孩子”，13.2%的家长“没空管孩子”。可见，家庭中的暴力、谩骂、情感伤害、语言攻击、忽视等现象并不鲜见，会直接伤害到孩子。父母和监护人工作繁忙，使儿童得不到应有的陪伴和照料，这种隐性伤害往往会长久影响儿童的身心健康。儿童友好型家庭建设亟需加强，为了儿童发展而主张家庭教养“无暴力”和“反忽视”。

（五）家长教育观念“传统”与“现代”交织

一般来说，以父母“是以儿童为中心还是以成人为中心；是重过程还是重结果；是重儿童的潜能和价值还是重社会的需要”等标准来判断划分家长的教育观念是偏向现代还是偏向传统。在“如何正确理解和科学看待儿童的发展、家庭教育的重要性、是重育分还是重育人、父母是否需要终身学习、认同重大教育改革政策和举措”等方面，父母的观念越来越趋向于现代。但不可否认的是，部分家长老观念、旧思想依然根深蒂固，比如父母对养育男孩与女孩的不同价值、差别方式等都反映出部分家长抱有的男女不平等思想；而父母对家庭与学校的关系和边界上的模糊定位，也多少体现了家长家校协同育人理念仍然在路上。

（六）儿童在成长过程中新问题多发、高发，现实感弱

本次调查的学生从小学到高中，在年龄上均属于"零零后"一代。"零零后"儿童在成长过程中表现出较多的倾向性问题。

第一，学生常常面临持续且较高的学业压力："双减"政策执行后，部分学生回家做作业时间依然较长，睡眠时间相对不足；而在课外补习方面，一些学生课外补习情况负担较重，补习科目多，补习时间长。

第二，学生家庭处境不利或存在亲子矛盾：父母对孩子的"忽视"和"暴力"令孩子在家庭的处境严重不利。父母对孩子的陪伴不足，尤其是"双减"政策执行下，父母在双休日对孩子的陪伴不足；父母对孩子健康权、发展权、参与权的重视程度不够，家庭氛围不够民主；父母教养方式简单、粗暴，对孩子"大吼大叫"或"骂孩子"较为常见。

第三，学生的身心健康状况不容乐观：一些中学生由于学业压力增大，作业负担重而影响自己的身心健康，比如凌晨后学生才能完成作业严重影响了他们的睡眠时长和睡眠质量；学科类课外培训多且时间长，压缩了孩子发展特长、兴趣、阅读或锻炼的时间，孩子的闲暇生活不丰富。

第四，由于学业压力大、父母陪伴少，部分学生亲自然机会少，被包办代替多，他们喜欢在现代化的网络世界里生活，现实感很弱。沉迷于使用手机、电脑，习惯网络世界中的追星、打赏、直播，他们在虚拟的世界中体会到真实感，在真实的世界里反而有虚拟感，他们可能会因为手机、电脑使用，或者追星问题和父母闹矛盾，甚至"觉得活着没意思"。

五、当前上海家庭教育发展面临的挑战

（一）上海家庭结构的简化和多样化趋势

上海的家庭结构呈现出简化与多样化趋势，具体而言：家庭结构简化指的是家庭户数增多，而家庭规模变小；家庭结构多样化指的是家庭类型增多。本次调查显示，小夫妻和孩子的亲子两代同住比例在加大。家庭结构的简化，最直接的表现就是家庭人口较少、代际层次单一和家庭关系简单，对家庭教育带来的挑战就是父母由于工作繁忙而照料支持力量不足，故有些父母对孩子的生活关心和照顾不够，在一定程度上影响孩子的身体健康。另外，在家庭现代化发展、人口城乡流动增加和互联网蓬勃发展等时代背景下，单身家庭、非婚同居家庭、丁克家庭、隔代家庭、空巢家庭等新型家庭模式不断增多，上海的家庭形

态呈现出多样化形态。而和儿童成长密切相关的一些家庭类型的变化，比如双亲单独抚养家庭、离婚但共住家庭等新类型的出现，不但引发了家庭生活方式的变革，也易引发家庭教育的变革。

（二）家庭生活电子化、娱乐化、碎片化趋势

目前，随着时代的发展和变迁，网络、电脑和智能手机的普及尤其使年轻父母的家庭生活被深深的电子化、娱乐化、碎片化，这种生活被信息技术无限裹挟的网络时代使得父母对未成年孩子的教育变得极其困难。首先，随着家庭生活电子化、娱乐化，父母很多"其身正"的高大、权威形象被瓦解；其次，在家庭教育中，互联网便捷的通讯给孩子带了社交上的便利，孩子有真实世界和虚拟世界二重生活空间；再次，随着互联网带来的不同文化中的意识形态，孩子在成长的阶段非常容易受到非主流文化的影响，这种非主流往往代表着叛逆和个性的释放；最后，互联网的衍生产品对于家庭教育的冲击也非常巨大。

（三）上海母亲的工作—家庭冲突明显

从本次调查结果可看出，无论是母亲在家庭教育中实际承担的客观任务，还是母亲自身感知的养育压力，母亲这一角色带给女性的压力并不小，尤其是家庭生育、养育、教育负担已然成为了女性的生活痛点。其他诸多研究也发现，女性承受着工作和家庭的双重压力，当家庭养育面临困境较大时，女性被动或主动放弃就业的比例更高。女性比男性感受到更多家庭对工作的干扰，她们承担主要抚育孩子和赡养老人的责任，最明显的后果就是减少了工作参与机会和母职惩罚。随着上海家长教育投入不断加大，随之而来的问题就是母亲面临着更重的子女照料中的抚育负担，挤兑她们在工作上的投入，影响她们在工作上的升迁和职业发展。

（四）学校教育改革愈加催化家校社协同

从社会变迁视角看，教育变革为当代家庭教育变迁指明了方向，学校教育的改革动向仍然是家庭教育的"风向标"，学校教育的这些变革依然在向家庭教育领域渗透和延伸。上海一直是中国基础教育改革的排头兵和急先锋，在中国教育现代化的战略图景中，上海率先全面深化教育综合改革，不断加快着教育现代化建设进程。近几年，上海基础教育阶段教育改革的政策频出，比如"基于课程标准的教学与评价""快乐活动日""等第制评价""不布置书面回家作业""名额分配""双减"等。任何政策的有效执行都需要家校社协同机制的保障，否则家长容易迷失在眼花缭乱的政策中，在对教育政策片面理解的情况下主动自我加压，不仅念了政策歪经，也推高了养育焦虑。

（五）家庭教育指导服务获取方式碎片化

当学习型社会已经成为社会发展的目标时，对年轻一代的培养教育，仅仅依靠正规学校教育是远远不够的，家庭教育在学习型社会，形成与发展中的作用日益凸显。同时，更为重要的是，随着互联网的普及，网络教育的兴起与迅猛发展，成人被信息技术裹挟着前行，也越发习惯网络化、信息化的在线学习方式。外加疫情的加持作用，各类家庭教育指导服务与课程资源都有了电子化、在线式的形式。越来越多家长开始接受新的学习方式如公众号、微课、网课等。这样的方式既便捷，又节约交通费用与时间，家长使用起来方便与自身工作协调，成为新一代高效的学习途径。在家庭教育指导中，要善于利用这些手段，让更多的家长更方便地接受家庭教育指导。但也不可避免地存在知识获取连续性不强、紧密度不高、零散碎片化严重的倾向。

上海市妇女联合会

上海市教育科学研究院

课题负责人：郁琴芳

促进上海托育机构可持续运营发展研究

全面二孩政策的核心目标是提升家庭的长期发展能力，延缓老龄化进程，完善人口结构，推动人口与经济社会的协同发展。而一个政策的施行及其核心目标的实现，往往不仅依赖政策本身，更多在于一系列与之配套的体系和机制，全面二孩政策也是如此。推动托育服务发展，是推动全面二孩政策落实的重要抓手之一。

一、本市托育服务机构可持续发展面临的主要问题

(一) 托育服务供需严重不平衡

一是本市托育服务供需矛盾突出，总供给严重不足。需求方面，根据2015年上海市妇儿工委调查，67.5%的上海户籍0～3岁儿童有入托需求；2016年11月，上海市妇联开展了一项针对上海户籍0～3岁婴幼儿托管需求的微信调查，回收的7 422份问卷中有88.15%的家庭表示需要婴幼儿托管服务。供给方面，托幼园所资源紧缺，幼儿园托班比例严重不足。2010年起各区县开始逐步取消公办幼儿园的托班，以满足3～6岁孩子的入园需求。此外，当前幼儿园建设主要依据独生子女政策时期每户一个孩子进行规划，而自2015年起我国已全面实施二孩政策，但托幼园所规划并未根据新形势、新需求予以调整，目前公办幼儿园等资源严重不足，无法满足增设托班的现实需求。2017年，对比约10万幼儿的托育需求，上海托幼园所能满足的幼儿入托数合计为1.5万余人。目前已运营的12个市政府幼儿托管点的实事工程满足幼儿托管人数约为300人，因此机构托育服务的供给总量严重不足。

二是托育服务机构结构性供需矛盾严重。目前托育机构的收费标准悬殊：公办幼儿园托班、集办托儿所、福利性托育点收费在1 000元/月以内；市政府实事

工程幼儿托管点限价3 000元/月；在“1 + 2”文件出台后，新获批的非营利性托育机构费用往往在6 000～7 000元/月，营利性托育机构价格甚至超过万元/月，超过托育需求家庭可承受的经济范围。百姓首选公办幼儿园托班，其次才是市政府实事项目的社区幼托点，并希望幼托点收费在1 000～2 000元更为适宜，收费高昂的托育机构仅能满足小部分受众群体，因此，进一步加剧了托育服务供给与实际需求不匹配的矛盾。

（二）社区幼托点开办困难重重

幼儿托育工作是一项专业性很强的系统工程，需要多方力量共同参与。调研中集中反映的问题是由于资源缺、风险大、标准高、收费限、营利小等问题，多方参与办托育机构的积极性并不高。

一是“1 + 2”文件中托育机构准入门槛偏高，社区幼托点开设困难。“1 + 2”文件中对开办托育机构的场地资源、从业人员队伍建设、食品安全和配送的门槛设置偏高。例如场地资源中明确新建建筑只能在一楼开办托育机构；既有建筑实施装修的，可在一到三楼举办托育机构，二、三层场所下方对应区域也应为托育用房从业人员队伍建设方面，要求符合拥有6年及以上学前教育管理工作经验要求的园长以及符合相应资质要求的保育员才能开办托育机构。食品安全和配送方面，要求自行加工膳食的全日制托育机构应设不低于30平方米的厨房，或是符合资质的学校、幼儿园等单位食堂，在15分钟内送餐到托育机构等条件。另外有关安保、消防等诸多技防、人防、物防要求严格。社区幼儿托管点作为就近就便的托育机构，旨在给家庭提供小规模、“喘息式”的照看服务，在实际办托的过程中，就选址、设备、人员及配餐等方面很难完全达到“1 + 2”文件的标准。

二是托育服务参与主体积极性不高。托幼园所资源紧缺，企业单位开设托班意愿不强。二孩政策出台以来，全市幼儿园资源布局并未重新统筹规划，现有幼儿园资源无法满足人口高峰，生源早已饱和。此外，公办幼儿园开办托班后工作量增加、风险增加，加上缺少低年龄保教经验的专业队伍、缺少相关鼓励政策配套支持，一定程度上限制了公办幼儿园开办托班的积极性。大型企事业单位、园区虽有为本单位职工开设福利性托育点的意愿，但由于补贴政策尚不完善、开设门槛过高，绝大多数企业单位仍处于观望阶段。

（三）托育机构可持续性运营难度较大

1. 收支无法平衡是托育机构面临的普遍难题

托育机构前期购置设备物资投入普遍较大，人员开销以及日常经营成本高昂。社区幼儿托管点收费相对较低，加上由于场地、师资等标准严格，招收幼儿数量有限，幼儿入托时间非固定、有弹性，导致整体营收偏低且不稳定，一旦没有政府资金长期支持，此类托育机构将很难维持运行。具体原因主要有：

一是社区小规模托育机构设置方式，导致成本不经济。麻雀虽小，五脏俱全。目前市政府实事工程托管点面积多为300～400平方米，招生人数多为一个班25人左右。但一个社区小规模托育点也需要配备负责人、幼儿教师、保育员、保洁、保安、财会等人员，从人员费用来看，教师工资一般在5 000～8 000元/月(含保险)，保安、保洁等工资在3 000～4 000元/月。从技防设备的费用上看，安装智慧公安等监测设备，前期需要机构额外增加几十万的投入开销。从机构收入层面看，社区幼儿托管点招收幼儿数量有限，再加上幼儿入托时间非固定、有弹性，造成机构整体营收偏低且不稳定。因此社区小规模托育点，由于规模不经济，成本难以下降，机构收支不平衡问题非常突出。但开设2个班又面临场地、师资资源的困境问题。以运营中的市政府实事工程社区幼儿托管点为例(闵行区新虹街道德英乐托育园)，开设1个班，满招幼儿数25人。配备的幼儿教师人数(含负责人)3人，保育人员数(包括保育员、育婴员)1人，其他人员数(保安、保洁、财会等)5人。虽然街道免掉了房租物业水电等成本，但每月教师、保育人员工资就超过5.4万元、再加上人员培训费、教学玩具、保洁保安、保险、维修等，合计开销超过8.6万元，但该点托费和餐费收入约为7.6万元/月(托育收费3 000元/月)。

二是房租物业成本高。从硬件环境来看，托育机构房租成本高，运营压力大。特别是托育机构装修要求选用环保材料，消防安全要求级别较高，因此会比其他行业投入大。尤其托育机构不能设在地下室、不能在超过三层的高楼，必须利于改建消防通道等，适合场所难求，租金更高。调研结果显示，一个达标的托育机构根据场所、所在地理位置、装修及定位的不同，前期投入至少需要20～30万。托育机构前期投入主要在装修和硬件投入上。一般而言，房租和人员费用两项支出大概会占到托育机构运营总成本的70%～80%。此外还有购买桌椅、绘本等支出项目，由于幼儿玩具等损耗较大，更新速度快，支出也不容小觑。

总体说来，托育机构准入门槛、前期投入和运营成本较高，但是费用回收较慢，头两年亏损情况较为常见，盈利期一般需要4～5年才能盈利，属于产出投入比和利润率较低的产业。从办园难度看，从高到低依次为纯民办机构、有政府扶持的民办机构、公办民营、教育系统公办幼儿园托班。社会化机构本质是私企，逐利是其本性，在没有政府大力支持的情况下，如果经营不善或者机构负责人奉献精神不足，极容易倒闭，没有利益驱动的运营也无法持久，市场退出率很高。

2. 机构设点布局方式有待加强

根据前期的需求调查，本市市民对社区幼儿托管点的呼声强烈，中心城区的社区幼儿托管点基本呈现“供不应求”的局面。然而调研发现，近郊区的社区幼托点虽然已经正式投入运营，生源却未招满，出现“有供无求”，造成不必要的资源浪费。以闵行区新虹街道德英乐托育园为例，由于幼托点周边居民大多数由家里老人带孩子，机构招生困难。

3. 托育师资队伍严重匮乏

托育服务从业人员队伍缺口较大，人才断层明显，亟待扩展。受行业薪资水平和社会地位等因素影响，从事托育服务工作的人员匮乏，服务队伍流动性大，不少工作者流向其他社会机构，谋求更高收入。托育服务从业人员专业素养不高，当前幼儿托育服务队伍的准入门槛不明晰，业务培训机制不完善。托育服务队伍的实务能力以及专业素养不能满足符合 3 岁以下幼儿身心发展特点和规律的托育服务要求。

二、“促进上海托育机构可持续运营发展”的若干建议

（一）深入调研摸清托育真实需求，科学规划保障托育机构供给

摸清人口底数，充分了解市民真实的托幼需求结构，科学预测未来，全面规划托育机构的服务总量、结构类型以及布局方式，增加有效供给，分阶段达到目标。

一是摸清人口底数，考虑人口出生波动，科学预估托育需求总量。结合本市人口信息，科学预测上海未来五年的托育服务需求，评估上海托育机构的需求总量。根据上海市公安局 2017 年 1 月 1 日户籍人口数据库统计，上海各区 2 岁组的户籍人口密度分布情况如下：黄浦、徐汇、长宁、静安、普陀、虹口、杨浦、浦东的幼儿人口密度较大。闵行、宝山、嘉定、松江人口密度次之，远郊区青浦、金山、奉贤、崇明托育需求相对较低。具体而言，各区 2 岁组幼儿人口密度较大，建议增设托育机构的街道有（已考虑 2017 和 2018 年布局的社区幼儿托管点）：黄浦区的老西门街道、半淞园路街道，徐汇区的徐家汇街道、天平路街道，静安区的曹家渡街道、宝山路街道和江宁路街道，长宁区的江苏路街道，普陀区的长寿路街道和曹杨新村街道，虹口区的嘉兴路街道和曲阳路街道，杨浦区的四平路街道和控江路街道，闵行区的内古美街道，宝山区的庙行镇，嘉定区的嘉定镇街道，浦东新区的潍坊新村街道和浦兴路街道。各区街镇可根据实际需求合理增设社区幼儿托管点。远郊区则由于地域面积较大，适龄儿童分布较为分散，且隔代照料模式更受家庭接受等情况，可暂缓布局。

二是以社区为抓手，深入调研了解托育服务需求量，合理设点布局。在政

府的相关支持下，依托社区已有信息和资源，调动高等院校的人力及专业支持，多方合力开展本市托育服务需求的调研。对广大家庭的托育服务需求的具体内容进行补充，如是否有托育需求、期望的托育服务价格及类型等。

（二）结合社区幼儿托管点实际情况，给予“灵活性”管理

社区幼儿托管点旨在给家庭提供就近就便的托管服务，其定位的特殊性导致其要完全达到 1 + 2 政策要求难度较大，可根据社区幼儿托管点的实际情况，在 1 + 2 政策的整体思路下，适当放宽社区幼托点的准入标准及实施规范。在招收人数方面，可参照香港、澳门等地的经验，灵活配比全日班、半日班、紧急/临时暂托服务的托育人数比例，使托育机构的规划容量在人口出生的波峰波谷期做到需求和供给相对平衡，避免缺少科学规划指导而导致的基础服务设施规划的浪费。在人员设置方式上，适当减少各点保安、财会等其他工作人员的配置数量，保安人员可采用与附近物业小区共用的形式，财会工作者可负责区域内多个幼托点。在政策补贴方面，由于社区幼托点的福利属性，亟需相关部门从场地规划到运营设备以及日常开销给予不同层面的补贴及支持。

从长期来看，托幼一体化模式是托育机构发展的主要方向，它既能完全满足消防、配餐、疾控等要求，又有一定的规模效应，节约运行成本。但由于目前幼儿园资源配置不足，向下延伸至托班有困难，因此短期内市政府实事项目社区幼儿托管点是托育机构服务的有效补充。而从长远来说，社区幼儿托管点的职能更多地是承担紧急/临时暂托服务，并且为社区内的家庭育儿提供更全方位、更有效的指导和活动空间。另从成本角度考虑，要实现社区幼儿托管点的可持续运营，面积在 500～600 平方米，能容纳 40～50 个幼儿为宜，这将有效实现日常运营成本的平衡。

（三）调动多方参与托育服务的积极性

一是简化审批手续，鼓励企事业单位和有爱心、有责任担当的民间资本进入托育服务领域，满足供给侧与需求侧的平衡。例如黄浦区建立了托育机构开办全流程服务机制，包括申办咨询指导机制、一门式便捷服务机制、部门联合审查机制。

二是建立政府资金投入机制。政府投资新建一批普惠性 3 岁以下幼儿托育机构。通过购买服务、减免税收等优惠措施鼓励社会力量开办托幼机构。政府以奖代补，设立“0～3 岁婴幼儿早期发展均等化促进工程”奖补资金，专项支持婴幼儿早期发展工作。根据规模不同对审查合格的机构一次性奖励奖金，以解决民营机构在创办初期的经济困难。

三是制定相关财税政策。例如，鼓励和支持公立幼儿园和普惠性民办幼儿园向下延伸开办托班，对开办托班的园所给予适当的财政补贴。按幼儿入托人数给予幼儿园一定的津贴和师资补贴，充分调动幼儿园现有师资和幼儿园管理者的积极性，深入推动幼托一体化工作。再如，对开办托育机构的企事业单位制定税收减免政策和奖励补贴政策。积极鼓励园区、企业以及科研院所等单位参与福利性托育点设立。探索“管办分离”新机制，倡导园区及企事业单位与专业托育机构通力合作新模式，提供多样化的托育服务。

四是建立3岁以下托幼意外保险制度。建立专项的托育意外保险，该保险由专业的保险公司负责运营，保险对象是入住托幼机构的婴幼儿，婴幼儿在托幼机构发生意外时，由保险公司承担有关保险费用，减轻企业、社会组织和个人承办托幼机构中存在的巨大风险。托幼意外保险资金可以多方筹措，可以采用市、区两级政府各补贴一点，个人承担一点的方式进行缴费。将托育意外伤害作为医保的一种新设险种，纳入城镇居民医保报销范围。

（四）推动托育师资培训，保障和稳定托育机构师资供给

1. 探索托育师资队伍的职业化培训体系

一是加快托幼双师型人才培养。鼓励高校和托育机构开展合作，高校开设0～3岁婴幼儿早期发展专业，为托育机构输送优秀的专业人才，托育机构为学生提供实习基地。提供参与式培训，通过现场观摩、共同讨论、名师指导的方式把教学理念在实践中升华。二是在高职教育中增加婴幼儿保育员专业，加强婴幼儿护理教育的职业教育，大力培养专业的婴幼儿保育员。

2. 拓宽培养途径，在实践中提升托育服务队伍专业素养和职业技能

一是探索大型教育集团连锁办园的带教队伍模式。由集团本身承担培养后备园长的任务，将他们已培养的具有本科学历，已有5～6年工作经历的优秀教师送出去担任连锁托育园的园长。二是聘用公办幼儿园退休教师继续担任托育园老师，一老一轻搭配师资，通过传帮带，快速培养青年托育人才。三是联合育儿专家，定期向托育机构提供实地服务指导。

3. 建立激励机制，健全托育人员福利保障体系

一是逐步提高3岁以下幼儿师资薪酬待遇，最终实现与3～6岁幼儿师资薪酬水平相当，甚至略高于3～6岁幼儿师资薪酬水平，完善3岁以下师资从业人员的社会保障；二是探索设立科学合理的托育服务人员职称编制、进修培训、评优选优等福利保障体系。通过不断提高托育服务队伍经济收入和社会地位，提升服务主体的积极性与能动性，减少教师和保育人员的流动性，保证服务人员梯队的稳定性，逐步提高对托育从业人员的吸引力和凝聚力。

（五）积极稳妥发展，科学合理监管托育服务机构

1. 加强事前、事中、事后监管，重视日常化动态监管模式

一是加强网络监管建设，将区域内的托育机构视频监控全部接入区服务指导中心，并与公安和教育局安全中心对接。在区指导中心三楼建成网络监控室，配备网络巡视人员进行时时的网络巡查。二是加强事中指导监管落实，逐步探索建立包括各托育机构定期自查，托育指导中心实地随访和网上巡查，专业部门抽查，多部门联合年检在内的多元化全覆盖的日常检查机制，落实事中指导与监管。同时依托电子政务的平台，实现各部门间的部门协同，定期检查的情况通过平台汇总到托育服务指导中心以后，再由服务指导中心督促整改。三是落实信用评价机制，建立托育机构监管信息公示制度。设立托育机构以及托育人员诚信档案，将托育机构的违法信息纳入本市公共信用信息服务平台，形成违法失信惩戒制度。依法公开托育机构的备案、登记等基本信息，定期在托育服务资讯平台公示评估检查结果和行政处罚信息等机构监管情况。四是实行幼儿家长开放日活动，主动接受幼儿家长的评议监督，定期向幼儿家长开放操作间，增加透明度监察。

2. 多方参与，发展专业化监督机制

一是借鉴香港特区政府对托育机构的监管办法，构建托育机构自我评估、教育主管部门监督考核、社会参与评估的三位一体监管体系。教育主管部门要建立健全托育服务的评价标准体系，便于托育机构据此开展自我评估以及教育主管部门进行监督考核。教育主管部门采用定期视察、突击点算幼儿人数等方式，对托育机构的服务情况予以监督检查，并邀请专业的第三方人员以观察员身份参与托育机构的质量评核。相关考核结果要公开发布，接受监督检查，并根据考核结果划分机构等级并与政府奖惩力度挂钩。二是开设托育服务监督热线，将托育机构提供的托育服务、以志愿服务等其他形式提供的托育服务纳入政府监管范围。

上海市妇女联合会
复旦大学
课题负责人：张伊娜

家庭服务的生态圈构建：政策、实践与前景

一、研究背景与目的

（一）研究背景

家庭是个体社会化的重要场所，是社会的基本组成单位，家庭的重要性不言而喻。20 世纪 80 年代以来，城市经济体制改革、单位制解体，社会变迁改变了家庭结构、家庭功能、家庭关系以及家庭价值伦理。婴幼儿照料与家庭教育、长者照顾、家庭关系调解等方面的家庭服务需求与日俱增。特别是对于超大型城市的上海而言，家庭服务系统化建设迫在眉睫。

此外，围绕家庭提供的社会服务之间存在重叠、欠缺或界限不清的情况，导致权责不清，各方对彼此的期待不统一，无法为家庭提供更完整的服务的情况。日益凸显的家庭问题和多样化的家庭需求决定了家庭服务政策不再是简单的行政治理，而是需要能够真正贴近群众日常生活、以家庭为中心的综合性服务。因此，有必要就此展开深入的研究，进一步考察上海家庭服务的发展现状，寻找存在的问题和改善空间，了解国内外同行业的发展经验，为上海市家庭服务的质量提升和规模扩大提出建议，以更好地建构一个有序发展、良性互动、功能完善的家庭服务生态圈。

（二）研究目的

面对庞大的需求群体和日益多元的服务需求，家庭服务的生态圈建设迫在眉睫。本研究通过问卷调查法、文献回顾法、深度访谈法，全面了解上海市家庭服务需求的分布，系统梳理上海市家庭服务政策发展与行业现状。基于家庭服务主体的工作情况及家庭服务的需求分析，梳理上海市家庭服务全面发展面临的问题与挑战。从构建家庭服务的生态圈出发，以期为上海市家庭服务的质量

提升和规模扩大提供决策依据。

二、文献回顾与概念界定

（一）家庭服务

作为人类生活的基本单位，家庭是社会的基本细胞，对一个人的一生都有着举足轻重的影响。对于家庭服务的概念界定，国际劳工组织将家庭服务界定为家庭工作，聚焦于家庭事务性管理层面，欧盟从第三部门视角提出家庭服务是需要支付薪酬的。国内对家庭服务的定义尚不明确，在学界和政策文件中有多种提法。较为常见的提法：政府提供的基本公共服务、市场机制提供的便民利民服务、社会工作服务领域中为家庭提供的服务。

具体而言，董红亚认为家庭服务是给与特殊群体提供的日常照护、康复及教育服务。朱东武、朱眉华认为“家庭社会工作中的家庭服务是根据家庭各类需求而提供的家庭生活服务”。除此之外，家庭服务也常常被认为是针对家庭提供的，以家庭保洁、家庭护理、婴幼儿及老人看护等以家庭生活事务为主要内容的、由家庭服务经营者提供的营利性活动。苏明等人认为家庭服务是指家庭服务员为家庭生活提供事务性、管理性的社会服务。

综上所述，本文倾向于将家庭服务视作满足人们需求的各类服务，即以家庭整体及其个别成员为服务对象，以满足家庭生存性和发展性需要、维系家庭整体良好运转为目标的各类服务的总称。

（二）家庭服务生态圈

家庭服务生态圈是指以家庭为核心，以全面满足家庭基本生存需要、努力满足家庭各项发展型需要、维系家庭整体良好运转为宗旨，充分连接家庭公共服务系统、市场服务系统以及公益服务系统等多个服务供给体系，通过直接或间接的服务方式，跨越多个服务业态、涉及多种服务类别，涵盖全方位、多层次、立体化的家庭服务产品选择，实现密切联系、分工协作、共生共赢、协同发展、平衡互惠、合作共赢的动态结构系统。

此外，和谐健康的家庭服务生态圈应当具备类似生态系统中共生、互生和再生的系统。首先，生态圈内应当有异质性的参与者，有目的地完善和丰富整个家庭服务生态圈的功能。同时，参与者之间应该建立起彼此嵌入的关系，家庭服务生态圈的平衡与稳定，则需要通过合理的价值分配系统以及整合机制的建立来达到多方共赢的成果。总的来说，家庭服务生态圈应包括政府、市场、社会组织三大服务供给系统，每个供给系统中又包含着多个服务主体，根据马斯洛需求层次理论将家庭服务分为四个层次：基础生活服务、健康照料、教育类服务、精神文化服务，从而形成一个有序发展、富有活力、良性互动、功能完善的家庭服务生态圈。

三、上海市家庭服务的需求现状

为进一步了解上海市居民对于家庭服务的需求，研究组专门设计了《上海市家庭服务需求调查问卷》，以上海市家庭为调查对象，采用线上调查和线下调查相结合的方式进行。调查问卷主要由六部分组成，分别是：背景变量（个人背景、家庭背景、居住社区背景）、家庭享有服务内容及满意度、社区提供服务内容及满意度、三类未满足服务现状及需求、对家庭服务整体满意度及发展建议。调研过程中，共计发放1 500份问卷，回收有效问卷1 393份，有效问卷率92.87%。

问卷调查分两个阶段，第一阶段采用滚雪球及随机抽样的原则，以线上调研的方式招募家庭参与此次调研工作，发放问卷1 200份，最终获取了1 109份有效样本问卷。受访者家庭主要来自浦东新区、徐汇区、宝山区、闵行区、静安区等多个区域，具有较好的区域代表性。在此次问卷调查中，受访者以女性居多，已婚者约占77%，在家庭社会经济状况方面，从职业、家庭收入以及居住小区类型的受访者比例来看，受访家庭的社会经济状况具有一定的差异性。

第二阶段，研究组通过入户调查的方式，以老年照护需求排摸为重点，增加了对“51岁以上”的老年受访者群体的调研工作。入户调研阶段共发放问卷300份，回收有效问卷284份，有效回收率94.67%。其中男性71名，占比25.1%，女性212名，占比74.9%。受访者多为上海户籍人员，共276名，占比97.2%；且多为非农户口，共257名，占比91.7%。此外，80.4%的受访者是已婚状态，也有15.3%的受访者处于丧偶状态。受访者的教育程度以初中、高中居多，分别占40.2%，20.6%。年收入最高的20万，最低的为0，年平均收入为61 704.70元。

总的来说，在回收的1 393份调查问卷中，受访者家庭居住地区分布广、收入差异大、年龄结构较为多元、居住环境异质性高，有利于较好地反映上海市社区居民的家庭服务需求。

（一）受访家庭的服务需求以基本生活服务为主

1. 超过一半受访者家庭购买过家庭服务

据调查数据呈现，55.2%的受访家庭购买过或正在购买家庭服务，比例稍高于未购买过服务的家庭。可以说，上海市居民对于家庭服务的购买趋势已经形成。

2. 社区提供与受访者购买的家庭服务以基础生活服务为主

从表1来看，受访者所在社区已出现较多类型的家庭服务内容，社区已提供的家庭服务以基本生活服务、养老照顾、幼儿照顾为主，如“家庭保洁”“养老服务”“社区医疗”“幼儿看护”的比例整体居高，分别为47%、41.9%、37.2%以及34.7%。而从受访者的反馈来看，购买的家庭服务当中，家庭保洁(54.92%)、幼儿看护(44.74%)和养老服务(42.91%)排在前三位。可以说，目前，社区提供的家庭服务以及社区居民购买的家庭服务均呈现出“基础性的服务比例较高、辅导及发展性服务比例较低”的特征，以基础生活服务为主。

表1　家庭服务供给与使用情况统计表

家庭服务类型	社区提供的家庭服务类型(N＝1 018)		正在购买的家庭服务类型(N＝874)	
	频数	百分比	频数	百分比
家庭保洁	474	47.0%	480	54.92%
幼儿看护	350	34.7%	391	44.74%
养老服务	422	41.9%	375	42.91%
病患看护	252	25.0%	305	34.9%
家庭医生	281	27.9%	272	31.12%
社区医疗	375	37.2%	203	23.23%
儿童教育	248	24.6%	171	19.57%
孩子托管	181	18.0%	123	14.07%
月嫂	67	6.6%	72	8.24%
理财咨询	84	8.3%	63	7.21%
宠物服务	73	7.2%	62	7.09%
婚姻情感咨询	72	7.1%	48	5.49%
法律咨询	113	11.2%	41	4.69%
心理咨询	75	7.4%	54	6.18%
家教服务	107	10.6%	52	5.95%
钟点工	123	12.2%	87	9.95%
家庭社工	89	8.8%	33	3.78%
无	118	11.7%		

(二) 受访家庭服务需求呈现多元化特点

1. *养老服务成为最大需求*

调研过程中，研究组邀请了受访者对目前最需要的家庭服务进行排序，该结果与上述目前社区可及性服务及已使用的服务情况基本一致。但值得注意的是,“养老服务”超过“家庭保洁”的需求,达到 57.48%,成为受访者最需要的家庭服务,这也符合上海市目前老龄化严重的社会现象。

家庭服务的需要情况反映了家庭现阶段对家庭服务的需要偏好程度,偏好程度从高到低,可大致划分出 4 个服务大类:①以家庭保洁为主的基础生活服务,包括家庭保洁、钟点工等;②以长者照顾、幼儿看护、孩子托管、病患看护、医疗保健为主的健康照料服务;③以儿童托育、儿童教育为主的教育类服务;④以心理咨询、婚姻情感咨询为主的心理咨询与辅导服务。

2. 儿童早期照料仍以祖辈照料为主

二孩政策后,上海家庭户规模仍旧以三口之家为主,家庭户规模较小。此次调查中,有 439 户家庭中有 1 个孩子,有 202 个受访者家中有 2 个孩子,有 34 个受访者家中有 3 个及以上孩子。受访家庭中,有 162 人家中有学龄前儿童,目前孩子的主要照顾者还是家中的长辈(祖父母和外祖父母),占比 39.1%。同时,随着养育观念的不断更新,家长越来越重视对孩子的陪伴和教育,很多家庭倾向于由夫妻自己照顾孩子,占比 33.6%。家庭经济条件比较好的家庭,倾向于雇佣月嫂和保姆,帮忙照顾孩子,占比 19.7%。而选择托养机构承担日常照顾孩子责任的家庭甚少,只占 4.2%。

3. 受访者对亲职教育各项服务均呈现高需求

从调研来看,家长对亲职教育的需求很高,尤其是对 0~3 岁幼儿智力开发的需求最高,占比 39.5%;有 36%的家庭对疾病防控有需求,36.3%的家庭对婴幼儿喂养有需求,有 35.3%的家庭对营养健康有需求,可见家长更加重视孩子的身体健康,希望通过亲职教育学习科学育儿的知识和方法,提升养育能力。

此外,受访者对于社区提供的亲职教育服务也有较高的期待。受访者希望社区能够定期为儿童开放游戏场地、游戏器械,并为家长提供专业的亲职教育指导和讨论交流性质的活动等,这也体现了家长对具有政府和学校背景组织的认可与信赖。

4. 婚姻家庭矛盾调解与咨询需求凸显

受访者在婚姻生活中遇到的困难或者产生矛盾的焦点主要源于孩子的教育问题、日常生活问题、与父母相处的问题、感情问题和父母养老问题等。

此外,受访者的回答显示,夫妻间最需要学习的是夫妻沟通的技巧,其次是亲密关系处理,再次是婚姻财产资源管理,有 60.3%的受访者表示夫妻间的沟通是一项需要学习的知识和技能,而亲密关系处理这一学习需要依然是关于夫妻相处之道,可见夫妻间的交流、沟通以及亲密关系的平衡和把握是夫妻当前比较关心的问题。

四、上海市家庭服务的发展与挑战

(一) 上海市家庭服务的发展现状

1. 政策为先：家庭服务发展的保障

我国已经颁布了一系列家庭服务行业的指导性文件，以统筹管理家庭服务的发展。2010 年，国务院出台《关于发展家庭服务业的指导意见》，对于统筹家庭服务业的发展，为家庭提供多样化、高质量服务提供了指导性和纲领性的方向。意见指出了两个目标：(1)到 2015 年，建立完善发展家庭服务业的政策体系和监管措施，形成多层次，多形式的服务体系；(2)到 2020 年，惠及城乡居民的家庭服务体系比较健全，能够基本满足家庭的服务需求。2013 年出台的《家庭服务业管理暂行办法》中提出，要重点发展家政服务、养老服务、社区照料服务和病患陪护服务等业态，满足家庭的基本需求；加快基本养老服务体系建设，积极发展社区日间照料中心和专业化养老服务机构，支持社会力量参与公办养老服务设施的运营，开展多层次的养老服务；鼓励发展残疾人居家服务。适应经济社会发展水平和居民消费变化，因地制宜发展家庭用品配送、家庭教育等业态，满足家庭的特色需求。此外，国家也在幼儿托育、家政以及老年人照护等方面出台了相关政策，以满足家庭服务的多元化需求。

总体来说，相关政策文件为家庭服务的发展提供了方向性的指导和建议，上海也依据本地区实际情况，制定了更加具有地方特征与可操作性的法规政策，包括《上海市家政服务条例(草案)》、上海市妇联“家家幸福安康工程”等，为本地家庭服务的发展提供了较好的政策保障。

2. 政府主导：家庭服务行业快速发展

经过多年发展，无论从行业机构数量还是从业人员数量来看，上海市服务行业已经初具规模，到 2020 年，预计满足家庭的基本服务需求之目标能够达成。

具体来说，在家政服务业方面，上海目前有从业人员约 50 万人，为超过 200 万个家庭提供各类家政服务。工商注册的家政企业约 2 600 多家，其中正常经营的大约 800 家，加入上海市家庭服务业行业协会的有 400 多家。上海家政行业整个市场规模在 400～600 亿元。近些年，上海家政服务业的发展呈现出以下特点。第一，行业服务呈现细分态势。目前，上海家政行业初步形成钟点工(常规家政服务)、养老服务、母婴护理、育儿服务等细分行业。部分工种，例如母婴护理，从事该项服务的企业专业化程度不断提高，专业技能水平也较过去和其他工种有很大程度提高。第二，从业人员技能水平不断提高。家政从业人员经由家政公司推荐，参加各类家政技能培训，总体上各个工种的技能水平不断提高。第三，家政服务员考评体系启动，建立了服务员星级体系。上海市家庭服务业行业协会于2018年建立了上海家政服务员星级标准和服务机构等级评定标准体系，并开展了一次试运行的评定，这对于提高从业人员技能水平，促进专业化是很有帮助的。

3. 品质不高：家庭服务质量与满意度偏低

例如，在家政服务方面，家政服务只能满足基本的家庭生活日常需求。超过70%的受访者表示对当前家政服务的满足情况不满意，其中42.2%的受访者表示非常不满意。使用率最高的家庭保洁类服务满意度只有64%，受访者对钟点工服务的满意度只有65%，这显示了家政服务的品质还有很大的提升空间。在幼儿早期教育与亲职教育方面，家庭的需求度明明很高，但社区中的幼儿服务设施使用率却很低，这二者之间的差异主要源于居民对目前社区服务的不满意和不信任，寻求市场化的亲职教育成本又很高，给很多家庭带来了困扰和压力。目前家庭服务的供给还有很大的缺口，为满足城市家庭对家庭服务的需求，提高其对家庭服务的满意度，政府及社会仍需要大力发展家庭服务业，增加服务供给，提高服务质量。

（二）上海市家庭服务发展面临的挑战

1. 联动不足：家庭服务主管部门联动机制尚未形成

近年来，我国家庭服务的机构数量、服务形式和服务内容不断丰富，但服务的供给能力和效率与居民的客观需求还存在差距。不同的服务机构隶属于卫生计生、民政、商务、人力资源社会保障、残联等多个部门，彼此相互独立，难以实现供需分级匹配、流畅转介、无缝对接，不符合家庭服务需求的客观规律和特点，存在明显的结构性矛盾，降低了资源配置效率和面向个体服务的供需匹配度及公平性。可以说，家庭服务的部门联动运作机制尚未建立，家庭服务的部门壁垒效应凸显。家庭服务主管部门之间，在家庭服务实施过程中信息不通，缺乏必要的协调。

2. 供需矛盾：家庭服务内容无法完全满足多元服务需求

在调查结果中我们可以看出，居民对家庭服务的需要具有多维性、层次性和连续性特点。一个家庭中，婴儿从出生到成长的教育和照顾，老人从日间到夜间照料，家庭中的亲子、夫妻、代际关系调节需要多种专业的人和机构的支持。每个人的需求都不是孤立的，也不是单一的。然而，我国的家庭服务存在碎片化的问题。一方面，家庭服务行业的机构数量与服务队伍数量还不能满足家庭日益增多的需求，另一方面，各种家庭服务的提供方之间缺乏合作交流，在服务供应链上出现一些空漏环节。

此外，受访者对家庭服务行业的改进与发展也有所期待，其中，选择“服务从业人员的素质提高”“服务收费的标准化和合理化”“家庭服务提供的种类更加全面”的人数最多且相对接近，大部分受访者都希望家庭服务的种类、从业人员素质以及收费标准能够有所改善。

3. 业内分割：家庭服务主体之间缺乏统一整合性平台

家庭服务各个类别之间的界限和分工不够清晰，也缺乏业内的互动。例如家庭社工、心理咨询师、婚姻家庭咨询师、家庭教育培训师、早期教育培训师等的界限是较为模糊的，都可能在同时服务于家庭的教育需求或精神文化发展性需求。这样的状况在家庭服务发展的早期可能很常见，但一定程度上也影响着业务的专精程度，造成无序的恶性竞争，最终不仅有损职业声誉，还会危害到百姓的福祉。

五、构建和完善家庭服务生态圈的若干建议

（一）加强政府部门的协同，架构高效联动运作机制

家庭服务作为一个系统性服务工程，涉及的部门方方面面。应以推动家庭服务落实为总要求，建立健全部门间信息沟通、规划统筹、联席会商、协调服务、跟踪问效等制度，形成牵头部门负责，相关部门配合的权责一致、规范有序、相互协调、运行高效的协同联动机制，进一步提高家庭服务相关部门服务质量和工作效率，有效推动全市家庭服务整体规划、人才培养、业务评估等重大事项的落实。

（二）进一步夯实“家中心”阵地，传递家庭社工协调下的家门口服务

自 2004 年上海市第一家社区家庭文明建设指导中心（以下简称“家中心”）成立以来，截至目前，全市落地成立了 218 个家中心，拥有 278 名社区工作者负责运营管理。通过“晒、议、讲、展、秀”等家庭建设活动，在社区内形成了较好的硬件、空间、功能基础。因此，应该在全市范围内进一步增加“家中心”数量及覆盖面，并承载更加丰富、多元的家庭服务功能。

第一，积极培育“家中心”管理运行队伍。通过内部招聘与引入第三方社会力量相结合的方式，在家中心设置家庭社工岗位，由家庭社工来发挥整合社区中家庭服务资源的作用；第二，以项目为媒介，不断研发创新性服务项目，整合社会资源，增强“家中心”的服务功能；第三，加强制度化建设，运用信息化手段加强“家中心”宣传与沟通的服务水平，制作发布服务菜单，探索建立“家中心”评估考核办法，不断提升“家中心”规范化管理与运作水平。

（三）加强家政、护理照料类从业人员的培训，大力提升其职业素养和服务技能

在以人才为核心竞争力的时代，必须从源头上提升从业人员的素质，才能

促进行业向“专业化”的方向转型。针对家政服务业的管理人才和服务人才的不同类型和层次，应设定培训的标准体系和不同要求，由一定资质的培训机构执行分层分类培训，以达成从业人员持证上岗、职业晋升、福利保障、服务品质提升的人才队伍建设目标。

（四）加强对企业运作与公益服务的分类管理与评估，提升整体家庭服务业的品质与效益

目前上海市家庭服务机构总体规模较小，各机构在服务人员工资、服务产品价格上存在恶性竞争，对家庭服务文化的认同度较低。然而，随着市场逐渐饱和，口碑好、影响力大的机构在整合市场资源、发挥市场竞争力中体现更大的优势。随着品牌企业规模扩张，越来越多的小企业将以加盟或合并等方式加入到品牌企业中，获得更多的社会知名度和认可度。

此外，社会组织将必然成为家庭服务供给方中的重要一员，民办非企业组织作为与企业完全不同的性质，需要建立健全针对企业与公益机构的不同考评、监督体制，激发家庭服务供给方的活力。

（五）借助物联网大数据平台，有效链接政府服务资源

随着经济、科技和文化的发展，已经有地区逐渐出现了将家庭服务与互联网相结合的“云家庭服务中心”等项目。“云家庭服务中心”通过与各社区居民委员会协作构建市区养老服务站点、形成需求信息链条，再将物理层、网络层、应用层、服务层等层次协调起来，吸纳面向经营类型涉及家电维修、餐饮服务、家政服务、医疗服务等内容的商家，构成新型服务模式。

上海在打造家庭服务生态圈的同时，可通过“互联网＋家庭服务”新模式与一站式服务，建立“云家庭服务中心”，为居民家庭提供基础生活、健康照料、教育咨询以及精神文化等多元家庭服务信息。

上海市妇女联合会
华东理工大学
课题负责人：朱眉华

从儿童视角探索儿童友好型城市建设

儿童发展与城市发展之间的权衡，是一个重要的议题。联合国儿童基金会前执行主席卡罗尔·贝拉米(Carol Bellamy)说过，“儿童，不仅是我们的未来，也是我们的现在”。1989年《儿童权利公约》提出儿童有权利生活在卫生、安全的环境中，有权利自由地玩耍、休闲，提出儿童权利应该作为城市发展的核心要素被考虑。1996年，联合国儿童基金会和联合国人居署共同制定了“国际儿童友好城市方案”(CFCI)，提出儿童友好型城市是一个明智政府在城市所有方面全面履行儿童权利的结果，旨在保障儿童权利，将儿童发展纳入城市发展中。

儿童发展与城市环境的研究经历了一系列主题转变，城市对儿童的态度从把儿童作为被保护的对象转向把儿童作为参与主体。在20世纪30年代以前，研究重点是如何通过儿童游戏场所、公园和其他设施的供给为儿童创造适合成长的城市环境。游戏场所被认为是儿童获得生理、情感和社会化发展必需的城市空间。一些发达国家起步较早，制定了一些相应的法律法规来保障儿童游戏场有计划的建设和使用。在美国许多州(如马萨诸塞州，1908年)制定了儿童游戏场的重要法律，规定最低儿童户外游戏场面积，并且作为社区开发、管理的主要指标。居住社区儿童游戏场的建设方面已经从定性提高到了定量的水平。

20世纪60年代，研究重点转移到城市环境与儿童发展的关系，比如儿童的精神发展、独立性、与周围环境的相互作用等。到了20世纪70年代，这种学术研究形成了一股社会力量，儿童问题得到世界许多国家学者的关注，研究得到全面国际化。20世纪80年代，研究将儿童观点和视角整合到相关政策文件中。20世纪90年代以后，儿童健康和城市环境方面的研究有了重大的转变，从以前对儿童精神健康方面的关注转移到对具体的儿童身体健康的关注，如童年期肥胖症和行为迟缓。这个领域的研究者呼吁更多的学科共同来对付儿童肥胖症问题，包括城市规划、交通、公共健康和医疗。近年来，研究关注主题转向加强儿童在城市规划和决策机制中的参与。这一类研究关注儿童如何感知和体验周围的城市环境。

“儿童友好型城市是一座承诺实现儿童权利的城市或地方政府系统，是一座把少年儿童的呼声、需求、优先权和利益作为公共政策、公共项目及公共决策有机组成部分的城市，是一座适合所有人群的城市。”儿童友好型城市意味着社会和物质环境能够为儿童带来归属感、受重视感和价值感，使儿童拥有培养独立能力的机会。儿童获得便利安全的活动空间与朋友进行交流、玩耍的同时，还能在充满野趣的场所与大自然建立友好情感。

本研究强调基于儿童视角的公共参与，关注儿童在城市规划和决策机制中的参与，以及儿童如何感知和体验周围的城市环境。意义在于，寻找真正适宜儿童成长和发展的城市环境，打造儿童视角下的“友好型城市”。我国对儿童友好型城市建设的研究和关注时间不长，刚开始主要从儿童公园设计入手，近几年有学者介绍国外儿童友好型城市建设的案例与经验，也有儿童教育、校外教育领域的专家关注生态环境对儿童身心健康成长的重要性。但总体而言，我国的城市建设尚未给予儿童活动空间与成长环境足够的重视，现行的法规、规范不健全，也缺乏相关部门的监督管理。所以，与国内当前的研究相比，本课题的创新之处在于——“儿童视角”。从儿童的视角，让儿童作为城市的主角来评估和探讨目前我市在与儿童相关领域的建设和发展。本次研究的落脚点在社区，社区是城市的缩影。社区是儿童可以进行社会交往，观察和学习社会如何运转的地方。在儿童使用方面，社区空间具有可达性高、社会化、促进儿童自发参与等特点，而儿童对社区的理解和直观感受比城市的大概念更为聚焦和具体。可以社区的儿童友好度评判为缩影来看我市儿童生存环境建设各方面的发展状况。

一、调查方法

（一）调查问卷

本研究采用问卷的调查方式。问卷的设计框架主要依据联合国评判“儿童友好型城市”的指标体系、基本框架和组成要素；原始问卷主要采用儿童友好城市倡议（CFCI）运动中，由儿童观察国际研究网络和联合国儿童基金会因诺琴蒂研究中心于2008年发起并设计的一套参与性评估工具中的儿童参与性问卷：*A Child Friendly Community Assessment Tool for Children*（*8－12*）和 *A Child Friendly Community Assessment Tool for Adolescents*（*13－18*）。问卷在原有基础上，进行本土化，在部分维度增加了我市儿童比较关注和重视的内容。（见表1）

表 1　问卷设计维度及内容

维度	具体内容	题量
娱乐休闲	安全的游玩和运动场所 残疾儿童可以获得无障碍的游乐区域 有可用的绿地/公园 对文化多样性的尊重 有与朋友互动的机会……	10
参与感与公民权利	参与社区决策 对互联网的使用 可以获取有关儿童权利的信息 有以儿童为中心的财政预算……	11
安全与保护	社区内的行动安全(步行、骑自行车或公共交通) 尊重多样性/不歧视 针对环境危害和自然灾害的措施 免受虐待、暴力和欺凌的安全 受到虐待/暴力伤害可以寻求相关服务和心理咨询 保护儿童远离毒品 可以获得对儿童友善的司法保护……	15
健康与社会服务	有可使用的保健设施 可以获得免疫接种 获得社会服务和咨询服务 获得生殖保健服务和艾滋病—性病预防 有垃圾收集和废物处理系统……	9
教育和资源	教育资源获得(学前、小学、中学) 性别平等(平等机会) 尊重儿童和父母的意见 尊重多样性/不歧视 在安全和受保护的环境……	14
家庭生活	可以获得水(饮用水和生活用水) 可以获得安全的住房或充足的住房条件 家里的安全……	11

为确保问卷的信效度，本研究开展了试问卷调查。通过信度分析表明，问卷各维度与总体量表的内部一致性系数均在 0.89～0.93，量表的可靠性较好。使用 AMOS 软件验证结构方程模型，X2/df 为 4.5，RMSEA 为 0.11，NFI、RFI、IFI、TFI 及 CFI 各拟合指数在 0.906～0.955，拟合良好。

基本情况包括儿童性别、年龄、是否独生子女、户籍，以及家庭社会经济地位问卷。家庭社会经济地位的测量方式参考国内外相关文献，采取对父母受教育程度和家庭财产状况两个变量：父母受教育程度调查选项分别为未上过学、小学、初中、高中（含中专）、大学（含专科）、研究生及以上6个等级，并转换为受教育年限进行分析，未上过学赋值3，小学赋值6，研究生及以上赋值19；原始分标准化后最大值1.73，最小值－3.08。家庭财产状况由调查家庭拥有物品间接获得，从电器、家庭工具、书籍等项目进行综合评分，题目组内部一致性信度0.76，信度处于可以接受范围。采用因子分析的计算方法，将相关指标进行因子分析，KMO值为0.723，各题项之间相关性较好，Bartlett球体检验显著性水平为0.000，适合因子分析。总方差解释在62.3%。将家庭社会经济地位的综合指标进行统计计算，平均值为0，标准差为0.45；最大值为0.92，最小值为－3.02；并将家庭社会经济地位的为3组。

（二）调查对象

本次研究采用简单的分层整群抽样的方法，选取具有代表性的4个区，并根据学校综合水平、学段、年级等条件，选择自然班为调查对象，下发问卷3 600份，有效问卷3 004份，总体有效率达83.4%。

二、调查结果

（一）儿童对“儿童友好型城市”指标的评价结果

根据六大维度，每个维度有不同数量的题目用陈述句的方式阐述，并要求儿童进行5级主观性评价，分为“非常不符合”“不符合”“不确定”“符合”和“非常符合”，得分以0—4分计；不同维度的得分按总计得分的平均数来确定。

6个维度的得分显示，我市儿童对儿童友好型城市维度的评估均尚可。家庭生活维度的评估得分最高，其次为安全与保护以及教育资源两个维度的评估得分较高，娱乐休闲和健康与社会服务略低，参与感与公民权利维度的得分最低。

休闲娱乐维度，儿童对目前游玩运动场所以及儿童活动场所中有面向儿童的讲解等方面的评价显著较高；其次对游戏休闲、校外活动、活动场馆、社区活动设施的适龄性以及适合儿童观看的电影、电视剧的评价居中；关于网络与电子游戏的适龄性和有益性，儿童的友好度评价显著最低。

参与感与公民权利维度，儿童对自身能主控、可参与、与自身相关的参与事项上给予了更高的评价，而对社区规划决策、政府对儿童相关的政策、学校少代会、家庭内的重大事务等参与受众不多，且与自身相关性相对低的参与事项，评价显著较低。

安全与保护维度，儿童对免受虐待、暴力和欺凌的安全、对自护安全及网络安全整体评价较高；对安全保护相关的实践活动、应对危险的解决措施知晓等评价也略高；但对基本的生活安全诸如轨道交通安全、行车骑车安全、食品安全以及口头暴力及网络安全（暴力或色情的信息暴露）、寻求家庭外的帮助或法律援助等方面的评价显著低于信息的宣传与获悉。

健康与社会服务维度，儿童对社区的基础设施如图书馆、体检服务、垃圾污水处理，以及与自身身心发展相关的信息获得方面，持较高的评价；但对针对儿童的公益性活动、儿科门诊以及空气环境等的评估显著略低。

教育资源维度，儿童对基本教育平等及教育基础设施如学习用品的供应、清洁用水、干净的厕所、校园环境等给予了高评价；对尊重兴趣爱好多样性、尊重儿童的意见、获得（健康生活、环境、生殖健康）相关教育各方面的评估略低；在安全与受保护的环境创设、获得职业培训/安置机会、获得儿童权利相关教育方面的评价最低。

家庭生活维度是儿童6大维度中评分最高的一个领域。其中，儿童对家庭的硬件环境创设，家庭生活安全诸如没有暴力、意外伤害以及父母的帮助等给予了较高评价；在尊重儿童的意见、空间隐私、家庭民主氛围、亲子陪伴、家人关爱及重视儿童个性发展方面，儿童给予的评价略低；在家庭邻里互动的方面，儿童的评价给分显著最低。

（二）不同年龄段儿童对“儿童友好型城市”指标的评估比较

从不同年龄层来看，儿童年龄越大，对儿童友好型城市维度评价越低，即小学阶段的孩子评价较高，高中阶段孩子的评价较低。各维度发展趋势近似。

娱乐休闲维度，在关于网络、电子游戏等的评价上，高中生给出的评价显著高于小学生和初中生。这其实呈现出高中阶段学生在其他休闲娱乐方面相对欠缺的特点。对于目前适合青少年观看的电影、电视剧的评价上，三个年龄段没有呈现出差异。

参与感与公民权利维度，在参与社区规划、决策或相关活动方面，高中生的评价明显低于另两组儿童，这可能与其学业繁忙有关。仅在“我参与家庭内的重大事务（如择校、父母离异等）”方面，高中生的评价显著高于初中和小学生，这与其能力发展有关。

安全与保护维度，“在上网时，我没有收到过网络上的暴力或色情等不良信息”的评分普遍最低。小学生对社区里行走和骑自行车的安全评估显著低于其他两个年龄段；而高中生则在“知晓互联网上的风险”“没有受到口头暴力或危险”“没有受到性骚扰或暴力”等方面，评价显著低于初中生和小学生。

健康与社会服务维度，三个年龄段间没有出现偏差现象，普遍是年龄段越高，评价低分越低。

教育资源维度，“学校里，男孩与女孩是平等的”这一内容普遍得到认同，没有显现年龄差异。在未来职业规划等相关信息上，初中生的评价显著低于小学与高中。

家庭生活维度在六大维度中属于评分最高的。对不同年龄阶段儿童评分的分析可知，目前家庭普遍比较注意尊重儿童的自我空间和隐私，儿童在“没有受到家庭暴力和虐待”以及“有自己的空间和隐私”方面的评价，没有年龄差异。但在“家庭氛围民主，父母听取我的意见”“父母除陪伴学习外，给予我足够陪伴”“需要帮助时，父母或家人给我积极回应”“父母更注重我的全面发展而不单纯是学习成绩”等方面，初中与高中阶段儿童的评价显著低于小学阶段儿童，父母应反思是否过度关注儿童学业而忽视了高年龄儿童对亲子互动的需求。

(三) “儿童友好型城市”指标评价的性别差异比较

不同性别儿童在安全与保护和家庭生活两个维度不存在显著差异，但在其他四个维度存在显著差异，表现为女童普遍比男童的评价高，但差异并不非常显著。

娱乐休闲维度，女生总体评价高于男生，男生更认可“网络或电子游戏是适合我们的”以及“现在有很多适合儿童观看的电影、电视剧”。对于“在社区，活动设施适合不同年龄的儿童使用”以及“我有足够的游戏、休息、玩耍的时间”方面，男女生评价没有显著差异。

参与感与公民权利维度，女生的评价显著高于男生；但在权利信息的知晓度上不存在男女性别差异。

安全与保护维度，男女生的差异不明显，男生更认可“乘坐轨道交通时的安全”“社区内行走与骑自行车的安全”，而女生更认可“没有受到身体的暴力和虐待”。

健康与社会服务维度，女生评价高于男生。在社区卫生环境上的评价无性别差异。

教育资源维度，女生的评价显著高于男生，但在教育物质资源、师生互动等方面不存在性别差异。

家庭生活维度，没有呈现出男女性别差异。

(四) 不同户籍儿童对“儿童友好型城市”指标评价的差异比较

从户籍分类分析，本市户籍与外籍儿童对儿童友好型城市各指标的评价趋于接近，但外省市户籍的儿童除了对家庭生活的评价与其他户籍儿童没有差异外，对其他指标的评价普遍高于本市户籍儿童。

娱乐休闲维度，本市户籍的儿童在“社区有足够的地方游戏或运动”“足够的游戏、休息、玩耍的时间”方面，评价低于外省市及外籍儿童；反而更认可“网络电子游戏适合我们、对我们有帮助”。家长及社会需要重视城市化进程带来的儿童与大自然的疏离问题。

参与感与公民权利维度，对家庭重大事务的决策、参与社区规划与决策、参与改造社区的活动3个方面的评分总体较低，没有显著差异。对参与自身相关事务、参与社区决策方面，本市户籍儿童评价均低于其他两类儿童。

安全保护维度，在基本安全出行、危险隐患的规避上，儿童都评价较好，未呈现显著差异。外省市户籍的孩子更认可“我们每天吃的食物都有安全保障”“我知道哪里寻求法律援助”“家庭外，碰到潜在危险知道找谁寻求帮助”。在其他诸如“上网时没有收到网络暴力、色情不良信息”“没有受到口头的暴力和威胁”“没有受到身体的暴力与虐待”“不会被其他孩子欺负”“学过安全自护相关知识”“参加过安全自护的现场演练等活动”等方面，本市户籍儿童评价低于其他两组儿童。

健康与社会服务维度，对医疗相关环境创设的评价未呈现户籍差异，但对社区环境创设、社区健康咨询等的评价，外省市儿童更积极。

家庭生活维度，不存在显著的户籍差异。仅在“若有兄弟姐妹，父母给我的爱不会减少”以及“我们家经常与邻居互动”方面，本市户籍的儿童评价显著低于外省市与外籍儿童。

（五）不同地域儿童对“儿童友好型城市”指标评价的差异比较

总体上，城区儿童对儿童友好型城市的各指标评估高于郊区儿童。

娱乐休闲维度，远郊区的儿童在“经常去科技馆、博物馆、图书馆等活动场馆”和“儿童活动、参观的场所，有适合儿童使用的参观设备”方面的评价显著低于其他类别的儿童；且在“足够的游戏、休息、玩耍的时间”“与朋友互动的时间”和“参加校外小组或活动”等方面，评价也处于较低的水平。儿童对“现在儿童玩的网络或电子游戏适合儿童、对儿童有帮助”的评价相近，无差异。

参与感与公民权利维度，郊区儿童在“家庭内重大事务的决策”“了解成人的权利”以及“参与儿童自主管理的团体”方面，评价显著低于其他类型的儿童。其他方面均存在城区儿童、城郊与近郊儿童、远郊儿童三个水平差异，城郊与近郊区域的儿童各方面评价相近。

安全与保护维度，基本也存在三个区域差异，即城区儿童、城郊与近郊儿童、远郊儿童。郊区儿童在“在上网时，我没有收到过网络上的暴力或色情等不良信息”“学习过安全自护相关知识”和“参加过安全自护相关的现场演戏等实践活动”方面评价最低。

健康与社会服务维度，城区儿童对社区医院资源、社区图书馆、社区活动等方面的评价显著高于其他三类儿童，说明城区在这方面的资源相对优于郊区。

教育资源和家庭生活维度，同样存在三个水平的评价差异，即城区儿童、城郊与近郊儿童、远郊儿童。

（六）不同家庭社会经济水平儿童对“儿童友好型城市”指标评价比较

根据家庭社会经济水平将儿童分为3组。家庭收入水平处于较高位置（上部33%）的儿童对各维度的评价显著高于其他两组儿童，而家庭收入水平位于较低位置（下部33%）的儿童，其评价显著低于其他儿童。

从各维度的评价与父母亲受教育程度的相关性分析来看，除教育资源（学校）之外，其他各维度的评价得分与父母受教育水平大都呈现显著正相关。其中，在安全与保护维度，父亲受教育水平高的儿童，在互联网风险、不被其他孩子欺负、安全自护知识等方面的评价显著偏高。在健康与社会服务维度，家长的受教育程度与儿童对社区医疗资源、社区图书馆资源、社区环境及公益活动等的评价呈正相关。

三、讨论分析

为了解不同类型儿童在城市儿童友好度评价上的差异，本研究将与儿童相关的年龄、性别、户口性质、区域分类、家庭社会经济水平以及家长的最高受教育程度等进行影响因素分析（回归分析）。回归分析中剔除影响因素：是否是独生子女。具体分析结果如下。

（一）对城市儿童友好性的综合评价总体中等偏上

儿童对家庭生活、安全与保护、教育资源的评价普遍更为积极；对休闲娱乐、健康与社会服务的评价略好，但在参与权与公民权利的评价上较为消极。因此，后三个维度是相对更有提升空间的领域。各维度的整体评价与2011年韩国首尔的城市儿童友好度评测结论相一致，但首尔的城市儿童友好度总体评价更低，更为消极。

对与儿童友好型指标相关的儿童四大权利的保护状况分析可以发现，本市儿童感知到父母给予了儿童相关权利的保护和支持，父母尽量想给孩子提供最好的物质环境和发展机会。在儿童参与权方面，家长、老师等成人已经意识到要平等地对待孩子、尊重儿童自己的选择权，但当理念要付诸具体行动时，仍有可能剥夺儿童的参与权。所以儿童对参与感和公民权利的现状评估相对消极。

（二）低龄儿童普遍更认同城市对儿童的友好度

随着孩子的年龄增长，儿童对城市的儿童友好度评价呈降低趋势。这一结论与2011年韩国首尔的城市儿童友好度评测结论相一致。这与其认知的成熟度以及主观评价标准有关，但我们应反思在城市规划与发展中，是否在城市建设与氛围营造上忽视了儿童的需求，应该如何聆听青少年的声音，更好地促进儿童发展与城市紧密相连。

从儿童对自身权利保护与现状的评估来看，青春期儿童对自身权利受到家庭保护的满意程度均显著低于低龄阶段儿童。相关研究认为，主要原因在于青春期儿童身心日渐成熟，有强烈摆脱成人保护的倾向。青春期儿童对家庭、学校、社会等各方面的认知可能更为成熟和全面，也有了相对独立的见解，在儿童友好型城市建设过程中，更需要倾听他们的心声。

（三）女孩对城市的儿童友好性评价更为积极

这一结论与2011年韩国首尔的城市儿童友好度评测结论正好相反，首尔城市友好度评价中，男孩比女孩的评价更为积极。但本次研究与本市多个研究结果相一致。杨雄等研究发现，本市女童普遍认为自己的权利比男童得到了更好的保护；而家长对孩子的保护，也呈现对女孩的权利保护显著高于对男孩的保护。因此可以说，在上海基本不存在重男轻女的现象，且相对来说，给到女童的环境创设还要略高于男童。这可能与女孩对各维度的参与度以及身心发展成熟度显著优于同年龄阶段的男孩有关。

（四）家庭社会经济因素好及城区的儿童评估城市儿童友好度各维度普遍比社会经济水平弱和郊区的儿童更为积极正向

这一结论与2011年韩国首尔的城市儿童友好度评测结论相一致。杨雄等人的研究结果表明：家长文化程度提高、家庭收入增加，儿童的生存权、参与权、发展权等就会受到越来越好的家庭保护。从环境创设上，城区儿童认为的教育资源、社区设施、公共服务设施以及儿童参与的环境与机会等显著优于远郊区。这客观地反映了儿童的生活环境差异，也从另一个侧面说明儿童对自身所处社区环境评价比较客观中立。

（五）儿童有能力参与与其相关的事务

根据童年社会学的有关研究，作为社会能动成员，儿童完全有能力积极参与社会活动，并为整个社会做出有益的贡献。儿童参与社会活动对其自身发展也有帮助。

此次调研过程中，不同年龄阶段的孩子对本市儿童友好型城市建设的评价真实客观，也能够直言不讳地指出城市发展中儿童友好建设的不足，并从儿童本位的角度出发，给出了自己对城市儿童友好度方面的建议和良策。

四、建议思考

(一) 我市儿童友好型城市建设中，需要更加关注儿童娱乐休闲、健康与社会服务以及参与感与公民权利的环境创设

娱乐休闲维度，儿童期待更多的自由游戏、休息、玩耍的时间和空间；与朋友交流、互动的时间；儿童自发组织的活动等；更期待适宜儿童参观学习的活动场馆，以及场馆内儿童化的设施服务，例如儿童更易理解的信息介绍，或针对儿童讲解的参观服务，或针对不同年龄段儿童的游乐设施等；希望社会能够提供更多适宜儿童观看欣赏的文化服务，尤其是适宜儿童玩的网络或电子游戏(该领域中评估最低)。孩子希望“电影有分级制度，避免让我们观看到无法接受的电影”。

健康与社会服务维度，儿童更期待社区环境的优化，包括空气质量、卫生环境、儿童图书馆等。儿童也希望社区有更多针对儿童的公益活动。

参与感与公民权利维度，与家庭、学校、社会关系中营造的尊重、鼓励、支持、积极聆听等的支持性环境有关，儿童的权利意识更强，儿童参与更为积极。儿童参与的实现离不开成人的支持和鼓励。成人需要为儿童建立一种安全、轻松的参与环境，更多地认识到儿童参与对儿童自身成长，包括对认知与非认知能力培养的积极作用，从而给予更多儿童参与的机会。

(二) 儿童友好型城市建设中，需要考虑环境创设的公平性与普惠性，向资源相对欠缺的郊区或处境不利的儿童群体倾斜

儿童友好型城市建设的目标是保障儿童对于基本服务的权利，例如健康、教育、住宅、饮水、卫生以及免于暴力、虐待和剥削；同时致力于让儿童影响关于城市的决策，表达他们对于城市的意见，参与社区和城市生活；提倡儿童安全独自出行，和朋友聚会游戏，居住在一个没有污染的绿色环境中，参与文化和社会活动，成为城市平等的公民，获得各项服务而不受任何歧视。其初衷，是考虑如何实现城市与儿童的共同可持续性发展。儿童是社会未来的人力资源，但在城市规划和发展进程中属于特殊群体、弱势群体。城市发展，尤其是公共服务建设，需要考虑城市全体人民的利益，合理分配公共资源，其中也包括儿童，为确保城市公共服务的公平、公正，需要体现对弱势群体的关注与扶持。解翠玲在《城市处境不利儿童的成因结果及改善策略研究》中阐述：对于城市中的处境不利儿童来说，处境不利是社会转型和改革的产物。改善处境不利儿童处境及感受的措施是加强制度和法规建设，为处境不利儿童的权益保障提供依据；集合多方力量，构建社会支持系统，促进处境不利儿童的发展。

因此在儿童友好型城市的建设规划过程中，不均衡的空间容易让儿童受到

伤害。在倾听儿童诉求的同时，需要考虑城市环境创设的公平性与普惠性。为实现尊重儿童权利和平等发展，要向资源相对欠缺的郊区或处境不利的儿童群体倾斜。

（三）儿童友好型城市建设中，应积极倡导儿童公民权利与社会参与意识，这对儿童发展及城市建设均有着积极的促进意义

在儿童友好型城市建设中，政府要及时向公众公开政府决策，搭建公众参与的平台，尤其是让儿童最大限度地参与其中。联合国儿童基金会倡导儿童友好城市包括以下 9 个关于儿童权利的要素：参与决策过程；儿童友好型的法律框架；覆盖整个城市的儿童权利计划；一个儿童权利机构或者协调机制；儿童影响评估；关于儿童的专门预算；定期发布城市儿童状况报告；推动儿童权利；独立的儿童代言人。全世界已经有许多城市和政府加入了实现“儿童友好城市”的行动。伦敦在 2007 年出版了第三期城市儿童报告。在意大利，政府环境部负责协调儿童友好城市计划的实施。欧洲的“为少年儿童建设的城市”网络于 2007 欧洲“为少年儿童建设的城市”论坛上正式建立，目的是为欧洲各城市提供一个跨国交流的平台，以探索如何进一步改善少年儿童以及家长在城市环境中的生活条件。发展中国家也已有很多实践，菲律宾从 1990 年代就开展儿童友好城市项目。在南非，约翰内斯堡大都市区议会的发展计划中，包括了儿童行动计划，让儿童可以直接影响当地立法和城市规划。越南胡志明市(2017)在儿童友好城市建设中着力推动如下策略：缩小公平差距，向处于社会边缘的儿童提供社会服务，保护所有儿童不受暴力侵害；促进安全、可持续的城市环境；设置合适的针对儿童的城市规划和预算；加强弱势儿童和青少年的发言权和参与权；加强城市区域政策研究的实证基础。

相对来说，我市儿童在参与感与公民权利维度上评价最低。我市儿童的权利意识已经普遍较高，有孩子就表示：“儿童同样是这个城市的一分子、一部分，所以我们也理应拥有和公民一样的权利，不应以年纪小为由限制我们的权利。”但儿童参与现状与行为的自我评估，呈现与他们权利意识不相匹配的评估分。相关研究认为这与父母、教师等在意识层面与实际操作间的不一致相关。

儿童参与意识及行为能力的提高需要有意识地培养。父母或社会对儿童参与的鼓励将有利于儿童自主意识、权利意识的萌发，同时对儿童参与行为、参与环境营造等有着积极的促进作用。从相关访谈可知，家长普遍认为儿童积极参与学校、社区的活动等，对儿童自身能力的提高是有着促进意义的。例如曾参与“青少年对上海市儿童参与现状的调查研究”的青少年表示，虽然研究中遇到了困难，但仍觉得非常开心，不仅是因为自己得到了锻炼，更重要的是觉得自

己是在为儿童争取自己的权利，是“为社会献出自己的一份力量”。

儿童的参与，有利于强化孩子对自我的认识，提高儿童责任感和主人翁意识，从而培养城市发展真正需要的具有主人翁精神的建设者和接班人。

上海市妇女儿童发展研究中心
何彩平　黎　洁

加快上海市家庭服务业发展研究

家庭服务是家务劳动社会化的产物，它将原本由家庭成员完成的为满足家庭成员自身生存、维系家庭功能所必需的各项家务劳动逐步转化为社会化的服务。随着人口老龄化、家庭小型化和生活方式转变的加速，上海居民对住家保洁、餐饮制作、老人护理、母婴护理、幼儿照管等需求日趋强烈。据"上海市家庭需求"调查显示，上海家庭可能聘请家庭服务人员的达到187万户，市场潜力高达70亿元/年。作为上海现代服务业的重要组成部分，家庭服务业对满足群众服务需求、促进女性职业发展、改善居民生活质量发挥了重要作用。近年来，上海市政府通过编制上海家政服务行业标准、建立家政人员登记注册制度、试点"互联网+家政服务"模式等，不断提升家庭服务质量。然而，我国家庭服务业目前仍处于初步发展阶段，上海在推进家庭服务业发展的过程中还面临着家庭服务供需结构失衡、家庭服务人员素质参差不齐、家庭服务业的运行秩序和市场环境比较混乱、家庭服务总体质量不高等诸多问题。尤其在"上海服务"品牌建设的背景下，家庭服务业面临新的形势与挑战。如何借助国内外促进家庭服务业发展的先进经验，应对上海人口深度老龄化、两孩政策全面放开的现实挑战，加快建立与"上海服务"品牌相匹配的现代家庭服务业是政府亟待解决的问题。

一、"上海服务"品牌与家庭服务业发展现状

（一）"上海服务"品牌建设行动计划

《全力打响"上海服务"品牌加快构筑新时代上海发展战略优势三年行动计划（2018—2020年）》（简称《三年行动计划》）为上海服务业的发展提出了指导与要求，同时明确了重点任务与专项行动。

家庭服务业作为“上海服务”的重要组成部分，是新时代的朝阳产业。以满足人民群众日益增长的美好生活需求为出发点，促进家庭服务业集约化、标准化、信息化发展；建立家庭服务网络平台，积极发展家政服务、社区服务、病患陪护等综合性家庭服务，培育发展家庭配送、家庭教育等个性化家庭服务；加快构建服务规范、便捷诚信的现代家庭服务业管理体系；实施“服务到家”计划，推进建设集家政、餐饮等为一体的社区便民生活服务示范点，努力破解人民群众“最后一公里”服务难题。

（二）上海家庭服务业发展现状

1. 家庭服务业规模持续扩大

目前，上海家庭服务企业在工商、民政、人社及其他相关部门登记注册的有 2 400 家左右，实际经营的家政服务机构达 700 多家。同时 166 个示范站全部实施准员工制，受到了群众的好评。上海家庭服务从业人员超过 50 万人，并且以本地女性下岗职工和外省市农村妇女为主，年龄主要集中在 34～56 岁，学历层次以高中及以下学历为主。2017 年起，上海市建立家庭服务从业人员“注册登记”制度，通过培训的家庭服务人员会获得“注册登记证”（简称“家政卡”），并录入“家政服务信息追溯系统”，截至 2017 年底，共有 4.5 万人获得家政卡。

2. 家庭服务类型呈多样化特点

近年来，家庭服务市场的需求不断增多，老年人、二孩数量的增多以及人民对高品质生活的向往，使得消费者对老年护理、幼儿照料、物品收纳、休闲家政等服务的需求逐渐增多。家庭服务企业通过发展新型家庭服务不但满足了人们的多样化服务的需求，也使得家庭服务专业化分工越来越细，为家庭服务业的未来发展提供了广阔的市场空间。

3. 家庭服务品牌建设不断推进

上海家庭服务行业全力打造“上海阿姨”服务品牌，通过长达半年的培训以提高从业人员的家政服务技能和服务品质，为上海居民提供更加安全放心、有品质的家政服务。同时，为提升家庭服务行业信息化、规范化水平，上海市从 2013 年起建立示范性家政服务站，同时对家政服务站的家庭服务从业人员建立“注册登记”制度，给从业人员发放“注册登记证”（简称“家政卡”），使家庭服务人员的供给更加便捷与安全。

4. 家庭服务线上线下融合发展

为适应新消费需求，上海市大力推进传统家政行业与电子商务的融合。借助互联网、大数据等信息技术，上海“互联网＋家政”创新出一批新的供给模式。相较于传统的线下家庭服务模式，线上的家庭服务模式具有雇主更便捷地了解家庭服务市场行情并做出选择，家庭服务企业以更少的成本投入经营等优点。然而，目前线上家庭服务业发展相对滞后。线上家庭服务业的发展，需要线下实体支撑，包括传统家庭服务企业的引入合作、线下培训、线下监督等。

二、上海家庭服务业发展的现状调查与问题分析

为了深刻把握上海家庭服务业的发展现状及瓶颈问题，课题组采取入户、入企的调查方法，从市场需求、法规政策、收费标准、劳动保障等不同角度分别对家庭用户、家庭服务人员、家庭服务企业进行了调查。课题组采取了问卷调查和访谈调查两种调查方法。在问卷调查中，课题组设计了“加快上海家庭服务业发展研究调查问卷”，该问卷分为两种类型，A 卷是针对目前没有聘用家庭服务人员，但有潜在家庭服务需求的家庭；B 卷是针对目前已经聘用家庭服务人员的家庭。A 卷调研的重点是家庭服务需求类型、家庭服务人员聘用方式、对家庭服务行业的认知度、对家庭服务人员的信任度。B 卷调研的重点是家庭服务需求类型、雇主家庭对家庭服务人员的满意度、家庭服务人员的劳动保障、与家庭服务人员的纠纷处理。同时，课题组分别针对家庭服务企业、家庭服务人员制定了访谈提纲。调研区域涵盖上海的黄浦、宝山、闵行、普陀、松江、奉贤等在内的 12 个市辖区。

经统计，没有聘用家庭服务人员，但有潜在家庭服务需求的家庭样本容量为 207 个；已聘用家庭服务人员的家庭用户样本容量是 201 个。通过对问卷调查数据的统计分析，结合访谈调查资料，课题组认为上海市家庭服务业发展存在以下突出问题。

（一）家庭服务供给与需求方面

近年来，中国的家庭结构发生了较大的变化，“422”的家庭模式日趋普遍，“空巢家庭”“丁克家庭”“单亲家庭”也越来越多。面对繁重的家务负担和较大的职业压力，许多家庭开始选择家庭服务人员处理家庭日常事务。上海作为特大型城市，2017 年全市常住人口 2 418.33 万人，超过 1/3 的家庭用户存在显性或潜在的用工需求。家庭服务业供需结构失衡、供需矛盾十分突出。

1. 托育、养老服务供给不足

上海对 0～3 岁幼儿托育服务的重视由来已久，但 2013 年上海全市独立设置的规模化托儿所只有 41 所，入托 3 岁以下的婴幼儿仅为 6 058 人。受“全面二孩”政策等因素的综合影响，上海市每年常住人口出生量预计平均约 26 万人，托育服务的供需矛盾切实存在且突出，因此婴幼儿的照护问题再次引起社

会各方的高度关注。在养老服务方面，上海市一直将其作为重点民生工程，市政府制定发布《上海市长期护理保险试点办法》，自 2017 年 1 月起在徐汇、普陀、金山 3 个区先行开展长期护理保险试点。2018 年上海市政府养老实事项目包括：新增 7 000 张养老床位；改建 1 000 张失智老人照护床位，推动失智老人照护服务专业化、规模化发展；改造 40 家郊区农村薄弱养老机构，通过基础设施改造、设备添置等，提升养老机构服务能级；新建 80 家老年人日间服务中心，为老年人提供生活照料、康复护理、健康预防、精神慰藉等服务；为符合条件的长期护理保险参保老年人提供 300 万人次的居家照护服务。

尽管上海市在养老、托育等方面给予了高度重视，但是幼儿与养老服务需求缺口仍较大。据调查，目前有 70.53%的家庭打算聘用家庭服务人员，市场对家庭服务人员的需求较大。

2. 个性化家庭服务需求凸显

从家庭服务项目来看，上海家庭对餐食制作、家庭清洁、幼儿照顾、老人照料等的需求较高。许多家庭希望能够聘请掌握多项专业技能的家庭服务人员，对于日常生活的家庭事务能够处理得当，也能够具备专业幼儿、老年人照顾的经验。根据课题组的调研统计可以看出，当前家庭成员对于养老、幼儿护理的服务需求较大，除此之外，宠物照料、花草植物照料等个性化需求也日益增多。高端家政服务为雇主打造全方位的服务，这种服务是人们对高品质生活追求的体现，也是未来家庭服务市场发展的趋势。在调研过程中，通过对 40 家家庭服务企业的工作人员访谈了解到，共有 6 家家庭服务企业的服务项目中包含个性化的家政服务，占访谈总量的 15%，这些个性化家政服务包括：冰箱清洁、花草护理、地毯清洁、皮沙发清洁、幼儿早教、少儿晚托等。满足家庭的个性化服务需求、成长为具有个性化定制服务的特色企业，促进家庭服务行业的细化与专业化，将成为家庭服务业的新的发展方向。

另外，随着大量外来高端人才涌入上海工作和生活，对涉外保姆、白领家政等高层次家庭服务人员的需求不断增长。外来高层次人才更希望聘用多元化和全能型的家庭服务人员，即既能从事常规的烹饪、清扫等劳务，又具有家庭教育、家庭理财的专业知识和从业经验。

来自上海市统计局的数据显示，2010 年上海的外籍人员数量位居中国内地第一(14.32 万人)。对于外籍家庭来说，一个好的家庭服务人员不仅要能承担家务劳动，更应是一位能够合理安排生活起居，在家内外起到桥梁作用的“管家”。他们对家庭服务人员有较高的素质要求，这无疑给上海发展高端家庭服务业提出了要求。

(二) 上海家庭服务业从业人员方面

1. 从业队伍庞大,专业人员稀缺

目前,上海家庭对于专业的家庭服务人员需求较大。据调查,许多家庭都需要家庭服务人员来完成母婴照料、老人护理、病人照料、家庭清洁等工作。在调查中发现,雇主对家庭服务人员的总体满意度较高,有超过 70%以上的雇主认为家庭服务人员的服务水平较好,但在服务质量方面,仅有 57.3%的雇主对家庭服务人员的服务质量较为满意,30.8%的雇主认为家庭服务人员的服务质量一般,11.9%的雇主对家庭服务人员的服务质量比较不满意。在调研过程中了解到,雇主因家庭服务人员的态度较好,做事较勤奋和认真而对其有较高的满意度,但对其在幼儿照料、老年护理、病人照顾等方面的专业技能的满意度较低,雇主认为家庭服务人员难以在专业要求上满足需求。

2. 权益保障水平低,从业人员稳定性差

家庭服务人员的权益保障是稳定从业人员,尤其是高素质、专业性人才的必要途径,也是促进家庭服务行业可持续发展的必然选择。为了维护家庭服务人员的合法权益,上海市于 2004 年制定了《上海家政服务综合保险》,但是投保率一直较低。调查统计结果表明,只有 18.91%的雇主为家庭服务人员购买了综合保险;49.06%的雇主不清楚家政服务综合保险的内容;38.98%的雇主认为这项保险应当由家庭服务企业为家庭服务人员购买;36.95%的雇主认为家庭服务人员不从事危险工作,不需要购买综合保险;还有 19.70%的雇主认为家庭服务人员经常更换,不值得为其购买综合保险。这表明雇主风险意识较弱,家庭服务人员的人身安全得不到有效保障。通过对 40 所家庭服务企业访谈可知,有 62.5%的家庭服务企业实行中介制管理模式。中介制企业与家庭服务从业人员不属于法律上的劳动关系,更不愿给家庭服务人员缴纳养老保险。

3. 溯源管理不完善,从业人员诚信度低

为加强和推动家庭服务机构规范化建设,上海市于 2017 年 3 月发布《家政服务溯源管理规范》,这项规范是从家庭服务源头开始,覆盖家庭服务全过程的溯源管理体系,也是全国家庭服务行业率先制定的第一部对家政服务信息进行追溯管理的地方新标准。这项规范针对家庭服务提供前、提供中和提供后三阶段,对家庭服务机构、家庭服务人员提出相应的溯源管理要求。溯源管理规范虽已实施,但仍处于不规范、不稳定阶段,许多家庭服务企业与从业人员对溯源管理并不了解,有些从业人员的上海市居住证、家政卡信息尚未纳入溯源管理系统中,使得许多雇主难以对企业及从业人员相关情况进行了解,从而降低家庭服务人员的诚信度。

（三）家庭服务行业管理方面

1. 家庭服务行业准入门槛低

家庭服务业一直被视为再就业的“蓄水池”，各级政府部门提供优惠政策，鼓励、扶持下岗、失业人员进入家庭服务行业，自我创业。造成了家庭服务市场的碎片化，以及在小规模、分散化和低水平基础上的恶性竞争，对从业人员查证的困难增加了雇主家庭聘用家庭服务人员的风险。在调查中发现，目前55.72%的家庭主要通过家庭服务公司或中介公司聘请家庭服务人员，对其身体健康状况、上岗资格等关注较少，而依靠亲戚朋友介绍的家庭服务人员的健康状况与上岗资格更是无从知晓。61.19%的雇主在录用家庭服务人员时对其健康证进行了查验，个别还保留了证件的复印件，有 38.81%的雇主在未查明家庭服务人员的健康证明的情况下仍予以聘用。而查验过家庭服务人员资格证件的雇主较少，仅占 50.25%。同时 2017 年上海市家政行业服务质量测评报告相关数据显示，家政人员上门时有半数以上未携带“身份证”“健康体检证明”，“上门服务证或家政卡”的缺失比例也在四成左右。另一方面，雇主对目前有效的家庭服务人员资质证件不是特别了解，对上述三种资质文件了解的比例仅为50%左右。其中，“上海家政卡”和“上海家政上门服务证”是上海市政府的实事工程之一，仅有 48.1%的雇主表示“了解”。

2. 服务标准较粗放

在调查家庭服务企业时发现，不同的家庭服务企业有不同的服务标准，这在一定程度上导致了行业的混乱，不利于行业的健康发展。通过调查得知，有90.8%的被调查者认为政府应当出台家庭服务系列标准，进一步细化和规范家庭服务业的发展；有 98.6%的被调查者认为应当加强对家庭服务人员的职业培训与考核。由于家庭服务业涉及 20 多个种类，200 多个服务项目，各标准普遍都缺乏详细的规定，没有详细的规定，家庭服务质量也很难得到保证。

3. 培训管理不健全

培训组织工作不系统、不全面，并且培训规模较小，针对性不强。通过调研访谈结果可以看出，许多家庭服务企业的选拔培训通常以“健康证”“家政卡”等基本证件以及“母婴证”等专业证书为依据，很少有企业会在上岗前再次对从业人员进行培训，即使有些企业有岗前培训也多是由家政协会等部门统一培训的，这使得从业人员的培训不系统且针对性不强，难以保证服务人员专业水平的稳定性与一致性。除此之外，家庭服务行业还缺乏专业家政教育工作者。在对家庭服务企业访谈的过程中发现，有些企业的岗前培训人员是本企业的工作人员，既不是家政学专业出身，也不具备培训资格证书，在教学方法与质量上存在很大的不确定性，培训质量不高。部分家庭服务企业只完成上级下达的培训任务，对培训结果关心甚少。此外，家庭服务人员专业培训的考核方式较单一，通常在接受岗前培训后就上岗，后期的跟踪服务与继续教育和培训却很少，无法对从业人员的综合水平进行考察，不利于家庭服务人员综合素质的提高。

4. 企业经营模式不规范

家庭服务企业的经营管理模式包括员工制、准员工制、中介制、员工制与中介制并存四种模式。上海家庭服务行业在经营模式方面积极探索，但仍处于初步发展阶段。通过对40家家庭服务企业访谈可知，仅有8家企业实行员工制管理，占访谈总数的20%；有5家企业实行准员工制管理，占访谈总数的12.5%；有25家企业实行中介制管理，占访谈总数的62.5%；还有2家企业实行综合制的管理模式，即母婴、养老部分实行员工制管理，家庭保洁等服务实行中介制管理，占访谈总数的5%。目前，上海市家庭服务企业大多采取中介制经营模式，而员工制企业较少，这样的行业经营模式会影响家庭服务业的标准化、规范化进程，未来需要政府出台更多的优惠、扶持政策，帮助家庭服务企业转型为员工制企业，助力上海家庭服务行业的规范化发展。

三、加快上海家庭服务业发展的对策研究

(一) 加强标准制定与修订，促进行业规范发展

1. 加大标准制定、修订的工作力度

完善《居家保洁》《母婴护理》《育婴护理》等8个行业管理服务规范；在家政服务信息化、家政服务培训等领域加快标准制定和修订工作。做好家政服务标准化的顶层设计，强化家政服务标准实施。加强家政服务标准贯彻培训工作，可以成立上海市家庭服务业行业协会培训中心，从根本上提高从业人员的职业技能水平和综合素质，做到统一标准、统一认定、统一颁证，同时通过专家解读、专题报道、走进社区等形式宣传家政服务标准。

2. 开展家政服务标准化试点示范

上海家庭服务企业数量庞大，发展水平有较大差异，可以遴选一些工作开展好、专业水平高、品牌影响力强的家庭服务企业开展“企业示范行动”，带动家庭服务企业在服务形式、管理机制、发展模式等方面逐渐向标准化和精细化的方向发展，同时紧抓服务业标准化试点示范契机，对家政服务相关试点示范项目加大支持力度，以试点示范引领行业转型升级，促进家庭服务企业规模化、品牌化发展。

3. 推动家政服务标准化与信息化融合发展

推进移动互联网与家政服务的对接，线上线下融合发展，提高家政服务行业信息化水平。以大数据信息为基础建设上海市家庭服务网络平台，利用信息

化手段，为各类家庭服务项目构建诸如网站自助服务平台、传媒资讯服务平台、投诉反馈服务平台、综合服务平台等，居民可通过这些平台来获取所需要的服务。家庭服务的信息化发展连同标准化建设共同促进上海市家庭服务行业的持续、健康发展。

（二）改善营商环境，推进信用体系建设

1. 优化家庭服务企业的经营与融资环境

政府制定有利于家庭服务企业，尤其是中小家庭服务企业的优惠政策。引导家庭服务企业的多元化融资方式，支持符合条件的企业按照相关规定进入境内外资本市场融资，拓宽融资渠道，扩大信贷等担保服务范围，稳步推进信用体系建设，建立健全风险分散转移机制，推动金融产品和服务方式的创新。优化家庭服务企业经营环境，杜绝乱收费等行为，营造良好的经营氛围。支持企业建立和完善现代企业制度，鼓励连锁经营以扩大服务网点；支持电子商务等以完善服务网络，整合服务资源；支持自主创新和品牌建设，将积极提高内部管理、技术服务，加强品牌营造和宣传推广的家庭服务企业纳入政策扶持范围。

2. 建立和完善溯源管理体系

继续推进家庭服务从业人员登记注册和家庭服务持证上门。结合国家精准扶贫发展战略，与上海对口支援地区、长三角和相关省市精准扶贫地区政府部门对接，引进家庭服务从业人员，并做好上海本地富余人力资源二次开发转行家庭服务业。实现多渠道、有组织地拓展家庭服务从业人员渠道，从源头上保障从业人员的数量及信息的可靠性，提高家庭服务行业的诚信度。

2018 年 7 月 27 日，上海市人大常委会表决通过了《上海市单用途预付消费卡管理规定》，并于 2019 年 1 月 1 日起实施，上海将建立统一的单用途预付消费卡协同监管服务平台，归集经营者单用途预付费卡发行、兑付、预收资金等信息，实时动态智能监管，同时建立起风险防控体系，明确经营者单张单用途卡限额应当符合国家有关规定。单用途预付消费卡协同监督服务平台应与溯源管理体系实现互通，以提升溯源管理力度与水平，为上海家庭服务企业的信用体系建设提供支持。

（三）推进“互联网+”战略，提升行业现代化水平

1. 加强家庭服务网络平台建设

利用家庭服务网络平台为用户提供经过行业组织审核认可、筛选或权威机构服务认证的优质家庭服务机构和家政服务员，对这些家庭服务机构及从业人员实施持续跟踪和监督，对不同服务水平的机构及人员予以相应的奖惩措施，确保家政服务效率与质量水平。

2. 加快家庭服务产业大数据建设

借助大数据等互联网技术细分家庭服务从业人员的层次与水平，针对用户的兴趣、消费习惯等，制定出最适合用户的家政服务方式，以满足用户多样化需求。雇主可以根据自身的实际情况和对服务质量的预期选择适合自己的家庭服务方式及人员，提高了家庭服务配比的准确性和精确度。

3. 引进人工智能技术

利用人工智能技术开发辅助陪护机器人，开展具有服务、安全监护、人机交互、多媒体娱乐等功能的老年简单陪护、幼儿早教等。如针对老年陪护的机器人，在日常生活中能够帮助老年人取药、加热食物、防范安全隐患等，还能够通过传感器、监控系统判别异常状况，通过短信或网络向其子女发送通知，子女可通过可视系统观察老人在家中的情况。还可将陪护机器人作为终端，与社区医疗服务、安全等网络建立交互平台。除此之外，推进营销模式创新，积极利用电商、微商等加强家庭服务营销渠道建设，实现线上电商和线下实体家政企业的融合发展。

（四）发挥行业协会作用，打造“上海家庭服务品牌”

上海家庭服务行业协会要积极发挥其自律、服务、协调的职能，紧紧围绕上海建设国际化大都市的大目标，以满足人民群众对美好生活的需求为抓手，推进家庭服务业专业化、品牌化发展。行业协会要加强与政府、社会及企业之间的联系，努力探索和推进“上海家政”服务品牌战略计划，充分发挥家庭服务业在扩大就业、保障和改善民生等重要方面的作用。从建立和完善常态化的工作机制、长效化的政策制度和全方位的保障体系等方面，提出打造“上海家政”服务品牌的具体目标和要求。

支持和鼓励家庭服务行业协会在行业交流、人才培训等方面开展各项有效工作，发挥其在行业自我管理与服务中的作用。行业协会以保险实施、合同范本、宣传、培训等为依托，引导家庭服务业专业化发展。同时，家庭服务行业协会要监督成员单位依法经营，倡导家庭服务企业与从业人员提供专业、规范的服务，并及时发布行业信息，积极引导市民消费。

上海市妇女联合会

上海工程技术大学

课题负责人：许　敏

优化配置本市社区儿童活动场所研究

一、研究背景

(一) 问题提出

截至2017年底,上海拥有常住人口2 418.33万人;其中,户籍人口1 455.13万人,18岁以下儿童人口173.05万人,儿童人口占比11.9%。上海的城市发展为儿童的成长奠定了良好的经济和社会基础,不断完善的制度体系和城市建设布局,不断提升的公共服务水平和生活质量等,都为儿童的成长提供了支持和保障。然而,基于成人视角的城市规划和经济主导的发展模式也带来了诸多新问题:日益增多的城市人口、日趋拥堵的公共交通、日渐萎缩的住区儿童活动场所,儿童的日常活动空间正不断被挤压、被侵蚀。为保护儿童免受伤害,父母和学校对儿童的行动提出了许多规定和限制,不仅减少了儿童获得外部环境资源的机会,也剥夺了儿童在环境中获得成长经验的机会。而日趋增长的肥胖率、近视率,持续下降的体质,以及日益增多的心理健康问题,既是儿童对如此成长环境的"控诉",也是儿童对社会的"呼救"。

《儿童权利公约》确立了"儿童利益最大化"原则,儿童空间利益作为儿童利益的一部分,理应在城市规划中得到充分保障。如何有效整合现有社区资源、促进空间利用的功能复合,为儿童提供优质安全的活动空间;如何加强儿童的社区参与,让儿童真正享受作为社区成员的权益,融入城市发展进程;如何通过创新社区治理,优化儿童成长环境,提升儿童生活质量,是上海城市发展必须要思考和回答的问题。

(二) 研究目的与意义

日常环境对儿童的成长发展有着重要的影响。社区是儿童日常生活的重要空间，同时儿童也是社区公共空间使用频率最高的群体之一，因此，社区活动空间的数量和质量将直接影响儿童的生活质量。如何打通为儿童服务的"最后一公里"，回应儿童和家庭对社区活动场所的迫切需要，具有重要的现实意义。

打造保护和服务儿童的社区平台，是政府立足基层保护和服务儿童的重要民生实事。《中国儿童发展纲要》明确提出，至2020年，"90%以上的城乡社区建设1所为儿童及其家庭提供游戏、娱乐、教育、卫生、社会心理支持和转介等服务的儿童之家"；同时，该目标也被列入国民经济和社会发展"十三五"规划的社会关爱行动计划。

本课题基于儿童利益最大化以及城市可持续发展两大基本原则，遵循中央的方针指引，对照《上海市城市总体规划(2017—2035)》提出的"打造15分钟社区生活圈，优化社区生活、就业和出行环境，社区公共服务设施15分钟步行覆盖率将达到99%左右"目标，以及市政府专项规划《上海市妇女儿童发展"十三五"规划》提出的"街镇依托社区综合服务设施设置儿童之家或儿童活动场所全覆盖"指标要求，立足儿童发展视角，结合国际经验和地方发展特征，探索社区儿童活动场所的优化方案，为进一步完善公共政策和城市规划提供依据，为实现上海城市发展愿景提供助力。

二、社区儿童活动场所建设和使用状况

课题组通过实地走访徐汇、浦东、嘉定、奉贤、静安、金山、松江等地的社区儿童活动场所，与各区妇联、各街镇社区代表、家长代表、社会组织代表等进行深度座谈和访谈，面向儿童和家长的大规模问卷调查和实地访查等方式，对本市社区儿童活动场所的建设和使用状况进行了深入地调研。

(一) 社区儿童活动场所运营情况

调查发现，本市的社区儿童活动场所根据运营主体和运营模式主要分为以下几种类型。

1. 运营主体：政府职能部门主导/社区自治

(1) 政府职能部门主导

本市各政府职能部门积极参与社区儿童活动场所的建设。如市民政局依托社区的综合服务设施组织设立了儿童之家；市文明办、市教委、市校外联办等联合设立了学生社区实践指导站；市妇联在市级层面设立了上海市妇女儿童服务指导中心(巾帼园)，在区级层面设立了区妇女儿童活动指导中心，在街镇级层面设立了妇女之家，在为妇女提供服务的同时，也通过亲子活动、家庭教育指导等为儿童及其家庭提供多元服务；团市委依托各类城市社区和网络空间建立青年中心，通过开展文化体育、亲子教育、专业培训、社区志愿服务等社区活动

为青年服务等。

(2) 社区自治

为回应居民的社区活动需求，社区致力于通过自治和共治，提升治理效能。在此背景下，许多社区也依托行政的力量，采取居委自主管理或是与居民共治方式，为社区儿童及其家庭搭建活动平台。如嘉定区安亭镇新源社区在现有的资源条件下，充分利用社区居民的力量，积极调动社区居民的资源，为社区儿童提供了多元的服务；徐汇区凌云街道梅陇九村居委邀请社区儿童共同设计和打造儿童社区活动场所，体现了儿童视角和儿童参与的理念。

调研发现，社区自治方式在基层存在普遍性，其运营模式较为成熟，但同时也存在一定局限性。由于社区儿童活动场所的建设和活动的推进主要由居委会自主组织开展，在活动运作的专业性和内容的多样性等方面存在不足，活动的举办多依赖于社区的行政策划和居民资源，类型和内容等有待进一步拓展。

2. 运营模式：社区运营/社会力量合作

从运营模式来看，不管是政府主导还是社区自治的社区儿童活动场所，根据其是否与社会力量合作可以划分为两种不同的模式。随着社会建设的进一步深入，社会治理创新与强化的现实需要，社会组织在基层社会的活跃度持续增强。调查发现，除了传统的社区依据行政力量主导运营模式之外，部分社区开始尝试依托社会组织以及社会资源的广泛力量，组织设立社区儿童活动场所，开展各类儿童活动，为辖区居民服务。如徐汇区华泾镇印象旭辉居委采用向社会组织购买项目的方式，借助社会组织的资源和专业力量，为社区儿童及其家庭提供活动服务；徐汇区湖南街道社区文化活动中心和和嘉定区新安社区则采取了与社会组织合作的方式为辖区内的儿童打造丰富安全的社区活动平台。

总体来看，与社会力量合作共同组织运作社区儿童活动场所模式目前还处于探索阶段，但已在基层社区表现出较好的社会效益。其优势在于可以引入专业管理机构，借助其专业能力和社会渠道，与社区本身的资源和管理力量配合形成合力。然而，这一模式也存在着一些现实性问题，如在与社会组织的合作过程中该以什么样的标准筛选社会组织，如何保持活动项目的长效性等。

(二) 社区儿童活动场所建设情况

1. 查访对象和查访内容

(1) 社区(村)儿童活动场所：是否建有专门的儿童活动场所；儿童活动场所是否有专门人员负责管理维护；儿童活动场所是否向社区儿童开放。

(2) 社区(村)儿童活动项目：是否提供适合儿童参与的活动项目(每年活

动不少于4次）；是否建有多元的儿童工作平台（至少建有一种形式以上的工作平台，如学生社区实践指导站、儿童之家等）；是否有专门人员负责管理运营相关项目；是否建立工作制度（如制作工作台账、活动记录等）；是否有专项活动经费。

2. 社区儿童活动场所建设情况

实地查访发现，所查看八个社区中，一处未建专门的儿童活动场所，一处虽建有专门的儿童活动场所，但设施简陋，没有适合儿童参与的活动项目。所查看两个建制村中，均未设置专门的儿童活动场所，但有专门的工作人员和儿童活动经费，且有针对儿童开展的活动。

（三）社区儿童活动场所使用情况

1. 调查对象和样本情况

本次调查在上海16个区开展，调查包括儿童卷和家长卷。学生调查采用分层整群抽样的方法，首先根据各区总在校生人数配比出各类学生的比例，然后确定每个区需要抽取的学生人数，再根据各区办学特点随机抽取符合条件的学校进行整群抽样，整群抽样对象包括小学四年级、初中二年级和高中二年级的全体学生。家长调查邀请被调查学生的家长（父亲或母亲）完成。调查最后获得有效儿童卷7 653份，有效家长卷7 804份。

在接受调查的儿童中，小学生占比50%，初中生占比32.6%，高中生占比17.4%；男生占比51.8%，女生占比48.2%；上海户籍占比79.4%，外省市户籍占比18%，港澳台及外籍占比2.6%；市区居住占比52.2%，城镇居住占比43.7%，农村居住占比4.1%。

在接受调查的家长中，父亲占比36.2%，母亲占比63.8%；受教育程度在初中及以下占比10.4%，高中（职高、技校、中专）占比21%，大专（高职）占比27.4%，本科及以上占比41.2%。

2. 社区儿童活动场所使用情况

（1）对社区活动场所的知晓率

调查发现，儿童对社区活动场所的知晓率不高，只有43.8%的儿童了解社区儿童活动场所的地址和开放时间，有56.2%的儿童并不知道所在社区儿童活动场所的地址和开放时间。

（2）儿童对社区活动场所的使用频率

调查发现，儿童对社区活动场所的使用频率不高，只有28%的儿童每周去社区活动场所超过一次，有24.4%的儿童每月去一次社区活动场所，还有30.6%的儿童从来不去社区活动场所。

(3) 社区儿童活动场所的便捷性

调查发现，社区儿童活动场所呈现分布不均的特点，从家至社区活动场所走路所需时间来看，有 43%的儿童需 15 分钟以下，有 27.7%的儿童需 16～30 分钟，有 19.8%的儿童需 30 分钟以上，其中走路所需时间超过 1 小时的比例达到 7.4%。

(4) 对社区儿童活动场所的满意度

调查发现，儿童对于社区活动场所的整体满意度较高，有 87.1%的儿童对社区活动场所表示满意；对社区活动场所表示满意的家长比例则相对较低，为 62.6%。

(5) 儿童对社区儿童活动项目的参与度

调查发现，过去一年中有 26.4%的儿童参加过一次社区活动，有 33.7%的儿童参加过 2～3 次，有 6.2%的儿童参加过 4～5 次，有 8.6%的儿童参加过 5 次以上，但同时有 25.1%的儿童一次也没有参加过社区活动。

(6) 对社区儿童活动的满意度

调查显示，儿童对于社区活动的整体满意度较高，有 86%的儿童对于社区组织的各项活动表示满意，而家长表示满意的比例相对较低，为 57.9%。

三、社区儿童活动场所的发展特征与现实问题

(一) 发展特征

1. 基本形成多元协同的供给体系

从实际情况看，本市各主要政府部门如妇联、教委、文明办、民政局、团市委等独立或联合参与了社区儿童活动场所的建设，并协同社区自主组织设立，或是依托力量组织设立、共同管理的社区儿童活动场所为本市社区儿童活动场所基本框架的构建提供了支持，同时也充分体现出运营主体多元化的发展特征，基本形成了以政府为主导的多层次参与、多元协同的供给体系。

2. 支持引导社会参与的共建格局

课题组实地走访发现，目前在市级层面，由政府职能部门主导建立了面向不同群体、涉及不同领域的社区儿童活动场所，但其推进落实基本在街镇社区层面。各街镇社区也积极探索引导各类社会力量参与社区儿童活动场所的投资、建设、管理和运营。总体看，当前本市社区儿童活动场所由政府主导、社会参与的共建格局已初步形成，社会参与程度得到了明显提高，发展活力得到了进一步激发。

3. 积极探索独具特色的发展路径

社区根据实际情况，积极探索适合自身发展、独具特色的实践路径，主要有

行政主导、社区自治或共治、依托社会力量等运营模式，这些模式既各有优势，也面临不同的困难。如政府主导模式可以利用政府的统筹调控高效整合区域资源，有效推动活动和项目的开展，但存在着难以将活动做到实处及有效对接居民需求的问题。社区自治模式可以充分调动并活用社区资源，但由于缺乏专业指导和社会力量参与，在专业性和多元性方面难免有所不足。依托社会力量模式可以通过引入社会资源为活动开展注入活力，但如何选择合适的社会组织成为难点。

（二）现实问题与挑战

1. 运行机制不健全

（1）多头管理，缺乏统筹协调

目前本市社区儿童活动场所资源未能形成有效整合，基本呈现各司其职，共同推进的局面，由于各主体部门间缺乏充分有效联动机制，使得建设和管理过程中出现政出多门，运营内容重叠化等现实问题。而对实际落实工作的基层而言，多头管理带来的多头考核等具体情况，不仅增加了工作负担和管理成本，也由于疲于应对而导致部分社区儿童活动场所出现“牌子多，考核多”、社区儿童实际“参与度低、满意度低”现象。

（2）标准模糊，缺乏统一规范

目前社区儿童活动场所建设还处于探索前行阶段，国家乃至本市还未出台统一的政策规定，且已有的相关政策较为分散，可操作性较低，这些也成为阻碍社区儿童活动场所进一步发展的原因。从本次调研的情况看，关于社区儿童活动场所建设，全市没有系统性建设标准和规范化监督管理，结果造成作为公共资源的普惠型社区儿童活动场所存在活动空间缺乏、服务功能单一、空间分布不均等问题，有不少还有安全隐患，在针对性、实用性和安全性等方面均有待进一步提升。

2. 资源配置不均衡

（1）区域分布不均衡

社区儿童活动场所的资源配置呈现发展不均衡特征。调查发现，社区儿童活动场所的分布不均，有两成（19.8%）的儿童从家至社区活动场所走路所需时间在30分钟以上。同时，社区儿童活动场所存在显著的城乡区域发展差异，特别是远郊经济水平较为落后区域的资源配置情况堪忧。这些资源配置的不均衡不协调也在一定程度上影响了社区儿童活动场所的使用效率。

（2）服务功能不均衡

社区儿童活动场所的服务功能显现不均衡发展特征。从服务对象看，面向学前儿童，特别是对社区依存度高、需要迫切的0～3岁儿童及其家庭的活动空间和活动项目较少；从服务内容看，不同社区的儿童活动场所和活动项目的设置存在很大差异性，空有“花架子”(只有活动空间，没有活动项目)现象并不少见；从服务空间看，受制于场所和安全性等因素，现有社区儿童活动场所和活动项目以室内为主，室外活动场所和室外活动项目的占比较小。切实推进社区儿童活动场所的规划建设和合理布局，缩小区域服务功能上的差异，是必须面对的课题。

3. 保障机制不完善

(1) 财政保障不充分

虽然各级主管部门会根据实际情况对下辖的社区儿童活动场所划拨一定的经费，但总体来看，社区儿童活动场所建设和活动开展没有专项的经费保障。调研发现，在基层社区，儿童活动场所的建设和活动项目运营的经费基本依靠社区自行解决，然而有限的财政经费和“化缘”式的少许经费援助很难提供稳定的财政保障，这也成为发展的主要“瓶颈”。

(2) 监督管理不到位

加强对社区儿童活动场所监督和管理，是提升社区儿童活动场所的效能，促进其更好地为社区儿童及其家庭服务的基础。然而，由于多头管理以及没有统一规范标准等现实原因，在社区儿童活动场所运营过程中普遍存在职责模糊、分工不清、资源重复等问题。从未来方向看，社会力量参与社区儿童活动场所建设和服务有着广泛的发展远景，但由于没有相应的政策和监督管理的规范标准，实际上，社会力量进入社区儿童活动场所领域存在诸多障碍。

(3) 组织运营不专业

当前社区儿童活动场所建设和活动开展委托专业机构组织运营的只占少数，大多数采用的还是由社区主导运营的传统模式。一方面，社区主导运营强化了政府的领导地位，使得管理职责较为明确；但另一方面，从治理的角度来看，社区主导运营凸显行政化和非专业化特征，在工作推进中表现出明显的“力不从心”。同时，由于缺乏相关规范标准，社区在与社会组织合作时也缺少专业性评估和相关培训教育，不仅难以保障服务的质量和效率，也不利于社会组织的进一步发育。

(4) 资源整合不完善

当前大部分社区儿童活动场所是在社区现有的空间通过共建共享设立，但由于没有统一的建设标准，加上各区域的社区资源的差异以及城郊的发展差异、社区资源统筹和整合效能的差异等原因，社区儿童活动场所硬件设施存在水平参差不齐，服务项目存在与居民需求不匹配，服务力量存在专业性和数量不足等问题。如何充分整合和有效利用广泛的社区资源，成为社区儿童活动场所建设和运营的关键问题。

四、社区儿童活动场所建设的国际经验与启示

伴随社会经济发展，核心家庭和小家庭日益普及，而女性受教育程度和社会参与度的提高、双职工家庭比例的提高等对传统以家庭为主的养育模式产生了巨大的冲击，最直接的体现就是育儿压力的增大。从国际视角来看，为缓解日趋严峻的家庭育儿压力，政府主导推进构建社区育儿支援体系是发达国家的普遍趋势。如日本推进建立的以为社区儿童“提供健全游戏，促进健康，培养丰富的情操”为目的的“儿童馆”；韩国为“健康养育社区儿童”组织设立的综合性社区儿童福利服务场所“社区儿童中心”；美国为确保每个儿童都能有一个“安全的、丰富的、高质量的”放学后生活而推行的社区服务计划“放学后计划”等。通过构建社区儿童服务平台，完善社会公共服务，为儿童创造一个安全、健康的成长环境，是社会进步的必然发展方向。国际实践经验也为我国社区儿童活动场所的建设和发展提供了启示和借鉴。

（一）明确政府的主导责任

政府是提供公共服务最权威的机构。日本由内阁府设立的“儿童及育儿支持总部”负责统筹协调社区儿童活动场所的建设与发展，构建了以儿童为中心的完整政策及制度体系。韩国的社区儿童中心由中央行政机关——保健福祉部统筹运营，并确立了由上至下网络化管理市、区级的社区儿童中心的机制。美国“放学后计划”由联邦政府出资支援管理社区儿童活动场所。从这些国际实践来看，明确政府在社区儿童活动场所建设中的主导地位，可以充分发挥其财政、行政等资源优势，引导其他政府部门、民间组织、社会组织等参与共建，高效整合区域资源，有效推动社区儿童活动场所的可持续发展。因此，我市在今后发展社区儿童活动场所的过程中也应明确政府的中央调控功能和基本保底作用，积极发挥政府统筹规范的职责，指导和带领各区、街道相关部门及社会组织共同推动社区儿童活动场所的建设和发展。

（二）出台专门的法规政策

完备的政策法律体系是社区儿童活动开展的重要保障，很多国家都积极制定完善的法律法规，以赋予社区在儿童发展中的重要地位和规范发展。如日本的儿童馆等社区儿童活动场所依据《儿童福利法》的规定设立和管理，韩国的社区儿童中心依据《儿童福利法》的规定建设和运营。可以看到，这些国家出台的法律中都针对社区儿童活动场所的功能、工作内容、工作人员资质、经费来源等

做了详细明确的规定，同时制定了专门的配套法规，保证了社区儿童活动场所的规范化建设和监督管理。为了进一步推进社区儿童活动场所的健康发展，应在市级层面出台相关的法律法规，规范管理监督社区儿童活动场所的运行，确保社区儿童活动场所建设和服务的基本质量。

（三）构建多元的供给体系

2013年，国务院办公厅发布的《关于政府向社会力量购买服务的指导意见》指出，政府需要“进一步强化公共服务职能，创新公共服务供给模式，有效动员社会力量，构建多层次、多方式的公共服务供给体系，提供更加方便、快捷、优质、高效的公共服务”。多元主体参与服务供给可以丰富服务的内容，提高服务的质量。从日、韩、美的实践可以看到，本身已经具有专业能力以及服务资源的社会团体可以将多元的社会资源带入公共服务中，建立起更为广泛的资源网络，提供更为丰富多彩的服务。因此，今后我市在社区儿童活动场所的建设过程中，也应进一步加强与社会组织的合作，通过构建多元的供给体系，丰富社区儿童活动场所的空间和服务资源。

（四）扩大服务的供给范围

从国际经验来看，各国都根据不同年龄层儿童和不同背景家庭的需求，发展了更加精细化的活动场所建设和服务供给体系。如日本在社区儿童活动场所的建设过程中，强调根据不同年龄阶段儿童的发展特点开展不同的活动，强调游戏对于儿童的认知、情感、主体性等方面发展带来的重要影响，同时也强调对残障儿童以及需要特殊照护儿童的支援。不同背景的家庭、不同年龄层的儿童对社区儿童活动场所有着不一样的需求，因此，在今后推进社区儿童活动场所建设的过程中，应扩大服务的供给范围，针对不同的活动和服务需求，加大对社区儿童活动场所的系统化和精细化建设。

五、对策建议

（一）明确政府的责任和角色

1. 明确政府的主导推进责任

应明确政府在社区儿童活动场所建设中的主导责任，尤其是在经费投入、行业监管、人员培训、资源调配等方面积极发挥政府的统筹规划和协调保障作用。一方面，要明确政府在保障社区儿童活动场所建设和服务方面的主导作用，例如场地的提供、标准化配置，或是在水电、税收等方面给予一定的优惠，降低社区儿童活动场所的运作成本；另一方面，在资源配置上也可积极发挥市场作用，鼓励社会力量的积极介入，引导社区探索适合自身发展的运营模式。

2. 强化政府的统筹调控职能

建议在明确各政府部门职责的基础上，由妇儿工委牵头，统筹管理本市社区儿童活动场所的整体发展与建设，主要包括组织协调全市社区儿童活动场所工作，制定总体规划和年度工作计划，提出社区儿童活动场所建设的实施目标、任务、方针，构建规范标准等。也可探索建立一个专门的政府调控中心，负责管理区、街镇等各级政府的社区儿童活动场所，实现由上至下、多层次参与的网络化管理格局。

（二）建立健全管理运行机制

1. 出台建设运营规范

为进一步加强社区儿童活动场所规范建设，促进均衡发展，满足社区儿童及其家庭的基本需要，建议由市级政府针出台一个建设和运营社区儿童活动场所的指导性规范意见。在这个指导性的规范框架之下，社区可根据各自的在地特色、资源配备情况等采取适合自身发展的运营模式，推进社区儿童活动场所的建设。

2. 建构监督管理体系

在引导社区加强自律建设的同时，应尽快推进建立一套完整的监管体系，加强对社区儿童活动场所的检查和监督。要根据社区儿童活动场所的运营类型，如社区自治、社区与社会组织合作等，逐步建构起分类监管方法、明确对各类社区儿童活动场所的管理方式、管理介入程度和监管重点，同时建立配套的奖惩机制，提高社区儿童活动场所的管理成效。

3. 探索第三方评估机制

从国际经验来看，评估作为一种有效的监督管理方法，对社区儿童活动场所的效能提升具有重要作用。为有效改善现状，建议在推进制定统一的规范标准的同时，积极探索构建第三方评估机制，通过制定科学客观的评估体系，定期对本市社区儿童活动场所开展评估，帮助社区儿童活动场所提高规范化运作的意识，促进社区儿童活动场所的建设能力和服务能力。

（三）推进长效的保障机制

1. 建立专项经费投入机制

投入机制是推进公共服务均等化的重要保障，建议负责统筹调控的政府职能部门根据每年的发展规划预算，以项目管理的方式设立社区儿童活动场所的专项资金，并纳入市和区两级政府的财政预算，形成稳定的长效投入机制。

2. 培养专业化运营管理队伍

为社区儿童活动场所配备专业人员，由具有儿童服务专业知识、受过专业训练的人员设计开发适合儿童发展的活动，提供更加精细化和专业化的服务，是未来发展方向。在现阶段，一方面可以通过聘用退休教师、社区学校教师等具有儿童工作经验的相关人员参与社区儿童活动场所的建设和运营；另一方面，应对社区儿童活动场所的在职管理人员形成规范化、常态化的培训机制，如对在岗人员的定期培训，对新进人员的岗前培训等，逐步实现并提升运营管理队伍的专业化程度。

3. 加强社会组织培育孵化

引入市场机制，依托多元社会力量共同构建和运营社区儿童活动场所，是丰富社区儿童活动场所服务内涵、提升服务效能的有效途径。一是要加大政策扶持培育力度，通过提供政策、项目、资金等支持，引导和鼓励社会组织参与社区儿童活动场所的建设和运营；二是要积极挖掘和培育从事社区儿童活动场所建设运营的专业性社会组织，形成专业化和规模化的社区儿童活动场所服务机制。

上海市妇女联合会
上海社会科学院
上海师范大学
课题负责人：裘晓兰、刘行

上海家庭养育支持政策研究

一、上海市家庭养育存在的困境分析

2016 年 1 月正式落实“全面二孩”政策以来，上海市的生育水平短期上升以后迅速回落，远未达到政策预期的效果。家庭是儿童最为重要的成长环境，家庭内生性养育能力最终将决定整体的生育水平。为进一步探究限制生育意愿的因素，联合课题组进行了针对上海市育龄夫妻的问卷调查和部分面谈。本次参与问卷调查的人数为 667 人，被调查者 80%以上是本地户籍，男女比为 1∶5.6，年龄集中在 31～40 岁；80%以上的被调查者学历在本科以上，除普通职员 42.13%，公务员 19.64%，其他 19.19%以及专业人士 9.9%外，其他职业均不足 2%。在本次调查中近 70%的被调查者表示没有生育二孩计划。

对问卷调查数据分析可以发现，部分因素对调查者生育意愿的影响具有群体性，结合其他相关信息，上海市家庭养育面临的困境主要在于如下几方面。

（一）经济压力

经济压力已经成为影响生育意愿的首要因素。本次问卷调查中，养育成本过高是超过 70%的被调查者不计划生二孩的主要原因之一。

1. 养育孩子带来的经济压力具有长期性

家庭养育孩子的成本不仅包括生存型支出，还包括发展型支出。早教、兴趣培养、功课辅导等教育支出以及其他为了提升孩子综合素质的合理费用，甚至包括准备学区房等发展性支出都将长期加重家庭的经济负担。而且随着孩子成长，教育费用等培养支出大幅度上升，经济压力也将进一步增加。如果生育二孩，长期发展性支出近乎成倍的增加，将超出家庭能够承受的范围，因此，抑制家庭二孩生育意愿的经济压力不仅来源于眼下，还包括对未来的忧虑。

2. 养育二孩的经济压力包括明显的增量压力

怀孕、检测的生育费用以及儿童的抚养成本(包括基本生活支出、医疗支出和教育费用等)直接增加了家庭的支出。问卷调查结果显示,50%以上的家庭表示超过三成的家庭总支出用于养育孩子,20%左右的家庭表示养育孩子的支出占了家庭总支出的半数以上。可见养育二孩将对家庭的经济状况和消费结构有直接的重大影响,抚养二孩对家庭带来明显增加的经济压力也是生育意愿被抑制的重要原因。

3. 养育二孩会导致间接经济支出的增加

一般而言,生育会导致家庭人口的增加以及人口结构的变化,而这样的人口变动很可能会引起家庭对住房面积、地理位置(包括是否是学区房)等房屋条件的要求有所提升。由此可见,家庭养育还会涉及一些间接经济支出的增加,其中最重要的就是住房支出,38.38%的被调查者认为住房条件是不计划生二胎的主要原因之一。在进一步调查二孩养育的经济压力时,51.27%的被调查者也表示房价及房贷、车贷等贷款压力是不养育孩子的重要原因。

(二) 看护问题

对婴幼儿的照护能力是家庭养育能力的重要部分,然而上海绝大多数的家庭均为双职工家庭,在产假结束后,孩子的看护问题就成了难题。本次调查结果中,74.36%的被调查者放弃生育二胎是因为缺乏时间精力照顾。

1. 晚婚晚育削弱了传统的祖辈看护孙辈的能力

本次调查中,对于看护方式的选择,30.43%的父母表示会自己照看孩子,62.37%选择交由祖辈看护,而交给其他亲戚、家政服务人员或送到早托机构的只有7.2%。可见目前大多数家庭对一孩的看护需要祖辈来分担,然而晚婚晚育的现象在上海市越来越普遍,上海女性的平均初育年龄在2018年已超过30岁,当二孩出生后,祖父母或外祖父母的年龄普遍接近或超过70岁,精力和体力下降,照看孩子的能力明显减弱甚至缺乏,就会出现严重的看护问题。

2. 家政服务无法解决绝大多数家庭的看护需求

婴幼儿的看护工作无法使用“钟点工”完成,必须利用“居家保姆”这种家庭服务模式。数据显示,2019年上海居家保姆的起薪月工资约为6 000元(根据网站信息),而2019年上海月人均工资约为7 832元,对于大多数家庭来说,请一名居家保姆的费用已经接近一名家庭成员的工资。因此,通过家政服务来解决看护问题现实可能性不高。

3. 托育机构接收对象的限制及收费使其无法满足婴幼儿看护需求

一方面,现行有关政策限制了托育机构可以接收的对象。根据《关于促进和加强本市3岁以下幼儿托育服务工作的指导意见》，无论是公办还是民办托育机构，其招收对象都是2～3岁的幼儿。对于2岁以下的幼儿，除少数早教机构以早教名义提供托育服务外，很难找到合法合规的托育机构。

另一方面，托育机构的收费超过大多数家庭的可接受范围。根据调查，全市50%以上的托育机构收费超过3 000元/月。而本次调查中，31.93%的被调查者表示只能接受每月3 000元的早托费用，39.28%表示只能接受2 000元以下的早托费用。但对于社会化托育机构而言，高运营成本带来的必然是高收费，否则无法持续运营。

由上可见，受限于政策，2岁以下婴幼儿的看护无法通过托育机构解决，而受限于费用，约70%的家庭无法承受托育机构的看护服务。

（三）养育政策所涉及主体的利益协调是个长期的难题

社会提供的权益保护是影响二孩生育意愿的重要因素。然而在对现行养育支持政策满意度进行调查时发现，大部分被调查者对上海现行的生育保险政策、产假政策等满意度均为一般，50.22%的人表示现行养育支持政策的不完善影响了生育意愿。

1. 产假政策中各方主体的利益协调困难

在调研中，超过35%的被调查对象对现行的产假政策表示“不满意”“非常不满意”，而不满意主要集中在“产假时间过短”这个原因上。

上海市产假通常由两部分构成，即98天国家规定的产假和上海市增加的生育假30天，共计128天。另外，男方享受配偶陪产假10天，配偶陪产假期间的工资，按照本人正常出勤应得的工资发给。

在调研中，一方面，女职工及配偶认为产假时间过短，产假至少应当延长到母乳喂养结束；而另一方面，用人单位认为现在的产假政策对用人单位的日常生产经营带来较大的影响。因此，用人单位认为应减少产假时间，或者政府应就用人单位延长职工产假而增加的成本通过某种方式进行补偿。这就带来新的问题：政府的财政是否有能力支撑这种补偿？财政预算中是否应有该类支出？

而延长产假时间，也将对生育保险基金的有效支付带来较大的挑战。如果延长产假至6个月，则生育保险基金将增加近三分之一的支付，这必然对生育保险基金的可持续性支付带来较大影响。在制定相关产假政策时，必须综合考虑和协调好这四方主体之间的利益关系，以防政策在落地过程中走样。

2. 劳动保护政策无法提高女性的生育意愿

一个无法回避的事实是：虽然从法律到地方性法规以及政策层面都试图

对女性的劳动权益进行特别保护，比如《劳动法》《劳动合同法》均规定，女职工在孕期、产期、哺乳期内，用人单位不得解除劳动合同。但这些劳动保护政策的实施效果并不令人满意。

(1) 现行劳动保护政策无法阻止企业对“三期”女职工的违法解约

女性的生育过程确实会对企业的运营带来一些影响，这也就导致了部分用人单位不仅在招聘的时候有性别偏好，甚至宁可承担经济赔偿也不恢复与“三期”女职工的劳动关系，尤其是对工作年限较短的女职工，企业更有违法解约的动机。对女性员工来说，生育带来的解除劳动合同的风险虽然可以通过劳动争议仲裁或诉讼等途径解决，但在与用人单位解决争议过程中所产生的心理压力、经济成本和时间成本，以及胜诉后与用人单位之间微妙的关系，往往使得员工只能被迫接受单位的解约方案。

(2) 现行的劳动保护政策无法解决养育行为对升职的影响

根据上海市 2015 年 1%人口抽样的资料，30～39 岁处于二孩生育高峰年龄段的女性就业率在 70%之上，然而包括产前假、产假及哺乳假，女性职员若离开工作岗位近半年甚至一年，很容易在停工期间错过了培训深造或者升职的重要机会，而且回归职场后，由于家庭对母职的要求与工作对员工的要求存在冲突且难以完全平衡，女性劳动力容易在人力市场中遭到歧视。出于对自身职业发展的考虑，上海女性会更为慎重地决定是否生育孩子以及何时生育。调查结果中有 31.18%的被调查者表示工作和升职压力是放弃生二孩的主要考虑之一。现行的劳动保护政策主要关注点在于违法解除劳动合同，而对涉及用人单位经营自主权的“升职”“降职”等行为未有涉及。

(四) 上海家庭养育问题关键症结点分析

通过分析可以看出，上海家庭养育问题的关键症结点主要有三：一是婴幼儿托育服务无法满足家庭需要；二是现行女职工“三期”的相关规定，一方面既不能满足家庭养育的看护要求，另一方面又导致部分用人单位对女职工权益的损害；三是由于晚婚晚育致使家庭中祖辈年纪大所引发的看护意愿和看护能力问题。另外，教育费用高也是造成经济负担重的原因之一，而教育费用高主要是因为优质的民办教育资源普遍采用面试入学而导致家长只能给子女上大量的课外辅导班，由此导致家庭教育支出的大量增加。因此，在制定相关家庭养育支持政策时，必须以解决这三个症结为主要工作重心。

二、完善上海市家庭养育支持性政策总体思路

(一) 基本目标

审视家庭变迁带来的政策需求，明晰家庭养育私域边界和企业、社会及政

府在支持家庭养育中的角色和定位。以家庭为载体，在相关制度中体现对家庭养育责任承担的社会承认，通过正式的制度安排和公共服务实现对家庭养育等责任承担的支持和协助，提升家庭养育意愿和养育能力，并促进其向家庭养育实际支持的转化，使上海成为“生育友好型”社会的典型。

（二）价值取向

以“家庭养育责任”为导向重构家庭政策的价值基础。即家庭养育支持政策应以提升家庭整体养育能力、修复和强化家庭养育功能为取向。

（三）政策对象

面向所有承担家庭养育工作的“家庭”（社会学上的中国家庭通常包括子女、父母及（外）祖父母三代，甚至更多的代际）及相关者（包括社区、企业、社会及政府），强调“家庭”作为福利对象的整体性。因此，相关福利或扶持措施应以“家庭”为主要对象，真正支持和强化家庭在福利供给中的功能与责任，激活家庭的潜力并延续重视家庭的优秀传统。

（四）政策协同

加强各类家庭养育支持政策衔接力度，注意经济政策、人力资源支持政策、物质资源支持政策、信息支持政策等各类政策之间的协同。

（五）运行机制

通过政府主导、市场运作、全社会的广泛参与来保证家庭养育支持体系的良性运行。明确各方主体对家庭养育工作的义务。政府的主导作用主要体现在通过政策，协调各方面资源对家庭养育工作的扶持；引导各方主体（政府、企业、家庭及社会）积极发挥各自在家庭养育工作中的作用；积极教育，明确“家庭”是养育的第一责任主体，通过政府、社会的支持，增强家庭的内在养育功能。鼓励“邻里互助、社区互助”，减轻家庭养育负担。

（六）实施手段

主要有法律、行政、经济和宣传四种手段。通过法律来调整家庭养育的各种关系，巩固和增强家庭养育功能；通过规定、规章制度等行政方式来支持家庭养育；通过各种保障、补贴制度来直接对家庭成员给予相应的经济支持，同时利用各种经济杠杆鼓励、支持和引导市场及社会组织提供养育服务；通过宣传引导，促使人们正确理解当代社会的家庭养育内涵与家庭养育支持政策理念。

三、完善上海市家庭养育支持性政策的具体举措

（一）“社区幼儿照护模式”是解决低龄幼儿看护问题的有效方法

1. 改进托育服务的基本措施的可行性分析

如果托育机构能够提供的托额与入托需求相吻合，那么家庭养育中的照护问题就可以很好地解决。可见，增加托育机构提供服务的总量是一种很好的解决婴幼儿照护问题的方法。

现行增加托育服务量的措施主要有两种：一是增加托育机构的数量；二是现有托育机构扩容，让符合条件的幼儿园或托儿所增加托额。但基于软硬件以及师资等的限制，公办托育机构无法放宽入托年龄；而受限于高运营成本，民办托育机构降低收费的空间也不大。在收费不变的情形下，即使托育机构扩容，家庭也可能因为经济原因放弃入托。由此可见，现行政策的方向是正确的，但措施的实施效果没有达到预期目的。

因此，在大方向不变的前提下，必须考虑解决问题的思路，在原有的政策框架之外考虑新的解决措施，以满足 2 岁以下低龄幼儿的照护需求。

2. “社区幼儿照护模式”是解决低龄幼儿看护问题的有效方法

课题组经过调研，在总结现有照护模式的基础上，认为政府引导、社区主导、社会助力的“社区幼儿照护模式”是解决低龄幼儿看护问题的有效方法。

（1）“社区幼儿照护模式”的基本运作机理

“社区幼儿照护模式”是以居住小区或居委会为单位，在每个居住小区或居委会辖区内设立“公益性”的幼儿托育机构，帮助居住小区内无其他照护资源的家庭照护幼儿，从而解决家庭养育中“照护难”问题。该托育机构以“公益”为目的（低收费），以“不需要政府财政投入”与“保本经营”为经营原则。

第一，场地来源（房屋土地政策）——新建居住区：谁开发，谁负责；老小区：资源整合优化，部分“购换租”。

对于新建居住区，在土地出让时，要求开发商根据开发规模，按照《上海市 3 岁以下幼儿托育机构设置标准（试行）》第 17 条和第 18 条规定的户外面积和建筑面积的要求，在新建居住区内建成婴幼儿照护服务设施，并无偿转让给当地政府，作为公益性幼儿托育机构用地和用房。对于老小区，由当地街道或居委会积极整合资源，对一些利用率不高的用房，及时调整用途，改为公益性幼儿托育机构用房；如果街道或居委会无可利用的用房，则可以通过购置、置换、租赁等方式建设免费公益性幼儿托育机构用房。

第二，人员来源（志愿者政策、免费培训政策）——志愿者为主，专职人员为辅。

社区公益性托育机构的人员主要由社区“志愿者”构成，辅以部分专职人

员。“志愿者”不拿工资，但托育机构可以给予一定的补贴。志愿者的来源主要包括三类人员，一是社区内退休人员，二是全职妈妈或全职爸爸，三是其他人员（如在家休息的老师、医生及其他人员）。

对于进入社区公益性托育机构的与婴幼儿照护相关的育婴员、保育员应当全额免除培训费、报名费、职业技能鉴定费和证书费。志愿者在拿到相应的育婴员、保育员资质证书，通过心理评估才可以进入社区托育机构工作。

社区居委会负责提供专职人员，进行日常管理工作。

由于没有了场地成本和人员成本这两个主要成本，社区公益性托育机构的日常运营成本将会非常低，根据课题组的调研，在没有场地租金和人员工资的情况下，托育机构收费 1 000 元/月/人，仍可以微利经营。对于入托家庭而言，如果每个月交纳的托费可以控制在 1 000 元以下，那么养育的经济压力将大大减轻。

第三，物资来源（捐赠宣传与奖励政策）——捐赠为主，自购为辅。

社区托育机构的物资主要来源于两个渠道：一是通过宣传，积极引导有条件的组织或个人向社区公益性托育机构提供物质或资金方面的支持。二是来源于现有家庭中存余的大量儿童用具、玩具和书籍等。对于对托育机构物资贡献大的单位或个人，给予税收优惠或物质及精神奖励。对于捐赠不能满足需求的物资，由托育机构自购，政府可以给予一定的补贴。

（2）“社区幼儿照护模式”的优点

社区幼儿照护模式与现有的其他托育模式相比较，具有以下优点：

第一，招收低龄幼儿，6 个月以上的幼儿都可以入社区公益性托育机构，解决了无其他照护资源家庭的照护需求；

第二，满足“就近就便”的托育需求。托育机构的设置地点应当“就近就便”，而社区公益性托育机构则能很好地满足这一需求；

第三，费用低，对绝大多数的家庭不会造成经济上的压力；

第四，充分体现了“邻里互助、社区互助”的中华传统美德，彰显社会主义核心价值观；

第五，通过对现有资源的优化和再利用，不增加政府的财政支出，凸显了政府高超的社会管理水平。

（二）对现行劳动和社会保障政策进行微调

1. 结合儿童生长规律，延长产假时间到 6 个月

在课题组调研中，绝大多数家庭都希望延长产假时间。在现行劳动合同法、社会保险法等法律法规规定基础上，结合家庭养育需求以及企业经营实际，

综合考虑生育保险基金偿付能力的基础上，课题组建议将产假由现行的128天延长到6个月(或182天)。主要理由如下。

第一，现行女职工"三期"的相关规定，不符合儿童生长发展规律的要求。根据世界卫生组织的建议，6个月以下的婴儿应当纯母乳喂养。因此，产假最短时间不应低于6个月，即182天。6个月以上的婴儿在母乳喂养的同时，可以添加辅食，进入托育机构的最小年龄也不应低于6个月(182天)，否则托育机构无法进行喂食。

第二，必须承认，女职工产假确实会对企业的生产经营带来一定的不利影响。产假时间过长会导致企业对产假制度的抵触，会对女职工的就业及权益的保护带来负面的影响。因此，在延长产假时间上，必须综合考虑家庭养育的需求及企业生产经营要求之间的矛盾。对于能够遵守产假及相关劳动保护政策的用人单位，政府可以给予一定的补贴或税收优惠。当用人单位因为员工生育行为不仅没有损失反而有收益的话，用人单位对于现行的产假政策和劳动保护政策也当然没有了抵触。

第三，考虑到生育保险基金的支付能力及上调比例，产假时间不宜过长。以2017年为例，按产假时间为128天计，生育保险基金每产假天所需要支付的生育津贴为5.3千万元左右(53 234 375元)，将产假时间延长到6个月(182天)，生育保险基金每年将多支付28亿元左右(2 768 187 500元)。若维持原有缴费率不变，生育保险基金每年将亏损10亿元左右。按照"收支平衡、量力而为"原则，结合国办法(2019)10号文的精神，在两险合一的形势下，产假延长到182天所增加的支出可以通过医疗保险基金的结余消化。考虑到医疗保险基金面临老龄化程度提高、医疗需求增加、医疗费用增长等压力，产假时间若超过182天，会给医保基金带来一定的支付压力。

综合上面三方面考虑，课题组建议将产假时间延长到182天(6个月)。待实行一段时间后，结合运行中出现的问题，继续进行调整。

2. 调整儿童医保报销比例，学龄前儿童可以享受门急诊全额免费医疗

现行儿童医保(城乡居民医保)报销比例较低，二级医院门急诊报销比例为60%，三级医院仅为50%，因此，在调研中，超过33%的家庭认为医疗负担重。2018年末，上海城镇职工医保基金当年收支结余决算数为309.8亿元。如果能够将学龄前儿童医保由现行的城乡居民医保划归到城镇职工医保范围，学龄前儿童享受门急诊全额免费医疗，按2018年城乡居民医保支出数据(学龄前儿童130万)估算会增加职工医保基金支出约64亿元左右的情况下，城镇职工医保基金仍有260多亿的结余，不会对职工医保基金的支付产生太大的影响。

3. 鼓励有条件的企业实行灵活的工作时间制度

(1) 鼓励有条件企业允许员工“在家工作”

鼓励企业实行灵活的工作时间制度，允许员工“在家工作”，这样既可以让员工（包括男性员工和女性员工）能够在家照护幼儿，亦可以将对工作的影响降到最低。

(2) 在劳动关系双方自愿的基础上，允许员工灵活使用哺乳期待遇

根据相关规定，哺乳期内女职工可以减少上班的工作时间为 130.5 小时。对于该 130.5 小时，可以允许员工一次性休完，也可以允许员工根据实际需要来决定休多少次，可以 2 个小时一休，也可以半天一休。

（三）提升家庭养育能力，特别是增强祖辈的照护能力

1. 加强舆论宣传，鼓励“早生优育”

根据世界卫生组织的建议，女性最佳生育年龄在 20 岁到 30 岁之间，而上海户籍女性初育年龄在 2018 年已经超过 30 岁。初育年龄过高，一方面对女性生理及婴儿健康不利，另一方面对于二孩政策的实施也不利，再一方面对婴幼儿的养育工作也不利，主要体现在晚育导致夫妻双方父母年纪过大而无能力照护孙辈。因此，必须提倡“早生优育”。

“早生优育”对于家庭养育工作有着以下几方面的促进。

(1) “早生优育”可以有效避免祖辈年龄过大而带来的祖辈照护能力缺失问题。如果女性初育年龄降低到 25 周岁，在其生育时，祖辈正好处在退休年龄，祖辈有着较强的照护能力；若隔两年再生育二孩，祖辈仍有较强的照护能力。祖辈帮忙照看孙辈可以解决绝大部分双职工家庭照护压力大的问题。

(2) “早生优育”还可以一定程度上减少产假制度对女性就业和职业发展带来的不利影响。如果女性初育年龄降低到 25 周岁，以 22 周岁毕业计，其生育时工作时间仅为 3 年，通常工资不会很高，工作岗位替代性也较强，其休产假时既不会增加用人单位的经济负担，对用人单位的生产经营活动影响也小。因此，用人单位对于这部分员工休产假的抵触情绪较低，一定程度上减少了产假制度对女性就业和职业发展带来的不利影响。

2. 加强科学养育知识的教育，树立科学养育观念

课题组在调研中也发现，50%由祖辈照护的家庭中，祖辈与婴幼儿父母在照护理念上无法沟通协调，两代人育儿观念差距大，易引发家庭矛盾。因此，必须加强对家庭的（包括婴幼儿父母及祖辈）科学养育知识的教育，树立科学养育观念。

(1) 积极利用社区课堂，开展科学养育知识教育。可以利用社区课堂，组

织早教、医疗等专业人士，向社区居民宣讲科学养育知识，特别是向祖辈宣讲此类知识。

（2）积极利用微信公众号、微信小程序、APP、网站等现代化手段，开展科学养育知识的网络教育，使家庭能够随时随地获得科学养育知识。

（四）推动教育体制改革，建立优质教育资源共享平台，降低家庭教育费用支出

1. 推动教育体制改革

严格禁止民办学校举行招生面试、面谈，全面推进民办学校招生电脑随机派位做法；严格禁止培训机构向民办学校“推优”；积极推动优秀教师在公办学校间定期流动。另外，积极推进12年义务制教育，高中招生尽早向学区方向推进。

2. 建立优质教育资源共享平台

积极利用网络课堂、APP等手段，由教育部门组织优秀教师以网络公开课形式公开授课。如果网络课堂的学习效果比线下辅导班的学习效果还要好，相信大多数家庭会选择网络课堂学习，这样可以帮助家庭节省一大笔教育开支。

上海市妇女联合会

上海工程技术大学、上海理工大学联合课题组

课题负责人：吴国庆

游戏式绘本指导阅读
促进幼儿情绪社会性发展的实证研究

一、问题提出

社会性发展(Social Development)作为心理发展的重要组成部分而受到心理学界和教育界的重视。早在20世纪30年代,西方学界就开始对儿童社会性发展进行研究,将儿童看作是社会活动的主动者,不再视其为被动社会化的个体。弗洛伊德的个性结构假说、维果斯基的社会历史文化假说和米德的文化决定论是当今儿童社会性发展最重要的三个理论支柱。20世纪80年代,“社会性”一词就已见诸我国学前和儿童教育界,从80年代中期起,我国原先以智能发展为中心的学前教育开始转向重视儿童的全面发展,90年代中后期开始大力提倡素质教育,重视对儿童社会性的培养。

社会性发展不仅是儿童心理发展的重要组成部分,更是形成健康人格特征和良好社会适应力的基础。教育部2001年颁布的《幼儿园教育指导纲要(试行)》中明确指出儿童“乐意与人交往、学习互助、合作和分享、有同情心”的社会性发展目标。社会性发展可形成儿童多维度、多层次的心理结构,塑造宜人性、聪慧性的个性结构,铸造合群性、共融性的道德品质。具备社会性能力的儿童能够了解社会规范、掌握生活技能、处理好人际关系、适应社会生活。全国性的抽样调查指出,促进儿童社会性和情绪发展有助于减少其行为问题的发生。

情绪是儿童社会性心理结构中最重要的四种特质因素之一,是儿童青少年社会性发展中必须予以高度关注的一个核心领域。情绪社会性发展作为儿童社会性发展的重要组成部分,对于学前期的儿童来说尤显重要。情绪社会性发展是指在原始情绪基础上,在人际交往和社会行为反馈过程中产生包含社会意义的情绪。情绪社会性发展水平高的儿童往往更加自信、拥有更好的同伴关系、更具合作精神，能更好地依据社会情境来管理和调节情绪、解决冲突、促进人际交往和社会适应。相反，在此领域发展有困难的儿童在之后的校园生活、同伴关系和学习能力的表现上都更不如人意。幼小衔接是幼儿园和小学教育的联结，是学前儿童全面发展的重大转折期，需要给予特殊的关注。学前儿童的主要发展任务是进行情感互动和维持积极的社会交往，因此结合《纲要(试行)》所提出的社会性发展目标，做好幼儿情绪社会性发展的准备，对其顺利完成幼小衔接具有重要意义。

绘本是最适合幼儿接触的媒介，绘本阅读对幼儿发展的促进作用受到许多学者的重视。好绘本不仅可以传递知识，更能传播勇气、种植希望，对幼儿的性情起陶冶作用。实证研究结果表明，绘本对幼儿情绪社会性发展起着明显的促进作用。比如，绘本阅读能够有效地促进儿童社会互动性的发展并改善其挑战行为，促进对自我、人际关系和社会规则的认知，能显著地促进亲社会行为，明显提高社会适应性。已有的利用绘本促进儿童社会性发展的相关实证研究为开展幼儿情绪社会性教育提供了载体和路径启示。

除绘本阅读外，游戏训练也是促进儿童情绪社会性能力发展的重要途径。维果斯基认为游戏作为儿童有目的、有意识的社会性活动，是一种特殊的实践活动。如体育游戏能够改善幼儿社会交往关系，帮助其摆脱自我中心，培养积极的情感和健康的心理素质；角色扮演游戏可巩固亲社会行为，提高社会认知能力，促进同伴交往与合作；自主游戏可促进社会认知、社会情感、社会技能、社会道德和自我意识的发展。

由上，在学前阶段结合幼儿心理年龄特点将绘本阅读与游戏相结合，便成为值得探索的课程组织形式。因此也有了类似江苏省教育厅2014年启动的旨在引导幼儿园树立正确的儿童观、游戏观和课程观的“课程游戏化”项目。“课程游戏化背景下的早期阅读”研究将绘本故事以游戏的形式渗透到幼儿的一日生活中；基于绘本阅读整体性功能开发的“绘本游戏课程”，探索绘本游戏多元方式和构建绘本教育新模式以促进幼儿全面发展；一线的幼教老师将表演游戏融入到绘本教学中以激发幼儿的表现能力和阅读理解能力。这种做法的根据是：绘本是幼儿体验游戏的重要载体，在形式、内容和操作等层面上都具有游戏元素，与游戏结合的绘本阅读能让幼儿更深入理解材料内容。还有研究证据显示，将游戏的特性与趣味融入到学习材料中的游戏式电子绘本可提升小学生的专注力和学习兴趣。然而，尽管已有文献提示了将绘本阅读与游戏结合的诸多益处，但如何将两者有机结合却鲜见对一线教育者有针对指导性的简明课程框架，该框架对于教育者快速把握要领并生成将绘本阅读与游戏有机融合的教育机制至关重要。

基于此，我们开发出融合了绘本阅读与儿童游戏的游戏式绘本指导阅读，在阅读的过程中以启发和引导的方式提出不同层次的问题并设计紧密相关的片段式小游戏。游戏式绘本指导阅读要求在阅读的过程中充分尊重儿童的主动性，以不同的方式引导其参与讨论，激发其积极性，将他们已有的生活经验、知识经验与当下的故事内容相联结。采用启发式提问，引导幼儿去思考，培养他们预期、假设、质疑和反思的能力，通过角色扮演、体育游戏、动作模仿等来内化和巩固儿童的情绪社会性知识，提高他们的情绪社会能力。本研究旨在检验这种增添了绘本参与度和体验感的阅读方式，相较于传统的绘本阅读（如自读、听读等）方式，是否对幼儿的情绪社会性发展有更大的促进作用。

二、研究方法

（一）被试选取

选取上海一所未开设情绪社会性课程的公立幼儿园的 81 名条件相当的大班幼儿为被试，其中男生 47 名（58.02%），女生 34 名（41.98%）。本研究中所界定的“条件相当”是指幼儿的年龄相当，生理发育情况相当，在亲子共读情况上（如对亲子共读的态度、共读的频率和时间）无显著性差异。在实验开始前，将幼儿随机分为 5 组，进行情绪社会性发展因素的单因素方差分析，结果显示前 4 组（第五组不进行前测）不同组别幼儿在情绪社会性诸维度上的得分不存在显著组间差异，$F(3, 63) = 0.93 \sim 2.44$，$ps > 0.05$。各组幼儿月龄差异也不显著，$F(4, 76) = 0.68$，$p = 0.957$。对各组幼儿人数进行差异性分析，结果显示各组男女人数的分布不存在统计学意义显著性差异，$\chi^2(df = 4, N = 47) = 3.54$，$p = 0.473$。

（二）研究工具与材料

（1）游戏式绘本指导阅读指导提纲

选取美国儿童心理咨询师史贝蔓编著“我的感觉”系列丛书，包含学前儿童七种常见的情绪社会性主题：开心、害怕、难过、嫉妒、自信、思念和同理心。

（2）对情绪社会性发展的测量

采用杨宇婧在综合儿童入学准备五领域模型、儿童行为量表和儿童社会性发展量表的基础上，结合我国文化背景编制的《情绪与社会性领域入学准备水平评估量表》。选择该量表当中的 44 项条目，由家长在人际交往（如“主动和其他孩子一起做游戏”）、道德品质（如“从不破坏花草或欺负小动物”）、自我意识（如“自己的愿望会用恰当的方式想办法实现”）三个维度，从“完全不符合”到“完全符合”对儿童进行五级评分。量表的内部一致性系数分别为：人际交往（$\alpha=0.881$）、道德品质（$\alpha=0.898$）、自我意识（$\alpha=0.830$）和总量表（$\alpha=0.864$）。

（三）实验过程

研究经历了前测、计划实施、后测三个阶段。前测阶段包括了解幼儿的情绪发展状况、选择适宜的绘本、制定阅读指导计划等。后测所使用的量表与前测相同。计划实施阶段由事先经过严格标准训练的大学生主试团队施行，同一名主试负责不同组别幼儿的实验操作，避免对单一组别产生影响，以尽量平衡主试间效应。对指导组进行游戏式绘本指导阅读；自读组幼儿自行阅读；听读组以主试指点文字，出声朗读，幼儿听的方式进行；两个控制组则不进行对应的绘本阅读，控制组 2 仅用以考察前期测试效应。三组幼儿按照各自的实验组设置进行为期 6 周的绘本阅读，每周 2 次，每次 15～20 分钟。

三、研究结果与分析

（一）各组内幼儿情绪社会性发展变化显著性检验

比较控制组 2 与控制组 1 的后测数据，结果显示不存在显著差异（$ps>0.410$），表明幼儿是否接受前测对后测结果没有产生影响，可排除前期测试对实验结果的干扰。对比发现，四组幼儿在情绪社会性发展的人际关系、道德品质、自我意识三个维度上的前后测对比均显著提升（$t=2.27\sim13.91$，$ps<0.05$）。（见表 1）

表 1　儿童情绪社会性发展变化描述统计（$M\pm SD$）

实验组别		人际关系	道德品质	自我意识
指导组（$n=19$）	前测	40.53 ± 4.58	45.95 ± 3.29	60.95 ± 6.10
	后测	55.32 ± 4.36	57.26 ± 4.72	76.00 ± 6.31
自读组（$n=16$）	前测	41.69 ± 3.44	44.06 ± 4.12	61.88 ± 6.31
	后测	51.69 ± 3.26	52.81 ± 4.22	73.25 ± 3.86
听读组（$n=19$）	前测	42.58 ± 7.40	46.89 ± 2.81	63.53 ± 8.66
	后测	50.89 ± 3.56	54.58 ± 4.21	72.68 ± 6.75
控制组 1（$n=13$）	前测	43.46 ± 4.05	46.46 ± 2.44	65.23 ± 5.93
	后测	50.31 ± 4.11	54.54 ± 4.03	69.69 ± 4.99

（二）不同组幼儿情绪社会性发展变化差异的显著性检验

以上分析结果表明，前测阶段无显著差异的 4 组幼儿，经历了不同的绘本阅读方式后，在情绪社会性水平上有了一定的发展变化。为了检验指导效应是否显著，分别对人际关系、道德品质和自我意识 3 个情绪社会性维度得分进行 4(指导组、自读组、听读组、控制组 1 四组被试间因素)×2(前测、后测两个时点)的重复测量方差分析。(见表 2)结果显示，人际关系的被试内×被试间交互作用达到统计学意义非常显著水平，$F(3,\ 63)=5.61$，$p=0.002$，$\eta_p^2=0.211$；自我意识的被试内×被试间交互作用达到统计学意义极其显著水平，$F(3,\ 63)=6.28$，$p=0.001$，$\eta_p^2=0.230$；道德品质的被试内×被试间交互作用达到统计学意义边缘显著水平，$F(3,\ 63)=2.42$，$p=0.075<0.10$，$\eta_p^2=0.075$。

表 2　幼儿情绪社会性变化的被试内与被试间交互效应、被试内效应与被试间效应

变异来源	统计指标	人际关系	道德品质	自我意识
被试内×被试间	$F(3,63)$	5.61**	2.42†	6.28**
	p	0.002	0.075	0.001
	η_p^2	0.211	0.103	0.230
被试内	$F(1,63)$	178.76***	258.97***	135.10***
	p	<0.001	<0.001	<0.001
	η_p^2	0.739	0.804	0.682
被试间	$F(3,63)$	0.52	3.18*	0.13
	p	0.674	0.030	0.941
	η_p^2	0.024	0.132	0.006

注：†$p<0.10$，* $p<0.05$，** $p<0.01$，*** $p<0.001$。

比较不同组幼儿在人际交往、道德品质和自我意识三个情绪社会性维度的变化量(见图 2)，发现指导组的提升尤其显著，其三个维度的变化量均显著高于听读组和控制组，与自读组相比，其在人际交往维度上的变化量也显著更高($ps<0.05$)。

对交互作用显著的维度进行简单效应检验(表 3)，结果表明：在后测阶段，不同组别的人际关系和自我意识均存在显著差异($ps<0.001$)，对照表 1、表 2 和图 1 结果可见，使用游戏式绘本指导阅读对情绪社会性发展水平的促进作用显著。

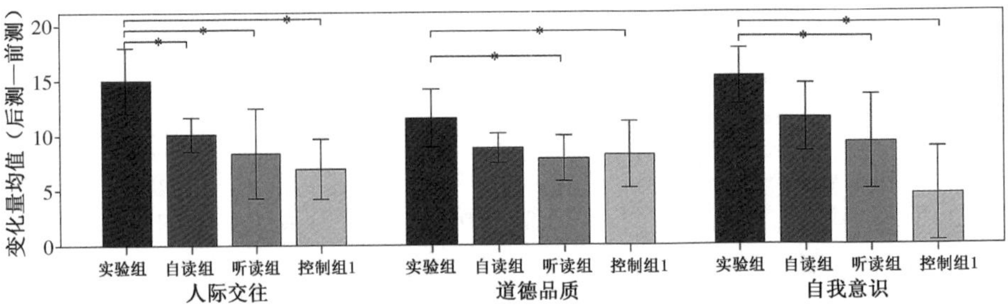

图1　不同组幼儿情绪社会性发展变化量(*MD*)比较

（注：* 表示达到统计学意义的显著性差异水平）

表3　实验组别和重复测量数据的简单效应检验

差异来源	人际关系			道德品质			自我意识		
	F	p	η_p^2	F	p	η_p^2	F	p	η_p^2
指导组×前后测	113.89***	<0.001	0.644	120.11***	<0.001	0.656	88.74***	<0.001	0.585
自读组×前后测	43.85***	<0.001	0.410	60.48***	<0.001	0.490	42.67***	<0.001	0.404
听读组×前后测	36.01***	<0.001	0.364	55.39***	<0.001	0.468	32.84***	<0.001	0.343
控制组1×前后测	16.70***	<0.001	0.210	41.87***	<0.001	0.399	5.33*	0.024	0.078
组别×前测	0.93	0.432	0.042	2.44†	0.073	0.104	1.14	0.338	0.052
组别×后测	6.03**	0.001	0.223	3.19*	0.030	0.132	3.20*	0.029	0.132

注：† $p<0.10$，* $p<0.05$，** $p<0.01$，*** $p<0.001$

四、讨论

（一）游戏式绘本指导阅读促进幼儿情绪社会性发展更有效

经过六周的实验后，所有幼儿的情绪社会性水平均有所提升，究其原因是当时正值大班下学期，园方正在开展有关幼小衔接方面的课程与活动。控制组幼儿的自我意识水平亦有显著提升，原因在于自我意识是随着年龄增长而逐渐升高的，发展最快的阶段在4～8岁，本研究中的幼儿均处于该年龄阶段，因此自我意识快速发展，呈现由低到高的发展趋势。但我们依然可以从被试内和被试间的交互效应（表2）中明显看出，游戏式绘本指导阅读对幼儿的情绪社会性发展水平的促进作用更大。

幼儿的自我意识反映了他们对周围环境和在社会中所处位置的认识，是实现社会化目标、完善人格的重要前提，影响着他们的社会行为与社会适应。自我意识不是与生俱来的，是个体在后天生活与客观社会环境相互作用下而逐渐形成的，幼儿在中班之后逐渐开始发展对自己的社会角色和心理活动的意识。本研究中，通过绘本的阅读，以及"自画像""夸夸我自己"等片段式游戏，让幼儿认识到自己与他人既有相同之处，也有特殊之处，帮助其正确认识和积极评价自己，在自我评价的基础上学习正确评价他人。在启发式提问中，幼儿能够畅所欲言，表达自己的想法、情绪以及背后的原因，还可以使用纸笔、动作等将想法和心情画出来、演出来，深入的自我体验丰富了他们的内心世界。

罗杰斯指出个体在社会交往的过程中有获得"积极关注"的需要，儿童也不例外，他们也希望从他人身上获得认可、关注和爱。在绘本阅读的过程中，伴读者总是用鼓励、积极的语言来回应幼儿，让他们对自己有一种积极正面的全新认识。此过程能让他们从自我中心中脱离出来，在阅读和游戏中体会和总结经验，识别、理解和调节自己的情绪，从模仿故事主人公到建设性地解决冲突，处理人际关系。

（二）游戏式绘本指导阅读促进情绪社会性发展的原因

为何游戏式绘本指导阅读更能促进幼儿情绪社会性发展？研究者认为最主要的原因是由此而来的积极建构，具体来说有以下四点。

其一，幼儿借由绘本阅读内化许多社会化的替代经验，了解自己和他人，以增进社会能力。如今儿童的生活经验大都局限在身边的家人和朋友的关系间，而绘本的内容包罗万象，他们可以借由绘本阅读，从中体验不同的生活方式、不同的人事物，甚至不同的人生看法等。以绘本为媒介，与游戏情境相结合的阅读让幼儿以喜欢的方式间接地深入体验和理解阅读材料，体会到许多无法直接接触到的生活经验，无形中得以开拓视野，丰富生活体验，从而得以在日常生活中迁移。游戏的社会性实践再造了某种生活现象，让他们可以通过这样的游戏掌握简单的社会关系，积极地思考解决问题的行动办法。

其二，游戏式绘本指导阅读采用自由开放的讨论方式，使儿童能够自由地表达思想，提出问题，循序渐进引导儿童思考、推理。增加思考的可逆性和变换性，有助于儿童对故事概念的建立以及认知、有助于其语言能力的发展，使儿童成为一个富有情绪和智慧的人。且绘本以细致的插画、浅近的文字和富于感情内涵的表达，将勇敢、自信、乐观、善良等美德融入故事中，借榜样作用原则帮助儿童达到自我学习的目的。

其三，立体的、全方位、游戏式的感官参与增加了体验感。游戏式绘本指导阅读不仅能让幼儿理解绘本的故事内容，更鼓励幼儿综合运用读、演、舞、画、做、跑、跳等多种表达形式探索和理解外部世界。在阅读时，幼儿会对材料做出许多反应，如跳舞、鼓掌、做动作和表演等，指导阅读支持他们做出这样的反应，并鼓励伴读者和孩子一起互动。阅读过程中嵌套的小游戏不是简单意义上的消遣娱乐，反而具有更高层次的意义和价值，幼儿可通过游戏表达想法、控制身体活动、抒发情绪以及与他人和环境建立关系，游戏是他们学习的基本形式和发展途径。

其四，所选绘本内容富含情绪社会性内容，主题符合儿童的生活经验。年幼的儿童尚未发展出足够强的观察能力，而且还存在自我中心意识，对别人的情绪情感和需求等缺乏觉察、认知和了解，这会导致他们帮助、合作、关心、同情等情绪社会性行为的缺乏。所选绘本包含儿童常见的情绪，以及同理心、自尊自信、自我意识等主题，帮助孩子发展出"我是谁""我怎么样"的自我意识；掌握如何打招呼、如何道歉、会分享等社会技能；掌握如何适应新环境、识别自己的情绪情感、如何控制情绪等自我调节能力；发展和同伴相处、识别他人的情绪情感并做出正确回应等亲社会行为。

（三）研究反思与展望

虽然指导阅读在某些维度上产生了明显的效果，但由于指导时间较短，若能对幼儿进行长期的纵向研究，则可以考察指导效果的持久性。研究只采集了幼儿家长的数据，而家长评估主要是依据自己的生活经验进行，应多信源地收集来自老师、家长和儿童本人的数据。由于前测数据是在家长会上收集的，而后测数据则是家长独自在家完成，两种情境下，家长由于某些考量可能在填写问卷时会存在偏差。如果能增加观察法、访谈法和实验法，那么对幼儿情绪能力的评估会更加全面。同时可考虑增加其他领域的研究，比如社会认知的测量，客体认知的测量等。

由于种种客观限制，本研究只设置了三个实验组，将游戏式绘本指导阅读与传统的孩子自读或家长读、孩子听的阅读方式进行比较，并未设置只游戏不阅读组，因此未能区分游戏式绘本指导阅读中起根本性作用的是游戏，还是启发式的指导阅读，抑或是游戏与阅读的有机结合。如果能增加传统的游戏组别，实验结果将更具有严谨性与说服力。

五、结论

绘本阅读能促进幼儿的情绪社会性发展，而游戏式绘本指导阅读由于更适合幼儿的心理特点，对其情绪社会性发展有更大的促进作用，其核心机制是更好地推动幼儿的积极建构。因此，若成人在幼儿阅读伴读中加入片段式小游戏，不但利于提升幼儿的积极体验，更有助于促进幼儿情绪社会性发展。

虽然实验存在一定的局限，但目前实验结果比较明确地提示游戏式绘本指导阅读对幼儿的情绪社会性发展有更大的促进作用，这种阅读伴读指导方式颇值得推广应用。

华东师范大学

席居哲　周文颖　左志宏

家庭生育行为影响因素及政策支持研究

一、上海市家庭生育水平与生育意愿分析

上海市长期处于极低生育水平，户籍人口自然变动自 1993 年就开始呈现负增长势头。“全面二孩”政策实施后，生育效果并不显著，且面临育龄妇女规模减少，婚育年龄推迟和生育意愿低等问题。为深入了解本市家庭生育意愿及面临的现实困难，为优化生育政策调供支撑，华东师范大学课题组与市妇联共同开展了此项调查研究。

调查于 2020 年 9 月通过网络形式抽样进行，在普陀区、静安区、徐汇区、黄浦区、浦东新区、闵行区、青浦区、奉贤区和宝山区，按照总人口比例分配样本。每个区选取 5～6 个街道/镇，10～15 个居委/村，每个居委/村发放 20～30 份问卷或平均分派到各街道镇及居委/村。调查对象为 20 至 49 周岁已婚女性或其配偶。问卷由育龄夫妻中的任意一人独立填写，配偶或父母的信息由被调查者代答。截至 2020 年 9 月 15 日，共回收有效问卷2 220份。

（一）家庭生育水平及其动机

1. 超过七成的家庭只有一个孩子

在调查样本中，有 89.3% 的受访者已生育过子女（含现孕），以一孩为主。其中，总样本中有一个孩子的家庭占 71.1%，有两个孩子的家庭占 17.8%；3 孩及以上的家庭仅占 0.4%。在已有孩子的家庭中，第一个孩子为女儿的比例为 51.8%，略高于男孩。

2. 新市民生育水平低于外地户籍家庭，老市民生育水平最低

夫妻双方均为非上海市户籍人口的家庭，生育水平相对较高，平均生育孩子数达到了 1.41，而夫妻双方均为上海市户籍的家庭平均生育孩子数仅为

1.04。男方单方为上海户籍的家庭平均生育孩子数为1.12，女方单方为上海户籍的为1.06。值得注意的是，在当前上海市户籍人口中，14岁前双方为非上海户籍人口组成的家庭（新市民）平均生育孩子数达到了1.21，而14岁前双方为上海户籍人口组成的家庭（老市民），平均只有1个孩子。

3. 近一成育龄夫妻存在生殖健康和生育障碍问题

本次调查显示，12%的女性和8%的男性有生育障碍，需要接受医学治疗。从家庭来看，夫妻中任意一方有生育障碍的家庭占总家庭数的12%。在有生育障碍的家庭中，女性单方有生育障碍的占40%，男性单方有生育障碍的占5%，男女双方需要共同接受医学治疗的家庭占55%。从治疗方式来看，药物治疗（55%）、手术治疗（33%）是家庭治疗生育障碍的主要方式，接受人工授精（8%）和试管婴儿（4%）的家庭为少数。

4. 追求人生完整和幸福是生育第一个孩子的重要原因

从家庭生育第一个孩子的原因来看，追求人生完整（37%）和夫妻幸福（26%）是主要理由。传宗接代（9%）、养儿防老（5%）等传统型生育观念的影响已经趋于式微。本人父母意愿（7%）、配偶父母意愿（4%）等来自于祖辈的生育压力虽然存在，但是影响总体来看相对较小。经济条件好仅占2%，时间精力允许（4%）和意外怀孕（2%）等也不是生育第一个孩子的主导原因。综合生育原因来看，上海市育龄家庭生育第一个孩子表现出高度的自主性、计划性，生育一孩主要为了满足对于人生完整和情感慰藉的需求。

5. 让孩子有个伴是生育第二个孩子的重要原因

从家庭生育二孩的原因来看，让孩子有个伴（24%）是育龄家庭生育第二个孩子最主要的动机。追求人生完整（21%）和夫妻幸福（16%）在二孩生育的原因中也占据了重要地位，此外意外怀孕在二孩生育原因中占10%。二孩生育也展现出了高度的主观性，传统型生育观念等因素不是生育二孩的主要原因。

（二）家庭生育意愿的基本特征

1. 育龄妇女生育意愿较低，仅1/3家庭希望生2个及以上孩子

被访者平均的生育意愿为1.3个孩子。此次被调查的育龄妇女，希望生一个孩子的占69.58%，希望生2个孩子的占29.46%，希望生3个及以上孩子的占0.96%。同时，配偶的生育意愿及其分布状况与育龄妇女类似。总体来说，仅约三分之一的家庭希望生2个及以上的孩子。

2. 六成家庭对孩子性别无偏好，男孩偏好较弱

家庭成员对孩子性别预期方面，仅有5.36%到8.45%的成员有男孩偏好，在育龄夫妻当中，男方对女孩的偏好（9.65%）和女方对女孩的偏好（11.28%）

均超过了对男孩的偏好。六成育龄夫妻对生男生女持无所谓的态度，17%左右的育龄夫妻希望儿女双全。育龄夫妻的父母方面，整体对孩子性别的偏好和育龄夫妻较为一致，数据上没有太大差别。

3. 超过七成的一孩家庭未来三年内不会生育二孩

此次调查表明，已经生育一孩的家庭未来三年内确定不会再生育二孩的比重高达77.3%，而确定会生育二孩或者可能会生育二孩的家庭共占5.9%。

在没有孩子的家庭中，未来三年确定会生育的家庭仅占三成，24.89%的家庭确定不会生育，另有25.74%的家庭可能生育，19.83%的家庭倾向可能不会生育。

4. 经济压力和生育观念转变是不打算生育二孩的重要原因

从二孩生育来看，经济条件不允许(21%)、只生一个好(18%)、维持生活质量(15%)是家庭不生育二孩的重要原因，出于经济压力和生育观念转变，人们更倾向于维持生活质量保持生育自主性，只生一个好逐渐占据生育观念中的重要地位。另一方面，缺乏隔代照料(12%)、住房条件不允许(11%)等也是影响家庭二孩生育的重要因素，出于生育二孩没人照顾以及住房面积不够等原因，部分家庭放弃生育二孩。

综合上述分析，导致上海市家庭低生育现状的原因是综合性的。从家庭内部来看，不同类型、经济地位、户籍性质等家庭特征下，育龄夫妻的生育意愿和生育行为存在着显著差别。而从被访者所反映的不打算(再)生育的原因来看，上海市家庭生育观念表现出了高度的现代性，生育成为了育龄夫妻在保持现有生活品质的约束下，实现人生价值和幸福感最大化的决策行为，夫妻的生育意愿保持着高度的统一。而从宏观来看，在当前上海市的城市经济发展、社会政策背景下，育龄夫妻的生育行为又可能面临着来自经济成本、社会政策等条件的影响。

二、家庭生育行为影响因素与政策需求分析

(一) 家庭生育行为影响因素分析

1. 社会现代化程度高，生育观念发生了重要转变

本次调研表明：在一孩生育中，追求夫妻幸福(26%)、追求人生完整(38%)是生育孩子的主要动力，以传宗接代(9%)、养儿防老(5%)为代表的传统性生育观念逐渐趋于消亡；二孩生育中，让现有孩子有个伴(24%)、追求夫妻幸福(16%)、人生完整(21%)是生育的主要原因。在尚未生育一孩的家庭中，维持现有生活质量(24%)是育龄家庭没有生育的重要原因，尚未生育二孩的家庭中，维持现有生活质量(15%)和只生一个好(18%)成为了不生育二孩的关键

因素。因此,在上海市育龄家庭生育决策的过程中,“多子多福”“养儿防老”等中国传统生育观念不再居于主导,生育成了成本计算和心灵慰藉需求相互博弈的结果。

2. 受教育程度、经济收入和居住状况影响生育水平和生育意愿

(1) 受教育程度越高,生育数量两极化越明显。在女方、男方或者双方都为本科以下的家庭中,生育 1 个孩子的概率在 75%左右。夫妻双方均为本科及以上的家庭,生育 1 个孩子的概率为 64%。这说明,第一,女性受教育程度提升是生育推迟的重要原因,大学毕业后,女性劳动的机会成本显著提升,导致生育进度效应产生;第二,受教育程度高的人群往往收入相对较高、享有充足的社会保险,当到达一定的经济条件后,这部分人群更有能力将生育意愿转化为生育行为。从政策层面来看,针对高学历人群应当减缓其生育推迟,在其参加工作初期给予充分保障,防止其因生育推迟而减少生育。

(2) 家庭经济条件越好,生育水平和生育意愿越高。育儿成本高、经济负担重是本次调研中育龄家庭普遍反映的问题,与此对应的是经济条件好的家庭往往也更倾向于把生育意愿转化为生育行为。

不同收入组生育意愿方面,除了年收入 30 万以上的家庭生育意愿在 1.3 个以上外,其他收入组家庭生育意愿差距不大。从实际生育孩子数来看,年收入 20～30 万的家庭生育数较 20 万以下的家庭开始出现明显回升,平均多生 0.02～0.06 个孩子。而进一步的 30～50 万收入组、50 万以上收入组家庭生育孩子数上升非常显著,50 万以上收入组家庭生育孩子数接近意愿数 1.3 个左右。

(3) 住房面积是家庭生育数量的有效保证,但是在生育决策中并非首要条件。都市低生育总是离不开住房问题,调研显示:商品房价格高导致育龄夫妻在生育高峰年龄段不得不购买小户型住房,当经济条件满足换大户型住房时部分居民已经年龄偏大并且生育意愿和生育能力降低,另一部分居民可能终身伴随着房屋面积小的问题,生育二胎无从谈起。

3. 儿童抚养成本较高,制约生育水平

(1) 上海家庭生养一孩年均成本与收入比,显著高于欧美发达国家都市。各国的人口普查及经济年鉴中均缺乏孩子生养成本相关数据,本研究所得数据来自于各国研究机构、企业等开展的抽样调查数据,因此难以实现同一时期内中外家庭平均生养孩子成本收入对比。但经时期指标对比发现,以美国为例,家庭用于生养孩子的费用占收入比重非常稳定,在一定程度上能够和上海市数据进行比对。上海市生养孩子成本偏高的问题较为严重,上海市 2004 年家庭年均生养孩子成本与年均收入比达到 30%,和 2015 年纽约的数据相同,

2019年上海市该数据达到了37%，远超2015年的纽约(30%)和2015年的伦敦(24%)，政府应当对这一问题予以重视。

(2) 上海生养孩子成本显著高于国内各类城市，家庭教育投入占收入比例是其他城市的两倍。上海市将孩子养育到初中毕业的费用，足够在广州市把孩子养到高中毕业，甚至几乎足够在重庆市和武汉市把孩子养到大学毕业，而这仅是在不考虑父母的间接成本之下的数据。但是上海市由于工资水平高于我国其他省市地区，生养孩子的总成本将会进一步抬升。由此可见，在上海市生养孩子所需费用显著高于国内一线、二线城市，并且差距十分明显。

教育投入占据上海市家庭养育孩子支出中较大比重，在60%左右，是广州、重庆、武汉等一二线城市的两倍左右。由此可见上海市家庭非常重视子女的教育，愿意在子女教育上投入较多成本，并且成为了推动上海市家庭生养孩子成本上升的主要原因。

4. 代际育儿支持对育龄夫妻的生育决策具有重要影响

(1) 祖辈隔代照料能显著提升家庭生育意愿，促进一孩生育决策。如果育龄夫妻双方父母任意一方提供隔代照料，女性的生育意愿为1.33；单女方父母提供隔代照料，女性的生育意愿为1.32；单男方父母提供隔代照料，女性的生育意愿为1.18；双方父母都不能提供隔代照料时，女性的生育意愿为1.11。隔代照料，尤其是女方自己的父母能提供隔代照料能显著提升妇女的生育意愿。

另外根据样本数据计算，还得出一个重要结论，即隔代照料是家庭未来三年是否生育一孩的关键因素。在祖辈能够提供隔代照料的情况下，尚未生育一孩家庭未来三年确定生育的概率为42%，是不能提供隔代照料家庭的2.8倍，而不能提供隔代照料的家庭未来三年确定不生育的概率达到了39%，是能提供隔代照料家庭的3倍。此外二孩生育方面，计算结果显示，家庭能否提供隔代照料均不能显著提升二孩生育率，二孩生育意愿始终较低。

(2) 祖辈提供隔代照料意愿较强，成为完善家庭功能的重要环节。对已经生育孩子的家庭而言，70%以上的祖辈提供过隔代照料。但是，祖辈愿意放弃自己的私人空间而为家庭提供这种正向公共外部性吗？问卷发现，在双方父母中，愿意和非常愿意一共占到了总样本的68%至77%，约有10%～15%的祖辈是在非主动愿意的基础上牺牲个人时间和空间来照料孩子。综合来看，女方母亲较其他的祖辈而言承担了相对更多的隔代照料，也最愿意承担照顾孩子的责任。男方父亲最不愿意提供隔代照料，他们在隔代照料实践中承担的任务量要轻于其他的祖辈。

需要指出的是，祖辈提供隔代照料是家庭在社会变迁过程中演化出的应对机制，在西方国家也是家庭对社会功能的重要补充。我国对于这一现象的研究较少，在中国的传统文化中，提供隔代照料是理所应当、习以为常的方式。上海市政府应当积极关注这一社会现象，肯定祖辈为儿童照料、家庭发展、减轻政府负担等方面的积极贡献，及时回应照顾提供者的需求。

（二）生育配套政策评价与公共服务需求

1. 0～3 岁儿童托育服务供给有待完善

本次调研中，217 个家庭有 3 岁以下且达到入托年龄的孩子，其中 34%的孩子全天入托，12%的孩子半天入托，另有 53%的孩子没能进入幼托机构。

进一步对没有入托的家庭进行原因分析后发现，有专人照看(45%)是孩子没有入托的首要原因，这其中主要的照看者来自于祖辈，占到总照看者的 68%，说明隔代照料在上海市是养育幼儿的重要补充力量。费用太高(32%)是被访者反映最多的问题之一，此外孩子没有入托的原因还有距离太远(14%)、幼托机构条件不好(7%)、已经满员(2%)。综合来看，公立幼托机构数量少，难以实现对小区、街镇的全面覆盖是育龄夫妻对“普惠性托育点”建设满意度不够高的重要原因。孩子已经入托的家庭反映，住地离托育点远造成接送孩子极大不便利，而如果选择距离相对较近的私立托育机构则又将面临费用过高的问题。

2. 现有的生育配套政策及其服务满意度有待提高

当前上海市尚未建立起系统性的家庭支持政策体系，育龄家庭在生养孩子过程中付出的经济成本和精力较大。市政府目前出台的生育支持配套政策与服务主要有：普惠性托育点建设、早教指导点建设、生育保险和职工医疗保险合并三项。总体来看，被访者对于这三项政策或服务的满意度在 55%～60%，满意度较高。但是部分被访者表示：首先，普惠性托育点建设虽然极大降低了幼儿入托的难度，但是缺乏课后看护，导致每天接送孩子成为了家长必须在工作和孩子中进行平衡的问题，再一个问题是部分家庭离托儿所仍然较远；其次，早教指导点方面，很多父母反应预约不上，点位太少，政府设立的早教指导点多趋于形式主义，私营早教指导点成为了重要补充，但是价格昂贵。这表明，虽然很多政策的出发点是好的，但是政策在执行过程中被扭曲，并且单一政策难以满足当前家庭需求。政府需要建立完整的人性化的政策体系。

3. 育龄家庭期待进一步完善生育配套政策

被访者对当前上海市家庭政策的需求主要集中在以下几个方面：(1)以家庭为单位计算抚养比，实施税收减免政策，并给予适当补贴；(2)对二孩生育直接给予补贴，减轻生养负担；(3)加强托育和课后托管服务，解决家庭生育的后顾之忧；(4)加强对家中老年人的扶持力度，加强养老综合体建设，集日托、全托、医养功能;(5)产检、孕检免费;(6)面向长期照护成员家庭的“喘息服务”。综合来看,被访者对于各种政策的需求程度平缓递减,不同类型家庭需求偏好各不相同。但是满足这些需求的前提是政策应当实现系统化,这涉及政府不同的职能部门,部门间的协调和配合应当达到新的高度。

三、完善家庭政策、优化生育环境的对策建议

(一) 加强生育社会支持,打造生育友好型社会

1. 完善医疗保险制度,提高生育津贴标准。关注生殖健康,考虑将产检及辅助生育纳入医疗保障,实现医保对孕产周期全覆盖;建立健全生育津贴增长给付方案,并加大对高龄产妇和二孩生育的补贴。2. 减轻用人单位用工成本,保障生育期妇女合法权益。依照社会最低工资标准,由财政承担产假期间女职工的社会保险费用、哺乳假期间女性的工资。向中央政府争取,能自主对女性就业比例高的企业进行一定程度的税收减免,是增强女性就业保障的关键。3. 推进生育友好的空间网络布局,营造良好社会支持环境。公共场所母婴设施是生育友好型社会理念的重要载体,应在地铁站、写字楼、购物中心等人流大的公共场所加强母婴室建设。

(二) 提升儿童保障水平,降低养育成本

1. 持续推进普惠性托育点建设,进一步提升孩子入托便利性。多种形式增加托育资源供给,鼓励有能力的企事业单位为员工提供福利性托幼服务,不具备设立能力的企业可与附近的社区或企业联合开办。在新生儿较多的街镇、外来人口聚集的街镇加强普惠性托育点建设,同时积极推进托幼一体化发展,对现有资源进行充分整合。2. 托育机构、幼儿园、小学低年级,对有需求的家庭提供课后辅导照看服务。建议市教委会要求学校统计并统一安排无法接送孩子的家庭,安排专人在课后对这部分孩子进行照看,解决家长真正难处。3. 试行家庭教育支出退税制度,严打教育机构高收费、乱收费现象,控制家庭教育支出成本。

(三) 制定实施家庭支持计划,增强家庭养育能力

1. 为家庭发放育儿津贴,精准帮扶一孩养育存在困难的家庭。探索建立育儿津贴制度,通过扩大财政支出、增收社会育儿保险等方式筹集资金,对凡有6岁及以下孩子的家庭每月发放育儿津贴以补贴每月孩子的生活费用。2. 以家庭为单位评估抚养负担,并以家庭为单位进行征税。不少育龄家庭面临同时赡养老人和孩子的问题,家庭经济压力较大。对于抚养负担重的家庭在征税时应区别对待,改为以家庭为单位进行征税。3. 给予二孩生育家庭住房、教育优

惠政策。对二孩家庭为改善居住条件购买第二套住房的，按照首套房的条件享受首付比例和贷款优惠。教育方面，在现有入学标准打分排队中对养育第二个孩子的予以适当加分。

（四）平衡女性就业—生育冲突，保障女性就业和职业发展

1. 保障女性就业、产假合法权益，加大对损害女性就业权益企业的经济和行政处罚。对损害女性就业权益、存在就业性别歧视的企业予以严厉的经济和行政处罚，现有惩戒力度严重不足。劳动监察部门应当设立孕产妇热线或者相关信息通道，加快对涉事企业的惩戒。2. 增设夫妻共用育儿假，强制男性休假不少于育儿假的 1/3。建议增设半年左右的育儿假，可由夫妻双方共享，休假时间相对自由，但必须在孩子三岁前使用完毕。强制规定男性休假不得少于育儿假的 1/3，提高男性在家庭育儿中的参与度。3. 政府、企业、社会共同合作，为本市女性创造工作和家庭平衡的良好环境。鼓励引导用人单位建立支持女性平衡工作生活的措施。借鉴国外经验，卫生计生部门可联合妇联、劳动部门，制定“家庭友好型”企业认证制度，每年评选表彰一批“家庭友好型企业”。

（五）增强隔代照料者社会福利水平，完善家庭功能和代际支持

1. 提供“喘息服务”，关爱隔代照料者的身心健康。以社区为单位，由社区志愿者、相关专业人员为老年人提供必要的健康帮助以及健康知识指导，让老年人在享受天伦之乐的同时也能感受到来自于社会的关爱和支持。2. 提供现金补贴，提升照料者的积极性。适当的现金支持能激发老年人提供隔代照料的热情，缓解社会育儿压力。可采取灵活多样的补贴形式，如提升养老金、医疗保险和保障水平。3. 完善社区设施功能，创造代际共享公共空间，宣扬隔代照料的社会价值。

上海市妇女联合会
华东师范大学
课题负责人：吴瑞君

婚姻家庭矛盾纠纷多元化调处机制的研究

家庭是社会主义核心价值观落实的重要载体,婚姻家庭的和谐是社会稳定的基础。近年来伴随着上海市经济社会的快速发展,婚姻家庭纠纷呈现出数量增多、内容多样、成因复杂、调处难度加大等情况。特别是全市因婚姻家庭矛盾纠纷激化引发的命案不减反增,在2018年达到峰值,据不完全统计该类型命案已占全部命案比例20%以上,严重影响社会和谐稳定。

不同于其他的普通民事纠纷,婚姻家庭纠纷是家庭成员内部发生的矛盾冲突,涉及伦理、血缘、情感、身份等因素,具有隐私性、非理性、伦理性等独特特征,而调解是解决该类型纠纷的最重要途径。在国家深入推进多元化纠纷解决机制改革的背景下,全国妇联于2017年联合中央综治办、最高人民法院、司法部等六部委印发《关于做好婚姻家庭纠纷预防化解工作的意见》,明确建立健全婚姻家庭纠纷人民调解组织。上海市妇联积极探索多元化婚姻家庭矛盾调处机制建设,已在16个城区成立婚姻家庭纠纷人民调解委员会(以下简称婚调委),会同司法等行政部门开展婚调工作。但妇联组织在开展婚姻家庭纠纷调处实践工作中,面临着婚调委与其他部门工作流程衔接不完备、专业化调解规范标准不明确、调解人员不足、经费保障制度不完善等困境,影响了婚姻家庭纠纷调处工作的效能。建立和完善更加多元化的婚姻家庭矛盾调处机制的需要呼之欲出。本报告以构建和完善婚姻家庭矛盾纠纷多元化调处机制为目标,从调研婚姻家庭矛盾多元化调处机制在组织、人才和保障机制建设实践中所遇到的问题入手,分析妇联组织、司法局、法院三方在婚姻家庭矛盾纠纷多元化调处机制中的定位与优势,并在借鉴国际和国内先进经验的基础上,提出建设和改善婚姻家庭矛盾纠纷多元化调处机制的对策建议。

一、婚姻家庭矛盾纠纷多元化调处工作现状

（一）市妇联创新纠纷化解机制，搭建婚调委服务平台

市妇联积极落实全国妇联、中央综治办等六部委联合发文要求做好婚姻家庭纠纷预防化解工作的精神，自 2018 年起，各区妇联会同司法局等行政部门在各区的大调解中心陆续设立婚姻家庭纠纷人民调解专委会，目前已实现 16 个区全覆盖。针对婚姻家庭领域维权工作的特点及服务需求，基本形成“市级引领、区级联动、分层管理、有序推进”的婚调工作模式，婚姻调处工作稳步推进。

（二）市妇联不断增强多元化婚调服务能力

市妇联本着“化解纠纷、调解矛盾、维护权益、陪伴成长”的宗旨，通过多项举措增强婚调服务能力。2019 年市妇联推出“婚姻家庭纠纷调解项目”的购买服务，在各区设立婚姻家庭纠纷调解专窗，综合运用“情、理、法”开展婚姻家庭纠纷调解等工作，预防和化解婚姻家庭纠纷。课题组调研显示，截至 2019 年 6 月底，各区全年目标完成率超过 50%，其中奉贤区在疑难结案、分流跟踪等方面积极探索纠纷化解机制创新，目标完成率达到 88%。2019 年 3 月，徐汇区成立沪上首个区婚姻家庭危机干预中心，整合公检法司、民政部门、区综治办、13 个街镇及社会组织等多元力量，提供及时有效的危机干预、家庭关系辅导、法律维权、关爱救助等专业服务。

（三）努力做好“联”字文章，加强基层婚调组织建设

上海市妇联、司法局等六部门联合发布的《关于加强本市婚姻家庭纠纷预防化解工作的意见》中明确提出，“坚持预防为主，努力做到发现要早、防范在先、处置在小，注重从源头上预防和减少婚姻家庭纠纷的产生”是婚调工作的基本原则，说明了基层婚调组织建设的重要性。市妇联积极推动基层婚调组织建设，调研显示，目前已基本形成婚调工作站在各区内街镇、居（村）全覆盖，婚调工作站覆盖率已达到 91.8%。52.98%的街镇婚调工作站保证每周工作日全接待，63.93%的街镇婚调工作站对区婚调委有完整的报备制度。

（四）市妇联整合社会力量培育专业维权婚调队伍

维权婚调离不开一支强有力的队伍。课题组调研显示，66.36%的婚调委工作人员为妇联干部，本科及以上学历占比达到 70%，妇联工作者已经成为婚调工作的中坚力量。超过半数的婚调调解员拥有 3 年以上的调解工作经验，其中 24.32%的调解工作经验超过 10 年。各级妇联着力打造“法律 + 心理 + 社工”专业调解员队伍，为广大妇女及家庭提供专业化咨询建议、婚姻调解、法律维权等服务。

（五）市妇联营造宣传氛围提高婚调工作社会影响力

大力开展婚姻法、反家庭暴力法、妇女权益保障法等宣传教育活动。充分运用“互联网+”思维，制作以调解员调处婚姻家庭纠纷为原型的微视频《今天我当班》，在各大公共微信平台转发，反响良好；结合三八妇女节等重大节日节点，利用电视、报纸等传统媒介开展“以案释法”等宣传咨询服务。

二、构建婚姻家庭矛盾纠纷多元化调处机制面临的主要问题

（一）婚姻家庭纠纷数量增多、类型复杂，民转刑防控难度加大

随着经济社会利益格局的快速转变，当前婚姻家庭矛盾纠纷调处工作呈现出数量增多，感情纠纷占比最高，赡养类、经济类纠纷增速快，家庭暴力事件防控难度增大，矛盾成因复杂、调处难度加大等情况。特别是全市因婚姻家庭矛盾纠纷激化引发的命案不减反增，据不完全统计，到2018年，该类型命案已占全部命案比例20%。课题组调研显示，在接待的婚调纠纷中，占比最多的是感情纠纷，为67.57%；赡养纠纷和家庭暴力纠纷排名第二、三位，分别占比59.46%和51.35%。婚姻家庭纠纷发生在家庭内部、亲属之间，具有隐私性、非理性、伦理性的特点，这种特殊性决定了在调解工作开展中，不仅要依法维护当事人的权益，同时也必须考虑维护婚姻家庭关系的平等、和睦与团结，增加了调解的难度和不确定性。有婚调工作人员表示，在调解过程中既要考虑公正性、遵守性别无差别对待准则，又需考虑女性和儿童客观存在的弱势地位，目前这两点在开展实践工作中难以平衡。

（二）联动联调机制尚不完备，诉调对接流程有待完善

通过分析得知，多部门协作调解方式与调解成功率具有一定的相关性，可以推测联动联调机制有助于提高调解成功率。调研过程中有65.85%的受访者表示，“流程机制不明确”是目前婚调委联动联调工作中存在的首要问题，“沟通存在障碍”（占比49.55%）、“信任度不高”（占比49.09%）等因素紧随其后。此外，32.43%的婚调委调解员今年以来未曾与司法所/司法局人员共同协作完成调解纠纷；54.05%的调解员未与法院人员共同协作完成调解纠纷；在婚调委的案源输入上，司法局、法院和公安部门的输入占比分别为21.62%、24.32%和32.43%。上述数据表明，目前婚调委与法院、司法、公安等部门间的联动联调机制并不完备，未形成明确的诉调对接等工作流程，限制了多元调解机制的“多元性”优势。

（三）调解工作人员流动性大，专业性有待提升

鉴于婚姻家庭矛盾纠纷的特殊性，调解人员不仅需要了解法律、心理咨询、社会工作等方面的专业知识，还应具有社会性别意识、儿童优先原则和保护家

庭弱势群体利益等理念。调解工作人员的流动性大、专业性不强是目前婚调工作面临的重要困境。在婚调委改进情况的调查中，超过65%的婚调工作人员认为急需提高调解员的职业化、专业化，该选项在所有选项中占比最高。调研发现，调解人员中兼职调解员占比高（占比约23%）、婚调工作监督考核机制的不完备、工作经费保障不足等原因造成了调解人员流动性大，制约了调解员队伍建设。从调解员专业背景来看，有法学、心理学、社会工作背景的约占总人数的一半，分别为10.91%、8.18%和31.36%，说明调解员队伍专业性建设亟需加强。调研中，各区婚调委工作人员均表达了对有经验、有相关背景的调解员的迫切需要，希望能够多配备一些法律、心理学背景的调解员，并在年龄结构上实现老中青搭配。

（四）各部门间协作配合和功能互补有待加强，未能完全激活"联"字优势

在婚姻家庭矛盾多元化纠纷调处工作中，既包含妇联的维权调解、司法人民调解和法院的诉调转接，也包含妇联组织在基层的纠纷防范预警、纠纷排查等工作，这些相互独立的机制在各自的领域中发挥着作用。在婚姻家庭矛盾纠纷多元化调处机制中，妇联组织具有基层治理和矛盾排查预防的优势；法院、司法部门具有司法职能和专业化行政优势。然而在目前的婚姻家庭矛盾调处实践中，妇联的基层排查、权益保障通道与人民调解、司法调解工作之间尚未构建专长兼备、上下联动的工作机制，造成各部门间未能完全实现协作配合和功能互补，容易抑制妇联组织的"联"字优势的发挥。因此，应最大限度地发挥妇联、司法、法院部门不同优势的推动作用，在多元化调解机制系统化、人性化、整合化、智能化上开拓空间，实现整个多元调处机制系统向服务型、专业型转变，为全面建成小康社会创造和谐稳定的社会环境。

三、比较借鉴：国际国内婚姻家庭纠纷多元调解机制样本分析

（一）国际经验借鉴

国际上，根据各国历史文化和现实国情的不同，形成了不同的婚姻家庭调解机制，如日韩的调停法、美国的替代性纠纷解决机制、澳大利亚的非诉讼解决机制等，通行的做法包括：将调解作为婚姻家庭诉讼案件的强制前置环节；设立专门的法院或法庭，制定专门的审理程序；制定专门的婚姻家庭法，明确婚姻家庭调解案件的范围、程序等，将公正、效率、和谐、共赢作为确定诉讼程序的价值目标；建立与婚姻家庭法相适应的咨询、调解、仲裁、诉讼等纠纷解决机制；在基层设立专门的婚姻家庭纠纷非诉讼解决机构等。

如日本的家事调停制度是随着1947年《家事审判法》的颁布而设置，该法案对家事纠纷规定了调停前置原则和职权调停制度，以确定调停成为解决家事

纠纷的必经程序。“调停前置主义”令家事纠纷起诉至法院前必须先接受家事法院调解，或者法院可以依职权进行调解。因此日本对家事纠纷的调解率非常高，有利于化解家庭成员矛盾，维护社会稳定。美国进行婚姻家庭矛盾调解的调解员多具有心理学方面的素养，注重将“治疗”理念带入调解之中，促使当事人正面认识纠纷的根源在于感情上的矛盾，实现社会和谐。

（二）广东省：成立婚姻家庭纠纷人民调解机制

2016年，广东省妇联、省综治办、省司法厅三部门联合制定了《关于建立婚姻家庭纠纷人民调解委员会的指导意见》。建立婚姻家庭纠纷人民调解工作机制，包括设立婚姻家庭纠纷人民调解组织，建立婚姻家庭纠纷人民调解员队伍，以及建立健全多部门协作工作机制。明确了“婚调委”由本级妇联负责开展日常调解工作，由同级司法行政部门负责调解业务指导。

指导意见对婚姻家庭纠纷人民调解工作的职责范围、原则程序均做了详细规定。指导意见明确规定了工作相关程序。婚姻家庭纠纷当事人可以向“婚调委”（工作室）申请调解。“婚调委”调解婚姻家庭纠纷，应当自受理调解申请后六十日内调解结案。经调解达成调解协议后，双方当事人认为有必要的，可以自人民调解协议书生效之日起30个工作日内向人民法院申请司法确认。未达成调解协议或终止调解的，应当告知当事人诉讼的权利，并引导其通过诉讼途径解决。

该机制对婚调类型做了细致分类：包括联合调解、协助调解以及委托调解三种。该机制的建立，使妇联调解工作与法院诉讼实现了对接，一方面能够进一步发挥妇联组织调处婚姻家庭纠纷的专业优势，另一方面通过调解的方式，真正做到案结事了，最终达到有效预防和化解婚姻家庭矛盾纠纷，维护家庭稳定，促进社会和谐的目的。

（三）江苏省：探索婚姻家庭纠纷案件诉调对接机制

近年来，江苏省一直积极探索非诉讼纠纷解决机制建设，整合司法行政系统非诉讼纠纷化解的职能和资源，综合运用人民调解、行政调解等多种方式，旨在多元化解民事领域纠纷。2014年，苏州市发布《关于加强婚姻家庭纠纷案件诉调对接工作的实施意见》，该意见明确了妇联、司法、法院等部门在多元调解机制中的功能与权责：规定婚调委是专门负责婚姻家庭纠纷调处的专业人民调解委员会，且附设于各级妇联组织、受司法行政部门指导、负责本行政区域有关婚姻家庭纠纷调处；人民法院、司法行政部门应当为婚调委的调解工作提供必要的业务指导和培训，进一步提升婚姻家庭人民调解工作规范化、专业化水平。此外，该意见规定了婚调委调解协议效力的确认：基层人民法院立案前委派婚调委调解达成的调解协议或婚调委自行受理纠纷调解达成的调解协议，当事人可以向基层人民法院申请司法确认。

（四）重庆市：创新婚姻家庭矛盾纠纷预警机制

2016年，重庆市妇联出台了《关于建立妇女儿童社会矛盾预警机制和重大典型侵权案件应急预案的意见》，建立健全了妇女儿童社会矛盾的纠纷排查、信息报送、研判预测、督查通报等四项制度，要求各级妇联组织在做好协调化解工作的同时，争取将问题纳入党政社会矛盾纠纷排查化解范畴，推动问题尽快解决。为创新维权服务手段，重庆市还着力建设化解矛盾纠纷的多元工作机制。市妇联与市高法联合下文，提出：对已进入诉讼程序但有调解可能的案件，人民法院可委托给婚调委进行调解。此外，由区县婚调委和基层人民法院共同建立人民调解指导员履职监督制度，由各级妇联派员参加人民法院家事审判方式和工作机制改革指导小组。在市妇联与市司法局联合出台的《关于进一步加强妇女法律援助工作的通知》中，则要求全市各区县普遍设立法律援助中心驻妇联工作站，为有法律援助需求的妇女开辟快捷便利的绿色通道。

（五）国内外实践探索启示

国际国内对婚姻家庭矛盾纠纷调处的实践探索各有优势和特色。这些调处实践经验在如何确立妇联、司法、法院等部门在多元调处机制中的功能与权责、如何设计具有实操性的联动联调流程机制、如何发挥妇联组织在家庭和社区的工作优势、如何实现各机制间协作配合和功能互补、如何推动多元调处机制向服务型、专业型转变等方面提供了有益的借鉴与启示。多元调解机制的建立不仅有利于矛盾纠纷化解，从根源上保证了法律效果和社会效果并行，是基层社会治理创新和提升城市管理精细化水平的体现，更是维护全市家庭稳定，促进社会和谐，提升城市能级和核心竞争力的重要保障。

四、构建和完善婚姻家庭矛盾纠纷多元化调处机制的建议

（一）进一步明确妇联、司法、法院部门在多元调处机制中的功能与优势

针对目前婚姻家庭矛盾多元调处机制中呈现出的问题，建议可以参照北京、广东、江苏、湖北等省市做法，在实践层面进一步明确妇联、司法、法院部门在多元调处工作实践中的功能与优势。

通过对各部门功能、优势、权责的明确，一是可以加强对婚姻家庭纠纷调处工作重要性的认识，确保人民调解参与化解婚姻家庭矛盾纠纷平台化建设顺利推进。二是通过搭建平台，完善组织网络，能够明确婚姻家庭纠纷人民调处工作机制。建立健全多部门协作配合的联动联调工作机制，以及多途径衔接互动的纠纷化解机制，提高调处工作效能。三是帮助规定婚姻家庭纠纷人民调处工

作的职能范围和原则程序。明确划分婚姻家庭纠纷的调解类型，规定委托调解、联合调解、协助调解的工作程序，规定婚调委调解协议效力的司法确认流程。四是可以提升相关部门对婚姻家庭调处工作的重视与指导，通过加强沟通协作，发挥各自职能优势，强化配合意识，提高婚姻调处工作效能。

（二）坚持共建共治共享，充分发挥妇联组织“联”字优势

婚姻家庭矛盾易发多发，有的甚至引发刑事案件乃至重大命案，严重损害家庭成员权益，严重影响社会和谐稳定。2014—2018 年，本市婚姻家庭纠纷民转刑案件保持增长，社会面临严峻的防控与维稳压力。由于涉及个人隐私和“不可外扬”等传统观念的影响，相比其他类型民事纠纷，婚姻家庭纠纷调解的主动性和自愿性并不强。十九届四中全会明确指出：“完善社会矛盾纠纷多元预防调处化解综合机制，努力将矛盾化解在基层。”因此，婚姻家庭纠纷调处工作需要与矛盾纠纷基层排查、妇女儿童基层维权、家暴预防与处理等工作紧密结合，共同维护社会稳定与和谐。

通过完善与司法、法院等部门的联动联调工作机制，加强与社区、群团组织共建纠纷排查机制，妇联组织应将“事先预防、事中调解、事后跟踪”纳入婚调工作流程，形成相应共建共治共享婚姻家庭纠纷调处工作机制。一是在预防排查阶段，发挥妇联组织“联”字优势，坚持专群结合、群防群治。通过联合社区组织、群团组织，将社区干部、网格员纳入排查队伍，发现纠纷及时上报各居（村）、街道婚调工作室（站），由婚调室联合相关部门按照轻重缓急进行分类定级、分类调处。二是通过建立婚调分级处理机制，增强婚姻家庭纠纷排查的整体性、协同性、精准性。如果是单纯的婚姻家庭纠纷（不涉及诈骗、家暴等违法行为）等案件，对愿意调解的，各级婚调部门及时介入调解，对不愿意或不适合调节的，街道政法部门妥善跟进。如果是纠纷明确为涉及家暴、诈骗等违法行为且危险系数较高的案件，应及时报公安机关处理，婚调机构联合政法等部门跟进。三是对进入婚调程序和家暴干预程序的案件进行案件处理和后续跟踪回访，做好数据汇总和分析研判工作。

（三）完善监督考核机制，推进保障机制建设

目前对婚调委的考核主要以能否在一定时期内成功出具一定数量的婚调协议书作为标准，对人民调解员多采用“以奖代补”的保障机制，按照调解成功案件的难易程度给予不同标准的金额奖励。可见能否形成“婚姻调解书”是监督考核和奖励机制的关键。但在实际的婚调工作中，一些诉前调解案件的双方当事人在人民调解员的调解劝说下回归理性，做出和解意向，递交撤诉申请书，案件以撤诉结案；也有一些调解当事人担心隐私问题，不愿意将案件归入书面

档案，只能形成口头调解协议。这些工作因为缺乏书面协议，并未能计入考核指标和奖励机制，影响了调解员的积极性，限制了调解工作的开展。因此，建议将口头协议案件（可提供录音资料证明）、部分撤诉案件纳入考核标准，并可以考虑通过问卷回访等方式将满意度等也作为考核参考指标，完善监督考核机制。此外，建议根据市内各区人口、基层法院数量、婚姻矛盾纠纷特点等分类制定考核标准。

（四）推进调解员能力提升，保障专业化调解员供给

一是探索建立婚姻家庭调解员“成长机制”，定期开展业务知识学习、专题研讨等活动，委托专业机构定期开展业务督导。二是联合心理咨询师、律师和婚调委调解员开展“婚姻家庭训练营”等活动，依托妇联在基层的妇女儿童活动阵地，定期深入社区开展婚姻家庭辅导和维权普法知识宣讲，使婚调委的服务深入基层，促进家庭和谐与社会稳定。三是通过购买社会组织专业服务，将专业心理咨询、社会工作实务最大限度地融入婚调工作，以专业力量加强婚姻家庭矛盾化解，提升全市婚姻家庭的自我经营和自我修复能力。四是号召广大志愿者参与到婚姻家庭危机预防工作中，依托基层妇联对苗头性婚姻家庭问题实现早发现早处置。

（五）加大宣传力度，打造品牌化调解组织

一是充分利用三八妇女节、人民调解宣传月、国家宪法日等时间节点契机，通过新媒体及社区服务等平台扎实开展宣传教育活动，强化对男女平等基本国策的宣传和婚姻家庭文化的建设。二是推动行政资源、社会资源有效整合，扩大宣传范围，拓宽宣传渠道，积极推广“婚姻家庭纠纷首选婚调”的理念。将婚姻家庭纠纷调解工作纵向延伸至基层，横向扩展至婚姻家庭动态发展的各个阶段。加强新媒体技术在预防排查中的运用，制作符合当前移动化、平台化传播特点的宣传普法内容产品，如微视频、微案例等，在相关政务公众号平台和社交媒体平台传播。三是抓住当前培育发展“上海调解”服务品牌的契机，打造婚姻家庭纠纷调解品牌。各区婚调委发挥孵化器作用，进一步整合资源，培育婚调行业专业调解组织，如松江区知心大姐巾帼志愿服务社、杨浦区冰之融工作室等。支持知名调解员建立以个人命名的调解工作室，鼓励符合条件的个人调解工作室承接政府购买服务。

上海市妇女联合会

上海理工大学

课题负责人：杨　柳

校园欺凌问题的预防和干预对策研究

近年来，国内校园欺凌事件频发，给社会带来极大的负面影响。校园欺凌事件不仅严重影响学生的身心健康和人格发展，也影响着学生的学习和校园的安全，甚至影响着家庭和社会的和谐稳定。据上海高院未成年人案件综合审判庭资料显示：2015 年到 2017 年，涉及校园暴力的案件 23 件，涉及在校被告人 35 人，占暴力侵犯未成年人刑事案件的 22%。上海市人民检察院受理案件资料显示：2017 年 1 月到 2018 年 10 月，受理校园暴力起诉案件 13 件，人数 38 人，占未成年人起诉案件的 2.3%，人数占 3.3%。相较于其他地区，上海的校园暴力案件数量不多，仅占全国的 0.48%，却仍需引起社会重视。虽然上海检察机关已建立了校园欺凌犯罪案件发现和适时介入机制，并通过提前介入、引导侦查等方式，精准打击犯罪。但是，校园欺凌逐渐出现低龄化与共同犯罪问题，受害学生因不了解相关政策且惧于告知家长老师，仍饱受侵害，甚至实施欺凌的青少年因知自己年龄在法律“保护”内更加肆无忌惮。从目前来看，保护未成年人的社会联动机制尚未完全建立，现行相关政策存在过于抽象、多强调原则性，可操作性不强等共性问题。如何针对上海市实际情况有效地减少或者杜绝校园欺凌事件的发生是本课题亟需解决的问题。

一、校园欺凌预防干预的相关理论

(一) 积极行为干预和支持模型

积极行为干预和支持模型是指在全校范围内应用行为系统和干预措施来持续地防止学生行为问题(包括欺凌问题)，并促进积极的学校环境的手段，可以在任何类型、级别的学校环境中实现，该模型遵循多重防治方法，第一层次为通用性方法，第二层次为选择性方法，第三层次为指导性方法，其中选择性方法和指导性方法是通用性方法的支持和补充。选择性方法包括为陷入欺凌风险的学生群体提供社会技能培训，指导性方法包括针对欺凌或受害者的需求以及家庭需求而设计的更为密集、更有针对性的支持和计划。

（二）社会生态学理论

社会生态学理论认为个体的行为总是受到环境的影响，环境或自然生态是一组纷繁复杂、相互影响和制约的系统网络，按照系统的层次性，环境网络可分为微系统、中系统、外系统、宏系统以及贯穿各个子系统的时间系统，发展的个体处于从直接环境到间接环境的几个环境中间或嵌套于其中。社会生态学理论多用于探讨学生的个性特征是如何与周围的环境相互作用，从而引发了学生的校园欺凌行为的，具有较高的解释力。

（三）欺凌情境理论

美国科学委员会在社会生态学基础上进一步深化，提出了欺凌情境理论。认为同龄人群体的组成，不断变化的人口统计数据，不断变化的社会规范以及现代技术，是必须了解的背景因素，在此基础上才能理解并有效应对校园欺凌行为。青年被嵌入多种情境中，并且每一个情境都以加剧或减弱这些个别特征与欺凌行为或受害者之间的联系的方式与青年的个体特征相互作用。

（四）校园欺凌的预防和干预理论

该模型包括三个级别的预防计划（即通用、选择性和指示性），然后是针对促进的计划，然后是治疗和维持。促进心理健康已被认为是心理健康干预连续体的关键组成部分。在总结了各种基于研究的预防框架和方案后，美国科学院着重强调了从现有研究中吸取教训，因为这与欺凌预防计划的关键特征有关，并确定了与欺凌预防计划有关的未来研究方向。

二、国内校园欺凌相关政策法规

上海市高院对上海校园暴力案件统计最新数据显示，校园暴力刑事案件主要集中在针对人身的暴力伤害或财产性暴力案件，加害人以年满16周岁不满18周岁的未成年人为主，共同犯罪比例高，且加害人与被害人大多具有同班同学或者同校学生关系。

通过梳理，发现各地为了预防校园欺凌事件的发生，都进行了立法工作，颁布了各项规定或治理方案来为校园欺凌事件惩治进行立法保障，同时强调跨部门协作及治理手段多样性。但是除国家在2016年5月下发的《关于开展校园欺凌专项治理的通知》和2016年11月教育部等部门联合印发的《关于防治中小学生欺凌和暴力的指导意见》之外，国家层面并无专门整治校园欺凌的法律法规。只有校园欺凌上升到一定严重程度，方能依照《刑法》《治安管理处罚法》《未成年人保护法》来进行治理。

我国法律过于重视对未成年人的保护，而轻视、忽略了对未成年人犯罪的惩罚，更忽视了受害学生的利益保障，使现行法律对校园暴力的惩戒缺乏双向保护的平衡。我国刑事年龄最低是十六周岁，情节严重的会放宽到十四周岁，那些实施校园欺凌的学生往往由于其欺凌情节轻微，不足以到触犯刑法而躲过法律的惩处，即使是情节严重也会由于年龄较小，不到刑事法定年龄而得到庇护。现阶段，我国法律对于校园欺凌的惩罚轻，施暴者犯罪成本低使其产生侥幸心理。研究发现，有学生认为未成年人即便是犯罪也会被宽恕或者由父母私了，在这种心理驱使下，他们就会心存侥幸并致使暴力升级。

三、国外校园欺凌的预防经验

（一）完善的政策支持

各国对于校园欺凌的关注大约始于20世纪80年代，美国联邦政府指导并要求各州加强校园欺凌的应对，至今美国所有州政府都已出台了关于校园欺凌的专门法律或政策。同样地，日本也在几年前推出了全国性的关于反校园欺凌的专门法律，各级地方政府也在此基础上进一步提出该地的措施及方针政策，这些法律与其他的相关法律共同构成反校园欺凌的法律体系。

无论是美国各州的反校园欺凌法律还是日本《校园欺凌防止对策推进法》等，都具有较强的可操作性，并且严格规定了政府、学校的具体职责以及必要的实施措施和具体的应对措施。与政策相配套还设置了针对反校园欺凌的专项预算拨款，为一系列反校园欺凌行动提供资金支持。

（二）预防干预与治理并重

无论是日本、美国的反欺凌法律规定还是挪威的反欺凌项目，都十分重视预防校园欺凌。一方面加强对学生关于反欺凌的教育以及道德教育，旨在端正学生的价值与行为，以此在长期上减少他们的偏差行为；另一方面，加强教职工、家长以及相关人员对欺凌的认识与应对能力，让他们能够提前发现可疑迹象并及早干预。同时，对于已发生的欺凌事件的处理，日本和美国的政策以及挪威的反欺凌项目也都做出了详细的规定与要求，从而能够及时且有效地阻止下一次欺凌的发生。

（三）注重数据统计工作

美国与日本都用法律要求了校园欺凌的数据收集与统计工作，并且上报的数据会受到上级的抽查与外部的监督，而社会各界也能够对数据的统计工作提出建议，从学校到地方政府再到国家教育部，形成了一个比较完善的数据收集与统计体系。挪威则是一直参与了欧洲的"学龄儿童健康行为"调查，其中包含了学生遭受欺凌、实施暴力以及其他行为的情况，在运行反校园欺凌项目时，也会采用问卷调查的形式定期对学校的欺凌情况做出统计。

（四）多元联动共治的预防干预与治理模式

美国、日本、挪威三个国家对于校园欺凌的预防与治理模式虽然各有侧重点，但都形成了政府、学校、家庭、社区以及其他社会力量的多元共治模式。政府往往起到指导或主导的作用，利用法律政策以及专业的官方机构对其他主体提出要求，给予指导和帮助。学校则是作为预防与治理校园欺凌的第一手力量，对于落实具体政策、实施具体措施等起到最直接的作用。对于家庭来说，不仅要在家庭内部加强与孩子的沟通交流，给予孩子正确的引导，也要参与学校的行动中。对于社区来说，一方面与学校进行合作，支持学校的反欺凌工作；另一方面可在学生课余时间，在社区内部给予学生有益的活动和相关教育。此外，其他社会力量在反校园欺凌方面也有所作为，例如挪威的反校园欺凌项目是由科研机构研发并给予指导，而社会媒体能够起到监督与信息传达的作用，各界专业人士也能为政府与学校的具体行为提供专业的建议与公平的第三方意见。由此，政府、学校、家庭、社区和社会力量充分运用各自的力量，形成联动的多元共治的预防与处理校园欺凌模式，减少校园欺凌的发生，为学生提供一个安全的学习环境。

四、我国中小学校园欺凌防治的瓶颈、成因与对策

教育部于 2022 年 5 月启动了全国依法治校示范校创建工作并研究制定了《全国依法治校示范校创建指南(中小学)》，为防范校园欺凌提供了"指南"。为进一步弄清欺凌成因和提升防治效果，笔者近期在上海市黄浦、虹口、宝山区小学、初中、高中、中专职校、残疾儿童学校内的 4 270 位学生、1 896 位教师、4 637 位家长中开展大型随机问卷调查，基于这10 803份问卷结果进行分析后提出以下观点：家庭不和睦和家庭贫富差距是导致校园欺凌问题的两大社会原因，构建和谐家庭和缩小家庭贫富差距应引起教育部门和全社会的高度重视。

（一）校园欺凌防治的主要瓶颈

1. 教师和家长区分校园欺凌的能力亟待提升

在事件发生初期无法有效区别校园欺凌和普通打闹是导致欺凌后果恶化的重要原因。调查结果显示，在教师群体中，认为自己能"非常准确"区分两者

的占43.67%，认为自己能“比较清楚”区分两者的占42.77%，仍然有13.55%的教师区分能力亟待提升。在家长群体中，认为自己能“非常准确”区分两者的占32.24%，认为自己能“比较清楚”区分两者的占40.39%，仍然有27.36%的家长区分能力亟待提升。在四种校园欺凌类型中，教师和家长群体对传统类型的身体欺凌和言语欺凌认可度较高，均超过了94%。教师对新型的关系欺凌和网络欺凌的认可度降低至85%左右，家长对两者的认可度进一步降低至76%。无论是教师还是家长对新型校园欺凌的识别能力都亟待提升。

2. 校园欺凌缺乏准确有效的统计制度

对于学校管理层和教育主管部门而言，校园欺凌事件属于政绩考核负面新闻，受到社会高度关注，会影响学校声誉，所以欺凌统计数据并不公开透明，再加上校园欺凌准确定义和认定程序的缺失，使得数据被低估。根据本次抽样调查结果，教师群体中只有58.6%认为所在学校从未有过校园欺凌，40.66%认为偶尔有过校园欺凌，认为经常有的比例为0.74%。72.94%的教师认为从来没有学生向自己报告过校园欺凌，但26.42%的老师认为偶尔会有学生向自己报告，0.63%的老师认为经常有学生报告。46.1%教师认为发生了校园欺凌，学生会选择忍气吞声；51.27%的教师认为学生会报告老师。家长群体中，只有56.76%的家长认为自己的孩子从未在学校被人欺负，29.09%的家长认为自己的孩子偶尔被别人欺负，0.82%的家长认为自己的孩子经常被别人欺负。学生群体中，仅50.94%的学生认为自己身边从未发生过校园欺凌，该数据和教师群体对校园欺凌发生的判断概率接近。有83.72%的学生认为自己没有被欺凌经历，14.29%的中学生被同年级同学欺凌过，比例明显高于高年级和低年级学生。出于对孩子安全的关心，家长认为自己的孩子从未在学校被人欺负的比例明显要低于学生对自身的估计。考虑到孩子出于担心打击报复并未向老师和家长及时汇报，笔者认为学生群体中16.28%的被欺凌经历数据更接近真实情况。

3. 校园欺凌主要成因并未达成一致意见

要制定有效的校园欺凌预防和干预对策，必须寻找到问题产生的源头。教师群体中认为产生校园欺凌的首要原因是生理缺陷的占比66.4%、学业差距为61.29%、感情问题为61.13%、无预谋激情欺凌占比59.55%、贫富差距占比59.28%。家长群体中认为发生校园欺凌的首要原因是学业差距，占比64.57%，接着依次是贫富差距（57.02%）、生理缺陷（55.77%）、感情问题（49.23%）。家长对校园欺凌产生原因的看法与教师群体存在一定差异，教师更关注生理缺陷导致的欺凌，家长最关心学生的成绩，所以认为学业差距是欺凌产生的主要原因。学生群体中认为校园欺凌产生的主要原因是语言冲突

(63.65%)，其次是看其不爽(48.64%)，性格软弱(43.96%)，价值观差异(42.18%)，贫富差距(34.1%)，情感问题和学业差距均为29%。

(二) 校园欺凌主要成因的分析

笔者对回收的问卷进行深度交叉分析，分别从学生、家长和教师三个维度进行挖掘后，发现在学生家庭是否和睦和学生家庭经济条件这两个维度上出现了群组之间的明显规律性差异。这说明家庭不和睦与贫富差距可能是导致校园欺凌的两个主要成因。

生活在父母经常吵架家庭的学生群体，从未发生过校园欺凌的比例仅为26.7%，这一比例远低于其余学生群体。相反，生活在父母从不吵架家庭的学生群体，从未发生过校园欺凌的比例最高，达到64.29%。

从遭受欺凌后的处理方式看，生活在经常吵架家庭的学生，在遭受校园欺凌后，仅56.8%的学生选择向老师和家长倾诉，这一比例远低于其他学生群体，说明此类学生对老师、家长的信任度不高。相反，生活在和睦家庭的学生，有84.33%愿意选择向老师和家长倾诉，这一比例高于其他学生群体，同样说明了家庭和谐对青少年健康心理状态的重要影响。

笔者还发现随着家庭富裕程度的增加，孩子了解青少年援助热线的比例也在上升，他们更加懂得如何维护自己的合法权益。经济能力较强的家庭更注重培养孩子的维权意识，而家庭非常困难的学生超过一半都没有听说过这个热线。

欺凌现象大多发生在家境贫困的学生群体周围，仅有27.45%的贫困同学身边从来没有发生过校园欺凌，仅是家庭富有同学的三分之一，且经常发生校园欺凌的比例高达11.76%，这值得政府部门高度警惕。在家境较好的学生群体周围经常发生校园欺凌的概率极低。欺凌现象与学生家庭贫富水平存在明显关联。

家境非常困难的学生在被欺凌的情况下，愿意向老师和家长倾诉自己痛苦的比例都最低，可能源自教师对家庭非常困难学生的关心不够。家庭非常困难的家长社会地位不高，或者对孩子漠不关心，学生不相信自己家长有足够能力和精力处理好校园欺凌问题。因此他们相信警察能够处理此事的比例最高，有33.33%的同学会报警。值得注意的是，他们找机会报复回去的比例也是最高，达到了25.49%。这意味着如果贫困学生觉得家庭、学校和社会都解决不了受欺凌的问题，有较大一部分同学会以暴制暴。从校园欺凌干预和预防的角度看，家长、老师和警务部门都应该更多地关心家庭贫困的学生，让他们获得更多的安全感。

从家长角度分析，在家境最贫困的学生家长中，有 9.8%的家长鼓励孩子以暴制暴，这一比例在家境较好的学生家长中接近 0。这反映出家境贫困的学生家长在教育子女方面存在误区。贫困家庭的学生从未欺负过同学的比例最低(换言之，曾欺凌过同学的比例最高)。结合前述的发现，贫困学生既是被欺凌的主体，也是欺凌的主体。这或许是由于该类学生存在性格缺陷和家庭教育欠缺。在月收入低于2 000元的家长中，有 15.38%认为校园欺凌是小孩之间很正常的打闹不必理会，这一比例显著高于其他类型的家长。家长的忽视使得家庭困难学生求助家长的比例明显偏低。

(三) 改善校园欺凌防治的若干对策建议

1. 制定教师版、家长版和学生版的校园欺凌识别手册，完善领导问责和预警预报机制。内容包括如何识别、预防和处理校园欺凌问题。提高教师、学生、家长在校园欺凌问题方面的基本素养，建立较完善的校园欺凌干预和预防有效考核机制和学校领导问责机制。教育部门应建立起校园欺凌问题数据收集和统计制度。加大青少年保护热线的推广应用，定期委托开展高校科研机构等第三方机构开展校园欺凌问题的问卷调查，研判中小学校园欺凌发生的态势和相关干预和预防政策实施效果，利用大数据分析技术，建立科学和精细化预警预报机制。

2. 家庭不和睦与贫富差距是导致校园欺凌的两大主要成因，构建和谐家庭与缩小家庭间贫富差距应引起教育部和全社会的高度重视。学校无法根治校园外的家庭不和谐与贫富差距，但教育部门和学校有责任出台相关政策和措施，有效阻断家庭不和谐、贫富差距等社会问题在学生群体内衍生出校园欺凌，承担起家庭矛盾“阻尼器”和贫富差距“稳定器”的作用。全社会都应关注离异家庭和贫困家庭学生，修复其信心。学校应建立规章制度，无论是经济支持还是心理支持都应该向离异家庭和贫困家庭学生倾斜，对这类学生进行专门定期的心理辅导。制定规章制度严禁学校、教师、同学以任何方式歧视来自离异家庭、贫困家庭的学生，并建立处罚和问责机制。

3. 学校应定期组织主题家长会，帮助家长正确辨别校园欺凌，提高重视程度。教育部门应该出台政策，重点加强对家庭贫困家长群体和教育层次较低家长群体的校园欺凌专项免费培训。班级应该定期召开主题班会，对学生进行校园欺凌相关的心理和思想层面的集中教育。

4. 建立更有效的家长沟通联系制度。通过多种途径督促家长，特别是来自离异家庭、低收入家庭、外地务工的家长，更多地与学校、老师进行交流，多了解孩子在校情况，发现校园欺凌问题后及时解决。

5. 地方政府应进一步完善城市家庭矛盾化解机制和低收入家庭扶贫制度。建立父母家庭矛盾线索学校预警机制，通过对学生开展定期调查（每个季度），搜集父母吵架的情况。对于父母经常吵架的家庭，学校可以搜集相关线索，召集这些父母定期参加化解家庭矛盾的校园亲子活动，宣讲家庭不和谐对青少年校园欺凌问题产生的潜在严重后果。屡教不改的家庭，学校可以介入进行调解和教育。在给予贫困家庭物质援助的同时，建议政府部门特别是公检法部门工作人员、公安干警，可以深入校园加强与贫困家庭子女的结对帮扶和定期探访，这在一定程度上能够缓解贫困家庭子女由于贫富差距带来的心理压力，有助于他们恢复自信和修复对老师、家长、社会的信任，也有助于减少来自贫困家庭学生因缺乏家长管教造成的校园欺凌。

上海市妇女联合会

上海师范大学

课题负责人：王宇熹

上海市“十四五”家庭教育现状与发展趋势研究

2021年是“十四五”开局之年，上海家庭和家庭教育的情况发生了新的变化。“双减”政策推出后，上海各中小学积极落实，在学校与教育机构做出相应变化的同时，家庭教育紧密跟进，与学校、社会形成合力共同促进青少年的全面发展。2021年10月23日，第十三届全国人民代表大会常务委员会第三十一次会议通过的《家庭教育促进法》，将为促进未成年人健康成长和全面发展提供更加充足、有力的法治保障。

在此背景之下，本课题组开展了上海市家庭教育现状调查，整体性地评估上海市家庭教育的基本情况，基于“复旦长三角80后追踪调查”数据库，以“家庭—家教—家风”的视角评估了上海市家庭教育现状，并分析了不同家庭因素造成的家教、家风的变化。基于“问向实验室家庭数据库”，评估了上海市不同学龄段儿童青少年家庭教育现状。借助访谈法、问卷调查法及文献分析法，研判了十四五期间家庭教育现状及其需要做出的改变。结合各类研究结果，最终提出了促进上海市家庭教育发展的政策建议。

一、上海市家庭教育现状

（一）上海市家长综合素质高，营造的家庭环境适宜度高，能够为子女提供良好的家庭氛围

1. 受教育程度

在上海市家长群体中，占最大比例的教育程度为大学本科，占比41.89%，且大学专科及以上教育程度占比70.67%，大部分父母都有着大学及以上的学历，上海市家长的整体受教育程度较高。

2. 心境状况

父母的心境状况与孩子的成长密切相关，父母在日常生活中保持良好的心境状况，是营造良好家庭氛围的基础，不仅有利于孩子幼儿时期的身心发展，还对其人格塑造、情绪管理能力发展等多方面提供帮助。

本研究采用含有9道问题的4分制量表来描述心境状况，得到4分制的心境状况分数，分数越高代表心境状况越良好。其中心境状况的分布如下：86%的父母心境状况分数在3到4之间，代表心境状况优良，仅有1%的父母心境状况分数在1到2之间，代表心境状况较差，结果表明上海市父母的整体心境状况良好。

3. 婚姻质量

研究发现，父母的婚姻质量、亲子关系均与幼儿心理健康问题分别呈显著的负相关，父母婚姻质量与亲子关系呈显著的正相关，因此婚姻质量同样是影响家庭教育质量及儿童发展的关键因素。

本研究采用五分制问卷10个问题来评估夫妻的婚姻质量，分数越高代表婚姻质量越高。

结果显示，婚姻状况较差的家庭占比最大，占36.4%，婚姻状况较好与好的家庭共占比61.7%，整体情况良好。

4. 家庭环境适宜度

家庭环境适宜度指孩子在成长过程中所处的家庭环境满足孩子成长需求的程度，较高的家庭环境适宜度能够促进孩子健康成长、积极发展，同时提升亲子关系的质量。

本研究主要聚焦三维家庭环境，即从日常家庭环境中教育孩子的方式（教育方式）、对孩子的成长期望（父母期望）、对孩子的支持（家庭支持）三个方面评估父母是否给孩子提供了合适的成长环境。研究结果显示，有84.19%的家庭拥有较高的家庭环境适宜度，且共有95.7%的家庭拥有较高及以上的家庭环境适宜度，表明上海市家庭环境适宜度整体较高，能为孩子提供良好的成长环境。

（二）家长的陪伴时间投入不受重视，亲子互动不足，且父亲投入时间明显更少，需要同时改良主、客观条件以改善该现状

调查发现，有60.5%的上海市家长认为自己没有时间陪孩子，且母亲平均每日投入到家庭教育中的时间为2.4小时，而父亲为1.6小时，41.5%的家长日均投入时间少于两小时，还会出现母亲投入时间数小时，而父亲投入时间几乎为零的情况。

访谈结果显示，大部分家长认为自己辅导孩子的时间过短，同时又自认为工作太忙，无法抽出时间来辅导孩子，经总结，出现该现象的原因有以下几点：

1. 工作占用家长太多时间与精力，回到家后需要放松，缺乏投入到家庭教育中的心思；

2. 缺乏家庭教育知识，无法给孩子提供高质量的陪伴；

3. 亲子之间存在代沟，家长不知道如何合理安排孩子的闲暇时间；

4. 传统观念中父亲多以事业为主，从而忽视了对孩子的陪伴与培养。

政府应从适当减轻家长工作压力、加强家长教育、呼吁父亲更多投入到家庭教育之中等多方面入手，引导家长树立科学育儿观，学习家庭教育的方法与理念，让家长拥有更多投入到家庭教育中的机会，从而建立亲密的亲子关系。

（三）上海市家庭整体采用较为良好的家教方式，但仍存在提升空间，且家教方式存在代际差异与冲突

本研究综合分析了三种家教类型在上海市单孩家庭与二孩家庭中表现的程度，分别为小皇帝式、虎妈式以及直升机式。其具体表现程度如表1：

表1　三种家教类型的表现程度

家教类型\孩子类型	一孩	二孩大宝	二孩二宝
直升机	7.05	7.18	7.38
小皇帝	5.83	4.83	5
虎妈	6.37	6.37	6.47

结果显示，直升机式教育程度最高，表明上海市父母非常在意子女的生活与成长，关注着子女的一举一动，但有国内研究者指出，程度过高的直升机式教养会对子女社会适应产生消极影响，无论子女处于青少年期、还是成人初显期，父母的直升机式教养主要通过削弱子女的自主性来阻碍他们的社会适应，因此应倡导家长适当降低关注子女一举一动的程度，给予子女独立自主的成长空间。小皇帝式教育程度最低，说明溺爱的教育方式已经不再被众多家庭采取，减少了对孩子的娇生惯养，这是家教方式良好的改变趋势。

二孩二宝受到的直升机式教育程度最高，且小皇帝式教育的程度高于二孩大宝，可见二孩的出现分走了父母对于大宝的关注，由于家庭结构和家庭成员关系的转变，大宝可能出现情绪波动及心理问题，应加强对家长的引导，鼓励家长创设良好家庭氛围，提高亲子沟通质量，为大宝提供具有安全感的心理环境，并引导大宝接受二宝。

除三种典型家教方式外，本研究还以“爱与接纳”“惩罚与拒绝”“过度保护”三个维度来评估教育方式，最终以4分制量表来量化评估教育方式，得分越高，

说明家庭采用的教育方式越积极。其中大部分家庭教育分数为 4 分，占比 61.4%，可见上海市大部分家庭采用比较积极的教育方式，仅有 0.9%的家庭教育分数低于 2，即采用不良的教育方式。

最后，从不同照料者的教养类型看，存在着一些差异性。母亲采用的教育方式最为积极，父亲次之，而祖辈的分值最低，这有可能是因为祖辈的传统教育方式与现代教育方式有差别。

不仅祖辈的教育方式得分最低，且相比于夫妻之间的育儿观念冲突，与双方父母之间的观念冲突更为严重，夫妻之间育儿观念冲突平均得分为 2.35，与祖辈的育儿观念冲突平均得分为 2.59，原因可能在于养育方法的代际差异性，虽然祖辈能够为孩子父母分担部分照料责任，一定程度上缓解父母的育儿压力，但是产生良好效果的前提是祖辈需要采用良好的育儿方法。因此应努力削减代际育儿观念冲突，加强引导老人学习现代化的育儿方法，倡导父母与祖辈彼此理解、包容、换位思考，最终从理性客观的角度解决观念冲突问题，并宣传相应的处理方式，降低代际冲突水平。

（四）上海家庭传统家风与现代家教理念共存的现象较为普遍，传统家风的氛围更加浓厚，二者均能带来有益的家庭教育效果

课题组采用五分制量表评估了传统家风与现代家教理念，共 14 道题目，分类计算平均值后取整，得出五分制的家风指数。传统家风的题目有如："在子女教养方面，您认为孝顺品质的重要程度有多大"；现代家教理念的题目有如："在子女教养方面，您认为有主见品质的重要程度有多大。"

结果显示，上海家庭传统家风的平均值为 4.68，而现代家教理念的平均值为 4.47，且传统家风指数为 5 的家庭占比 73.9%，而现代家教理念指数为 5 的家庭占比 54.4%，表明传统家风的氛围比现代家教理念更加浓厚，且现代家教理念指数也并非很低，有越来越多的家庭认可现代家庭教育的观念。可见，在当代上海家庭，传统家风与现代家教理念共存的现象较为普遍。

进一步分析发现，传统家风与现代家教理念指数皆较高的家庭，其投入到家庭教育中的时间更长，有利于建立良好的亲子关系，促进孩子的成长发展，且以子女为中心的程度更高，父母对子女投入更多的关注，产生更多的奉献行为。

二、上海家庭教育面临的问题与挑战

（一）相比于养育子女为家长带来的利益而言，所带来的负担更加沉重，现有政策未能有效缓解家长的养育压力

本研究评估了养育子女为父母带来的利益与代价的心理认知。其中利益与代价各 7 道题目，分别计算出负担部分与利益部分的平均值，得到负担分数与利益分数，将利益分数减去负担分数，得到评估养育利益与负担的综合分数，正值即为净利益。

结果显示，综合分数为－0.75～0之间的家庭最多，占比38.87%，意味着大部分家庭认为养育是轻微的负担，且偏向负担的家庭占比70.04%，偏向利益的家庭仅占比29.96%，平均得分为－0.32，表明上海市家长在养育认知上体验到更多的负担。

课题组调查了上海市家庭平均年教育支出，发现年教育支出达35 000元以上的家庭占比16.46%，可见教育支出是家长的一项沉重负担。而其中辅导费所占比重最大，为平均年教育支出的58.2%，是教育支出的大头。“双减”政策推出后，学科补课趋势下降，中小学培训机构面临转型，逐步关停学业业务，而把重心转向素质教育，该政策虽能减少家长在学科辅导上的负担，但部分家长仍会把这一部分资金重新投入到孩子的素质教育之中，保持着“让孩子在可培训的方面超过同龄人”的态度。

（二）大部分家庭在照顾长者方面存在不同程度的困难，竞争着家长育儿的经济与时间成本，一定程度上增加了家长育儿的负担

在上海市拥有孩子的家庭中，有47%的家庭与祖辈同居，而本研究使用问卷调查法评估了家庭照顾老人的困难情况，结果显示，“时常有困难”及“困难很大”家庭共占比38.6%，“偶尔有些困难”家庭占43.9%，“完全没有困难”家庭占17.5%，意味着大部分家庭在照顾老人方面都存在不同程度的困难。

而在照顾老人方面存在困难的家庭中，认为照顾老人时间不够的家庭占比74.5%，认为开支太大的家庭占比34.0%，可见照顾老人会进一步加剧父母的时间支出，且增大经济负担，这对于同样需要时间投入以及经济开支的育儿来说具有消极影响。

结合家庭教育现状部分的研究结果可得知：上海市有未成年孩子的家长与老人之间普遍存在育儿观念冲突，老人所采取的家教方式整体效果不佳，且大部分家庭存在照料老人的困难，这些因素导致了家庭教育质量下降。未来可以通过直接给予照料老人困难家庭一定的经济补贴、打造老年友好型社区环境、建设能够服务于老年人的家庭教育指导中心，帮助老人掌握现代化的、科学的育儿方式来解决上述问题。

（三）家长整体焦虑水平较高，“双减”政策出台短期内，该问题未能得到根本上的解决

育儿焦虑是诸多家长面临的问题，课题组首先分析了家庭的焦虑指数，它指的是家长对孩子成长和生活的各方面（如学业、未来发展、安全）过分担忧形成的焦虑状态。上海市家庭焦虑指数总体情况为：有 52.25%的父母处于较高水平的焦虑，仅有 1.72%的父母处于低水平焦虑，可见家长整体焦虑水平较高。

本研究通过对不同年级家长焦虑指数的纵向比较，以量化的方式挖掘家长焦虑的原因，结果显示父母的焦虑指数会随着孩子的年龄升高、下降、再增高、最后下降，极大值集中分布在四、五年级以及初三。不难发现，上海家长对未成年子女教育的焦虑呈现双峰现象，在孩子即将面临升学时，焦虑指数达到极大值，应此需要减轻学龄儿童的升学压力。

结合中国青年报社社会调查中心所开展的“全国义务教育阶段学生家长‘双减’政策态度”调查结果，在孩子教育问题上，87.0%受访家长感到焦虑；73.2%的受访家长表示因自己能力有限，很难辅导好孩子而焦虑；53.1%的受访家长认为课外培训产业化。资本营销了太多“不补就落伍”的焦虑；48.7%的受访家长因收入有限，焦虑给不了孩子最好的教育资源；48.2%的受访家长认为中考升学机制导致普通高中和职业学校 1∶1 分流，担心孩子早早就被“职业”定位了。

（四）家庭教育指导体系建设不完善，少有家长能够感受到指导体系带来的利益

调查发现，家庭教育指导实际发挥作用的部分有两方面，一是学校请相关专家面对家长开设讲座与家长学校，二是服务业中的家庭教育指导服务。

课题组对上海市小学、初中、高中学生的共 12 名家长进行了深度访谈，家长的主要观点和现状可以概括为以下几个方面：1. 缺乏对家庭教育指导的认识，不了解接受家庭教育指导的途径，不了解家庭教育指导的效益与重要性；2. 部分家庭教育指导活动较形式化，难以从实质上帮助家庭教育；3. 家庭教育指导服务距离生活较远，没有出现在生活的周边，家长缺乏接触和了解。可见几乎所有家长都认为家庭教育指导离融入生活还有一定的距离，各种措施未能普惠到每一个家庭，还停留在服务频次少、服务内容浅、服务针对性不强的层面。

三、支持政策的系统配套及政策建议

（一）加大对生养孩子负担的缓解力度，推出不仅惠及“生”同样照顾“养”的普惠性政策

目前上海市推出的政策侧重点在于缓解“生”孩子所带来的负担，例如延长产假护理假、增加生育津贴，但“养”孩子同样为家长带来了沉重的负担，家长普遍认为没有感受到能直接缓解这一负担的政策。在养育成本快速提高的背景下，经济负担成为“不愿生”“不敢生”的一大主要制约因素。为缓解该负担，政府可以：1. 根据家庭育儿困难程度将家庭梯度分层，按照不同层级分别给予不同水平的经济补助或者家庭服务指导；2. 进一步加大特级校长、特级教师、正高级教师流动力度，进一步提高每年跨学段学区、集团的优秀教师交流轮岗人数，优化师资配置，促进区域内教育优质均衡发展；3. 优化课后托管服务，以减少家长将孩子送入培训机构的焦虑。推进更多普惠性幼儿园的建设，实行社区与幼儿园配套，提高幼儿园质量，缩小公办民办幼儿园的差异，减缓家长的择校压力。

（二）推动上海家庭良好家风的建设，注重孩子的品德教育与文化投入

最新出台的《中华人民共和国家庭教育促进法》第十五条指出："未成年人的父母或者其他监护人及其他家庭成员应当注重家庭建设，培育积极健康的家庭文化，树立和传承优良家风，弘扬中华民族家庭美德，共同构建文明、和睦的家庭关系，为未成年人健康成长营造良好的家庭环境。"这需要家校社形成合力以落实法律对家风建设的规定。上海市近年来已经推出了诸多家风宣扬、家风建设的活动，收到了正面的社会反馈，但活动的影响范围有限，且频率不高，与日常生活存在一定的距离，始终无法普惠到每一个家庭，因此应探寻新一代的家风建设方式。建议：1. 加强对优秀传统家风的宣传力度，丰富民众对传统家风的认知；2. 开展关于现代家教理念的线上教育，方便家长获取相关知识；3. 将家风建设纳入有关激励评奖体系，加强家长的亲身示范作用；4. 通过妇联等组织的牵头、组织和宣传，发挥妇女在家风建设中的重要作用。

（三）加强家长教育，扶持家庭教育服务业，完善家庭教育指导体系的建设

61%的家长认为自己缺乏育儿知识，73%的受访家长表示缺乏辅导好孩子的能力，因此应加强家长教育，帮助家长树立科学育儿的观念，这就需要完善家庭教育指导落到实处。本研究提出针对三个方面的建议。

一是，高校和中小学方面：1. 目前就家庭教育的相关研究数量和质量都不足，需考虑在政府层面如何能加大对这类研究的开展力度，尤其是支持跨学科的团队（包括教育学、心理学、医学在内）进行纵向研究的力度。鼓励有条件的高校设立家庭教育相关学科，并且为大学生开设家庭教育相关通识课程；2. 学校应该成为家庭教育指导的坚强后盾，学校心理咨询师应当具备家庭教育指导技能，同时提高家庭教育指导的专业化水平，相关老师（如班主任）应当接受一定学时的家庭教育指导课程培训。

二是，服务业方面：1. 政府应对家庭教育指导服务的价格进行引导，同时扶持该产业，开展论证其有效性的研究，通过树立该产业的良好印象来满足家长们的需求，最后达到用户增多、价格下降的双赢局面；2. 建立完善的家庭教

育指导师遴选机制，目前市场上出现“速成”“快速拿证”的考核乱象，导致从业人员良莠不齐，政府应设立完善的培养和考核制度，设立从业标准，以提高从业人员的水准。

三是，社会组织方面：1. 加大对相关社会组织的审核力度，严查涉险非法组织，提升社会组织的质量；2. 通过直接扶持和宣传等方式提高社会组织的影响力，使得有能力的组织能惠及更多的家庭；3. 成立专门的家庭教育指导机构管理部门，加强机构规范，落实《家庭教育促进法》第三十一条：“家庭教育指导机构开展家庭教育指导服务活动，不得组织或者变相组织营利性教育培训。”

除上述三个方面外，还有两点建议：1. 相关部门或研究机构应着重于研究新的家庭教育指导内容，服务于“双减”政策出台后家庭教育可能发生的长期变化；2. 探索家庭教育指导服务的新模式，如建设以社区为单位的家庭教育指导中心，与以社区为单位的幼小中学结合起来，达到走入每一个家庭之中的效果。

（四）呼吁上海家长重视对孩子的时间投入，增加亲子互动，尤其呼吁父亲更多参与家庭教育

政府应建立多子女家长弹性工作制度，适度减轻其工作压力，增加家长参与到家庭教育中的客观条件支持。同时应构建一种良好的家庭教育认知，要进一步明确家长在家庭教育中的主体责任，政府应加强宣传教育，让家长意识到其在家庭教育中的不可替代性，从而重视对孩子的时间投入，并且明确父亲在家庭教育中同样具有独特优势，应担负起这一责任，掌握家庭教育知识，积极发挥榜样作用，参与到家庭教育之中。

（五）综合多方力量，着眼于解决“双减”政策出台后可能伴生的连锁问题

“双减”政策的出台会为家庭教育领域带来诸多问题与挑战：1. 直接打击了资本化运作的培训机构，而在短期内未大幅度提高学校教育的质量，使得部分家长和孩子的培训需求无法得到满足；2. 课外培训现象减少后，家长需要对孩子的日常安排和学业规划做出新的调整，这迫切要求家长掌握科学的家庭教育知识，将家庭发展成为“学习型家庭”；3. 学校推出课后延时服务，未能保证服务质量，出现课后服务中，学生仅能自习完成作业的现象；4. 课后服务使得教师的负担突然加重，在探索出良好的规范制度之前，课后服务的现状是否会侵犯教育工作者的劳动权利，是一个值得关注的问题。针对上述问题，未来工作需要做好四个“加法”：

1. 加法一：加强探索合理的培训机构市场规范，在减轻学生课外培训负担的同时，满足部分家长和学生培训的真实需求；

2. 加法二：加强家长教育，通过推出线上家庭教育课程、建设社区家庭教育中心、设立良好家庭家风激励机制等方式，促进更多家庭发展成为“学习型家庭”，使家长能够合理规划和安排学生的成长发展路径；

3. 加法三：加强家校共同开展个性化教学和素质教育的指导工作。要减缓家长的育儿焦虑，需要进一步发挥素质教育的真正作用，引导家长把注意力逐步转到家校协同培养未成年人的全面积极发展，激发其多元潜能上；

4. 加法四：加强探索合理的课后延时服务模式。针对学生自愿报名式的收费型课后服务，政府应推出相应的收费标准和服务质量标准；建立对参与课后服务的老师的补贴制度，缓解教师的压力。

（六）完善家校社协同育人机制，推进家庭教育的发展

1. 重新科学地厘清家庭教育、学校教育与社会教育的边界和功能，避免家庭和学校教育之间责任模糊而产生的法律问题与教育损耗。针对学校教育中的问题与家庭教育中的问题进行筛查，并有效地解决，同时形成措施和机制，进一步规范学校教育、家庭教育相关工作。2. 社会应给予家庭教育充分的社会支持，如社区家庭教育资源的投入，推进家庭教育指导机构的建立，通过推出线上课程等资源平台提高家庭教育知识的普及率。3. 社会应与学校共享资源，例如社会组织向学校提供额外的教学资源及支持协助，而学校为社会组织提供人才供应及培养。对于家校社三者协同，应通过借助政府的统筹领导作用来实现项目主导，并设立专门的“家校社协同育人指导机构”“家校社协同育人联盟”等社会组织或机构，在项目主导的家庭教育协同育人活动中发挥协调与指导作用。

上海市妇女联合会

复旦大学

课题负责人：陈斌斌

社区儿童友好空间建设运营模式与优化策略研究

目前，全球870多个城市获得了联合国儿童基金会授予的儿童友好型城市认证，而中国还没有一个城市获此认证，儿童友好城市建设已正式写入国家“十四五”规划，国家发改委出台了《关于推进儿童友好城市建设指导意见》，到2025年，在全国范围内建设100个儿童友好城市，上海作为全国儿童友好城市建设的先行试点城市，要力争为全国城市提供榜样。同时，儿童友好空间建设是城市软实力的重要表征，也是超大城市精细化治理下城市温度的重要体现。本课题从社会多方力量参与和空间建设的角度入手，探讨上海儿童友好社区建设运维模式和空间建设运维优化策略。

一、国内外经验与模式

我国目前除了上海市以外，深圳、长沙、成都、南京、杭州、宁波等城市都纷纷进行儿童友好城市建设，陆续发布了《深圳市建设儿童友好型城市行动计划(2018—2020年)》、《深圳市建设儿童友好型城市战略规划(2018—2035年)》、《长沙市创建儿童友好型城市三年行动计划(2018—2020年)》等。

目前国内关于社区儿童友好空间的研究主要集中在空间硬件设施改善、相关政策倡议、促进儿童参与等方面，而对社会多方力量参与儿童友好空间建设和运维的方式和作用机制涉及较少。投资儿童实际上就是在投资未来，因此，儿童友好社区和城市的建设需要多方力量的共同参与，目前全世界已有许多城市加入建设“儿童友好型城市”行动，但中国城市尚未进入这个名单，目前全国已经有20多个城市向联合国儿童基金会表达了建设儿童友好型城市的意愿，上海、深圳、长沙等城市都在积极推进儿童友好城市的建设，并取得了一定的成效。

1996年6月5日，在伊斯坦布尔召开的联合国第二届人类居住大会首次提出“儿童友好型城市”概念——“不论是大中小城市或社区，在公共事务中都应该给予儿童优先权，将儿童纳入决策体系中”。目前全世界已有许多城市加入建设“儿童友好型城市”行动，全球870多个城市获得了联合国儿童基金会授予的儿童友好型城市认证，如伦敦、慕尼黑、哥本哈根、巴塞罗那、代尔夫特等，在政策立法、空间规划、社会参与、儿童参与、安全保障等方面具有可供上海社区儿童友好空间营造借鉴的优秀经验。

(一) 政策立法确保儿童友好基本权益

深圳市委全面深化改革委员会已印发《关于先行示范打造儿童友好型城市的意见(2021—2025年)》，这是全国首个关于儿童友好城市的地方指导性意见；英国在威尔士、苏格兰、英格兰等地区，从不同层面对儿童游戏权利进行立法保障，制定了政府对儿童游戏的重大投资计划，提出游戏空间的最低标准，保障儿童享有充足的游戏机会；德国柏林通过《儿童游乐场法》，明确将儿童游乐场作为政府公共服务的重要组成部分，并每年向市议会提交相关建设进度报告；美国波特兰通过居住区控制性导则从住房保障政策、儿童基础设施建设和交通安全策略方面确保儿童基本权益。

(二) 将儿童空间纳入城市规划

深圳市从顶层设计建立框架，制定了一系列建设标准，已出台儿童友好型社区、学校、图书馆、医院、安全出行、公园以及母婴室等共7个领域的建设指引；长沙市将儿童友好城市的相关内容纳入《长沙2050城市远景发展战略规划》，发布“儿童友好型城市”官方白皮书；西班牙巴塞罗那为不同年龄阶段的儿童提供自然式儿童游玩环境；英国利兹除了规定正式的游戏场地外，同样十分重视街道、社区、城市公共空间等非正式的游戏空间，通过“快闪公园”鼓励儿童游戏活动的发生；日本建筑学会总结出若干有利于儿童成长的规划设计原则，为儿童提供完善周到的成长环境；新加坡在组屋和社区设计中，将儿童游乐空间合理融入。

(三) 社会多方力量共建儿童友好环境

英国威尔士政府对儿童友好城市建设进行资金支持，公益组织“游戏威尔士”则为政府提供建议与支持、政策研究、信息服务，以及促进游戏和游戏工作队伍的专业发展；英国伦敦鼓励社区内的居民、经营者和工作人员与儿童进行互动，构建社区儿童友好空间，提高了当地居民对儿童自由的意识；巴西通过积极的学校探索、全球教育以及与银行合作设立伊塔乌-儿童基金会奖，以确定、承认和促进民间社会组织和公立学校之间的伙伴关系、发展综合教育项目；德国柏林利用民间平台“儿童轻松”网站帮助儿童寻找喜欢的游乐场所和服务信息；长沙提出构建“长沙儿童友好产业链”概念，鼓舞和发动社会力量投身关心关爱儿童的事业，目前仍在探索实施阶段。

（四）多方引导的儿童参与机制和保障体系

德国雷根斯堡出台了儿童和青少年参与纲领，明确了儿童参与的领域、主管机构、信息发布及组织支撑方式；德国慕尼黑通过成立慕尼黑儿童局、专门委派监察员为儿童权利代言，德国儿童友好社区协会促进儿童参与街区规划；奥地利非常注重推动儿童参与社区规划，在城市儿童权利战略中明确提出争取儿童权利，搭建了儿童与成人共同协作的组织框架；丹麦比隆在城市规划决策中赋予儿童平等参与的权利，不是为儿童决策，而是让儿童决策，儿童在城市规划中拥有相当大的话语权；英国唐卡斯特通过儿童参与工具包组织大学与地方学校合作共建参与平台，为儿童创造与设计师和政府直接对话的机会。

（五）社会参与的儿童交通与场地安全保障

荷兰代尔夫特市政府与自行车联盟实施了儿童路权项目，用以改善学校周围的交通安全环境，鼓励儿童步行和骑行上学，通过儿童出行路径安全计划为儿童修建安全而有趣的廊道；德国出台公共游乐场设施的标准和定期维护的要求；英国伦敦发动家长、企业、志愿者等社会力量在全市实行了“步行巴士”，为儿童营造良好安全的上下学环境，美国、澳大利亚及新西兰等国儿童友好城市也开始借鉴。

二、上海模式与效度

目前，上海市儿童友好社区的建设和运维总体上是政府主导的多方参与模式，课题组根据对上海市儿童友好社区的实地调研和访谈结果，从空间建设和运维角度，按照主导和参与上海儿童友好社区建设运维的主体单位进行模式分类，呈现出“一个核心，十方联动”的具有上海特色的儿童友好社区共建共营模式，为将来儿童友好空间建设向城区和城市的推广与增能提供了切实的抓手。

“一个核心”是指以政府主导为核心，“十方联动”是指社区和社会上与儿童相关的空间场所、企事业单位、组织机构等携手合作，共建共营儿童友好社区，根据课题组对上海市儿童友好社区的实地调研和访谈结果，目前取得较好联动成效的主要包含社会组织、托育机构、中小学校、高校、科普与文化基地、实践教育基地、公园绿地、医院、商业空间、企业等，但值得强调的是，政府在儿童友好社区的建设和运维阶段中要始终确保积极的引领和指导作用。

根据调研情况分析，课题组将“十方联动”模式进行了进一步的归类，从各方力量在儿童友好社区建设的场地、资源和运维过程中发挥的作用角度，将儿童友好社区建设运维协作方式归纳为三种类型：项目运作方式、共建共营方式和服务输送方式，并对其适用情况进行分析，见表 1。

表 1　上海儿童友好社区建设运维模式分类及适用情况

模式归类		特征	建设运维协作方式	具体模式	适用情况
1	项目运作	社区提供场地和前期设施，由社会力量提供专业儿童服务资源和后续运维。	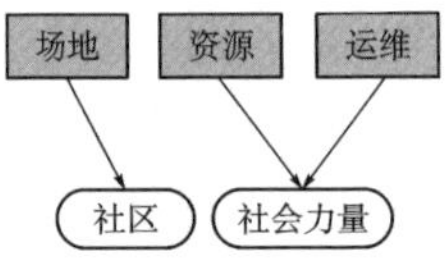	● 社区-社会组织联动模式 ● 社区-托育机构联动模式	1. 适用于具有空间场地，但缺乏相关儿童专业资源和运维力量的街镇； 2. 在市中心区域效果较好，有很多优秀专业社会组织和托育机构可以选择协作； 3. 政府能够保证必要的政策和经费支持。
2	共建共营	社区与社会力量相互提供场地和后期运维，由社会力量提供专业儿童服务资源。	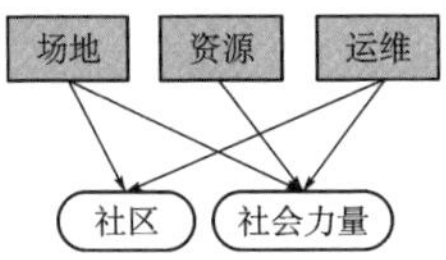	● 社区-中小学校联动模式 ● 社区-高校联动模式 ● 社区-科普与文化基地联动模式 ● 社区-实践教育基地联动模式 ● 社区-医院联动模式	1. 适用于儿童专业资源和经费有限的街镇； 2. 需要街镇在运维过程中发挥积极的统筹和组织作用； 3. 在市中心和五大新城区域效果较好，这些区域有较好的学校、科普、文化、实践教育、医院等场所的优质资源和协作关系； 4. 远郊区域在实践教育基地联动方面具有资源优势。
3	服务输送	社会力量提供儿童友好建设的场地、专业儿童服务资源和日常运维，由社区负责统筹和监管，并给与一定的支持。	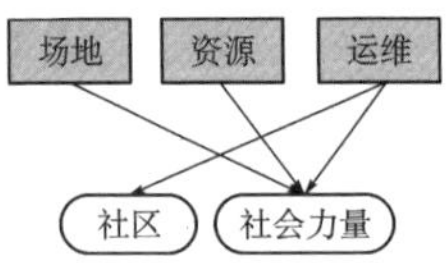	● 社区-公园绿地联动模式 ● 社区-商业空间联动模式 ● 社区-企业联动模式	1. 适用于空间场地有限，运维力量和经费也比较紧张的街镇； 2. 需要街镇在运维过程中发挥积极的统筹和引导作用； 3. 在市中心和五大新城区域效果较好，儿童友好理念纳入城市新建或更新规划，在资源方面占有一定的优势； 4. 政府能够提供一定的政策支持。

三、现状问题

2021年初，上海市已经建成儿童友好社区示范点84个，还有74个街镇正在申请建设中，并预计于2023年完成儿童友好社区的全覆盖，儿童友好社区的建设已经取得了初步的成果，并逐步得到社会的关注。课题组对上海市已建成、正在申请建设和未建设的儿童友好社区进行全面详细调研，通过重点社区实地调研、访谈、问卷调查等形式，总结归纳目前儿童友好社区建设中的现状问题。课题组实地调研与重点访谈区街镇共计43个，其中包含市中心、五大新城、远郊，以及已建成、正在建设和未建设等不同情况；问卷调查针对街镇儿童友好社区创建主要负责人，100%覆盖全市街镇和工业区，共回收问卷296份，其中有效问卷228份，综合各项调研情况，总结分析上海市目前儿童友好社区建设运维现状问题。通过调研分析，上海仍未申请建设儿童友好社区的街镇面临的最主要困难是场地和空间紧张，占比高达90.74%。目前，上海市仍是以社区为儿童友好空间主要阵地，向社区外的空间拓展十分有限。

目前，根据《上海市儿童友好社区建设标准》（试行）中的指标要求，在街镇设置的儿童服务中心面积不少于200平方米，居村层面的儿童之家面积不少于50平方米。根据调研结果，上海市目前未申请建设儿童友好社区的街镇绝大部分都受到社区内空间场地紧张的限制，已建成和正在建设的街镇儿童服务中心的面积大多是在200平方米左右或是500平方米以上，其中五个新城在室内场地方面相对宽松，街镇儿童服务中心面积在500平方米以上的占到40.63%，比全市平均水平28.74%略高；远郊的街镇儿童服务中心面积基本在200平方米或以下，500平方米以上的占比较小，仅11.54%，低于全市平均水平。

在儿童服务中心的空间分配方面，调研结果显示，目前上海市已建成和正在建设的儿童服务中心主要包含儿童阅读空间、多功能儿童活动空间、学龄儿童活动空间、低幼儿童活动空间、儿童议事空间、儿童卫生间设施、母婴室、科普展示空间、心里咨询室等，室内儿童友好空间场地的建设情况优于室外，在室外游戏空间、室外运动空间、室外种植空间等方面仍有所欠缺。

其中，市中心区域和五个新城在各年龄段儿童活动空间、儿童议事空间、儿童剧场空间、心理咨询空间、儿童卫生间设施和母婴室等方面高于全市平均水平，具有较好的资源优势；五大新城在母婴室、儿童卫生间设施、儿童室外运动空间方面具有优势，但在科普展示空间、未成年人保护空间、儿童室外种植空间方面仍低于全市平均水平，有待补足提高；远郊地区在儿童阅读空间、低幼和学龄前儿童活动空间、科普展示空间方面与市中心区域基本持平，而在青春期儿童活动空间、儿童议事空间、儿童剧场空间、心理咨询空间、未成年人保护空间、儿童卫生间设施、母婴室、儿童室外游戏空间等方面处于明显的弱势，需根据区域特色进行有针对性的发展。

在建设儿童友好社区的空间利用方面，仍以使用街镇内部空间为主，同时逐步实现向社区外的空间场地拓展，其中市中心和五个新城的拓展程度明显高于远郊地区。根据儿童活动空间共享方面的调研结果，目前，上海市有75.29%的街镇具有一定面积的独立儿童活动空间，同时利用街镇内部的其他空间进行共享使用，主要包括党建空间、妇女活动空间和社区居民活动空间，占比约60%以上；与老年活动空间和学校空间的共享次之，占比约30%；与商业空间、办公园区、企事业单位的共享还比较少，仅占约10%以下，为了解决儿童友好的空间紧张问题，与社会多方力量合作共享空间是未来方向之一。目前，市中心和五个新城在儿童友好空间共享方面的水平略高于全市平均水平，远郊地区因为人口和产业分布等原因，在与商业空间、学校空间、老年活动空间、街道公共景观空间的共享方面明显处于弱势。

在儿童友好空间的规划设计方面，以街镇自行布置为主，占比45.98%，其次是设计公司和专家指导，分别占比27.01%和24.14%，社区规划师、社区能人、志愿者等参与度极低。其中，五大新城相较于市中心区域更多地采用街镇自行布置的方式，并缺乏相应的专家指导，远郊地区主要依靠街镇自行布置和设计公司设计两种方式，同样在专家指导方面有所欠缺。因此，为了更好地促进社区空间建设以及社区外的空间拓展，仍需发动多方力量共同参与到社区儿童友好空间的规划设计和建设中。

根据调研，目前上海儿童友好空间建设主要存在以下六方面问题：一是社区儿童活动空间场地紧张，且向社区外与儿童相关的城市公共空间场所拓展存在困难；二是以社区为核心去整合社会上儿童相关公共空间资源的统筹力量薄弱，联动效果十分有限；三是顶层设计有待加强，相关经费和人员缺乏可持续的常态化保障；四是政府各部门和社会上的儿童友好意识仍显薄弱，制约了儿童友好空间建设的进度和效果；五是缺乏落地性强的高水平儿童友好空间建设专业指导；六是缺少细化的儿童友好空间适儿化改造建设标准和行动指南。因此，可从顶层设计、长效运营、强化意识和特色化发展四个层面入手，全面提升社会各界的儿童友好意识，加快推动多方力量共同参与儿童友好空间适儿化改造建设。

四、优化策略

（一）加强顶层设计统筹多方力量

1. 将儿童友好空间适儿化建设要求纳入相关规划和标准

推动将儿童友好空间适儿化建设要求纳入《上海市城市总体规划》《上海市

城市建设规划管理条例》等政府规划管理文件，以及各类公共空间建设标准和设计导则，列入城市新建项目和更新项目的必要规划指标，并对儿童友好空间涵盖的功能及相关要求做出详细的规定，联合多方力量保障儿童友好空间适儿化改造和建设的实施质量。根据儿童的身心发展需求，为儿童在社区—城区—城市创造安全、健康、绿色、包容、繁荣的城市环境。

2. 出台儿童友好空间分类建设指南

研究并出台差异化的、落地性强的上海儿童友好空间适儿化分类建设指南，主要包括社区、学校、公园、街道、运动场地、科普场馆、文化场馆、图书馆、医院、商场等。根据不同的现状空间条件，儿童友好空间建设指南需按照儿童的安全、行为和情感需求，对空间功能分布、面积大小、服务设施、适合年龄等要素做出相应的规定要求，以指引与儿童密切相关的各类城市公共空间的适儿化改造和新建设计。

3. 强化儿童友好空间建设运维保障机制

确保儿童友好空间适儿化改造建设和运维的必要经费，区财政部门和街镇在年度预算中设置儿童友好空间建设专项经费，并保障其可持续性。同时鼓励企业、社会公益基金会、商会等社会力量为儿童友好空间建设运维提供经费和资源支持。出台激励政策吸引专业社会力量加入社区儿童友好空间的建设运维，为社区儿童友好空间建设运维提供必要的、稳定的专业人员保障。

（二）多方联动，促进空间整合与长效运营

1. 推动建立市级层面的联动机制

在市级层面推动社区儿童友好空间建设运维的联动工作机制，建立联合推动委员会，与市教委、市发展改革委、市规划资源局、市住房城乡建设管理委、市绿化市容局、市委网信办、市公安局、市生态环境局、市交通委、市卫生健康委等部门形成联动平台，着重提升政府各部门工作人员的儿童友好意识，整合现有空间资源，找到痛点，弥补短板，制定切实可行的三年儿童友好项目建设长期联动发展计划，并将儿童友好空间适儿化改造建设内容纳入市政府对各区的绩效考核范围。

2. 推动建设儿童友好空间品牌项目

从目前已经建成的上海儿童友好社区中，评选出具有典型性、创新性、特色性的儿童友好社区品牌项目进行重点培育，逐步扩大儿童友好社区的社会影响力，并在与儿童紧密相关的教育、科普、文化、健康、体育等领域培育一批重点发展的儿童友好空间品牌项目，形成全社会合力建设儿童友好空间的良好氛围，为未来社区和城区建设儿童友好空间提供可借鉴、可对标的样板项目。

3. 扩大儿童福利政策的覆盖人群和覆盖空间

加大儿童友好相关的普惠性福利政策的力度，扩大其覆盖范围，除了针对困境儿童、留守儿童等特殊儿童的福利政策外，加大对普通儿童的实事项目、教育补贴项目等的投入力度，深入儿童需求调研，在儿童的教育、科普、文化、健康、体育等方面给与实质性的福利政策补贴，鼓励博物馆、艺术馆、美术馆、剧院、科普展馆、体育馆、实践基地等在暑假和周末定期向儿童公益开放，并利用其场馆空间常态化组织开展各类体验型、实践型、交流型的儿童友好服务活动。

（三）加强多方宣传，共营儿童友好意识

1. 拓展儿童友好宣传空间

拓展儿童友好理念的宣传方式，形成全民参与的儿童友好氛围，与社会力量多方联动，宣传场所由社区延伸至地铁站、公交站、学校、公园、街道、运动场地、科普和文化场馆、图书馆、医院、商场等人流量密集并与儿童相关的场所，通过海报、视频等公益广告形式对儿童友好理念进行软植入。每年 6 月和 11 月结合六一儿童节和世界儿童日举行儿童友好意识宣传月活动，以社区为核心宣传阵地辐射城区与儿童相关的空间场所，提高社会对儿童友好的关注程度，为打造有温度、有显示度、有感受度的儿童友好社区奠定良好的社会基础。

2. 搭建儿童友好空间服务网络平台

创建上海政府儿童友好社区宣传官方微信公众号，统筹全市儿童友好空间服务资源，宣传儿童友好理念，推广儿童友好空间建设运维的品牌项目，打造具有上海特色的儿童友好社区展示窗口。整合全市范围的儿童友好社区电子地图，提供适合儿童的公园、街道、运动场地、科普场馆、文化场馆、图书馆、医院、商场等服务信息，并按照位置、年龄、活动内容等进行分类显示，帮助儿童和家长能够快速便捷地搜索获取儿童友好空间服务信息。

（四）未来提质增效，促进特色化发展

1. 打造具有上海特色的儿童友好社区发展方式

根据上海各区域的儿童友好资源分布情况和运维特点，推进差异化的儿童友好社区发展方式，强化优势，弥补短板，进一步提质增效，形成符合上海本土特色的儿童友好社区建设发展方式。

市中心区域：推动精细化紧凑型发展方式，进一步发挥儿童友好专业资源丰富的优势，采用紧凑集约型的发展方式，在现有空间基础上继续推进儿童友好空间设计精细化和儿童友好服务精细化工作，并逐步拓展儿童友好空间的覆盖范围，与其他区域联动实现优势互补、资源共享。

五个新城区域：推动优质化联动型发展方式，进一步发挥政策、空间和经

费优势，积极引入市区的优质专业儿童资源，并逐步带动和培育本土儿童专业社会组织快速发展，发挥联合实践教育基地和企业等社会力量的空间优势，与市中心区域优势互补、联动发展，进一步提升儿童友好空间建设和运维的精细化程度。

远郊区域：推动乡村化集中型发展方式，积极发挥乡村特色，结合美丽乡村等建设活动进一步发展具有乡村特色的儿童友好空间建设，注重在寒暑假时段集中推动儿童特色活动开展，发挥儿童户外活动空间优势，与市区联动积极培育本区专业儿童社会组织。

2. 加强联动交流，稳步推进儿童友好覆盖范围

促进市中心、五大新城和远郊区域之间的结对联动，以及社区与高校、科普场馆、文化场馆、实践教育基地等社会力量之间的结对联动，发挥各自资源优势，找到痛点弥补短板，制定三至五年的儿童友好项目建设长期联动发展计划。促进不同区域间社区的相互交流和资源共享，以及同区域社区之间的对标学习交流，强化优秀儿童友好社区的引领带动作用，稳步推进社区儿童友好空间的覆盖范围和影响力度，最终形成社区—城区—城市多方联动的儿童友好空间和服务网络。

（五）空间建设优化建议

上海市在前期建设儿童友好社区示范点的基础上，在 2024—2025 年将进入提质增效阶段，逐步推进儿童友好社区向城区和城市拓展。本课题结合实地调研、各类建筑公共空间和室外活动场地的建设规范，以及联合国发布的儿童友好型城市规划手册等资料研究，基于儿童的安全需求、行为需求和情感需求，从空间功能、空间设施、空间氛围、无障碍设计、导视系统、景观绿化等角度，提出了上海儿童友好空间建设要求建议，主要包括九个与儿童密切相关的空间类型：游乐场、运动场、街道、学校、文化场馆、科普场馆、图书馆、商场、医院，并对这些空间建设所涉及的部门、参与模式以及适用的儿童年龄进行了分析，为上海儿童友好空间的全面建设提供参考，为全国儿童友好社区建设提供具有示范引领性的上海模式。

上海市妇女联合会
上海工程技术大学
课题负责人：代　阳

网络游戏产业发展问题及对未成年人成长影响研究

在信息时代和融媒体时代，未成年人的生活学习方式已经和传统迥然不同，未成年人的成长环境和网络游戏产业的健康发展紧密相连。据中国音数协游戏工委与中国游戏产业研究院发布的《2020 年中国游戏产业报告》显示，2020 年我国游戏市场实际销售收入 2 786.87 亿元。可见网络游戏已经成为我国现代文化产业的重要支柱之一。除经济价值之外，网络游戏还有不俗的社会价值和文化价值，它通过网络媒介重新塑形现代中国的社会结构和文化结构。在社会价值层面，网络游戏不仅给社会带来更多的就业机会，而且为人们提供新型的社交途径和教育方式。在文化价值层面，优质的网络游戏既可以推动我国话语实践，还能够帮助青少年继承传统文化，更能以创意工坊、游戏部落、游戏文化展的形式促进我国现代文化的海外传播。

但网络游戏也是一把“双刃剑”。据 2021 年 7 月中国互联网络信息中心(CNNIC)发布的《2020 年全国未成年人互联网使用情况研究报告》显示，2020 年我国未成年网民数量达到 1.83 亿人，未成年人互联网普及率为 94.9%，未成年网民使用台式电脑上网的比例为 36.9%，使用手机上网的比例为 92.2%。在未成年人的上网偏向中，经常玩网络游戏的比例为 62.5%，其中使用手机玩网络游戏的比例为 56.4%，使用电脑玩网络游戏的比例为 28.9%。可见，未成年人的网络游戏行为比较普遍，由此产生的网络游戏成瘾、未成年人犯罪、过度消费等问题值得重视。

一、对我国未成年人网络游戏行为的审视

网络空间具有开放性，数字化的语言和海量的信息可以突破载体的壁垒，

通过网络游戏传播给未成年人。由于网络身份的隐匿性，成人和未成年人之间可以突破法律和道德的束缚，在网络游戏构筑的虚拟世界中互动与交流。而由于网络资源的丰富性，未成年人可以在不同种类的游戏间流连忘返，其人格、情感、价值观时刻处于可能异化的边缘。

（一）未成年人隐私泄露触及人身安全

由于未成年人的网络安全意识较差、信息分辨能力不足、心智建构不全，再加上网络的发展，越来越多诸如实名信息认证、手机验证码登录、聊天记录备份等有关身份信息的技术被应用到网络游戏或与游戏相关的软件、程序、网站之中，在利益的驱使下，未成年人个人信息可以被不法分子通过种种手段收集或获取，以致这些信息被非法泄露、买卖、滥用。网络时代个人信息泄露具有隐蔽性和危害性，可能造成家庭财产的损失，甚至直接威胁到未成年人的人身安全。

（二）未成年人网络游戏过度消费现象

在网络游戏的具体运营过程中，未成年人过度消费的事件仍然屡见不鲜。如 2020 年 6 月，辽宁一名 14 岁中学女生为“龙族幻想”单月充值 6 万元，女生在被父母发现后自杀身亡。再如 2020 年 8 月，广州一名 10 岁儿童使用“母亲身份证号 + 父亲姓名”为某手机游戏进行实名认证，并且在单月内累计充值近 4 万元，经过广州互联网法院近一年调解，游戏平台才将充值款项返回。相关新闻不绝于耳，社会影响极其深远。这些案件的发生，往往都是未成年人偷偷使用父母手机进行游戏充值所导致，这一方面说明未成年人自身缺乏相应的自控力和健康的消费意识，另一方面，也反映了我们国家相关法律规定的游戏账号实名注册制度的疏漏。从外因来看，如何利用好现有网络技术，查处虚假的实名制游戏认证程序，监管手机厂商和游戏运营商的网络游戏实名注册执行情况，为网络游戏用户提供可靠、简便的游戏注册和充值验证方式。从内因来看，除了外部政策辅助之外，其实最重要的还是家长、学校和社会的共同监管和齐心发力，否则上有政策，下有对策，依然不能从根本上解决问题。

（三）未成年人网络游戏成瘾的危害

随着互联网的迅速发展，“网络成瘾”作为一种新兴成瘾方式，逐渐成为病理心理学研究重心。一般而言，“网络成瘾”主要有六种基本类型：网络游戏成瘾、网络关系成瘾、网络色情成瘾、信息收集成瘾、网络强迫行为成瘾、计算机技术成瘾。网络游戏成瘾作为“网络成瘾”的类型之一，主要是指成瘾者长期沉迷于网络在线游戏，将自己大部分的时间、精力、金钱都耗费在各种网络游戏中。而这类型的网瘾者又以沉迷于以暴力、战斗、竞争为主要内容的网络游戏居多。从病理心理学来看，这类成瘾者的成瘾原因是自我的认知扭曲与关于世界的认知扭曲。表现在外在行为方式上，即通常分不清虚拟和现实的差别，无意识地将自己带入了游戏的角色，而在现实生活中无法抽离，严重者过于在乎游戏战争中的成败，甚至将游戏中的暴力、血腥场面带到了现实环境中，导致了一系列道德失范行为的发生。据相关调查统计，近年来，青少年沉迷网络游戏而导致的网络失范行为或违法犯罪行为比率攀升。

（四）未成年人游戏导致犯罪问题日渐凸显

据有关学者调查研究，网络游戏可能引发未成年人犯罪的五个主要特征：一、诱发反规则意识，引发反规则行为；二、疏离社会现实，导致未成年人情感冷漠和行为异常；三、诱导错误的金钱观念，诱发未成年人侵犯他人财产犯罪；四、暴力随意化，导致未成年人抵制暴力倾向的内心力量被消解，暴力型犯罪增加；五、交友途径扩展，临时纠结的结伙型犯罪增加。未成年人犯罪的主要原因有三点：一是网络游戏内容带来犯罪的形式诱导；二是网络游戏玩家间传播的违法与有害信息——违法类信息、违反道德类信息、违反安全类信息；三是网络游戏成瘾所诱发的认知扭曲、不良观念和反规则意识。从对未成年人的实际影响来看，由网络游戏传播的违法和违反道德类信息是主要的风险防范对象。无度的或者不适本年龄段的网络游戏不仅影响未成年人的学习、道德品质、社会交往，而且严重会诱发他们走向犯罪。从防治情况来看，尽管我国出台了一系列规制网络游戏内容的法律法规，但因为网络素养教育的缺失、网络游戏内容监管力度的不足、网络游戏盗版现象的猖獗，未成年人犯罪问题仍然得不到妥善解决。

二、我国未成年人网络游戏行为问题的主体探究

综观我国网络游戏产业和未成年人教育全局，横向责任主体主要包括国家司法部门、国家文化产业管理部门、国家教育部门，纵向责任主体主要包括网络游戏发行商、网络游戏运营商、未成年人教育行业、学校及家庭。基于以上主体的归纳可知，未成年人网络游戏行为问题的主体探究应涵盖司法、经济、教育三大领域。

（一）我国未成年人网络游戏保护存在的立法不足

作为司法领域的横向主体，全国人大常委会颁布、修订了我国未成年人网络游戏的顶层法律《未成年人保护法》（2020 年修正），并出台涉及网络游戏的《侵权责任法》（2010 年）、《消费者权益保护法》（2014 年修正）、《网络安全法》（2016 年）三项重要法律。除了全国人大常委会之外，其他管理部门也陆续颁布了一系列有关网络游戏的规定办法，如国家新闻出版署印发《关于防止未成年人沉迷网络游戏的通知》（2019 年）、《关于进一步严格管理切实防止未成年

人沉迷网络游戏的通知》(2021 年),文化部发布《网络游戏管理暂行办法》(2017 年修正),国务院发布《互联网信息服务管理办法》(2000 年),等等。整体看来,尽管我国网络游戏法律制度近年来“奋起直追”,建立了较为完善的未成年人网络保护制度,但由于法律政策具有滞后性,细节之处仍有明显不足。

从 2020 年最新修正的《未成年人保护法》来看,有关未成年人网络游戏风险的规定和防范措施不够充分,没有明确多部门、多法律联动治理的系统性规定,有规定的义务又得不到有效履行。例如,未成年人网络游戏保护的责任只限定于网络游戏行业,但未明确学校与家庭的规制功能。再如,网络游戏实名制面临未成年人隐私泄露的巨大挑战,但《保护法》和其他法律也没有系统的规制。又如,尽管《保护法》第七十五条提出了未成年人网络游戏的时间限制和消费限制的规定,《关于防止未成年人沉迷网络游戏的通知》《关于进一步严格管理切实防止未成年人沉迷网络游戏的通知》进一步明确了时间限制和消费限制的具体内容,但从网络游戏产业的发展现状来看,仍有大量网络游戏运营商尚未履行时间限制和消费限制的义务。

(二) 我国网络游戏商业模式的异化——“氪金游戏”

我国网络游戏的商业模式经历了五个重要阶段,除了第一个阶段是“一口价”式的商业模式,其余阶段都没有“氪金”的天花板,尤其是在第四阶段中,玩家唯有不断“氪金”,方可获得游戏的游玩体验和审美体验。因此,可以认识到,我国未成年人之网络游戏过度消费问题的根本原因,不是游戏法律政策的缺失,也不是未成年人没有形成健康的消费观念,实际上,最根本的原因应归咎于网络游戏运营商们对于网络游戏“氪金”商业模式的偏执。当未成年人的数字化世界里仅剩下“氪金”模式的网络游戏时,他们只有通过不断充值,才能够获得游戏的体验。值得反思的是,一个国家的网络游戏产业健康与否,不应该仅看游戏产业的年度生产总值,那些仅靠“换皮”而速成的“氪金”游戏,不仅损害了其他游戏的出版著作权利,更会对一个产业的生态发展造成恶劣的影响。

(三) 我国教育游戏的观念缺失与多元需求

我们不能把网络游戏产业较为落后的公共关系和产业理论归咎于产业本身,这是公众话语建构的历史遗留。长久以来,我国主流媒体不乏对于网络游戏的污名化报道,这种情况从 20 世纪 90 年代的“电子可卡因”到近日的“精神鸦片”,无不是以隐喻的方式在公众经验领域概念化了网络游戏,建构了一种持续近 30 年的社会话语。这种话语建构的背后,一方面是 20 世纪 90 年代初期我国孱弱的网络游戏产业为应对欧美日的“文化入侵”,在主流媒体话语中展开的一系列意识形态抗争;另一方面则持续显示了我国教育研究界对于网络游戏功能价值的观念缺失。在我国教育领域，囿于国情的复杂，我国未成年人在义务教育阶段就陷入教育内卷的漩涡，学生们“不在补习就在补习的路上”，学习生活的枯燥和压力，加上网络游戏中被精心设计的诱导式玩法，让未成年人接触网络游戏如同火上浇油，一旦接触后就极易沉迷。

（四）我国网络素养教育的体系缺失和建构可能

当前我国网络素养教育的实践仍处于理论研究范畴，相关的创举仍然得不到有效地实践与推广，相关的纵向教育主体并未承担起未成年人网络素养教育的责任。我国网络素养教育的实践缺失主要表现为以下几个方面：首先，从学校教育来看，系统性的网络素养教育体系尚未建立，我国网络素养教育只在个别高校高等教育阶段试点进行，没有在中小学义务教育阶段进行普及推广；其次，从社会教育来看，社会机构或组织、城市公共文化服务组织、大众传媒都在未成年人网络素养教育中扮演着重要的主体角色，但并没有发挥好社会教育应有的作用；最后，从家庭教育来看，未成年人父母在教育时间、教育意识、教育能力等方面不足，难以对子女网络游戏行为进行有效的网络素养教育。总之，网络素养教育虽然已经进入了未成年人网络保护的范畴，但如何认识其目标、功能，如何从学理角度规划好网络素养教育体系，如何选择好网络素养教育的有效路径，还明显薄弱与缺失，需要在体系建构和推广实践层面继续补足。

三、规范和引导网络游戏产业的相应建议

为了规范和引导网络游戏产业发展，为未成年人营造良好的网络环境，在措施与途径上，要采用多主体共同联动，多途径相互连横的方式。在建设文化强国、数字中国的规划中，只有采取多手段、多方向的措施，才能助力未成年人健康成长。

（一）推进网络游戏分级制度的建立

网络游戏分级制度是帮助解决未成年人网络游戏安全问题的重要抓手。目前，我国只在2010年施行的《网络游戏暂行管理办法》和2020年推出的《网络游戏适龄提示》提及有关网络游戏的内容限制，其中《网络游戏暂行管理办法》第十六条规定未成年人网络游戏不得含有妨害未成年人身心健康的内容，《网络游戏适龄提示》要求每款网络游戏都要有相应年龄标志符（三种标志符：绿色8+、蓝色12+、黄色16+）。问题在于，《网络游戏暂行管理办法》虽然是禁止性的规定，但对于游戏内容的评判太过宽泛，操作标准不明晰，而《网络游戏适龄提示》没有具体内容（仅有三种年龄段的标识符），还只是一种参考，仅有提示作用，没有强制执行。在经济全球化的今天，无论是网络游戏产业的优化

和治理，还是网络游戏产品的评测和传播，都需要一项国家层面的网络游戏分级制度，这样的分级制度既能为未成年人网络游戏行为进行法律端的保驾护航，还有助于消解社会层面网络游戏污名化的现象，更能够给网络游戏行业提供一份清晰的制作标准，从而提升网络游戏行业的自查度、自律性和社会责任感。

当然，网络游戏适应性分级制度脱离不了以下三个层面的设定：第一，内容设计层面，中国特色游戏内容的网络游戏分级制度既要根据《网络游戏适龄提示》的年龄段，界定具有色情、恐怖、暴力、赌博、宗教等元素的游戏内容，剔除具有资本主义意识形态的游戏信息，更要在游戏中体现习近平新时代中国特色社会主义思想和社会主义核心价值观，通过明确比例的量化标准，建构好网络游戏的各级内容；第二，类型规制层面，为了发掘网络游戏的功能性价值，推动网络游戏多元化健康发展，中国特色游戏设计的网络游戏分级制度可以优先对教育类游戏、益智类游戏、经营类游戏、模拟类游戏进行功能性定级，逐渐对角色扮演类游戏进行定级（主要包含单人和多人的回合式、指令式、动作式角色扮演游戏），以此限制对未成年人具有安全风险的“氪金游戏”；第三，宣传推广层面，在网络游戏推广和营销环节，必须在宣传页为家长（监护人）提供未成年人游戏的相应建议，根据不同游戏的级别，在游戏内容、游戏时长、适龄阶段、消费额度等方面做好建议和提示。

（二）完善网络游戏实名注册制度

一般而言，网络游戏实名注册制度是指建立在网络实名制政策基础上的，由网络游戏用户提供识别身份信息的注册制度，通常是由用户向网络游戏运营商提供“手机号码 + 手机短信”/“身份证号码 + 用户姓名”/“绑定微信/QQ 账户”验证的方式。2016 年，全国人大常委会颁布出台《网络安全法》，正式将网络实名制推向有法可依的国家信息战略高度。与此同时，网络游戏注册实名制度也一并具有了法律的明确依据，无论任何年龄段的网络游戏用户都要经过实名注册方可进行游戏行为。

我国应统筹信息管理部门、网络游戏行业组织与网络游戏企业，切实补足网络游戏实名注册制度的缺漏。根据《未成年人保护法》的立法目标，我国对于未成年人的网络游戏行为，一定要在不同层面完善相应的配套措施，要在法律空间之内确保未成年人的信息安全。为此，网络游戏实名注册制度要在以下三个层面进行完善。第一，技术层面。网络游戏实名注册制度的目标是为了确认游戏用户身份的唯一性和可靠性，除了游戏注册端之外，还要在登录前端、游戏过程后端进行有效的游戏用户验证。为此，在不影响游戏体验的前提下，我国网络游戏实名注册制度还可凭借人脸识别技术或者指纹识别技术强制执行多时段验证，通过对游戏用户身份信息的自动扫描验证，达到对未成年人游戏越级、游戏沉迷、过度消费等问题的解决。第二，操作层面。在未嵌入人脸识别技术的游戏注册端口，网络游戏的实名注册要减少单一认证方式，转而使用“身份证号 + 手机号 + 短信验证码”或者“银行卡号 + 手机号 + 短信验证码”组合认证的方式，以此保证未成年人身份信息的可靠性。此外，网络游戏实名注册制度要在网络游戏防沉迷实名验证系统基础上，建立统一的游戏信息网络，以此控制未成年人的游戏时长和消费额度。第三，监管层面。为确保网络游戏实名注册制度的施行，我国必须要加强对网络游戏企业的严格管理，要对网络游戏违法行为进行严惩。同时，可以在政策方面为小型网络游戏企业提供税务减免的优惠，照顾其因承担技术性责任而产生的经济影响。唯有如此，方能推动网络游戏企业的自律行为，确保未成年人个人隐私安全，控制未成年人网络游戏的消费额度和游戏时长。

（三）推行多元主体的网络素养教育

未成年人网络游戏引起的网络成瘾、网络霸凌、网络暴力等游离于网络安全风险规制边缘的次生问题，反映的是我国当下社会对网络素养教育的缺失。只有做好网络道德的建构，推行网络素养教育，才能提高未成年人对网络游戏不良信息的排除能力和自控能力，提高未成年人对网络游戏中不良行为、不良内容的甄别能力和防范能力，才能从根本上解决网络游戏带来的一系列负面影响。网络素养教育的推行，不是某个人或某次活动可以迅速完成的，它应该是一条由家庭教育、学校教育和社会教育共同组成的闭环教育体系。

家庭是未成年人网络素养教育最直接、最重要的来源。未成年人网络游戏的电子产品多为父母的手机、ipad 等电子终端产品。调查发现，50.1%的家长认为家庭是监督、引导未成年人上网的最重要因素，但 57.5%的家长表示对互联网懂的不多，上网主要是看新闻或短视频，24.7%的家长认为自己对互联网存在依赖心理，还有 4.1%的家长表示自己不会上网。因此，为了让未成年人切实获得网络素养教育，就要求家长拥有相应的上网能力、网络知识、网络防范意识和网络素养提升意识。家长在网络素养提高到一定水平的前提上，才能够科学、有效地指导未成年人合理使用手机和电脑等电子终端，提高未成年人的网络素养。

学校教育是未成年人获得网络素养教育的重要环节，各级学校应强制推广网络素养课程，并设置网络素养考试。在中小学的学科教育之外，学校方面还应把未成年人的网络素养教育纳入教学规划，并根据不同学龄段未成年人的身心特点和认知水平，增设有关网络信息的审辨、网络信息的传播、网络生活的影响、网络内容的审美、网络文化的科普、网络产品的制作、网络社会的伦理和道德等一系列阶梯式网络素养课程，提高未成年人的上网能力、网络知识和网络防范意识。此外，各级学校还要在课程教学之余举办网络知识竞赛和网络风险防范的专题讲座，多途径提高未成年人网络素养。

针对一些特殊家庭（例如务工家庭和单亲家庭），社会教育可以通过城市公共文化服务活动、社区培训、公益讲座等形式辅助推行网络素养教育，以此减少未成年人对网络的过分依赖。

（四）未成年人网络游戏非理性行为的综合治理

随着未成年人触网率的进一步提高，网络游戏给未成年人带来的网络游戏成瘾、网络游戏沉迷、网络游戏过度消费等问题将持续存在。应该认识到，一款成功的网络游戏，不仅仅是游戏内容的成功，更是游戏核心玩法和游戏商业模式（付费模式）的成功。对于网络游戏运营商来说，增加更多平滑的付费点，如何通过一次次的创意想法和设计模式增加消费曲线的盈利区间，才是他们的最终目的。我国有关部门应该深度调研网络游戏运营商的商业模式，关注直播打赏诱导、外挂购买诱导、道具购买诱导、皮肤购买诱导、开箱抽卡诱导、通行证购买诱导、赛季奖励购买诱导等一系列非理性的游戏付费诱导行为。并且，为了更好规范网络游戏产业的商业模式，可以设置特定的未成年人收费保护制度，针对网络游戏产品中的付费点开通未成年人特殊付费通道，限制未成年人付费额度、付费频次和付费次数。该制度可以先由行业组织尝试建立与调整，后由国家有关部门统筹行业协会进行偏正修订，在制度成熟以后再推广实施。不可否认，规范网络游戏运营商付费模式，可以提高未成年人自律行为，形成健康的网络游戏消费习惯。

未成年人网络游戏非理性行为导致的一系列问题是思想、心理、行为三个维度的失范与失衡。因此，预防网络游戏问题重在综合治理，除了针对网络游戏运营商的一系列举措之外，还要从家庭教育出发，在心理健康方面增加相应的治理措施。

总之，我们应该辩证地看待网络游戏产业所带来的机遇与挑战，要形成综合治理的战略格局，用引导和规范的方式来管理网络游戏产业，而不是禁止和设限。我国未成年人网络游戏行为的规范措施还处于探索阶段，对于未成年人因网络游戏而出现的隐私泄露、游戏成瘾、暴力犯罪、过度消费等一系列网络安全问题，尽管我国在网络游戏实名注册制度、游戏时长、消费额度、内容监管等方面都提出了一些政策法规，但相关政策法规具有滞后性，细节之处仍有明显不足。并且，目前我国关于网络游戏的政策制定多针对网络游戏行业，对家庭、学校及社会其他主体的责任未进行明确的规范。此外，我国网络游戏行业的自查度、自律性和社会责任感仍有不足，未形成自觉的规范标准。一些互联网企业在媒体和公众的压力下，采取了一定的措施，但这些措施的落实效果还有待于进一步评估。为此，我们从立法规定、运营管理、技术开发、素养提升等方面梳理了问题的解决机制，从政府、企业、学校、家庭等多主体向度探求了营造网络安全环境的多元合力，并汲取各国研究经验，提供了未成年人网络环境建构的经验指向。作为网络时代的“原住民”，未成年人注定无法隔绝于网络游戏之外，相信通过不断地厘清相关问题，制定相应的解决方案，我国终能形成法律约束、政府监管、行业自律、企业负责、学校引导、家庭保障的未成年人网络游戏保护体系。

上海市妇女联合会

上海大学

上海健康医学院

课题负责人：谭旭东、刘赛

妇女工作
与
实践探索

基于国内外儿童友好实践研究的浦东新区儿童友好城区建设建议

一、国际儿童友好城市共识特征与实践

（一）国际儿童友好城市发展

儿童在城市环境中成长，他们的生活空间，不仅仅是家、学校与游乐场，他们与成人一样，生活在巨大的、复杂的城市之中。由于既有城市环境对儿童健康、儿童保护与安全、儿童城市生活参与等方面产生的诸多不利影响，为适应儿童在建成环境中的脆弱性，1996 年，联合国儿童基金会提出《儿童友好型城市倡议》（*Child Friendly City Initiative*，简称 CFCI），并提出儿童的福祉是衡量健康住区、民主社会、良好治理的终极指标。倡议引导政府制定一系列的行动计划保障儿童及家庭在社区、城市中的权利，同时呼吁聚焦城市环境的儿童友好支持，为儿童营造适合生活、成长的友好环境。2004—2017 年，联合国儿童基金会陆续推出多个儿童友好建设实践理念框架和指导工具包。2018 年，又推出《构建儿童友好型城市和社区手册》和《儿童友好型城市规划手册：为孩子营造美好城市》，进一步完善儿童友好理念框架和空间建设指导。近年来，在“儿童友好城市倡议”的推动下，儿童友好理念逐步深入城市规划、建设和管理领域，越来越多的儿童友好环境研究与实践在各国展开，聚焦城市建成环境的儿童友好支持。

（二）共识特征

21 世纪以来，国外许多专家学者在关于儿童与城市建成环境的研究中都提到了儿童友好的概念。从重要国际组织来看，联合国儿童基金会在 1996 年发起的《儿童友好型城市倡议》中提出共同创建安全、包容、充分响应儿童需求

的城市和社区。2017年，在《构建儿童友好型城市和社区手册》中提出儿童友好型城市或社区应具有以下特征：无歧视；在涉及儿童的事宜中以儿童最大利益为出发点；确保儿童的生命权、生存权和发展权；尊重儿童的意见，并规定“儿童友好型城市”的九大空间环境特征。此外，儿童发展研究领域的重要机构伯纳德基金会（Bernard van Leer Foundation，简称BvLF）和奥雅纳（ARUP）设计机构在《富有生机的城市：为城市童年而设计》中也对儿童友好环境特征进行解读，强调儿童友好环境应保障儿童身体与精神健康、提供安全环境、社区凝聚力强、自然可持续等。

梳理可知，儿童友好环境应具有以下特征：

● 安全：儿童友好环境能提示各种风险存在，保障儿童安全。

● 健康：儿童友好环境是健康的，有益儿童身心健康和茁壮成长。

● 包容：儿童友好环境赋予儿童参与城市生活的时间与空间、参与城市建设决策的权利，充分响应儿童在不同年龄段的行为特征与活动需求。

● 便利：为儿童提供多样的教育、医疗、文化、福利等公共服务，支持儿童早期发展，让儿童在全生长周期中享有便利与优先。

● 有趣：尊重儿童审美与喜好，激发儿童活力，开发儿童潜力，让儿童在游戏与探索中自由成长。

（三）实践焦点

1. 儿童友好的公共服务设施

通过城市规划，所有城市都应为儿童提供优质的教育服务、医疗健康、公共文化、休闲娱乐和社会福利等公共服务设施。在教育服务方面，幼儿保育、幼儿照护是儿童成长中经常被忽视的一环。国际上较早开展儿童友好环境实践的国家均将保障儿童早期发展支持作为儿童友好城市建设的重点内容之一。澳大利亚本迪戈市推出儿童早年发展支持行动计划，增设早期学习中心、社区早年发展枢纽等儿童早年支持服务基础设施以满足当地家庭在健康、福利和早期服务等方面的需求。同时鼓励当地政府增加长期日托场所，倡导制定日托服务标准，确保规划和维护幼儿设施。在学前教育方面，提供、升级和维护非营利性和社区学前教育机构使用的设施。此外，本迪戈政府同样重视对现有城市公共建筑的改造以更好支持母婴需求，如在购物中心、餐厅、家庭娱乐场所等公共场所加强和推广专设的母乳喂养空间。除重视幼儿照护、早期教育设施建设外，在教育服务方面，国际上还强调校外活动场所的建设。在荷兰鹿特丹，每个社区至少有一所学校提供课外拓展服务，小学或中学应提供每周至少六小时课外活动的课程。

在休闲娱乐和公共文化服务方面则强调资源倾斜和整合利用，为儿童创造多样的、使用便利的公共服务。加拿大魁北克省儿童友好城市倡议（MAE）特别设置可达的资源和服务专题，提出改善儿童获得文化和娱乐的机会，使儿童和青少年的文化娱乐环境更加友好和可达便利。要求保障合理用地，以增加儿童和家庭对公共基础设施以及体育和文化休闲服务的可及性，鼓励与邻近城市、社区、学校、娱乐设施组织等建立合作伙伴关系和可访问性协议，以改善其休闲娱乐服务可达性。在医疗健康和社会福利方面，加拿大魁北克省提出综合的健康社区实践，致力于为儿童提供可达的社区健康资源、通过学校、青年中心、图书馆、体育中心等设置健康资源和家庭休闲活动指南，在学校、日托服务、家庭社区组织等中推广与健康饮食相关的资源、活动和项目；南澳大利亚儿童友好城市项目（CFSA）关注儿童的心理健康，提出儿童的心理与身体的健康与福利都应得到综合服务的支持，为儿童和家庭建立一个可获得免费的健康和福利服务的专用设施；澳大利亚本迪戈市提出社区儿童积极健康措施，包括为所有儿童提供参与体育活动的计划，保障妇幼医疗保健服务等方面。

2. 儿童友好的公共空间

在城市层面，首要应构建儿童友好的公共和绿色空间网络，规划布局包括大面积的绿地、生态郊野公园、线性公园、城市公园乃至街道绿化等，整合城市绿色和蓝色网络，以保护生态用地、构建绿色可持续的城市儿童友好公共空间体系。在社区层面，社区内的开放公共空间是儿童日常休闲游憩活动的重点场地，在保障儿童安全地使用公共空间方面，公共空间设置位置、围合界面、车辆禁入设施设置、活动标识标牌、儿童游戏设施安全、监护设施设置等是各国实践涉及的主要微观尺度空间要素。加拿大魁北克省开展的儿童友好城市倡议（MAE）要求确保严格控制公共空间内外的机动交通环境安全、设置清晰统一的标牌，让孩子们轻松理解，公共空间内严格执行设施和游乐区的安全标准；荷兰鹿特丹儿童友好结构模块安全公共空间部分要求避免活动区种植多刺的灌木；英国伦敦等地的游戏与非正式公共空间营造计划在娱乐场地安全措施上，要求公共空间位置设置安全、配制保障儿童活动安全的照明和保卫设施、定期维护和管理游戏与活动设施、确保游戏场地家长可监护，提供陪同者休憩和监护设施。

与此同时，儿童体力活动的增加对儿童健康成长十分重要，儿童社区公共活动空间和游戏活动场地也是各国儿童友好实践的重点。加拿大魁北克省 MAE 倡议提出开发有利于社交互动，充满乐趣和丰富行动机会的公共空间。包括开发自然教育基地和花园，游乐区自然化，增加自然环境游乐性等。北温哥华 CNV4ME 战略则提出结合自然和人造元素提升公共空间游乐价值，在公园中加入更多的冒险游乐场设施，以鼓励儿童开展更剧烈的体力活动和适当的冒险；荷兰鹿特丹儿童友好结构模块对不同规模居住区提出具体的综合运动、休闲活动公共空间面积设置要求；类似地，英国伦敦等地的游戏与非正式公共空间营造计划也提出邻里游乐设施和新住宅开发中游戏空间的最低标准，为儿童体力活动开展提供空间支持。

在营造包容的户外公共空间措施上，加拿大北温哥华CNV4ME战略提出游戏设施应满足不同年龄段儿童和青少年游戏需求、提供充足多样的户外公共座位和一些支持儿童聚集的有遮蔽区域，以及在社区主要公园提供无障碍洗手间和母婴设施；澳大利亚本迪戈市早年行动计划制定游戏空间指导方针，确保游戏空间对所有儿童都是无障碍的；英国伦敦等地开展的游戏与非正式娱乐空间营造计划提出应为不同年龄段儿童、不同行为能力儿童设计游戏活动区域和提供设施支持。

在营造儿童友好的户外公共空间上，“有趣”(playful)十分重要。英国伦敦的《为游戏设计：创造成功的游戏场所指南》以及伯克郡的《游戏场所设计指南》中均强调开放绿地等户外空间的“可玩性”(playable)和“游乐价值”(play value)。具体手法包括置入趣味性、互动性与益智性高的儿童游戏设施；运用儿童喜爱的铺装色彩或地面铺色、彩绘标识等改进场地设计；或提供更多如山地游戏、亲水游戏等接触自然空间的机会。

3. 儿童友好的出行环境

优化公共交通规划，改善步行与骑行设施安全，促进儿童独立出行，保障儿童过街安全，设置交通稳静设施，以及交通警示标识、照明设施等街道附属设施等是各国实践中提升儿童出行空间安全的主要代表性措施。加拿大魁北克省儿童友好城市倡议(MAE)在可持续交通移动性政策上强调，应提升行人和自行车网络的连续性和安全性，通过设施、服务和规划促进儿童的主动交通，以及重组、减少车道以减少汽车交通量、降低道路网络的速度；加拿大北温哥华开展的儿童、青少年+家庭友好战略(CNV4ME)提出打造安全可步行的社区，措施包括增加人行横道基础设施，保障儿童过街安全、支持“安全和积极的通学出行”计划等；荷兰鹿特丹儿童友好结构模块提出设置减速措施和禁止通行区域、制定适合儿童独立探索的安全城市交通路线，打造安全的步行系统、尽可能独立的骑行系统；荷兰代尔夫特的儿童街道项目(Kindlint)儿童友好街道：通过儿童过街设施、交通标识、街道照明设施等的设置为儿童提供足够的安全保障、制定安全而有吸引力的日常出行路径。在日本，为保障儿童出行安全对街道采取的措施更为精细化，例如静冈在学校附近的车辆通行速度高的交叉口、生活道路路口等安装隆起带以抑制行车速度，采取缩窄路口、设置路面标识、禁戒标识等抑制交叉口车辆速度以保障儿童通学安全,促进儿童积极通学。

促进儿童步行与骑行活动、鼓励儿童使用公共交通、提升街道绿色与清洁是打造健康的出行空间的代表性措施,主要涉及社区中微观建成环境要素,包括步行与骑行设施、公共交通设施、街道绿化等。加拿大魁北克省儿童友好城市倡议(MAE)要求在干净、宽阔的场地开发步行道与自行车道,促进儿童步行与骑行;加拿大北温哥华 CNV4ME 战略建议开展社区公共徒步旅行,鼓励儿童步行体验社区中的艺术、自然环境和文化遗产;澳大利亚本迪戈市早年行动计划提出逐步改善现有住宅区的自行车和步行网络、提升学龄儿童步行比例;荷兰代尔夫特 Kindlint 儿童街道项目提出打造适宜步行、清洁绿色的街道。

保障儿童出行无障碍设计、提升出行舒适性和街道活动吸引力是打造包容的出行空间的代表性措施。如加拿大魁北克省儿童友好城市倡议(MAE)提出为行动不便的儿童或有婴儿车的家庭提供无障碍的公共交通方式和街道设计,鼓励儿童参与街道活动空间策划;加拿大北温哥华 CNV4ME 战略提出在街道策划游戏项目,为儿童非正式聚会创造机会,促进儿童参与社区生活;荷兰代尔夫特 Kindlint 项目充分从儿童视角考虑,设计一系列清晰醒目的、儿童易读的步行与骑行引导标识,并通过街道铺装和绿化提升营造舒适的儿童出行环境。

二、国内儿童友好相关政策与地方实践

(一)国家层面相关政策文件

在我国,儿童友好城市与社区建设也成为日趋热议的话题。近年来,我国逐步推进儿童友好城市相关顶层政策设计与指导。2021 年,国家十四五规划纲要明确提出全面推动儿童友好理念深入城市规划,建设百个儿童友好城市的目标。要求加强校外活动场所、社区儿童之家建设和公共空间适儿化改造,完善儿童公共服务设施。而后,《中国儿童发展纲要(2021—2030 年)》进一步对儿童友好城市和社区建设提出具体目标和策略措施,《中共中央国务院关于优化生育政策促进人口长期均衡发展的决定》《国务院办公厅关于促进养老托育服务健康发展的意见》等均有聚焦儿童发展的重要指导建议。值得注意的是,2021 年,国家发改委等二十三个部门联合印发《关于推进儿童友好城市建设的指导意见》(以下简称《意见》),这是第一份从国家层面上对儿童友好城市建设提出指导的纲领性文件。《意见》提出到 2025 年,通过全国范围内开展 100 个儿童友好城市建设试点,在社会政策、公共服务、权利保障、成长空间、发展环境五大维度充分体现儿童友好,让儿童友好理念成为全社会共识和全民自觉,广大儿童享有更加美好的生活。2022 年 5 月,住建部发布《儿童友好城市空间建设导则(试行)》。从城市、街区、社区三个层级统筹推进儿童友好空间建设,重

点内容包括公共服务设施、道路空间、公园绿地的适儿化改造和校外活动场所、游憩设施建设。同时，鼓励各城市形成有效的儿童参与机制。

一系列顶层文件的发布，充分表明儿童友好城市建设已上升为国家战略，标志着我国儿童友好城市建设工作的全面推进。

（二）地方实践经验

1. 深圳

自2016年开始，深圳市便出台系列儿童友好城市建设相关规划和文件，其中纲领性文件为《深圳市建设儿童友好型城市战略规划（2018—2035年）》，该文件明确了儿童友好共识和主要建设领域，作为政府各部门建设的共同纲领。文件在“拓展与建设儿童友好型城市空间”中，提出聚焦儿童友好的服务空间、公共空间、自然空间、街道安全空间等领域，以“城市—街区—社区”三层级系统推进儿童友好型城市空间建设。同年发布《深圳市建设儿童友好型城市行动计划（2018—2020年）》明确需开展的项目类型、实施主体和时间要求。而后深圳出台社区、图书馆、医院、学校、公园、母婴室、出行系统、儿童参与、实践基地等9大领域的中英文版儿童友好建设指引。依托试点项目，探索儿童日常活动空间的规划和建设指引，2022年《深圳市儿童友好公共服务体系建设指南》发布，建立儿童友好的健康、教育、文体、游戏、出行、社区与家庭服务、社会保障、法律保护体系。整理来看，深圳的儿童友好城市建设实践开始较早，体系较为完善，具有全市统筹规划、全程多元参与、全域系统推进的特征。

2. 长沙

2014年，《长沙2049》战略规划启动，在规划制定过程中，通过认知地图、问卷调查、深度访谈等方式鼓励儿童为城市发展建言、在城市规划中发声，让规划更加贴近城市未来小主人的所思所想，促进城市高质量发展。2015年，长沙市委市政府正式提出创建“儿童友好型城市”。次年起，建设“儿童友好型城市”连续多年被写进长沙市委市政府工作报告。在一次涉及近万人的问卷调查中，超过90%的参与者表示，愿意为“儿童友好”而接受城市的改变。2018年，长沙市自然资源和规划局发布《长沙市创建“儿童友好城市”三年行动计划（2018—2020）》，围绕政策友好、空间友好、服务友好三个方面，按顶层规划、试点创建、制定标准、逐步推广的创建策略，全面推动长沙儿童友好型城市创建。2019年，《长沙市“儿童友好型城市”建设白皮书》发布，该文件从儿童教育、健康、福利、保障、环境、儿童参与等6大领域，提出19项具体措施，为下阶段长沙创建“儿童友好型城市”工作指明方向与思路。2020年，长沙市“儿童友好型城市”创建工作领导小组正式成立。如今，一批儿童友好型校区、社区、示范“儿童之家”、爱心斑马线、公共场所标准母婴室陆续建成……

三、浦东新区儿童友好城区建设现状

（一）政策环境方面

近年，浦东新区发布了《浦东新区妇女儿童发展“十四五”规划》《浦东教育现代化 2035》《浦东新区托育服务三年行动计划（2021—2035 年）》等多项政策，为儿童友好城区建设提供了强有力的政策环境支持。其中，《浦东新区妇女儿童发展“十四五”规划》提出儿童发展达到全市、全国领先水平，与世界发达国家水平看齐的目标，并提出六大儿童优先发展领域——儿童健康、儿童教育、儿童安全、儿童福利、家庭养育和成长环境，并重视环境优化，创建儿童友好社区。《浦东教育现代化 2035》文件提出充分发挥浦东体制优势和区位优势，推动建设区域教育综合改革创新示范区，全面深化教育综合改革，实现更高水平、更高质量的教育现代化，以及新时代中国特色社会主义教育“五育并举、公平优质、开放融合、活力创新”的总体目标。《浦东新区托育服务三年行动计划（2021—2023 年）》提出打造浦东新区托育服务品牌；构建多层次托育服务的资源供给体系，以全覆盖的科学育儿指导为基础、以社区与园区为依托、以多元托育机构为补充、以普惠性为主导的托育服务格局。这些文件的发布为浦东儿童友好城区建设打下了坚实的基础，指明了目标与方向。

（二）建成环境方面

首先，在儿童健康、教育、福利等方面取得了显著成就。在医疗设施方面，浦东新区婴儿死亡率控制在 2.88‰，5 岁以下儿童死亡率控制在 4.54‰，处于国内领先水平。在教育设施方面，浦东新区义务教育阶段毛入学率连续多年达到 100%，高中阶段符合条件的适龄儿童毛入学率连续达到 98.65%。从 2017 年起，浦东新区率先试点“托幼一体”解决家庭托育难问题，至 2019 年，已经实现全区 36 个街镇托育服务资源和普惠性托育点全覆盖。在福利设施方面，浦东新区已建成一处青少年活动中心，36 个街镇未成年人保护工作站已基本实现全覆盖。居村层面普遍设立儿童之家，形成“一中心多站点”的儿童服务网络，以嵌入式、菜单式、分龄式服务为儿童打造环境友好、设施齐全、服务完善的“15 分钟生活圈”。此外，上海天文馆、上海科技馆、上海图书馆东馆、上海博物馆东馆、上海大歌剧院（规划）、浦东图书馆、浦东美术馆、浦东足球场、迪士尼主题乐园、海昌海洋公园等一批市区级重大设施项目，造就了浦东更加美好的未来，也为儿童架起了连接世界的舞台。

其次，浦东新区致力于为儿童提升公共空间品质，创造儿童友好的成长环境。近年，浦东新区宜居生态环境水平不断提升，人均公园绿地面积和森林覆盖率均属于上海市前列，为儿童亲近自然提供了得天独厚的条件。合庆郊野公园、滨海森林公园、前滩鳗鲡嘴儿童乐园、临港滴水湖儿童公园等高品质公园的建设，为儿童提供了奇趣、多元的游乐体验和亲密接触大自然的生态体验。在黄浦江东岸，一条 22 公里的世界级滨江儿童友好实践带初具雏形，儿童在此能够参与力所能及的社区服务、城市建设和治理活动。陆家嘴街道将儿童需求纳入社区微更新行动中，改造增设了多个儿童活动场地，如上港小区“融乐园”、崂山三村“不任意的任意门”、招远小区“招园”自治花园。沪东街道首个青少儿全天候数字化运动空间，成为了儿童和居民休闲健身的“打卡地”。与此同时，浦东新区有效整合街镇自然、设施、产业和校外活动场所资源，推出了张江儿童科创路线、美丽乡村、追梦临港、行走滨江等一批具有良好示范带动作用的研学旅行路线，让儿童在游历、行走的过程中，增知获能。

再次，浦东新区聚焦儿童人群密集地区，重点加强校园周边的交通环境安全建设和管理，切实改善儿童安全出行体验。区公安分局、区妇儿工委办等探索彩虹斑马线设置，加强人行横道线的辨识度。洋泾街道先行绘制出首条“彩虹斑马线”，醒目的颜色具有很高的辨识度，可以进一步保障儿童安全过街。

2019 年起，浦东先行试点在街镇层面推进儿童友好社区创建，至 2022 年年底，浦东实现 36 个街镇儿童友好社区全覆盖。但在某些领域，浦东新区在儿童友好城区建设方面仍存在一定缺口。第一，儿童友好的空间体系有待完善，公园绿地体系建设尚不完整，对于儿童友好的公共交通和慢行交通系统考虑不足。根据浦东新区十五分钟服务圈综合信息平台 2019 年数据所示，浦东新区大部分街镇中小学覆盖率较高，但幼儿园、托育设施覆盖率仍有待提升；社区级医疗设施和体育设施仍有缺口；城市公园、地区公园相对完善，但社区公园、口袋公园缺口较大。第二，儿童友好的活动场地、出行环境等建设要求不明确，没有相关文件指南。第三，城区各类设施和环境的适儿化水平仍处于较低层次，不能满足各年龄儿童群体的需求。

（三）儿童参与方面

浦东新区多个街镇、社区成立了专属的儿童议事会，尊重儿童的主体性，保障儿童的社会参与和意见表达权利，在各项与儿童有关的决策过程中注重倾听和吸纳儿童的意见与建议。但是当前儿童的生活主要被学校的学习所占据，影响了儿童参与的机会。

四、浦东新区儿童友好城区建设建议

第一，结合城市更新，构建城区、街镇、社区三个层面的儿童友好空间管控体系。浦东新区是上海面积最广、人口最多、城乡差异最大的行政区，采用三个层次的空间管控引导体系便于与新区治理体系相结合，因地制宜地结合区级、街镇和社区特点与资源，有层次有重点的聚焦创建工作，具有可操作性。其中城区级可与《上海市浦东新区国土空间总体规划（2017—2035）》和精品城区建设要求相衔接，通过构建关爱儿童成长的公共服务设施体系、打造儿童友好的公共空间网络、建设儿童出行友好的城市道路交通系统等建立顶层设计机制；街镇级可与15分钟社区生活圈和现代城镇建设要求相衔接，配建完整均衡的儿童服务设施，建设包容趣味的儿童公共空间，创造安全舒适的儿童出行环境；社区层级聚焦城市微更新，更多与缤纷社区、美丽乡村建设要求相衔接，完善近宅便利的儿童服务设施，建设多元趣味的儿童活动场地，打造安全连续的儿童出行路径。

第二，健全儿童友好的公共服务设施体系，兼顾补短板与改造提升，充分保障儿童权利。公共服务设施为儿童生活、学习、交往、成长提供重要支撑，浦东新区内的公共服务设施面广点多，可根据公共服务设施服务对象的不同细分为儿童专属公共服务设施和全龄共享公共服务设施，其中专属设施包括托育、教育、福利、综合服务设施等；全龄共享设施包括医疗卫生、文化演艺、体育健身、科技展示、商业设施等。社区托育设施应鼓励多元主体办托、多类型托育服务，扩大普惠性托育服务供给，满足适龄幼儿家庭多元化入托需求。教育设施，可结合《浦东教育现代化（2021—2023）》等文件要求，完善学前教育、义务教育、特色教育的资源供给与设施配置，促进优质教育资源的均衡分布，建设安全、健康、有趣的校园空间。对于儿童福利设施，在实现城区设置至少1处儿童福利中心和36个街镇未成年人保护站全覆盖基础上，还应考虑为各街镇孤弃残儿童、流浪未成年人提供养护、医疗、康复、教育和技能培训、托管、临时照顾等服务，保障其生存、发展和安全权益，提升儿童福利水平。对于儿童综合服务设施，进一步完善“一中心多站点”布局要求，构建儿童综合服务设施网络，为儿童提供组织教育、文体娱乐、社会实践、安全保护、法律维权、家庭支持等服务，引导儿童健康快乐成长，提高儿童综合素养。对于儿童友好全龄共享设施，应引入儿童视角，推进现有儿童使用频率较高的公共服务设施进行适儿化改造，增建、改建配套室内外活动空间，提供符合儿童行为特征和尺度的设施与服务，如儿童体检窗口、低位服务台、儿童尺寸的卫生间设施、母婴室、第三卫生间、便于儿童和看护人辨识和理解的标识等，促进全社会儿童友好环境的整体提升。

第三，完善儿童友好的公共空间体系，建设儿童活动场地，促进儿童健康成长。城市生态环境对儿童身心健康发展有着深刻的影响，多接触自然、进行户外活动可促进儿童身心的健康成长，减少负面情绪，提高身体机能。公园绿地是儿童户外休闲活动的重要场所，为从根本上保障儿童友好公园绿地的供给和建设规模,优化公共空间的服务绩效,鼓励推进浦东新区儿童友好公共空间系统化、网络化布局,制定专项规划与用地计划。为提高儿童友好城区可实施性,应充分挖掘浦东新区水网密布、植被丰富的特点,构建浦东新区城区、街镇、社区三大层面的公共空间体系,打造类型多样、形态丰富、覆盖全区的公共空间网络。在城区层面,可利用黄浦江及其纵横交错的支流构成的"一江一网"水系及沿岸绿色空间,将滨水岸线改造提升与绿道空间的儿童游憩娱乐功能相结合,为儿童提供随时、就近进入公共空间的机会。在街镇层面,可衔接上海"千座公园"计划,根据浦东五级公园体系,创建多元活力、体验丰富的郊野公园、城市公园、地区公园、社区公园和口袋公园,营造富有趣味的儿童专属活动、运动和交往空间。在社区层面,可依托"美丽街区""美丽家园""美丽乡村"建设,因地制宜地为儿童创造近宅便利、形式多样的活动场地,提升儿童在"家门口"的获得感和幸福感。

第四,优化道路交通系统,提升城市道路空间设计,为儿童提供安全舒适的出行环境。街道是儿童日常活动的空间载体,复兴街道生活,提升街道活力,将城市街道塑造为安全、健康、包容、便利、有趣的高品质公共空间,一方面可保障儿童出行的安全性,另一方面可提升儿童日常生活的幸福感。为改善浦东新区"大街区,宽马路"的现状,促进儿童的积极出行和独立出行,应立足于儿童的身心特征和行为特点,提升浦东新区道路空间设计,保障儿童能够安全便利到达各类公共服务设施和公共空间,并以儿童视角探索道路空间设计,创造健康、愉快、便利的出行环境。在城区层面,通过优化公交线路、公交站点设施的儿童友好水平,以及加强机动车交通管理、出入口管理等,保障儿童安全出行环境。在街镇层面,建设连续、舒适、高品质的慢行系统,优化对象包括行人步行系统、自行车骑行系统、街道一体化设计、街道家具、街道界面等。在社区层面,以社区、学校、图书馆、公园绿地等儿童活动场所周边地区为建设重点,充分考虑儿童出行权益,优先保障儿童出行安全,为儿童构建连续的慢行交通网络;同时,鼓励结合社区微更新,在出行环境中设置适应不同年龄段儿童特征的童趣空间。

第五,建立健全儿童全程参与机制,保障儿童参与儿童友好各类相关政策议程的研究和制定。推动浦东新区各学校、社区、街道开展尊重儿童意见的宣传项目,提高家长和其他公民对儿童权利的认识,增加儿童参与社会事务、表达自我的机会。政府、社会相关方应开辟儿童参与的多样化渠道,无论是从儿童友好事项前期调研决策阶段、中期建设设计阶段,还是后期的管理阶段,制定相应的全过程参与保障机制和量化评估指标,保障儿童的有效参与运维。具体可通过地图游戏、心愿纸条、沙盘或模型制作、绘画设计、项目互动板、设计工作坊等方式帮助儿童以管理者、设计师、使用者等多样化的身份，参与浦东儿童友好空间建设。同时鼓励儿童参与社区公共空间建设实践，如营造社区花园、田园、种植园、社区书房等，覆盖更多的儿童群体，提高儿童的参与感和获得感。

浦东新区妇女儿童工作委员会

徐汇区二孩家庭女性职业发展的基本现状与发展路径研究报告

一、徐汇区二孩家庭女性职业发展的研究背景

（一）二孩家庭女性职业发展的研究背景

1. 二孩家庭女性职业发展的政策背景

新中国成立以来，我国生育政策发生了若干次调整和改变。独生子女政策制定的初衷，是为解决高生育率所带来的人口、社会问题。随着人口年龄结构的不断调整，又出现人口红利消失、低生育率和出生性别比失调等问题，“单独二孩”政策于2013年应运而生。2015年，党的十八届五中全会提出，全面实施一对夫妇可生育两个孩子的政策（以下简称“全面二孩”政策）。“全面二孩”政策是继计划生育政策、双独、单独政策后的又一创举。

与此同时，改革开放以来，我国的社会政策一直以减轻企业负担、增加家庭和个人责任为主导思想。家庭对子女培养教育的重视，加重了女性的家务劳动负担。有数据显示，2010年有76.5%的18～29岁职业女性需要同时承担大部分或全部孩子生活照料和功课辅导，这加大了女性的工作家庭冲突。

2. 二孩家庭女性职业发展的现实背景

一方面，生育情况不容乐观。一是上海市的总和生育率持续偏低，在大多数年份低于1，远低于国际公认的维持人口新老更替的2.1标准。二是已婚育龄妇女规模持续减少，人口出生规模也将减少。三是平均初育年龄不断推迟，已由2010年的28.25岁推迟到2017年的29.81岁。

另一方面，女性生育意愿普遍不高。2016年12月，全国妇联儿童工作部《实施全面两孩政策对家庭教育的影响》调查报告显示，在上万名有0～15岁子女的被访者中，不想生育二孩的占53.3%，不确定是否生育二孩的占26.2%。

由于女性在家庭分工中往往更多地承担照料等任务，企业从经济效益角度出发，更愿意去雇佣男性，女性竞争力更小，更容易不被重用或被歧视。已婚已育、具有工作经验的女性本在劳动力市场中具有一定竞争优势，但“全面二孩”政策放开后，企业对“双非”家庭中的女性产生担忧与怀疑，录用的可能性大大降低。

（二）二孩家庭女性职业发展的研究价值

对徐汇区二孩家庭女性职业发展的研究价值主要集中在三个方面：一是初步了解徐汇区内二孩妈妈职业发展的基本现状；二是基于现状提出未来进一步优化的可能路径；三是在可能路径中探索徐汇区妇联可以发挥作用的空间和位置。

全面二孩政策的普及，女性由于生育不得不停止工作的举动，对于女性职业生涯的影响是长远的。一是面临了持续的就业压力，二是职场晋升难度增大，三是职业规划的中断。彭希哲认为一些用人单位对于育龄女性就业设置重重关卡，加剧了女性隐形的就业歧视，使得很多女性想“升”不敢生，这对于全面二孩政策的实施起到了极大的阻碍作用。

（三）二孩妈妈的职业发展研究

白黎和杨慧通过实证研究，认为生育二孩以及优质公共托幼服务短缺、缺乏必要的职业培训，给城镇女性回归职场带来挑战。付光伟通过实证调查发现城市女性生育第二胎时最大的顾虑是没有时间照顾孩子，生育第二胎对妈妈的身体、心理和职业发展都有明显影响。洪秀敏和孙林红发现二孩妈妈在抚育中存在精力不足、经济压力大、迫于现实回归家庭、不良情绪凸显、在子女教育中面临困惑等问题。

总体来说，就业性别歧视已成为不争的事实，对政策及生育意愿之间相互影响的关系研究，显得更为必要。

二、徐汇区二孩家庭女性职业发展的现状分析

（一）样本概况

此次调查在徐汇区 13 个街镇、部分政府机关和企事业单位共发放问卷 400 份，回收有效问卷 369 份，问卷回收有效率 92.25%；走访了作为民营企业代表的上海百事通信息技术服务股份有限公司（2019 年 5 月 19 日），作为外资企业代表的乐高公司（2019 年 8 月 8 日），和作为国有企业代表的上海煤炭科学研究院（2019 年 9 月 3 日），对这些公司的负责人和部分二孩妈妈代表进行了访谈。

1. 超过八成的二孩妈妈已经在上海拥有房产(见图 1)

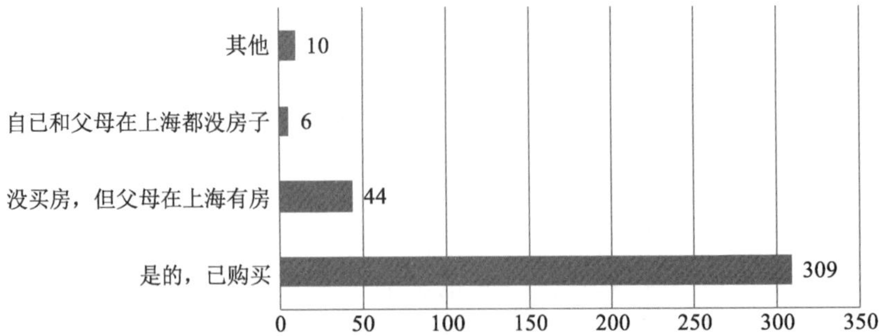

图 1　二孩妈妈购买房屋产权情况

2. 二孩妈妈是家庭经济收入的重要贡献者

问卷显示,选择妈妈和爸爸都是家庭经济主力的人数有 205 人,比例达到了 55.6%。从这个角度来说,二孩妈妈的收入不仅较高,而且对家庭生活的影响也比较大。

(二) 二孩妈妈的生育情况与政策知晓度分析

1. 生育二孩影响因素

(1) 家庭建设是生育二孩时的主要考虑因素

从数据看,选择“给老大找个陪伴”和“有二胎政策就生了”的人数最多,而选择“长辈催生”和“周围的亲戚朋友都生,我也生”的人数较少。说明二孩家庭在生育二宝时考虑的主要因素是家庭建设。

(2) 二孩家庭协商解决问题的特征比较明显

问卷通过取名考察家庭结构与合作情况,结果显示二孩父母更多采取合作方式来协商解决问题。

2. 政策知晓度

二孩妈妈对二孩政策的知晓度整体并不不高。虽然很多二孩妈妈对二孩政策比较关注,但是全面了解相关政策仍然具有不确定性。从这个角度来说,后期可以为二孩妈妈提供政策咨询服务。

3. 工作单位福利政策

二孩妈妈总体工作单位提供的福利政策并不丰富,“一小时哺乳假”。“不安排出差”“不加班”和“不以任何形式解除劳动关系合同”四个政策的选择人数虽然相对较多,但从课题组与相关企业的座谈来看,弹性工作时间制度是呼声较高的政策建议。一些民营企业开始尝试自己举办暑托班等服务,以此解决二孩妈妈的家庭压力。

（三）二孩妈妈的职业分析

1. 多数二孩妈妈全职上班，岗位分布多元

（1）上班族二孩妈妈占多数

从数据分布看，总体上二孩妈妈的岗位分布比较广泛，呈现多元化，在外企、民企、国企、事业单位、政府机关和居委会工作的二孩妈妈比例相比较更高，从事个体经营的二孩妈妈较少。

（2）多数二孩妈妈在单位中的职务是“普通职员”

主要考察全职从事工作的二孩妈妈在职业发展上所处的阶段。（见图2）

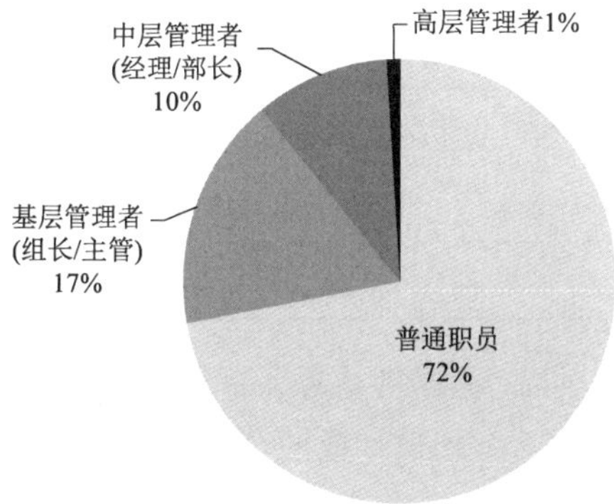

图2　二孩妈妈的岗位级别分布

（3）生育二孩对工作稳定性产生影响

设置表1问题主要是为考察二孩妈妈的职业稳定性。值得注意的是，选择“10年以上”工作时间的二孩妈妈有效百分比达到16.8%。

表1　“在现单位工作的时间”调查表

		次数	百分比	有效的百分比	累积百分比
有效	1年以内	15	4.1	5.4	5.4
	1—3年	71	19.2	25.4	30.8
	4—6年	67	18.2	24.0	54.8
	6—8年	42	11.4	15.1	69.9
	8—10年	37	10.0	13.3	83.2
	10年以上	47	12.7	16.8	100.0
	总计	279	75.6	100.0	
遗漏	系统	90	24.4		
总计		369	100.0		

从表2数据看，职务为普通职员的二孩妈妈在生育二宝后重新换工作的人数达到76人。

表 2 “工作职务 * 生育二宝后，我重新换了一份工作”调查交叉列表

		生育二宝后，我重新换了一份工作			
		同意	不同意	不好说	总计
工作职务	普通职员	76	95	30	201
	基层管理者（组长/主管）	10	32	6	48
	中层管理者（经理/部长）	3	22	3	28
	高层管理者	1	2	0	3
总计		90	151	39	280

2. 全职妈妈的工作意愿

（1）超过六成的全职妈妈是在生育后放弃工作

从数据看，在为数不多的全职妈妈群体中，因为生育而成为全职妈妈的比例达到 70.6%。虽然全职妈妈的总体人数较少，但可以看到因为生育而导致职业中断的情况仍然比较突出。

（2）超过六成的全职二孩妈妈有继续工作的意愿

从数据看，在为数不多的全职妈妈中，有意愿进入职场工作的人数是比较多的，选择“有，已经在求职中”和“有，还在计划中”的有效百分比分别为 8.0% 和 62%。虽然全职妈妈中有意愿工作的人数比较多，但对就业信息和培训等服务的需求并不十分突出。在全职妈妈群体中，部分二孩妈妈从事着自由职业主要原因是可以自由安排时间，方便照顾孩子。

（四）生育二孩影响工作的认知

1. 生育对工作的影响

（1）因生育而遭受不公平待遇的经历并不多

因生育被不公平对待的案例常见诸新闻媒体，为此，设置相关问题。从数据看，经历过工作不平等对待的二孩妈妈有效百分比为 14.3%。这从一个侧面反映出徐汇区各个工作单位的规范化水平较高。

（2）二孩妈妈对生育宝宝给职业发展带来的影响持较悲观态度

第一，生育宝宝对女性的工作投入会有一定的影响，同意的人数有效百分比为 59.6%。第二，超过半数二孩妈妈并不认为中断工作对后续的发展会产生积极影响，选择“不同意”的人数有效百分比为 58.3%。第三，二孩政策有可能会增加二孩妈妈的就业难度。有 56.8% 的人认为用人单位招聘女员工的顾虑可能会增加，但认为女性就业不平等问题在二孩政策后更加突出的人数要少一些，选择同意的人数比例仅为 45.5%。

(3) 生育二孩会加重家庭经济压力和家庭工作紧张关系

从图中数据得出，选择同意人数较多的三个选项主要涉及两个问题：一个是物质影响，一个是时间影响。（见图 3）

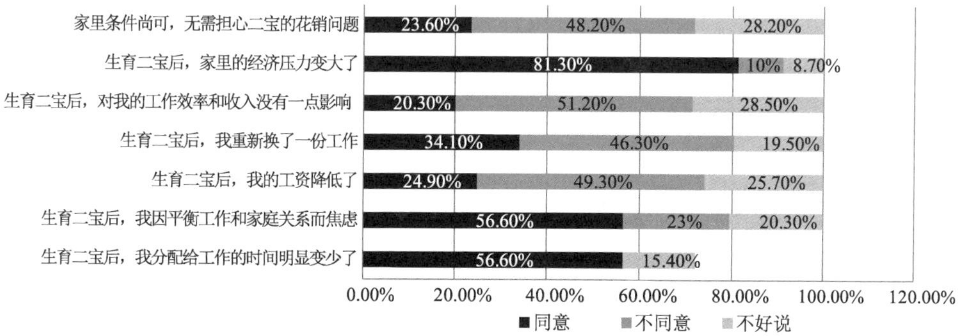

图 3　生育对工作和家庭的影响

生育二宝对二孩妈妈工资的影响在不同类型的单位存在差异。（见表 3）

表 3　“工作单位性质 * 生育二宝后，我的工资降低了”调查交叉列表

		生育二宝后，我的工资降低了			
		同意	不同意	不好说	总计
工作单位性质	党政机关和事业单位	5	41	12	58
	国有和集体企业	10	20	8	38
	民营和外资企业	12	49	15	76
	个体经营	1	4	2	7
	社区和社会组织	27	35	20	82
	其他	2	13	3	18
总计		57	162	60	279

(4) 超过六成的二孩妈妈与父母合作照顾孩子

全职二孩妈妈基本上都是选择“全部自己带”，自由职业二孩妈妈选择“全部自己带”和“白天父母带，晚上下班自己带”的数量差不多，绝大多数的上班族二孩妈妈选择“白天父母带，晚上下班自己带”。

(5) “工作家庭更难平衡”是很多二孩妈妈生育过程中担心的主要问题

课题组在与几个企业单位开展座谈的过程中，当问及困难时，很多二孩妈妈都提出“工作家庭更难平衡”这一问题，尤其是当孩子进入学校学习后，家庭与工作的冲突日益明显。

三、二孩妈妈的职业发展需求

(一) 在二孩妈妈对成功定义上,家庭排在自身发展的前面

职业发展预期目标以及建立在此基础上的需求往往与个体对人生价值的定位紧密相关。从数据得出,二孩妈妈对成功的定义更偏向于家庭。(见图 4)

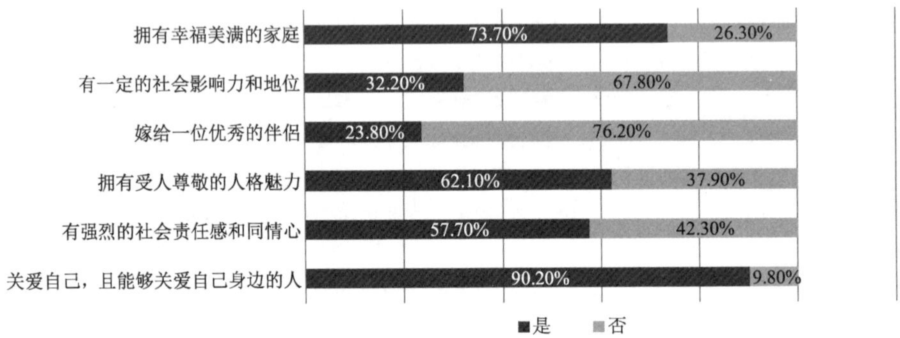

图 4　二孩妈妈对成功的定义

(二) 二孩妈妈的职业发展挑战主要是家庭工作平衡难和技能提升的机会和时间紧张

二孩妈妈面临的职业发展挑战主要集中在两个方面,一个是“工作和家庭难以平衡”,一个是“技能提升的机会和时间不足”。

图 5 提供的数据主要是测量二孩妈妈对挑战形成原因的理解。这里的社会整体氛围主要是指孩子教育的社会氛围。这种紧张的学习与培训氛围导致二孩妈妈因培养孩子方面投入过多时间而与工作发生冲突。

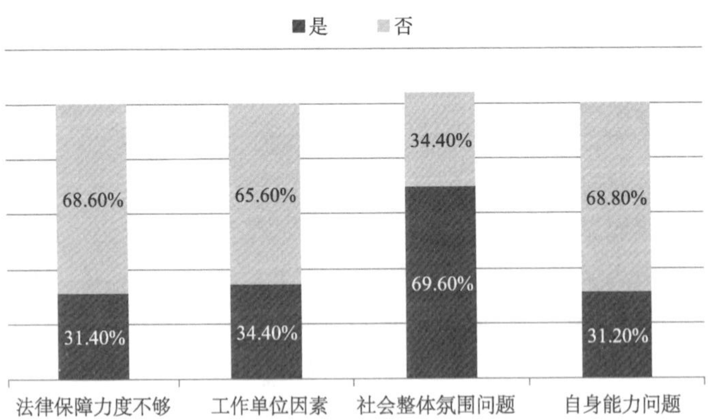

图 5　二孩妈妈对挑战的理解

3. 多数二孩妈妈的职业发展规划偏重工作稳定和个人价值增长

图 6 的数据反映出二孩妈妈对自己的职业是有规划的，更倾向稳妥和低风险，而从服务的角度来说，可以为二孩妈妈提供更多针对性的培训平台和机会。

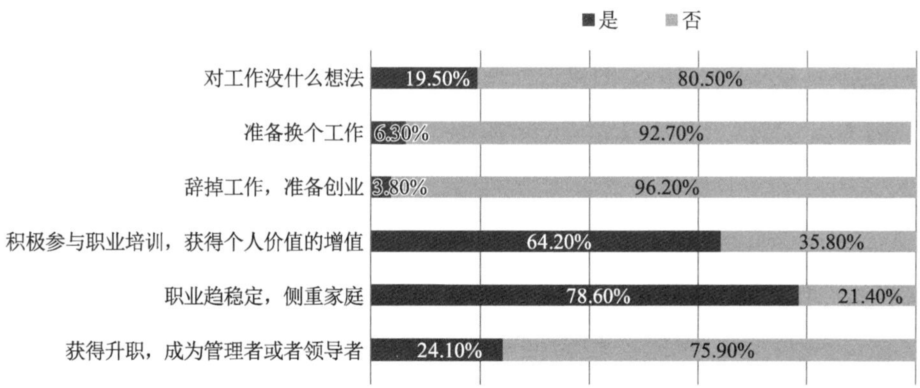

图 6　二孩妈妈对未来工作的规划

4. 弹性工作时间的需求呼声最高

通过问卷调查，课题组发现二孩妈妈选择较多的需求主要集中在三个方面："弹性工作时间""托班服务"和"提供亲子育儿知识"。

（五）二孩妈妈与妇联组织

妇联组织的工作与二孩妈妈这一群体具有高度相关性。在实际工作中，徐汇区妇联已经开展了许多针对儿童和家庭的活动。课题组也对相关问题进行了调查。（见图 7）

1. 二孩妈妈参与活动的频率较低

从数据看，虽然妇联组织了多次家庭建设活动，但在被调研的二孩家庭中，选择"经常参加"的人数仅为 18.4%，超过一半的二孩妈妈选择"偶尔参加"。

2. 多数二孩妈妈对妇联组织活动的信息不了解

二孩妈妈没有参加区妇联组织活动的原因主要集中在"不知道活动信息"和"没有时间参加"两个方面。从这个角度来说，后期需要改进宣传策略和方法。

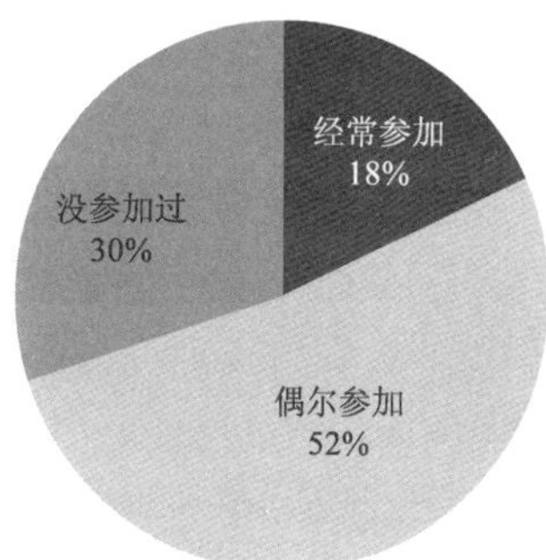

图 7　二孩妈妈参加妇联活动的情况

全职二孩妈妈的时间相对比较充裕，而上班族二孩妈妈和自由职业二孩妈妈的时间可能稀缺，三个群体在参与度上存在差异，全职妈妈反而没有上班族妈妈的参与度高。课题组认为一个可能的原因是全职二孩妈妈长期忙于带娃，不了解相关活动信息。

四、妇联组织支持二孩妈妈职业家庭平衡发展的政策路径

(一) 建立"1＋3＋X"的柔性支持工作体系

1. "二孩妈妈汇"：建立1个组织化服务与信息发布平台

从组织化开展服务和活动角度来说，可以建立一个非正式的组织化服务平台"二孩妈妈汇"，开展一系列信息发布和服务活动。例如建立信息发布载体，逐步扩大"二孩妈妈汇"微信群规模。

2. 开展3个系列服务活动

在建立"二孩妈妈汇"基础上，结合问卷调查中呼声较高的服务，开展三个系列服务活动，形成"1 + 3 + X"的服务活动体系。

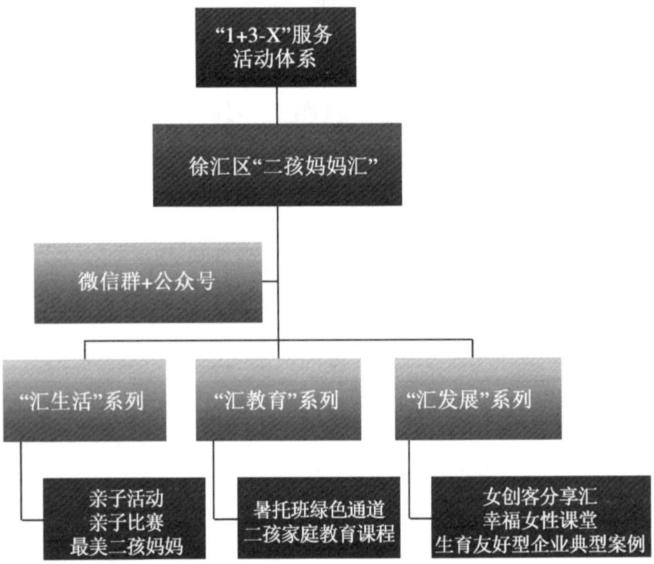

图8 "1＋3＋X"政策建议思路图

"汇生活"系列主要提供亲子家庭服务和活动。首先，可以定期组织二孩家庭开展亲子活动，重点将活动放在孩子身上。其次，也可以把二孩家庭建设放到既有的荣誉评价中去。例如，在最美家庭评选中增加关于二孩家庭的荣誉评选，评选最美二宝妈妈和最美二宝爸爸，并进行宣传，给予适当支持。最后，可以通过开展相关活动，帮助缓解、疏导二孩妈妈在工作和家庭平衡过程中产生

的压力，使她们形成积极向上的生活观和职业观。

“汇教育”系列主要关注孩子的教育问题以及因为教育引发的时间和家庭关系紧张问题。一方面，妇联可以积极与共青团等部门合作，借助暑托班等平台，每年为二孩家庭预留一定的名额。另一方面，妇联可以与有资质的机构开展合作，开发针对二孩家庭教育的系统课程，重点涉及大宝与二宝关系、隔代关系、儿童心理健康（重点是大宝）和传统文化方面的专业课程。在课程对象方面，不仅要把二孩妈妈和爸爸吸纳进来，也需要重点考虑负责日常带孩子的老人。

“汇发展”系列主要关注二孩妈妈自身的职业发展问题。第一，可以根据领域把二孩妈妈进行分类，重点对企事业单位和社会组织、自治组织中的二孩妈妈提供职业发展方面的服务活动，如职业规划、创业经验分享交流等。第二，在职业权益保护上，妇联可以通过开展普法讲座、宣传和法律援助，让二孩妈妈积极维护自己的合法权益。第三，在企业中开展生育友好型政策宣传，树立典型，并辅以相应的荣誉激励。（见图 8）

（二）通过制度化平台积极倡议优化家庭职业平衡发展的外部环境

从问卷调查来看，目前二孩妈妈关注较多的政策需求主要是弹性工作时间制度和孩子的教育尤其是晚托问题，以往关注较多的不公平待遇等问题在问卷调查中并不突出。所以，妇联组织一方面要继续做好个案维权，另一方面要积极通过妇代会、人大、政协等平台将二孩妈妈面临的问题和需求反映到政府部门，为二孩妈妈发声，可以包括以下四个方面。

1. 倡议延长二孩妈妈生育假期，建立二孩家庭陪伴假

针对二孩妈妈生育二孩，可以在顶层设计中适当延长产假时间，还可以针对二孩家庭研究制定陪伴假，尽量为二孩妈妈创造条件，使其有更多选择促进家庭与职业发展之间的平衡。

2. 倡议建立二孩家庭职业发展基金计划

一方面，通过专项基金加强职业培训补贴力度，让更多有返岗意愿的二孩妈妈能够获得高质量的职业培训，帮助有就业创业意愿的二孩妈妈成功回归职场。另一方面，对二孩家庭进行直接的津贴补助，通过消费券形式指定使用领域，包括职业课程、亲子课堂、儿童成长课程等。

3. 呼吁建立二孩友好型工作制度

二孩友好型工作制度的关键是建立弹性工作时间。可以倡议在一些条件允许的工作岗位上探索实施停薪留职制度，允许二孩妈妈在生育二孩后 1 至 3 年内通过停薪留职方式陪伴孩子。还可以倡议借鉴社区幼儿托管点做法，延

长相关机构照看幼儿的时间，建立晚托工作机制，名额可以优先向二孩家庭开放，以此解决二孩家庭妈妈下班晚而无法接孩子的问题。

4. 建议建立工作单位轮岗看护儿童机制

目前虽然很多家庭选择与父母合作共同照料孩子，但也面临着父母有事，孩子无人照料的难题。为了平衡妈妈上班和照料的冲突，可以在有条件的单位建立轮岗看护孩子的工作机制。尤其是可以考虑在寒暑假时间段，通过轮岗看护解决孩子照顾难题。当然，在建立轮岗看护儿童工作机制的同时，也需要建立相应的准入机制，对特殊情况进行界定，明确机制中的主体责任。

徐汇区妇女联合会

家庭家教家风在上海基层社会治理中的作用研究

党的十九届四中全会通过的《中共中央关于坚持和完善中国特色社会主义制度、推进国家治理体系和治理能力现代化若干重大问题的决定》明确指出，要“注重发挥家庭家教家风在基层社会治理中的重要作用”。这意味注重家庭、注重家教、注重家风从家庭建设的核心内容，上升到我国基层社会治理，乃至国家治理的基础性内容。

从目前的实践来看，家庭家教家风在基层社会治理中的作用发挥也面临一些实际的困难和挑战。第一，理念转型的压力。对家庭家教家风在基层社会治理作用的认识，本质上是对家庭、社会、国家三者关系的认识。这要求不能单纯地从家庭发展看家庭建设，而是要结合社会治理、国家治理的发展需要看家庭建设。此外，也需要在社会治理、国家治理中融入家庭视角，从而阐明家庭之于社会、之于国家的治理价值与实践逻辑。第二，主体性培育的压力。受传统治理模式的影响，家庭往往是作为被服务或被治理的客体而存在，甚至在一些具体的治理实践中，家庭仅是一个形式上的治理客体。这不仅造成传统治理实践对特定需求、问题的家庭性的忽略，也不利于在需求满足和问题解决过程中对家庭资源、能力的整合性利用，更使得家庭在参与基层社会治理中的主体性意识与能力难以得到充分发展。第三，路径建构的压力。家庭家教家风在基层社会治理中发挥作用的前提是作为私域的家庭同其所处的社区、社会等公域实现资源、关系的有效衔接与良性互动，这要求在强化对家庭服务的同时，实现以家庭为单位的充分的社会参与。但从目前来看，参与的机会与条件、参与的渠道与平台、参与的质量与效果都有进一步完善的必要。基于对家庭家教家风在基层社会治理价值与意义的认识，以及对上述实践中典型问题的关注，本文以上海市长宁区的具体实践为例，探究家庭家教家风在基层社会治理中的典型作用、实践机制与发展路径。

一、新时代家国关系下家庭建设在基层社会治理中作用的定位

(一)"三注重"在基层治理中作用的发挥是新时代家国关系的实践命题

注重家庭家教家风在基层治理中作用的发挥,体现的是对家国关系的深度思考。"家国一体"思想是儒家思想中的重要组成部分,孟子有云:"天下之本在国,国之本在家,家之本在身。"这构筑起了基本的家国关系框架,以及以此为核心的政治理念与政治秩序。在"家国一体"思想下,家和国因在价值原则上的同构和实践运行的统一,而成为一个治理的连续体,"国"成为扩大了的"家"。基于"家国一体",儒家思想还提出了"忠孝一体"与之对应,这使得"家国一体"不仅可以成为治国的方略,也可以成为个体处理家国关系的价值和行为准则。

20世纪以来,我国经历了快速的社会结构变迁与转型,传统社会中的"家国一体"随着现代国家、现代社会和现代家庭的建立与完善而逐步解体,但家庭在国家治理、社会治理中的地位和价值并没有被忽视。在推进国家治理体系与治理能力现代化的进程中,新时代的家国关系呈现出互构性的特征。习近平总书记曾指出:"历史和现实告诉我们,家庭的前途命运同国家和民族的前途命运紧密相连。我们要认识到,千家万户好,国家才能好,民族才能好。国家富强,民族复兴,人民幸福,不是抽象的,最终要体现在千千万万个家庭都幸福美满上,体现在亿万人民生活不断改善上。同时,我们还要认识到,国家好,民族好,家庭才能好。"这一重要论述既继承了家国的价值与利益同构,也强调了家庭不只是治理的客体,也是治理的基石与核心主体。对家庭家教家风在基层治理中作用的讨论,就是要着重在家庭关系、家庭教育、家庭伦理规范中汲取和弘扬积极的治理要素,并将其转化为多元主体框架下基层社会治理共同体的核心,基层社会"德治"的有力抓手,进而提升基层治理的水平与能力。

(二)生活治理功能是家庭家教家风在基层社会治理中的基本定位

所谓的基层治理是一种对社区居民的生活治理,直接指向社区居民的生活需求、生活资源与生活方式。这一指向使得基层治理实践直接人格化地融入居民日常生活过程,帮助居民实现有序和幸福的生活。这里所说的生活既包括私人领域的家庭生活,也包括公共领域的社区公共生活。但值得注意的是,二者并不是割裂的,社区的公共生活是由个体的家庭生活延展形成的,是为满足家庭生活的需要而不断丰富的。因此,家庭生活治理功能的发挥既是基层社会治理的目标追求,也是家庭建设发挥治理功能的核心定位。从目前的实践来看,家庭的这种生活治理功能主要包括三个方面:一是作为社会规范、道德教育、文化传承、情感满足的基本载体,家庭对社会成员的健康成长具有直接、持久、

潜移默化的影响；二是作为社会保护的重要机制，家庭在养老、疾病、社会救助等方面具有不可替代的优势，与社会保障机制一起，构成社会成员经济社会生活的重要安全屏障；三是作为社会安定团结、稳定发展的有力保障，家庭将个人联结成一个整体，提高了社会的整合程度，增进了社会的和谐与稳定，促进了国家的安定与文明。

家庭建设所发挥的这种生活治理功能，与家庭和社区之间的交互机制有密切的关系。从二者的基本关系与互动模式来看，这种交互机制主要包括两方面内容。一是需求——资源维度下的功能性链接。家庭因实际的生活需求与社区建立功能性链接，社区通过提供服务在满足家庭生活需求的同时，维系了家庭功能的正常发挥。二是关系——秩序维度下的价值性链接。基于家庭与社区的功能性链接，个体的社会关系以家庭关系为基础，逐步丰富出邻里关系，社区关系，以及各种形式的公共关系。个体的行为规范逐步向社区的公共秩序延伸，通过社会化教育机制、民主协商机制等形成统合，进而形成秩序统一。家庭与社区的价值性链接因此得以确立和发展。由此可见，需求——资源维度下的功能性链接体现的是社区对家庭的作用，关系——秩序维度下的价值性链接则成为家庭建设发挥基层社会治理功能的重要途径。因此，家庭家教家风的基层社会治理功能主要集中在关系调处、规范教育、价值倡导等方面。

二、家庭家教家风在上海基层社会治理中作用发挥的核心路径

（一）关系功能链：家庭和睦——邻里守望——社区和谐

1. 将服务嵌入家庭，强化家庭功能，促进家庭和睦

长宁区从分析典型家庭的家庭特征、家庭需求、家庭议题出发，有针对性地设计家庭服务项目，通过服务为家庭增能，进而促进家庭关系的和谐。例如针对婴幼儿家庭“托育难”的问题，长宁区三年持续推进，完成政府实事项目托幼点建设和开办工作，并在 2020 年实现实事项目托幼点在 10 个街镇的全覆盖。围绕家庭教养中的隔代教育、亲职教育问题，长宁区开设“祖辈家长课堂”“好爸爸亲子学堂”，对婴幼儿家庭的科学育儿提供指导。针对修复特殊家庭紧张关系，坚持 30 年开办特色“家长学校”，即“为孩子父母学校”，对有未成年子女的离婚当事人进行融情、理、法为一体的法制伦理道德和心理教育。此外，长宁区还通过在各派出所设立反家暴受理点、创新成立婚姻家庭调解委员会、建立“家事关护站”“家庭辅导工作室”等，加大对家庭关系的调处和妇女儿童权益的保护力度。这一系列品牌服务的开展，显著促进了家庭功能的正常发挥，也对家庭矛盾的预防和化解，文明家庭、和谐家庭建设起到了积极的促进作用。全区各级各类文明家庭占全区家庭 81%以上。近五年来，长宁区共创评区级及以

上"文明家庭""最美家庭"1 610 户，其中全国文明家庭（五好文明家庭）4 户、全国最美家庭 10 户，上海市文明家庭（五好文明家庭）40 户、上海市学习型家庭 5 户、海上最美家庭 53 户。在长宁区创建全国文明城区而开展的家庭文明建设测评中，"五建五家"平均得分 85.62 分，合格率 95.6%。

2. 强化榜样示范，增进家庭间互动，促进邻里和谐

长宁区充分利用文明家庭、最美家庭评选所取得的成果，持续加大宣传力度。联合广播电视台采访报道"文明家庭示范户""长宁特色家庭"，设立专刊专栏图文并茂宣传文明家庭和好邻里感人故事。长宁区连续举办十七届家庭文化节、二十届家庭教育宣传周活动，搭设各类家庭文化建设成果和家庭才艺展示平台，积极倡导文明健康的社会风尚。通过这些活动，"尊老爱幼、男女平等、夫妻和睦、勤俭持家、邻里团结"的家庭美德逐渐深入人心。与此同时，长宁区将文明家庭、最美家庭的家庭美德宣传同增进邻里守望结合起来。长宁区承办全市首届邻里节，倡导"送一个微笑、道一声问候、给一点帮助"。程家桥街道连续 19 年举办"社区邻居节"活动，通过活动，集中表彰"最美家庭"和"十佳好邻居"；开展最美家庭的社区巡讲活动，发挥最美家庭的带动作用，让居民们了解好家庭、好邻居以及邻里守望相助的好故事。在此基础上，程家桥街道通过活动，重点关注社区中的一些失独家庭，开展"亲和源"俱乐部项目，通过家庭与家庭之间的电话谈心、定期聚会、共同外出等活动，守望相助。"社区邻居节"和"亲和源"俱乐部项目的联动，既发挥了最美家庭的带动作用，也通过平台的搭建，丰富了最美家庭的含义，发挥了家庭在基层社区治理中的参与功能。

3. 强化社区关爱，增进社区归属，推动社区成为共同体

近些年来，长宁区通过开展专项服务，不断将家庭文明建设成果延伸至文明社区、平安社区、友好社区建设等工作，增进居民的社区归属感，推动社区的共同体建设。一方面，从关爱社区特殊人群入手，通过整合志愿服务、共建共治等方面的资源，加强对失独家庭、来沪务工人员子女、单亲家庭未成年子女的社区支持。面向失独家庭开展送医疗服务、送心理健康服务、送亲近自然服务的"三送服务"；面向来沪务工人员子女，开展"四寻找""四学会""四增长"和"四援助"等活动，对其进行思想导航、品格导航、能力导航、生活导航；面向单亲家庭未成年子女，开展"微心愿"认领活动，发动妇联执委、机关党员、区域单位积极认领，帮助孩子们圆梦。另一方面，发挥专业力量优势，助力平安社区家庭建设。积极探索购买社会组织专业服务，完善区、街镇、居委会三级"开心家园志愿服务工作室"维权体系建设，打造"妇工 + 义工 + 社工"的工作队伍，将妇女维权和社会维稳工作相结合，向单亲家庭、外来务工家庭、信访家庭等特殊家庭提供配套专业服务，跟踪了解个案情况。凝聚法律、心理、医学等领域的女性人

才，组建具有心理咨询资质、懂法律法规和医疗医学知识的专业志愿者队伍，参与相关领域个案咨询调处、团康讲座等志愿服务。

（二）教育功能链：家庭教育——家校共育——社区教育

1. 细化教育内容，提升家长的教育能力，提升家庭的育人能力

根植于我国源远流长的家文化，长宁区在开展家庭教育中，注重从传统文化中汲取精粹，细化教育内容。如新泾镇主要通过“三道教育”来推动家庭教育的开展。其中，“为生之道”以生命健康为核心，由生理保健（健）、心理健康（乐）、安全适应（安）等三大方面组成；“为人之道”以生命价值为核心，由生命角色（本）、人格人生（志）、处世修养（交）等三大方面组成；“为学之道”以生命智慧为核心，由学习品质、综合素养、自主专长三大方面组成。三道教育的开展，为未成年人的教育，尤其是家庭教育的开展提供基本的依据，为家庭教育缺乏可操作性标准的现状提供良好的解决依据。此外，为提高家长开展家庭教育的能力，长宁区开展家庭教育进社区、进机关、进楼宇、进园区指导项目，开展了覆盖全区各街镇的家庭教育讲座、现场指导和亲子活动。针对特殊家庭开展针对性的家庭教育指导服务，如服务来沪务工家庭的“蒲公英之家”、服务单亲家庭家庭儿童成长的“单亲家庭成长计划”、促进智障儿童家庭互助的“家长工作室”等。探索“蛋壳育儿”品牌指导，回应新时代家庭需求，开展“超级妈妈课程表”，邀请家庭教育专家线上线下与家庭互动，累计20 000余户家庭直接受益。

2. 家校联动，整合资源，强化育人协同

家庭和学校是个体社会化的重要场所。因此，为了确保未成年人顺利完成社会化的相关任务，家庭和学校的资源整合和协调联动必不可少。在推动家校共育的过程中，长宁区将家庭教育纳入教育改革，形成具有学段差异、特色显著的家校全覆盖合作模式。第一，分步培养家校共育工作骨干力量。围绕家庭教育进校园，建立初中“青春期家庭教育指导师”团队和区域家庭教育讲师团等区域工作团队，开展“青春期家庭教育”等校园巡讲活动；围绕推进学校与家庭育人合力，设置家庭教育专管员，对三级家委会的活动进行整体性谋划与协调。第二，家校共育工作网络建设日趋完善。长宁区教育局在区家庭教育研究与指导中心的基础上，指导建立家长学校 91 所，幼儿园、小学、中学家长学校办学率实现 100%，其中获评市级示范校 11 所。区妇联在社区家庭文明建设指导服务中心的基础上，联合刘海粟美术馆、上海工程技术大学国家大学科技园等单位建立“社会家中心”，扩大家庭教育社会参与面。第三，分段推进家校共育指导课程。分层分类针对幼、小、中不同阶段分别开展：亲子陪伴、游戏启蒙、行为习惯培养课；自主设计实施阅读、劳动、运动计划；心理健康、人际关系、学业

压力、责任教育、生涯教育等指导活动。在师资团队、课程体系、家校合作项目的品质方面均达到“三有”标准。

3. 夯实社区基础，坚持社区为本，提升社区教育治理能级

社区教育是合格公民培养不可或缺的组成部分，也是基层社会治理的重要工作方法。长宁区探索将家庭教育与社区教育有效衔接，提升社区教育能级。一方面，依托全国家庭教育指导服务体系试点区，长宁区完善居委会一级家庭教育指导站建设，形成区、街镇、居委会三级联通互动家庭教育指导网络。另一方面，挖掘社区现有的教育资源，立足社会主义核心价值观，从培养合格公民角度，创新教育形式与内容。如程家桥街道充分整合多家干部休养所的资源优势，建立社区少年军校，同时在辖区哈密路小学、虹桥机场小学、虹桥中学建立少年军校分校，积极发挥五老志愿者的政治优势、经验优势，通过“线上宣讲活动＋线下红色故事演讲活动”的方式，做好党史宣传教育。虹桥街道通过名人宣讲活动、小型话剧表演等方式，大力宣传男女平等基本国策，普及两法两规相关知识等，做好公民教育。此外，围绕社区热点问题，强化中小学生的主体参与意识与能力，提升社区教育能级。2016 年以来，长宁区开展“小活动家社会实践行”主题活动，组织中小学生暑期参与社区垃圾分类调查和实践、开展儿童优化社区话题讨论等活动，取得良好效果。该活动连续五年获评“上海市未成年人暑期优秀活动”。

（三）价值功能链：家风培育——楼风建设——社风营造

1. 以家风家训弘扬家庭美德，提升家庭建设的价值内涵

长宁区坚持以社会主义核心价值观引领家风建设，一方面通过各部门之间的联合活动，引导家风建设。如与区纪委共同开展“廉洁家风”宣传展示活动，广泛征集好家风家训作品累计千余份，汇编《长宁区廉洁家风家训征集成果集》；与民政局联合开展好家风新人传承活动，邀请“最美家庭”代表传经送宝，在婚姻登记中心设立家风家训展示墙，营造良好氛围。另一方面，长宁区依托各街镇“家中心”，组织开展“家庭讲故事比赛”，激发基层家风建设活力。如新华街道连续 11 年开展“家庭故事演讲比赛”。2020 年开始，通过“互联网＋妇联网”的新模式，在阿基米德平台创设“新时代・长宁好家风”最美家庭故事汇。2021 年，以“颂百年风华，传红色基因，育时代家风”为主题开展活动，将宣传家庭美德和党史学习紧密结合。此外，各街镇妇联也围绕“家风家训”，创新开展评议活动。如新泾镇围绕“家书、家训、家规”等核心要素，推动新时代的家风展现与传承，在辖区内广泛开展以“家和万事兴”为主题的传承好家风好家训评议活动，通过“家风故事征集，微信展家规，名家谈家风，家书传家训”等丰富多彩的系列活动，让好家风成为生活方式、生活常态；通过“家庭、家规、家风大家谈”活动，联

动各类平台活动，如学校的主题班会、社区的主题活动等，扩大社会宣传面。

2. *以家风促楼风，提升楼组建设的感受度和获得感*

长宁区一方面在全区层面，依托家庭文化节，深化长宁邻里服务月。在中山公园、天山商圈、凌空 SOHO 等长宁地标开展主题集会、家庭福利大派送、旗袍快闪等活动，联动社会力量创新“社会家中心”建设；在各街镇开展贯穿全年的“爱的传递”暖流大放送行动，引导家庭争当“爱的使者”，认领“微心愿”参与邻里互助，形成家庭文明的“爱的礼赞”等。另一方面，各街镇积极发挥最美家庭在美丽楼道建设中的积极作用。如程家桥街道注重美丽楼道建设中的家庭贡献，注重家风家训与楼组公约的融合，在电梯加装等楼组实事项目的推进中发挥了重要作用。

3. *以妇女骨干、妇女组织为核心力量，加强社风的服务型营造*

长宁区探索将“家中心”建设同妇女之家建设联动起来，在健全工作网络、提升家庭服务能力的同时，促进妇女骨干的社区参与。如天山街道通过构建“1-1-3-18-30”服务体系，将天山社区“家中心”、“橙子树”天山家庭教育实践基地、三个天山“楼宇家中心”、十八个“妇女之家”以及三十个“妇女微家”联动起来，由点及面，不仅为妇女提供沟通交流、文化活动、学习教育、健康关爱的平台，还通过各类活动，弘扬家庭和谐、邻里和谐的氛围。利用妇女之家、妇女微家等平台，长宁区积极引导妇女、儿童聚焦治理重点，参与社区协商。如周家桥街道依托妇女之家、妇女微家，引导妇女儿童、社区家庭参与到爬梯子、饭盒子、车棚子、楼筒子、菜篮子等“五子”民生工程中来，共同探索推进社区治理的金点子。此外，依托“家中心”平台，积极动员和组织志愿服务工作。在家庭志愿服务方面，成立家庭志愿服务工作室负责人联谊会，孵化了“社区心理讲座宣讲团”“低碳生活志愿宣讲团”“幸福家园电脑俱乐部”等家庭志愿服务品牌；在巾帼志愿服务方面，开展“星级妇女微家创评”，设立专项资金，资助其每年参与社区自治；在青年志愿服务方面，设立“新青年·新公益”项目，培育青年社会组织 19 家，策划和实施各类未成年人服务项目 30 个。广大家庭志愿者持续活跃在社区治安巡逻、环境美化、文化活动、邻里互助等基层社区工作中。

三、妇联提升家庭建设治理功能中需处理好的三个方面关系

（一）处理好妇女儿童服务与家庭服务的关系

妇女和儿童是妇联工作和服务的核心对象。家庭生活在妇女和儿童日常生活中占有极为重要的地位。因此，长期以来，妇联重点关注家庭生活场景中的妇女和儿童服务需求，在发展相关服务的同时，也出现了将妇女和儿童服务等同为家庭服务的倾向。这既不利于妇女儿童服务的精细化，也不利于家庭服

务在家庭建设中作用的发挥，更不利于家庭建设在基层社会治理中作用的发挥。因此，要从以个人或群体为本的服务向以家庭为本、社区为本的服务转型。只有以家庭为本、社区为本来考虑妇女和儿童的服务需求，才能准确理解群体需求产生的家庭功能缺失和社区服务不足，也才能调动和整合家庭、社区的资源，精细化地进行服务供给，进而在开展妇女、儿童服务时，发挥服务在家庭建设、社区建设中的综合效益。长宁区妇联以“家中心”建设为抓手，在增强对妇女、儿童服务能力的同时，注重从家庭整体视角、社区结构视角开发“祖辈家长课堂”“好爸爸亲子学堂”“小活动家社会实践行”等服务项目，在满足相关服务对象知识、能力需求的同时，较好地回应了家庭热点议题和社区焦点议题。

（二）处理好妇女骨干培养、妇女组织培育同社区发展的关系

各级妇联组织历来高度重视妇女骨干培养和妇女组织培育工作，这些妇女骨干和妇女组织在基层社区较为活跃，为社区自治工作提供了较好的工作力量补充。但与此同时，我们也清醒地看到，目前妇女骨干的培养规模、培养模式与基层社区治理的贴合度尚有待提高，妇女组织培育仍然面临资源整合难、作用发挥难等实际问题。因此，各级妇联组织要从为基层社区治理培养骨干的角度，以家中心、妇女之家、妇女微家为平台加强培养力度，将妇女组织培育同社区公益、志愿服务的发展结合起来，广泛吸纳和鼓励妇女组织以服务的形式，参与到家庭建设、楼组建设和社区治理中。长宁区依托“家中心”开展的各类志愿服务，对妇女微家的项目化培育等实践证明，在基层治理导向之下的妇女骨干培养和妇女组织培育，不仅有利于整合社区资源，加强培养、培育力度；也为妇女骨干、妇女组织发挥治理功能提供了平台保障。

（三）处理好妇联工作同社区治理能级提升的关系

注重家庭家教家风在基层社会治理中的作用发挥，不仅是对家庭建设治理功能的肯定，也是对各级妇联家庭建设工作的期许。从社区治理能级提升的现实需要来看，妇联组织也具备诸多不可替代的优势，如在社区中良好的阵地优势、渠道和能力优势、服务优势等等。长宁区妇联在电梯加装、垃圾分类、困难帮扶、新时代文明实践中的经验做法，说明基层妇联工作同社区治理能级提升具有较强的结合点，妇联工作在基层社会治理中的作用发挥不仅存在可能性，而且大有可为。因此，各级妇联要深入学习贯彻“人民城市”的理念与精神，坚持党建带妇建，妇建促党建的原则，围绕社区治理能级提升的目标，落实落细妇联组织平台建设、骨干队伍建设、服务能力建设。

长宁区妇女联合会

关于普陀区 0～3 岁儿童托育及家庭教育工作的思考

一、背景

普陀区地处上海中心城区边缘区，是传统的户籍人口居住大区，也是外来人口主要聚居的区域，全区常住人口约 128 万人。家庭对孩子的成长、价值观的形成与幸福人生的奠基具有独特的作用。党的二十大报告提出要“弘扬中华传统美德，加强家庭家教家风建设”，新时代背景下家庭教育无论对个人，还是对整个社会都发挥着不可替代的基石作用，家庭教育是人才培养的奠基工程。习近平总书记也在不同场合多次谈及家庭教育的深远意义及家庭教育在个人、国家、社会发展中的重要作用。0～3 岁是孩子教养的关键期，习近平总书记在全国教育大会上指出，“家庭是人生的第一所学校，家长是孩子的第一任老师，要给孩子讲好‘人生第一课’，帮助扣好人生第一粒扣子。教育、妇联等部门要统筹协调社会资源支持服务家庭教育”，为我国家庭教育的全面升级提供了重要的价值遵循。在新时代发展的新时期，家庭教育的理念、任务和方式方法也随之发生着变化，家庭教育必须与时俱进，随着新时代发展的要求而升级。

0～3 岁儿童托育工作是在全面推动“两孩”政策，推进“三孩”生育政策中的一项事关民生急难愁的工作，更是牵涉家庭核心、社会未来。近几年，市人大代表、政协委员关于 0～3 岁儿童托育服务的呼声很高，每年的议案、代表书面意见也都多次涉及完善公共服务资源、支持家庭育儿政策发展、构建公共托育服务体系等问题。本文从供需结合的视角，分析 0～3 岁儿童托育及家庭教育社会服务的需求以及区域提供服务的情况。以问题与需求为导向，为更精准地把握家庭教育需求，更有针对性地为家庭教育提供支持服务，全面提升家庭教育能力，为新时代家庭教育推进与支持提供建议及补充。

二、调研方式

本次调研主要通过走访区早教中心、教育局等相关单位，并通过区妇女儿童中心招募社会组织在0～3岁儿童托育、早教领域探索有针对性的设备设施配置和全方位的支持与服务。采用问卷调查、座谈会及个别访谈的方式，分别了解了家庭教育理念、内容、方式，尤其是0～3岁儿童托育及家庭教育中的问题、外部支持的需求等。

三、主要做法

（一）整合各类资源，加强新时代托育理念的引导和宣传

区妇联从家庭建设的角度关注家庭教育，积极宣传，保障家庭在幼儿照料上发挥基础性作用，达到感染儿童、教育儿童、培养儿童等家庭教育的目的，满足0～3岁儿童多样化教育需求。妇联联合区妇婴保健院开展普陀区妇幼健康社区大讲堂线上微课、线下讲座及面对面专家咨询等活动。2018—2022年，通过组织区内妇幼保健专家走进社区居委开展20余场讲座、免费一对一咨询、义诊等活动为辖区内居民提供专业的指导，讲座内容涵盖妇女儿童所涉及的所有问题，特别是孕产妇及婴幼儿保健颇受欢迎。线上微课实时推送相关内容，方便居民可以随时在手机上查看大讲堂健康教育知识，以专业的、新型的健康理念，诙谐的画面，吸引更多群众，不受时间、地域限制，也能辐射更多社区居民，将妇女儿童、孕期保健、婴幼儿科学喂养等相关专业知识送到社区千家万户。考虑到社区内老年人带孙辈孩子的较多，妇联开展祖辈课堂、隔代养育等家庭教育讲座。在普及老年心理健康知识的基础上，让隔代教育者了解孩子的发展特点，掌握科学的教育方法和理念，调整不合理的教育思维，结合现实，因地制宜地给予孩子更好的引导和帮助。减少问题孩子与问题家庭的产生，让祖辈在隔代教育中收益更丰，获得更大快乐，体验并学习建立良性发展的“隔代”亲子关系。改善“重情轻教”的“隔代亲”家庭教养现状。

（二）积极回应儿童托管需求，探索创新工作机制

一是拓展普惠托育资源。对区域三年内托育服务需求进行科学预测，积极推进托幼一体化建设，在新建的万泉路、太平桥、锦绣里幼儿园开设托班，鼓励有条件的公办幼儿园开设托班，每年至少新增5～10个公办托班，鼓励民办幼儿园开设普惠性托班。二是优化机构申办流程。将托育机构申办纳入区行政服务中心窗口受理事项范畴，进一步修订完善《普陀区3岁以下托育机构申办指南》《普陀区3岁以下托育机构办理指南咨询解答》，加强部门沟通，简化工作

流程，真正实现机构申办"一网通办"。三是提升家庭带养能力。构建完善由教育、卫生、妇联、工会等多部门联动合作的，由1个儿童早期发展基地、10个社区儿童之家、N个家庭科学育儿指导站组成的"1+10+N"科学育儿指导服务网络，为婴幼儿家庭提供新生儿访视、膳食营养、生长发育、预防接种、安全防护、疾病防控等服务。

（三）引入专业社会力量，鼓励市场在托育服务资源配置上发挥决定性作用

通过政府实事项目，引入了公办和民办幼儿园，以提升服务的专业性和规范化。区妇联联合早教中心开展了各类"健康早教"科学育儿公益活动，同时，妇联每年与市儿童医院，区妇幼保健院孕妇学校开展妈咪宝贝帮项目，围绕婴儿疾病管理和预防、情绪管理、角色管理，家庭关系协调等主体，开展医务社工+医生的小组工作活动，进而提升婴儿（0～12月）家长育儿知识水平，让他们有能力应对育儿带来的各种负面情绪，充分使用已有的家庭和社会资源，处理育儿过程中面临的困难，维持生育前正常的生活方式，更好地适应3人或4人世界，提高育儿质量和家庭生活质量。妇联还联合儿童医院组织"阳光公益行"慈善义卖活动。同时，整装一新的区妇儿中心也将再次拉开登台服务的帷幕，将通过吸收社会组织的参与来创新托育服务的模式，并加强试点总结，为全面构建以家庭照料为主、鼓励社会力量参与、政府资源托底的公共托育服务体系，向政府部门制定政策标准和服务提供方式提供实践参考。

四、存在问题

（一）不同年龄阶段的家长关于0～3岁儿童教养理念存在一定的差异性

通过对家长遇到家庭教育难题时获取服务的来源，可以发现家长面对0～3岁育儿难题时，解决问题的思路与获取帮助的途径有限。对家长年龄做相关性分析，发现：年龄在20～25岁的家长使用网络，通过上网百度方式寻求答案比例最高；26～30岁家长请教孩子学校教师比例最高；31～55岁家长通过内部商量解决的比例最高；50岁以上的是请教孩子老师比例最高。

（二）0～3儿童教养的专业性指导需求与现有资源有差距

家庭教育是融入日常家庭生活中的专业性教育活动，需要提高问题诊断及儿童成长指导行为的专业性。

（三）家庭教育服务需求诉求多元化，社会对家庭教育的支持不够

家庭教育还处在家庭的自发状态，缺乏系统性的指导与推进；社区的家庭教育支持服务吸引力、影响力不足，有待形成有效的家庭教育服务机制，促进家

庭—学校—社区协同。

五、对策及建议

针对以上问题，区妇联要立足长远规划，突破体制机制瓶颈，推动托育服务政策创新、服务供给模式创新、托育保障制度创新、监管方式创新，不断完善本市托育服务体系，满足家庭多层次、多样化的托育服务需求。

（一）确立为家庭教养而开展指导服务的核心理念

0～3岁阶段家长对于孩子照料的指导需求强于教育的需求，而对于早期教养的科学性认识还有待提高。为此，对于早期教养指导服务的顶层设计，首先必须让家庭成为早期教养的主体，通过各种指导服务提高家庭开展早期教养活动的科学性水平。区妇联要在妇儿工委的平台上整合好政府、机构、家庭和社会的职责、使命，整体规划0～3岁婴幼儿早期教养指导服务，包括资源配置、课程、师资、督导评估以及法律法规等，建立跨部门的平台机构，促进早期教育资源之间的整合、部门与部门之间的协同，确保战略理念、资源投入得到有效实施。

（二）发挥社区在0～3岁婴幼儿早期教养指导服务中的作用

依托市妇儿工委推出的“儿童友好型社区”创建工作，以社区为单位组织针对性的创建工作，可以借鉴社区老年服务中心经验，优化早期教养指导服务中心（站）布局规划，以居委会或住区规模为基础设置社区早期服务中心，为0～3岁儿童家庭提供就近的早教服务与活动地点。在社区人才配置上选拔有专业背景的人才。与此同时，加强对现有社工、志愿者的专业培训，提高他们在早期教养指导服务方面的专业化水平。依托“社区人口和家庭计划指导站”和“妇女之家”的服务功能升级转型，提高家庭指导的实效性。鼓励社会组织和企业提供更多以家庭为基础的公共服务产品，建设高质量的服务资源，形成有效的联动与协同机制，增强宣传、拓展服务来源与渠道，建立有效的供给侧创新机制，搭建家庭教育服务大平台，满足家长的多元化需求，形成为家庭持续服务的有效机制与新路径，提高服务的针对性、及时性与有效性。

（三）增强家庭教育指导服务的针对性实效性

党的二十大报告中强调要“优化人口发展战略，建立生育支持政策体系，降低生育、养育、教育成本”。习近平总书记在全国教育大会上指出“教育、妇联等部门要统筹协调社会资源支持服务家庭教育”，为我国家庭教育的全面升级提供了重要的价值遵循。因此，区妇联将进一步加强部门协作，合力推动《普陀区托育服务三年行动计划（2021—2023年）》的落实；充分发挥核心骨干队伍作用，不断提升家庭教育支持服务水平。以“健康早教”为抓手，建立健全政府多部门合作联动工作机制，持续发挥“家庭教育示范点”的示范带动作用，广泛应用新媒体平台普及家庭教育知识，以鼓励创新推进家庭教育工作的发展。

普陀区妇女联合会

探索服务、凝聚职业女性的途径和方法

一、调研背景

静安区属于上海市中心城区，商务楼宇、企业、园区构成了静安区经济发展的主体，职业女性又是经济发展中的主力军。随着物质生活的日益改善和精神生活的日益丰富，区妇联要不断拓展服务职业女性的新途径和新方法，提升妇联组织的引领力、感召力和凝聚力，进一步引领职业女性在参与“国际静安　圆梦福地”建设中汇聚智慧和力量。

二、调研方式与数据分析

（一）调研对象

静安区内的职业女性。

（二）调研方法

1. 访谈法

采用座谈会、面对面和个别访谈形式，搜集以往妇联活动开展过程中一些好的做法和建议。

2. 问卷调查法

设计调查问卷发放给目标职业女性，从目标对象的基本状况、对妇联的认知程度及希望妇联组织提供的服务项目等方面进行需求调查分析。然后对目标对象进行统计分析，最终提出对策建议。

3. 文献查阅法

（三）数据分析

调研共发放问卷350份，实收313份，有效问卷313份。在搜集获取、整理样本的基础上,进行数据统计分析。

1. 年龄结构:以40岁以下为主

选项	小计	比例
20岁以下	1	0.32%
20—29岁	140	44.73%
30—39岁	113	36.1%
40—49岁	48	15.34%
50岁及以上	11	3.51%
本题有效填写人次	313	

2. 学历结构:专科以上

选项	小计	比例
高中及以下	8	2.56%
专科	69	22.04%
本科	199	63.58%
硕士	35	11.18%
博士	2	0.64%
本题有效填写人次	313	

3. 职业状况:以普通职员为主

选项	小计	比例
公司职员	208	66.45%
部门主管	65	20.77%
公司高管	15	4.79%
私营业主	5	1.6%
其他	20	6.39%
本题有效填写人次	313	

4. 休闲方式多元化

选项(多选)	小计	比例
网络	218	69.65%
逛街、购物	201	64.22%
跳舞、唱歌	81	25.88%
看书	184	58.79%
看电视	163	52.08%
户外体育运动	91	29.07%
手工 DIY	66	21.09%
打牌、打麻将	20	6.39%
其他	40	12.78%
本题有效填写人次	313	

三、当前妇联组织开展职业女性工作的做法及现状

(一) 注重需求为导向,重点开展职业女性系列服务

区妇联整合资源,联手借力,与白领驿家、凯迪克大厦等社会组织及楼宇,紧扣情人节、七夕节等相关节点,为大龄未婚女性搭建多种类型的交友平台。针对工作生活节奏快、心理压力大等现状,有的放矢为白领女性提供缓压服务。成立"白玉兰开心家园"心理咨询室,建立心理咨询师志愿者队伍,利用大学心理咨询团队和专业心理咨询工作室,为职业女性提供专业缓压服务等。通过定点接待、电话咨询、团体缓压拓展训练等形式,为白领女性提供心理缓压服务。针对育儿知识匮乏、家庭教育需求强烈的情况,千方百计为职业女性提供育儿服务。推出"白领妈妈育儿学堂"和"家庭教育公益大讲堂"等项目。针对白领妈妈工作繁忙,利用午休时间把服务送进楼宇;通过"育儿知识"培训、咨询及体验等形式,为白领妈妈提供"科学育儿知识"的学习与实践互动平台,受到白领家长的广泛好评。

(二) 注重打造修身平台,提升职业女性综合素养

近年来,区妇联高度重视女性自身发展,为了让更多的职业女性更好地融入静安发展,妇联以实施智慧女性成才行动为抓手,针对不同年龄及职业特点的女性,根据需求从女性的视角出发,开展修身活动提升女性素养。近三年,连续在全区职业女性中开展了智慧女性"悦享书香汇""静安智慧女性修身计划""智慧女性慧创助力行"等项目,通过读书感悟、照片征集、"翰墨空间"书法培训、"非常有戏"戏剧体验课程、智慧女性素养提升系列培训、"静安智慧女性成

长成才故事”及女性才艺视频征集等内容，举办“悦读　邂逅最美的你”展示活动、“女性幸福秘笈”征集活动、“瞬间·静安之美”女性手机摄影大赛活动、“慧聚力　共成长”——静安区智慧女性发展论坛等，让职业女性在繁忙的工作之余，既有丰富的文化生活，也进一步提升了人文修养和综合素养。

（三）注重先进女性的引领，培育挖掘优秀人才

借助各类评选推优，挖掘、选树、培育优秀女性人才，每年在市“三八红旗手”（集体）、“巾帼文明岗”等各类评选中，向外资、民营及“两新”组织中白领女性倾斜，积极挖掘、发现和培育职业女性中的女性人才和先进典型。精心打造“静安区两新组织女性领军人物联谊会”（静安俪人荟），凝聚工作和生活在静安区的两新组织女企业家、高层女性管理者及社会精英女性，推荐优秀女性管理者参与高级经营管理者研修班培训，以新理念、新知识提高参与静安发展的本领。邀请白领女性参加区妇女工作议事会，建立白领高层女性与区委、区政府领导直接对话交流机制，积极引导她们参政议政，帮助她们实现自身价值；同时，推荐优秀的白领女性成为女人大代表、女政协委员和妇女代表，为白领女性在更高层次上搭建实现自我价值的平台，积极发挥妇联在挖掘培育白领女性领军人物上的作用。

四、存在的主要问题

（一）主要问题

1. 对妇联的认知程度不高

选项	小计	比例
很了解	14	4.47%
一般	195	62.3%
不了解	104	33.23%
本题有效填写人次	313	

2、参加妇联活动的频次不高

选项	小计	比例
经常参加	5	1.6%
偶尔参加	84	26.84%
没有	224	71.57%
本题有效填写人次	313	

3. 不参加的原因

选项(多选)	小计	比例
根本不知晓	166	74.11%
活动内容不符合需求	10	4.46%
活动形式不新颖	10	4.46%
交通不便利	13	5.8%
活动场地不佳	5	2.23%
工作忙没时间参加	73	32.59%
其他	19	8.48%
本题有效填写人次	224	

4. 愿意参加的原因

选项(多选)	小计	比例
有固定的温馨场所	145	46.33%
有符合兴趣爱好的活动	261	83.39%
有相同兴趣的同伴	197	62.94%
有专属的身份群体	73	23.32%
有互动的交流平台和话语权	102	32.59%
有参与活动的福利	134	42.81%
本题有效填写人次	313	

(二)综合分析

1. 妇联组织难以有效吸引职业女性的参与

在职业女性的眼中,妇联就是帮助弱势群体的组织,她们从心理上与妇联产生距离感,这种关于妇联组织的片面认识,一定程度削弱了妇联组织在职业女性中的吸引力。

2. 妇联组织难以应对白领群体的数量激增

随着的楼宇、园区的快速发展,在众多商务楼宇中聚集了大量“高智商、高学历、高技能、高收入”的青年白领女性群体,相比之下,妇联白领女性工作覆盖面的拓展速度相对有限，妇联组织难以覆盖广泛的白领女性群体。

3. 职业女性多元需求与妇联传统工作模式的不对应

职业女性需求的个性特质明显，除了比较普遍的解决婚恋困扰、心理压力、职业发展和社会参与的需求以外，还有因年龄、职业、兴趣等产生的各种多元化需求，与之相比，妇联工作模式和工作思路传统，难以满足多元的职业女性需求。

五、妇联组织下一步的措施和方法

（一）依托媒介去影响，进一步树立妇联组织新形象

追求新事物、不断进取是职业女性的特点，网络是她们了解信息、购物、参与社区事务、联系朋友的主要渠道。进一步加强和改进妇联新媒体工作，既是党和政府对群团组织的政治要求，更是妇联组织适应新时期的新要求。职业女性心目中的妇联组织形象直接影响妇联开展活动的生命力和吸引力，要依靠媒介来树立妇联组织“时尚、活力”的新形象，传播妇联的声音，有针对性地调整妇女工作的话语系统，讲求宣传的艺术性和策略性，加大广大职业女性对妇女工作和妇联组织的具象认识。要运用“静安女性”官方微信平台、静安时报等媒介，围绕组织建设、家庭建设、女性发展、妇女维权、优秀女性典型、传播社会正能量等内容，宣传妇联工作。同时，广大妇女也可以通过微信平台直接留言，传达基层妇女声音。妇联将加大网络覆盖职业女性的工作力度，网上展示妇联组织的人文关怀，消除职业女性与妇联的心理距离，变单向为双向，变被动为主动，构筑起与职业女性交朋友的网上渠道，并由网上联系到网下活动，提高职业女性对妇联的认同感和归属感。

（二）依靠社团去链接，进一步构建妇联组织新网络

近年来，伴随着静安区经济社会的快速发展，职业女性的思维方式、价值取向日趋多元化，民主参与意识逐步提高，代表各阶层、各群体利益和价值需求的女性社团迅速发展。面对新形势，要积极探索妇联组织新的结构形式和工作模式，在参与主体、组织方式、工作机制上实现多元多样，把工作落实到基层、把服务送到女性身边。在职业女性群体中打造妇女之家，如在国浩律师事务所、沪港国际咨询集团有限公司、上海筑想信息科技股份有限公司、恒隆广场、中信泰富等四新领域中建立妇女之家，对接职业女性的需求，定期配送资源，开展联谊联心活动，使之成为职业女性成长的沃土和助推器。培育建设女性社团，如对静安俪人荟、女子茶艺社、绿生活公益服务社等社团加强规范管理和服务引导。静安俪人荟作为注册的社会团体，是静安、闸北“撤二建一”后，整合原静安 Lily 俱乐部与原闸北女企业家沙龙资源后组建，会员覆盖了房地产、网络、教育、金

融、法律、旅游等多个职业领域。吸引商务楼宇中的非公组织、职业女性参与妇联活动，让她们有更多的机会通过妇联的渠道听到党的声音，并有机会、有渠道代表职业女性群体，表达自己的利益诉求，不断扩大妇联组织的影响力，增强组织凝聚力，扩大妇女组织覆盖面。

（三）依托服务去支撑，进一步形成妇女工作新格局

妇联要加强对白领女性需求的动态追踪和调研，了解和掌握她们的发展热点、利益诉求，妇联组织要多处着眼，细处入手，上下联动，策划、整合推出小型、分散、宽松、便捷的服务项目和服务活动。在调查中我们了解到职业女性对职业发展、素养提升等方面比较关注，我们将继续以实施智慧女性成才行动为抓手，深化静安智慧女性慧创助力行项目，针对不同年龄及职业特点的女性，结合需求继续在职场提升、智慧生活、人文素养及美学艺术等方面开设讲座等。邀请创业成功或职场经验丰富的女性组成职场导师团，与职场女性分享职场心得和创新创业的成长历程。同时，要充分整合社会资源，广泛吸纳社会力量，打造社会化的服务支撑平台、展示形象平台、奉献爱心平台、民主参与平台等、联谊交往平台，为职业女性的多元需求提供有力支撑，促进职业女性群体的全面发展。

静安区妇女联合会

虹口区关于建设儿童友好城市的研究与实践

儿童友好，就是以儿童为本；儿童友好型城市，就是善待和关爱儿童的城市。习近平总书记指出，“少年儿童是国家的未来和民族的希望，要让孩子们健康成长”。建设儿童友好型城市在新时代具有非常重要的意义。

一、“儿童友好型城市”：理论基础与现实意义

（一）儿童友好型城市的前期研究基础

1. 建设儿童友好型城市是国际先进理念

联合国评估“儿童友好型城市”的指标体系包括六个方面：娱乐休闲、参与感和公民权利、安全和保护、健康和社会服务、教育和资源、家庭生活。儿童友好型城市建设不仅仅关系城市建设问题，更是一项完整的体系工程。它倡导在城市制度结构、社会实践、公共服务等体系中将儿童的发展作为起点，将实现儿童的发展作为最终目标。

2. 建设儿童友好型城市是国家发展导向

2021 年 3 月，“儿童友好城市建设”正式写进我国“十四五”发展规划。2021 年 9 月，国家发展改革委等二十三部门印发的《关于推进儿童友好城市建设的指导意见》。2022 年 9 月，《上海市儿童友好城市建设实施方案》发布，提出了建设儿童友好城市建设目标任务，全面实施中国儿童发展纲要和区妇女儿童发展规划。

3. 建设儿童友好型城市的现实基础

虹口区大力推动儿童友好社区建设。江湾镇街道和曲阳路街道是 2020 年第一批上海市儿童友好社区示范点，四川北路街道和嘉兴路街道在 2021 年创

建成功。北外滩街道、欧阳路街道、广中路街道和凉城新村街道在2022年申报创建，年底经评估验收已全部创建成功，虹口实现儿童友好社区全覆盖，为推进建设儿童友好型城市打下扎实基础。

（二）儿童友好型城市的现实意义

1. 儿童友好型城市有利于儿童健康成长家庭和谐

据统计，中国0～18岁儿童人口为2.9亿，有超过1.3亿的儿童生活在城市。改革开放40余年来，不断完善的制度体系和城市建设布局，不断提升的公共服务水平和生活质量，都为儿童的成长提供了前所来有的支持和保障。然而，成人视角的城市规划和以经济开发为主导的发展模式，也给儿童的成长环境带来了新的问题，比如不方便的公共设施、有安全隐患的儿童公共活动空间、被忽视的儿童权利等，正在成为儿童健康成长的阻碍和威胁。让城市变得对儿童更友好，不仅有利于儿童，也能有效地缓解家庭焦虑，从而减少社会摩擦，促进家庭乃至社会和谐。

2. 儿童友好型城市与虹口打造高品质生活目标高度契合

儿童友好型城市的受益者不只是儿童，而是城市所有的居民和城市本身。虹口区有0～17岁儿童7.05万，多年来，在区委、区政府的坚强领导下，虹口区在促进儿童健康成长等方面做了大量工作，取得了可喜的成绩，被评为上海市实施妇女儿童发展纲要示范区。对标国际一流标准，建设儿童友好城区，能使虹口的城区能级进一步提升，这与区党代会提出的打造高品质生活的目标高度契合。为此，我们建议通过创建儿童友好型城市试点区，为推动实现虹口高质量发展、高品质生活、高效能治理提供有力支撑。

二、“儿童友好型城市”：实践开展与成效分析

（一）做好顶层设计，创建进度安排有序

为使儿童友好社区建设工作有序推进，2021年虹口区将建设儿童友好社区作为重大事项写进区妇女儿童发展“十四五”规划。积极研究新一轮儿童友好社区创建标准和要求，与待创建街道联系沟通申报事宜，根据街道空间打造、公共设施建设进程做好创建安排，确保整体创建进度合理可控。

（二）强化工作培训，儿童工作水平不断提高

虹口区多形式地开展儿童友好社区建设培训工作。举办2022年虹口区创建上海市儿童友好社会示范点工作培训会，邀请专家学者开展专题系列讲座，邀请一线儿童工作者分享儿童友好社区示范点创建经验，使虹口区妇儿干部儿童工作实务能力得到显著提升。

（三）匹配优势资源，工作基础不断夯实

虹口区对各街道开展需求调研，匹配优势资源，助力街道创建。为创建街道提供丰富的儿童活动资源、线上课程资源，指导街道建立儿童议事会，渐进式为各街道儿童服务中心和居民区儿童之家进行“点单式”资源配送，根据基层个性化需求，采购儿童玩具、绘本和收纳架、儿童桌椅等用品，完善街道和社区儿童活动场所的设施配置，满足周边儿童需要。

（四）提供全程指导，工作成效不断提升

虹口区邀请市专家组来虹口实地督导、开展团体辅导。2022年底，市专家组来虹口对儿童友好社区创建进行评估验收。专家指导检查，提升了虹口区儿童友好社区街道创建工作的成效，为进一步深化儿友好社区建设指明方向。

（五）突出街道特色，儿童工作亮点彰显

虹口各街道在创建过程中，充分挖掘文化服务空间资源，形成各具特色的创建亮点，共同“绘制”出一张童享童乐童参与、有趣有爱有美好的虹口儿童友好“地图”。

1. 江湾镇街道：以“爱童乐湾”为主题，携手上海明珠创意产业园，把位于中国第一条铁路“江湾站”旧址的“火车头创意园区”打造成沪上首家儿童友好型园区，以文化传承、爱国情怀教育为核心，将儿童友好理念向园区延申，从而进一步拓展了儿童生活、学习、娱乐空间内涵，把社会环境与儿童成长联系起来。

2. 曲阳路街道与曲阳百联签署战略合作协议，共同打造上海市首家儿童友好型商场体验中心。通过在商场内部开辟儿童友好场地，依托区、街道公益引进项目，为儿童提供良好的服务空间，获得周边不少宝爸宝妈的喜爱。

3. 四川北路街道利用辖区丰富的历史人文资源、红色资源，以“文韵川北、川悦童行”为主线，开展“童趣 · 川悦”“初心 · 川承”“童爱 · 川航”等多主题活动，丰富儿童思政课堂，做深儿童友好服务内涵，为社区儿童营造良好的生活成长环境。

4. 嘉兴路街道以“悦童爱嘉”为主题，打造“萤火虫阅读”“奇趣课堂”“共绘嘉画”等儿童服务品牌，探索建立社会化儿童服务平台，将上滨生活广场、虹口区生活垃圾分类科普馆等优质活动场所纳入社区儿童友好服务圈，让辖区儿童在社区中感到快乐，爱家爱“嘉”。

5. 欧阳路街道以“和美欧阳、童心向阳”为主题，开展儿童友好“道路+”建设，围绕欧阳路文化活动街，依托沿线丰富的场馆资源、文化资源和品牌项目开展各类儿童活动，在打造宜人街区中深化“儿童友好”理念。

6. 北外滩街道紧扣“童学宝北”的创建口号，开展“童行北外滩”“一米视角”看滨江等丰富活动，形成“帮困微心愿”“滨江微行走”“科技微课堂”“职业微体验”的“四微”项目品牌，让各年龄段的儿童都能够在社区找到归属感、幸福感、获得感。

7. 广中路街道以“神童广达”的儿童服务为主线，培育“妙想先锋队”儿童议事会，推动儿童参与社区治理，依托辖区各类场所平台提供优质儿童资源，提供家长知识课堂和儿童健康科普，打造有温度、有显示度、有感受度的儿童友好社区。

8. 凉城新村街道聚焦儿童科普教育，整合辖区场地优势资源，为儿童提供各类实践体验，实施“创新屋”科普项目，开展“科普社区行”等活动，鼓励儿童议事会参与改造儿童中心“科普小花园”项目，提升儿童科学素养，打造尊重儿童发展、崇尚科学精神、充满创新活力的“童趣靓城”。

（六）强化儿童参与，以“童参与、共治理”践行全过程人民民主

嘉兴路街道安丘居民区儿童之家在基层治理中充分注重儿童参与，通过“小小议事员”和“添彩英语角”等系列活动，贯彻落实儿童友好理念，鼓励儿童参与到篮球场改造等社区治理中去，学习“参政议政”的能力，表达自己的意见。安丘居民区以儿童为抓手带动家庭参与到社区自治中，“小手牵大手”，共同打造美好居住环境。下一步，虹口将以安丘儿童之家为样本，探索儿童参与社会治理的多种路径和方法，积极践行全过程人民民主推动儿童共建共享社会发展成果。

（七）深化创建内涵，以北外滩建设为引领全力推动儿童友好城区建设

虹口，被习近平总书记誉为“海派文化发祥地、先进文化策源地、文化名人聚集地”。特别是江河之汇的北外滩，更是流淌着红色血脉、承载着一代代厚重记忆。当前，虹口正在加快推进北外滩建设，全力打造“上海北外滩 浦西金三角”。下一步，虹口将大力推进儿童友好城区建设，将儿童友好理念融入北外滩新一轮开发建设中，在北外滩滨水沿岸打造儿童喜爱、文化内涵丰富、适宜家庭休闲的儿童友好公共空间。“睁眼看世界”的北外滩已然成为“世界看中国”的重要窗口，不久的将来，这颗“明珠”定将迸发夺目光彩，成为虹口乃至上海的儿童友好“新名片”。

三、“儿童友好型城市”：未来展望和建议

（一）理念指引，矢志遵循“总基调”

要毫不动摇地坚持习近平新时代中国特色社会主义思想的指导，践行人民

城市重要理念，推动“一米高度看城市、看世界、看未来”理念融入城市发展全过程、全领域。让儿童友好成为全社会的共同理念、行动、责任和事业，奋力开创并建设儿童友好、人人友好的幸福活力之城。

（二）任务导向，科学谋划“路线图”

要坚定不移地贯彻《上海市儿童友好城市建设实施方案》的各项任务要求，坚持以任务为导向，在儿童友好的政策制度、服务体系、权利保障、空间建设以及发展环境方面抓重心、聚合力、解难题、促发展。制定“儿童友好型城区”行动计划，统筹规划，协同推进，争取用3～5年时间建成“儿童友好型城区”。

（三）模式创新，实践蹚出“新路子”

要在借鉴国内外已有先进经验的基础上深入推进试点建设，将虹口区建设的儿童友好社区示范点打造成为安全友好、生态友好、多元友好、家庭友好的复合型“上海样板”社区。

（三）过程民主，倾听童声“辟新径”

要牢牢把握党的二十大报告中“全过程人民民主”的丰富内涵和实践要求，在建设“儿童友好型城市”过程中要积极推动儿童议事会模式的完善，发扬儿童声音，以儿童为抓手带动整个家庭、整个社区的社会参与，开辟家庭社区治理新路径。

（四）以人为本，妇儿携手“筑新城”

要将一切工作出发点、重心点、落脚点聚焦于“以人民为中心”的核心理念中去，运用“一米高度”的儿童视角发展城市建设。妇儿携手为虹口“儿童友好型城市”的建设汇聚合力，推动形成了解儿童、尊重儿童、关心儿童、服务儿童的良好社区氛围，建设人人有爱、多元包容的温暖城区。

“志之所趋，无远弗届，穷山距海，不能限也。”未来，虹口区将一如既往地深入推进儿童友好社区建设工作，按照整体工作目标和要求，扎实努力，继续加强虹口区儿童友好社区建设的顶层制度设计，营造有利于儿童健康、和谐、快乐成长的社会环境，不断提升儿童和家庭的获得感幸福感安全感。

虹口区妇女联合会

公益妈妈大联盟项目的实践探索

在习近平总书记关于妇女儿童和家庭家风家教相关重要论述的指导下，基于妈妈群体的服务需求和公益愿望，杨浦区妇联于 2018 年 8 月起筹划实施了公益妈妈大联盟项目。近三年来，通过该项目发掘社区热爱公益的妈妈群体，培育公益妈妈社团组织，开发服务活动子项目，鼓励妈妈们走出小家庭，融入社区大家庭，用自己的爱心点亮自己和身边的人，打造出“更爱自己，提升自我成长；更爱家庭，提升幸福指数；更爱社邻，提升社区和谐；更爱城市，提升城市软实力”的新时代“四爱”新女性。

一、项目背景

“天下之本在家”，家庭是人生的第一个课堂，而一个家庭的核心是母亲。在上海，家庭是每个市民打拼学业事业的充电桩，母亲则是家庭和谐运转的发动机。在职妈妈需要平衡家庭和事业的矛盾，全职妈妈要调节自己家庭角色和社会角色的关系，妈妈们需要在自我成长、子女教育、家庭关系上得到帮助，同时也应有为邻里和谐、社区发展、社会进步贡献力量的公益之心。

2018 年 8 月，杨浦区妇联筹划“公益妈妈大联盟”项目，按照党建带群建促社建的思路，带领 12 个街道的妇联和 305 个居民区妇女之家，给予项目必要的组织保障，该项目正式实施后，成效明显。

二、具体做法

从 2018 年 8 月酝酿准备，到 2019 年正式启动“公益妈妈大联盟”项目，再到该项目进入具体运作，现如今组织保障体系基本理顺，活动平台载体全区覆盖，不同类型公益妈妈带头人以及社团、项目品牌基本成型，促进个体成长、家庭和谐、社邻友好、城市软实力提升等效果十分明显。

1. 组织保障体系

杨浦区妇联是公益妈妈大联盟项目的核心领导，负责顶层设计，把握政治方向，协助整合资源，进行事中监督，并于2019年引入了专业的第三方社会组织海芽家庭服务参与公益妈妈大联盟建设。杨浦区妇联为了扩大服务覆盖面，强化支撑，把12个街道妇联，以及305个居民区妇女之家纳入公益妈妈大联盟体系，在具体项目实施时给予场地和人才等资源支持。

2. 项目内容体系

首先是人才来源。公益妈妈大联盟的主体是乐于公益的妈妈群体，最初通过活动和服务吸引妈妈群体走出家门，在活动中发现培育有热心、有特长、有条件的妈妈们加入；后期杨浦区妇联通过社会组织作为纽带，为公益妈妈团队带头人培育赋能，以团队带头人为核心，通过公益活动组建，不断扩大不同类型志愿社团。

其次是空间平台。杨浦区妇联全新打造了环境优雅、功能齐全的区级妇女儿童中心，免费对外开放，是公益妈妈大联盟的主要活动空间。此外，还有街道层面的妇女儿童中心和12个街道的睦邻中心、文化中心以及居民区妇女之家，都是公益妈妈大联盟开展活动的适宜空间。

最后是公益妈妈带头人（社团）及项目品牌。目前已经组建16个公益妈妈社团，每个社团有一名公益妈妈带头人，她们拥有各自的项目品牌，例如美食妈妈的项目品牌"美妙食光"；环保妈妈的项目品牌"环保绿生活"；创业妈妈的项目品牌"Jane的会客厅"；故事妈妈的项目品牌"小故事、大道理"；悦读妈妈的项目品牌"幸福杨浦 书香家庭"；巧手妈妈的项目品牌"巧手达人营"；爱心妈妈的项目品牌"向日葵助学计划"；等。

3. 项目目标体系

公益妈妈大联盟的项目目标随着项目内容的延伸而逐步升级，从提升妈妈群体的自我成长，到促进亲子家庭和睦，逐步延伸到促进社区发展和推进城市进步。目前已经形成"四爱"目标体系。

更爱自己——引导妈妈群体发现自我、展示自我、实现自我，促进女性自我成长。

更爱家庭——引导妈妈群体分享家务经验、营造和睦家庭关系、分享科学家庭教育理念和方法，提升家庭生活品质，优化国家治理最小社会单元。

更爱社邻——引导妈妈群体关心社邻，关注社区，促进社区儿童、老年人、普通居民彼此之间互动交往，参与社区公共事务治理，营造敦亲睦邻和谐有爱的社邻文化。

更爱城市——“人民城市人民建、人民城市为人民”，这是理念更是行动，杨浦区妇联以公益妈妈大联盟项目为抓手，巧妙地将妈妈群体、家庭、社区、企业、政府、党群组织等资源集聚在一起，将公益活动延伸到滨江治理和城市治理领域，动员身边人“人人参与城市治理”“人人成为城市软实力”。

三、生动案例

从公益妈妈大联盟中挑选故事妈妈为例，来看公益妈妈成为“四爱”新女性的进阶之路。邱妈是银行管理人员、两个孩子的妈妈，平时就喜欢给孩子讲绘本。2019 年在区妇联举办的绘本故事大赛中，邱妈亲子家庭获得了二等奖的殊荣。杨浦区妇联和社会组织争取邱妈加入了公益妈妈大联盟，并成为故事妈妈带头人。

邱妈每一次在社区开展活动，都要做充足的准备，自己研究故事到深夜。先生做她的剧务，帮助搭建故事场景。邱妈声情并茂地讲述，把孩子们带入到异想天开的故事世界里。两年多来，邱妈仍然坚持故事妈妈带头人的公益身份，如今她所带领的故事妈妈社团已经有 50 多位妈妈，覆盖到 12 个街道，活跃在各个社区睦邻中心、文化活动中心，故事不仅教会了孩子们行为规范、保护自然、爱护动物、学会分享，故事还延伸到了社区治理、核心价值观培育、党史教育等领域。例如邱妈在社区故事会上，从绘本《我们的小伙伴：狗》讲起，进而引导家长和孩子了解狗的生理特征和生活习性，接着引导小朋友和家长讨论不文明养犬现象，最后一起制作文明养犬提示牌，插在小区绿地旁提醒居民，小朋友成为社区顽症治理的宣传员。

邱妈感慨：自己忙着备课，准备课件，想到众多亲子家庭每周都期待听到自己讲绘本故事，浑身都有了力量，有一种特别的责任感和成就感。邱妈带动下的 50 多名故事妈妈聚在一起就是明亮的光，照亮了自己，照亮的身边的人，也照亮了这座城市。

四、项目经验

1. 组织凝聚是灵魂。杨浦区妇联虽然将项目委托给社会组织，但是并没有放手不管，而是在整个项目筹划实施过程中发挥组织凝聚的重要作用。区妇联按照政府购买服务相关规定，对社会组织的项目申报评估等程序严格把关，并保持良好的合作状态，在项目具体实施的关键性节点上，进行统筹监督，给予必要支持，参与协商讨论，把握政治方向。区妇联还要求 12 个街道妇联和 305 个居民区妇女之家与社会组织合作，彼此互补共生，形成了既分工又合作、既监督又协助、有引领有覆盖的组织保障体系。区妇联的组织凝聚是公益妈妈项目的灵魂。

2. 空间营造是前提。共同空间是公益妈妈大联盟项目不可缺少的载体，没有空间，项目就无法落地，没有预期和确定性。杨浦区妇联发挥协调统筹功能，社会组织发挥专业优势，在全区形成多点布局，多点活动。区妇女儿童中心、街道妇女儿童中心、睦邻中心等成为公益妈妈们和孩子们的交往平台、活动实施平台、协商议事平台、社区效应延伸平台。

3. 人才挖掘是基础。公益妈妈大联盟的主体是乐于公益的妈妈群体，在人才挖掘上采用了类型化、灵活化、社团化的方式，即随着公益妈妈的不断发掘，定下公益妈妈基本类型。在稳定的类型划分基础上，根据客观实际灵活更换带头人，同时不断吸纳人才充实到不同类型公益妈妈社团中，确保队伍持续发展。

4. 团队赋能是关键。公益妈妈之所以能够持续发挥作用，能量越来越大，关键是区妇联发挥优势为公益妈妈个体赋能，具体包括空间赋能（帮助提供场地）、情感赋能（及时给予肯定和鼓励）、技术赋能（外请专业指导）、品牌赋能（量身定制项目品牌）、组织赋能（妇联组织给予资源支持），让有才华的公益妈妈有强大的后台支撑。

5. 项目品牌是主打。公益妈妈们能够组织起来、留得下来，要靠为公益妈妈带头人量身定做的项目品牌，项目品牌的打造，既能吸引公益妈妈带头人定下心来投身公益，又能吸引更多有同样志趣的妈妈不断加入，更有助于强化服务对象对项目的认知，提升项目的持续性和品牌效应。

6. 服务治理是功能。脱离了服务和治理的公益项目仅仅满足自娱自乐，并没有发挥公共效能。公益妈妈大联盟项目从帮助妈妈强化自我认知，发现自我价值，学会经营家庭做起，但不止于此，而是通过开展多种公益活动，服务儿童、家长、老人等更多人群，参与楼道治理、帮困助学、垃圾分类、使用公筷等公共事务治理，甚至为人民城市建设贡献“她”力量。

7. “四爱”目标是价值。公益妈妈的集聚，项目活动的安排，最终都是围绕着共同的价值追求，否则项目会随着碎片化的活动逐渐迷失价值。公益妈妈大联盟作为妇联组织的项目，以成就更爱自己、更爱家庭、更爱社邻、更爱城市的“四爱”新女性为价值追求，为项目注入了精神内涵。

总之，公益妈妈大联盟由个体挖掘到组织连接，从小项目到大目标，从最初妇女儿童中心的聚合，再到家庭、社区、城市等广阔人文空间的融合，实现了系统运作上的闭环，达到了功能和价值上的统一。

五、问题和展望

公益妈妈大联盟项目近三年来的运行也遇到了一些难题，同时在新的政策大背景下，未来也有更广阔的作为空间，有更多的社会责任等待承担。

首先，未来将采用“A + B + X + Y”的统计方法衡量公益妈妈队伍的规模。通过这几年的项目运作，参与规模越来庞大，但统计公益妈妈到底有多少，却是一个难以精细计算的问题，一方面公益妈妈带头人有更替，各类志愿者团队成员有进退，另一方面报名参与公益活动的妈妈虽然具有随机性，但她身后的家庭、社区理应也是公益妈妈项目参与主体。未来将从队伍结构角度出发，采用“A + B + X + Y”的计算法，A 是出类拔萃的公益妈妈团队带头人人数，B 是公益妈妈带头人带领的社团的志愿者人数，X 是公益妈妈带头人所引领的活动项目的参与者受益者人数，Y 是参与受益人再外延影响辐射的人数。

其次，未来在国家“双减”政策下将及时开发“双增”子项目吸引大龄儿童、青少年及其妈妈群体参与。过去几年的项目运作，低龄儿童及其妈妈群体参与多，随着孩子年龄增长，孩子和妈妈都因为学习压力选择退出，对妈妈和孩子的成长而言十分可惜。未来在国家“双减”政策下，公益妈妈大联盟提出“妈妈增教育认知，孩子增社会能力”的“双增”子项目开发，调整妈妈群体的教育理念，吸引大龄儿童、青少年走进社区、走进社会。

再次，未来将采用“唤醒需求 + 赋能支撑 + 赋予声望”的多种方式增强公益妈妈社团带头人队伍的稳定性接续性。在过去几年的项目运作中，公益妈妈社团带头人充分发挥个人特长，体现公益精神，但提升队伍稳定性仍是一个挑战。未来公益妈妈大联盟将通过服务和活动“唤醒需求”，唤醒妈妈群体对个人成长和孩子全面发展的认识，提升内在需求，吸引积极参与；通过妇联组织牵头给予“赋能支撑”，帮助有意愿成为带头人的妈妈做成自己的项目，帮助组件团队，帮助建立运作机制；通过提高社区对公益妈妈带头人的认可度、党政组织对其的重视度，提升公益妈妈带头人和志愿者更多的“社会声望”。同时形成宽容的退出机制，对可持续性低的带头人和社团做好退出工作。

最后，未来进一步拓展公益妈妈大联盟活动空间和社会影响力。过去几年的项目运作空间以妇联提供的区妇女儿童活动中心为基地，以社区睦邻中心为辐射。未来公益妈妈大联盟将在家庭文明建设指导中心、园区楼宇党群服务站、杨浦滨江等领域拓展活动空间，一方面吸纳来自企业、园区更多的资源支持，另一方面把公益妈妈大联盟的“四爱”价值及其服务活动推广到更多人群。

总之，“家”是社会之细胞，是国家之基础，是民族未来之根基，“妈妈”群体是家庭和谐的核心人物，是教育进步的关键主体，是城市文明的推动力量。杨浦区妇联精心运作的“杨浦公益妈妈大联盟”项目，还有不少的内部治理需要完善，有更多的支持资源可以整合，有更多的需求空间可以开发，有更多的社会责任等待承担。

杨浦区妇女联合会

打造黄浦区家庭教育“新天地”

习近平总书记在2018年同全国妇联新一届领导班子成员集体谈话时指出：要注重家庭、注重家教、注重家风，认真研究家庭领域出现的新情况新问题，把推进家庭工作作为一项长期任务抓实抓好。明确了新时代家庭教育事业发展的重要责任。习近平总书记从国家战略角度，顺应人民对美好生活的向往和期盼，深刻阐释了新形势下加强家庭建设的核心要义，对家庭教育工作提出了“三个注重”“四个促进”的总体要求，为我们有针对性地开展家庭教育工作提供了根本指导。

一、创新家庭教育指导服务体系势在必行

（一）内在需求：家长有需要，社会有呼声

在“三孩”政策和“双减”政策发布的背景下，家庭教育的重要性愈发凸显。为进一步改变我国人口结构，积极应对人口老龄化不断加剧的问题，“三孩”政策应势而生。但根据国家统计局上海调查总队2021年发布的《上海市民生育意愿调研报告》显示，受访者中希望生育3个及以上孩子的占比仅为2.7%，其中个人精力及时间分配、工作职业及经济实力成为影响生育最重要的因素。多子女家庭需要家长付出呈几何级增长的时间和精力，但实际情况是年轻父母在紧凑的工作生活中，可用于家庭教育知识学习的时间和精力明显不足，由此而产生了诸多亲子关系和家庭关系矛盾。

另外，最新的“双减”政策把周末还给了孩子，也还给了孩子的父母。但一方面，很多家庭的教育观念依旧陈腐而落后，存在片面的成才观，重智轻德、重应试轻素质，甚至将培训机构的老师包装成“家政阿姨”，试图演变出“家教式家政”“住家式家教”等形态；另一方面，如何带领孩子度过一个充实、快乐、有意

义、有价值的周末，成为很多家长需要思考的关键问题。在此背景下，公众对家庭教育指导服务的需求愈加强烈，迫切需要接受科学专业的指导。

（二）外在动力：党和政府有回应

党的十八大以来，习近平总书记高度重视家庭建设和家庭教育。在多个会议上和重要活动中，发表了一系列关于重视和加强家庭教育工作的讲话，做出了重要批示，形成了习近平关于家庭教育的重要论述。习近平总书记对家庭教育的论述，并非仅仅是狭义上父母对孩子的教育，而是在我国家庭建设的大环境下，以立德树人为根本任务，以培养高尚的思想道德品质为主要目标，将社会主义核心价值观贯穿家庭教育全过程。认真领会和系统研究这些重要论述，对于加强家庭教育的理论创新，推动实践指导，促进黄浦区家庭教育的大发展及其质量的大提升都具有重要的实践指导意义。

当前，家庭教育已进入质量提升阶段："三个注重"成为家庭建设的新要求；"四个第一"强调了家庭教育的首要地位和家长在家庭教育中的责任；党员干部的家风与工作作风的相互关联、爱家与爱国的统一，将家庭教育的视角从家庭层面转向了国家层面，表现了家与国的相依相存。同时，习近平总书记要求妇联、教育部等政府相关部门要大力统筹协调社会公共资源，加大推出各类政策性文件支持和引导家庭教育服务指导。表明了家庭教育是全社会共同的实践任务这一重要观点，为构建以妇联为牵头组织协调的家庭教育指导服务体系提供了方向。

在法律保障层面，2021 年 10 月 23 日发布的《中华人民共和国家庭教育促进法》第一章"总则"中提到："教育行政部门、妇女联合会统筹协调社会资源，协同推进覆盖城乡的家庭教育指导服务体系建设，并按照职责分工承担家庭教育工作的日常事务。"这为构建以妇联为牵头组织协调的家庭教育指导服务体系打了剂"强心针"。

二、"五大空间"引领家庭教育指导服务体系

（一）以"公共空间"为依托，开创家庭教育新局面

一是打造"1 + 10 + X"的家中心。黄浦区家中心围绕志愿服务、项目孵化、资源整合、倾情陪伴、理论研究五大功能，与 10 个街道共同打造了 X 个特色家中心，把家庭建设的活动和服务送到每个家庭中。目前，区家中心设有家客厅、家书房、家厨房、家剧场等多个功能区域，以服务妇女、儿童、家庭为宗旨，以提高家庭成员文明素质和家庭生活质量为目标，以"8 个 1"为核心，开展家文明、家教育、家公益、家守护、家服务、家研究等品牌项目，不断延伸妇联组织工作手臂，推进家庭工作项目化、实事化、社会化发展，形成"家家幸福安康"的生动

局面。

二是全力打造儿童友好社区。社区是与家庭联系最紧密的组织，把社区与家庭紧密联系在一起，打通了儿童成长和保护制度建设的“最后一公里”。区妇联将儿童友好理念融入社区整体发展，以嵌入式、菜单式、分龄式服务为儿童打造环境友好、设施齐全、服务完善的15分钟生活圈。目前，瑞金二路街道、豫园街道、打浦桥街道、五里桥街道4个街道被评为儿童友好社区示范点，这些场所成为孩子们学习、活动、游戏的安全空间。

三是条块联动形成家庭教育合力。区妇联与区文明办、区教育局、区计生委主办“蜻蜓心天地——黄浦区未成年人心理健康辅导中心暨家庭教育指导中心”（简称“指导中心”），定期研讨区域内未成年人实际成长需求，及时发现和预防未成年人各类心理问题，指导家长处理好家庭教育中出现的问题，帮助家长掌握家庭教育的基本方法，防止出现家庭教育的负效应，促进区域内未成年人健康成长。

四是多元化拓展家庭教育公共空间。撬动社会资源，与上海市首家女性主题书店——馨巢书屋，合作开展读书会和文化沙龙，讲述榜样女性的故事，推动家庭亲子阅读，打造家庭教育公共空间；将新业态书店、主题商业、文化设施等17个公共空间阅读点纳入亲子阅读生态圈，打造“音·阅空间”“星·阅空间”“家·阅空间”等19个亲子阅读馆（其中，有3家被评为上海市亲子阅读指导示范点），开展相关活动250余场，服务家庭3 000余户。目前，区妇联已将上海大剧院、BFC外滩中心、日月光中心、南京路志愿者岗亭、思南公馆、达能集团等社会资源、公益性资源作为家庭文明建设的实践基地，纳入家庭教育生态圈。

（二）以“社区空间”为抓手，形成家庭文明新风尚

一是专项行动改善家庭教育。针对困境儿童，区妇联以购买服务的方式推出“青春纪念册”项目，一人一档，聚焦困境儿童在专项心理测试问卷中突出的学业辅导、兴趣发展、经济补助三大问题，从最初的经济补助，到公益助学、课业辅导、身心关爱，再到开设家长课堂，一步步优化困境儿童的家庭支持系统。通过专业化、多元化、个性化的服务，确保困境儿童得到全方位、多维度的陪伴式成长。聚焦新时代新父母家庭教育焦点，重磅打造家庭驿站，探索家庭教育社工进家庭，为“不知所措”的家庭提供家门口的家庭教育指导服务。通过购买服务的方式，与专业的家庭教育公益组织合作，试点家庭教育社工包干责任制，开通黄浦区家庭教育社工服务热线，通过线上电话咨询和线下巡回坐诊，为3～16岁的亲子家庭提供青少年个案咨询服务及家庭教育个案咨询服务，传播科学的现代家庭教育价值观，让群众在家门口享受更多优质家庭教育资源，缓解家长教子的“急难愁盼”问题。

二是社区活动赋能家庭教育。区妇联发挥“联”字优势，在借力聚力中培育家庭教育新模式。“童心绘家史”活动由区妇联主办，馨巢（女性）书屋承办，围绕社会主义核心价值观，通过儿童绘制家史册的主题活动，树立良好家庭风尚，凝聚家庭，温暖社会。“童心绘家史”分为全家福、家规、家训、家庭树、时间轴、家故事、家地图和未来的我八个环节，让儿童制作属于各自家庭的家史册，了解家庭的结构、故事，追远先人的足迹，憧憬各自的未来。童心家史册自2021年9月20日以来，共举办线下活动6场，参与家庭83个，完成册数68册，其中部分已在黄浦家中心、馨巢书屋妇女之家展陈，引导更多家庭参与，共建家风良好社群关系。

三是先进家庭反哺社区文明。黄浦区妇联在调研中发现，76.61%的最美家庭愿意投身公益活动，为进一步彰显先进家庭的风采和发挥表率作用，区妇联开展以“‘小家’争创最美家庭，‘大家’共创文明城区”为主题的寻找最美家庭活动，区街联动，将最美家庭、文明家庭、五好家庭等各类先进家庭凝聚在一起，组建黄浦区“最美家文明”联盟，以联盟成员为基础、以志愿服务为纽带、以志愿品牌为依托，陆续打造“美家美声、美家美谈、美家美护、美家美站、美家美化、美家美娃”等“美家”系列，用家的温度温暖黄浦，用家的风尚润泽黄浦，用家的力量激励黄浦，用家的故事感动黄浦，营造“黄浦家文明+黄浦家志愿+黄浦好家风”的氛围，实现1+1+1>3，用家庭文明展示城市软实力。

（三）以“网络空间”为延伸，探索家庭教育新渠道

一是利用新媒体，创新家庭教育方式。区妇联与区融媒体中心在信息互通、资源共享的基础上，挂牌成立“黄浦区融媒体中心家庭文明建设指导分中心”，重点在融媒体平台聚焦妇女儿童家庭，开展主题宣传，推进核心价值观在社区家庭落地。创新家庭教育方式，以真实故事为创作源泉，开展家庭教育线上直播课程，制作短视频、沙画动漫片、情景剧等，用生动的影视画面和故事代替枯燥的说教，以小见大、贴近生活、寓教于乐、润物无声，以真实的情感获得儿童的理解与共鸣。

二是借助新平台，发挥网络传播优势。区妇联充分发挥新媒体传播优势，与上海人民广播电台携手合作，成功入驻长三角之声，建立“兴业讲堂·聆听信仰的声音”空中平台；紧抓建党100周年和党史学习教育的契机，进驻上海人民广播电台，进一步壮大“兴业讲堂”的品牌；携手小红书平台，在小红书平台上线“兴业讲堂·标记我的初心”，以更时尚更互动的方式向更多白领女性传递信息和服务。

（四）以“红色空间”为引领，筑梦家国情怀新时代

一是党建引领，发挥基层党建的保障作用。在建党百年之际，黄浦区妇联深入学习贯彻习近平新时代中国特色社会主义思想，以“巾帼心向党”为主题，开展了一系列“学党史、颂党恩、办实事”主题活动，通过“讲、颂、绣、演、跑、唱、展”等一系列趣味性、知识性、团队性和竞技性有机融合的活动，筑牢初心信念之“魂”，寻找历史遗迹中的“她身影”，感受“她力量”的独特风采，让黄浦的红色文化在“初心之地”绽现新风景，增强展现新时代巾帼风采的信心。

二是提高站位，将爱国教育和家庭教育紧密结合。区妇联高度重视红色文化资源在党史学习教育、革命传统教育、爱国主义教育等方面的重要作用，尤其是在儿童和青少年家国情怀培育中的重要份量，在建党百年和党群服务中心等建设的历史契机下，引导各街道妇联以“最美家文明”分联盟的形式参与街道党工委工作，将家庭教育与爱党教育紧密联系。例如，打浦桥街道推出家庭故事宣讲团，作为街道党工委百年庆祝活动的专项版块，唱响全年的四季曲，实现同频共振、同向聚合；联合田子坊、日月光·海苔社党群服务站开展一颗种子之都市菜园亲子活动，丰富儿童在“双减”政策之下的课外生活，让他们可以拥抱大自然，发现大自然的美，在亲子共学中体会亲情和友情，成为一个向上向善的人。

三是注重实践，开展主题教育实践活动。区妇联结合自身优势，将儿童的教育培训与红色资源紧密融合，把红色文化和革命传统教育融入思想道德教育、文化知识教育、社会实践教育各环节，开办“红色课堂”，通过“走、学、演、说”等方式，为青少年打造集爱国教育、科普常识、文化艺术为一体的学习线路；开展“童心向党”行阅读亲子读书会，创新性地把“行走”与“阅读”相结合，将红色基地参观与亲子读书会有机融合，边参加、边聆听、边阅读、边互动，以扎实的内容、新颖的形式、生动的过程塑造沉浸式的学习体验，激发儿童了解党的历史、革命事迹、英雄故事的兴趣，推动社会主义核心价值观从一句口号走向生活化、走向常态化，渗透至儿童成长的方方面面，演变成儿童内心真正所接受、所愿意遵守之规范。

（五）以“智库空间”为支撑，凝聚家庭教育新力量

一是战略合作，发挥研究机构的专业优势。区妇联与上海社会科学院社会学研究所、上海市家庭教育研究中心签订战略合作框架协议，本着“发挥优势、相互促进、长期合作”的原则推进战略合作，通过扩大双方合作的深度和广度，不断推动区域家庭教育和家庭建设的创新发展，提升科学育儿指导服务水平。主要内容包括：共同发起成立“上海市家庭教育研究中心黄浦区研究基地”；组

建妇女儿童工作专家智库；合作承接国家、市级层面相关重要课题；共同推动家庭教育的实践与研究等。智库还计划探索引入家庭教育工作室市场化运作模式，通过讲座、家庭教育公益大论坛、社区家庭教育工作坊、中小幼学校大讲堂等多元形式，扎实推进家庭教育指导服务的落地生根和落地见效。

二是高效联动，汇聚各方智慧与力量。区妇联联合上海华夏汇鸿事务所、上海市家庭教育研究中心、华东理工大学、上海市早教教育指导中心、上海市终身教育研究会等多方专家力量，组成妇女儿童工作专家智库，在具体的项目中发挥专家学者的“智囊团”作用。例如，为更好地服务新时代父母，指导特殊家庭教育个案，区妇联组建了一支专业的社区家庭教育指导队伍，提供家门口的坐诊服务，打通为民服务“最后一公里”；为进一步提高“邻家妈妈”与困境儿童及其家庭沟通交流的能力和水平，区妇联组建了一支由学术界、法律界、教育界的专家及心理学、社会学的资深从业者组成的专家团队，作为“邻家妈妈”后援团，通过知识培训、资源链接、案例研讨等方式为“邻家妈妈”提供全方位支撑。

三是政府购买，充分利用社会组织的专业力量。家庭是社会工作专业领域重要的服务对象，有比较系统的工作体系、工作理论和工作方法。面对越来越复杂化、个性化、专业化的家庭教育难题和亲子关系问题，区妇联积极支持和培育家庭社工和相关专业化社会组织，将多个项目交由专业机构负责日常运营，将科学育儿公益课程纳入社会组织专业服务配送清单，鼓励社会组织和社工团体利用团体讨论、角色扮演、案例剖析等方式就家长们最关注的亲子关系、夫妻关系、隔代教养、家庭教育观念、家庭结构与沟通等方面展开分享交流活动，为社区家庭提供更加科学多元的家庭教育、婚姻家庭等指导服务。

三、构建社区家庭教育指导服务体系的几点思考

（一）顶层设计，构建家庭教育统筹协调机制

新时代背景下，家庭教育迎来了新机遇和新发展，区妇联应当进一步增强大局意识和全景思维，根据国家和市委提供的工作方向和思路，结合自身工作实践和优势，协同教育行政部门及其他相关部门共同探索建立分工协作机制，以阵地平台建设、组织队伍建设、协调机制建设、指导服务内容建设、监管机制建设等为重点，全面构建职责清晰、任务明确的家庭教育指导服务组织体系，覆盖全面、内容丰富的家庭教育指导服务供给体系，理念先进、方法科学的家庭教育指导服务内容体系，导向正确、注重效果的家庭教育指导服务监管体系。

（二）总体部署，牵头做好特色家庭教育工作

在构建家庭教育指导服务体系的过程中，区妇联应通过规划、购买、管理服务项目，落实政府有关家庭教育服务的公共政策，切实履行职责。一方面，在总

体部署的架构下牵头做好特定人群的家庭教育服务工作,继续做大做强“青春纪念册”等特色服务项目,为留守未成年人和困境未成年人的父母或者其他监护人实施家庭教育提供服务,引导其积极关注未成年人身心健康状况、加强亲情关爱;另一方面,通过家庭教育指导机构、社区家长学校、文明家庭建设等多种渠道,组织开展面向一般家庭的教育实践活动,做好普惠型家庭教育指导服务。同时,在开展家庭教育实践活动的过程中进行统一部署,以统一标准打造服务品牌,在形象识别、服务理念、工作标准等方面做到一致性,进行整体需求评估、服务规划、服务评估等,起到引领示范的作用;注重用好自身资源,善用政府资源,用活社会资源,统筹工作经费集中打造几个“叫得响”的家庭教育服务品牌项目,以资源推动品牌效应,以品牌效应汇聚更多资源。

(三) 创新方式,提升家庭教育品牌影响力

“互联网+”时代的到来,为家庭教育指导工作的拓展提供了契机。区妇联应借助“互联网+”平台打破时空界限,提高运用网络及新媒体联系服务大众的能力,贴近家庭,营造妇联家庭教育指导就在身边的良好氛围。建议可以通过拍摄家庭教育公益宣传片,面向社会征集服务品牌标志、吉祥物,深入社区张贴家庭教育公益海报,发放指导手册等方式营造服务氛围,提高妇联服务品牌的活力,提高公众的参与热情,从而提升家庭教育指导服务品牌的社会影响力和知名度。

(四) 规范管理,引入专业化社会服务

将项目化、社会化服务资源引入家庭教育指导服务体系,可以弥补妇联“倒金字塔”状的结构缺陷,从而提高妇联提供家庭教育服务的供给能力。区妇联要进一步发挥统筹作用,通过购买社会服务,引入专业社工资源,为家庭教育中出现的各类具体问题提供解决方案,为存在教育困难的家庭传输现代化的教育思想观念、行之有效的家庭教育策略,为更多家庭提供多样化、多形式、多层次的家庭教育特色项目。同时在服务过程中,区妇联应加强对购买服务项目的指导与监管,在项目理念上、项目内容上、项目管理上坚持妇联主导,注重对社会组织和机构的引导与支持,引导资质较好、实力较强、专业能力突出的社会组织向家庭教育专业机构转变和升级,让专业的人做专业的事,让专业的机构发挥出最大的能量。

(五) 整合资源,建立合作共育机制

1. 多方联动,全力以“护”儿童成长。首先,要构建行之有效的家校社协同育人机制,其中核心是育人,重点是协同,要明确家庭、学校和社会各自的职责和定位。对家庭来说,主要的职责是承担孩子的价值观教育、品德与行为习惯培养、心理健康教育等，为家长提供科学有效的家庭教育指导服务十分重要；对学校来说，除对学生的基础教育外，学校要与家庭保持密切有效的联系，利用社会教育资源开展实践活动；对于社会来说，充分挖掘和利用社会公共教育资源、社区资源、各类优秀人才资源为学校和家长提供优质服务是应有之义。其次，要依托家庭文明建设联席会议的平台优势，汇聚市、区、街道的各职能部门力量，形成家庭教育指导的合力，为儿童及其家庭提供多元化、多样化、多渠道的家庭教育服务；最后，要凝聚更多的家庭，展示更多凡人善举、家庭微光，用小家文明促进“大家”风尚。

2. 推动家庭教育服务队伍的建设。家庭教育指导服务是一项专业性很强的工作，需要从业人员具备心理学、教育学、社会学等多方面的知识和良好的沟通能力。区妇联可依托有条件的高校、研究机构或互联网平台等，建立家庭教育指导者培训基地，探索开发适合本地区实际的家庭教育指导师培训项目，科学系统培训家庭教育指导服务工作者，推动现有家庭教育指导服务团队的专业化、正规化。智库建设有利于提升妇联开展家庭教育服务实践的深度和广度，可以以妇女、儿童、家庭类项目为支撑，以家庭文明指导中心为平台，广泛吸纳教育学、心理学、社会学、政治学、经济学、管理学、法学、医学等学科领域的专业人士建立家庭教育专家智库，开展本地区家庭教育相关理论和实践的研究，并及时将理论研究转化为一线服务成果，为妇联决策和社会机构开展服务提供重要的技术支持。

黄浦区妇女联合会

关于完善“两病筛查”工作机制的调查研究报告

为进一步贯彻落实习近平总书记关于妇女和妇女工作的重要论述精神，切实做好对普通妇女特别是困难妇女的关心关爱工作，闵行妇联围绕“两病筛查”项目近年来开展现状、开展过程中遇到的瓶颈困难、今后工作设想建议等内容开展调研活动，基本达到摸实清、找症结、解难题的目的。

一、调研背景

2007 年 4 月 26 日，上海市人大常委会第三十五次会议通过并公布实施了《上海市实施〈中华人民共和国妇女权益保障法〉办法》，第二十四条第二款明确规定“市和区县人民政府应当至少每两年安排退休妇女和生活困难的妇女进行一次妇科病、乳腺病的筛查”。2018 年 11 月 2 日，习近平总书记在同全国妇联新一届领导班子成员集体谈话中指出，“要把握妇女对美好生活的向往，把更多注意力放在最普通的妇女特别是困难妇女身上，格外关心贫困妇女、残疾妇女、留守妇女等困难妇女，为她们做好事、解难事、办实事”。这些充分体现了党和政府情系妇女群众，对广大妇女群众和家庭的关怀，同时也是对妇联组织新时期工作提出了更高的要求。为切实践行为人民服务的宗旨，把维护妇女儿童健康权益落到实处，扎实做好我区“两病筛查”工作，通过调查研究，从分析我区“两病筛查”工作近 5 年来工作情况入手，查找工作中存在的不足、弊端，剖析原因，提出建议对策，进而切实进一步提高妇女群众特别是困难妇女群众的获得感、幸福感和安全感。

二、调研基本情况

近年来，闵行区政府高度重视妇女健康权益。“十三五”期间，《闵行区妇女发展“十三五”规划》明确规定“深化政府为退休妇女和生活困难妇女免费提供妇科病、乳腺病筛查工作，为区内万名妇女开展免费 HPV 筛查，根据医疗成本及时调整政府补贴费用，并为享受两年一次免费妇科病、乳腺病筛查的妇女提供 1 份保险”，不仅增加 HPV 筛查，扩充完善筛查项目，更为每位参检妇女提供保险；2021 年 8 月闵行区人民政府印发《闵行区妇女儿童发展“十四五”规划》，明确规定“深化政府为退休妇女和生活困难妇女提供妇科病、乳腺病筛查工作，逐步优化筛查项目、完善筛查流程、提高筛查质量、加强疾病分析及信息化运用，多渠道开展对困难重症妇女的救助，促进妇科病、乳腺病筛查率有所提高，并为享受两年一次免费妇科病、乳腺病筛查的妇女提供一份保险”。在为妇女群众提供筛查服务的同时，更加重视帮助她们提高抵御重大疾病风险的能力。

2018 年以来，闵行区共完成“两病筛查”165 382 人次，患病数 63 886 人次，检出率达 38.63%；459 人次获得保险理赔，理赔金额总计 852.4 万元。从统计数据可以看出，目前妇女患妇科疾病的比例较高，“两病筛查”工作意义深远，任重而道远。

三、主要做法

闵行区“两病筛查”项目由区妇儿工委办牵头，联合卫健委、民政等部门和各街镇（莘庄工业区）共同实施，逐步形成“宣传 + 筛查 + 诊疗”的“两病筛查”工作模式，着力解决妇女急难愁盼问题，推动妇女群众得实惠、普受惠、长受惠。

（一）不断提高站位齐抓共管，确保“两病筛查”稳步有效推进

1. 强化顶层推动

闵行区政府坚持将妇女儿童发展重点目标任务纳入本区“十三五”“十四五”目标管理和考核体系，纳入政府工作督查内容，将“两病筛查”纳入区政府为民办实事项目，区政府主要领导牵头召开实事项目座谈会，分管副区长、区妇儿工委主任每年亲自召开“两病筛查”工作协调会、推进会，对“两病筛查”项目推进做出明确指示。区人大定期开展《妇保法》落实情况调研，提出具体督查意见，依法保障妇女合法权益。撰写《关于更好开展两病筛查工作的提议》的政协提案，在区政协大会上做交流发言，更好地营造有利于妇女健康发展的社会氛围。

2. 强化多方联动

区妇儿工委牵头成立以副区长、区妇儿工委主任为组长，区妇联、区卫健委、区财政局、区民政局、区总工会等部门和各街镇（莘庄工业区）为成员单位的工作小组，具体负责“两病筛查”实事项目协调推进。“两病筛查”区政府实事项目由区妇联、区卫健委联合牵头，不断优化工作统筹联动机制，由区卫健委组织

专业机构对筛查机构进行业务培训，并负责现场督导和质控；由区妇联联合各街镇（莘庄工业区）加强宣传发动，确定符合条件的筛查人数，通过多方协调配合，高质量推进筛查工作。

3. 强化基层互动

全区各街镇（莘庄工业区）党委（党工委）都自觉把“两病筛查”工作纳入重要议事日程，成立由分管镇长（主任）担任组长的“两病筛查”工作领导小组，明确工作责任分工，认真组织实施。各街镇（莘庄工业区）妇联与筛查机构开展有效对接，有序组织实施。根据妇女需求，科学合理安排筛查时间，放置指示牌、流程图、防治小常识等提示，对检查环境进行温馨布置和合理布局，配备志愿者做好信息登记、引导、咨询等服务工作，提供舒适、便捷和人性化的健康管理服务。

（二）坚持问题导向齐力攻坚，确保“两病筛查”机制日益优化

1. 合理布局，打通筛查“最后一公里”

为切实满足闵行妇女群众想在家门口参与“两病筛查”的美好愿望，实现筛查人群和筛查机构间的供需平衡，多年来，闵行不断整合区内各医疗机构和医疗资源，依托闵行日益完善的医疗卫生基础设施建设，在原来仅区妇幼保健院一家“两病筛查”定点机构的基础上，逐步将工作触角向各街镇（莘庄工业区）社区卫生服务中心延伸。2022 年闵行“两病筛查”实事项目由 14 家街镇社区卫生服务中心和 2 家综合性医疗机构（上海市第五人民医院和闵行区中心医院）共同参与完成，在提供优质、便民的医疗服务的同时，确保市妇儿工委《关于进一步做好本市退休妇女和生活困难妇女定期妇科病、乳腺病筛查工作的通知》精神得到全面贯彻。

2. 注重管理，提供诊疗“一站式服务”

一是及时反馈筛查结果。除宫颈液基薄层细胞学检查（TCT）外，其余筛查项目均现场出筛查结果，当日即发筛查报告，并由专职医务人员现场一对一进行咨询宣教，对于结果异常需进一步诊治者及时引导转诊。TCT 报告落地后，第一时间通知妇女群众并发放 TCT 报告，对于报告结果异常者电话通知并督促其进一步就诊。二是完善分类管理机制。对于筛查结果异常的妇女群众，各社区卫生服务中心医务人员和各街镇（莘庄工业区）妇联干部会关注督促其就诊、复查和随访，将随访结果符合乳腺癌和宫颈癌（以下简称“两癌”）易患条件的妇女纳入“两癌”易患人群管理；落实区内宫颈和乳腺疾病双向转诊。区妇幼保健院与区内二级以上医疗机构建立信息通道并完善系统相关功能，确保筛查、转诊工作顺利开展。以 2022 年为例，全年完成筛查31 659人，患病数13 296人，检出率 42%，乳腺和宫颈疾病转诊5 243人，区内有效就诊2 116人，就诊率 30.43% 。

3. 加强质控，实现管理“一杆子到底”

区妇幼保健院每月对全区“两病筛查”工作进行“现场质控+信息化远程质控”的质控管理。一是开展现场质控。对开展妇科疾病筛查的社区检查进行现场质控，质控内容包括：筛查场地和流程的合理性、人员资质、筛查医生工作量、各岗位医生规范操作情况、消毒隔离、健康教育及对象满意度测评。2022年现场质控14次，对质控中发现的问题现场反馈并督促整改。二是信息化远程质控。每月对“两病筛查”进展中的社区卫生服务中心进行筛查个案远程质控，质控内容包括：筛查对象的基本信息和体检结果录入的准确性、规范性和完整性；综述建议的准确性。2022年远程质控32次，及时发现问题、在线反馈，并要求社区卫生服务中心落实整改。

（三）紧扣重点难点打造亮点，切实推动“两病筛查”深入人心

1. 拓展宣传载体，提高“两病筛查”知晓率和参与率

一是抓好项目宣传。闵行区镇两级妇联充分利用“三八”妇女节、法制宣传月等节日契机，与区卫健委联手以讲座、现场咨询等方式加大筛查宣传力度，不断提高妇女群众对筛查重要性的认识，推动“两病筛查”工作的有序开展。二是抓好阵地宣传。充分利用妇女之家、妇女微家、儿童之家等活动阵地，常态化普及“两病筛查”知识，通过制作妇女欢迎、家庭常用的宣传品，以各级妇女干部深入妇女群众家庭宣传动员为手段，不断营造全社会共同关心妇女健康的良好氛围，有力推动“两病筛查”落地落实。三是抓新媒体宣传。充分发挥今日闵行、区妇联“她家他”公众号、“闵行女性”微博、区卫健委和各街镇（莘庄工业区）微信公众号等新媒体，立体化宣传“两病筛查”实事项目，充分调动退休、困难妇女的参与积极性、主动性，促进项目惠及更多妇女群众。

2. 优化筛查模式，扩充完善“两病筛查”筛查项目

一是适时调整筛查项目。我们将“深化政府为退休妇女和生活困难妇女免费提供妇科病、乳腺病筛查工作，为区内万名妇女开展免费HPV筛查，根据医疗成本及时调整政府补贴费用”写入了《闵行区妇女发展“十三五”规划》，“十三五”期间人均筛查经费为240元，以2020年为例，全年完成HPV筛查21 506人，其中阳性率9.49%。2021年根据市妇儿工委《关于进一步做好本市退休妇女和生活困难妇女定期妇科病、乳腺病筛查工作的通知》精神，及时调整筛查项目，切实为闵行妇女提供更高质量的筛查服务。二是不断创新工作方法。为有效解决妇女群众在集中筛查时因身体不便等客观原因而无奈放弃筛查的难题，我们在华漕镇试点实行“门诊式”筛查法，从每年4月1日至11月30日，每个工作日

安排固定数量妇女进行筛查，并在每个月安排一个周末筛查时间；在虹桥镇试点"补课"法，为无法参加集中筛查的妇女在整个筛查周期最后一周开放补查，通过不断调整筛查模式，力求实现筛查工作的广覆盖。

3. 完善帮扶机制，提升妇女群众获得感、幸福感、安全感

一是将"为享受两年一次免费妇科病、乳腺病筛查的妇女提供1份保险"写入《闵行区妇女发展"十三五"规划》和《闵行区妇女儿童发展"十四五"规划》，2018年至今共为459名妇女提供理赔，理赔金额852.4万元。二是积极探索妇科重症妇女援助机制，开展重症妇女关爱项目，通过心理辅导、健康指导、社区帮扶等举措，帮助重症妇女走出疾病阴霾，重塑生活信心。三是与区民政局联手开展"闵行区妇科重症关爱项目"，2018年至今，共为268位妇科重症患者争取民政市民帮扶中心一次性帮扶资金29.9万元，帮助在"两病筛查"项目中发现的妇科重症患者，激励她们鼓起战胜病魔的勇气。

四、问题分析

(一) 筛查前宣传力度有待进一步提高

闵行各级妇联干部对筛查前期的宣传、组织、动员工作可谓是不遗余力，都能做到周密细致安排，也能基本做到区域内宣传全覆盖，但宣传内容更多停留在宣传"两病筛查"工作本身，忽略了"两病筛查"对妇科常见疾病、肿瘤早发现早诊断的重要意义的宣传。同时目前"两病筛查"宣传主要依靠居村妇联干部、居民楼组长等基层妇女工作骨干力量，她们的工作热情、积极性有余，但由于专业能力不足，导致宣传过程中说服力不够。

(二) 筛查"参检率"有待进一步提高

闵行"两病筛查"对象为本区户籍退休和困难妇女，涉及全区14个街镇、莘庄工业区，覆盖面广。目前筛查工作更多采取分段集中筛查的模式，对于人户分离的妇女、对于部分已退休但仍在工作岗位上发挥余热的妇女、对于在集中时间段内身体不便的妇女存在因时间问题无法参加筛查的情况；同时也存在部分妇女对妇科病、乳腺病危害性认识不足，自身参加筛查意愿不强烈的问题。

(三) 筛查后服务力度有待进一步提升

各街镇（莘庄工业区）在"两病筛查"工作开展过程中都很注重对检查结果的统计分析，重视对参检妇女的结果反馈，能提供贴心的转诊服务，但在应对部分妇女不重视筛查结果，以及部分妇女面对筛查结果有异时出现焦虑情绪的情况时，存在应变处置能力不够、工作措施不及时的问题。

五、对策措施

（一）进一步扩充“两病筛查”宣传队伍，着力提升专业能力，不断提升宣传成效

在充分调动闵行各级妇联干部、社区妇女党员骨干的基础上，广泛发动社区家庭医生和社会各界积极支持“两病筛查”工作，不断壮大志愿者队伍，既发挥居村妇联干部、社区党员身居一线，熟悉基层实际情况的优势，做实筛查工作的排摸、组织工作，切实做到情况清、底数明，同时有效利用医务工作者的专业知识力量，做深筛查工作的宣传、发动工作，既提高妇女群众对参加“两病筛查”重要性、必要性的认识。同时吸纳更多社区家庭医生等专业人士加入宣传志愿者队伍，“医生”较其他志愿者而言更容易获得妇女群众的认同，继而能更好的从专业权威角度加强对妇女群众的宣传引导，使她们对筛查结果既不轻视忽视，也不过度惧怕，最终能够以“不卑不亢”的态度客观理性对待。

（二）进一步科学合理安排“两病筛查”工作，努力做到应检尽检，不断提升工作实效

一是更加科学合理安排筛查时间。考虑到卫生公共资源的合理配置，目前闵行两病筛查工作主要采取分时段集中筛查，鉴于目前出现频率较高的因身体、人户分离居住等原因无法按时参加集中筛查的问题，建议将集中筛查时间适当延长，在季度或半年的时间内安排居民有序地进行两病筛查。对于工作日无法参加筛查的特殊情况，各街镇（莘庄工业区）妇联要与社区卫生服务中心做好沟通对接，可适当借鉴虹桥镇“补课法”，每月安排一个周末进行筛查，或是借鉴华漕镇的“门诊法”，将筛查工作贯彻全年始终，确保“两病筛查”真正做到应检尽检。二是不断加大“两病筛查”项目宣传力度。充分利用新媒体，发挥各街镇微信公众号等社交平台，做好宣传引导，扩大传播效果。每年不定期举办抗癌专题讲座，邀请专家开展女性健康管理讲座、女性健康问卷调查、女性生理健康知识讲座等活动，从源头提高妇女自我保健意识和对深入开展“两病筛查”工作的认识，提高参检的自身意愿。

（三）进一步加强顶层设计，不断优化筛查后服务细节，不断提高参检妇女满意度

一是深化重症妇女后续援助机制。在莘庄、浦江、马桥等基层试点成立联谊会或俱乐部，为重症妇女搭建交流沟通平台的基础上，尝试在全区普遍开展重症妇女关爱活动，为患病妇女提供心理辅导、健康指导、社区帮扶、情绪疏导等后续综合援助服务，加强社区支持网络的建设。二是尝试推广妇科病、乳腺病专题讲座，加强与区卫计委的工作联动，组织专家团队，深入居村开展卫生健

康宣讲，将区内优质医务资源送入基层、送到妇女群众身边去。三是进一步优化细节服务，加强统筹安排，更体现人性化关怀，避开极端寒暑天气，尽量选择舒适凉爽的天气体检，并扎实做好跟踪随访服务，规范完善资料台账。

闵行区妇女联合会

构建“家社通”机制 探索基层治理模式

全国妇联主席沈跃跃在2021年3月3日全国妇联召开的专题座谈会，以及2021年11月28日全国加强家庭家教家风建设工作推进会等会议上要求：深入贯彻习近平总书记关于注重家庭、注重家教、注重家风的重要论述，落实党的十九届四中、五中全会部署，切实承担起“发挥家庭家教家风在基层社会治理中的重要作用”“加强家庭家教家风建设”的共同政治责任，把家庭作为基层社会治理的重要力量，把家庭家教家风建设纳入基层社会治理重要内容，把发挥妇联组织作用融入基层社会治理工作机制，以家庭家教家风建设的深化推进基层社会治理，打造共建共享共治的社会治理格局。

全国各地妇联组织纷纷响应号召，开展了许多实践活动。上海市妇联积极动员各区妇联结合时代特征、上海特点、地域特色加大实践探索力度。

一、构建“家社通”工作机制的背景意义

为从策略层面落实“发挥家庭在基层社会治理中的作用”要求，需要搭建有效平台，拓展家庭的参与面，增强共同价值引领的归属感和家园意识，建设更有温度的社区生活共同体。因此，构建“家社通”工作机制主要基于以下五点。

一是中央和全国妇联的要求。习近平总书记要求“注重家庭、注重家教、注重家风，发挥家庭在基层社会治理中的作用”。2021年，中宣部、中央文明办、中央纪委机关、中组部、国家监委、教育部、全国妇联印发《关于进一步加强家庭家教家风建设的实施意见》，全国妇联把此项工作作为中央交给妇联组织的政治责任，要求集基层首创智慧，加大探索力度。

二是上海经济社会发展的程度。上海经济社会发展程度、上海家庭的发展阶段，特别是“大上海保卫战”的胜利以及在抗疫过程中锤炼出社区志愿者团队

的自治能力，社区出现的抗疫志愿者“社区贤达”“草根领袖”，家庭间升温的“邻里情”，社区建立的“四通八达”的全体住户微信群等，给上海践行习总书记“发挥家庭在基层社会治理中的作用”的要求提供了的丰厚土壤。

三是深化妇联组织改革的需要。基层妇联深化“强三性，去四化”改革要求，完善了“区级—街镇—居村”三级妇联组织网络，需要通过有效的机制使得这张网络真正“活”起来，有效发挥作用。在构建的“家社通”工作机制中，区妇联融合党和政府的要求、家庭需求、供给侧服务等要求，设计多频次、生动活泼、易被家庭接受的“活动项目”，通过三级妇联组织在居村社区进行有机对接，使得发挥“家庭”这个社区主体在基层社会治理中的作用成为新常态，让家庭的获得感、幸福感、安全感不断增强，进一步夯实新时代党治国理政的微观基础。

四是“家庭作为基层社会治理的重要力量”的要求。“家社通”工作机制是，以“家庭”为社区主体，平行介入居村治理。妇联组织“手把手”培育家庭的居村治理能力，努力破解居村治理中“家庭”对社区无感知、邻里陌生化、群众自治难等难题。通过“家社通”工作机制的助手——社区贤达，唤醒“家庭”居村治理主体意识，形成家庭之间守望相助、和睦相处、互帮互助的居村新模式。

五是家庭工作最合适的地点应该在社区。儿童在学校，父母在单位，而家庭在社区，社区构成了与家庭联结最紧密的自然社会环境。在社区服务家庭有独特的优势：一是可以迅速介入，及时回应家庭成员的需要；二是可以为不同类型的服务对象提供服务，特别是那些失能者和弱势者；三是在住所与家庭成员会面是了解家庭互动、家庭关系的最优途径；四是可以减少服务中个案流失或失约的情况；五是所有的家庭成员都可以也乐于参与，对于家庭工作来说，所有家庭成员的参与是介入成功的关键。

二、“家社通”工作机制的总体设计

（一）概念界定

“家”，这里指社区（自然村）中的各种类型家庭，体现家庭“全社区、全类似、全周期”特征。

“社”，这里指基层社会治理中的“社”，即社区（自然村）。

“通”，这里指打破家庭之间、家庭与村居之间隔阂的方式，一是联通，保持并进一步加热“邻里情”；二是打通，打通家庭与社区（自然村）治理间的“玻璃门”。

（二）基本工作框架

区妇联立足区委所需、妇联所能、群众所盼、未来所向，以改革思维打破“社区治理三驾马车”的思维桎梏，首创提出以居村党组织为引领、妇联三级组织构架为基础、社区贤达为助手、居村“家庭”为主体，通过有效精准的“活动项目”供给侧服务为特点的基层社会“自治 + 共治 + 共建 + 共享”治理模式之一 ——“家社通”工作机制。

（三）主要工作流程

社区是联络家庭和家庭活动的自然社会环境，家庭是妇联工作的传统阵地和优势领域。此机制中，区妇联是“家社通”社区“活动项目”设计的“远端大脑”，通过三级妇联组织传达至“社区贤达”，由“社区贤达”组织社区志愿者具体落实于“家庭”。

三、“家社通”工作机制加强社区“邻”聚力、凝聚“家”力量

（一）谁来做：激发家庭内生动力，探索“自治＋共治＋共建＋共享”的居村治理机制

以党对社区治理的要求和上海家庭对美好生活的需求作为工作的逻辑起点。“家庭”为主体。通过自己人管自己家，实现社区家庭全域、全体、全周期参与。巩固微信群。“大上海保卫战中”每个社区建立了史上最强大社区微信群，基本做到一家不漏，消除家庭孤岛。贤达来组织。社区贤达、草根领袖继续在各自社区发挥主导活动的作用。资源要整合。家庭工作秉承的是一种宽广而包容的理念，本机制是在家庭的限制中找出力量与优势（自治），而不是仅仅专注于家庭的问题与缺陷。

（二）谁来主导：运用妇联改革成果，充分依托区三级妇联组织网络传达党和政府的要求

社区构成与家庭联结最紧密的自然社会环境，妇联作为主导方最为合适。一是妇联性质使然，家庭工作是妇联主责主业。二是群团改革要求以保持和增强政治性、先进性、群众性为主线，治理重心下移至居村。三是群团身份优势，居民工作类型呈现多元化，妇联一头联结党和政府的政策，一头联结居村家庭的实际需求，这样的群团组织身份更有利于开展工作，深入社区，居民认同感强。四是项目设计是关键，每个项目顺势而为、应时而生，贴近党和国家要求、贴近中华民族优秀文化传统。

（三）做什么：立足妇联所能，增强家庭获得感、幸福感、安全感

“家社通”工作机制立足妇联主责主业，立足妇联所能，不是关注居村治理的“1—80”分部分，而是关注“80—100”分部分，偶尔参与居委会、业委会的工作，起到增强群众获得感、幸福感、安全感的作用。工作的主要内容为（分不同年龄层）：

1. 物资交流：公益助邻—助力乡村振兴、家有好物传递（搬家前的旧物处

理、“退役”的小孩玩具)、交流家里多余的菜苗、交流种花种菜经验、交流做菜经验—聚餐等;

2. 娱乐互动:社区海报、相约打球打牌、交流读书体会、宝妈(爸)交流育儿经等;

3. 村居文明:暑期生活、文明养犬、纠纷解决、守护家园、偶尔帮忙接送带看孩子等;

4. 帮困助老;针对辖区的残疾、单亲、留守等困难妇女、儿童、家庭,帮忙申请救助金等;

5. 心理慰藉:邻里关心关爱、相互间视频电话聊天缓解焦虑等。

(四) 如何做:成风化俗于无形,把党对家庭的要求融入在项目设计中。

家庭是一个私域场所,现代家庭常常并不希望被外在力量过多地打扰,社会服务也一定要注意其干预的适当性,在家庭日常生活中不露痕迹地介入,需要巧妙地、润物细无声地将目标有机结合到“活动项目”中。

项目设计在区妇联。区妇联是“活动项目”的远端设计的“大脑”,通过三级妇联组织纵向贯穿到底(社区)。把控“项目活动”频次,例如每半个月各个社区组织一个家庭项目。

社区贤达是代理人。落实“活动项目”时,妇联组织要手把手教会社区贤达,使他们的自治意识和能力在培养中不断提升。

民主协商。民主协商为基层社会治理的工作方式。

总之,构建“家社通”工作机制,是区妇联组织适应新时代之需,适应新时代家庭观念、就业、生活方式之变,全面提升妇联工作的站位、格局和质效,推进妇联工作从“事”向“制”“治”“智”转变的一种实践模式。

宝山区妇女联合会

妇女组织在家庭家教家风建设中的实践与探索

一、调查问卷及数据分析

为了更好地了解嘉定区妇联组织在家庭家教家风建设中的作用，2020 年 7 月，嘉定区妇联组建了“妇女组织在家庭家教家风中的作用”课题组，并以问卷调查、座谈会、实地考察等形式，对嘉定区妇联在家庭家教家风方面开展的活动进行了全面的了解、考察和梳理。第一，设计题为“妇女组织在家庭家教家风中的作用”的调查问卷，问卷从①家庭对家庭家教家风的认知情况，②家庭对妇联组织在家庭家教家风方面开展的活动（九大类共 22 项）的知晓度、需求度、满意度，③家庭参加活动后给家庭带来的最大帮助三个维度共 12 个问题着手调查。调查组根据全区的实际住户数，按百分之一的比例面向全区 12 个街镇发放调查问卷，共收到有效问卷3 021份；第二，调查组以区级、街镇级、居村级等不同层级、不同人群为对象，对 6 个街镇，分别以座谈会、个别访谈、实地考察等形式进行了深入访谈和调查；第三，调查组分别听取了家庭代表、妇女干部代表、社会组织代表、志愿者代表等各类群体共计 91 人的意见和建议，从而对嘉定区妇联组织在家庭家教家风方面开展的一系列培训和活动有了一个比较全面和客观的了解。

家庭对家庭家教家风认知情况的调查。问卷在“您认为对家庭建设最重要的内容”选项中，排列前三的分别是：“尊老爱幼”的为 93.31%、“夫妻和睦”的为 85.73%、“勤俭持家”的为 68.75%。这充分表明，传统的家庭理念并未过时，尊老爱幼依然是广大家庭首选的中华民族的传统美德。

问卷在“家庭教育方面，您认为最重要的一句话是”：54.35%的家庭选择了“家长是孩子的第一任老师”的选项；但选择“家庭教育最重要的是品德教育”的选项的家庭仅有 19.83%。这说明，“家庭教育最重要的是品德教育”的理念还没有被广大家长所认知。

问卷在“您的家庭最看重家风传承”的选项中，排列前三的分别是：“优良的品质”的为 73.29%、“家庭教育”的为 60.87%、“讲规矩懂礼貌”的为 59.95%。做人做事要有优良的品质位列第一，不难看出其作为传承良好家风的基础性意义。

家庭对妇联组织在家庭家教家风方面开展活动的知晓度、需求度、满意度的调查。从 3021 份家庭调查问卷中所得出的数据显示：参加过妇联组织在家庭家教家风方面的活动或培训的家庭有 77.29%，占比近八成。在“根据您及您家庭成员的实际需求，对妇女组织开展的活动做客观评价”的选项中，受访家庭对列表中（九大项共 22 类）所有活动表示非常需要的总平均分值为 68.42%、比较需要的总平均分值为 21.72%，两者相加为 90.14%。在“如您参与过上述活动，请问您最满意/收获最大的活动是”：受访家庭对列表中（九大项共 22 类）所有活动表示非常满意的总平均分值为 68.14%、比较满意的总平均分值为 19.95%，两者相加为 88.09%。由此可见，家庭对妇女组织开展活动的需求和满意度之高。

参与妇联组织开展活动或培训与否的效果调查。本次调查发现，参加过妇联组织开展的活动或培训的家庭与未参加过的家庭各类选项的均值均有显著差异（P 值：0.000），即接受过培训的家庭对家庭家教家风相关的服务需求显著高于没有接受过培训的家庭，参与各类活动的满意度和获得感也显著高于没有参加过活动的家庭。

家庭参加活动后给家庭带来最大帮助的调查。在“您及您的家庭参加妇女组织开展的活动后，对您的家庭带来的帮助是”：有 73.12%的家庭表示非常有帮助，有 20.62%的家庭表示比较有帮助，两者相加为 93.74%；家庭在家庭家教家风方面获得的具体帮助：

从上述数据中可以看出，妇联组织已成为贯彻落实习近平总书记“三个注重”讲话精神和落实全国妇联“家家幸福安康工程”的重要助推力量。

二、基于调查数据的实践探索

（一）妇女组织在践行“三个注重”中的作用

妇联作为群团组织，在团结妇女、引领妇女、凝聚妇女、组织妇女、发动妇女等方面有其独特的优势，这种优势为妇联组织在家庭家教家风领域开展工作奠定了良好的基础。嘉定区妇联积极探索在不同从业领域、不同利益诉求、不同兴趣爱好的妇女群体中灵活设置妇女组织，通过立体化、多层面的组织体系把广大妇女凝聚起来，以此来充分发挥妇女组织在家庭家教家风建设中的独特作用，有效地延伸了妇联工作的手臂，收到了事半功倍的成效。

在嘉定区南翔镇和安亭镇，全职妈妈人数众多，她们大都是有文化、有特长、有能力的妇女，为了凝聚这批妇女，夯实基层妇女的组织基础，嘉定区妇联率先在南翔镇和安亭镇建立了全职妈妈妇联，以此发挥全职妈妈各自的特长。不少全职妈妈，通过全职妈妈妇联开展的活动，在提升自我形象、提升育儿能力、改善亲子关系、建设美好家庭等方面都获得了长足的进步。全职妈妈妇联帮助广大的全职妈妈们走出了家庭这个狭小的空间，进入了广阔的社会环境，身心因参加社会公益活动而日益健康。

嘉定新城（马陆镇）“玉兰远香”广场舞团队妇联，是妇联组织在“四新”领域建立妇联组织的又一重要举措。“玉兰远香”广场舞团队妇联的成立，既满足了人民群众对健康娱乐的需求，又有效地延长了基层妇联组织的工作手臂。

南翔镇流动党员学堂妇联，充分发挥妇联组织联系和服务妇女的桥梁纽带作用，开创“夏送清凉，冬送温暖”服务项目，“红书包爱心助学行动”，困难妇女“暖心走访”行动，受到了福利院老人、困境儿童、困难妇女的欢迎和好评。学堂妇联还以党建带妇建，成立了南翔集贸市场妇女之家，结合妇女所求所需，开展了形式多样的活动，受到了集贸市场女性个体户的普遍欢迎。

外冈镇的新农村妈妈女性素质提升团队，致力于将社区自治、社区融合、志愿服务等常态化的工作机制融为一体，以形式各样的教育活动，引导妇女改变生活陋习，在提升家庭生活品质的同时，营造社区干净整洁、舒适宜居的生活环境。

类似上述这类妇女组织的还有：嘉定区物业行业妇女联合会（上海市第一家在物业行业成立的妇联组织）、嘉定区新的社会阶层人士联谊会妇女联合会（简称新联会妇联）等等。

（二）突出典型可使家庭建设收到事半功倍之效

家庭建设，事关家家幸福安康，事关社会和谐稳定，事关中华民族伟大复兴的历史进程。家庭是中国社会最基本的细胞，是一个人最重要的生活场所，对于中国人来说，家的意义尤其重大，以血缘关系和婚姻关系为纽带的家庭，依然是家庭成员寻找归属感和认同感的重要场所。家庭建设无论是对家庭本身，还是对社会的发展与稳定都有着极其重要的意义。

1. “家庭会议”，汇出家庭建设的智慧。

2015 年，嘉定区徐行镇钱桥村的张金龙家庭被评为“全国最美家庭”；2016 年，张金龙家庭又被评为“第一届全国文明家庭”。张金龙家庭四代同堂，一家人父慈子孝、兄弟相亲、婆媳和睦。回顾张金龙家庭和和睦睦成长的轨迹，不难发现，张家长期形成的“家庭会议”制度，是其“文明家庭”和“最美家庭”建设的一个重要法宝。张家每月一次家庭会议雷打不动，每到这个时候，在外打拼的儿媳子孙都会回到家里，20 多号人围坐在一起，共同回顾这一个月的成长收获，一起分担一个月遇到的风风雨雨，家庭成员之间无话不说、其乐融融的氛围，温暖着每一位家庭成员，长期以往的坚持，家庭便成了一个凝聚人心的场所。在张家，“家庭会议”的文化意义已远远大于它的血缘意义。

2. 好家风垂范乡里，“客堂汇”凝聚民心。

自张金龙家庭被评上全国“最美家庭”和“文明家庭”之后，张金龙便成为乡人推崇和敬重的“乡贤”，张金龙的品德和才学不断被左右邻居所传颂和效仿。如何让“乡贤”成为百姓家庭建设的领路人？“客堂汇”的平台搭建和机制建设就成了不二之选，这是嘉定区文明办和妇女组织在家庭建设方面的一个典型案例。为了带动更多的村民建设文明家庭，张金龙把自家的客堂间腾出来，创办了第一个“客堂汇”。这间客堂间专门用来开展党史展览、村民议事、家风传承等宣教活动，同时也成了百姓学习和交流的互助平台。在张金龙家的带动下，如今徐行镇已经有特色鲜明、深受村民喜爱的“客堂汇”33 家，每个“客堂汇”的活动都做到了有计划、有内容、有展示、有总结，“客堂汇”在帮助解决百姓身边大大小小问题的同时，也成了家庭建设、家庭教育、家风传承等宣教活动的重要阵地。可见，家庭是可以建设的，重点是阵地和机制建设。

（三）从感性活动中获得理性认识是助力家庭教育的切入点

家庭建设的重点之一是家庭教育。今天，不少家长在家庭教育方面或多或少都存在着不少困惑与焦虑，家长的这些困惑与焦虑，看上去是家庭的教育和养育问题，其实是家庭支持政策、家庭服务体系、学校教育改革、社会评价标准、价值体系的建构等一系列综合问题叠加产生的问题。因此，提高家庭教育的能力，实施父母成长计划，做实做强家长培训，发展壮大家庭教育指导的服务势在必行。嘉定区妇联为此开展了一系列形式多样、内容丰富、紧贴家庭需求的家庭教育品牌活动，在家庭教育方面做出的业绩令人鼓舞。

1. 我嘉爸爸——对父亲参与家庭教育的实践研究。父亲在家庭教育中扮演了不可替代的角色，对孩子的品格与性情都有着极为重要的影响。嘉定区妇联开展的“我嘉爸爸”系列活动，为我们提供了有益的借鉴。其中“带着爸爸一起来运动”的亲子运动会，深受父亲和孩子们的喜爱。运动会将运动、知识、美感、快乐等元素寓于游戏，让爸爸和孩子在运动出汗中认知世界万物，在运动、认知、感悟中获得快乐。亲子运动会，已成为激发父亲参与和让更多的孩子从埋首功课、埋首网络游戏中走出来的无上宝典。同时，我们欣慰地看到，父亲参与的受益者是孩子，是父亲，更是整个家庭。

2. 亲子加油站——为家长科学育儿的理念“加油”。家庭教育最重要的是品德教育。品德教育，如情感、态度、习惯、价值观等如何做人的教育，启于稚幼，发于童蒙，行于日常，这不仅需要家长身体力行，还需要家长用潜移默化的方式去影响孩子。亲子加油站，以春风化雨润物无声的形式，教会了父母筑牢孩子良好品行根基的方法，只需要父母从自身做起，从身边的每一件小事做起。

3. 让阅读成为提升家庭成长的基石。手捧书卷，耳畔琴音缭绕，窗外小桥流水、亭台楼榭掩映于苍松翠竹之间，这是嘉定区一家 24 小时服务的“我嘉书房”的场景。这个自成体系、供需精准对接、配送服务完善的“我嘉书房”由菊园新区妇联首创，至今在全区已有 30 个点。“我嘉书房”良好的硬件设施，完善的软件服务，为嘉定区妇联组织开展家庭阅读提供了丰富充沛的资源保障。除此之外，还有群众自发组织的“家庭阅历江”，全职妈妈妇联成立的读书会等。

（四）文化记忆是家风村风传承的土壤

家庭和睦，家教得法，才能涵养出良好的家风。如何让好家风带动好村风，好村风带动好社风，嘉定区妇联借助寻找“最美家庭”这一活动品牌，区、街镇、居村三级妇联组织上下联动，形成了全社会关注、寻找、学习“最美家庭”的活动高潮，同时开展了形式多样、丰富多彩的好家规、好家训、好家风寻找活动。各级妇联组织举办的各类精彩活动，增强了家风传承的力度，夯实了村风文化的根基。

好家训要体现在日常生活中。把好家训变成好家风，让好家风带动好村风。江桥镇妇联以“寻找最美家庭”活动为载体，开展最美家庭、最美贤内助、最美婆媳、最美孝心少年等寻找活动，以及百姓传家宝征集活动，并通过家风家训传颂、家书家信诵读、家庭风采展示等活动，用老百姓身边的事、身边的人、去影响他们身边的家庭。封浜村姚海亮母亲留给子孙后代的一本家训《母亲说》便是其中一例。《母亲说》看似絮絮叨叨，实则句句有大智慧，如“家庭不论是穷是富，有老有小，有说有笑，和睦相处，就是天伦之乐”；“批评长辈的话要有分寸，责备小辈的话要有真理开导”；“好的荣誉不容易得，成绩第一不容易得，荒田丰收不容易得，十全十美不容易得”；“依靠父母生活，等于冰在融化，依靠自己生活，胜似阳光升起”；等。这些从生活中总结出来的智慧，已经成了姚海亮家庭无比珍视的传家宝。《母亲说》这本家训已在上海外滩档案馆展出，短短 6 000 多字，让许许多多的家庭深切感受了到家风建设的重要性。

嘉定新城（马陆镇）村民陈树忠，在二十世纪六十年代创作的歌曲《六样机》：“人民公社办得好，亲眼看见六样机：拖拉机、抽水机、脱粒机、挖泥机、碎土机、压路机，只只机器力气大来，看在眼里笑心里。”在全国曾风靡一时，成为了一代人共同的文化记忆。今天，《新六样机》已经在陈树忠家族传承：“改革开放几十年，新式机器斜斜起，洗衣机、跑步机、空调机、榨汁机、吸尘机、电视机，芝麻开花节节高，日子越过越适宜。”《新六样机》的创作，同样赢得了百姓的喜爱和追捧，它正以舞蹈、小品、说唱等各种形式在村居宅舍中传唱，这是对爱家爱国精神的一种传承，《六样机》已成为这个家族、村宅共同的文化记忆。

传承家风村风，喜闻乐见的形式很重要。中国的家风，起始于家又不止于家，“修身齐家治国平天下”说的就是这个道理。为了让千千万万家庭的好家风支撑起全社会的好社风，嘉定区各级妇联组织各显其能，各显所长，为我们展示了一幅幅接地气、顺民心、聚人心，朴素而温暖的画面。江桥镇妇联开展的“三尖”文化：即足尖、舌尖、指尖，通过自下而上层层寻找和推荐，挖掘本土的“三尖达人”，通过民族舞蹈、传统美食、剪纸布衣等接地气的线上线下活动展示，增强了家庭对传统文化的了解，激发了家庭学习传统文化的兴趣和传承传统文化的热潮；嘉定镇街道妇联推出了“囡囡讲故事”活动，通过孩子们对辖区内最美家庭、退役军人家庭、名人故事、历史故事等的讲述和演绎，增进了邻里沟通，促进了邻里和谐，为弘扬向上向善向美的社区风尚发挥了积极作用；工业区妇联开展的“识节气之美，赏文化之根”亲子主题活动，通过一首首小诗或歌曲的创作，让孩子们很快就记住了那些鲜活的节气风俗，已成为辖区内家庭热爱自然、尊重自然、与自然和谐相处的一道美丽风景；新成路街道妇联将好家风好家训融入到各个传统节日中，尤其是通过七夕节“爱满新城”活动，引导年轻人向上向善，并通过一系列充满趣味的寓教于乐、寓学于趣的互动游戏，倡导了正确的婚恋观和家庭观，已成为该街道颇具影响力和标识度的文化品牌；华亭镇妇联围绕“家庭和”“家教优”“家风正”“家园美”四个方面，将家庭建设与村规民约有效结合起来，通过考核评比和激励机制，在村与村、户与户之间开展互看互学、互评互比，形成了比学赶超的生动局面；真新街道妇联通过寻找“最美家庭”活动，深入挖掘在家庭建设中各具特色的家庭，如“文明家庭”“书香家庭”“孝亲家庭”“最美阳台”等，以增强创建各类特色家庭的时代性、示范性和广泛性，推动家庭文明建设常抓常新。

三、研究结论与对策

（一）妇联组织在家庭家教家风建设中有其独特的优势

妇联自成立之日起，就一直致力于推进和维护妇女的解放与进步、家庭的和睦与幸福、儿童的健康与成长事业。妇联的工作性质决定了其工作角色的定位：一方面，妇联的工作必须服从于党和政府工作的大局；另一方面，妇联的工作必须体现出服务于妇女儿童家庭的需求。这两方面的必须归结为一点，即妇联要在团结引领服务妇女儿童家庭时成为党和政府与广大妇女间的桥梁和纽带。妇联组织这个名称及其形象因妇联的一桩桩、一件件服务于妇女儿童家庭的工作而走进了千家万户，由此妇联与妇女儿童家庭产生了千丝万缕的联系，并形成了一种共生互动的关系。这种共生互动的关系为妇联在动员和组织妇女、家庭参与妇联开展的工作或活动时提供了诸多有利因素，产生并拥有了强大的号召力和丰富的组织资源，具体表现为将思想转化为行动时所体现出的高速度和高效率，这就是妇联组织开展工作的独特优势。嘉定区妇联能在并不长的时间内，推出九大类共 22 项活动，并基本做到和达到了体系化、系列化、日常化的规模和水准，正是得益于这种独特优势。充分认识和发挥这种独特优势，必将会使妇联组织在开展各项工作中得到更大的收获。

（二）家庭家教家风建设需要组织和引领

习近平总书记关于“三个注重”的重要论述，从全局的战略高度揭示了家庭在党和国家事业中的重要地位和作用，而要将这些寓意深刻的重要论述转化为老百姓自觉遵循的行为规范，提供必要的理论和实践指导就显得尤为重要。此次调查发现，参加过嘉定区妇联组织的有关家庭家教家风方面的活动和培训的家庭占比达到了 77.29%，其中，认为非常有帮助的家庭占 73.12%，认为比较有帮助的家庭占 20.62%，两者相加高达 93.74%。参加活动或培训的家庭与未参加过的家庭有显著差异，即参加过相关活动和培训的家庭，对妇联的需求度和满意度显著高于没有参加过活动的家庭，这充分说明妇联组织在家庭家教家风方面的建设，做与不做大不一样。同时，我们还发现妇女组织开展的活动大都做到了理论先导，精准施策，贴近生活，并且做到了体系化、系列化、日常化，这正是家庭参与度与满意度达到高位的根本原因所在。家庭家教家风建设需要组织和引领，更需要全社会的关注和参与。

（三）形成家校社协作共育的育人模式日显必要

此次调查发现，对于问题“在家庭教育方面，您认为最重要的一句话是”，只有 19.83%的家庭选择了“家庭教育最重要的是品德教育”，这足以说明，落实立德树人这一根本任务仍然任重道远。当今信息化、智能化、多元化的社会，加剧了人们的竞争压力和心理压力，急功近利、急于求成的现象随处可见。反映在学校就是重智育轻德育、重知识轻技能；反映在家庭就是将孩子高考上大学视为成功的唯一标准。今天，学业的成败成了许多人衡量青少年成才的唯一标尺，而这些价值与行为取向问题的形成，是与社会教育的导向出现偏差分不开的。因此，形成家校社协作共育的育人模式迫在眉睫、势在必行。首先，要明确家长在家庭教育中承担的主体责任，家庭教育要坚持育人为本，德育为先；其次，学校要发挥教育的主导作用，学校不能分数挂帅，不仅要花力气育分，更要花力气育人；最后，社会要成为家校社共育的主导力量，要在扭转错误的成才观方面花大力气，使立德树人真正落到实处，使我们培养的是可以而且能够担当民族复兴大任的时代新人，这才是家庭、学校、社会教育的根本。

（四）家庭建设需要得到相关政府部门及公共政策的支持

第一，在家庭建设方面。家庭建设是国家建设、社会建设的基础工程。新时代的家庭建设内容应以促进家庭和睦、促进亲人相亲相爱、促进下一代健康成长、促进老人老有所养为目标。如何让社会主义的核心价值观与每一个家庭相结合，并把这些概念“活”化到日常生活中去，这需要策略和智慧，更需要有关家庭的公共政策支持。

第二，在家庭教育方面。首先在公共政策方面，应通过家庭教育立法来督促家长学习家庭教育知识，树立正确的家庭教育观念，掌握科学的家庭教育方法，提高家庭教育的能力。其次，要重视对父亲在家庭教育中参与作用的研究及实践，公共政策如何促进父亲在家庭教育中的参与作用，这是目前摆在家庭教育领域亟需探讨和解决的问题。最后，家校社要形成共育。如何让“家庭教育最重要的是品德教育”这一理念深入人心，需要家校社形成合力，共同探讨路径和方法。

第三，在家风传承方面。家风传承，既是家庭的私事，也是促进社会公序良俗的重要方式。如果以此为着眼点，家风传承就不是妇联、文明办等几个部门的专项工作，它需要举全社会之力来推动家风建设的高质量发展。要达到这一目标，就需要政府发挥统筹、协调、指导、督促的作用；同时社会舆论、大众媒体、影视文学作品，还应大力宣传好家庭、好家教、好家风的典型事例；广播和电视有必要设置专项频道，为家风包括家庭家教建设提供专业的服务。

家庭家教家风三者是紧密关联、有机统一的整体，家庭和睦，社会才能和谐；家教良好，国家才有希望；家风纯真，民族才有未来。嘉定区妇联组织用她所特有的魅力，在学习并践行习近平总书记“三个注重”讲话精神的路上迈出了坚实的步伐，给嘉定区 65 万户家庭增添了“家和”的力量。

嘉定区妇女联合会

金山区促进家政服务产业高质量发展研究

为深入贯彻实施《国务院办公厅关于促进家政服务业提质扩容的意见》精神，落实《上海市家政服务条例》，金山区妇儿工委办、区妇联聚焦区内家政服务业发展实际，自 2020 年 4 月下旬起深入相关部门、家政企业，开展座谈交流、个别访谈、问卷调查等(共回收有效问卷 297 份)，并提出进一步完善金山区家政服务市场，加快发展家政服务业的对策建议。

一、金山区家政服务业发展现状及问题分析

(一) 家政服务业发展现状分析

1. 家政服务市场持续扩大

随着金山区人口老龄化加速，二胎政策放开，居民生活水平提高，群众购买家政服务的需求增多。金山家政服务已延伸到居民日常生活的方方面面，不仅提供传统的"简单劳务型"服务，还有"知识技能型"服务等。调研发现，金山 25.25%家庭购买了家政服务，17.85%的家庭曾购买过家政服务，家政服务的市场有效需求达到 43.1%，而且这一需求还在不断扩大。79.12%的受访居民认为，金山区家政服务产业发展前景很好或较好。

2. 家政服务产业获得较快发展

金山区有一批具有一定规模的家政服务企业，部分企业具有连锁经营特征。企业的类型也依据市场细分需求逐步走向多元化，除了一批综合类的家政服务企业，还涌现一批专业化的企业，如专门提供老年护理、月嫂、保洁等服务的家政企业。30.64%的居民表示在 30 分钟生活圈中有家政服务企业网点，表明金山家政服务市场供给已经达到了一定的规模。

3. 家政服务专业化、职业化水平不断提升

金山家政服务质量和产业链不断优化，如专门为长期护理保险参保居民(简称长护险)提供护理人员的专业化公司，承接全区长护险的护理服务工作。许多家政服务人员接受专业化和职业化培训，从业人员综合素质不断提高。这些专业化家政服务企业的成长壮大，为金山区城乡居民提供良好的家政服务。

4. 家政服务业发展促进人力资源社会化合理配置

家政服务的有效供给，将职业女性从繁重的家务劳动中解放出来。同时，一定程度上缓解了金山城乡人民的就业压力，尤其在解决本地劳动力就业、“4050”群体就业、转移农村剩余劳动力等方面发挥重要的作用。

(二) 金山家政服务业发展制约因素分析

金山区家政服务业正处于起步发展阶段，无法完全满足家政服务市场需求，尤其是在家政企业经营发展、市场需求引导、从业人员职业专业化进程等方面不能支撑家政服务业的高质量发展。

调研发现，多因素共同制约金山区家政服务产业快速发展。其中，从业人员专业能力不强是首要因素，其他因素依次为服务质量不高、有效需求不足、有效供给不足、市场价格不合理、供需结构不匹配等。

1. 家政服务人员专业能力不强

金山区家政服务人员总体素质不高，除“月嫂”行业外，其他家政行业的从业人员，参加过由政府组织的专业职业技能培训的人数不到10%。从业人员整体培训参与率和积极性低。同时，由于从业人员以“4050”群体和农村剩余劳动力为主，接受培训难度较大。

2. 家政服务人员服务质量不高

家政服务从业人员综合素质不高导致家政服务总体质量受到影响。调研显示，从业人员整体文化程度和服务技能偏低。而雇主对家政服务人员的基本要求中，人品、道德要求排第一位；40.4%的居民反映要强化从业人员的职业教育培训，并加强市场监管。

3. 家政服务人员权益保障不力

调研显示，大约35%家政服务人员的日工作时间在10小时左右，28%的家政服务人员不能享受周末。60%以上的家政服务人员未参加任何种类的保险，50%以上家政服务人员未与家政服务机构或雇主签订劳动合同。由于市场不规范，缺乏有效的手段和措施约束雇主行为，导致一小部分从业人员的合法权益受到侵害。从维权途径来看，90%的家政人员选择辞职或默认，10%的人选择中介、妇联或其他正式维权机构，维权意识有待增强。

4. 家政服务企业市场竞争力不强

金山区家政服务企业多数只能提供低端的简单家务劳动服务，难以提供专业化的高层次家庭服务，家政服务还处于价值链底端，且大多为生存型创业者，机会型创业者少，做强做大乃至做出品牌的更少。创业者面临创业资金少、技能人才紧缺、员工素质参差、经营理念传统等困难，缺乏现代企业经营管理模式，一定程度上制约了家政服务企业竞争力。

5. 家政服务市场供需匹配度不高

金山区家政服务市场供需匹配度不高，不能满足家庭服务市场需求。家政企业面临市场供给不规范，缺少市场监管的外部问题和管理不规范、提供的服务质量不高、缺乏自律意识等内部问题。

二、金山区家政服务产业提质扩容的对策建议

加快金山区家政服务产业发展，需要加强对家政服务产业发展的顶层设计，促进金山家政服务产业全面健康发展。为此，金山区提出“十四五”期间加快家政服务产业高质量发展的“12345”战略。

（一）确立1个产业发展目标

金山家政服务产业发展目标是：促进家政服务产业高质量发展，满足千家万户生活高品质提升。

金山区家政服务产业发展要深入实施“两区一堡”战略定位，全面对接金山区“十四五”经济社会发展总体战略，将家政服务产业发展纳入金山产业发展总体框架之中。经过五年发展，要把家政服务产业逐步打造成为金山区现代服务业的重要产业之一，形成上海家政服务产业的金山高地。

（二）构建两大产业发展基地

未来五年，金山家政服务产业发展依托研发基地，建设两大家政服务产业发展基地。第一，建设“家政服务职业化发展研发中心”。该中心的定位是研究和制定家政服务企业管理和职业技术标准，组织开展家政服务职业技能培训，为上海乃至全国培养一大批金管家、健康照护师等。该中心主要依托上海中侨职业技术大学、金山食品科技学校、上海开放大学金山分校及社会化培训机构等组织实施，设置多样化、差别化的家政课程，并依托这些学校或机构建设10家左右家政服务职业实训教室。

第二，建设“职业资格培训与认证中心”。该中心的目标是在为家政服务企业和从业人员提供职业培训的基础上，全面打响“上海湾区 · 健康金山”品牌，进一步延伸服务领域，打造面向大上海、辐射长三角的覆盖各类现代服务业的

职业资格培训与认证基地。

（三）培育3家以上领跑家政平台型企业

“十四五”期间，金山要培育3家以上具有区域引领和示范效应的领跑家政平台型企业，鼓励企业走出金山、走出上海，迈向长三角，使之成为上海市乃至长三角地区知名的现代家政服务企业。推动“家政＋”养老、托幼、健身、电商等行业融合发展，推动家政服务进社区，探索家政行业和制造业相结合，实现“1＋1＞2”的效果。

（四）聚焦4项产业支持重点

第一，强化家政服务产业的政策支持。要进一步完善家政服务产业政策支持系统的设计，梳理现代服务业的扶持政策，并针对家政服务产业发展需求，在税收优惠、市场准入、金融保险等多个方面落实好国家、本市有关政策。

第二，强化家政服务产业的人才建设。进一步完善政策措施，探索构建家政服务技能人才培养培训、评价激励等机制，为技能人才的持续快速发展奠定基础。加大家政服务等高技能人才激励政策宣传力度，营造尊重人才、崇尚技能的良好社会氛围。

第三，强化家政服务产业的市场监管。进一步完善家政服务产业的市场体系，加强市场需求引导，强化市场供给监管，确保家政服务市场的健康发展。

第四，强化家政服务产业的保障服务。加强劳动法律法规宣传，积极畅通家政服务人员劳动维权渠道。进一步贯彻落实国家、本市有关政策，积极使用各类专项资金，帮助家政服务企业解决经营和发展的困难。

（五）实施5项产业支持举措

1. 强化从业人员职业培训，提高从业人员综合素质

将家政服务纳入职业技能提升行动工作范畴。依托区内有资质的培训机构，积极开展家政服务、母婴护理、养老护理等与家政服务产业相关的职业技能培训，对符合条件的培训人员，按规定给予培训补贴。

支持家政服务企业开展员工职业培训。鼓励家政服务企业建立员工培训制度，给予本区员工制运作的家政服务企业地方教育附加专项资金，支持企业组织开展职工技能培训。

开启企业技能人才培养新格局。鼓励家政服务人员参加职业技能大赛，以赛促培，通过参加不同层次的比武竞赛培养优秀技能人才。

2. 推动家政企业转型升级，提高家政服务质量

加强家政服务行业协会建设，规范行业发展。进一步建立健全金山家庭服务行业协会工作，鼓励行业协会发挥家政服务企业的指导作用。将家庭服务行

业协会纳入金山重点行业协会建设行列，并建立金山行业协会准入制和准入标准。

培育家政服务重点企业，增强市场竞争力。要加快培育一批能够承接中高端家政服务项目、专业化水平较高的重点企业。

鼓励家政企业特色发展，推动服务市场细分。鼓励我区家政服务业走专业化道路，大力发展家政电商、“互联网 + 家政”等新业态。培育一批具有区域引领和示范效应的龙头企业，形成家政服务业知名品牌。

3. 完善家政产业市场体系，强化家政服务市场监管

推动家政服务企业进社区。鼓励家政企业在社区设置服务网点，落实好支持养老、托幼、家政等社区家庭服务业发展的税费优惠政策。

强化家政服务市场监管。定期发布家政服务市场指导价格标准，开展家政服务质量监测，强化家政服务市场规范和社会监督，建立家政服务质量第三方认证制度，进一步强化家政服务市场监管力度，消除家政服务市场乱象。

建立家政服务纠纷常态化多元化调解机制。进一步畅通消费者诉求渠道，发挥家庭服务行业协会、消费者权益保护组织等作用，及时、妥善地处理各种投诉和举报。

4. 完善家政服务产业生态，优化家政产业发展环境

加大家政服务行业宣传力度。大力宣传家政服务在提高家庭幸福方面的特殊作用，提高全社会对家政服务行业的认同感、感受度。

切实保障家政服务人员的合法权益。推动使用家政服务统一合同，切实维护家政服务从业人员的劳动保障权利。最大限度把家政从业人员组织到工会、妇联中来，保障其合法权益。

培育宣传家政服务先进典型。在全区范围内树立一批爱岗敬业、技能扎实、服务周到的模范家政服务企业、人员典型，并在评选区级各类先进中适度向家政从业人员倾斜。

推动发展员工制家政企业。员工制家政企业应依法与招用的家政服务人员签订劳动合同，按月足额缴纳城镇职工社会保险费；家政服务人员不符合签订劳动合同情形的，员工制家政企业应与其签订服务协议，家政服务人员可作为灵活就业人员按规定自愿参加城镇职工社会保险或城乡居民社会保险。

建立健全家政服务人员岗前和年度健康检查制度。对于特殊家政服务上岗人员，建立严格的健康检查制度。将长期在社区提供家政服务的从业人员纳入社区健康服务体系。

5. 推进家政服务标准建设，提升家政服务规范化水平

加快建立家政服务人员持证上岗制度。政府通过多种方式，探索建立覆盖

全区的家政持证上岗模式，并在公共信息平台上实施诚信监管。

建立家政服务的信息化管理系统。实施信息化管理，通过家庭服务行业协会建立家政服务人员的基本资料信息库，推动建立完善的家政服务诚信体系。

建立家政服务工作协调机制。确保推进家政服务产业发展的各项政策措施落实到位。

金山区妇女联合会

基于儿童友好空间营造的城市规划建设探索

2021年9月30日，经国务院批准，国家发展改革委等23部门联合印发《关于推进儿童友好城市建设的指导意见》，该意见的社会政策友好章节提出，城市规划要体现儿童视角，要以“1米高度看城市”，制定城市各类儿童友好空间与设施规划建设标准，完善城市功能布局和优化公共空间设计。此外还提出推进儿童友好城市建设的相关措施。《中国儿童发展纲要（2021—2030年）》也涉及儿童健康、安全、教育等方面内容，并明确提出要建设一批国家儿童友好城市。由此可见对于儿童的重视、培养与关爱，正在成为国家和社会关注的热点。国际上第一部有关保障儿童权利的、具有法律约束力的约定是1989年的《儿童权利公约》，规定了儿童有权利生活在一个卫生、安全的环境中，并提出儿童权利应该作为城市发展的核心要素。1996年首次提出“儿童友好城市”（Child Friendly City）的概念，其内涵为听到儿童心声，并将实现儿童需求、优先权等权利纳入城市治理体系。2004年联合国儿童基金会发布儿童友好城市的行动框架，提出在城市建设中维护儿童诸如在街道独自安全行走、与朋友见面玩耍和生活在不受污染的绿色环境中等12项权利。至于儿童友好城市的建设，则是要求在城市和社区建成环境设计中增加儿童视角，对城市道路、公共空间、活动设施等进行设计，在城市建设中兼顾儿童利益和使用需求。

2019年上海市启动部署儿童友好社区试点工作，并提出到2020年底，上海拟建成50个以上具有示范效应的儿童友好社区示范点，进而在全市推广。自2019年起，松江新城内的方松、岳阳、中山、广富林等4个街道成功创建上海市儿童友好社区示范点，增强了新城儿童的幸福感和满意度。本文基于儿童成长空间友好的命题，从城市规划建设视角，在“十四五”期间上海加强新城建设的背景下，以松江新城为例，探索儿童友好社区建设的对策，旨在为上海建设儿童友好社区提供参考。

a 方松街道儿童之家内景

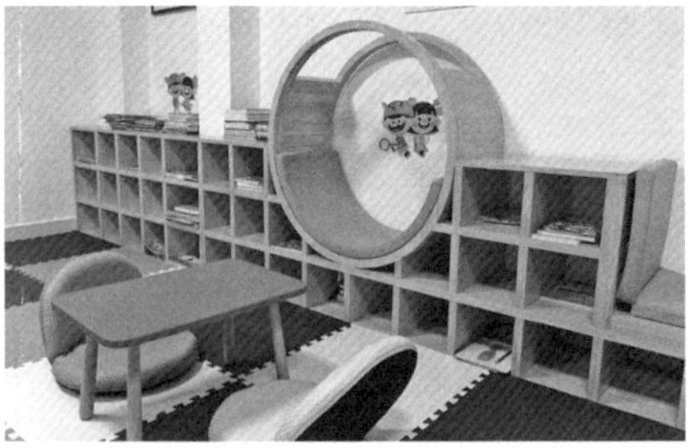

b 儿童之家图书角

c 儿童之家活动海报

图 1　松江新城儿童友好社区试点街道建设场景

一、现状概况

(一) 率先建成儿童服务中心，创新工作机制和政策措施

2019 年，松江区妇儿工委制定了《关于开展松江区城乡社区"儿童之家"规范化建设的实施意见》，明确了工作目标、原则、项目功能等内容，并将其纳入政府的发展规划和年度区级实事项目，落实年度专项经费，推进实施。同时，成立了松江区"儿童之家"建设工作联席会议，几个成员单位协同推进儿童友好社区创建工作。(见图 1)实事项目在全市儿童友好社区率先启动建设，在全区先行先试，同时是为儿童友好创建积累了先期经验。

(二) 尊重儿童权益，启动儿童参与和宣传活动

松江区开展了"萌童乐园 · 儿童之家"LOGO 征集活动，以儿童视角选定儿童之家的卡通人物形象，区妇联邀请文翔、白云等 4 所幼儿园中班、大班的孩子，以投票的方式选出代言人"萌萌""童童"的形象；并制作宣传品发放推广，包括孩子喜爱的贴纸、小书包、运动器材、益智玩具、绘本图书等宣传品，凸显"儿

童优先”“儿童利益最大化”的城市发展理念和价值观。

（三）实现资源共享互助，协同共建儿童友好社区

松江新城在儿童友好社区工作创建中，发挥区、镇、居村3级妇儿工委的分工协同作用，研究确定“儿童之家”点位，先后完成区级妇儿发展中心“小豆豆成长乐园”，居委会级如方松街道翔弘邻里中心、中山街道同济雅筑、广富林街道上林社区、三湘四季托育园、岳阳街道方舟园等儿童之家的建设。松江区妇联与团工委、教委、服务办等各条线资源共享，协同组织开展儿童活动并建立活动品牌。充分利用优生优育服务指导中心资源，各街道各中心开展对于0～3岁幼儿及其家庭，公益性亲子活动和家庭指导类活动，挖掘利用其他活动阵地及资源，将其纳入儿童服务中心和站点，实现资源共享共建。

（四）“15分钟社区生活圈”建设引入儿童友好主题

在松江区“15分钟社区生活圈”的推进建设中，“儿童友好”主题得到广泛的社会认同：“小小规划师”活动则体现了儿童参与城市规划；老旧小区开展的社区微更新既极大地提升了居民的幸福感和满意度，也为儿童成长友好空间建设拓展了新的思路和途径。

二、存在问题与挑战

（一）实施目标和措施上，与“卓越的全球城市”尚存在差距

从松江新城4个街道成功创建为首批上海市儿童友好社区示范点的配置标准上看，仅局限于街镇层面的儿童服务中心和社区层面的儿童之家。如“萌童乐园”“儿童之家”等示范场所，街镇级儿童服务中心面积不少于300平方米（含室内外），居村儿童之家面积不少于50平方米（含室内外）。可见，新城儿童友好社区的创建还停留在儿童之家的设施上，并未普及到学校、街道、公园和公共开放空间等区域。而国内一些城市，如深圳市提出“建设中国首个儿童友好型城市”“从1米的高度看城市”的建设目标，长沙市建设“爱心斑马线交通工程”等措施，已取得显著成效。

（二）城市规划管理上，缺少相关技术标准和指引

在当前国土空间规划体系下，缺少专门针对儿童空间友好方面的规划内容或指标体系。在总体规划层面，缺少与儿童生活紧密相关的基础教育、道路交通、休闲娱乐等关爱型指引与说明；在详细规划层面，对于儿童活动场地、居住小区儿童活动空间、儿童友好型街道设计等刚性管控要求不明确；在建筑管理层面，除类似基础教育建筑设计规范外，还需进一步增加在公共建筑区域中儿童友好空间和设施布局的相关规范。

(三) 城市环境建设在“儿童优先和儿童视角”方面有待加强

1. 城市邻里关系陌生化

随着松江新城城镇化快速发展,传统的村庄、院落、街巷关系不再,社区内人群的生活环境和交往方式发生显著改变,居住建筑逐渐呈现高密度紧凑型发展趋势。家长和孩子与同社区人群的交流机会和场地的缺少,造成新城内儿童交往、聚会和活动的形式、场地变化。

2. 儿童独立活动性不高

调查数据显示,松江新城内约有 51.2% 的儿童乘坐私家车上学,不足 29.4%的儿童步行上学,10.3%的儿童乘坐公共交通工具上学。儿童所拥有的“独立活动性”,其实是“依赖成人的活动性”或者“依赖汽车的活动性”。儿童独立探索自己所处环境的自由受到限制,路径友好的环境缺失。

3. 学习时间长,活动轨迹单一

对松江新城的调查数据显示,儿童活动的大致轨迹是兴趣辅导班——社区和家庭。工作日,儿童的时间大多被作业占据,他们在社区内外的活动较少,活动主要场所是家里;双休日,儿童要上兴趣辅导班或在家做作业,他们在社区内外的活动有所增加,但是活动的主要场所仍是家里。

4. 儿童之家等活动空间配置有限

对松江新城创建儿童友好社区的调查显示,松江新城完成了区级、居委会级等 9 家儿童之家的建设,0~18 岁儿童在方松街道有 2.2 万人、广富林街道有 1.6 万人、岳阳街道有 1.5 万人、中山街道有 2.0 万人,儿童之家的场地面积分别是 800 平方米、255 平方米、50 平方米和 150 平方米,合计建筑面积约为 1 350 平方米。这在构建百万人口规模的松江新城、打造长三角独立的综合性节点城市面前,稍显逊色。调查显示,松江新城在服务儿童基本需求的公益性设施,如婴幼儿培育中心、幼托机构、社区幼儿保健中心等方面建设不充分,分布不平衡。特别在老旧城区,针对儿童的教育、医疗、娱乐设施等资源配置均有较大缺口,无法满足区域内儿童的需求。

5. 儿童参与有待升级

调研显示,松江新城儿童友好社区建设未能充分地凸显儿童作为主体的参与性。如儿童之家和少儿图书馆等活动场所本应立足服务儿童及其家庭,但现实是由政府主导推进,更多表现成人的认知和认同。同时,在社区活动的策划、活动场馆的定位等方面大多是以成年人视角来设计与推动,缺少对儿童真实需求的重视。

三、国内外案例借鉴

（一）荷兰鹿特丹：塑造多样化儿童活动空间

荷兰鹿特丹通过尊重儿童的好奇天性，增强儿童活动场地的自然性，营造非正式儿童活动空间，为儿童提供认知自然、熟悉自然的场所；在公共空间设计上，不仅提出了儿童游戏区、室外活动区的尺度规模、服务半径配置标准，同时还强调将绿色环境融入场地设计，增强场地的自然性，为儿童提供更多接触自然的机会。

（二）日本流山市：建设“育儿友好型”服务设施

日本流山市位于东京都市圈千叶县，是日本东京大都市圈的新城之一。鉴于东京少子化和老龄化的困境，流山市策划了亲子宜居型城市建设项目，通过营造儿童友好型城区环境，吸引双职工家庭居住。

流山市根据家庭在怀孕、生产、哺育、教育等不同时期的育儿需求，营造多样化的育儿空间，包括母子保健中心、儿童支援中心、儿童图书馆、哺乳室等设施；提供活动支援类服务，包括家庭教育咨询、儿童参与活动、邻里互助活动等；同时结合各年龄段孩子的心理特点和活动场地需求，改善儿童设施配置，以保障儿童使用的舒适度。

（三）深圳市景龙社区：打造儿童友好社区

深圳市景龙社区包括 5 个城中村、1 个 1990 年代建成的花园小区和 1 处建设中的楼盘，具有密度高、建成度高等特征，同时存在开放空间少、集中绿地少、儿童活动场地不足等问题。在社区微更新中，景龙社区提出要建成儿童友好城市生态系统，并给出了优化方案。

四、松江建设儿童友好新城的对策建议

（一）保障儿童合法权益，健全儿童友好社区建设的体制机制

一是市区两级政府部门加强组织领导，形成市区两级儿童友好型城市建设领导小组，全力推进儿童友好社区建设工作。二是在空间规划布局和公共设施规划建设上，由妇联、民政、规划资源、交通、绿容、住建、环保等部门按照职责协同推进工作，统一部署、统一协调、统一建设。三是研究出台儿童友好型城市空间导则，明确儿童空间友好规划的建设目标和标准等，指导各层级儿童友好空间规划布局，确保各类友好空间和设施按照 15 分钟社区生活圈布局和落地建设。

（二）增强规划引领作用，以法定规划落实儿童友好空间布局

1. 国土空间规划中增设儿童友好空间规划方案

建议在国土空间规划体系中，增设儿童友好空间规划布局内容，确定目标

要求和指标参数，在市级、区级、社区级等儿童活动场地的设置、设施、慢行系统的规划布局等方面，提出不同的指导意见。在详细规划层面，研究配置标准，并增加在基础教育、公共空间、交通线路、儿童活动设施、社区住房等方面对于儿童友好社区的空间关爱篇章。

2. 开展儿童友好社区布局专项规划

建议以街道或社区为单元开展儿童友好社区布局专项规划，摸清儿童人口数和各类儿童设施、空间规模底数，按照社区儿童的年龄结构和未来儿童规划发展趋势，以需求为导向，布局相关的设施、场地和场所，以便科学合理地推进儿童友好社区创建工作。在现状评估、案例分析、儿童意见征询等环节后开展方案规划，提出儿童友好学校、友好街道、友好公共设施、友好公园等建设目标，制定基础教育设施提升、通学道路优化设计、学校周边交通管理、公共建筑儿童活动空间提升等方案。在户外活动场地的布局上，研究在社区 1 千米半径范围内配置青少年活动场地，500 米半径范围布局一定规模的儿童活动场地，300 米半径范围内布局儿童活动区等。

3. 制定和实施儿童友好社区建设行动方案

为进一步加强儿童友好社区创建成效，建议开展行动方案编制工作，以目标和需求为导向，在专项规划的成果上制定 3 年或 5 年行动计划，明确任务和责任单位，落实资金投入，确保项目建成。建议参考《深圳市建设儿童友好型城市行动计划(2021—2025 年)》在“十四五”时期的目标要求，全域拓展儿童友好空间建设，并建设儿童友好医院和公共图书馆，建成若干儿童专类公园和儿童活动阵地。

(三) 以儿童优先和儿童利益最大化为指向，“1＋X”推进儿童友好空间项目规划建设

1. 鼓励儿童参与城市规划

“开门做规划”“新城规划听您说”是近期新城规划推进中突出“人民城市人民建”的重要环节。建议开展儿童参与城市发展规划议题，探索儿童代表参与社区建设的方案，让儿童对涉及儿童相关事务的问题提出建议和诉求，如组织儿童参与公共设施、学校、图书馆、医院等项目在设计方案阶段的意见征集活动等。

2. 推进形成“1＋X”儿童友好空间规划建设体系

2006 年荷兰鹿特丹曾被投票选为儿童成长中最不受欢迎的城市，随后鹿特丹共花费约 1 500 万欧元打造儿童友好型城市，创新提出“儿童友好”涉及公共空间、交通路线、设施和住房友好 4 个模块，并对每个构成模块制定相应的技

术要求，指导11个试点街区规划建设，并通过后续的监测体系来评估“儿童友好”社区建设成效。在上海推进新城发力建设过程中，建议结合新城“十四五规划建设行动方案”，推进形成“1 + X”儿童友好空间建设体系。“1”即形成一份社区友好空间建设工作方案，“X”即分项完成的儿童友好空间类型，包括居住社区类、绿地系统类、道路交通类、基础教育类、公共设施类等。

五、结语

在当前“双减”的背景下，儿童逐渐摆脱了繁重的课业和补习班，可以有更多时间参与到社区活动中。与此同时，国家发改委发布了《关于推进儿童友好城市建设的指导意见》，儿童成长友好空间的营造需要全社会更多的关注与思考。正值“十四五”开局之年，上海五个新城发力，一批具有集聚度、显示度和高等级的公共服务设施项目正在加快建设，建议以此为契机，植入儿童成长友好空间营造理念，同时在城市规划管理上制定相关导则与法定规划，做到有法可依、有章可循，并按照计划逐步落实到国土空间规划中，按照财政资金安排和开发进展逐步落实到项目建设中，确保儿童友好空间布局的预留和项目实施建设。除了成长空间布局和设施建设等“硬件”之外，在社会友好、公共服务友好、权利保障友好、发展环境友好等方面建设也需同步。这是一个庞大的儿童友好城市生态系统，关乎新城发展中近期人口集聚度、青年人才吸引力和城市公共服务水平的提升，更关乎城市发展的未来。

松江区妇女联合会

深化妇联改革成果
加快推进“温暖家”治理体系建设

作为党联系妇女群众的桥梁纽带，深度参与基层社会治理，助力市域社会治理现代化，是妇联组织的使命所系，职责所至，也是优势所在。长期以来，青浦区妇联始终坚持人民城市理念，做到重心下移、深耕基层，创新载体、延伸手臂，团结带领各级妇联组织、妇联干部、妇女群众在参与党建引领基层社会治理、加快推进青浦“温暖家”治理体系建设中履职尽责、彰显作为。

一、探索女性主体作用，凝聚社会治理“她”力量

执委扩容，实现“一社区一队伍”。妇联执委是妇女工作的带头人，也是“领头雁”。群团改革后，青浦区三级妇联执委全面扩容，总人数达到5 500余人，为改革前的四倍，成为妇联组织最具潜力的资源储备之一。越来越多的社区骨干、“两新”组织、公安民警、律师、医务教育工作者、文化界人士等各行各业女性代表进入妇联执委队伍。同时，在党建引领下，居民区的执委队伍普遍涵盖到社区物业、业委会女性代表，通过交叉任职等方式，既帮助执委提升参与社区治理的能力和水平，同时也有利于居民区妇联帮助社区妇女解决民生实际问题。随着基层治理的精细化，一些村居妇联甚至在推动执委“进网格”上下功夫，引导执委在基层治理微网格中担任起“一格之长”，负责起网格内妇女群众引领、联系、服务的工作。比如，重固镇福定居民区妇联建立以“走进一个格、带好一群人、建立一个群、记好一本账、服务一群人”以及“清、访、登、到、助”为主要内容的执委进网格“五五工作法”，起到了很好的示范引领作用。

五领行动，推进我为妇儿办实事。为更好地发挥人数众多、结构多元的妇联执委作用，区妇联提出了妇联执委“五领”（领学、领讲、领颂、领办、领干）行动

计划，动员执委到社区妇女群众中去争当“四史”学习的带头人，党的历史宣讲人、党的恩情的传颂人。各级妇联深化落实执委“五领”行动，持续探索完善各项工作机制。目前，三级妇联普遍建立起执委联系妇女群众制度，比如，村居妇联执委联系妇女代表和一定数量的妇女家庭；街镇妇联执委除了直接联系妇女群众外，还结对村居、“四新”领域妇联或妇女之家；区妇联执委以团组形式进行片区结对共建，并每年集中开展妇女需求调研月活动。三级妇联执委深入推进“大走访”活动，在常态化联系、走访、结对、共建中，更加全面地了解妇女群众的需求，更充分地听取群众对妇联工作、妇儿事业，村居社区的意见建议，对自身工作和执委身份有了新的认识。

妇女微家，打造身边的暖心娘家。伴随执委对于妇联工作的了解，一些条件成熟的村居妇联开始探索在执委家中设立妇女微家来联系周边群众。通过妇女微家这一阵地，执委能更好聚集周边妇女群众，达成定期或非定期活动频率的“约定”，同时微家这种源于基层妇女群众习惯的模式，能营造普通妇女群众更为放松、更为自在的沟通环境，到妇女微家“坐一坐、聊一聊”成为很多妇女群众茶余饭后的一种习惯。对妇女群众而言，妇女微家也提高了大家获取妇联信息、参与妇联活动、获得妇联服务的便捷性和可及性。

多元共建，联手打造社区她网格。妇联执委除了自己发光发热外，还联动社区中的先进女性、巾帼志愿者等女性群体，在社会治理的“最后一米”发挥更大作用。比如，结合国际志愿者日、春节、中秋、端午等节日节点，开展“邻里守望・姐妹相助”巾帼志愿服务活动，为孤寡老人包粽子、送月饼、打扫家务，为困难妇女解决困难、化解矛盾。再如，在全国文明城区复审期间，广泛参与到“上善巾帼志愿行”“美丽家园巾帼行动”之中，为扮靓“上善之城”做出了积极贡献。

二、立足家庭家教家风，发挥社会治理“她”作用

厚植家庭文明，以家庭文明助推社会文明。在第十三届全国五好家庭评选活动中，来自青浦白鹤镇的衣爱娟家庭荣获全国“五好”家庭称号。衣爱娟几十年如一日悉心照料婆婆、养母和生母，敬老孝老的美德和良好家风，已被乡邻传为美谈。多年来，区妇联通过常态化寻找“最美家庭”“文明家庭”“绿色家庭”等特色家庭，以“晒、议、讲、展、秀”活动为重要载体，让家风家训“看得见”“摸得着”，热心公益的费叶青家庭、齐心抗疫的徐仁磊家庭、爱岗敬业的缪贤盛家庭纷纷涌现到青浦大众面前……全区近 700 户家庭形成“最美家联盟”，他们言传身教以榜样力量诠释“家”与“爱”。以家庭正能量助力“温暖家”建设，区妇联认真挖掘故事亮点、创新宣传载体，用百姓通俗易懂的青浦方言讲述家庭故事，连续五年开展“价值观引领新风尚　好故事传递正能量”百场巡回故事会；拍摄

《老物件穿越时光·好家风延绵青浦》《上善好家风》系列短片，打造金泽镇莲湖村家风长廊，让好家风的种子播撒到每个人的心田上，让好家风助力好社风。这些先进家庭也在所居住的村居社区发挥好“最美力量”，展现出新时代家庭的良好精神风貌，在厚植家国情怀、传承优良家风、弘扬文明新风等方面树立标杆、做出表率。

夯实家庭教育，以家庭教育培育时代新人。“青春期的孩子正在为自己的成年做哪些准备?”“父母应当如何做才能有助于青春期孩子的发展?”在区妇女儿童指导中心，一场“上善家长智慧课堂”正如期开展，像这样的家庭教育讲座也定期下沉到各个村居“妇女之家”、家长学校。“双减”政策发布之后，孩子们的负担轻了;《家庭教育促进法》实施后，家长们的责任重了。为了提升家庭教育工作科学化、规范化和法治化水平，区妇联常态化实施妇儿家庭公益服务项目，加强各类女性社会组织培育指导，以购买、合作、领办等多种方式，让妇女儿童享受“一站式”服务。如开设 177 门家庭教育指导课程，形成服务菜单下发到全区 320 个社区家长学校，推出家庭教育指导服务进社区、家庭教育“四进”项目、“上善家长智慧课堂”、“七彩课程”等各类专业活动，五年来线上线下服务近 20 万人次;与区教育局联手实施家庭教育指导服务项目，成立家庭教育讲师团;与区图书馆合作实施“家庭图书馆”项目，深化“跨·阅”亲子阅读修身计划，鼓励孩子走进社区，发扬志愿精神，共享幸福生活;党史学习教育期间，组织开展“红色百年　立德树人”美丽青浦探寻之旅、“红歌载德 情满家园”家庭歌咏大赛等，持续培树儿童爱国主义情感。此外，各级妇联组织还聚焦家校社联动机制做出了许多有益的探索，帮助社区居民探索正确的家庭教育方法，引导优良家风、家训的形成，进一步提高了社区居民的幸福感和获得感。比如盈浦街道妇联以“送你一朵小红花”为主题，引导儿童在社区开展志愿服务、查询问题、建言献策、宣传贯彻等活动，让“小红花”们更好地了解、融入所生活的社区环境，汲取成长的能量。

化解家庭矛盾，以家庭稳定促进社会和谐。家庭暴力严重危害家庭成员的身心健康，成为影响社会稳定的重要因素。面对社区家庭中的不稳定因素，区妇联重点深化婚姻家庭辅导行动，依托女法律工作者联谊会+律师+心理咨询师+人民调解员的专业优势，在区公共法律服务中心、区诉讼服务中心、区婚登中心、区妇儿中心提供“四位一体”维权服务(信访接待、人民调解、心理疏导、法律援助)。同时，在各个街镇、村(居)设立婚姻家庭纠纷调解室，在基层派出所建立家庭暴力案件受理点，在法院建立妇女维权合议庭，积极化解婚姻家庭矛盾。近五年来，共收到锦旗 10 面，服务接待4 600余人次，制作书面调解协议 336 份，走访重点高危家庭 235 户，排查隐患问题 67 个，收集意见建议 45 条，有效预防了婚姻家庭纠纷发生，维护了社会和谐稳定大局。

深化儿童友好，优化社区儿童成长环境。结合青浦“幸福社区”创建，各级妇联组织还先后启动市儿童友好社区示范点建设，依托街镇党群资源、儿童服务中心和村居儿童之家，以嵌入式、菜单式、分龄式服务为儿童打造环境友好、设施齐全、服务完善的 15 分钟社区生活圈。如位于长三角一体化示范区内的金泽镇妇联在淀山湖畔的东西村幸福大厅开辟了儿童读书角，在户外增设儿童游乐场，还配备了儿童议事厅，通过“爱心筑梦 点亮未来”系列活动、“零距离邻助力”帮困助学主题活动，让美丽乡村伴随儿童快乐成长。

三、打造数智妇联平台，创新社会治理“她”模式

建好“云上平台”，创新治理新模式。自 2015 年以来，区妇联以“青浦女性”微信公众号为重要载体，联动妇联系统新媒体矩阵、姐妹群等，形成了广泛引领联系服务广大妇女群众的重要平台。“青浦女性”微信公众号持续推出具有妇联特色的内容丰富、形式多样的网络文化产品，以“她家园”“她微网”“她驿站”等版块服务广大女性，打造线上线下两条战线、虚拟现实两个空间的妇联工作新格局。为了以妇联工作数智化，实现社会治理信息化、思想引领可视化、引领发展集群化，又创新打造“数智妇联”工作平台，激活更多妇联应用场景，实现服务网上受理、信息网上共享、温暖网上传递。随着“数智妇联”的日趋成熟，“娘家人”真正能够做到保持 24 小时在线，为广大妇女儿童提供法律咨询、心理疏导、反家暴救助等服务。比如，“反家暴一件事”联动区“幸福荟”反家暴联盟理事单位，通过流程再造和信息共享，整合部门资源、优化业务流程，实现一站式联办、一体化服务；“姐妹情互助保险参保查询”让参与互助保险变得更为便捷，妇女群众投保后可以通过微信扫描二维码形式，查询相应的承保信息。再如，“儿童友好地图”让大家动动手指，即可查询身边的儿童友好社区点位。

开设“云上课堂”，宣传引领多样化。“数智妇联”可以打破时空限制，让引领在“云”上、活动在“云”上成为了可能。“WOMAN 在行动”“温暖家”“执委五领”微专栏，“有一种力量叫巾帼志愿者”“小家传大爱，共筑家国梦”“开启依法带娃新时代”等专题，向妇女群众描绘一个个先进形象，激发了温暖人心的力量；国际家庭日暨家庭教育宣传周线上主题活动、“执委五领”云课堂、“爱在云端 童心守护”云服务，根据妇女儿童关心的实际策划开展活动，让大家“宅家”不寂寞；“心妍驿站”云直播、“婚姻家庭热点法律解读”云辅导等，进一步缓解居民群众的情绪压力、解决家教困惑……区妇联通过网络这一渠道，将 200 余期丰富多彩的课程资源线上配送至社区家庭，覆盖近 7.4 万人次。另外，还通过“邻家妈妈云上牵手”项目，为困境儿童、特殊家庭提供点对点关爱服务；通过各类网络求助，及时对接区内资源，协调解决孕产妇特别是来沪人员孕产妇就医、住宿和保供等诉求，妥善解决妇女群众热线求助个案等 30 余件。面对后疫情时代的到来，区妇联持续将“巾帼大学习”“巾帼大宣讲”等内容加载上网，推出“巾帼心向党 喜迎二十大”菁英思政课堂微视频课程，推动党的创新理论深入妇心，引导妇女群众听党话、跟党走。

探索“云上发展”，汇聚女性前行强动能。区妇联还尝试赋能“服务国家战略、岗位建功、科技创新、就业创业、乡村振兴”五大巾帼行动数字化理念，比如推出的“打造沪上乡村振兴首区”项目，突出“元宇宙”概念，邀请市女设计师沙龙在大数据时代跨界乡村振兴，发挥强大设计资源，打造富含青浦地域特色的数字艺术藏品进行发行，积极抢占数字经济赛道，以新创意、新业态、新模式助力新型职业女农民乡村振兴。再如，开展“青瑛汇创”创业女性计划，通过线上私董会、工作坊、女性沙龙等形式，为女性创业提供政策支持、培训指导、资源共享等。今后，如何将女性发展的智慧成果，通过“数智妇联”融入社会治理大局，链接到每个村居社区，惠及每个普通妇女，也将是妇联持续探索的内容与方向。

无论是区妇联提出的执委“五领”行动，还是街镇妇联探索的执委“领办”“轮值”，村居妇联倡导的执委“进网格”“建微家”，都让妇联执委深度融入到基层社会治理之中；寻找各类特色家庭，一系列的家庭家教家风建设活动为营造好社风创造了基础，“数智妇联”又为新时代下的社会治理高质量发展提供另一种思路。未来，区妇联将继续按照党建引领加强基层社会治理新要求，推进妇联组织嵌入治理体系、工作融入治理建设、力量加入治理队伍，展现出妇联组织在基层社会治理中的鲜明优势和特色，为青浦“温暖家”治理体系建设加载“柔性引擎”。

青浦区妇女联合会

奉贤区女性幸福指数研究报告

党的二十大报告明确强调，坚持把实现人民对美好生活的向往作为现代化建设的出发点和落脚点，“要增进民生福祉，提高人民生活品质”，把人民作为最重要的政绩，“必须在发展中保障和改善民生，鼓励共同奋斗创造美好生活”。

居民幸福感是体现社会发展水平的重要变量，幸福指数则是衡量居民幸福感的重要指标。奉贤区妇联以本区 18 周岁及以上的女性常住人口（包括农村户籍与非农户籍）为对象，使用多段随机抽样方式选取 750 份样本，结合本区的经济文化社会发展实际，对女性幸福感状况进行调研分析，提出提升奉贤女性幸福感的路径和建议。

一、奉贤区女性幸福指数总体特征

奉贤区女性总体幸福指数为 4.15（五分制），即幸福感很高。其中，幸福指数为 5 分的占 1.6%，4～5 分的占 63.6%，3 分及以上的占 97.5%，3 分以下的仅占 2.5%。

调研数据显示，奉贤区女性幸福指数总体特点如下。一是幸福指数：总体上奉贤女性幸福指数随着年龄增长而稳步上升，但 31～40 岁最低。二是婚姻状况和幸福指数：婚姻状况对女性幸福指数影响最为显著，离异和丧偶的女性幸福感低于平均水平；已婚女性中，婚龄与幸福指数呈 U 状态；3～7 年婚龄的女性幸福指数最低。三是职业和幸福指数：不同职业群体女性幸福指数有较大差距，党政机关、企事业单位女负责人最高，农业劳动者最低。四是收入和幸福指数：幸福指数总体上随着收入增加而上升，但个人月收入达到 2 万元、家庭年收入达到 30 万以上的女性，幸福指数反呈下降趋势。五是受教育程度和幸福指数：大学本科以上学历的女性幸福指数高于低学历的女性。六是户籍与幸福指数：外地来奉女性幸福指数总体高于奉贤本地女性，外地非农业户籍女性幸福指数最高，本地农业户籍女性幸福指数最低。

二、奉贤区女性幸福指数的分维度分析

（一）家庭关系维度

家庭关系维度是所有分析维度中与幸福相关度最高的。对该维度的各项指标进行分析，得出特点如下："家庭生活美满"是决定家庭关系和谐程度的最重要指标。大部分女性非常关注"家庭关系和睦"，在"与父母及公婆的关系"指标选项中，16.0%和17.5%的女性表示希望父母及公婆"能够照料子女家务"。在家庭分工方面，选择"做家务"和"照顾子女生活"的女性分别占63.1%和57.2%，而选择赚钱养家的仅占25%，85.5%的受访女性表示在家庭付出中感到快乐。在对婚姻的态度方面，94%的受访女性对婚姻有信心，但离异女性对婚姻的信心度很低，43%的离异女性表示对婚姻没有信心。在生育子女方面，40岁以下的受访者中，仅32.3%有愿意生育；不愿生育原因中，选择"经济压力大""养育成本高"选项的比例超过了60%。在家庭暴力等问题方面，2.4%的受访女性认为自己遭受过家庭暴力，农村女性遭受家庭暴力的比例略高于城市。

（二）自我发展维度分析

自我发展维度对奉贤女性幸福指数的影响权重位列第二，对该维度的各项指标进行分析，得出特点如下：在对自我发展的认知方面，受访女性普遍认为"能克服个人发展中的困难""对个人发展充满自信"。在对性别歧视的感受度方面，"我没有遭遇过性别歧视"均值是4.22，总体性别歧视情况不突出。从累积工作年限看，工作3年以下的受访女性的得分为3.92，低于其他区间的女性；从职业来看，生产制造等行业的工人、从事农林牧渔业者得分与其他职业群体相比偏低；从收入水平看，月收入2万元以上的女性得分较低，侧面说明高薪的女性在激烈的竞争中可能经历了更多的性别歧视。在自我能力发挥方面，认为"自我能力得到了发挥"的均值为3.99，阻碍自身工作能力发挥的重要因素依次被认为是"养育子女占了过多时间精力""自我发展动力不足""不合理的家庭分工""自我知识能力的限制"。

（三）精神文化生活维度分析

精神文化生活维度对幸福指数的影响权重位列第三，对该维度的各项指标进行分析，得出特点如下：在生活信念和社会价值观方面，"帮助他人使我感到快乐"和"有积极健康的生活信念和社会价值观"被认为最为重要。在兴趣爱好方面，从"我有健康的兴趣爱好并且乐在其中"指标看，未生育女性的得分高于

已生育女性，本地农村户籍女性得分最低。在对城市文化服务和活动的满意度方面，总体得分较低，从“上海举办的国内外文化活动和体育赛事满足我的审美需要”指标看，18～30岁的女性得分最高；未婚女性满意度高于其他群体，未生育女性高于已生育女性；个人或家庭收入与该指标呈现正相关关系，但收入2万元以上、家庭年收入30万元及以上的女性出现转折，满意度略低。对于社交生活的满意度方面，满意度整体较高，其中31.2%的受访女性认为最难处理的人际关系是婆媳关系。

（四）社会环境维度分析

奉贤区女性社会环境维度均值为4.10，在六个维度中位列第四，表明奉贤女性的社会环境幸福感良好。对该维度的各项指标进行分析，得出特点如下：在社会治安满意度方面，受访女性普遍“对邻里关系感到满意”“对上海的社会治安感到满意”，但社区环境满意度相对略低。在保障政策的知晓度方面，对于已婚及70周岁以上户籍女性“两病”筛查、免费婚检、免费孕检以及产前假、产假、哺乳假等政策，有10.3%的女性表示不了解；“上海公共政策中女性保障政策感到满意”的分值是4.09，说明奉贤女性对此比较满意。在公共服务的满意度方面，对于“您最希望政府实施以下哪项社会政策”的指标，近半数女性选择“提高女性的社会福利待遇”；对于“希望社区为女性提供的服务”的指标，选择最多的是妇女健身活动场所和妇女社交平台。

（五）身心健康维度分析

身心健康维度对幸福指数的影响权重位列第五，分值为4.18分。对该维度的各项指标进行分析，得出特点如下：47.1%的女性认为幸福来源于“个人身心健康”，重要性仅次于“家庭生活美满”。从具体指标看，“朋友带来的内心快乐”指标得分最高；“性生活满意度”与婚龄相关，婚龄20年以下的女性对性生活（含情感生活）的满意度高且比较稳定。

（六）物质条件维度分析

物质条件的满意度得分和权重在六个维度里都是最低的，分值为3.62分。对该维度的各项指标进行分析，得出特点如下：在家庭收支状况方面，63.2%的受访者表示对“近三年来，家庭收入变动情况”基本满意，且“对未来家庭的经济水平提高感到乐观”。在薪酬收入满意度方面“我对我的薪酬收入感到满意”指标分值只有3.27，是所有指标中得分最低的。此外，调查显示在家庭收入结构中，女性收入不占优势，但48.7%的女性占据家庭经济主动权，其次是夫妻共同管理的。职业对女性物质条件维度的影响明显，国家机关、企事业单位负责人的物质条件维度得分最高，其后依次是专业技术人员、生产和生活服务人员、个体工商户者、工人和农民。

三、存在问题及提升女性幸福指数的对策建议

2018年奉贤区女性的幸福指数为4.15，总体上具有较高的幸福感。但从数据的具体分析来看，存在的主要问题如下：一是奉贤区女性的职业状况呈现“两低一高”的特点：“两低”为担任党政机关/企事业单位负责人以及专业技术人员的比例偏低，“一高”指家庭主妇的比例高。二是对物质条件维度的满意度在六个维度里中是最低的。三是奉贤女性对所居住区域的文化设施、服务和开展的文化活动满意度略低。四是对提升女性权益保障以及进一步完善家庭政策和服务体系的期待高。针对上述问题提出若干建议。

（一）依法保护女性合法权益，提高女性就业创业能力

一是加大女性就业权益的保障力度。各部门联动，以《妇女权益保障法》的贯彻落实为抓手，通过加强宣传、狠抓落实、强化督查、有效维权切实维护女性就业平等权益、“四期”特殊权益、签订并持有劳动合同的合法权益，使女性权益得到有效保障。二是构建分类指导的就业培训体系，缓解女性就业的素质约束。针对职业女性开展相关业务培训；针对待业女性开展职业技能培训，同步加强“招工即招生、入企即入校、企校双师联合培养”为主要内容的企业新型学徒制试点工作。三是建立多层次多渠道的就业创业体系，鼓励女性创新创业。挖掘女性创业的优秀方案，培育和树立女性创业优秀典型，深化“创业创新巾帼行动”，进一步引领妇女建功立业；探索针对女性就业创业的小额担保贷款办法，建立女性创业发展专项基金，对基金的筹集、发放、使用进行管理、监督，保证基金运作透明化、长期化，支持女性发展。

（二）提高生育保险的受益率，提高公共服务的有效性

一是完善生育保险制度，扩大受益人群。保障现有生育金按规定足额发放，并适时适机地推动城乡居民医保与生育保险合并实施，完善和保障全社会女性的生育权和健康权。二是加大宣传、增加投入，进一步优化筛查项目。加大宣传力度，力争应检尽检；加大政府投入，对免费筛查进行项目优化；做好重症妇女跟踪随访，对筛查出的重症困难妇女开展“姐妹情”手术减免、“姐妹情”关爱保险等，将政府惠民实事项目落到实处。

（三）提高文化设施和服务可达性，丰富女性精神生活

一是立足发展，规划先行。在城市规划中，充分考虑文化设施和服务的可达性，将高质量、老百姓喜闻乐见的文化服务和活动送到女性身边。二是优化社区环境，营造健康生活氛围。在社区公共健身设施的统筹规划方面，要考虑

女性的需求；继续推动公共体育场馆和学校体育设施向社会开放，形成公共体育设施和社区体育设施相结合的健身场所。

（四）完善家庭服务体系，促进家庭幸福和谐和文化传承

一是完善婚恋和家庭关系辅导服务。将婚恋教育纳入中学和高等院校教育体系，加强早期引导教育。对适婚人群提供婚前保健咨询，免费提供婚姻家庭辅导，引导树立正确的婚姻观与家庭责任观。二是完善托育公共服务体系。加大投入、加强监管，着力推进社区幼儿托管点建设，逐步规范托育工作，解决职业女性的子女看护困难。

（五）注重妇女工作创新，探索提高女性幸福感的路径

着力加强基层妇女活动阵地建设，不断优化“妇女之家”“妇女微家”建设，并通过建立健全“妇女议事会”制度、打造“网上妇联”平台、建立群众工作的评价机制等，依托基层妇联组织建设，更好服务女性，同时发动引导广大女性积极参与社区治理。

奉贤区妇女联合会

崇明区妇联关于加强婚姻家庭纠纷预防化解工作的几点思考

家庭是社会的细胞，家庭和谐稳定是社会稳定的基础。近年来，随着经济社会的快速发展和人们思想观念、生活方式的深刻变化，婚姻家庭纠纷呈现易发多发的态势，数量居高不下，且形式多样、成因复杂、调处难度不断加大，若不能及时有效化解，极易引发非正常信访或群体性事件，甚至诱发刑事案件。加强婚姻家庭纠纷人民调解工作，及时妥善化解婚姻家庭纠纷，是构建和谐婚姻家庭关系、保障妇女儿童合法权益的迫切需要。习近平总书记在十九大报告中强调，要加强预防和化解社会矛盾机制建设，正确处理人民内部矛盾。推进婚姻家庭纠纷多元化解机制建设是加强预防和化解社会矛盾机制建设的重要内容，是深化平安建设的基础工程，也是维护社会和谐稳定的必然要求。

一、崇明区婚姻家庭纠纷预防化解工作现状

崇明区人民法院的统计显示，全区婚姻家庭矛盾纠纷数量一直居高不下，婚姻家庭、继承纠纷案件近五年平均每年1 700余件，2019 年更是达到了2 253 件。家庭纠纷案件的居高不下，影响了家庭关系，更是让处于弱势群体的妇女和儿童深受其害。

（一）婚姻家庭矛盾纠纷仍然频发

2022 年全区妇联系统受理婚姻家庭纠纷共 133 件，占信访总数的 10%左右，区民政受理离婚登记 1 483 对。据了解，婚姻家庭矛盾纠纷呈多样化趋势，主要涉及离婚纠纷、赡养纠纷、抚养纠纷、离婚后财产分割纠纷。而造成家庭纠纷成因复杂，如重婚、婚内出轨、一方有赌博或吸毒恶习以及家庭暴力等诸多方面，也是因为收集证据困难，导致处理起来比较棘手，调解工作的说服力有限，

很难做到定分止争。

（二）矛盾纠纷排查有待进一步加强

排查工作受限，一方面是当事人主动隐匿，另一方面是基层单位排查工作方法单一，主动性不强。受传统观念的影响，很多家庭认为家丑不可外扬，就算有了纠纷也藏着掖着，直至爆发了周围人才知晓，因此很多家庭纠纷初级阶段较难被发现。这种情况在商品房小区更为严重。另乡镇、村居等基层单位对矛盾纠纷排查的工作方法单一，不深不细，信息不灵，网格员、社区民警联系所辖居民作用发挥不明显，也导致了没有及时发现矛盾纠纷苗头和潜在的不安定因素。

（三）群众法治观念有待提升

部分群众的法治观念还很淡薄，没有建立法治思维，很多家庭成员把家庭暴力等违法行为误解为家庭内部矛盾，对其行为的严重性和危害性缺乏正确认识。也有很多家庭成员包括一些社区工作人员认为清官难断家务事，婚姻家庭纠纷无需组织或社区进行干预和调解，因此即使每个社区都有人民调解组织，但群众知晓度还不是很高，发生矛盾纠纷也不愿让调解组织来调解。

（四）部门联动机制有待进一步完善

各部门之间的联动还不到位，衔接互动的矛盾纠纷化解机制不完善，矛盾纠纷的发现、转介不够及时，防范风险意识不强，没有形成资源共享、力量共用、及时对接的婚姻家庭矛盾纠纷预防化解工作格局。从政策层面看，虽然就加强婚姻家庭矛盾纠纷化解工作出台了相关文件，但贯彻落实还不够到位；从工作机制看，涉及婚姻家庭矛盾纠纷化解工作的部门较多，包括司法、法院、民政、妇联以及基层组织等等，存在职能分散、交叉、各自为战等现象，尚未形成工作合力；由于缺乏专项工作经费，也不利于调动各方面的工作积极性和形成长效机制。

二、加强婚姻家庭纠纷预防化解工作的建议

家庭是社会的细胞，家庭矛盾是社会矛盾的缩影，家庭矛盾产生的原因错综复杂，很多家庭矛盾升级是不可预见的。因此，进一步加大推动婚姻家庭纠纷多元预防化解工作，减少因婚姻家庭纠纷引发恶性治安事件或刑事案件的发生，应当引起各级政府和社会各界的广泛重视。

（一）切实加强组织领导和基础保障

积极争取党委政府对婚姻家庭纠纷预防化解工作的重视和支持，建立健全该项工作的领导机构，进一步明确各职能部门的工作分工和工作职责，落实必要的工作经费和人员经费，为工作的开展提供保障。公安部门要依托各派出所，关注和随访家庭内部矛盾沉积较深、存在可能引发家庭暴力隐患的家庭，通

过出具家庭暴力告诫书等手段，推动预警前置、积极干预、减少犯罪。法院应积极推动推进家事审判工作，贯彻调解优先原则，加强诉调对接，将调解贯穿于家事案件诉讼全过程。司法部门要加强村居公共法律服务，大力推进婚姻家庭纠纷人民调解组织建设和婚姻家庭纠纷人民调解员队伍建设，重点开展面向基层的法律咨询、法律援助和人民调解服务，进一步依法解决纠纷、维护妇女合法权益。各级妇联组织要依托三级妇联维权服务窗口和妇女维权服务电话热线，积极参与婚姻家庭纠纷预防化解，拓展网络维权等渠道，及时受理婚姻家庭纠纷投诉，协同推进全区婚姻家庭纠纷预防化解工作。民政部门要加强婚姻家庭辅导室建设和受家暴妇女临时庇护场所建设，开展婚姻家庭辅导服务，推动婚前教育工作进单位、进社区、进家庭。

（二）完善婚姻家庭纠纷化解工作网络

区级层面，建立婚姻家庭纠纷人民调解委员会，充分发挥其在化解婚姻家庭纠纷中的基础性作用，并聘用五名经验丰富、具有法律专业背景的政法和政府部门退休人员作为婚调委的专职人民调解员。同时，在区公共法律服务中心、区人民法院民庭诉调中心、区婚姻登记处、区白玉兰开心家园等相关点位设立婚调专窗，负责日常接访和个案调解。各乡镇全面建立婚姻家庭纠纷调解窗口，并落实司法调解员、心理疏导人员或引入社会工作者等专业队伍进窗口，开展婚姻家庭问题的人民调解、心理疏导和危机干预等工作，及时发现、处置婚姻家庭类矛盾和纠纷。各村居基层组织成立由人民调解员、妇联干部、社工、志愿者和妇女骨干以及社区民警、综治干部等组成的婚姻家庭纠纷预警员队伍，密切关注本区域范围内，婚姻家庭中涉及的赡养、扶养、抚养、继承、婚姻等各类矛盾纠纷问题和家庭，深入细致地开展排摸，清楚掌握纠纷情况，并提供现场调解服务，将各类矛盾化解在萌芽状态。从而构筑区、镇、村（居）三道防线，形成多层面、立体化的化解婚姻家庭纠纷网络。

（三）强化纠纷预防和调解员队伍建设

面向社会广泛招募志愿者，积极整合方方面面的人力和资源，建立一支热心婚姻家庭公益事业和妇女儿童维权工作的婚姻家庭纠纷预警员和调解员队伍，发动和组织更多的专业力量、社会力量参与婚姻家庭纠纷预防化解工作，成为全区婚调工作重要的力量和支撑。打造一支专业水平过硬、调解技能娴熟的婚姻家庭纠纷调解员队伍，通过聘请一些具有法律背景和丰富工作经验、熟悉婚姻家庭纠纷调解实务的政府机关、公检法司退休人员担任各级婚调委和婚调窗口调解员，不断优化人民调解员队伍结构。注重提升调解员队伍素质，通过经常性开展业务培训，增强调解员促进男女平等、坚持儿童利益优先以及保护家庭弱势群众利益的意识，从法律素养、维权技巧、调解能力等各方面，提升他们工作能力和水平。建立村(居)家事调查员队伍，组建一支品行良好、公道正派并熟悉本村(居)情况、具备较强沟通能力和丰富社会工作经验的家事调查员队伍，在法院的指导下开展家事案件调查、调解、反馈等工作，并提供跟踪、关爱、帮困等延伸服务。

(四) 健全纠纷预防化解工作机制

根据婚姻家庭纠纷的特点和实际工作需要，切实加强司法行政、妇联、民政与综治、公安、卫计等部门间的协作与配合，有效整合律师、公证、司法鉴定、基层法律服务、法律援助等司法行政职能和资源优势，建立健全多部门协作配合的联动联调机制，不断提高婚姻家庭纠纷调解工作效能。探索建立婚姻家庭纠纷调解与人民调解、法院诉前调解、婚姻家庭辅导以及与公安纠纷排查及警情处置等工作相衔接的长效机制，加大对各类疑难婚姻家庭纠纷的化解工作，宣传男女平等基本国策，妇女、未成年人和老年人权益保障、预防和制止家庭暴力等法律法规和国家政策，努力实现阵地共建、信息共享、无缝对接、矛盾联防、纠纷联调的工作格局和工作合力。乡镇及有关单位要把婚姻家庭纠纷多元化解工作纳入社会治安综合治理和平安创建总体部署之中。坚持预防在先、处置在小的原则，定期入户走访、排查上报，排摸工作不留盲区和死角，并且坚持边排查、边调处、边化解，先期处置各类婚姻家庭纠纷。依托网络信息平台，推动各单位各部门建立更为灵活的对接协作、跟踪服务制度，使矛盾纠纷在不同发展阶段、不同情况下，都有相应的力量介入开展工作，确保“民不转刑、刑不转命”。

(五) 加大群众性普法宣传教育力度

通过各种宣传方式对如何正确预防和制止家庭暴力、婚姻家庭权益等法律问题进行广泛宣传，教育引导广大群众增强法律意识，遵纪守法，采取合法有效的方式表达利益诉求。采取接地气、受群众欢迎、易被群众接受的宣传手段方法，让百姓知道解决问题有多种方式和途径，形成开放式的化解矛盾纠纷的格局。发挥新媒体的作用，利用微信平台开展网上宣传活动，通过短平快的方式，直接、直观进行普法的宣传。着重突出对《民法典》中婚姻家庭篇、《妇女儿童权益保障法》、《未成年人保护法》、《反家暴法》、等一些与婚姻家庭关系有关的重点法律法规内容的宣传，真正使法律法规做到家喻户晓、深入人心，提高广大家庭成员的法律素质，运用法治思维、理性思维依法维护自身的合法权益、解决矛盾冲突，从源头上减少家庭矛盾纠纷的产生。

崇明区妇女联合会

后记

本书以2018—2022年完成的上海市政府决策咨询研究妇联专项课题的结题报告为主，又从上海市妇女儿童发展研究成果评选中撷取一、二等奖的获奖文章，还收录了上海各区妇联最新工作研究报告。所入选的文章部分已公开发表。因篇幅所限，本着尊重作者基本观点的原则，对文章进行了编辑处理，并视具体情况做了适当删减。

本书由上海市妇联办公室组织协调，由上海市妇女儿童发展研究中心负责编辑。

限于编撰水平及时间，不足之处敬请指正。

编 者

2023年3月

图书在版编目(CIP)数据

妇女研究在上海.2018—2022 / 上海市妇女联合会，上海市妇女学学会，上海市婚姻家庭研究会编. —上海：上海远东出版社，2023
ISBN 978-7-5476-1898-1

Ⅰ.①妇… Ⅱ.①上… ②上… ③上… Ⅲ.①妇女工作－研究－上海－2018—2022－文集 Ⅳ.①D442.851-53

中国国家版本馆CIP数据核字(2023)第045205号

责任编辑 李 敏
封面设计 陈 楠

妇女研究在上海.2018—2022

上海市妇女联合会、上海市妇女学学会、上海市婚姻家庭研究会 编

出　版 上海遠東出版社
(201101 上海市闵行区号景路159弄C座)
发　行 上海人民出版社发行中心
印　刷 上海信老印刷厂
开　本 710×1000 1/16
印　张 31.75
字　数 570,000
插　页 3
版　次 2023年3月第1版
印　次 2023年3月第1次印刷
ISBN 978-7-5476-1898-1/D·41
定　价 118.00元